名家学术文库

美国文化与外交

（修订版）

王晓德 著

天津教育出版社

图书在版编目（CIP）数据

美国文化与外交 / 王晓德著. —修订版.
—天津：天津教育出版社，2008.4
（名家学术文库）
ISBN 978-7-5309-5194-1

Ⅰ.美… Ⅱ.王… Ⅲ.美国对外政策—研究 Ⅳ.D871.20

中国版本图书馆CIP数据核字（2008）第036658号

名家学术文库
美国文化与外交（修订版）

出 版 人 肖占鹏

作　　者	王晓德	
选题策划	肖占鹏　于长金	
责任编辑	于长金	
装帧设计	郭亚非	

出版发行　天津教育出版社
　　　　　天津市和平区西康路35号 邮政编码300051
　　　　　http://www.tjeph.com.cn
经　　销　新华书店
印　　刷　天津泰宇印务有限公司
版　　次　2008年4月第1版
印　　次　2008年4月第1次印刷
规　　格　16开（660×960毫米）
字　　数　498千字
印　　张　37.5
插　　页　6

定　　价　48.00元

修订版序言

在南开大学任教期间，对天津教育出版社策划出版的《名家学术文库》素有耳闻。在历史学院资料室的书架上也翻过被选入其中一些具有品位的高质量学术著作，这些入选作品封面设计淡雅，印刷和装帧都很讲究。拙著《美国文化与外交》能够忝列其中，甚为荣幸。

1993年6月，我在南开大学获得美国外交史研究方向的博士学位之后即留校执教。当时从文化角度研究对美国外交的影响至少在国内还是较新的课题，我觉得对这一问题进行的深入探讨很有意义，一方面能够弥补国内学术界在这一研究领域的不足，更重要的是对理解美国外交的实质或揭示美国外交的意识形态根源提供了一个新的思路。经过断断续续的七年研究，我终于完成了这部近40万字的专著。从现在来看，我自己对这部著作并非十分满意，不足之处也是显而易见的，但它出版后的确在学术界产生了一定的影响，毕竟这是从新的角度研究美国对外关系的一种尝试。这本书得到很多学者较高的评价，2002年获得教育部第三届中国高校人文社会科学研究优秀成果二等奖。

《美国文化与外交》初版印刷了4000册，作为一本纯学术著作，这一印数就算是比较高的了。承蒙读者厚爱，这本书在几年前就已脱销。初版编辑罗养毅博士曾有意再版，来电话征求我的意见。对我来讲，再版是一件求之不得的好事，既可借此机会修改一下原书中的错误，也可满足一些读者对该书的需求。然而，当时一方面我正被一项由我主持的国家社科基金课题搞得"焦头烂额"，实在分身乏术；另一方面我获得富布赖特项目资助到哈佛大学进行学术研究，所以再版也只好"忍痛"作罢。这次能有机会对这本书进行修订，也算是了却了一个夙愿。

本书初版写于20世纪90年代中后期，至今已经10余年了。在初版中我认为，美国文化价值观一直对美国外交政策的制定与执行产生着影响。当美国作为一个主权实体开始发展与外部关系时，文化因素便在美国对外关系中发挥着非常重要的作用，给美国对外关系打上了带有本民族文化特征的烙印。这些影响美国外交决策的价值观根深蒂固于美国文化之中，当它们体现在美国具体的外交政策上时，多数情况下变成了对美国追求自我利益的一种振振有词的解释。实际上，体现在美国外交中的文化价值观决不会超越美国的自我利益；相反，它们成为实现美国政治、经济和安全等利益的一种手段。在修订版中，这一基本观点依然贯穿于整本书中，只是加强了论证和材料的分量。修订版和初版在章节结构上基本没变，目的还是想保持原貌，只是修订了原书中的欠妥之处，引文在尽可能的情况下核对了原文，注释也作了调整，使之更加符合学术规范。

在本书的修订过程中，张世轶、房建国、贺建涛、鞠爱琴和杨东东等人帮助核对了原文，在此表示感谢。在本书修订版付梓之际，谨向关心本书初版和修订版以及曾经提出过宝贵意见的先生、朋友以及读者表示真诚的谢意。

还是希望国内外同行能够对修订版提出批评指正。这虽然是一句老生常谈，但却是我的真诚愿望。

王晓德

2007年6月1日于福州

目录

绪　论　/001

第一章　美国文化中的"天赋使命"神话　/019
    一　开拓北美大陆的"上帝的选民"　/020
    二　一座照亮世界的"山巅之城"　/031
    三　寻求自由者的"希望之乡"　/041
    四　美国使命神话的"虚幻"　/050

第二章　务实传统与美国对外关系　/062
    一　美国文化中的功利主义特征　/063
    二　美国早期外交的务实传统　/077
    三　美国外交中的"理想主义"倾向　/089
    四　现实主义与战后美国外交　/103

第三章　孤立主义在美国外交中的兴衰　/119
    一　维护共和国外部利益的"天然屏障"　/120
    二　跨洋称雄者走不出的"藩篱"　/135
    三　不断失去存在基础的"误区"　/145
    四　当代美国外交中的新孤立主义　/158

第四章　美国文化中的扩张主题　/176
    一　美国对外扩张的文化基础　/177
    二　美国版图扩张的完成　/190
    三　美国海外经济扩张的动力　/203
    四　美国对外文化扩张　/217

第五章　"白人的负担"与美国对外关系　/233
    一　美国白人种族优越的文化根源　/234
    二　非白人在北美大陆的历史遭遇　/246
    三　美国社会难以消除的种族歧视　/259
    四　种族优越与美国对外关系　/268

第六章　美国世界领袖的梦想与现实　/283
  一　争当世界领袖的曲折历程　/284
  二　美国治下的"和平与秩序"　/296
  三　多极化对美国霸权的冲击　/311
  四　冷战后难圆的世界领袖梦　/324

第七章　反共意识形态与国家利益　/344
  一　布尔什维克"异端"的冲击波　/345
  二　第二次世界大战后美国外交中的"反共"主旨　/356
  三　对发展中国家民主改革或革命的干涉　/370
  四　"冷战思维"的阴影　/386

第八章　"输出民主"：宣言与实践　/398
  一　"输出民主"在美国文化中的思想根源　/398
  二　美国外交中的"输出民主"表现　/405
  三　冷战后的美国"输出民主"战略　/416
  四　"输出民主"难以走出的"困境"　/430

第九章　"人权外交"：历史与现状　/447
  一　美国"人权外交"的历史演进　/448
  二　卡特政府的"人权外交"　/459
  三　卡特之后的"人权外交"　/471
  四　关于美国"人权外交"的思考　/482

第十章　美国文化与世纪之交的美国对外战略　/494
  一　"新门户开放"战略　/495
  二　全球化与美国对外文化战略　/514
  三　对美国文化全球扩张战略的思考　/525

主要参考文献　/540

索　引　/563

后　记　/586

contents

INTRODUCTION /001

1 THE MYTH OF MISSION IN AMERICAN CULTURE /019

The "Chosen People" Who Conquered North America /020
"A City upon a Hill" Lighting up the World /031
"The Promised Land" for the Wretched and the Oppressed /041
The Illusion of the American Mission /050

2 THE PRAGMATIC TRADITION AND AMERICAN FOREIGN POLICY /062

The Tradition of Pragmatism in American Culture /063
The Pragmatic Heritage of the Early American Diplomacy /077
The Puzzle of Idealism in American Foreign Affairs /089
The Realism and U.S. Diplomacy since World War II /103

3 THE RISE AND FALL OF THE ISOLATIONISM IN AMERICAN DIPLOMACY /119

A Natural Defence for Safeguarding the Independence of the American Republic /120
The "Barrier" Restricting Overseas Interventions /135
Isolationism Gradually Losing Its Foundations /145
The New Isolationism in Contemporary American Diplomacy /158

4 THE EXPANSIONISM IN AMERICAN CULTURE /176

The Cultural Roots of American Expansionism /177
The Territorial Expansion of the United States in North America /190
The Dynamics of the U.S. Overseas Economic Expansion /203
"Cultural Expansionism" of the United States /217

5 "WHITE MAN'S BURDEN" AND AMERICAN DIPLOMACY /233

The Cultural Origins of Racial Superiority of White America /234

The Historical Misfortunes Suffered by Non-White Peoples in North America /246

The Deep-seated Racial Discrimination in American Society /259

Racism and American Foreign Relations /268

6 DREAM AND REALITY OF THE AMERICAN WORLD LEADERSHIP /283

The Road to the World Leadership /284

"Pax Americana" in the Cold War Period /296

The Challenge of the Multipolarization to the U.S. Global Hegemony /311

The Dream of the World Leadership in the Post-Cold War Era /324

7 ANTI-COMMUNIST IDEALOGY AND NATIONAL INTEREST /344

The Blast of Bolshevik Heresy /345

The Anti-Communist Theme in U.S. Diplomacy after World War II /356

U.S. Interventions in the Revolutionaries and the Democratic Reforms /370

The Shadow of the Cold War Thinking /386

8 EXPORTING DEMOCRACY: DECLARATION AND PRACTICE /398

The Ideological Roots of Exporting Democracy in American Culture /398

The Main Manifestations of Exporting Democracy in U.S. Diplomacy /405

The U.S. Strategy for Exporting Democracy in the Post-cold War Era /416

The Dilemma of Exporting Democracy /430

9 THE HUMAN RIGHTS DIPLOMACY: HISTORY AND REALITY /447

  The Historical Evolution of U.S. Human Rights Diplomacy /448
  The Human Rights Diplomacy of the Cater Administration /459
  The Human Rights Diplomacy since Carter /471
  Reflections on American Human Rights Diplomacy /482

10 AMERICAN CULTURE AND THE U.S. FOREIGN STRATEGY IN POST COLD WAR ERA /494

  The New "Open Door" Policy /495
  Globalization and U.S. Foreign Cultural Strategy /514
  Reflections at the dawn of the New Century /525

POSTSCRIPT /540

BIBLIOGRAPHY /563

INDEX /586

绪论

很长时期以来，我国学术界研究国际关系和各国外交的发展变化，视角往往集中在政治、经济、军事、战略以及它们之间的相互关系和作用上。这些方面无疑是国际关系的最基本要素，也最能直接反映出主权国家在风云变幻的国际舞台上所追求的利益以及体现出它们欲要实现的目标。可是文化在国际关系中的作用却很少受到学者们的重视，致使这一重要课题成为国际关系研究中的一个空白。实际上，基于国家或民族土壤之上形成的文化价值观往往是影响国际关系的一个非常重要的方面。加拿大学者谢弗发表在《未来》杂志1996年第3期的文章中指出：

> 迄今为止，人们很少从文化角度来考虑世界体系，这是不可思议的。因为世界正经历一个明显的和生气勃勃的文化变革时期，文化日益成为社区以及地区、国家

和国际事务中的越来越有影响的力量。①

谢弗之言难免泛泛而论，但涉及了文化在世界发展进程中所起的重要作用以及人们尚未对这种作用有足够的重视。一个国家的文化传统、它的凝聚力和影响力，是构成该国综合国力的一个重要方面，而一个国家要维护的利益，很大程度上也包含着其文化方面的利益。美国弗吉尼亚大学历史学教授梅尔文·莱弗勒在其一篇很有思想性的论文中考察了影响外交政策的内部或外部因素，认为国家安全政策"包括必定要维护国家核心价值观免遭外部威胁的决定和行动"。他呼吁历史学家密切考察这些核心价值观，因为这些价值观要求识别出"那些把像民主、自决以及种族意识与获得市场和原料等具体利益融合在一起的目标。……核心价值观……应该被追求，不管付出的代价有多大"。②莱弗勒这里把维护本国文化不受到侵犯与国家安全联系在一起。文化不仅在确定国家对外政策目标中起着重要的作用，而且对一国对外政策的手段、方式和风格产生了巨大的影响。国际关系的行为主体是主权国家，国家之间的相互往来是国际关系的基本内容，而国家只有通过其内部结构培育出来的代表国家利益的精英人物才能在国际事务中发挥作用与影响。这些活跃于国际舞台上的人物是在特定的文化氛围中成长起来的，他们之所以成为一个国家的杰出人物或政治领袖，显然在于他们的言论或行为符合了国家的民族精神，体现出了反映本民族特征的文化模式和价值观。这样，他们在制定或执行政策过程中，必然有意或无意地把存在于他们意识深层中的文化观念表现出来，给本国的对外政策打上明显区别于其他国家的烙印。

---

① 谢弗：《从文化观点看新的世界体系》，载《现代外国哲学社会科学文摘》，1997年第12期，第14页。
② 梅尔文·莱弗勒："国家安全"（Melvyn. P. Leffler, "National Security"），载《美国历史杂志》（*Journal of American History*），第77卷，第1期（1990年6月），第145页。

在国际学术界，文化对国际关系的影响受到很多学者的重视，这样一种研究倾向尤其在冷战结束之后更为明显。美国学者约翰·洛弗尔在一篇论文中谈到了文化在美国处理与东亚国家关系中所发挥的作用，特别强调了文化价值观对掌握国家权力的精英人士的影响，因为"人是在文化氛围中长大的，受到其中的基本价值观、风俗习惯和信仰的熏陶。那些在每个社会中握有政治权力的人易受社会文化的影响；他们的行为与态度将有许多文化根源。此外，在每个民族国家，统治本身和外交政策的制定都是在一种文化背景中发生的"。①这些政治精英无论如何都无法摆脱从孩提时期起所习得的文化观念，在其主导下的外交政策制定和执行不仅有意或无意体现出了这些观念，而且更重要的是，在与他国的交往中维护国家的文化不受到侵害成为外交的一个主要目的，甚至在条件允许的情况下竭力把本国的文化传递到其他国家。因此，研究他们所处的文化背景对从一个新的角度认识一国的外交政策的目的以及实质具有重要的意义。国外很多学者已经意识到这一点，用美国学者M. J.麦哲的话来说：

> 文化，是当前研究有关国际关系、国际安全和世界经济等问题的著作中最时髦的概念。最近发表的大量论文、著作都指出，文化是驱使民族国家、其他机构团体乃至个人，采取行动和自组运行的基本动力。许多著作还强调，文化的重要性正日益突出。②

---

① 约翰·洛弗尔：" 在东亚作为盟国和对手的美国：对文化与外交的反思"（John P. Lovell, "The United States as Ally and Adversary in East Asia: Reflections on Culture and Foreign Policy"），载容苏科·谢主编：《文化与国际关系》(Jongsuk Chay, ed., *Culture and International Relations*)，纽约：普雷格出版社1990年版，第89页。
② 麦哲：《文化与国际关系：基本理论评述（上）》，载《现代外国哲学社会科学文摘》，1997年第4期，第13页。

对文化在国际关系中作用的重视在美国学术界更为突出。美国学界在冷战结束之后加大了对这一比较新的领域的研究,很多学者著书立说,大大推进了人们对文化在对外关系中的作用的认识。①美国明尼苏达大学历史系教授伊莱恩·泰勒·梅对此是这样总结的:

> 外交政策所涉及的东西远远超出了发动战争或抵制战争。文化和意识形态、性别、种族和身份也在外交的其他领域发挥着作用。例如对和平谈判与和平动议的文化分析,可以更饶有兴趣地深刻认识外交所进行的方式。随着国家进入后冷战时代,贸易、市场和国际环境政策等问题也许已开始占据外交史学家更多的注意力。我们对"外交政策"的完全理解或许转移

---

① 在美国学界,日裔美国学者、哈佛大学历史系教授入江昭是研究美国对外关系史的名家。他较早地把文化引入国际关系研究领域,并通过对美国与东亚关系的研究揭示了文化在国际关系中的重要性。参见入江昭:《横越太平洋:美国与东亚关系内史》(Akira Iriye, *Across the Pacific: An Inner History of American-East Asian Relations*),纽约:哈考特、布雷斯和世界出版社1967年版;入江昭:《权力和文化:1941年至1945年的日美战争》(Akira Iriye, *Power and Culture: the Japanese-American War, 1941–1945*),坎布里奇:哈佛大学出版社1981年版;入江昭:《文化国际主义和世界秩序》(Akira Iriye, *Cultural Internationalism and World Order*),巴尔的摩:约翰斯·霍普金斯大学出版社1997年版。美国圣约翰大学历史系教授弗兰克·宁柯维奇是研究文化与国际关系的后起之秀,发表和出版了大量的论著,在美国外交史学界很有影响。其这方面代表性的著作主要有弗兰克·宁柯维奇:《思想外交:1938年至1950年美国对外政策与外交关系》(Frank A. Ninkovich, *The Diplomacy of Ideas: U.S. Foreign Policy and Cultural Relations, 1938–1950*),纽约:剑桥大学出版社1981年版;弗兰克·宁柯维奇:《威尔逊世纪:自1900年以来美国对外政策》(Frank Ninkovich, *The Wilsonian Century: U.S. Foreign Policy since 1900*),芝加哥大学出版社1999年版。这一研究领域比较有代表性的著作还有埃米莉·罗森堡:《传播美国之梦:1890年至1945年的美国经济和文化扩张》(Emily S. Rosenberg, *Spreading the American Dream: American Economic and Cultural Expansion, 1890–1945*),纽约:希尔和王出版社1982年版;瓦莱利·赫德森主编:《文化与对外政策》(Valerie M. Hudson, ed., *Culture & Foreign Policy*),博尔德:林恩·林纳出版公司1997年版。

到新的研究领域。国内文化和意识形态本身并不解释美国外交政策如何或为什么演变,但进行文化的考察在历史分析的含义中增加了新见解和新层次。不管美国的国际卷入性质如何,比较清楚的是,如果文化因素加以考虑,历史学家将会丰富自己的理解。①

不可否认,他们的观点对我们具有启迪作用,但他们无疑是站在本国的文化角度来论述国际关系或美国对外关系的,文化优越感往往使他们戴上有色眼镜来看待他国文化,唯我独尊的"文化中心主义"充斥于字里行间。这样一种倾向很容易使他们的研究缺乏客观性,不可避免地成为对美国外交决策和执行的辩解或诠释,甚或直接服务于美国的文化输出战略。这种为美国对外政策目的实现做注脚的意图在后冷战时代更为明显。当然美国学者的著述也不乏在一种大的文化背景下对美国外交政策提出激烈的批评,但说到底这种批评还是要决策者引起警觉,最终改变不了对美国政府"劝言"的本质。因此,他们的研究具有借鉴的价值,从学术上来讲也很有意义,但他们的观点对于置身于美国文化圈之外的外国读者来说,毕竟只是一面之词。我们需要构建具有中国特色的国际关系理论体系,更需要从深层的文化角度来认识国际关系的本质。尤其是在当今纵横交错的复杂国际社会,以美国为首的西方国家有意识地把促使发展中国家接受它们的文化价值观作为实现其外部利益的一种战略时,作为世界上最大的发展中国家,中国更应该加强这方面的研究,以便从理论上深刻认识西方国家这种"文化输出"的目的及其实质,这的确是摆在中国国际关系学者面前亟待进行的研究工作。

---

① 伊莱恩·泰勒·梅:"评论:意识形态和对外政策:外交史中的文化与性别"(Elaine Tyler May, "Commentary: Ideology and Foreign Policy: Culture and Gender in Diplomatic History"),载《外交史》(*Diplomatic History*),第18卷,第1期(1994年冬季号),第77~78页。

我自知，就我的功力而言，我很难把研究视野扩大到哪怕是具有代表性的几个国家，以它们的行为来说明文化对国际关系的重要作用。我是研究美国对外关系史的，所以也只能选择美国作为阐释这一命题的对象。

文化是当今国际学术界最为广泛流行的概念之一，对文化的界定迄今仍是众说纷纭，莫衷一是。美国学者尤金·霍尔顿在其论文中不无感触地指出："文化这一特定的术语是如此含糊不清，致使一个理论家很容易地将无论什么先入之见填充于其内。"①霍尔顿的这番话显然指文化内涵的不确定性或杂乱性。美国语言学家雷蒙德·威廉斯则认为："文化是英语中两三个最复杂的单词之一。"②然而，离开了"文化"这一术语，许多问题更难以解释清楚。迄今为止，文化这一术语已经在人文社会科学的不同领域中得到广泛的使用。正如阿瑟·阿萨·伯杰指出的那样："文化是在当代关于社会和艺术研究中所使用的最引人注目和最难以捉摸的概念之一。这是因为这一概念被不同的人以不同的方法所使用。"③几乎每个人类学家、民族学家、社会学家在涉及文化问题时，都根据自己研究的需要给文化下个定义。1952年，美国人类学家克鲁伯和克拉克洪在其《文化：关于概念和定义的检讨》的论著中，统计从1871年到1951年80年间关于文化的定义有164种之多。他们也试图从这些形形色色的定义中抽象出为大多数研究者所能接受的文化概念，但未

---

① 尤金·霍尔顿："文化的膜拜根源"（Eugene Halton, "The Cultic Roots of Culture"），载理查德·明奇等主编：《文化理论》（Richard Münch and Neil J. Smelser, eds., *Theory of Culture*），伯克利：加利福尼亚大学出版社1992年版，第30页。
② 约翰·卡洛斯·罗：《从美国革命到第二次世界大战文学文化与美国帝国主义》（John Carlos Rowe, *Literary Culture and U.S. Imperialism: From the Revolution to World War II*），纽约：牛津大学出版社2000年版，第3页。
③ 阿瑟·阿萨·伯杰：《文化批评：重要概念入门》（Arthur Asa Berger, *Cultural Criticism: A Primer of Key Concepts*），绍森欧克斯：塞奇出版社1995年版，第135~136页。

能如愿。这说明了学者们尽管强调文化在社会运行中所发挥的巨大作用上很少出现分歧,但在文化的内涵的界定上却多少有点"五花八门"了。联合国教科文组织1998年公布的《世界文化报告》对文化作了广义和狭义的界定。从广义上讲,"文化是一种生活方式和生存方式。这包括人们所持的价值观,对他人(民族和性别)的容忍,外在的以及与之相对的内在的取向和偏好,等等"。从狭义上讲,"文化是艺术、音乐、文学等方面的体现"。①联合国的这一界定更具有普遍的意义。

无论学者们对文化的定义如何歧义叠生,但一般都承认,一种民族文化的形成经历了漫长的历史过程,构成其主要内容的基本价值观超越了个体的生命和具体的历史时代而持续地延存下去,一代又一代人的生活方式、行为方式、思维方式等都不可解脱地与本民族的文化传统联系在一起。这种文化传统塑造出了他们在人类活动中的最基本的特征,也成为民族或国家相互区别开来的一个主要标志。美国文化人类学家莱斯利·怀特指出:"中国人的意识,法国人、祖鲁人或科曼契人的意识等,作为人类行为的一种特殊结构,只能从文化上得到解释,而不能从生物学上获得说明。"②怀特之言表明了决定民族国家特征的不是其内部种族的外形结构,而是固存于他们身上的特殊文化心理或意识。在文化的发展过程中,我们很难看到文化的突变,两代人之间的价值观区别不是太明显,文化的变迁是在"渐变"的过程中完成的。只要人类还存在,这个过程就不会停止。不过,一个社会的文化价值观尽管随着环境的变化而不断丰富和扩充自身的内容,但作为传统的"遗产"却保持着相对稳定的状态。有些价值观即使已不适应社会发展的需要,但也不会很

---

① 联合国教科文组织:《世界文化报告(1998)——文化、创新与市场》,关世杰等译,北京:北京大学出版社2000年版,第1页。
② 莱斯利·怀特:《文化的科学:人类与文明研究》,沈原等译,济南:山东人民出版社,1988年版,第145页。

快销声匿迹，相反，还会顽固地影响从小受到这些价值观熏陶的人们的行为举止和生活方式。美国文化史学家卡罗莱娜·韦尔写道："文化范式对个人形成制约，为他们提供了基本的设想以及观察和思考的工具，确定了他们的生活框架。文化决定制度的形式，决定将被发展的个性类型和被认可的行为类型。"[1]大到国家而言，由于一种文化传统塑造出了社会成员在人类活动中的最基本的特征，自然成为民族或国家相互区别开来的一个主要标志。小到日常生活，人们的衣食住行都体现出一个群体或一个民族的文化特色，传统价值观可以说是渗透到人们日常生活和社会运行的方方面面。美国学者厄尔·弗赖伊等人在谈到文化价值观的作用时说："政治领袖必须在符合国家价值观念的前提下才能形成政策，国家价值观只是个人价值观的集合。关于美国国家利益的问题只有研究国家价值观才能找到回答。正是这些价值观才规定了国家的利益和国家的安全。"[2]上述这些学者提出的观点很值得人们深思。本书在论述美国文化与外交的关系时，采用比较广泛的概念，即包括哲学、宗教、意识形态以及社会价值观在内的广义上的文化。

国家对外关系是社会正常运行与发展的重要组成部分，也是实现其在国际社会所追求之利益的主要途径。从理论上讲，符合民族或国家文化价值观的对外政策都能体现出民族国家对整体利益的追求。虽然这种整体利益在特定的情况下有时也会被统治者所扭曲，成为他们谋取私利甚或把国家带到毁灭边缘的一种掩饰，但在很多情况下能为其国民所接受，原因恰恰在于这些扭曲的利益在很大程

---

[1] 卡罗莱娜·韦尔:《历史文化观》(Carolina Ware, *The Cultural Approach to History*)，纽约:哥伦比亚大学出版社1940年版，第11页。

[2] 厄尔·弗赖伊等:《可战胜的美国:21世纪的美国对外政策》(Earl H. Fry, Stan A. Taylor and Robert S. Wood, *America the Vincible: U.S. Foreign Policy for the Twenty-First Century*)，恩格尔伍德:普伦蒂斯·豪尔出版社1994年版，第113页。

度上与国家的文化精神并非悖逆，甚至是相一致的。希特勒的法西斯主义如果没有一定的文化基础，显然不可能在德国形成气候，泛滥一时，乃至最后把德意志民族引向了灾难的深渊。类似这样的例子在历史上并不鲜见。美国著名文化人类学家鲁斯·本尼迪克特1946年出版了《菊花与刀》这部传世之作，对日本文化进行了分析。她认为日本人的义务与人情、义务与义理、情感与责任等价值模式之所以不同于西方人的"原罪"说，是因为他们的文化模式中存在着恪守本分和忠诚尚武的精神。正是这种文化模式的价值精神赋予了日本民族性格和文化心理：日本人既好斗，又不好斗；既黩武，又文雅；既无耻，又礼貌；既僵化，又有适应环境的能力；既忠实，又背叛；既勇敢，又怯弱。[1]本尼迪克特的这一研究成果对第二次世界大战结束后美国对日本占领政策产生了很大的影响，也说明了研究一个国家的文化模式对于从更深的层次认识该国"真面目"的重要性。

美国是欧洲殖民扩张的产物，其文化主体由盎格鲁-撒克逊白人组成，但来自包括爱尔兰在内的其他欧洲国家的移民为数也不少。因此，美国在文化特性上与欧洲完全脱离干系几乎是不可能的，至于欧洲文化对这块大陆的影响有多大，这里很难提出具体的量化指标，但肯定不是微乎其微。一些欧洲学者试图从美国文化中寻找欧洲文化的痕迹。如法国巴黎大学著名学者克洛德-让·贝特朗指出，对个人自由的尊重、对个人进步的信仰以及所有人对安全的关注构成美国意识形态核心的三个基本价值观，而这些价值观起源于欧洲。在欧洲大陆，"个人自由和进步实质上是犹太—希腊价值观。在基督时代的早期，流行病、饥荒、外族入侵和战争导致

---

[1] 参见本尼迪克特：《菊花与刀——日本文化的诸模式》，孙志民等译，杭州：浙江人民出版社，1987年版。

欧洲人把安全置于首位，即使是牺牲自由和进步也在所不惜。"①美国学者很少否认美国文化形成没有受到欧洲文化的影响，但更强调美国文化源于盎格鲁-撒克逊传统，不过认为美国文化不是这种传统的简单延伸，而是在开拓一个新大陆过程中形成的有别于其他国家的独特文化。美国著名历史学家查尔斯·比尔德等人在《美国文明的兴起》中认为，美国文明虽然起源于欧洲，但它并不是欧洲文明的简单延长，而是欧洲文明与美洲荒原新的历史的结合。现代美国文明建立在过去复杂的文化遗产基础之上，既是一种高度的物质文明，又有与之相适应的精神文明。比尔德的观点在美国学界很有代表性。其实，美国由于是一个由移民组成的国家，这种特征自然就决定了美国文化形成与演变的特殊过程。移民们来自不同国度，文化背景相异，移居北美的目的也各种各样，但这些移民群体来到北美大陆后，遇到了相同的环境。面对着相同的问题，为了使这块在他们眼中还是属于新大陆的地方成为"理想"的居住之所，他们必然在文化的冲突与融合中寻求同质性，最后形成了带有美利坚民族明显特征的文化。从一开始，美国文化就是以盎格鲁-撒克逊白人文化为主体，即使在这个种族混杂的国度里可以看到世界不同国家或地区文化的痕迹，但都很难改变盎格鲁-撒克逊白人文化居于支配地位的状况。美国学者阿尔森在其出版的《美国方式》一书中指出，在美国，"占统治地位的思想、价值观念和行为都是中产阶级白人的。这一类人长期占据美国大多数最有影响力的职位。他们都是政治领袖、企业首脑、大学校长、科学家、新闻记者和小说

---

① 《详见克洛德-让·贝特朗："《五月花号》不必要扬帆返回"》（Claude-Jean Bertrand, "The Mayflower Need Not Sail Back: The US of A Is Going European"），载约翰·迪恩等主编：《欧洲人关于美国大众文化的文选》，(John Dean and Jean-Paul Gabilliet, eds., *European Readings of American Popular Culture*），韦斯特波特：格林伍德出版社1996年版，第166~167页。

家,对社会成功地发挥着影响"。①以研究美国盎格鲁种族兴衰著名的伦敦大学社会学教授埃里克·考夫曼说得更为明确:

> 就美国而言,国家的种族群体是盎格鲁美国新教徒("美国人")。这是把美国的领土想象为其家园的第一个欧洲群体,可以将其祖先追溯到反叛母国的新世界的殖民者。在这个群体的脑海中,美利坚民族国家、它的土地、它的历史、它的使命以及它的盎格鲁美国人被编织成一幅想象出来伟大图案。这种社会结构表明,合众国是由"美国人"所建立,他们由此拥有对这片土地的所有权,有权按照自己盎格鲁-撒克逊新教徒的自我形象来形成这个国家以及为(进入该国的任何移民)提供了一个榜样。②

美国文化中存在着许多优秀的成分,如美利坚民族独立进取和勇于开拓的精神,对个人权利的珍视,对资产阶级民主自由的保障,鼓励出人头地的竞争机制,等等。一位对美国进行了两年考察后的中国学者写道:"美国文化的一个根本价值观便是人类应努力征服自然。他们相信,人类能克服障碍,掌握环境,他们主张以积极主动的态度来对付自然界而不应消极被动。从这一价值观念出发,又产生出许多相关的价值观念,如关于努力工作,重视个人成就,主张开创进取,讲究效率和理性。"③在美国历史发展过程中,

---

① 阿尔森:《怎样了解美国人》,载《现代外国哲学社会科学文摘》,1992年第6期,第18页。
② 埃里克·考夫曼:"美国例外论再思考:从1776年至1850年这个'无所不能'国家的盎格鲁-撒克逊种族起源"(Eric Kaufmann, "American Exceptionalism Reconsidered: Anglo-Saxon Ethnogenesis in the 'Universal' Nation, 1776—1850"),载《美国研究杂志》(*Journal of American Studies*),第33卷,第3期(1999年12月),第436页。
③ 陈尧光:《大洋东岸——美国社会文化初探》,沈阳:辽宁人民出版社1986年版,第35页。

美国文化中的这些积极内容无疑起了非常重要的作用，成为美国不断走向强大的主要原因。当然，美国文化在形成发展过程中，自身也包含着许多消极因素，如以我为标准的"文化中心主义"，以暴力来实现自己所追求的"理想"，对有色人种的偏见和歧视，不惜一切代价消灭阻挡前进路上的障碍，等等。这些消极因素尽管没有对美国的发展构成多大妨碍，有时甚至还成为经济发展和财富积累的重要手段，但却对其他民族或国家产生了明显的负面影响，甚至给它们带来不幸与灾难。美国文化可以说是包罗万象，内容庞杂，把适应新大陆的各种白人价值观都包括在内，上面所列举的仅仅是其中比较具有代表性的部分。不可否认，美国的许多价值观已经随着社会的发展而发生了变化，传统的清教徒精神已被现代主义的自我无限膨胀所取代，勤奋节俭让位于纵情声色，贪图享乐，崇尚消费，等等。美国原国家安全事务助理、著名国际问题研究专家兹比格涅夫·布热津斯基在1993年出版的一本书中写道："美国显然需要花一段时间，在哲学上进行反省和文化上作自我批判。在这一时期内必须认真地认识到：以相对主义的享乐至上作为生活的基本指南是构不成任何坚实的社会支柱的；一个社会没有共同遵守的绝对确定的原则，相反却助长个人的自我满足，那么这个社会就有解体的危险。"①布氏之言并不是危言耸听，说明美国的社会价值观处在一种深刻的变动之中。

对美国外交产生明显影响的主要是美国政治文化。文化的范畴主要包括政治文化、社会文化、物质文化、大众文化等，它们虽然有时彼此交错，但还是有所区别的。政治文化是国家或民族特性的体现，因此也是国与国之间区别开来的主要标志。政治文化相对稳定，不易受社会变革的影响，在政治制度从开始一直延续至今的国

---

① 兹比格涅夫·布热津斯基：《大失控与大混乱》，潘嘉玢等译，北京：中国社会科学出版社1994年版，第125页。

家尤其不易发生变化，美国便是这样的国家。诚如美国学者詹姆斯·莫特雷所言："尽管1990年的美国与1785年的美国完全不同，但其基本的政治文化所发生的重大变化却异常之少。"①俄国学者卡缅斯卡娅在论及美国的政治文化时说："高度稳定是成熟的政治文化规范的特点。政治文化的基本价值从社会经受长期深刻震动时期保存下来，已存在千百年。政治文化的基本规范和价值作为人民共同的文化遗产的组成部分，是民族同一性最重要的组成部分之一。"②政治文化主要指影响人们的政治态度与行为的信仰、思想、习俗、准则、惯例等，往往存在于人们的意识之中，潜在地对人们形成约束，尤其是那些在政治上代表一个民族或国家的领袖人物更是难以摆脱这种文化的羁绊，常常在国家对外政策选择上体现出固存于脑海之中的文化倾向。美国社会的氛围也使领袖人物很难在决策时不受文化价值观的影响，他们力图使外交决策和执行与人们的信仰保持一致，以获得民众对他们的支持。美国外交史专家小塞西尔·克拉布在谈到这一点时指出："毋庸置疑，美国人民显然期望美国外交政策中的任何新方针都将符合美国社会根深蒂固的价值观、它的精神气质及其传统。在国外与在国内一样，国家政策应该符合美国对自由、公正、放任主义、民主和其他所珍惜的概念的信仰。"③美国学者斯帕尼尔也持类似观点，他对第二次世界大战以来美国外交政策的研究表明："我们的政治领袖们反映了美国社会的价值观念，每当他们在执行国家的外交政策中似乎要漠视这些价值观念时，他们总会受到政府行政部门、国会、反对派以及新闻界人士的

---

① 詹姆斯·莫特雷：《美国的非常规冲突政策和战略》，载中国现代国际关系研究所选编：《冷战后的美国与世界》，北京：时事出版社，1991年版，第97页。
② 卡缅斯卡娅：《美国的政治文化》，载《现代外国哲学社会科学文摘》，1994年第2期，第23页。
③ 小塞西尔·克拉布：《美国外交政策的主义：它们的含义、作用和未来》(Cecil V. Crabb, Jr., *The Doctrines of American Foreign Policy: Their Meaning, Role, and Future*)，巴吞鲁日：路易斯安那州立大学出版社1982年版，第67页。

批评。"①他从另一个角度说明了美国领导人在制定或执行对外政策时受本国文化价值观念的限制。

　　文化在外交决策和执行过程中所起的主要作用得到很多学者通过个案研究的证明。美国外交史学家弗兰克·宁柯维奇在一篇文章中指出了在处理外交问题上决策者的文化价值观所起的重要作用，在他看来："见识深远的政治家总是承认外交同样需要考虑文化价值观，这些价值观由于在形成理解力上起着至关重要的作用，所以较之意识形态信仰或抽象的理想更具有意义。在20世纪，美国几乎所有的重要政治家都毫无例外地把文化因素考虑为其处理外交的组成部分；的确，文化在他们决策中起着明显的，常常是决定性的作用。"②他认为20世纪以来文化一直对美国的外交政策发生着举足轻重的影响。其实，当美国作为一个主权实体开始发展与外部的关系时，文化因素便在美国对外关系中发挥着非常重要的作用，给美国对外关系打上了带有明显的本民族文化特征的烙印。长期影响美国外交决策的孤立主义情绪和扩张主义倾向，都同美国文化有着密切的关系。诸如向"荒野"传播"文明"的天定命运观念，教化弱小民族的"救世主"思想，唯我独尊的"种族主义"心态，同要求其他国家接受美国的政治发展模式和向世界范围内推广美国的自由市场体制等所谓"输出民主""传播自由"战略，显然是一脉相承的。这些影响美国外交决策的价值观根深蒂固于美国文化之中，当它们体现在美国具体的外交政策上时，多数情况下变成了对美国追求自我利益的一种"堂而皇之"的掩饰或"振振有词"的解释。实际上，体现在美国外交中的文化价值观决不会超越美国的自我利

---

① J. 斯帕尼尔：《第二次世界大战后的美国外交政策》，段若石译，北京：商务印书馆1992年版，第445页。
② 弗兰克·宁柯维奇："1900年以来美国对外政策中的文化"（Frank Ninkovich, "Culture in U.S. Foreign Policy Since 1900"），载谢主编：《文化与国际关系》，第103页。

益，相反，这些价值观一直是美国政府实现其在国外政治、经济以及安全等利益的一种有效的手段。

美国政治文化包含着许多独具特色的价值观念，当这些价值观反映到外交上时，常常使美国对外关系表现出独有的特征。对于这些特征，如果仅仅用"虚伪"、"假象"以及"伪善"一言以蔽之，那只能使欲要解决的问题更加扑朔迷离，难以捉摸。只有对美国文化与外交关系进行深入研究，才能为揭开这些特征之"谜"提供一个新的角度或新的思路。中国有些学者已经认识到这一问题的重要性，如王缉思先生在一篇文章中指出："外交行为受领导人思想意识的支配，而领导人的外交思想不仅是在对外部环境长期作出反应的基础上形成的，也是本国家、本民族的政治文化、观念形态的反映。国际政治包含着不同国家利益的协调与冲突，也充满着不同思想原则的相互撞击。因此，研究一个国家特别是大国的外交政策，必须联系该国的政治传统、价值观念，以至广义上的文化来进行考察。"①美国许多学者也发出了类似的呼吁。如伊莱恩·泰勒·梅认为："对历史学家来说，对美国国际行为和国际关系的考察进行文化分析，可以丰富和加深对外交政策的研究。与此同时，美国在世界上的地位以及由这种地位产生的国际动力，能够对国内文化的发展提供深刻的认识。之所以这样，一定程度上是因为美国的外交政策和文化主要基于意识形态上。当然，其他忧虑，尤其是物质利益、安全考虑和军事威胁等，也为美国外交政策决定提供了很重要的基础。同样，文化不仅源于意识形态，而且也源于诸如历史、种族、宗教和政治传统等因素。"②他们的真知灼见已经为研究美国外交的学者以及研究国际关系的学者所更多的理解。

---

① 王缉思：《美国外交思想传统与对华政策》，载《美国研究参考资料》，1989年第3期，第1页。
② 梅："评论：意识形态和对外政策：外交史中的文化与性别"，第71页。

冷战的结束给一个时代画上了句号。美国政界和学术界一种具有代表性的观点认为，美国靠着其思想意识和文化价值观打赢了这场战争。其实，这种说法是很有争议的。与美国在国际舞台上抗衡了四十余年的竞争对手突然解体似乎让人感觉到美国在意识形态上赢得了这场战争的胜利，但冷战的结束并不意味着与美国不同的意识形态在这个世界上业已消失。世界的多极化本身就包含着各种不同的意识形态、价值取向和文化传统在相互竞争中共同发展。面对着来自各个方面的挑战，美国将更加注重对外政策中的文化因素。如果说过去美国文化在外交中主要发挥一种潜在的作用的话，那么，现在却被美国政府决策者有意识地作为实现冷战后美国全球战略的重要筹码。乔治·布什总统1992年9月10日在《美国复兴日程》计划中主要谈及了冷战结束后美国所具有的优势以及面对的问题，特别强调了美国的政治和经济优势由于美国文化对全世界的吸引力而得到强有力的补充。他认为这是一种美国在新的国际环境中可以利用的"软实力"。①美国《新共和》周刊副主编雅各布·海尔布伦在谈到文化在美国对外关系上的作用时认为，美国的文化实际就是美国的对外政策。即使美国并不总是按照它说唱的高调行事，它也总是根据个人权利和对世界有吸引力的民主来阐释其文化。这样，美国自然相信本国的民主应当成为世界的样板。②与政府对外文化战略遥相呼应，美国有的学者也提出了新的理论来解释文化在国际关系

---

① 布什对《美国复兴日程》的解释详见乔治·布什："在密歇根底特律经济俱乐部的讲话以及问答会"(George Bush, "Remarks and a Question-and-Answer Session with the Economic Club of Detroit in Michigan"),1992年9月10日,载《美国总统公开文件》(Public Papers of the Presidents of the United States),华盛顿:美国政府出版局1992年版,第1525~1535页。布什的讲话可在美国政府出版局的官方网站上获得,网址为 http://www.gpoaccess.gov/pubpapers/index.html,下同。
② 参见雅各布·海尔布伦："美国文化战的枝节问题"(Jacob Heilbrunn, "A Sideshow in America's Culture Wars"),载《洛杉矶时报》(Los Angeles Times),1997年7月20日,第1页。

中的地位。如哈佛大学教授、著名政治学家塞缪尔·亨廷顿1993年在美国权威性刊物《外交季刊》上发表了一篇文章，认为在新的世界格局中，人类发生冲突的根本原因将不再源自意识形态因素或者经济因素，文化方面的差异将成为人类分歧和冲突的主要因素，主宰全球的将是"文明的冲突"。①以写《大国的兴衰》而著名的耶鲁大学教授保罗·肯尼迪1995年1月1日在回答记者提问时预言，今后的世界不是资本主义和社会主义的对峙，而是美国式的放任主义的文化同反美国文化之间的对峙。这种现象已经在韩国、法国、日本和伊斯兰教国家出现。哈佛大学国际事务研究中心主任小约瑟夫·奈提出了"软实力"理论，认为软实力主要来源于文化和经济，美国的文化为软实力提供了低代价、高效益的源泉，同时以跨国公司迅速发展为特征的世界经济也给软实力倾注了无穷的源泉。②上述这些理论或观点旨在提醒美国政府把文化作为一种新的战略，以充分的准备迎接未来的挑战，在文化的争夺中独占鳌头，巩固美国的国际地位，维护美国的国家利益。中国历来就是美国"软"进攻的对象，这种趋势在冷战结束后更为明显，这就要求我们对美国文化与外交的关系进行深入细致的研究，立足现实，追根溯源，用历史事实从深层揭示出美国外交的实质。

　　研究美国文化与外交的关系，置身于该文化之外的"旁观者"也许比深受这种文化熏陶的"当局者"看得更清楚一些。新加坡行政学院院长马赫布巴尼在评论亨廷顿《文明的冲突?》一文时指出："西方的价值观不会是构筑得天衣无缝的，其中有些是不错的，有

---

① 塞缪尔·亨廷顿："文明的冲突"(Samuel P. Huntington, "The Clash of Civilization?")，载《外交事务》(Foreign Affairs)，第72卷，第3期(1993年夏季号)，第22~49页。
② 参见小约瑟夫·奈："软实力"(Joseph S. Nye, "Soft Power")，载《对外政策》(Foreign Policy)，第80期(1990年秋季号)；小约瑟夫·奈："软实力的挑战"(Joseph S. Nye Jr., "The Challenge of Soft Power")载《时代》(Time)，第153卷，第7期(1999年2月22日)，第30页。

些则是有问题的。但要看清这一点，人们就必须站在西方之外，才能发现西方是如何用自己的手把自己推向相对衰落的境地。亨廷顿跳不出这个圈子，因而他无法看出这一点。"[1]马赫布巴尼尽管是针对西方文化危机发出的议论，但却是一语中的，对站在美国文化圈之外的学者研究美国文化在外交中的作用不无启迪。20世纪90年代初在撰写博士论文过程中，我就开始对这一问题进行思考，经过几年的收集资料和不断探索，我愈来愈觉得这是一个亟待研究的重要课题。我在从事这一研究过程中，深感功力不逮，水平有限，立论欠妥、取材不当、错误疏漏之处在所难免。但是略感欣慰的是，我已经尽了最大的努力，唯愿奉献给读者面前的这一研究成果能够起到抛砖引玉之效，启发人们从新的角度探讨国际关系。至于书中存在的缺陷和不足，只能留待来□或来者。

---

[1] K. 马赫布巴尼：《衰落的危险——评亨廷顿〈文明的冲突？〉》，载《国外社会科学》，1994年第8期，第81页。

第一章 美国文化中的"天赋使命"神话

许多美国人认为,作为上帝选择的一个特殊国度,美国对人类的历史发展和命运承担着一种特殊的责任,负有把世界从"苦海"中拯救出来的神圣"使命"。这显然是有点虚无缥缈的"神话",但他们对此深信不疑。这样一种观念根深蒂固于美国白人文化之中,深深地影响着在这种文化氛围内生活的美国人对外部世界的看法与态度,在美国社会精英人士的身上表现得尤为明显。当美利坚合众国作为一个主权实体开始发展与其他国家的外交关系时,这种使命观对政府决策者的思想发生了深刻影响,并在美国对外政策中体现出来,成为表现在美国对外关系上的一个显著特征。美国历史学家莫雷尔·希尔德等人在《文化与外交》一书的导言中写道:"美国外交事务的出发点是这样一种信仰,即美国在与外部世界关系中享有一种任何其他国家都不能享有的特殊使命。"①这种观点体现在这本书的字里行间，展现了美国决策者所持有的这种观念与外交决策与执行之间的密切联系。其实，这种"使命"体现出的内容在现实生活中未必属于事实，但作为在这块土壤上长期形成的一种文化价值观，它无疑是美国政府外交决策者思想意识中的重要组成部分，其历史根源可以从美国早期移民的信仰中找到。

一　开拓北美大陆的"上帝的选民"

"上帝的选民"是一个宗教的概念，早在古代就成为所谓先进民族诠释对落后民族统治合理性的一个根据。如古代希伯来人就宣称他们是一个神圣民族，是被上帝选择为一个统治地球上所有国家的特殊民族，"希伯来人认为他们是古代世界的上帝的选民"。②其实，在某种意义上说，世界上所有主要宗教的信徒都认为负有普度众生的使命，这是他们自以为与凡夫俗子的区别所在。基督教在这方面表现得尤为强烈。

基督教中的"上帝的选民"概念源于《旧约全书》，指上帝挑选以色列民族为自己的选民，拯救他们脱离埃及法老的奴役。据《申命记》第7章记载，以色列人出埃及赴迦南途中，摩西训诫他们：

> 耶和华你的上帝从地上的万民中拣选了你，特作自己的子民。耶和华专爱你们，拣选你们，并非因你们的人数多于

---

① 莫雷尔·希尔德等著：《文化与外交：美国的经历》(Morrell Heald and Lawrence S. Kaplan, *Culture and Diplomacy: The American Experience*)，韦斯特波特：格林伍德出版社1977年版，第4页。
② 弗雷德里克·金特尔等主编：《美国之梦：信念和实践的历史》(Frederick Gentles and Melvin Steinfield, eds., *Dream On, America: A History of Faith and Practice*)，圣弗朗西斯科：坎菲尔德出版社1971年版，第5页。

别民，原来你们的人数，在万民中是最少的，只因耶和华爱你们。①

基督教兴起以后，这一概念有了很大的外延，泛指尘世中因崇拜上帝而蒙受其恩宠的基督教徒。如《新约·歌罗西书》记载保罗在写给非以色列族的歌罗西信徒的信中，也称他们为"上帝的选民"。随着现代西方文明的兴起，"上帝的选民"尽管在宗教含义上丝毫没有改变，但所指的对象却转向从16世纪欧洲宗教改革运动中脱颖而出的新教徒。当然，新教徒在"上帝的选民"意义上常常以以色列人的继承者自居。如新教的主要领袖约翰·加尔文提倡的基督教新教教义中明显包含这方面的内容。加尔文并没有否认以色列人是"上帝的选民"，他在一本书中写道，上帝"选择以色列人作为他自己的信徒"。②然而，他提出的新教神学理论已经改变了上帝的这种选择。信仰得救的"预定论"是加尔文教义的核心内容之一，也就是说无所不能的上帝预先决定了世界上的一切事物和事实。他是这样论述这一永恒不变的真理的：

> 我们认为上帝是万事万物的支配者，从开天辟地起，就按照自己的智慧决定了他要做些什么，现在根据他的威力执行他规定下来的事。因此我们认为根据上帝的意旨，不只是大地本身，就是无生命的东西也是如此，连人们的意志也是这样受他的支配，完全依照上帝注定的进程行动着。③

加尔文的"预定论"便是"上帝无所不能"这种逻辑推理的结

---

① 《旧约全书·申命记》，第7章，第221页。
② 约翰·迪伦伯格主编：《约翰·加尔文文选》(John Dillenberger, ed., *John Calvin: Selections from His Writings*)，纽约：安克书社1971年版，第350页。
③ 郭振铎主编：《宗教改革史纲》，开封：河南大学出版社1989年版，第315页。

果，在此基础上，加尔文提出了上帝以其绝对的意志对生活在尘世的他的子民进行挑选，被选中者就是上帝的选民，其他则为弃民。上帝挑选的标准除了传播基督福音的虔诚信徒外，个人在事业上的成功与失败，生意上的发财与破产，也成为区分"选民"和"弃民"的重要标志。当然"预定论"在加尔文教义中并非完全起着消极作用。因为人们无法改变受上帝主宰的命运，所以只能通过在尘世的行动来确定和证明上帝对自己的恩宠，成为"上帝的选民"。"上帝的选民"是要按照上帝的要求对世界承担一种责任的，由此引发出新教徒的"天职观"，也就是新教徒以聆听上帝的召唤作为上帝的选民来到世间，他有按照上帝所规定的信条改变和复兴世界的责任或义务。这种责任或义务便是新教徒从"无所不能"的上帝那里获得的对世界承担的一种特殊使命。

加尔文主义对英国宗教改革运动产生了很大的影响。英国的宗教改革从16世纪开始，改革后的教会称为英国国教或圣公会，属于新教的一支。英国国教尽管从本质上是反传统的，也就是说与中世纪主宰人们一切的天主教会是对立的，但其改革说到底还是为当时的英国统治者服务的，所以不会是彻底的。实际上，改革后的英国国教依然保留了很多天主教的成分。在这种形势下，一部分持有激进观点的教徒宣布脱离国教，要求"清洗"国教内依旧起作用的天主教旧制和烦琐仪式，提倡过一种"勤俭清洁"的生活。这批教徒组成的宗教派别以"清教"而著称。英国国教和清教尽管在很多主张上格格不入，打得不可开交，但都认为英国是上帝恩宠的国家，在尘世上具有一种复兴基督教与拯救世人的特殊使命。因此，不管是圣公会徒，还是清教徒，"都表现出强烈的命运感、上帝选民感以及特殊使命感。"[①]他们程度不同地认为，宗教改革运动以其最纯

---

① 罗伯特·汉迪：《一个基督教的美国：新教希望与历史现实》(Robert T. Handy, *A Christian America: Protestant Hopes and Historical Realities*)，纽约：牛津大学出版社1984年版，第7页。

洁的形式在英国开展起来，英国将成为基督教世界的榜样，作为生活在这块土地上的他们自然是古代以色列人的继承人。英国圣公会徒威廉·克拉肖写道："以色列人的上帝就是……英国的上帝。"①清教徒的这种意识更为强烈，约瑟夫·盖尔在所著的《清教传统》一书中宣称：

> 在探究《圣经》中的有关经文时，清教徒很容易发现他们自己与以色列人之间存在许多相似之处，他们把英格兰视为他们的埃及，把詹姆士一世视为他们的法老，把大西洋视为他们的红海。他们也是一个整装待命的民族，明显被上帝选择来执行拯救世界的神圣计划。②

英国清教徒的这种宗教价值取向在当时流行很广的《殉道者传》中充分体现出来。这本书的作者是清教的主要代表人物之一约翰·福斯克，正式书名为《教会的教义与功绩》，从1563年到1684年共发行九版，尤其在清教徒的家庭中传诵甚广，其受珍爱之程度仅次于《圣经》。福克斯在这本书中以生动犀利的文笔叙述了新教徒从14世纪到玛丽一世在位时期所遭受的磨难。他把教会的历史分为五个截然不同的时期，前四个时期已经成为历史。第五个时期发端于宗教改革运动，这是一个基督教力量与反基督教力量决定胜负的时代，最后的胜利将属于真正改革的教会。这本书旨在说明清教徒为天国的胜利历尽艰难险阻，"以某种方式表明英国在上帝的计划中占有一种特殊选定的地位"。③清教领袖威廉·布雷福德也声称：

---

① 查尔斯·桑福德:《寻求天国：欧洲与美国的精神想象》(Charles L. Sanford, *The Quest for Paradise: Europe and American Moral Imagination*)，厄巴纳：伊利诺伊大学出版社1961年版，第52页。
② 金特尔等主编:《美国之梦：信念和实践的历史》，第45~46页。
③ 金特尔等主编:《美国之梦：信念和实践的历史》，第7页。

"在罗马天主教统治的黑暗之后,英格兰是上帝给予福音之光的第一个国家。"①只要英国被论证为上帝所选定的国度,生活在这个国家的他们自然就成为"上帝的选民"了。

从一开始,"上帝的选民"就与对尘世负有一种特殊责任的"使命感"密切联系在一起。"上帝的选民"相对于"上帝的弃民"而言,绝不是简单地规定来到这块土地上的清教徒与其他尘世之人有着严格的区别。作为"上帝的选民",这些清教徒自然承担着把这块土地建成供世人效仿榜样的使命,以最终完成对"弃民"的拯救。按照清教改革家的说法,英格兰既然是上帝选定的国家,其在尘世中履行的使命便是"拯救基督教世界,通过把所有子民都集合在改革的新教旗帜下来恢复欧洲中世纪的统一"。②清教徒原本希望在故土继续推进宗教改革运动,把英国建成基督教世界的楷模,实现他们拯救和复兴世界的梦想。然而,他们的主张对现行的统治秩序构成了很大的威胁,必然为掌握国家权力的阶层所不容。随着英国王室日益加剧专制统治,英国的特殊地位在清教徒的心目中逐渐消失。当王室开始对威胁其统治基础的清教徒进行残酷迫害时,许多清教徒只好离开故土,在海外寻找他们实现宗教理想的新天地。

清教徒在许多方面与英国王室发生冲突。他们认为,英国在尘世的重要地位首先来自上帝的选择,因此实现上帝的安排或目的比起世俗政府的政治或经济考虑更为重要。英国应该根据上帝的旨意,在国际上充当与反基督教势力斗争的"领袖",也就是倾其全力支持其他国家的新教与天主教的斗争。从宗教使命上讲,这种主张并非与英国国教的教义发生冲突,但却不利于在一个动荡不宁的世界里英国王室对其统治的维持与巩固。当清教徒大声疾呼王室对

---

① 弗朗西斯·布雷默:《清教实验:从布拉福德到爱德华兹的新英格兰社会》(Francis J. Bremer, *The Puritan Experiment: New England Society from Bradford to Edwards*),纽约:圣马丁出版社1976年版,第34页。
② 布雷默:《清教实验:从布拉福德到爱德华兹的新英格兰社会》,第34页。

国际上新教斗争采取具体的支持措施时，英国王室对此便会产生强烈的不满，詹姆士一世对荷兰的政策就是一例。16世纪荷兰爆发了反对西班牙统治的起义后，欧洲新教徒都视之为对国际上反基督教势力的沉重一击。伊丽莎白曾对荷兰的新教徒进行了热情的援助，英国清教徒为之欢欣，引以为豪，他们把加尔文教居于统治地位的荷兰看做上帝的"特殊圣所"。当西班牙统治者蠢蠢欲动，企图恢复在荷兰失去的统治时，清教徒向英国政府大声疾呼采取声援行动，但英国王室担心独立的荷兰会对英国的经济利益构成威胁，因而无动于衷。满怀激情的清教徒对此深感不满，与王室的离异倾向日益明显。英国王室也由此认为清教徒的存在对其合法的统治形成了威胁，必欲除之而后快。从16世纪80年代中叶起，英国王室开始迫害清教徒，清教运动被迫转入地下。詹姆士一世统治时期，迫害政策毫未缓解，而且变本加厉，不断升级。他在1604年针对清教徒宣称："你们要一个长老制的教会，与君主政体势不两立，正如魔鬼与上帝势不两立一样。……没有主教，也就没有国王。如果你们坚持自己的主张，我将强迫你们接受国教会，不然就把你们驱逐出境。"[①]查理一世即位后，继续推行残酷镇压清教徒的政策。1625年，坎特伯雷大主教劳德发表声明，禁止讨论国教会教义；1629年，禁止加尔文派进行传教活动；1637年，对编写清教小册子的人，当众鞭打，施以酷刑，终身监禁。正是在这种背景之下，大批清教徒背井离乡，一方面逃避厄运，另一方面在海外寻求实现他们宗教理想的圣地。

据不完全统计，从1630年到1640年间，逃往国外的清教徒约6万人，其中相当一部分人不畏艰险，横渡大洋，来到了在他们眼中仍然是荒凉一片的北美大陆。1620年，一批主要由清教徒组成的移民队伍在清教改革家威廉·布雷福德的率领下，经荷兰乘坐"五月

---

① 郭振铎主编：《宗教改革史纲》，第353页。

花号"船抵达北美,在现在美国东海岸他们称为普利茅斯的地方靠岸登陆。"普利茅斯大岩"(Plymouth Rock)以后就成为美国"理想主义"的象征。1630年,在因信仰清教而被褫夺公职的约翰·温斯罗普的率领下,一支由1500人组成的大规模移民团体在现在的马萨诸塞州安营扎寨,建立了严格按照清教戒律衡量人们行为的社会。他们在北美大陆的成功定居刺激和鼓舞了英国国内的清教徒,后者于是纷纷迁徙北美。从1631年开始,大批清教徒开始漂洋过海,形成了在当时还算是不小的移民潮。1642年英国内战爆发,数万名美国移民"始祖"到达北美,从而翻开了北美大陆历史的新篇章。尽管清教徒在移民人数上并不居于多数,但他们受教育程度高,具有宗教凝聚力,因而必然成为早期移民中的强有力集团,在他们领导下建立的殖民地自然具有浓厚的宗教色彩。

从表面上看,清教徒移居北美似乎是迫于国内不宽容的宗教氛围,但就深层而言,他们中的许多人却是为了信仰而甘愿放弃国内优厚的生活条件来到这块对他们来说还是命运未卜的大陆寻找实现他们宗教理想的"净土",当然其中也包含着发财致富的梦想。由此可见,这些怀抱着神圣理想的清教徒"被迫背井离乡不是逃避惩罚,而是为了建立一个希望之乡。他们认为古代以色列人和他们自己之间的唯一重大区别是,他们可望把这块荒野之地变成希望之乡"。[1]美国宗教史学家约翰·诺顿写道,清教徒的出走"并不像普利尼的老鼠逃跑,遗弃了一栋摇摇欲坠的房子;也不像外国雇佣军那样开小差,他们在危险时刻逃避职责;而是上帝关闭了在英国服务的大门时,在新英格兰打开了服务的大门"。[2]一本宣传小册子描写这些到北美定居的殖民者,"为了人类的利益,他们放弃了由于他们的财富及其本国当时盛行的习俗而享有的种种安逸和闲

---

[1]金特尔等主编:《美国之梦:信念和实践的历史》,第46页。
[2]布雷默:《清教实验:从布拉福德到爱德华兹的新英格兰社会》,第38页。

适"。①以研究美国民主制度而著称的法国学者托克维尔也写道：

> 这些在新英格兰海岸落户的移民"并非迫不得已离开故土，而是自愿放弃了值得留念的社会地位和尚可温饱的生计的。他们之远渡重洋来到新大陆，决非为了改善境遇或发财；他们之所以离开舒适的家园，是出于满足纯正的求知需要；他们甘愿尝尽流亡生活的种种苦难，去使一种理想获致胜利"。②

当然这伙"上帝的选民"一开始也遇到了意想不到的困难。背后是波涛汹涌的海洋，头顶是茫茫无际的上苍，前面是孤寂可怕的荒野，很多人因无法适应新的环境而葬身异域，幸存者向全能的上帝祈求，希望他们在上帝的指引下能够走出困境，在这块土地上生存繁衍。布雷福德记载了他们当时面临的几乎令人绝望的处境，"大家如果回顾身后，就只见他们泛渡过来的汪洋大海，它如今成了千重波障、万里鸿沟，将大家完全隔绝在文明世界之外。……现在除了上帝的精神和慈爱，还有什么能支持他们呢？"③不过，在很多清教徒的眼中，他们面临的种种困难是"天降大任于斯人"之前上帝对他们意志的有意考验，也是他们迈向天国路上所遇到的必然障碍，"美国人是上帝选民的信仰并不暗示着一帆风顺地达到拯救。正如《圣经》十分明确表明的那样，上帝的选民经历了最严重的考验，承担着最难以忍受的负担"。④既然上帝选择了他们，那么

---

① 丹尼尔·布尔斯廷：《美国人：开拓历程》，北京：美国驻华大使馆新闻文化处1987年版，第83页。
② 托克维尔：《论美国的民主》（上卷），董果良译，北京：商务印书馆1991年版，第36页。
③ 塞缪尔·埃利奥特·莫里森等：《美利坚共和国的成长》（上卷），南开大学历史系美国史研究室译，天津：天津人民出版社1980年版，第68页。
④ 小阿瑟·施莱辛格：《美国历史的循环》(Arthur M. Schlesinger, Jr., *The Cycles of American History*)，波士顿：霍顿·米夫林出版社1986年版，第15页。

当他们身处绝境时上帝绝不会袖手旁观，抛弃他们。因此当他们向上帝祈求时，上帝似乎听见了他们的声音，给他们指出了一条通向光明的道路。美国现在每年11月下旬举行的"感恩节"已成为一个传统节日，其起源可追溯到普利茅斯殖民地移民始祖们适应新环境后对上帝的感恩戴德。

"上帝的选民"这一概念尽管对于新教各教派来说都不失为一种使自己在尘世之行为合理化的解释，但它所体现出的内容在虔诚的清教徒身上表现得更为强烈。他们自认为"出污泥而不染"，洁身清高，竭力通过自己在尘世的行为来证明上帝对自己的"恩宠"。他们本想在故土大展宏图，推进宗教改革，实现梦寐以求的神圣理想，然而，由于他们的主张反映出新兴阶级的要求和利益，因此很难为统治阶级所能容忍。故土已难留存，只好另辟蹊径，这是清教徒迁徙北美的主要原因之一。当在新世界实现宿梦与开拓一片大陆的艰难环境结合在一起时，这伙"上帝的选民"才真正感受到了他们肩负的使命，"他们命定成为一个民族。……按照主的旨意，他们将要变荒野为文明，使之成为伊甸园，成为乐园。在上帝创造并安置在地球上的所有人中，他们是上帝的选民。他们是新世界。正如基督给世界带来了新启示录，代替了旧启示录，这些上帝的选民带来了新的使命"。①从某种意义上说，他们在英国播下的"理想"种子却在北美大陆上找到了适合生长的环境，在这里生根、发芽、开花和结果。

这样，清教徒来到这块陌生土地上的目的之一是建立一个为世人所仿效的理想社会。在这块土地上建立的国家自然就成为地球上的"上帝王国"。因此，构成其居民的美国人与众不同，他们组成了"上帝选民的共同体"。美国殖民时期著名清教牧师科顿·马瑟在

---

① 詹姆斯·罗伯逊:《美国神话美国现实》(James O. Robertson, *American Myth American Reality*)，纽约：希尔和王出版社1980年版，第53页。

一本宏扬上帝在美洲的丰功伟绩的书（Magnalia Christi Americana）中描述了清教徒居住的这块大陆的特殊性。在他看来，"在神圣历史进程中，北美洲进入了中心阶段；新英格兰的清教徒成为被上帝挑选出来的特殊子民，焦急地等待着他们的新耶路撒冷的第二次降临；北美洲从世界的一个遥远的角落转变成新耶路撒冷的中心，成为与欧洲形成鲜明对照的指路灯塔。在期待时代的终结中，新英格兰清教徒创造了一个新的开端，即终结的开始"。①18世纪上半期北美大觉醒运动的宗教领袖乔纳森·爱德华兹指出：

> 我们是一个契约民族，每个立誓信教的民族都是，但我们以一种特别的方式是这样；因为上帝在许多方面惠顾这片土地上的民族，就像当上帝与以色列的子女签订契约时对他们所做的一样。他把我们带出，与其他民族相分离，因为我们在他们中间处于沉重枷锁的束缚之下；他带着我们越过了浩渺的大洋，率领着以色列的子民穿越荒山野岭，把我们带到了一个遥远的地方，对上帝自己来说，我们也许是一个特殊的民族。上帝让我们占有宜人的土地，为了让我们领有这片土地，他最终让其前居民离开，这样我们才能拥有它。他以不同寻常的方式驱逐了我们前面的异教徒，把我们移民于这里安家落户，可以说把他的圣堂安放在我们中间。……在这里，上帝已经与我们签署了契约。我们的祖先一来到这里定居下来，就庄严地与上帝签署了契约。世界上也许没有任何民族采取了我们成为一个独特的契约民族的方式，不可与这个民族的以色列教会的情况

---

① 转引自罗布·克罗斯：《如果你见过一个，你就见过一片：欧洲人和美国大众文化》（Rob Kroes, *If You've Seen One, You've Seen the Mall: Europeans and American Mass Culture*），厄巴纳：伊利诺伊大学出版社1996版，第8页。

同日而语。①

清教徒宣称的"理想"在现实生活中未必属实，但确实成为人们开拓新大陆过程中的精神食粮。清教徒的宗教观深深地影响了美利坚民族的形成，在思想意识上成为美国文化的"灵魂"。甚至存在着这样的说法，即"如果我们不理解清教，可以说就不理解美国"。②这种说法显然有所夸张，但如果要对美国白人文化追根溯源，也不是没有道理的。清教对美国文化的影响恰恰是发轫于这批移民始祖的思想，尤其是"上帝的选民"这一概念在美国立国后更成为把美国人与世界其他地区的人区别开来的主要标志之一。这种观念在许多有影响的美国人思想中都有体现。如开国元勋之一托马斯·杰斐逊1785年建议，合众国的国玺上应该铭刻着受一束光柱指引的以色列人的孩子们，这些"孩子们"显然就是指美国人。1805年杰斐逊在就职美国总统的演说中宣称："上帝指引着我们的祖先，就像指引着古代以色列人一样。"③杰斐逊的传记作者吉尔伯特·奇纳德由此认为，杰斐逊确信，"美国人是上帝的选民。他们被赋予优越的智慧和力量"。④神学诗人蒂莫西·德怀特1787年把美国人说成是上帝"选择的种族"。⑤美国著名作家赫尔曼·梅尔维尔

---

① 哈里·斯托特总主编：《乔纳森·爱德华兹文集》(Harry S. Stout, ed., *The Works of Jonathan Edwards*)，第19卷，M.X.莱塞编：《布道与宣讲》(M. X. Lesser, ed., *Sermons and Discourses 1734-1738*)，纽黑文和伦敦：耶鲁大学出版社2001年版，第759页。

② 佩里·米勒等主编：《清教徒：他们的原始论著集》(Perry Miller and Thomas H. Johnson, ed., *The Puritans, A Sourcebook of Their Writings*)，第1卷，纽约：哈珀和罗出版社1963年版，第1页。

③ 艾伯特·温伯格：《天定命运：美国历史上国家主义的扩张主义之研究》(Albert K. Weinberg, *Manifest Destiny: A Study of Nationalism Expansionism in American History*)，巴尔的摩：约翰斯·霍普金斯大学出版社1935年版，第40页。

④ 吉尔伯特·奇纳德：《托马斯·杰斐逊：美国主义的倡导者》(Gilbert Chinard, *Thomas Jefferson: The Apostle of Americanism*)，波士顿：利特尔和布朗出版公司1929年版，第428页。

⑤ 温伯格：《天定命运：美国历史上国家主义的扩张主义之研究》，第40页。

在其1850年出版的一本书中对盎格鲁-撒克逊种族大加赞颂，把这个种族的伟大归结于上帝的英名。他的一段著名表述是："我们美国人是特殊的上帝的选民，即我们时代的以色列人；我们驾驶着世界自由的方舟。70年前，我们逃脱了奴役状态，除了我们首要的与生俱来的权利之外——拥有地球上的一个大陆，上帝把统治异教徒居住的广大版图赋予我们在未来继承，……上帝已预先注定，人类也期望，伟大的成就来自我们的种族，我们感到了这些伟大的成就存在于我们的灵魂之中。其余国家必须很快步我们的后尘。……让我们永远不要忘记，几乎是在地球历史上第一次，由于我们的存在，国家的自私是没有穷尽的善行；因为如果我们不向世界乐善好施，我们就不能有益于美国。"[1]类似这样的语言在美国政治界和学术界俯拾皆是，对美国白人思想意识的形成产生了很大的影响，这种意识当然不可能不在美国对外政策上反映出来。

二 一座照亮世界的"山巅之城"

如前所述，清教徒是北美最早移民潮中的主流，建立一个为世人所仿效的社会的理想伴随着他们来到这块大陆，"他们希望通过建立一个模范的基督教社会来为真正的信仰而战"。[2]这是他们的初衷，也是他们多少年不懈追求的一个目标。布雷福德率众在前往北美的途中就签订了被认为是美国民主基石的"五月花号公约"。他们"以上帝的名义"立誓要继续进行清教试验，"宏扬上帝的荣耀，推进基督的信仰，同舟共济，以契约的形式组成政府"，以求

---

[1] 赫尔曼·梅尔维尔:《白色夹克或一个战士的世界》(Herman Melville, *White-Jacket;or,The World in a Man-of-War*)，第36章，纽约：哈珀兄弟出版社1850年版。转引自安德鲁·德尔班科:《真正的美国之梦：对希望的沉思》(Andrew Delbanco, *The Real American Dream: A Meditation on Hope*)，坎布里奇：哈佛大学出版社1999年版，第57~58页；小施莱辛格:《美国历史的循环》，第15页。
[2] 布雷默:《清教实验：从布拉福德到爱德华兹的新英格兰社会》，第57页。

自我完善，把北美建成新的耶路撒冷。当温斯罗普带着那批摆脱了宗教迫害的新教徒终于找到了实现自己宗教信仰的理想场所时，他不无感触地对同伴谈到他们所承担的使命之成败对世界未来所具有的重大意义：

> 我们必须认为，我们将成为山巅之城，全世界人民的眼睛都在注视着我们。所以，如果我们在实现这一事业的过程中欺骗了我们的上帝，致使上帝不再像今天那样帮助我们，那么我们终将成为整个世界的笑柄；我们将给敌人留下诽谤上帝和所有信仰上帝之信徒的话柄；我们将使上帝的许多高贵仆人蒙受羞辱，导致把他们的祈祷转变成对我们的诅咒，直到我们毁灭了我们正在前往的这片希望之地。①

布雷福德和温斯罗普均为北美大陆早期移民的宗教领袖，他们以宗教的语言向世人展示了来到北美大陆的清教徒对全世界的发展所承担的历史使命。"山巅之城"这一术语以后逐渐成为美国把自己与其他国家区别开来的一个主要象征。美国拉特格斯大学历史系教授迈克尔·亚当斯认为，温斯罗普的"山巅之城"概念在美国形象和信念中"持久不衰，通常被引用为一直被认为是非常独特的一个国家经历的象征"。②实际上，这样一种设想也正是支撑着这些早期移民们能够渡过危难的精神力量。当这些移民的始祖们终于克服

---

① 转引自斯蒂芬·英尼斯：《创建共和国：清教新英格兰的经济文化》(Stephen Innes, *Creating the Commonwealth: The Economic Culture of Puritan New England*)，纽约：诺顿出版公司1995年版，第14页。
② 迈克尔·亚当斯："从定居殖民地到全球霸权：美国经历的例外论话语与世界历史合而为一"(Michael Adas, "From Settler Colony to Global Hegemon: Integrating the Exceptionalist Narrative of the American Experience into World History")，载《美国历史评论》(*American Historical Review*)，第106卷，第5期（2001年12月），第1697页。

和战胜了大自然带给他们种种意想不到的困难和障碍时，这种固存于他们思想中的"使命感"必然会以新的形式表现出来，他们决心在这块新土地上进行神圣的实验，将之建设成为受世人敬仰和效仿的"理想王国"。布雷福德以编年体的形式记载了清教徒在艰苦年代的遭遇，他们欲要承担特殊使命的情绪充斥于字里行间，他在结语中写道："就这样依靠着从虚无中创造万物、给万物以生命的主的手，从一些小小的开端里产生出了许多伟大的事物；正像一支小蜡烛点燃千支烛一样，在这里燃起的光照亮了很多人，的确可以说，还以某种方式照亮了我们的整个民族。"①

这些早期移居北美的清教徒虽然摆脱了故土的宗教迫害，但依然以"生来自由的英国人"而自豪，也就是说，第一代清教徒在心理上仍然是以英帝国为核心的，他们无不希望以在北美大陆的成功来促使国人觉醒，改造母国，进而复兴整个世界。这样，"新英格兰殖民地被认为是进入荒野的使者，通过范例和其居民的祈祷创建一个模范的清教社会来改变英国，通过英国再改变世界"。②他们把自己"看成是一支加尔文派的国际突击队。他们的目标是建立一座'山巅之城'，并以此向世界，特别是向英国人显示一个神圣共和国应该拥有什么样的秩序"。③尽管这种设想随着英国资产阶级革命的成功而失去了存在的合理性，但在北美大陆上建立一座"山巅之城"以昭示世界的使命感却在移民中间深深地扎下了根。美国一直宣称在国外拥有一种特殊使命，其根源也就于此。很多美国学者把固存于美国白人文化中的"使命观"与前往北美的清教徒联系在一起。如美国学者丹尼斯·博斯特多尔夫指出，美国的"使命神话起源于我们的清教徒祖先，他们自认为是上帝的选民。根据这种神

---

① 莫里森等：《美利坚共和国成长》（上卷），第70页。
② 布雷默：《清教实验：从布拉福德到爱德华兹的新英格兰社会》，第37页。
③ 詹姆斯·莫斯利：《美国宗教文化史》（James G. Moseley, *A Cultural History of Religion in America*），韦斯特波特：格林伍德出版社1981年版，第7页。

话，美国有一种道德义务，即作为一个楷模服务于世界其他国家，以此鼓励全球范围内的自由"。①

早期移民建立一个全新世界的"理想"得到了一些著名人士的系统阐述。爱德华·约翰逊虽然不是殖民地的宗教领袖，但写了一本影响很大的书，书名为《锡安山救世主在新英格兰创造奇迹的天命》。他在这本书中详细阐述了新英格兰人在尘世注定承担的特殊使命，认为上帝为新英格兰殖民地确定的目的是"为让山巅之光比起世界上最高的山峰都更为光彩夺目"。②当时居住在这一地区的很多新教徒的确为他们所处的地位感到自豪，他们设想，"北美被预先注定成为新的耶路撒冷，一个上帝特别恩赐的地方，也许这里就是他选择开始千年基督王国的地方"。③关于新英格兰在拯救世界中的作用，正如哈里雅特·比彻·斯托指出的那样，上帝对新英格兰的恩惠"预示了美国辉煌的未来，……它受托把自由和宗教之光带给整个地球，促使伟大的千年至福日的到来，那时战争将停止，摆脱罪恶束缚的整个世界将为沐浴在上帝的光芒之中而欢欣鼓舞"。④新英格兰由此成为逐渐形成的美利坚民族文化的最早发源地。托克维尔把新英格兰产生的思想看做美国社会学说的主要基础，他认为，"新英格兰的文明，像高地燃起的大火，除烤暖了周围地区之外，还用它的光辉照亮了遥远的天边"。⑤爱德华兹认为，北美的发现与

---

① 丹尼斯·博斯特多尔夫：《总统任期与外交政策巧辩》(Denise M. Bostdorff, *The Presidency and the Rhetoric of Foreign Policy*)，哥伦比亚：南卡罗莱纳大学出版社1994年版，第177页。
② 布雷默：《清教实验：从布拉福德到爱德华兹的新英格兰社会》，第37页。
③ 迈克尔·卡门："美国例外论再思考"(Michael Kammen, "The Problem of American Exceptionalism: A Reconsideration")，载《美国季刊》(*American Quarterly*)，第5卷，第1期(1993年3月)，第8页。
④ 转引自萨克范·伯科维奇：《美国自我的清教起源》(Sacvan Bercovitch, *The Puritan Origins of the American Self*)，纽黑文：耶鲁大学出版社1975年版，第877~878页。
⑤ 托克维尔：《论美国的民主》(上卷)，第35页。

开拓是上帝的旨意，其目的就是创建一个全新的世界，他把北美大陆的发现说成是基督教历史上的一个划时代的事件。北美的发现乃是一种神圣力量的体现，而北美的昌盛也无疑有助于上帝事业的完成。正是在这里，"上帝将要开始对地球上可居住的地区进行改造更新，即一种以激进的新的宇宙秩序为标志的更新。……因此，北美的未来不仅是其自身的未来，也是人类的未来，世界的未来，甚至是宇宙的未来"。[1]美国学者迈克尔·卡门指出："爱德华兹坚信，北美有一种特殊的精神命运，千年至福将在新英格兰开始。"[2]爱德华兹主要从宗教复兴角度来宣讲布道，目的在于促进国人的觉醒，革故鼎新，再创清教在北美大陆的辉煌。他以虚无缥缈的宗教语言为新教徒在这块大陆履行特殊"使命"设计了一幅宏伟蓝图，对于启迪人们的思想意识无疑产生了重要的影响。

这里还应该提到毕生致力于所谓"神圣实验"的威廉·佩恩。佩恩是从英国清教中分离出来的"教友派"的领袖之一。他出身豪门，家财万贯，仆役成群，良田万亩，但是他没有迷恋于这种舒适安逸的生活，立志要在北美大陆上获得一块殖民地，以便建立一块能够实现其宗教信仰的自由乐土。这一打算在1681年如愿以偿，他征得英王的特许，在北美洲获得了一块面积与英格兰相等的土地，"竟认真地试图在荒野里建立上帝的城邦"。[3]在他建立的宾夕法尼亚殖民地，人人享有宗教信仰自由，言论自由。这里宽松的政治气氛和优越的自然条件吸引了数以万计的各国移民前来定居，使这里农业发达，商业繁荣，人们安居乐业。佩恩在1684年自豪地宣称："我给美洲带来了从来不曾有任何人依靠个人力量带来的最大的殖

---

[1] 参见莫林·亨利:《权力的陶醉：从公民宗教到意识形态的分析》(Maureen Henry, *The Intoxication of Power, An Analysis of Civil Religion to Ideology*)，霍兰：雷德尔出版社1979年版，第47页。
[2] 卡门:"美国例外论再思考"，第8页。
[3] 莫里森等:《美利坚共和国的成长》(上卷)，第98页。

民地，只有在我们这里才能找到美洲前所未有的最兴旺的各种开端。"① 显然，佩恩的"神圣实验"理想色彩较浓，许多设想在现实生活中未必行得通，即使能够行得通，也未必能够坚持下来。不过就当时而言，他在北美大陆上创立的"和谐"共同体在一定程度上获得了成功。他们所宣扬的"圣城之光"尽管尚未有意向周围地区辐射，但"洁身自好"、"独善其身"却包含着优于他人的心理，在某种意义上说与"新英格兰方式"一样昭示了美国文化中的一些基本成分。

北美移民始祖们建立世人所敬仰和效仿的"山巅之城"最初显然宗教的成分大于现实的考虑，但作为他们所追求的一种"理想"，却在北美大陆这块土壤中深深地扎下了根。当北美大陆的开拓表现出不同于其他地区的特殊性时，这种由第一批移民带来的观念便更为加强，逐渐融合进美利坚民族意识形成过程之中，成为美国白人文化表现出的一个明显特征。历史发展表明，北美大陆在开拓过程中，没有像中南美洲的西班牙殖民地那样成为犯罪者的乐园、囚犯的戍站、土著和白人的混合场所，更没有出现类似欧洲的封建制度，而是从一开始就走上了资本主义商品生产的发展道路。用美国历史学家卡尔·德格勒的话来说，"资本主义随着第一批船只来到了北美"。②恩格斯在1887年《英国工人阶级状况》美国版的序言中指出："在美国这片得天独厚的土地上，没有中世纪的废墟挡路，有史以来就已经有了17世纪孕育的现代资产阶级社会的因素。"③正是在这一基础上，美国在西方世界虽不是最早开始工业革命的国家，但可以说是最早跨入了现代资本主义社会的国家。在先进生产

---

① 莫里森等：《美利坚共和国的成长》（上卷），第101页。
② 斯图尔特·布鲁切：《1607年至1681年美国经济增长的根源：一篇社会因果的论文》（Stuart W. Bruchey, *Roots of American Economic Growth 1607–1861: an Essay in Social Causation*），纽约：哈珀和罗出版社1968年版，第44页。
③ 《马克思恩格斯选集》，第2版，第4卷，第389页。

方式的作用下，北美大陆上形成了世界上最早能够保障资产阶级民主自由的政体。这一切尽管都是无可置疑的历史事实，但在许多美国人看来仿佛印证了"美国是上帝选择的一个特殊国度，注定以其独一无二的经历服务于人类"这一命题。智利学者阿利埃尔·多尔夫曼在一篇文章中分析了美国人具有这样一种特殊使命的原因，认为原因在于他们"感到自己是新生的和年轻的"，他们的国家"刚刚出现在地平线上"，这个新生国家的创建是"通过与专制的过去和昨日的错误"彻底决裂，是通过"一场成为争取民主、自由和权利议案的革命战争"。这是美国人"确认自己优越于并的确不同于人类的其余部分"的根本基础。在此过程中，美国人逐渐培育了这样一种信念，即"他们是人类最后的最好希望、拯救者和山巅之城"。①

　　上述美国经历的"与众不同"大概就是固存于美国白人文化中的"例外论"的历史渊源。"例外论"固然主要说明美国发展的独特性，但更重要的是体现出美国优于他国而为世界树立了一个"楷模"的观念，也就是美国以其独特的经历成为人类未来发展的"指路星辰"。美国著名学者丹尼尔·贝尔在一篇论文中探讨了美国"例外论"的含义，认为在特定的意义上讲，所有国家都是独特的。贝尔这里的意思显然指任何国家的发展经历都是与他国不同的，受到本国的人文环境和自然资源等因素的制约。然而美国例外论所体现的思想不是到此为止，而是"不仅设想美国始终不同于其他国家，而且设想在模范（山巅之城）或众国之灯塔的意义上来说是例外

---

① 阿利埃尔·多尔夫曼："文化的初始化"（Ariel Dorfman, "The Infantilizing of Culture"），载唐纳德·拉泽勒：《美国媒介和大众文化：左翼观点》（Donald Lazere, *American Media and Mass Culture: Left Perspectives*），伯克利：加利福尼亚大学出版社1987年版，第147页。
② 拜伦·谢弗主编：《美国是不同吗？美国例外论新探》（Byron E. Shafer, ed., *Is America Different? A New Look at American Exceptionalism*），纽约：牛津大学出版社1991年版，第50~51页。

的"。②美国学者汉斯·科恩把北美殖民地与世界上所有其他国家区别开来的基础说成是"一种使这个新国家在地球各国中鹤立鸡群的思想","北美的英国殖民地似乎被自然界和该时代的哲学家所预先确定为一场伟大的实验"。①美国巴特勒大学政治学系教授西奥伯翰·麦克沃伊-利维对"美国例外论"进行了总结,将之概括为起源于清教徒关于新世界是"山巅之城"的梦幻。②这种观念在美国立国后更为明确地体现在政府的对外关系上,成为美国追求世界领袖地位的一个自我陶醉的理由。

美利坚合众国成立之后,国家作为一个主权实体开始有了代表本民族的整体利益,国家的安全与发展除了依赖内部的自身条件外,与外部的关系同样重要。当然,美国由于地理位置特殊,南北无强敌,东西又有两洋屏障,国家可以专心致力于在北美大陆上发展。当时无必要也无实力把触角伸向两洋之外,但美国并不会放弃它在世界事务中发挥特殊作用的愿望。这样,"山巅之城"所包含的基本取向便在美国许多决策者的思想中反映出来。他们与大多数美国人一样把他们国家的经历看做是为世界其他国家指明了一条发展道路,美国只是作为一个"范例"来完成它所注定承担的使命。这种思想在开国先辈们身上体现得尤其明显。开国总统乔治·华盛顿在1789年4月30日在国会两院发表就职演说时宣称:"人们已将维护神圣的自由火炬和维护共和政体命运的希望,理所当然地、意义深远地,也许是最后一次地,寄托于美国民众所进行的这一实验上。"他在离职时还在告诫国人,"在不久的将来,这个国家将称

---

① 卢瑟·利德基主编:《缔造美国:美国的社会和文化》(Luther S. Luedtke, ed., *Making America: the Society and Culture of the United States*),华盛顿:美国新闻署1988年版,第10页。
② 详见西奥伯翰·麦克沃伊-利维:《美国例外论与美国对外政策:冷战结束之时的公众外交》(Siobhán McEvoy-Levy, *American Exceptionalism and US Foreign Policy: Public Diplomacy at the End of the Cold War*),纽约:帕尔格雷夫出版社2001年版,第23页。

得上是一个自由的、进步的、伟大的国家。它为人类树立了一个始终由正义与仁慈所指引的民族的高尚而且新颖的榜样"。①托马斯·杰斐逊认为，美国将通过纯洁和完善的范例以及成为不幸者和受压迫者的避难之所而最好地服务于人类。因此，"对杰斐逊来说，美国的实验明显代表了一种新的开端。殖民者愤然脱离欧洲，他们夸口说，十三个殖民地对欧洲封建主义和专制或阶级划分和种族集团区别对待一无所知。美国的天堂是圣徒马太在其福音书第五章中记载的'山巅之城'，向全人类召唤"。②被称为美国"宪法之父"的詹姆斯·麦迪逊说："我们国家如果自身处理得当，将成为文明世界的自由工场，比任何其他国家对非文明世界贡献更大。"③19世纪二三十年代前后，活跃于美国政界的著名政治家亨利·克莱宣称，这个国家对民主自由的贡献将保持自由之灯"在这个西部海岸上明亮地燃烧着，作为照亮所有国家的光芒"。④1847年，共和国创建时期的最后一位政治家埃伯特·加勒廷语气恳切地告诫国人，"你们的使命将是为所有其他政府和所有其他不幸的国家树立一个榜样……发挥你们的所有才能逐渐改善自己的制度和社会状况，然后，靠着你们自己的范例，带给人类最有益的道义影响"。⑤根据上述这些曾经影响了美国发展进程的历史人物的言论，美国似乎从一开始

---

① 聂崇信等译：《华盛顿选集》，北京：商务印书馆1983年版，第257页，第322页。
② 肯尼思·汤普森：《政治与外交中的传统与价值观：理论与实践》(Kenneth W. Thompson, *Traditions and Values in Politics and Diplomacy: Theory and Practice*)，巴吞鲁日：路易斯安那州立大学出版社1992年版，第66页。
③ 转引自亚历山大·德康德主编：《美国外交政策百科全书：主要动向和思想研究》(Alexander Deconde, ed., *Encyclopedia of American Foreign Policy: Studies of the Principal Movement and Ideas*)，纽约：斯克里布纳出版社1978年版，第859页。
④ 转引自福斯特·杜勒斯：《美国上升为世界大国，1898~1954年》(Foster R. Dulles, *America's Rise to World Power, 1898–1954*)，纽约：哈珀出版社1955年版，第6页。
⑤ 转引自小施莱辛格：《美国历史的循环》，第90页。

就超越了国家的"自我利益"。这一点固然不足可信,在任何情况下,美国政府任何举措首先要考虑本国利益的实现,但美国决策者孜孜以求地树立美国的这种"形象"的确反映出了在这块大陆上形成的一种文化价值观。他们显然想把美国与世界其他国家明显区别开来,把原来北美是"上帝选择的新世界"转变成美国是"上帝选择的国家",以其自身的发展和"完善"成为"照亮人类命运之路的灯塔"。受这种心态影响的美国外交政策在很长一段时期内使美国摆脱了大洋之外纷争的世界,专心致力于发展国力,为最终从领导世界的"形象"走向领导世界的"地位"奠定了物质基础。

"山巅之城"是北美早期移民来到新大陆后,面对着茫茫无际的荒野莽林而希望建立一个宗教理想国的形象表达。这种希望并没有停留在虚幻的宗教语言上,相反,却在北美大陆开拓过程中不断融合进了现实需要的成分,逐渐转化为生活在这块大陆上的白人移民们引以为豪的一种文化观念。诚如斯帕尼尔所言:"美国人从其国家生活刚一开始就坚信他们的命运是——以身作则地向一切人传播自由和社会正义,把人类从罪恶之路上引导到人世间'新的耶路撒冷'。"①作为一位研究美国外交史很有建树的学者,斯帕尼尔倒是不大相信美国政府决策者会真诚地持有这种观念。他认为,这种观念之所以在历史上持续不衰恰恰在于,它能够为美国政府实现其在国际社会追求的私利提供一个振振有词的借口。在以后的历史发展中,美国历届政府正是借助这种固存于美国文化中的观念,把自己在现实中追求的自我利益沐浴在虚缈的"圣城"射出的光芒中。显而易见,美国的目标并不是建立全人类所仰望的"山巅之城",而是欲领导世界。这大概是北美大陆的开拓者和美利坚合众国的缔造者们所未必预见到的。

---

① 斯帕尼尔:《第二次世界大战后的美国外交政策》,第10页。

三 寻求自由者的"希望之乡"

从欧洲越过大西洋进入纽约港，一座矗立在纽约自由岛上的巨型女神铜像首先映入眼帘。自由女神铜像的正式名称是"自由照耀世界女神"，她身高152.5英尺，容貌美丽，神情坚毅，面对着大西洋，右手拿着象征自由的火炬，左手拿着一本长达23.7英尺象征法律的书板，上面写着美国独立宣言发表的日期——1776年7月4日。①在女神的脚下铭刻着一位伟大诗人爱玛·拉扎鲁斯1883年写的一首十四行诗：

> ……
> 你们这些疲惫不堪、穷困潦倒的人，
> 你们这些蜷缩在一起渴望呼吸自由气息的人，
> 你们这些被富饶海岸遗弃的可怜的人，
> 你们这些无家可归、颠沛流离的人，
> 投到我的怀抱吧，
> 我在金门之侧高举着明灯！②

自由女神铜像是庆祝美国独立100周年时法国人送来的一件礼物。在美国人的眼中，她是一种象征，昭示着美国是人类的"希望和乐园"，能够为那些受到迫害的人提供"自由和机会"。这种观念当然不是始于自由女神铜像的揭幕落成之时，而是固存于美国白人文化中的一种价值取向，是美国对世界承担特殊"使命"的重要组

---

① 参见邓蜀生：《美国与移民：历史·现实·未来》，重庆：重庆出版社1990年版，第1页。
② 引自《大美百科全书》(The Encyclopedia Americana)，第25卷，丹伯里：格罗利尔出版公司1983年版，第637页。

成部分。在庆祝哥伦布"发现"美洲300周年之际,美国著名人士埃尔赫南·温切斯特把北美说成是全能的上帝为所有国家受迫害者准备的一块圣地,上帝"使之成为地球上第一块已经建立平等社会和宗教自由的地方。圣徒约翰在《新约全书·启示录》中预言,'我在你面前为你打开了一扇门,是无人能够关闭的'"。温切斯特认为,早期的费拉德尔菲亚教会实现了这一预言。他说:"这是公民自由和宗教自由之门,该门是在北美的费拉德尔菲亚开始打开,……随后将传遍整个世界。"①从美国是一块受到专制制度迫害者前往避难的"理想之所"而言,温切斯特充满宗教色彩的"自由之门"与自由女神铜像体现出了相同的含义,具有异曲同工之妙。1908年,英国学者理查德·德巴里出版了一本名为《希望之地》的书,记录了作者在美国考察期间对美国人物质和精神生活的直观印象。他相信美国在地球上的永恒性和美国计划最终会取得胜利。在他看来,美国公民生活中大多数弊端是把个人与大众同化到真正的美国理想之欲望所产生的结果。美国人生活在美国,但又不属于美国。也就是说,美国对世界承担一种上帝赋予的特殊使命。作者借用《圣经》中的话来形容美国,"如果这个民族保持我的契约,他们将无疑永远存在下去"。德巴里对这句话的解释是,"这种契约是在更高层次的国家命运上实现人类之间的博爱与友谊,这是上帝赋予美国在诸国中的注定使命,靠着这种神授天命的力量,这个国家会一往无前,繁荣昌盛,确立支配地位"。②

---

① 转引自温思罗普·赫德森主编:《美国的民族主义和宗教:美国认同和使命的概念》(Winthrop S. Hudson, ed., *Nationalism and Religion in America: Concepts of American Identity and Mission*),纽约:哈珀和罗出版社1970年版,第71~72页。

② 理查德·德巴里:《希望之地:美国物质和精神统一记》(Richard De Bary, *The Land of Promise: An Account of the Material and Spiritual Unity of America*),伦敦和纽约:朗曼、格林出版公司1908年版;参见"一个英国人看我们的民主"("An English View of Our Democracy"),载《纽约时报》(*New York Times*),1909年1月9日,第BR17页。

众所周知，美国是个主要由移民组成的国家，美国著名历史学家奥斯卡·汉德林认为，"移民就是美国的历史"。①来自国外的移民可以说是伴随着北美十三个殖民地建立一直持续至今。定居北美的早期移民离开故国，漂洋过海，主要是不甘忍受旧大陆统治阶级的政治与宗教迫害，清教徒来到北美是想寻求一块实现他们理想的"乐土"。当然，许多移民是出于其他原因背井离乡的，寻找生存之地和致富之路是穷苦移民的主要目的。在当时，很少有殷富人家愿意抛弃故国舒适的生活条件，来到新大陆进行冒险。包括新教徒在内的这些早期移民，是带着旧大陆所不愿意接受的思想与观念来到北美大陆的，寻求个人自由与解放的理想成为他们来到这里的一个主要目的。他们踏上新大陆后虽然面对着艰难的生存环境，但一望无垠、广袤富饶的土地使他们醉心不已，只要勤劳奋斗，便可致富。更为重要的是，这里没有旧大陆的种种限制，为他们充分发展自己的才能提供了机会。正如美国学者詹姆士·罗伯逊所言："一个世界诞生了，在这里，人类思想再也不受地理屏障的限制，任何人都可以享有人类知识、人类历史和世代积累的人类经验，都可以充分施展个人的发明创造才能。"②罗伯逊之语虽是后世研究者根据材料记载对历史的一种形象化的描述，但的确反映了当时移居北美的多数移民的真实心绪，那些怀抱着宗教理想的新教徒更是具有这样的倾向。约翰·科顿牧师17世纪中期从英国启程到北美，他把这里说成是上帝为其选民留下的寄托人类发展希望的地方。他宣称："当上帝把我们沐浴在他的安排时，当他赋予我们犹如双翼的生命

---

① 让-巴蒂斯·迪罗塞勒：《从威尔逊到罗斯福的美国外交政策，1913~1945年》(Jean-Baptise Duroselle, *From Wilson to Roosevelt: Foreign Policy of the United States 1913-1945*)，南希·莱曼·罗尔克(Nancy Lyman Roelker)译，坎布里奇：哈佛大学出版社1964年版，第16页。
② 罗伯逊：《美国神话美国现实》，第42页。

和力量时,一块希望之地便开始出现了。"①不管北美大陆当时是否已向移民们展现出不同于欧洲大陆的特殊优越条件,至少在许多早期移民的意识中,这块大陆将在他们的经营下,注定会成为全世界追求自由者的"希望之乡"。

北美大陆地沃人稀,资源丰富。在早期移民的眼中,这似乎就是全能上帝的有意安排,这块"希望之乡"现在即将由他们揭开笼罩了很多世纪之久的神秘面纱,把其本来面目展现在世人面前。经过多年的艰苦努力,他们成功地适应了这里的自然环境,在精神上摆脱了昔日的压抑与束缚,在物质上可以享受大自然恩赐的优越条件。他们为了寻求自由与幸福来到美洲,拓荒时代的艰苦生活使他们更加意识到自由的珍贵,独立进取成为披荆斩棘生活中的精神支柱。用比尔德的话来说,"岁月的消逝只是加强了他们的特性,加深了他们对自由的热爱;至于那种使他们同旧世界维系在一起的回忆和感情纽带,则已湮没无闻了"。②虽然早期移民在这一过程中只是寻求到了自身所享有的自由,还没有形成把这种自由推及给世界其他地区的观念,但新大陆成为追求自由者躲避旧大陆迫害的理想之所已是多数移民的潜在意识。优越的地理位置,丰富的自然资源,使一些人开始意识到北美大陆的特殊性以及来到这块土地上的人们所承担的使命。这样,"由于土地肥沃,资源丰富,气候宜人,北美似乎就像上帝隐藏起来的希望之乡,现在即将由上帝的选民所占据。在神的指导和保护下,他们将致力于把光明和拯救带给世界其

---

① 转引自弗农·路易斯·帕林顿:《美国思想的主流:对从开始到 1920 年美国文献的解释》(Vernon Louis Parrington, *Main Currents in American Thought: An Interpretation of American Literature from the Beginnings to 1920*),第 1 卷,纽约:哈考特、布雷斯出版社 1927~1930 年版,第 27 页。
② 查尔斯·比尔德等:《美国文明的兴起》,第 1 卷,许亚芬译,北京:商务印书馆 1991 年版,第 98 页。

他地区"。①一个殖民者曾振振有词地宣布，弗吉尼亚人的首要义务就是"要向许多被几乎不可救药的愚昧蒙蔽至死的不幸的可怜虫布道，施以基督教洗礼，并通过宣传福音把他们从魔鬼的掌握中拯救出来"。②

其实，这种"拯救"使命起初只是体现在把他们所居住的这块大陆建设成一个区别于旧世界的全新社会，成为受到迫害之人的避难所和追求自由者向往的乐园。不可否认，许多移民来到北美大陆后，摆脱了昔日在旧世界的贫穷窘境，他们通过个人的发奋努力，实现了自我价值的最大限度发挥，或成为农场主，或成为企业家，或成为贸易商，或成为政治家。他们成功的传闻在旧大陆不胫而走，对那些在欧洲国家生存艰难的人产生了巨大的诱惑力。就连那些在政治上不得志、经济上不富裕的人也跃跃欲试。此时的北美大陆虽是神秘但已不可畏，冒险尽管在移民的心理中仍占一席之地，但已失去往日的主导地位，他们携妻带小，举家迁移，很大程度上为的就是能在这里找到"平等、自由与机会"。实际上，这种观念本来就在移民中间存在，新移民的到来只是对之进一步印证和加强而已。当然，北美大陆不是想象中的"伊甸园"，也不是黄金遍地，更不是无需奋斗就能腰缠万贯、坐享其成的乐土。在移民们看来，这个追求自由者的"希望之乡"比旧大陆提供了更多平等竞争的机会。许多人由此把北美大陆比作"机会"并不言过。美国历史学家弗雷德里克·金特尔斯指出，北美"迅速布满了来自英国的清教徒，来自苏格兰的长老会教徒，来自荷兰的改革者，来自德国的路德信徒，来自法国的胡格诺派教徒，来自欧洲各地的天主教徒和犹太教徒，他们蜂拥而至这块新土地来寻求自由与机会"。③尽管北美大陆

---

① 爱德华·伯恩斯:《美国的使命观：国家目的和命运的概念》(Edward M. Burns, *The American Idea of Mission, Concepts of National Purpose and Destiny*)，新布伦瑞克：拉特格斯大学出版社1957年版，第30页。
② 比尔德等著:《美国文明的兴起》，第1卷，第20页。
③ 金特尔等主编:《美国之梦：信念和实践的历史》，第6页。

同样存在着尔虞我诈，以强凌弱，而且并不是所有人在这里都实现了他们的梦想，但这块大陆是遭受迫害者的"避难所"和追求自由者的"希望之乡"却在人们的观念中留下了不可磨灭的痕迹。许多人以亲身体验或耳闻目睹描述了北美大陆的这一特征。如乔治·贝克莱于1726年写了一首著名诗，诗名为《走向西部的帝国进程》，诗文如下：

> 人们将歌颂又一个黄金时代来临，
> 庆祝帝国和艺术的勃兴；
> 优美而振奋人心的伟大英雄史诗的狂热之情，
> 激荡着最聪慧的头脑和最崇高的心灵。
> 不是欧洲衰亡时期产生的苦果，
> 而是青春少艾的岁月里培育的花朵；
> 那时天堂的火焰确曾使大地生机蓬勃，
> 让未来的诗人齐声唱和。
> 帝国所走的道路引领西向，
> 前面的四幕已成绝响；
> 第五幕也将随着一天过去而全剧终场，
> 举世悉力以赴才是最后的乐章。①

用美国学者拉尔夫·巴顿·佩里的话来说，这首诗的主题就是"北美是这样一块土地，在这里，人类能避免旧文明的腐败堕落，创造一个新的开端，证明了人生完全可能发生的事情都处在最适宜的环境之中"。②宾夕法尼亚的法国移民约翰·克雷弗克1782年出版了一本书，书名为《一个美国农夫的信札》，以写给法国亲友信函

---

① 转引自布尔斯廷：《美国人：开拓历程》。第82~83页。
② 拉尔夫·巴顿·佩里：《清教主义与民主》(Ralph Barton Perry, *Puritanism and Democracy*)，纽约：先锋出版社1944版，第584页。

的形式描述了他这个被归化的法国人在18世纪60年代和70年代在北美大陆的经历。他为了说明这个大陆的纯洁与完善，强烈谴责了世界其他地区存在着"压抑和折磨人类"的"误导的宗教，专制的统治和荒唐的法律"。他写道，在北美大陆，"我们在一定程度上恢复了人类的古代尊严"，人们坦率无邪，互尊互爱，无拘无束，宽容大度，大自然赋予了富饶无比的资源，劳动者欢天喜地，雄心壮志受到鼓舞，拥有财产还会得到奖励。"这里没有贵族家庭，没有官廷，没有国王，没有教皇，没有教会的统治，我们也没有为之辛劳、饥饿和流血的君王。我们是这个世界上现存的最完善的社会"。① 在这本书中克雷弗克以自己的亲身经历处处以"新"对北美大陆进行了细致入微的刻画，在与旧世界的对比中展示了这块大陆形成的民族或该民族主体的独特性。克雷弗克这本以信札形式写于220余年前的小书迄今依然对研究这一问题的很多学者有着重要的影响和参考价值。还有的学者宣称："在这里，人类的自由精神，最终将扔掉束缚它的最后桎梏。"②类似这样对北美大陆的描述存在于很多历史学家的论著中。无可置疑，这些描述显然带有强烈的感情色彩和主观成分，也明显具有一种以我为中心的倾向，但从一个侧面反映出存在于北美社会中的一种传统观念，即北美大陆是全世界受压迫者追求和实现自由的"希望之乡"，这种观念在美国建国前后同样在一些著名人士身上体现出来。

托马斯·潘恩是以"自由的使者"、"美国的号手"而著称的革命活动家。为了鼓动北美十三个殖民地摆脱英国的殖民统治，他以犀利的文笔写出了振聋发聩的战斗檄文——《常识》。这本书在当时流传甚广，对殖民地起来反抗英国殖民统治、争取独立产生了很大

---

① 参见约翰·克雷弗克：《一个美国农夫的信札》(J. Hector St. John de Creveoeur, *Letters from an American Farmer: An 18th Century Thoreau Writes of the New World*)，纽约：达顿出版社1957年版，第35~36页，第40页。
② 斯帕尼尔：《第二次世界大战后美国的外交政策》，第10页。

的影响。潘恩在书的结尾大声疾呼：

> 啊！你们这些热爱人类的人！你们这些不但敢反对暴政而且敢反对暴君的人，请站到前面来！旧世界遍地盛行着压迫。自由到处遭到追逐。亚洲和非洲早已把她逐出。欧洲把她当做异己分子，而英国已经对她下了逐客令。啊！接待这个逃亡者，及时地为人类准备一个避难所吧！①

本杰明·富兰克林把美国说成是"那些热爱自由者的避难所"。1777年，富兰克林从巴黎致信塞拉斯·迪恩说，专制统治在世界其他地区如此普遍地确立，致使美利坚成为那些热爱自由者的避难所的前景，令普通人感到振奋，"我们的事业注定成为全人类的事业。……我们正在为人性的尊严和幸福而战。对美利坚人来说，蒙上帝召唤承担这一光荣职责感到无上荣耀"。②华盛顿在建国之初明确宣布："美国的怀抱不仅为接纳富有而受人尊敬的来客开放，还向受到压迫和迫害的各个民族和宗教信徒开放。"③这些共和国的奠基者在国家初创前后把这种固存于美利坚民族意识中的观念体现到他们的呼声甚至政策中，一方面迎合了民众的心理，起到动员舆论之效，焕发起了他们争取独立的热情；另一方面在独立大业完成之后表明了这个新生政权继续向大洋彼岸受到迫害或寻觅机会的人开放，并以对个人自由与幸福的有力保障来吸引他们对这个所谓尘世"圣地"的向往。

美国立国后在移民政策上存在着争执，主要是担心来自绝对专制制度之下的移民会对美国自由制度产生冲击，但美国政府最终在

---

① 马清槐等译：《潘恩选集》，北京：商务印书馆1981年版，第37页。
② 转引自保罗·瓦格：《开国先辈的外交政策》(Paul A. Varg, *Foreign Policies of the Founding Fathers*)，东兰辛：密歇根州立大学出版社1963年版，第3页。
③ 转引自邓蜀生：《美国与移民》，第9页。

移民问题上采取了"放开"政策。当然，美国政府鼓励移民主要是为国内资本主义发展开辟劳动力和技术力量的来源。而在犹如滚滚洪流的移民浪潮中，许多人也对这块"人间乐土"向往，梦想在这里能够使个人潜力得到最大限度的发挥，在物质上跨入殷富之家的行列，这就是所谓的"美国梦"。事实上，美国是一个竞争非常激烈的社会，人们怀着发财致富的"美国梦"来到这里，但并不是所有人都能如愿以偿，梦幻破灭者也非少数。当然，这并不是说美国政治文化中存在着这方面的价值观属于虚构，也不是否认许多美国人常常以此为荣不是出自真诚的心理，但就美国政府而言，尽管这种观念对决策层内的人物产生很大影响，但他们在各种场合对美国是受压迫者向往的"希望之乡"的描述不能不说是另有更深层的目的。

当美国积极向外扩张领土时，有人就把这种行为说成是"扩大受害者家园"的需要。如美国国会众议员亚历山大·邓肯曾宣称："如果我们是被压迫者的家园，我们必须从四面八方扩张我们的疆土，以满足我们子孙后代和那些应邀到我们和平的海岸分享我们共和制度的人的要求。"①当美国政府把传播其"开明"制度作为实现外交目的的手段时，有人也用这种观念来为在其他国家看来属于干涉它们内政的美国政府行为开脱。众议员詹姆斯·贝尔瑟在国会辩论时指出，"我们的国家早已证明是受压迫者的避难所。让它的制度及其人民向四面八方扩展，当专制主义的洪水淹没地球上的其他地区时，当自由的献身者被迫来到他们的避难地时"，让我们的政府成为他们赖以存在的强大依靠。②翻开美国对外关系史，这样一种自诩为人类自由的"维护者"和遭受迫害者的"避难所"传统尽管与美国国内显示的情况很不相符，但却常常成为美国决策者向意

---

① 温伯格：《天定命运：美国历史上国家主义的扩张主义之研究》，第123页。
② 温伯格：《天定命运：美国历史上国家主义的扩张主义之研究》，第124页。

识形态相异的国家"发难"的武器。这里姑且不说在美国历史上消灭土著印第安人和压迫黑人奴隶这样令人发指的黑暗一页，现今美国因政治、经济以及文化等方面的原因，尤其是肤色的不同而受到歧视和迫害的，仍大有人在。当北美殖民地与旧世界相抗衡时，这个武器曾经是很犀利的。然而，当一些美国政府决策者想借用这个传统去攻击别人时，往往会发现自己处在十分尴尬的境地。不过这仍阻止不了他们这样做，因为这毕竟是美国的文化传统和价值取向的表现。

四 美国使命神话的"虚幻"

美国的"天赋使命"神话又称使命观或天命观，这种观念在美国文化中由来已久，根深蒂固。当第一批移民踏上北美大陆的土地时，他们便把固存于自己思想中的命定论与开拓一个新世界的神圣计划结合在一起，在这里播下了美国"天赋使命"的种子。"上帝的选民""山巅之城""希望之乡"等说法便是他们在尘世履行上帝赋予他们的特殊使命的表达。美国学者耶奥舒亚·阿里利说，北美殖民主义者就把他们的新社会等同于新的耶路撒冷，"清教徒把自己看做是上帝的选民，他们认为自己是一个被挑选的民族，北美是希望之乡。他们的救世主倾向在一种历史与进步的宗教哲学中得以阐述。未来是人类历史运动的目的，北美将是最后阶段"。[1]随着殖民地的开拓乃至到后来的美利坚合众国的建立，这种观念深深扎根于这块土地上形成的以盎格鲁-撒克逊种族为主体的白人文化之中，也成为他们作为上帝的选民在尘世追求的一种"理想"。美利坚合众国成立后，这种观念对美国处理与外部世界的关系产生了

---

[1] 约翰·马茨等主编：《拉丁美洲、美国和泛美体系》(John D. Martz and Lars Schoultz, eds., *Latin America, the United States, and the Inter-American System*)，博尔德：西点出版社 1980 年版，第 109 页。

深刻的影响，美国由此自诩为"拯救国家"，"山巅之城"的"圣光"开始射向仍然处于"黑暗"之中的蛮夷地区。然而，当美国在对外关系上体现出"救世主"的倾向时，使命观就完全服从了国家外部利益的需要，变成了对美国政府追求自我利益的一种"堂而皇之"的掩饰或"振振有词"的解释。美国著名政治家威廉·富布赖特指出：

> 我们绝大多数人深深地依恋着自己的价值观念，并笃信自己的优势和长处。但是当你查看一下外交政策，就会发现政治领袖们的慷慨陈词，坦诚地谈论理想，却很少描述他们的真实政策，而更常见的印象是模糊他们的真实政策。我们通常是在掩饰我们的激烈争夺和私利。[①]

富布赖特长期处在政府的决策圈子之内，属于国会的领袖人物，担任过参议院外交委员会主席，在美国外交决策上算是个比较务实的开明人士。他上述这番话绝不是抨击美国领导人宣称的对世界承担的一种特殊的使命，而是旨在规劝美国政府不要总是夸夸其谈，应该把对外政策建立在一种切实可行的基础上，以保证最大限度地实现美国的外部利益，以此衡量美国对外关系上体现出的"天赋使命"神话，足可令人深省。

在主权国家构成的国际舞台上，国家间的冲突与合作构成了国际关系的主要内容。任何置身于这一竞争场所的国家，其外交政策制定与执行的根本出发点首先是为了维护本国的利益，以最小的代价最大限度地获取有利于国家生存与发展的外部条件，美国不是例外，甚至在追求和实现国家外部利益的手段上更是无所不用其极。

[①] 威廉·富布赖特：《帝国的代价》，简新芽等译，北京：世界知识出版社1991年版，第8页。

美国宣扬的"天赋使命"根深蒂固于白人文化之中，在受这种文化熏陶的人身上明显体现出来。其实这是一个建立在虚构前提之上的神话，即美国受上帝之托对世界承担一种特殊责任，它有义务将"文明"带给非文明的落后地区，把后者从"苦海"中拯救出来，最终使世界沐浴在上帝的灵光之中。这里显然暗示着美国无论是说的，还是做的，都符合其他国家，尤其是落后国家的利益，后者只有对其无条件接受，才能走上"繁荣发展"的道路。美国学者道格拉斯·多德指出，美国制定它的内政和外交政策经常是依据一种假设，即美国具有一种使它享有特殊权力的特质。美国认为它的国家政策，无论是说的或是做的，都是符合其他国家的利益的。① 许多美国政治家在谈到美国外交特质时竭力强调这种具有利他主义动机的方面。如美国总统伍德罗·威尔逊总统在为其干涉墨西哥事务辩护时说："我的理想是在墨西哥建立一个秩序井然的正义政府；但我的热情是为了该共和国底层的85%的人民。"② 类似这样的语言在政治家的讲话中和政府文告中俯拾皆是。美国学者斯特林·约翰逊在谈到美国使命观时指出：

> 从历史上讲，美国人拥有这种信念，即美国过去是，现在还是世界上最好的国家。他们认为，美国信条的理想过去是，现在还是不仅对美国是正确的，而且对其他国家也是正确的。因此，为了使美国的命运得到传播，要么通过劝告，要么通过

---

① 道格拉斯·多德：《扭曲的梦想：1776年以来美国资本主义的发展》（Douglas F. Dowd, *The Twisted Dream: Capitalism Development in the U.S. Since 1776*），坎布里奇：温思罗普出版社1974年版，第210页。
② 阿瑟·林克编辑：《伍德罗·威尔逊文件集》（Arthur S. Link, ed., *The Papers of Woodrow Wilson*），第29卷，普林斯顿：普林斯顿大学出版社1979年版，第516页。

强迫弱国接受这些信条,文明由此带给了非文明国家。①

约翰逊这番话的言外之意是,美国永远代表了"正确"的一方,在这样一个前提下,美国很难容忍它认为属于"邪恶"的异己的存在,必欲在"正义"的旗号下除之而后快。因此,从哲学上讲,美国的使命神话包含着"正义"与"邪恶"的二元绝对对立。按照二元论的设想,一方必须是正确的,而另一方必须是错误的;一方必须赢,而另一方必须输;一方有上帝的支持,而另一方就会被妖魔化;一方拥有正义的事业,而另一方却没有任何合法的利益。因此,"美国不能容忍差异,当它常常是不情愿地卷入世界事务时便会试图把其他国家转变成自己的形象"。②德国政治学家哈拉尔德·米勒把"我们(指代表正义的美国人)反对他们(指代表邪恶的非美国人)"这种二元对立被称为"摩尼教"情结。他认为,这种情结在美国的历史与政治文化中具有很深的根基,"美利坚合众国的缔造者们有意识地将他们的国家,与不容异说、守旧、君主主义、宗教压抑感强烈以及受战争摧毁和蹂躏的旧欧洲对立起来,把自己装扮成罪恶世界里的'新耶路撒冷'。……他们总是把自己的历史任务和使命理解为:维护'正义'(诸如民主、人权),反对'邪恶'"。③这种倾向可以说始终存在于美国对外政策之中,似乎美国在国际社会的举措都是出于拯救他国或他人的目的。且不说

---

① 斯特林·约翰逊:《全球追求与占有:美国国家利益对国际法》(Sterling Johnson, *Global Search and Seizure: U.S. National Interest v. International law*),布鲁克菲尔德:达特茅斯出版公司1994年版,第5页。
② 理查德·佩恩:《与遥远文化的冲突:美国对外政策中的价值观、利益和力量》(Richard J. Payne, *The Clash with Distant Cultures: Values, Interests, and Force in American Foreign Policy*),奥尔巴尼:纽约州立大学出版社1995年版,第84页,第14页。
③ 哈拉尔德·米勒:《文明的共存——对塞缪尔·亨廷顿"文明冲突论"的批判》,郦红等译,北京:新华出版社2002年版,第21页。

风云变幻的国际竞争中没有"利他主义"的一席之地,即使偶然存在着利他因素,那么,这种"利他"首先是为了利己。

美国是个资本主义大国,国家的性质决定了美国必然向外扩张,为其资本能够获得最大的利润不惜一切手段寻求海外市场、原料供给地和投资场所,以免国内生产过剩,危及统治基础。这是美国外交所要达到的一个根本目标。尽管随着时代的变迁,美国实现这一目标的方式发生了变化,但其根本内容丝毫未变。在这种情况下,即使美国决策者宣扬的"天赋使命"神话能在本民族文化中找到它的历史渊源,但当体现在美国外交关系上时,已经面目全非,完全变成服务于实现美国战略利益的一种似乎超越现实的托词。因此,在美国对外关系上,"天赋使命"神话其实是粉饰美国外交的一种虚幻。正如美国历史学家小阿瑟·施莱辛格指出的那样,"救世主义是一种虚幻,没有一个国家是神圣的和独特的,美国像每个国家一样,有真正的和虚幻的利益,有大方的和自私的考虑,有崇高的和卑鄙的动机。"[1]美国神学家和历史学家莱因霍尔德·尼布尔批评了美国文化中表现出的救世主义的虚幻,在他看来,"我们有一种关于我们国家命运的宗教观,把我们国家的含义解释为上帝在人类历史上创造一种新开端的努力",所谓的救世主义只是"人类在盛衰交替的危险年代追求极限的一种错误的表达"。他对"美国人头脑深层中存在的救世主意识"发出警告,强调"尤其是当个人和社会试图在历史上扮演上帝的角色时,他们也许深深地陷入了邪恶之中"。[2]

实际上,许多政治家已经悄悄地改变了对这一问题的看法。有人对美国第96届国会(1979年至1981年)的80名议员进行了调查,当提问,"与其他国家相比,上帝是否更多地赐福于美国",应答

---

[1] 小施莱辛格:《美国历史的循环》,第20~21页。
[2] 小施莱辛格:《美国历史的循环》,第19~20页。

者中38%认为这一命题是错误的，只有32%说是正确的。当问及上帝是否选择美国成为"照亮世界之光"时，49%回答说"不真实"，只有7%作了肯定的回答。当问及美国履行上帝赋予的使命程度如何时，7%认为勉勉强强，57%回答说"远未完成上帝的期望"。①显而易见，美国作为一个"拯救国家"已被历史证明只是一种虚幻而已，然而美国政府正是从这种虚幻中获得了实际利益。正如美国学者亨利·坎比指出的那样，"我们的信念是一种虚幻，但像大多数虚幻一样，这种虚幻具有事实上的许多好处"。②这大概是美国在国际事务中执著地强调它具有一种特殊使命的主要原因吧。

美国的发展历程肯定与其他国家是不一样的，这种独特性其实也体现其他任何国家的发展过程中，但美国政治领袖谈美国的独特性时显然意不在于此，而在于强调美国对世界承担的特殊责任。博斯特多尔夫的研究表明："美国人今天把自己看做是独特的，受到上帝的恩惠，拥有崇高的理想，注定大功告成。此外，他们认为通过积极手段在全球传播自由是他们的特殊责任，以这种方法为世界其他地区树立了一个道义模式。"③博斯特多尔夫这里涉及反映在美国对外关系上的一个明显特征，即美国作为上帝选定的国家，对维护世界其他地区的"民主、自由、人权"负有不可推卸的道义责任。美国政府常常对此津津乐道，许多美国人也由此感到光荣自豪。事实果真如此吗？诚然，美国民众中无疑存在着痛恨专制制度的情绪，某一地区或某一国家反对暴政的斗争也会博得他们的同情，他们的呼吁往往对政府形成压力。美国政府受这种情绪或国内舆论的制约，也常常以世界"民主自由"的卫道士的面孔出现，有

---

① 参见彼得·本森等：《国会山上的宗教：神话与现实》(Peter L. Benson and Dorothy L. Williams, *Religion on Capitol Hill: Myths and Realities*)，圣弗朗西斯科：哈珀和罗出版社1982年版，第95~97页。
② 汉迪：《一个基督教的美国：新教希望与历史现实》，第242页。
③ 博斯特多尔夫：《总统任期与外交政策巧辩》，第186页。

时还会采取一些具体的声援措施。斯帕尼尔就认为,美国决策者"要想唤起公众对国外冒险的支持,就必须把这种国家体系下争夺实力和自身安全的斗争,想办法说成是为实现最高理想和价值观念的斗争。美国从立国之始,就自认为是一个后欧洲社会——即一个在民主、自由和社会公正方面堪称旧世界光辉楷模的新世界。……所以,只要美国能把现实政治说成是理想政策,就可以去实行其现实政治,这也正好符合美国执行外交的国家风格"。①这大概就是美国外交往往蒙上了一层"理想"色彩的原因。

其实,美国政府这样做也是局限在一定的"度"之内,衡量这个"度"的标准便是美国的实际利益。如果超过了这个"度",美国政府也会置其宣称的"使命"于不顾。美国从来不会为了遥远的"理想"而牺牲眼前的利益。如19世纪中叶俄奥联军镇压了匈牙利起义后,起义领袖拉约什·科苏特出逃美国。这一事件立即在美国社会引起轩然大波,民众对此反映强烈,舆论界也掀起一片支持匈牙利的呼声,国会一些参议员也要求美国以维护世界自由的名义进行干涉。他们的主张至少在表面上符合美国政府常常宣称的支持世界民主事业的使命,但当时美国力量尚不足以跨洋干涉,所以并未对美国外交决策发生任何影响。中国民主主义革命的先驱孙中山希望美国能够支持中国人民争取民主自由的斗争,但最终大失所望。他深感遗憾地说:"我们满可以指望美国的拉法耶特(法国将领,曾参加美国的独立战争。这里的含义是指对自由的维护。——引者注)在这个高尚的事业中同我们站在一起进行战斗,但是,在我们为自由斗争的第12年,来到的却不是拉法耶特,而是率领着比其他国家在中国领海上更多战舰的美国舰队司令。"②类似这样的事例在美国外交史上并不鲜见,这充分说明美国的"天赋使命"神话在国

---

① 斯帕尼尔:《第二次世界大战后美国的外交政策》,第206页。
② 入江昭:《横越太平洋:美国与东亚关系内史》,第148页。

际事务中不过是扩充本国利益的一块招牌。

使命观根深蒂固于美国文化之中,深受这种文化熏陶的决策人物很难摆脱这种观念的影响。美国历史学家爱德华·伯恩斯认为,美国领导人身上明显体现出强烈的使命意识,尽管表现形式有所区别。他说:"对某些美国领导人来说,这种使命感被解释为伦理的和宗教的。因为我们的德操,我们被上帝挑选出来在公正和正义方面指导和教育其他民族。另一些领导人则认为,我们有责任向地球上的落后地区传播文明,甚至为了他们的利益而统治野蛮和无知的民族。"①我们的确从美国领导人的言论中看到这方面的倾向。如威廉·麦金莱总统1899年对一个卫理公会组织说,他作出要求西班牙割让菲律宾群岛的决定是为了履行美国在世界上的特殊使命。他说,他不止一夜地跪在地上祈求万能的上帝给他启示和指引。当时有三种选择,一是归还给西班牙,二是留给美国的东方竞争者,三是菲律宾独立,但这三种选择无一符合上帝的旨意。所以,只能留给美国,别无选择,只有全部占领菲律宾,把菲律宾人从未开化中解放出来,使他们信奉基督教。②威尔逊总统1919年宣称:"我比其他任何人更相信美国的命运。我认为,她有一种精神能量,任何其他国家都不能用此来使人类获得解放。……美国享有完成其命运和拯救世界的无限特权。"③林登·约翰逊总统的高级顾问沃尔特·罗斯托说,我们美国人不应该"放弃我们的命运。我们是整个地球上国家独立和人类自由原则的受托人,打开我们的历史,这是一种自豪而自然的责任"。④1991年乔治·布什总统在美国向伊拉克发起进

---

① 伯恩斯:《美国的使命观:国家目的和命运的概念》,第 vi~vii 页。
② 参见查尔斯·奥尔科特:《威廉·麦金莱生平》(Charles S. Olcott, *The Life of William McKinley*),第 2 卷,波士顿和纽约:霍顿·米夫林出版社 1919 年版,第 110~111 页。
③ 小施莱辛格:《美国历史的循环》,第 16 页。
④ 沃尔特·罗斯托:《从七层楼上看世界》(Walt W. Rostow, *Views from the Seventh Floor*),纽约:哈珀和罗出版社 1984 年版,第 53 页。

攻前夕宣称，在世界各民族中，只有美国既有道德标准又有手段维护世界和平。因为美国是这个星球上能够团结和平力量的唯一民族。上述这些政治家所言尽管不是所为的真实反映，但却折射出美国对外关系上的传统"理想"成分。用英国学者吉尔·伦德斯塔德的话来说，"美国人传统上视自己为世界上负有特殊使命的一个独特民族，其他国家只有利益，而美国却肩负责任"。①

当美国领导人把其思想中的使命观体现在对外政策上时，履行"责任"也就转化成对弱小国家事务的干涉，结果并不会带给被干涉国家民主和自由，也不会有助于被干涉国家的问题的解决，相反会给本来就不太安宁的局面注入新的不稳定因素，引起当地统治者或人民的不满或抱怨，有时还会酿成激烈的反美民族情绪。1899年，中国驻美公使伍廷芳在美国费城发表讲话，含蓄地批评了美国外交政策中打着"文明"旗号的强权霸道作风。他说："一些民族自称为高度文明化。文明是什么？难道只是意味着拥有优势和掌握大量的攻守武器吗？"在他看来，真正文明化的国家应该尊重其他社会的权利，力戒偷窃他人的财产，或者把不受欢迎的信仰强加给他国。②拉丁美洲学者曼努埃尔·乌加特讥讽地说，美国飘扬在国外的旗帜不是"自由的标志"，而是"压迫的象征"。③对美国占领菲律宾持批评态度的美国历史学家小查尔斯·亚当斯在致友人的一封信中曾这样嘲笑美国带给菲律宾人的自由与独立，他说："我们正在使他们成为自治社会，办法是绝对禁止他们讨论自治原则。我们

---

① 吉尔·伦德斯塔德：《用一种比较观点对美国"帝国"和美国对外政策其他方面的研究》(Geir Lundestad, *The American "Empire" and Other Studies of US Foreign Policy in a Comparative Perspective*)，纽约：牛津大学出版社1990年版，第11页。
② 戴维·希利：《美国的扩张主义：19世纪90年代的帝国主义欲望》(David Healy, *Expansionism: the Imperialist Urge in the 1890s*)，麦迪逊：威斯康星大学出版社1970年版，第141页。
③ 伯恩斯：《美国的使命观：国家目的和命运的概念》，第248页。

正在使他们成为独立的人民,办法是假如他们提到'独立'一词,就把他们投入监狱。"[1]威尔逊常常打着实现美国"使命"的旗号对弱小国家进行肆无忌惮的干涉,毕生致力于威尔逊研究的美国著名学者阿瑟·林克就把威尔逊的政策称为"传教士的外交"。他这样解释这一术语的含义:威尔逊的外交受到"帮助"其他民族愿望的促动,所以"公正地行动,促进国际和平事业,给其他民族带来民主和基督福音"是威尔逊动机的主要因素,"而维护美国经济利益的愿望,帝国主义的扩张只是下意识地发挥着作用"。[2]林克教授的这种解释仅仅注意到了威尔逊政府在处理与落后国家关系中要求它们接受美国的价值观念,而忽视了这种文化渗透恰恰是为美国的政治经济扩张服务,更没有涉及这种政策给被干涉国家事务带来的并不是威尔逊宣称的"理想",而是一系列无法忍受的灾难。德国学者马里翁·登霍夫指出:"基于道义价值之上的外交政策,正如威尔逊和杜勒斯所执行的那样,并没有明显使这个世界更加道义,相反却导致走到死胡同和一系列大灾难。"[3]登霍夫作为一个置身于美国文化之外的学者,其观察可谓洞若观火,一针见血。更能说明问题的是,印第安人的生存手段在滚滚西进的车轮压碾下不复存在,世世代代居住着墨西哥人的领土在隆隆枪炮声中并进了美国的版图,这些无疑是对美国宣称的"天赋使命"的莫大讽刺。

富布赖特曾把美国比作古希腊、罗马早期帝国、拿破仑帝国和希特勒第三帝国,认为美国与它们一样最终表现出"权力的傲慢",不能懂得"权力往往把自己与德行混为一谈,一个大国特别易受这

---

[1] 托马斯·帕特森等:《美国外交政策史》(Thomas G. Paterson, J. Garry Clifford and Kenneth J. Hagan, *American Foreign Policy: A History*),第1卷,莱克星顿:希思出版社1988年版,第209页。
[2] 阿瑟·林克:《伍德罗·威尔逊和进步时代1910~1917年》(Arthur S. Link, *Woodrow Wilson and the Progressive Era 1910–1917*),纽约:哈珀出版社1954年版,第82页。
[3] 小施莱辛格:《美国历史的循环》,第101页。

种思想的影响,即认为它的权力是上帝恩宠的象征,是上帝赋予它对其他国家的一种特殊责任——使它们更富裕、更幸福和更明智,也就是按照自己闪闪发亮的形象重塑它们"。因此,第二次世界大战以来,美国往往把"巨大的权力与无限的权力混淆起来",把"巨大的责任"错当成对世界命运负有的"全部责任"。①在这里,富布赖特对美国政府决策层内一些人怀抱的那种狂妄、自负的使命心态进行了颇为尖锐的批评。从世界历史发展过程看,如果一个民族认为,它拥有上天赋予的一种优于其他民族的特性或能力,就必然得出结论,拯救和统治落后民族是它的注定命运。历史上多少个大国就是在这种"天赋使命"心态的驱逐下,扬起了征服其他国家的大旗,尽管耀武扬威一时,但最终一步一步地走到了自己的尽头。美国是否在重蹈这些已经消逝了的帝国的覆辙?这要历史来回答,但至少美国在世界上履行"特殊责任"和"天赋使命"受到了种种限制。过去,美国常常自以为美国社会的"纯洁和完善"为世界树立了一个效仿的榜样,宣称通过榜样来完成上帝赋予的使命。现在美国社会问题丛生,这个榜样已经失去了往日的魅力。布热津斯基在其所著的一本书中列出了美国目前面临的20个大难题,认为美国在全球的显赫地位反而促使它越来越在全球无能为力,美国自身力量不足于强制推行美国式的"世界新秩序"。②美国前中央情报局官员戴维·格里斯不无忧虑地指出:"大多数美国人感到自豪的是,美国一向是照亮通往更为平等之路的灯塔。但是,保持美国的做法同试图迫使其他人接受美国的标准是不同的,尤其是我们的做法远非十全十美,就像我们市中心贫民区发生动乱所显示的那样。"③

---

① 威廉·富布赖特:《权力的傲慢》(William Fulbright, *The Arrogance of Power*),纽约:兰德姆出版社1967年版,第3,22页。
② 布热津斯基:《大失控与大混乱》,第97~127页。
③ 戴维·格里斯:"我们贸易政策中的贸易时代"(David Gries, "Time to Trade in Our Trade Policy"),载《华盛顿邮报》(*The Washington Post*),1995年8月28日,第A23页。

此外，美国这种自命不凡，唯我独尊的心态，在国际事务中必然表现为把自我价值观强加给其他国家，力图使意识形态和制度与美国不同的国家接受美国的发展模式，实现"美国治下的和平"，这种输出"美国模式"的做法在实际执行中越来越难以奏效。尤其是在冷战后的世界，当美国给自己的外交行为打上明显的"民主、自由、人权"烙印时，并不会有助于世界各种矛盾的解决，也不会带来人们长期希冀的太平盛世，相反，只能激起受到干预国家的越来越强烈的抵制，导致美国的政策陷于窘境，历史已经并将继续充分证明这一点。

第二章 务实传统与美国对外关系

任何主权国家为了在一个竞争激烈的世界获取有利于国家生存与发展的外部环境，制定和执行外交政策总是从本国的利益出发，一切外交活动都是在这一前提条件下展开的。美国当然也不能例外。外交是国家主权范围内非常重要的组成部分，也是代表国家或民族整体利益的政府为实现所确定的实实在在的战略目标而履行其功能的主要领域。一般而言，外交活动具有各种目的，但总是力图以花费最小的代价使国家利益得到最大限度的实现。一国外交追求本国利益原本无可厚非，但美国政府却常常把这些最为实用的活动用"理想"的外衣包裹起来，似乎美国的外交活动并不是主要出于自己的私利考虑。历史事实证明，"理想"色彩很浓的外交政策往往给美国带来丰厚的现实利益，这也是美国政府从未打算在处理对外关系上放弃所谓"理想主义"说教的主要原因。其实，美国文化在根性上向来注重实际，讲究功利，美国人骨子里渗透着浓厚的商业气息。

这一文化特征不仅在受这种文化熏陶的美国人身上明显地表现出来，而且必然也反映在美国政府对内外问题的处理上。纵观美国对外关系史，美国的对外政策无一不是出于对本国现实利益的追求，即使是所谓的"理想主义"政策也很难掩饰住功利主义的目的。

一　美国文化中的功利主义特征

在世界各主要民族中，美国人以讲究实际而著称于世，这是早期移民在征服莽莽荒野过程中形成的一个传统。那些出于各种目的来到北美大陆的移民们尽管在这个一望无际的广阔天地获得了梦寐以求的自由，但大自然"恩赐"给他们的并不是坐享其成，而是需要极其艰苦的奋斗才能使这块未曾开垦的大陆为其所用，实现发财致富的愿望。来自遥远欧洲的白人移民若要适应北美大陆全新的自然环境，其中所要付出的代价是可想而知的。他们在开拓北美大陆过程中曾经面对着令人望而生畏的自然环境，许多最早来到这块大陆的欧洲移民就因无法适应环境而抱恨终天，葬身异域。早期移民怀着的在北美大陆上实现宗教复兴的"理想"在支撑他们的精神世界不至于崩溃上起了非常重要的作用，但真正能够使他们在这块大陆上生存下来并且不断推动社会走向繁荣昌盛的是务实的劳作精神。美国著名作家斯坦贝克在其《美国与美国人》一书中指出："没有四个世纪的辛勤劳动，流血牺牲，孤寂荒凉和恐惧担忧，就没有亚美利加的存在。我们创造了亚美利加，而这一过程同时也造就了我们亚美利加的一代新人。"[①]斯坦贝克讲的是实情，寥寥几笔便把生活在这块土地上的人们如何以务实的精神缔造和发展了这个伟大的国家勾画出来了。

这些早期移民来到北美大陆后丝毫没有松懈之感，丰富的自然

[①] 斯坦贝克：《美国与美国人》，黄湘中译，广州：花城出版社1989年版，第2页。

资源成为他们最大限度地发挥能力的基础。他们起早贪黑，辛勤工作，把征服大自然视为他们生存与发展的必要条件。当茫茫的荒野在他们的脚下变成肥沃的良田时，他们品尝到了征服者成功的喜悦，感到无比自豪。在这一过程中，他们把吃苦耐劳、勤俭奋斗、个人主义以及奋勇向前的务实精神深深地根植于这块大陆上形成的文化之中，成为以后美利坚民族在推进北美大陆向前发展时所表现出的明显特征。一位研究美国文化价值观的中国学者指出："讲究实际的观念部分地来自美国边疆传统，开拓边疆时的艰辛危难，使拓荒者对于一切不讲效率、不切实际的人和事都极为鄙视。不讲空话，不必客套，该怎么样就怎么样，这是一般美国人都奉行的准则。"[①]拓荒时代的艰难造就了"一切都从实际需要出发"的观念，而移民们在北美大陆获得了开疆拓土的成功，务实的精神在其中发挥了举足轻重的作用。即使很多移民打着"文明开化"的旗号驱逐和杀戮世世代代繁衍生息在这块大陆上的土著印第安人时，其目的也不是用白人的"文明"取代土著居民古老的生活方式，而是要索取和强占他们的土地，传播"文明"只是这些白人移民们欲要达到这种最实际目的一种手段。功利主义的追求贯穿于这一延续数百年对北美大陆的征服过程之中。

移民们通过艰苦奋斗实现对一种全新自然环境的征服造就了美国文化中的功利主义特性，但这种特性的形成与早期移民信奉的新教伦理也有很大关系。新教产生于资本主义在欧洲兴起之时，在某种意义上讲是这种新的生产方式在意识形态上的先声。因此，新教从本质上是为新兴资产阶级扩大活动范围并最终获得统治地位服务的。出于这种目的，新教从一开始就以极强的务实精神把自己与罗马天主教和东方的一些宗教明显区别开来。新教主张教徒对上帝的虔诚应该表现在他们的尘世活动中，以他们所获得的具体成就来判

[①] 陈尧光：《美国人的文化价值观》，载《国外社会科学》，1985年第7期，第24页。

断事情做得正确与否。在新教徒的眼中，衡量"上帝选民"的标准不是对宗教教义不折不扣的遵循，更不是沉迷于不会给社会带来任何财富的烦琐的教会礼仪，而是看教徒们在现实生活中的表现，通过勤奋劳作而获得事业成就或发财致富者不再受到传统宗教教规的鄙视，而成为通向天堂的一条光明之路。北美殖民地时期的清教牧师英里克斯·马瑟在一次布道中讲到，人们能否得到上帝的拯救与勤奋劳动直接相关，"他们（上帝的罪人）应当勤奋，以便最终能得到上帝的召唤。……如果他们不用勤勉、奋斗、劳动去获得恩典和拯救，他们必将毁灭"。①马瑟的这番话很有代表性，反映出了新教伦理鼓励人们通过在尘世中奋斗而"出人头地"的务实精神。当然这里并不是说来到这里的新教徒完全放弃了赋予他们精神力量的传统教规和礼仪，而是把来自上帝的声音与世俗的生活密切结合在一起。美国著名历史学家丹尼尔·布尔斯廷在谈到正统观念如何使清教徒注重实际时指出：

> 与十八或十九世纪的美国人相比，清教徒无疑笃信神学。有关人类堕落、罪孽、灵魂拯救、宿命、主的选拔、皈依等教义是他们的精神食粮。但当时真正使他们出类拔萃的是，他们并不怎么注重神学本身，而更关心把神学运用于日常生活，特别是运用于社会。从十七世纪的观点来看，他们对神学的兴趣是实用性的。他们不大留意如何完善对教义的阐述，而关注于使他们在美洲的社会体现他们已知的真理。清教新英格兰是应用神学的一项宏伟实验。②

---

① 乔治·麦克迈克尔：《美国文献选集》(George McMichael, *Anthology of American Literature*)，纽约：麦克米兰出版公司1980年版，第90页。转引自《美国研究参考资料》，1986年第8期，第41页。
② 布尔斯廷：《美国人：殖民地的经历》，第7页。

与天主教和其他宗教相比较，新教伦理把人们得到上帝的拯救从虚无缥缈的"来生"世界拉回到实实在在的现实生活中来，人们只有以务实的精神才能实现致富，成为"上帝的选民"。所以，来到北美大陆的清教徒把在尘世的成功看做是上帝对自己拯救，物质财富是上帝对勤勉者的褒奖，饥饿贫困则是上帝对懒惰者的无情惩罚，个人物质财富的多寡成为判断人们成功和社会地位的标准。所以，新教伦理首先使工作—赚钱—拯救这样在罗马天主教中受到谴责或不屑一顾的过程逐渐地合法化。约瑟夫·霍尔牧师（1574~1656年）是加尔文宗的信徒，他指出："伊甸园不仅用于培养（亚当）的理性，而且用来训练他的双手。如果幸福在于无所事事，人就不必进行劳作；人的所有乐趣不会使他在懒散的一生中感到幸福。因此，人一旦造出，他就必须劳作：缺少双手，既谈不上伟大，也谈不上完美；（亚当）必须劳动，因为他是幸福的；……我们在从事生意上越感到高兴，我们就越接近到达天堂。"①霍尔的观点在新教徒当中具有广泛的代表性。在这样一种前提下，新教必然与人们的世俗活动，包括赚取利润的商业行为，具有一种密切的关系。美国研究清教的史学家马克·瓦来利指出：

> 英美清教主义与企业家的活力并不是水火不相容的。正如韦伯表明的那样，一般意义上的加尔文宗确实促进了世俗活动，就像它根据上帝的意志敦促世俗之人从事世事一样。毋庸置疑，包括温斯罗普在内的许多清教徒即使本人不是商人，也与商人具有联系，其中一些人使他们的交易适合国际贸易的

---

① 转引自查尔斯·乔治等：《1570 年至 1640 年英国宗教改革的新教思想》(Charles H. George and Katherine George, *The Protestant Mind of the English Reformation, 1570–1640*)，普林斯顿：普林斯顿大学出版社 1961 年版，第 132~133 页。

动态。①

戴维·兰德斯不同意"在新教和现代科学兴起之间不存在一种直接联系"的这一说法。他认为，"经验层面上的记录表明，新教徒的商人和制造商在贸易、金融和工业中扮演了一个最主要的角色"。从理论层面上讲，"问题的核心的确在于形成一个具有理性、循规蹈矩、工作勤奋、富有效率的新人。这些美德尽管不是新颖的，但很难是普遍的。新教在其信徒中间广泛推广这些美德，信徒们相互评价就是依靠着对这些标准的遵循"。②正是新教伦理中的务实精神，才使得北美大陆的移民们乃至后来的美国人义无反顾地追求物质上的成功，即使是不择手段也在所不惜。我们可以从美国历史的发展过程中清晰地看到务实价值观所发挥的重要作用。当然，这里并不是说新教伦理完全是鼓励人们追求现实的物质财富，它同样包含着极具"理想"色彩的宗教价值观，只不过人们没有一味地停留在对理想的憧憬和赞美之中罢了，"理想"只是起着鼓励人们成功的作用。美国学者欧内斯特·博尔曼就把来到北美大陆的清教徒称为"富有幻想的实用主义者"，他们理想式地把自己确定为"上帝的选民"，同时却注重功利，以"观念和目的的有效性、可行性和实用性"作为成功的判断标准。③博尔曼指出，清教徒"理想"

---

① 马克·瓦莱利："宗教戒律与市场：清教徒和高利贷问题"（Mark Valeri, "Religious Discipline and the Market: Puritans and the Issue of Usury"），载《威廉和玛丽季刊》（*The William and Mary Quarterly*），第54卷，第4期（1997年10月），第750页。

② 戴维·兰德斯："文化造就了几乎所有的差异"（David Landes, "Culture Makes Almost All the Difference"），载劳伦斯·哈里森等主编：《文化的重要作用：价值观如何形成人的进步》（Lawrence E. Harrison and Samuel P. Huntington, eds., *Culture Matters: How Values Shape Human Progress*），纽约：基本书社2000年版，第11页。

③ 参见欧内斯特·博尔曼：《幻想的力量：恢复美国人的梦想（Ernest G. Bormann, *The Force of Fantasy: Restoring the American Dream*），卡本代尔：南伊利诺伊大学出版社1985年版，第18~19页，第44~52页。

的务实性无疑是正确的。其实在现实生活中，美国人宣称的"理想"往往成为他们不顾一切地追求实际利益的遮掩物。正如美国历史学家梅尔文·斯坦菲尔德指出的那样："美国人坦率地设计了使他们渴望实现的目的正当化的神话。为了使他们的物质欲望合理化，他们使清教的神话适合于美国的目的。为了使他们对其他民族土地的贪婪正当化，他们把美国人塑造成上帝选民的形象。"①斯坦菲尔德的批评可谓一语中的。

托克维尔19世纪30年代考察了美国后惊异地发现，美国人只是"潜心于科学的纯应用部分的研究，而在科学的理论方面，只注意研究对应用有直接必要的那一部分，而在这方面他们也经常表现出求真、自由、大胆和创新的精神。但是在美国，几乎没有一个专心研究人类知识在本质上属于理论和抽象的那一部分。在这方面，美国人把所有民主国家都有的、但在我心目中不如美国那样强烈的一种倾向，表现得特别突出"。②托克维尔的观察的确道出了美国文化中务实传统对他们科研态度的影响。早在拓荒时代，移民们就把实用技术的发明作为他们改善自身生存条件的主要手段之一，这个传统一直被继承下来。当美利坚白人以"横扫一切"之势向西挺进时，他们通过与实际结合非常密切的科学试验解决所面临的各种新问题，现实生活中所需要的发明不断涌现。有人甚至把"发明精神"看成是美利坚民族的一个特质。如研究美国社会生活史的美国著名专家洛德·布赖思就认为：

> 美国拓荒者的发明和技术，使他们成功地比其他国家的大多数普通男人或妇女高出一头，尽管在这个新国家里，居住在美国东部的更多人有过许多重要的发明，但西部地区起到了把

---

① 金特尔等主编：《美国之梦：信念和实践的历史》，第209页。
② 托克维尔：《论美国的民主》（下册），第560页。

这些发明的精神传布到全国人民之中，并使其成为一个民族的特征品质的作用。①

这种精神实际上就是美国人对科学研究的基本态度。他们不愿意在具有长时效的理论问题上下工夫，而只注重对眼前利益有所促进的科技发明。在美国，抽象思辨的研究几乎没有市场，而应用科学备受青睐。世界上许多对现代文明产生过重大影响的发明都出自美国人之手，这种状况可以说是一直持续至今。本杰明·富兰克林就是一个典型的例子。他首先是一位杰出的政治家和外交家，在促使十三个殖民地摆脱英国殖民统治上功勋卓著，美国革命的胜利乃至独立之初许多重大问题的解决，与富兰克林的名字是分不开的；但富兰克林同时又是一名出类拔萃的科学家，他对科学的研究并不在于深奥的理论方面，而是看得见摸得着的对实际生活有用的发明。美国人崇尚、尊重富兰克林，固然因为他是美国开国先辈之一，但他通过自己的实验进行的科学探索，使他成为美国人的典范，他那反映出美国人务实特性的思想更是对后世产生了深刻的影响。1736年和1748年富兰克林先后写了《致富者须知》和《对青年商人的忠告》两本书，以通俗易懂的格言把务实的商业精神体现出来。比如"切记，时间就是金钱。……切记，信用就是金钱。……切记，金钱具有孳生繁衍性。……切记下面的格言：善付钱者是别人钱袋的主人。……影响信用的事，哪怕十分琐屑也得注意。……行为谨慎还能表明你一直把欠人的东西记在心上；这样会使你在众人心目中成为一个认真可靠的人，这又增加了你的信用。……要当心，不要把你现在拥有的一切都视为己有，生活中要量入为出"，等等。②富兰克林只是受到产生于这块大陆上的文化熏陶的千千万

---

① 转引自《美国研究参考资料》，1990年第5期，第38页。
② 参见马克斯·韦伯：《新教伦理与资本主义精神》，于晓等译，北京：三联书店1987年版，第33~35页。

万美国人的代表，他们在科学研究上的功利性和实用性也令欧洲人望尘莫及。19世纪中后期的法国著名作家凡尔纳在谈到这一点时指出："美国人是世界上最伟大的机械工，天生就是工程师，就像意大利人是天生的音乐家和德国人是天生的逻辑推理学家一样。"①作为一个置身于美国文化之外的人，凡尔纳在与其他国家的比较中凸显了美国人的这一特性。

著名学者拉斯基在为托克维尔《论美国的民主》一书所作的导言中特别强调："美国人是一个讲究实际的民族，不大善于思考。他们凡事考虑眼前的利益，而不大追求长远的利益。他们所重视的，是够得到、摸得着、切实存在并能用金钱估价的东西。"②拉斯基上述之言未必都十分准确，但的确触及了美国文化中的一个核心问题，即美国人在处理问题上出于实际需要的考虑。实用精神可以说渗透到美国社会的各个方面，美国人在处理或解决所面临的问题时无不表现出这一特征。他们判断事物一般都是从功利的角度出发，很少有不切实际的幻想或空想。如打算要从事某项活动，首先要看这项活动能否顺利开展，是否划算。如果结果肯定有利，他们就会毫不犹豫地投入，甩开膀子大干；如果经过盘算后无利可图，他们就会及时偃旗息鼓，另作打算。多数美国人的生活信念就是工作—挣钱—消费，工作成就的大小一般以赚钱多寡来衡量，"享受人生，消费至上"成为赚钱的基本目的。这种人生准则在美国社会获得普遍认可，成为美国在西方工业化国家中率先进入现代大众消费社会的主要原因。

美国人多信仰基督教，基督教对人们现实生活的影响无处不在，甚至在政治生活中也可以看到宗教在起作用的影子，但与一些

---

① 弗雷德里克·哈福曼等著：《正在变化世界中的美国对外政策》(Frederick H. Harfmann and Robert Wendrel, *America's Foreign Policy in a Changing World*)，纽约：哈珀·柯林斯学院出版社1994年版，第91页。
② 托克维尔：《论美国的民主》(下册)，第954页。

宗教国家不同，社会上很难看出浓厚的宗教氛围。美国人身上更是体现不出狂热的宗教情绪，宗教信仰既是一种对终极目标的追求，也在很大程度上只是一种形式而已。人们不会因为信仰宗教而改变既定的生活方式，更不会让宗教的教规对他们的行为方式形成强制性约束。用一位美国学者的话来说，美国"既不是一个把其宗教感情宣之于外的国家，也没有很强的固守宗教仪式的兴趣。宗教信仰也许已经深入到国家的每个层次，但是这种信仰更可能是在人们的心灵里，而不是反映在对于教堂礼拜活动的盲目忠诚上，或是对某一宗教的格言的字面意义的盲从上"。①美国人在工作中特别注重效率，厌恶浪费时间；生活中追求物质的欲望很强，但绝不乱花钱财；计划方案或总结报告都力戒繁文缛节，甚至连日常说话也变得简明扼要，只要互相能够明白对方的意思就行。美国人注重实际的事例在现实生活中比比皆是。美国社会学家戴维·波普诺在谈到美国文化中的这一特征时指出：

> 美国人习惯于以实用观来评判事物：这个能行吗？这个划得来吗？这种观念部分地起源于美国边远地区的传统。边远地区的危险环境使当时的开发者们对那些没有效率和不实际的工具、武器甚至都十分轻视。作为实用主义者，美国人喜欢尽快解决手头上的问题。结果，美国人看重技术，并有一种想控制物质世界的强烈愿望，他们不愿意追求长远的、不切实际的目标。②

作为一个长期生活在美国文化圈内的学者，波普诺以自己的耳闻目睹，甚至是切身体验道出了一个无可置疑的事实。美国人讲究

---

① 路易斯·哈里斯：《美国内幕》，诗宓等译，北京：华夏出版社1990年版，第48页。
② 戴维·波普诺：《社会学》（上册），刘云德等译，沈阳：辽宁人民出版社1987年版，第128页。

实际,无暇也不愿意在深奥的理论问题上大做文章,认为那样做太费周折,还不见实际效益,所以在美国很难出现类似康德、黑格尔那样把抽象思维发挥到极致的大哲学家。在欧洲人的眼中,玄奥的哲学在美国几乎无立足之地。在这一点上,托克维尔的观察可谓是细致入微,即"在文明世界里没有一个国家像美国那样最不注重哲学了"。①德意志的文化土壤造就了世界级哲学家辈出的辉煌时代,美国"最不注重哲学"的文化氛围同样培植出了在西方哲学史上具有很大影响的实用主义哲学思潮。19世纪70年代产生于美国的实用主义思想尽管受到英国经验主义和近代德国哲学的影响,但无疑是美国文化中重利轻理的价值观在思想意识领域的反映,属于地地道道的"美国货"。美国著名历史学家小阿瑟·施莱辛格指出:"美国人以务实民族而著称,重事实而轻理论,从结果上发现命题的含义,把试验和谬误视为通向真理之路,而不在乎演绎逻辑……当美国人形成一种独具特色的哲学时,它自然是威廉·詹姆斯的实用主义。"②小施莱辛格这里实际上道出了实用主义哲学在美国产生的文化根源。美国外交史学家小塞西尔·克拉布认为美国没有形成一套严格的哲学体系,如果反意识形态"能够被准确地称为一种哲学的话,实用主义便是美国的信条"。③实用主义的代表人物之一约翰·杜威后来也承认,实用主义思想受益于国家拓荒者的经历,也就是说,边疆经历对美国人的精神气质产生了很大的影响。④《美国精神》一书的作者认为,实用主义的特点反映出了美国民族的特性,这些特点"奇妙地同一般美国人的气质一拍即合。实用主义拨开神

---

① 托克维尔:《论美国的民主》(下册),第518页。
② 小施莱辛格:《美国历史的循环》,第52页。
③ 小塞西尔·克拉布:《决策者及批评者:美国外交政策的冲突理论》(Cecil V. Crabb, Jr., *Policy-Makers and Critics: Conflicting Theories of American Foreign Policy*),纽约:普雷格出版社1986年版,第74~75页。
④ 参见斯托·帕森斯:《美国思想史》(Stow Persons, *American Minds: A History*),纽约:霍尔特出版社1958年版,第401页。

学、形而上学和宿命论的云雾,让常识的温暖阳光来激发美国精神,有如拓荒者清除森林和树丛等障碍物,让阳光来复活美国的西部土地一样。从某种意义上说,美国过去的全部经历已为实用主义的诞生作好准备,如今好像又为它的存在提供基础和依据"。①由此可见,产生于美国的实用主义哲学思潮既有其深刻的历史和文化根源,又适应了美国人对付那种复杂多变和竞争激烈的社会生活的要求。

实用主义又称实效主义、实验主义以及工具主义等,起源于希腊词Pragmatikos,原始含义指人们在工商和法律方面的技艺,后来就在此基础上派生出"实用"的含义。实用主义哲学强调人的创造性,要求一切从实际出发,而不是从理论和逻辑出发,把实际效果看做是检验一切理论和学说的标准,其目的在于应付生活环境,解决人们在现实活动中所遇到的问题。"有用即真理"、"真理即工具"就是对实用主义哲学的形象准确的表达。查尔斯·皮尔斯、威廉·詹姆斯以及杜威等人是美国实用主义哲学的代表人物。

皮尔斯是美国实用主义的创始人,1878年他发表了《信仰的确定》和《怎样把我们的观念弄明白》两篇论文,提出了实用主义的一些基本原则。他认为任何命题的真理最终都取决于其在未来所取得的结果,"处于行动中的思想是真正重要的思想",也就是说,任何事物的真理性都在于未来结果的检验,人的思想是实用的,人们正是通过自己的活动赋予了思想的意义。皮尔斯的最后结论是,科学或哲学必须突破抽象思辨的框子,走到人们实际生活的天地中来,诉诸人的实践活动,用自然科学的方法,规定事物或概念的意

---

① H. S. 康马杰:《美国精神》,杨静予等译,北京:光明日报出版社1988年版,第142页。

义。①皮尔斯尽管竭力否认他是"实用主义"一词的始创者,但他的思想却为随后实用主义哲学在美国的迅速发展奠定了基础。

詹姆斯是美国实用主义哲学的真正奠基者,他把皮尔斯抽象论述过的实用主义方法论原则发展成为一个比较系统的理论体系。1898年,詹姆斯在加利福尼亚大学发表了题目为"哲学概念与实际效果"的讲演,进一步阐述了皮尔斯的实用主义哲学。他说,我们"总可以把任何哲学命题的实际意义,继续到我们未来的实际经验——不论它是积极的还是消极的——中的某个特定结果。问题与其说是在于它必须是积极的这个事实上,倒不如说是在于经验必须是特定的这个事实上"。②1907年詹姆斯出版了《实用主义》一书,系统论述了实用主义的真理观,提出了"有用即真理"的命题。他认为,说"'它是有用的,因为它是真的',或者说'它是真的,因为它是有用的',这两句话的意思是一样的"。因此,"真实观念的实际价值基本上是由于观念的对象对于我们的实际重要性而产生的"。③詹姆斯提出的其他哲学命题无不反映出了实用主义的基本观点,他的哲学观适应了美国社会发展的实际需要,集中体现出了美国的时代精神。有人把詹姆斯称为"美国的亚里士多德",美国思想和

---

① 参见车铭洲等:《现代西方的时代精神》,北京:中国青年出版社1988年版,第79页。有的学者研究了皮尔斯的哲学思想,发现皮尔斯的哲学思想中存在着大量的"理想主义"成分。详见罗伯特·阿尔梅德:"查尔斯·皮尔斯的理想主义"(Robert Almeder, "The Idealism of Charles S. Peirce"),载《哲学史杂志》(Journal of the History of Philosophy),第19卷,第4期(1971年10月),第477~484页。

② 转引自《西方著名哲学家评传》,第8卷,济南:山东人民出版社1985年版,第347页。

③ 威廉·詹姆斯:《实用主义:一些旧思想方法的新名称》,陈羽纶等译,北京:商务印书馆1979年版,第104页。关于皮尔斯与詹姆斯与"实用主义"哲学的渊源关系,详见艾埃弗雷德·艾尔:《实用主义的起源:查尔斯·桑德斯·皮尔斯和威廉·詹姆斯的起源》(Alfred J. Ayer, The Origins of Pragmatism: Studies in the Philosophy of Charles Sanders Peirce and William James),圣弗朗西斯科:维里曼、库珀出版社1968年版。

行为的化身。①英国著名哲学家怀特海认为现代哲学开始于詹姆斯，他是第一位这样的哲学家，即他的思想符合现代科学的两个基本原则：指导量子力学研究的爱因斯坦相对论和海森堡的"测不准原则"（Uncertainty Principle）。对詹姆斯这样高的评价足见他的实用主义思想对美国乃至世界产生的广泛影响。

杜威把皮尔斯、詹姆斯创立的实用主义哲学发展到一个新的高度，成为这种哲学的集大成者。他自称自己的哲学是工具主义（Instrumentalism），科学家、哲学家和从事真理探求的其他人应该毫不隐讳地承认，他们的目的是改变或改善世界，科学思想以前是，现在还是"实现价值观的一种工具"。②"真理即工具"是杜威对实用主义哲学的发展和贡献。他还把实用主义的一般原则推广到政治思想、文化教育以及伦理道德等领域，由此获得了高度的评价和赞扬，被称为"实用主义的圣保罗"③"伟大的希腊哲学家中的最后一个"，"他在自己的生活方式和自己的哲学中体现出了美国人的理想"，他"是美国人的顾问、导师和良心"，是"美国天才的最深刻、最完全的表现"。④实用主义哲学在杜威所处的时代达到了鼎盛时期，对美国历史的发展产生了非常重要的影响。列宁在当时谈到实用主义在美国泛滥时指出："在最新的美国哲学中，'最时髦的东西'可以说是'实用主义'了……在哲学杂志上谈论得最多的恐

---

① 参见马库斯·福特：《威廉·詹姆斯的哲学：一种新观点》(Marcus P. Ford, *William James's Philosophy: A New Perspective*)，阿默斯特：马萨诸塞大学出版社1982年版，第27页。
② 小塞西尔·克拉布：《美国外交和实用传统》(Cecil V. Crabb, Jr., *American Diplomacy and the Pragmatic Tradition*)，巴吞鲁日：路易斯安那州立大学出版社1989年版，第71~72页。杜威的实用主义哲学思想详见乔治·诺瓦克：《实用主义对马克思主义：约翰·杜威哲学的评价》(George Novack, *Pragmatism Versus Marxism: An Appraisal of John Dewey's Philosophy*)，纽约：开拓者出版社1975年版。
③ 小克拉布：《美国外交和实用传统》，第69页。
④ 参见《西方著名哲学家评传》，第8卷，第385~386页。

怕也要算是实用主义。"①

美国文化中注重功利的实用精神对美国历史的发展产生了不容忽视的积极影响。当美国不断朝着更为发达的社会迈进时，人们都可以从这一进程中看到实用主义发挥的重要作用。斯大林曾经高度赞扬了美利坚民族的这一特征，他指出："美国人的求实精神是一种不可遏止的力量，它不知道而且不承认有什么障碍，它以自己求实的坚忍精神排除一切障碍，它一定要把已经开始的事情进行到底，哪怕是一件不大的事情。"②正是美国人的求实态度和创新意识才在这块并非古老的土壤上滋生起最能反映出美国社会精神的实用主义哲学，而这种哲学思潮又以其国人独有的理论方式使实用主义精神深深扎根于美国文化价值观之中。美国前国务卿亨利·基辛格曾经说，实用主义是"美国精神"，它培养了美国人的求实作风和进取心，美国的领导是"官僚—实用主义型领导集团"。基辛格以自己的为官之道说出了实用主义的真谛。受功利主义的影响，美国领导人很少沉溺于空泛的"理想"之中，他们通常都是以务实的态度来解决所面临的问题。用小克拉布的话来说，实用主义型的美国领导人具有七个特征：一是"缺乏明确的意识形态目的"；二是"行动似乎不受规定分明的道义—伦理原则的指导"；三是"考虑问题只出于近期打算，不在乎长期目标和战略"；四是"利用所能得到的机会试图实现最大的利益或所得"；五是"善于妥协，在争议迭起的环境中达成一致"；六是"灵活变通，能够从经验中吸取教训，善于使自己的观点适应正在变化的现实"；七是"谨慎明智，往往避免极端主义的解决方案"。③其实，与其说是受实用主义的影响，倒不如说是美国文化中的注重功利特性造就了美国领导人的上述特征。

---

① 《列宁选集》，第 2 卷（上册），北京：人民出版社 1972 年版，第 349 页。
② 斯大林：《论列宁主义基础》，北京：人民出版社 1959 年版，第 97 页。
③ 参见小克拉布：《美国外交和实用传统》，第 57 页。

毋庸置疑，从欧洲移民踏上北美大陆之日起，勤劳务实的精神便开始发挥着巨大的作用，乃至后来成为美国文化价值观的重要组成部分。美国人在自己的日常活动领域无不留下重利轻理的痕迹，美国领导人在处理内政外交上更是表现出务实的态度，唯恐自己的行为悖逆美国社会的这种"精神"而给政治前途带来不测。美国已故前总统理查德·尼克松深有体会地说："领导美国的秘诀在于使美国人相信，你想做的事情符合他们的私利。"①对美国领导人来说，内政和外交固然是两个不同的领域，所面对的对象截然相异，国内政绩的好坏完全是以能否给国民带来实际利益或好处来衡量。美国的对外关系尽管常常貌似"理想主义"，但很难掩饰住对现实利益的追求，"务实"作为美国文化的一种价值观，同样对美国决策者制定和执行对外政策发生显而易见的影响。

二　美国早期外交的务实传统

"上帝的选民"、对人类的发展和命运承担一种特殊的使命等说教，固然能从美国盎格鲁-撒克逊文化形成中找到根源，也使美国对外关系表现出了浓厚的"理想"色彩，但这并不能真正反映出美国外交的本质，恰恰相反，在一定程度上掩饰了美国外交对现实利益的追求。一个国家的外交，总是以追求最大的现实利益为目标。作为一个置身于国际竞争场所的主权国家，美国也不例外。然而，美国外交政策所确定的目标常常具有很大的"隐蔽性"，研究者如果略有疏忽或不慎，极易被充满华丽辞藻的"理想"语言所迷惑，乃至"误入迷津"，得出与历史事实不符的结论。其实，美国文化中的注重功利特征从一开始就在美国对外关系上表现出来，给美国

---

① 引自理查德·里夫斯：《美国之旅：沿150年前托克维尔足迹重游美国》，韩守信等译，北京：中国对外翻译出版公司1992年版，第55页。

的早期外交打上了明显的务实烙印。尼克松曾谈到美国开国先辈们在国家初创之际领导国家度过了一个又一个危机时所持有的基本思想：

> 他们都是理想主义者，但也是非常实际的人。他们对于建立一个……新乌托邦不存在幻想。他们知道人应朝着尽善尽美而努力，但他们绝不可能希望达到这一境界——他们生活在一个并不完美的人所居住的并不完美的世界之中。他们知道没有实用主义的理想主义是无所作为的，而没有理想主义的实用主义却又是毫无意义的。①

尼克松在这里试图表明，理想主义与实用主义在开国先辈身上完美结合，为一个新独立国家在人类地平线上冉冉升起创造了绝无仅有的条件。持类似观点者在美国政界和学界不乏其人。这里当然并不否认美国开国先辈们的"言论"包含着"理想"的成分，但他们的"举止"却完全出于维护一个新生国家在一个纷争世界中的现实利益。独立后的美国只是一个松散的政治联合体，同时却面对着远比殖民时期更为错综复杂的政治、经济以及外交等问题。开国先辈们在无先例可循的情况下探索着一条适合这个新国家的发展道路。他们希望这个新国家能够成为全世界效仿的榜样，以"民主与自由"的制度打破几千年来束缚人们思想与行为的专制镣铐。然而，这种根深蒂固于美国文化中的"理想"除了对追求自我利益起着一种粉饰之效外，丝毫无助于美国解决现实问题。他们只有以一种现实主义的态度才能率领这个新独立的国家走出"困境"。因此，在这些开国先辈所表露出的思想中，现实的考虑显然占有压倒一切

---

① 尼克松：《1999年：不战而胜》，王观声等译，北京：世界知识出版社1989年版，第318页。

的主导地位，只有这样，百废待兴的国家才能在险象环生的局势下化险为夷，走向强大。

开国总统乔治·华盛顿在美国历史上功勋卓著，国人有口皆碑。在美国人眼中，他是美利坚民族的化身，美国人的许多特性在他身上得到了完整的体现。华盛顿长期生活在与实际生活打交道的环境中，很难说他是一位深邃的思想家，但他作为一个时代的巨人，无论是他的思想，还是他处理问题的方式都对美国以后的发展产生了很大的影响。他是一个非常务实的领导，从来不相信在国与国关系中存在着无私的原则。当美国独立战争进行得如火如荼之时，他就批评了只讲原则而不顾国家利益的人。他写道，那些"按照无私原则行事者相对来说只是沧海一粟"。他承认爱国主义会使人民产生激情和勇气，具有强大的力量，"但是我冒昧地断言，一场伟大而持久的战争从来不只是根据这种原则而得到支持。这场战争肯定得益于一种利益的远景"。①华盛顿出任美国联邦政府首任总统后丝毫不追求虚无缥缈的"理想"，而是脚踏实地和一丝不苟地解决美国面临的现实问题。他在1795年写道："根据本政府的每项法令，我一直追求我国同胞公民的幸福，我们实现这一目标的体制一贯是照顾到个人、地方、局部的所有考虑；期望合众国成为一个伟大的整体以及仅仅考虑我们国家的现实的和永久的利益。"②具体到对外政策上，国家利益是华盛顿奉行的至高无上的原则，他声称："建立在人类普遍经验之上的一个准则是，没有一个国家被相信不受其利益的限制，任何精明的政治家都不敢冒险背离这一准则。"③他认为，外交决策更可靠的基础不在于辨别对错，而在于如何正确地确

---

① 参见埃德蒙·西尔斯·摩根：《乔治·华盛顿的天才》(Edmund Sears Morgan, *The Genius of George Washington*)，纽约：诺顿出版社1980年版，第50~54页。
② 诺曼·格雷伯纳编：《思想与外交：美国外交政策的理性传统选集》(Norman A. Graebner, ed., *Ideas and Diplomacy: Readings in the Intellectual Tradition of American Foreign Policy*)，纽约：牛津大学出版社1964年版，第77页。
③ 格雷伯纳编：《思想与外交：美国外交政策的理性传统选集》，第77页。

定国家在现实世界所追求的利益。因此，在国际交往中，国家利益构成了主权国家所追求的最高目标。"每个国家都必须反映出其利益的某种概念。不把自我保护作为制定政策的主要动因的任何国家都不能生存；毋庸置疑，在国际交往中，任何背逆自己国家利益的国家都不可信赖。在国际事务中，如果没有国家利益作指南，将无任何秩序可言。"①华盛顿在以后告诫美国人要经常考虑到，"一个国家想从别国寻求无私的援助是愚蠢的，它必定要付出它的独立的一部分作为代价以换取所接受的任何援助。那种方式的接受可能会使自己置于这样的境地：即用等价物来交换名义上的援助，却被忘恩负义地谴责为给得太少。而更大的错误莫过于预期或指望国与国之间会有真诚的援助"。②华盛顿这种务实思想决定了其所制定和执行的对外政策完全出于如何更好地实现本国利益的考虑。

托马斯·杰斐逊被誉为美国民主体制的主要奠基者之一，其思想敏锐激进，可称得上美国建国前后的一位伟大政治家和思想家。诚然，杰斐逊比较坚持原则，崇尚进步，注重法理，但他绝不是一个充满"幻想激情"的理论家。他的思想并不只局限于高度的抽象思维，而是与美国的社会需要密切结合在一起，在历史上产生了非常重要的影响。正如一位美国学者指出的那样：

> 杰斐逊很少对诸如柏拉图等古典哲学家著作中所表述的抽象哲学原则感兴趣，或很少有耐心地去理解。杰斐逊可以说是美国社会对启蒙运动哲学和法国革命诸原则的最重要阐释者。然而他的思想不是因为新颖而著名，在某种意义上说主要是因为富有创造性，即杰斐逊把已经存在的政治思想运用于美国的具体环境，努力解决独立前后美国人民面临的一系列具体问题

---

① 小施莱辛格：《美国历史的循环》，第76页。
② 聂崇信等译：《华盛顿选集》，第325~326页。

和挑战。①

　　杰斐逊的价值标准是非常讲究实用的，他对实用技艺的爱好近乎着迷，发明了一些人们实际生活中所需要的技艺。用他的话来说，"对国家的最大贡献莫过于在其文化土壤上添置一棵有益的树木"。②杰斐逊在美国独立后就开始在中央政府内出任公职，先后担任驻法公使、国务卿和总统，直接参与了国家对外政策的制定与执行，在决策过程中有时还起着决定性的作用。正如罗伯特·塔克等人指出的那样："早期美国外交的中心人物是托马斯·杰斐逊。在美国实现独立以后的时间里，杰斐逊在对外政策的日常处理中占据着至关重要的地位。"③尽管很多学者把杰斐逊看做是美国"理想主义"外交方式的开创者，但他宣称的"理想"只是其实现美国外交目的的一种手段，以务实的作风处理美国面临的现实问题在杰斐逊担任总统期间显然居于主导地位。

　　亚历山大·汉密尔顿是华盛顿第一届政府的财政部长，在联邦政府内也曾权倾一时，举足轻重。他的政治观在许多方面与杰斐逊的相左。他从来不认为政体的善恶能够决定战争与和平，宣称人是有缺陷的，他们"野心勃勃，具有复仇心理，贪得无厌"。他认为人的这些特征同样存在于主权国家，所以国家之间冲突不断，战火频仍。他主张建立一个强有力的中央集权政府，领导这些新独立诸州在一个敌对世界中协调一致，促进共同利益。他特别强调国际关系中强权政治的本质，每个独立国家都在以不同的方式来促使本国利益的实现。汉密尔顿是一位毫无掩饰的"现实主义者"，他曾坦

---

① 小克拉布：《美国外交和实用传统》，第12页。
② 详见理查德·霍夫斯施塔特：《美国政治传统及其缔造者》，崔永禄等译，北京：商务印书馆1994年版，第24~25页。
③ 罗伯特·塔克等：《自由的帝国：托马斯·杰斐逊的治国才能》（Robert W. Tucker and David C. Hendrickson, *Empire of Liberty: The Statecraft of Thomas Jefferson*），纽约和牛津：牛津大学出版社1990年版，第viii~ix页。

然相告,他的目的不是"建议一种绝对自私或兴趣只在国家的政策,而只是表明,一种受国家自己利益控制的政策就其公正和真诚而言,本来就应该占据主导地位"。①

本杰明·富兰克林在美国人眼中是务实的"典范",他的政治影响虽然远不及华盛顿和杰斐逊,但他的实用思想已成为美国文化的宝贵财富。有的学者高度赞扬了富兰克林对美国社会发展所作的贡献,认为他的思想与行为反映出了"国家气质中的实用主义精神"。②约翰·亚当斯、詹姆斯·门罗、约翰·昆西·亚当斯等人都曾在政府内担任要职,位居决策高层,他们无不把实现国家利益作为思想与行动的指南。正是在这种务实精神的指导下,这些开国先辈们在多无先例可循的情况之下解决了许多对后世产生很大影响的问题,为美国的崛起奠定了一个坚实的基础。当然,他们绝不是"用一种声音说话",更不是"步调一致"地行动,他们在许多方面存在着分歧,有时甚至到了互相难以容忍的地步,但他们都有一个一致的目标,即为美国探讨一种比较切合实际的发展道路。因此,他们在任期间,所执行的政策无论在内政上,还是外交上都留下了深深务实的痕迹。美国著名学者理查德·霍夫施塔特把开国先辈时期称为"现实主义时代",③的确是很有道理的。

美利坚合众国成立以后,国家作为一个主权实体在外部关系中具有自己的利益。外部安全是一国对外关系中首先关注的问题,对一个新独立的国家来说,这一问题尤为突出。美利坚合众国初创时期,来自外部对其安全的威胁并未减弱,一些在美洲拥有殖民地的欧洲国家对这个新生的独立国家多抱有警惕之心,虎视眈眈地注

---

① 小施莱辛格:《美国历史的循环》,第77页。
② 参见埃尔默·普利斯奇科主编:《现代外交:艺术和艺术家》(Elmer Plischke, ed., *Modern Diplomacy: The Art and the Artisans*),华盛顿:美国企业研究所1979年版,第219~221页。
③ 参见霍夫施塔特:《美国政治传统及其缔造者》,第7页。

视着美国的外交举措,力图阻碍美国向外发展,以免形成强大的竞争对手。美国开国先辈们在这种外交局势下,以现实主义的态度解决了他们所面临的错综复杂的外交问题。

在美国独立战争期间,美国为了尽快取得对英国的胜利,积极争取到了与英国矛盾突出的国家的援助。1778年2月,美国与法国缔结同盟。在当时美国与英国力量十分悬殊的情况下,法国的支持对美国的胜利起到了非常重要的作用。美国所为之付出的代价就是把自己与欧洲局势的变化紧紧联系在一起。1789年7月,法国爆发了革命,向传统的封建君主专制制度提出了挑战。对于发生在大洋彼岸的这场革命,美国民众多表示了欢呼赞扬的热情,希望法国的旧秩序由此寿终正寝。当时美国驻法公使古弗尼尔·莫里斯在致华盛顿总统的信中说:"我以为,我们在法国的自由上拥有一种利益。这里的领导人都是我们的朋友,其中许多人在美国吸收了其原则,我们的范例激起了所有人的热情。他们的对手们决不会为我们革命的成功而欢欣,许多对手倾向于与英国建立最密切的联系。"① 莫里斯的这番话表达了美国政界对法国革命的一种普遍看法。杰斐逊更是把法国革命看做是美国革命确立的原则的延续,是对欧洲旧秩序的一个沉重打击。1789年8月26日,法国国民议会通过并向全世界发布了《人权与公民权宣言》。两天之后,杰斐逊在致麦迪逊的信中表示,美国应该采取帮助革命法国的措施,不能把法国置于"只是与英国一样的地位"。他满怀着激情写道:

> 一个国家为了我们参与一场毁灭性的战争,流血并花钱拯救了我们,在和平时期向我们敞开了怀抱,几乎把我们视为处于其公民的地位;而另一个国家在战争中竭尽全力消灭我们,在和平时期其所有计划中使我们受尽凌辱,在每个其享有利益

---

① 转引自瓦格:《开国先辈的外交政策》,第76~77页。

的港口把我们关在门外，在外国诽谤我们，竭力阻止这些国家接纳我们很有价值的商品。当把这两个国家置于一个基点上时，如果使不平等地位平等的格言正确，就将赋予一个国家比另外一个国家更多，所以我们必须把更多的注意力放到其中之一的国家上。①

杰斐逊的"这个国家"当然就是指革命的法国。法国革命的进程尽管充满着暴力的色彩，却是对欧洲旧秩序延存的一个很大的威胁，自然会招致欧洲君主国家的恐惧与干涉。革命爆发后不久，普鲁士和奥地利对法国进行了军事干涉。1793年2月，英国对法国宣战，并组成反法联盟，从而使欧洲陷入了经年不息的战乱之中。欧洲的灾难尽管使美国在巨人搏斗的夹缝中有了生存的回旋余地，但根据法美盟约，美国必须对法国提供支持。这实际上把美国置于卷入欧洲大国厮杀的境地，直接对美国的独立构成了威胁。在当时的历史条件下，美国面临着两个选择：一是根据欧洲战争的意识形态性质来决定美国的反应，尽量支持鼓吹自由、平等、博爱的法国，甚至不惜冒战争之险；或者把维护美国的和平与独立放在第一位，不让意识形态因素过多地干扰本民族的根本利益，奉行中立政策。二是或者执行法律至上原则，无节制地追求没有能力实现的法律权利，或者根据能力来确定对外政策目标，必要时宁愿委曲求全，以保障本国的独立生存。②

当时在联邦政府内已经形成了代表不同利益集团的联邦党和民主共和党，其代表人物之间的党派之争也在外交政策的制定与执行上反映出来。以杰斐逊为首的民主共和党人热情洋溢地赞扬法国革

---

① 杰斐逊致麦迪逊信，1789年8月28日（Jefferson to Madison, August 28, 1789），这封信的原件见美国国会图书馆《托马斯·杰斐逊文件集》(The Thomas Jefferson Papers at the Library of Congress, Image 857 and transcription)，全文可在 http://www.access.gpo.gov/su_docs/locators/coredocs/index.html 网址上获得。
② 参见时殷弘：《论美国早期外交中的共和党人与联邦党人》，载《美国研究参考资料》，1991年第10期，第30页。

命，鼓动起公众支持法国革命及其原则的热情。当法英之间爆发战争后，杰斐逊自然竭力敦促美国根据法美盟约旗帜鲜明地站在革命的法国方面，履行美国的条约义务。杰斐逊为此宣称："我们宁愿看到地球上一个地方荒芜，而不愿看到这个事业失败；即使在每一个国家只留下一个亚当和一个夏娃，听任他们自由行动，那情况也会比现在好得多。"[1]当然，杰斐逊绝不是为了原则而牺牲美国的利益，他只是想利用法国来打破美国在市场和资金方面对英国的依赖关系，利用法国作为抵制英国的平衡物。因此，杰斐逊等人支持法国，就与当年法国支持美国独立一样，绝不是出于法国的利益考虑，而是想借法抑英。然而联邦政府如果按照杰斐逊等人的主张行事，就得冒与英国重新开仗的风险，对一个新独立的国家来说，这种代价的后果是不堪设想的。以汉密尔顿为首的联邦党人竭力反对美国卷入欧洲的纷争，尤其是担心美国与英国交恶给英美贸易带来灾难，因为美国90%的进口货物来自英国。其中半数以上由英国商船运载，而美国每年将近50%的货物输往英国，假如两国贸易中断，进口税将会锐减，美国势必陷入财政危机，因此，与英国保持友好关系至关重要。至于法美盟约，汉密尔顿以法国波旁王朝已被推翻而自然中止，美国不再为法国承担义务。双方经过在国会内的激烈辩论，汉密尔顿的主张占据了上风。实际上，杰斐逊等人也希望美国避开欧洲战争。在这种情况下，华盛顿政府宣布客观上奉行有利于英国的中立政策，法美联盟名存实亡，美国从法律原则上摆脱了卷入欧洲动荡的风险，为独立成果的巩固与和平发展创造了一个相对良好的开端。美国政府对法国革命的态度以及奉行的政策表明，不管是汉密尔顿等人的"亲英"，还是杰斐逊等人的"亲法"，

---

[1] 转引自参见塞缪尔·弗拉格·贝米斯："华盛顿的告别演说：关于独立的对外政策"(Samuel Flagg Bemis, "Washington's Farewell Address: A Foreign Policy of Independence")，载《美国历史评论》(*American Historical Review*)，第39卷，第2期(1934年1月)，第250~268页。

都是局限在一定的"度"之内,这个"度"就是有助于实现美国利益的范围。从这个意义上来讲,他们在根本目标上并无冲突。劳伦斯·卡普兰在一篇论文中认为,汉密尔顿和杰斐逊的主张在实现美国的长远目标上存在着一致之处。①加德纳等人也指出:"以后的历史学家认为,双方将按着亲英和亲法来划分。双方没有一方是在牺牲美国利益的情况下亲英或亲法。这两个集团只是在使用什么最佳手段来扩大和维护这些国内利益上产生分歧,结果在对外政策上出现意见不一。"②因此,我们很难用"亲法"(理想主义)或"亲英"(现实主义)把他们的政策取向截然分开,倒是美国的国家利益是把他们的主张结合在一起的切点。

美国中止与法国的结盟关系并不意味着与英国关系的缓和。自独立战争结束以来,英国并未根据达成的和约从美国疆域内撤兵,继续控制着一些在战略上具有重要意义的要害地区,并操纵印第安人部落与美国为敌,自己从中渔利。显然,英国还想卷土重来。美国宣布中立后,英国竭力阻挠美国的商品流入法国,美国的中立权利受到严重侵犯。英国枢密院命令,对一切载有法属殖民地产品的船只以及一切向法属殖民地运送粮食的船只,一律加以拦截和没收。多艘美国商船在加勒比海遭到英国海军的拦截,货物被没收,船员被强行征募加入英国海军。英国对美国中立权利的破坏致使美国国内沸沸扬扬,一些国会议员建议采取经济报复措施,甚至中断英美通商。1794年3月,美国宣布禁运,矛头直接指向英国,两国

---

① 劳伦斯·卡普兰:"1789年一致:杰斐逊和汉密尔顿论美国对外政策"(Lawrence S. Kaplan, "The Consensus of 1789: Jefferson and Hamilton on American Foreign Policy"),载《南大西洋季刊》(*South Atlantic Quarterly*),第71期(1972年冬季号),第91~105页。
② 劳埃德·加德纳等:《美利坚帝国的建立》(Lloyd C. Gardner, Walter. LaFeber and Thomas McCormick, *Creation of American Empire*),第1卷,《到1901年美国外交史》(*U.S. Diplomatic History to 1901*),芝加哥:兰德·麦克纳利学院出版公司1976年版,第49页。

关系急剧恶化,大有一触即发之势。对美国来说,与英国开战实在是不得已而为之的事情,显然弊多利少,只会加剧美国国内的危机。汉密尔顿由此断言与英国关系的破裂将导致美国信贷和商业的崩溃。美国力量的孱弱使它无法以强硬的态度与英国对抗,为了避免与英国开战,华盛顿总统派遣最高法院首席法官约翰·杰伊前往英国进行谈判。经过美国屈辱性的妥协让步,1794年11月两国缔结了著名的《杰伊条约》。条约实际上否定了美国一贯坚持的中立权利和海上自由原则,美国的海外贸易也受到了种种限制,但条约也使英国退出了非法占领的美国领土,解决了多年来一直困扰美国的西部印第安人问题。更为重要的是,条约的签订消除了美英之间的战争危机,保证了美国国内发展的和平环境。《杰伊条约》虽然受到民主共和党人的猛烈抨击,但以后历史的发展证明了它对维护美国独立与生存的重要性。正如美国外交家学者帕特森等人指出的那样:"任何条约上的让步确实证明了美国能够在一个敌对的世界中保持它的独立。由于开始一个为期10年的英美相对友好时期,《杰伊条约》给了美国时间,使它在领土、人口和民族意识方面都得到了发展。"①

华盛顿政府在妥协让步中渡过了与英国关系的危机后,深刻而清醒地认识到与欧洲国家纠缠在一起的危险,因此,华盛顿在离任之时发表了著名的《告别词》,确定了美国长期奉行的孤立主义政策的基调。约翰·亚当斯继任总统后,继续奉行前任的独立外交政策,经过与拿破仑法国的谈判,正式废除了法美同盟,从而使美国不再承担妨碍其实行中立的所有条约义务。杰斐逊任内利用拿破仑在战争中的困难处境,以1500万美元购买了路易斯安娜。用一位历史学家的话来说,这次购买的结果是"历史上最大的不动产交易"。②

---

① 帕特森等:《美国外交政策史》,第1卷,第48页。
② 小克拉布:《美国外交和实用传统》,第13页。

正是开国元勋们在外交问题上的现实主义态度，使美国在险恶的国际环境中取得了一次又一次的外交成果，开创了美国独立外交的新局面。

这里需要指出的是，开国时期的美国决策者的思想明显受到欧洲强权政治的影响，他们极力想维持欧洲有利于美国生存与发展的均势。均势论是欧洲国家奉行强权政治的产物，指在一个相互争夺权力资源的国际社会中，必须以强权制约强权，依靠力量的相互制衡来维持欧洲的"和平与稳定"，防止"欧洲大陆任何国家获得一种霸权，达到这样一种权力和影响的地位，以致会对其余国家完整构成潜在的威胁"。①欧洲均势的存在对大洋彼岸的美国来说无疑是个"福音"。当大国力量形成相互牵制之势时，力量孱弱的美国遭到外部侵略的威胁就可能减少到最低限度，为美国把主要精力集中于国内发展提供了可能性。因此在美国初创时期，维持欧洲大国的均势不仅有利于美国独立成果的巩固，而且是美国摆脱欧洲纷争和致力于国内发展与北美大陆扩张的一个重要条件。华盛顿、汉密尔顿等主要决策者在某种意义上也就把均势原则运用到美国外交政策制定过程中。约翰·亚当斯写道："联合法国摧毁英国从来不可能符合我们的利益……另一方面，联合英国使法国蒙受奇耻大辱也从来不可能是我们的义务。"②托马斯·亚当斯竭力宣扬欧洲的均势适合美国的需要，他在1799年10月宣称："只要美国是一个独立共和国或国家，局势必然是欧洲的均势将继续对其福利至关重要。法国胜利和英国及其盟国衰落之时，我们自己就必须保持警戒，反之亦然。"③杰斐逊尽管从感情上倾向于革命的法国，但他绝不希望拿破

---

① 阿诺德·泽克："均势"（Arnold Zurcher, "Balance of Power"），载爱德华·康拉德·史密斯：《美国政治辞典》（Edward Conrad Smith, ed., *Dictionary of American Politics*），纽约：巴恩斯和诺布尔出版公司1944年版，第125页。
② 格雷伯纳编：《思想与外交：美国外交政策的理性传统选集》，第11~12页。
③ 格雷伯纳编：《思想与外交：美国外交政策的理性传统选集》，第79页。

仑一世的铁蹄横扫一切,主宰欧洲。1814年正是英美激烈鏖战之时,杰斐逊反倒不情愿看到法国征服英国获得成功,而希望拿破仑的军事活动受挫。他写道,"整个欧洲归于一个君主的统治之下不符合我们的利益",这种局面一旦形成,美国就会永远难以摆脱危险之虞,拿破仑"如果继续向莫斯科推进,我依然希望他惨遭失败,以阻止他到达彼得堡。即使结果是我们与英国人的战争拖延下去,我宁愿对付英国人,也不愿意看到整个欧洲的力量掌握在一个人手中"。[①]以强调意识形态因素和法理主义而著称的杰斐逊尚且如此,可见保持欧洲大国均势对于力量弱小的美国的生存和发展是何等重要。

美国缔造者们的外交活动在美国对外关系史上占有非常重要的地位。正是他们对美国所处的国际环境的清醒认识,把维护国家的独立与发展置于任何其他考虑之上,以国家利益为圭臬,制定和执行了符合美国近期利益和长期利益的政策,为美国的发展创造了一个相对稳定的外部环境。他们那种在外交问题上灵活变通的态度为其后继者提供了"楷模",形成了美国早期外交的务实传统。

三 美国外交中的"理想主义"倾向

"理想主义"是一些学者对美国政府在外交领域奉行的一种方式的称谓。按照美国人的解释,这是他们重视信仰追求在对外关系上的反映,也就是在很多情况下美国政府执行的对外政策包含着把其他国家从苦海中解救出来的使命。用一位美国学者的话来说,美国人"从立国开始,就一直相信自己的天命是通过民主示范使自由和社会正义普及全人类;带领人们摆脱恶行;建立和谐的国际秩序。……美国不仅要成为让其他民族仿效的优良的国内民主生活方

[①] 小施莱辛格:《美国历史的循环》,第53页。

式的灯塔,而且还要成为在道德上优于他人的国际行为的楷模"。①美国所谓"理想主义"的文化根源在前章已有所述,此处不再赘言。然而,谈到"理想主义",人们的确很难把它与一贯注重功利的美国人联系在一起,更难解释美国外交追求实利的本质。许多美国学者认为这是美国外交中两种互不相容的倾向,小施莱辛格就持这种观点。他认为,美国对外政策被两种彼此竞争的倾向所掌握,"一种是经验的,另一种是教条的;一种以历史观看待国际关系,另一种以意识形态观看待国际关系;一种设想美国同所有社会一样具有不完善、弱点和邪恶,另一种视美国为幸运的帝国,才智杰出,德行完美,受托拯救人类"。②小施莱辛格看到了美国对外关系上的两种似乎相互矛盾的倾向,但却忽视了两种倾向在本质上的一致之处。

事实上,美国领导人宣传的"理想"常常为现实服务,甚或成为实现现实利益的一种手段。如美国学者把立国初期杰斐逊与汉密尔顿在外交上的争执分别贴上"理想主义"与"现实主义"的标签。按照他们的分类,这场争执以汉密尔顿的"现实主义"胜利而结束。其实,杰斐逊的"理想主义"同样也是出于美国的现实利益考虑,最终也是务实的。关于这一点,当时的法国赴美公使皮埃尔·阿代说得很明白:

> 杰斐逊先生因为憎恨英国而喜欢我们;他试图拉近与我们的关系,因为他担心英国甚于担心我们;只有英国不再引起他的忧虑,明天他也许就改变了对我们的看法。杰斐逊是自由和科学的朋友,他赞成我们打破套在我们身上枷锁以及清除蒙在人类头上愚昧阴云的种种努力,但我说杰斐逊是一个美国人,

---

① 莫特雷:"美国的非常规冲突政策和战略",第97页。
② 小施莱辛格:《美国历史的循环》,第54页。

正因为如此，他不会是我们真挚的朋友。美国人生来就是所有欧洲民族的敌人。①

阿代曾试图劝说美国决策人物对法国革命给予支持，以为经常把"民主与自由"挂在嘴边的美国领导人会对追求民主事业的法国提供物质上的支持，但最终以失望告终。他愤慨之下说出了上边那番话，既算是他与美国决策层打交道之后的经验之谈，也可对人们认识"理想主义"外交的实质也有启迪。一位美国学者也认为，杰斐逊是一个理想主义者，但他也像旧世界的任何老练的外交家一样"冰冷强硬，讲究实际和玩世不恭"。②这位美国学者倒是看到了"理想"与现实在杰斐逊身上的一致之处。杰斐逊是一个扩张主义者，他主张美国向外扩张对随后的美国外交发生了重要影响，甚至到了19世纪末美国掀起海外扩张时，许多著名扩张主义分子把扩张传统追溯到杰斐逊的"理想主义"。如共和党领袖西奥多·罗斯福和亨利·洛奇就宣称，麦金莱只是走在杰斐逊规划好的路上，"杰斐逊对路易斯安娜的所为和目前在菲律宾采取的行动十分惊人地一致"。③参议员艾伯特·贝弗里奇也指出，19世纪90年代不是一个分水岭，而是共和国"第一个帝国主义者"杰斐逊发起的扩张进程的组成部分。④很有意思的是，正是杰斐逊的"理想主义"，才推动了

---

① 劳伦斯·卡普兰：《由殖民地变成国家：1763年至1801年的美国外交》（Lawrence S. Kaplan, *Colonies into Nation: American Diplomacy 1763–1801*），纽约：麦克米兰出版公司1972年版，第219页。
② 内森·沙赫纳：《托马斯·杰斐逊传》（Nathan Schachner, *Thomas Jefferson: A Biography*），第1卷，纽约：阿普尔顿-世纪-克罗夫茨出版社1951年版，第407页。
③ 梅里尔·彼得森："美国人脑海中的杰斐逊形象"（Merril D. Peterson, *The Jefferson Image in the American Mind*），纽约：牛津大学出版社1960年版，第270页。
④ 迈克尔·亨特：《意识形态与美国对外政策》（Michael H. Hunt, *Ideology and U.S. Foreign Policy*），纽黑文：耶鲁大学出版社1987年版，第40页。

美国在北美大陆上掀起了领土扩张的高潮,最终为美国在20世纪作为一个世界政治大国的出现创造了客观条件;而正是汉密尔顿的"现实主义",才使美国避开了纷争的欧洲,致力于国内的经济发展,为美国在20世纪作为一个世界经济大国奠定了雄厚的物质基础。这两种外交方式相辅相成,交互地服务于美国外交战略的实现。正如美国历史学家保罗·西伯里所言:"一般而言,杰斐逊的传统……类同于西部扩张和对新土地的兼并。汉密尔顿的传统保守地与一个工业的、城市的和海洋的美国利益协调一致,警惕地向外注视着一个国际竞争世界。"①事实上,杰斐逊出任总统后奉行的许多政策并不与汉密尔顿的思想发生冲突。在他的身上,既表现出领土扩张的强烈愿望,又致力于美国在政治上孤立于欧洲大陆,促进国内经济发展。这一发生在开国先辈"现实主义"时代的插曲说明了"理想主义"并非有悖于美国的国家利益,只是美国实现现实利益的一种工具,以后的历史发展充分地证明了这一点。

美国外交史学家小克拉布在解释美国对外关系的"理想主义"色彩时指出,美国对外政策在操作上是实用主义的,但是领导人在决策和执行对外政策时必须提及相应的原则,作为使他们行为合法化的一种手段。这样,"美国在国外行使权力必须显示出与某种明显值得追求的人道目的相联系,这种目的必须被美国人所理解(或至少被他们直观上所领悟)"。否则,"在海外运用美国的权力……不可能成功或永久",而且公民们往往用实用主义的功效标准来评价理想受到坚持的程度。②小克拉布的这番话表明,听起来很感人的"理想"语言只是美国领导人在国外推行强权政治的合法化解释,此见诚有道理。在美国外交史上,很少有美国领导人不在讲话和政策文告中体现出"理想"的成分,其目的显然是掩饰其要奉行

---

① 德康德主编:《美国外交政策百科全书:主要动向和思想研究》,第860页。
② 小克拉布:《美国外交和实用传统》,第183页。

政策的真正目的，因此美国决策者所"做"并非与其在政策文告中或公开讲演中所"说"完全一致，所"说"往往成为所"做"的一种合法化掩饰。

西奥多·罗斯福是美国进入20世纪之后的第一位总统，他的外交政策的秘诀就是"说话要温和，但要带根大棒"。他特别崇尚在国际事务中运用强权政治，但还想给美国的强权外交披上"道义"的外衣。他在1906年12月3日的国情咨文中宣称：

> 一个国家漠视自己的需要既不明智，也不正确，认为其他国家将忽视各自需要则更是愚蠢——甚或是邪恶的。但是对一个国家来说，仅仅考虑自己的利益也是邪恶的，认为这是驱使任何其他国家的唯一行动也是愚蠢的。我们的坚定目标应该是在努力提高个人行为道德标准的同时，提高国家行为的道德标准。①

西奥多·罗斯福还竭力宣扬"文明大国"的每次扩张都意味着"法律、秩序和正义"的胜利，它们对落后国家事务的干涉"直接有助于世界和平"的实现，有助于被干涉国家走向进步。在他的眼中，"野蛮状态在一个文明化的世界没有也不能有一席之地。我们对生活在野蛮状态下的民族的责任是看到他们摆脱自己的枷锁，我们只能消灭野蛮状态本身而解放他们。传教士、商人、士兵在这种消灭以及最终提高这些民族方面都会起到作用"。②实际上，西奥

---

① 西奥多·罗斯福："第六次年度咨文"（Theodore Rooselvet, "Sixth Annual Message"），1906年12月3日，全文可在 http://www.presidency.ucsb.edu/ws/index.php? pid=29547 网址上获得。
② 参见威廉·哈博主编：《西奥多·罗斯福著述》（William H. Harbaugh, ed., *The Writings of Theodore Roosevelt*），印第安纳波利斯：鲍勃斯-梅里尔出版社1967年版，第357页；霍华德·希尔：《罗斯福和加勒比》（Howard C. Hill, *Roosevelt and the Caribbean*），芝加哥：芝加哥大学出版社1927年版，第207页。

多·罗斯福政府在外交政策执行中,哪里能看到一点"文明"与"正义"的影子呢?看到的只是其为了实现美国的利益对弱小国家的干涉。西奥多·罗斯福从门罗主义暗含的内容中推出了一个自鸣得意的定理,试图把美国可以依照自己的逻辑任意干涉美洲各国事务"合法化"。阿根廷《新闻报》1904年12月刊文把他的推论看做"出自华盛顿对南美洲主权完整的最严重的威胁性宣言"。①西奥多·罗斯福政府为了从哥伦比亚手中夺取运河的控制权,策动巴拿马独立派发动了脱离哥伦比亚的叛乱,成立了巴拿马共和国。作为对美国支持的回报,美国以一次性付给1000万美元及在九年内每年付给租金25万美元的低价,取得巴拿马一条10英里宽地带的永久租让权,还获得了在该地带内建造运河铁路和驻军设防的权利,巴拿马完全沦为美国的保护国。西奥多·罗斯福1911年多少带有点霸道气地吹嘘说:"我取得了运河区而让国会辩论;一方面进行辩论,一方面继续运河之事。"②从1904年至1905年,西奥多·罗斯福政府乘多米尼加共和国欠欧洲国家债务危机之机,以保护美国官员的安全和防止欧洲干涉为名,派遣海军陆战队,控制了多米尼加共和国的海关,把该国关税收入完全掌握在美国手中,并用其中的45%偿还外债。

西奥多·罗斯福政府为了维持远东的均势,支持日本抑制俄国。1904年2月,日本对沙俄不宣而战,美国随即给日本以外交上和经济上援助,但结果出乎西奥多·罗斯福的意料,沙俄不堪一击,日本节节胜利。美国政府所设想的两败俱伤的局面显然很难出现。为了保持日俄形成相互牵制之势,西奥多·罗斯福向交战双方提出调停。日俄虽然最后达成了和约,美国也暂时维持住了远东的均势,

---

① 托马斯·麦克甘恩:《阿根廷、美国和美洲国家体系,1880~1914年》(Thomas F. McGann, *Argentina, the United States, and the Inter-American System, 1880-1914*),坎布里奇:哈佛大学出版社1957年版,第223页。
② 帕特森等:《美国外交政策史》,第1卷,第222页。

但还是以牺牲中国和朝鲜的利益为代价。西奥多·罗斯福所处的时代正是美国外交的重大转折时期，美国的扩张触角开始由封闭的半球伸向辽阔的海外。西奥多·罗斯福作为一个时代"杰出"的政治家，其外交活动明显地促进了美国扩张利益的实现。

西奥多·罗斯福的继任者威廉·塔夫脱以奉行"金元外交"而著称，用塔夫脱的话来说："本政府的外交力求适应商业往来的现代概念。这个政策的特征是以金圆代替子弹。这个政策要求用理想主义的人道感情、健全的政策和策略指导和正当的商业目的来作出决定。"[1]塔夫脱这番话以"理想化"的语言道出了其外交政策主要为美国商业扩张服务的目的。金圆外交在拉美地区主要有三个目的：一是为美国国内剩余资本寻找投资场所，进而加快对拉美地区的经济渗透；二是保证美国在中美洲和加勒比地区的政治和战略利益不受到经常爆发的"革命"威胁，也就是要铲除这些国家滋生"革命"的土壤；三是消除欧洲国家对拉美地区干涉的机会，维护门罗主义。金圆外交在拉美地区的推行使美国大获其益，据统计，美国对外投资从1909年的20亿美元上升到1913年的25亿美元，其中一半在拉美国家。[2]1913年美国控制了拉美各国对外贸易的28%，并在古巴、墨西哥等国的投资超过英国。金圆外交在这一时期美国对华政策中也居于主导地位，其目的是支持美国金融财团积极插足中国经济活动，扩大美国在华经济权益，为最终在中国事务中居于优势奠定基础。塔夫脱本人就明确说："供给中国的大铁路和其他企业以资金的国家，在中国事务中必须具有优先地位，美国资本参与这样

---

[1] 德特林·杜蒙德：《现代美国 1896~1946 年》，宋岳亭译，北京：商务印书馆1984年版，第243页。
[2] 参见斯科特·尼尔林等：《金圆外交——美国帝国主义研究》(Scott Nearing and Joseph Freeman, *Dollar Diplomacy: A Study in American Imperialism*)，纽约：许布施和瓦伊金出版社1925年版，第12页。

的投资，将给予美国在该国的政治争端中以更有权威性的发言权。"①金圆外交服务于美国在华利益由此可见一斑。

在20世纪前半期，只有伍德罗·威尔逊才算称得上奉行"理想主义"外交的总统。威尔逊是个虔诚的基督教徒，美国白人对世界承担一种特殊责任的"使命感"在他身上体现得比较明显。他还是个学者，对美国历史与民主制度有着比较深的研究，他在此基础上形成的政治思想自然充满了"理想"的色彩，美国民主制度的特殊性以及把这种制度传播给其他地区体现在其论著的字里行间。威尔逊算是文人从政，在总统任内试图把他的"理想"贯彻到美国的对外政策之中，这大概是他能够被赋予"理想主义"总统的一个主要原因。其实，作为一个主权国家的行政首脑，威尔逊即使满脑子充满了"拯救"他国的梦想，但他的这种特殊位置决定了他只能以追求和实现国家利益为首要选择，而不是有悖于这一目的的其他选择。因此，威尔逊绝不是一个不切实际的"理想主义者"，更不是在外交决策和执行过程中忽视美国实际利益的政治家。他宣扬的"理想"只是实现美国现实利益的一种手段，"理想"与现实在威尔逊身上并不冲突，而是有机的统一。威尔逊出任美国总统后奉行的外交政策就足以证明了这一点。

威尔逊刚就任总统，其南邻墨西哥的政坛就出现动荡。1911年获得政权的马德罗总统被其主要将领维多利亚诺·韦尔塔所谋杀，随后建立了以韦尔塔为首的临时政府。威尔逊一改美国政府的惯例，拒绝承认韦尔塔临时政府，要求韦尔塔立即下台，通过民主选举程序在墨西哥建立一个符合宪法的民选政府。他在就任总统后首次发表的声明中指出，只有基于法制，而不是基于武力或专横之上的合法与公正政府的存在，合作才有可能。"我们不同情那些试图

---

① 劳伦斯·亨利·巴蒂斯蒂尼：《美国和亚洲》(Lawrence Henry Battstini, *United States and Asia*)，纽约：普雷格出版社1955年版，第72页。

夺取政府权力以推进个人利益或野心的人。我们是和平的朋友，但我们知道，在这种形势下，任何持久或稳定的和平都不可能存在"。①威尔逊为了达到迫使韦尔塔下台的目的，不惜采取令主权国家难以接受的武力干涉手段，这种政策暴露出了国际关系中的大国强权政治。威尔逊就毫不讳言地说：

> 如果我只能通过偶尔击倒某人来保持对他的道义影响，如果这就是他尊重我的基础，那么出于为他的缘故，我就偶然将其击倒。如果一个人不安静地坐下来听你说，就骑在他的脖子上，强迫他听。②

威尔逊有一句名言，即"教训南美洲共和国选举好人"，有的美国学者把这句话解释为美国政府对中美洲和加勒比地区保守党的支持，以反对该地区的居于主导地位的自由党。③其实，这句话体现出地地道道的强权作风，目的是建立一个美国能够控制的政府。"好人"是根据美国是非标准来评判的。所谓"好人"，就是指经过美国甄别通过选举而执掌权力的人。所以，美国政府在致力于韦尔塔这个"坏人"倒台时，就开始按照自己的标准挑选"好人"。美国主张在墨西哥建立立宪政府只是"好人"执政的一个条件，但如果执政者不服从美国指挥，损害美国在墨西哥的政治经济利益，"好人"就会转化成"坏人"，从这个意义上讲，就是立宪政府也会

---

① 阿瑟·林克编辑：《伍德罗·威尔逊文件集》（Arthur S. Link, ed. *The Papers of Woodrow Wilson*），第27卷，普林斯顿：普林斯顿大学出版社1978年版，第172页。
② 林克编辑：《伍德罗·威尔逊文件集》，第37卷，普林斯顿大学出版社1982年版，第48页。
③ 马克·佩塞尼："美国军事干涉期间促进民主的两条道路"（Mark Peceny, "Two Paths to Promotion of Democracy during U.S. Military Interventions"），载《国际研究季刊》（*International Studies Quarterly*），第39卷，第3期（1995年9月），第375页。

遭到美国的反对。威尔逊政府与立宪的卡兰萨政府的交恶就深刻说明了这一点。威尔逊的对华政策常常被美国学者说成是"理想主义"的体现，如美国著名学者伯顿·比米斯总结道："史学家们在一个问题上看法是一致的：即理想主义在威尔逊政府对远东问题的态度上占重要地位。根据总统的见解，美国在世界性事务中扮演着传播文明的角色。美国政府旨在促进人权，提高道德水平，培植正义的统治地位。"① 实际上，威尔逊政府拒绝支持美国银行家参加六国贷款，并不意味着美国放弃了"美元外交"，更不能用来说明美国对华政策的根本改变，只不过是威尔逊政府为了达到"门户开放"既定目标而进行的一种更为现实的选择。就连把威尔逊外交称为"传教士外交"的阿瑟·林克教授也指出："老于世故的外交家们认为，他们在威尔逊的行动中看到了某种马基雅维里式的目的。"②

第一次世界大战爆发后，威尔逊政府宣布实行中立，中立的天平显然倾斜于协约国。这并不能说明美国对协约国事业的同情起了决定性的作用，也不是因为英法似乎为"文明"而战，因而得到美国的支持。在这方面丝毫见不到威尔逊宣称的"无私"痕迹，存在的只是美国的利益。关于这一点，与威尔逊政府打交道的英国人和法国人体会最深。1915年3月威尔逊的亲信幕僚爱德华·豪斯上校在纽约时，他要求法国新闻署长德卡塞纳夫坦率地谈谈法国人对美国的看法，德卡塞纳夫直言不讳道："普通法国人认为，美国除了美元之外，一无所虑。"豪斯在随后致威尔逊总统的信谈到了美国在法国人脑海中的形象，"我们完全受唯利动机的指导在法国已经成为普遍看法"。③ 一年后豪斯在日记中写道："事实上，法国在整体

---

① 欧内斯特·梅等编：《美中关系史论——兼论美国与亚洲其他国家关系》，齐文颖等译，北京：中国社会科学出版社1991年版，第159页。
② 林克：《伍德罗·威尔逊和进步时代1910~1917》，第83页。
③ 查尔斯·西摩主编：《豪斯上校私人文件集》(Charles M. Seymour, ed., *The Intimate Papers of Colonel House*)，第1卷，波士顿：霍顿·米夫林出版社1926~1928年版，第398页。

上不相信我们具有任何理想，只有美元标记所代表的东西。"①英国人说得更明白，1916年2月2日，英国政治家乔治·塞尔在致豪斯的信中批评了威尔逊宣称的理想主义外交，"关于外交政策和国际生活中的理想主义，先生，总统和您应该记得，美国的政策与德国的政策一样是唯我为臬的自私"。②上述这几个人站在本国利益的角度道出了威尔逊宣称的"理想主义"外交为本国利益服务的实质。

美国对德宣战后，威尔逊将美国战争目标"理想化"，认为美国参战一是不寻求物质利益和各类扩张，二是为了各民族的自由发展而战，三是保证未来世界的和平与安全。这样，美国参与这场战争的目的完全不是"利己"，而是"利他"。用威尔逊的话来说：

> 我们将为我们一向最珍视的事业而战斗，——为民主，为屈从于权势的人们在自己的政府中有发言的权利，为弱小民族的权利与自由，为自由人民协力合作的普遍权利而战。这种自由人民的协力合作必将给各国带来和平与安全，并使世界本身最后获得了自由。③

情绪愤激的美国人在威尔逊这种"理想"语言刺激下，迅速被动员起来，进入了战争状态。其实，威尔逊那充满激情的语言只是政治家的外交辞令，本身并不能真实地反映出美国参战的现实目标，而后者恰恰是对前者的无情嘲讽。随后美国国内出现对公民自由权利的侵犯更能说明美国政府维护国外"人类权利"的虚伪性。美国著名外交史学家托马斯·贝利曾说："在外交中，追求的目标

---

① 西摩主编：《豪斯上校私人文件集》，第2卷，第264页。
② 西摩主编：《豪斯上校私人文件集》，第2卷，第263页。
③ 参见林克编辑：《伍德罗·威尔逊文件集》，第37卷，普林斯顿大学出版社1982年版，第519~527页。

并不总是公开承认的目标。"①这句话虽然是就威尔逊政府的某一外交行为而引发出的议论,但恐怕也是这位研究威尔逊外交的学者发自心底的精辟总结。正如美国学者罗斯·格雷戈里指出的那样,威尔逊虽然为美国确定了很高的道义标准,但设想他的政策在各个方面是非现实主义和不可行的却是毫无根据,"道德主义与现实主义并不自动发生冲突,道义政策……也许符合国家的最佳利益"。②格雷戈里是以赞扬的口吻谈论二者之间的一致性,当然不会认识到这种所谓"道义"外交的实质。事实证明,威尔逊正是打着"理想主义"的旗号把美国的向外政治、经济以及文化扩张发展到美国历史上的一个高潮,美国的现实利益由此得到最大限度的实现。

富兰克林·罗斯福是20世纪美国著名的总统之一,他入主白宫之时,正值美国经济在大萧条的冲击下奄奄一息,美国民主制度的延存也受到很大的威胁。罗斯福力挽狂澜,大胆革新,推行了举世瞩目的"新政",把美国经济从行将崩溃的边缘挽救过来。他在解决国内问题上处处表现了务实作风。他本人宣称,"我相信务实的解释和务实的政策",首先要付诸行动,然后再让他的幕僚们对他的行动含义作出解释和理论化。③富兰克林·罗斯福时代是美国对外关系史上的重要时期,他在外交上面临的形势并不比国内轻松。美国学者对富兰克林·罗斯福的外交思想或风格评价不一。富兰克林·罗斯福的传记作者富兰克林·弗雷德尔在谈到其外交思想时指出:"从他任总统期间总是把美国利益放在首位来看,他是一个民族主义者;从他相信美国幸福有赖于其他各国的政治稳定与经济保障来

---

① 小理查德·沃森:《伍德罗·威尔逊及其解释者》(Richard L. Watson, Jr., *Woodrow Wilson and His Interpreters 1947—1957*),载《密西西比河流域历史评论》(*The Mississippi Valley Historical Review*),第44卷(1957年9月),第223页。

② 罗斯·格雷戈里:《美国介入第一次世界大战的起源》(Ross Gregory, *The Origins of American Intervention in the First World War*),纽约:诺顿出版社1971年版,第16页。

③ 小克拉布:《美国外交和实用传统》,第88页。

看，他是一个国际主义者。"①研究富兰克林·罗斯福外交的美国学者罗伯特·达莱克称他"既是理想主义者，又是现实主义者"。②一些对富兰克林·罗斯福歌功颂德者甚至认为他是全世界民主政治的保卫者。富兰克林·罗斯福曾是威尔逊"国际主义"的忠实追随者，他尽管未能像威尔逊那样享誉"理想主义总统"的桂冠，但"理想化"的语言在他的讲话和政策文告中同样随处可见。不过他的外交思想或方式更是灵活多变，总是顺应潮流发展，以变应变，我们很难用一个固定术语如"国际主义者""理想主义者""现实主义者"以及"保守主义者"等给富兰克林·罗斯福的思想下个定义，他把这些概念反映出的内容融合到自己的思想中，使其政府执行的外交政策与美国现实的需要相一致。

"睦邻政策"是20世纪30年代期间美国政府对西半球政策的一次重大调整。富兰克林·罗斯福1933年3月4日就职总统时宣布："在对外政策方面，我认为我国应该奉行睦邻政策——决心尊重自己，从而也尊重邻国的权利——珍视自己的义务，也珍视与所有邻国和全世界各国协议中所规定的神圣义务。"③当然，"睦邻政策"对缓和美拉关系和保证第二次世界大战胜利等方面起过程度不同的积极作用，但它只是使用政治手段、强调经济手段、限制军事干涉手段来达到美国在西半球的既定目的。因此，"睦邻政策"的执行对西半球历史的发展并不像富兰克林·罗斯福宣称的"一个崭新的、更加完善的国际关系准则的时代已经到来"。④正如墨西哥历史学家阿伦索·阿吉拉尔指出的那样："睦邻政策并没有对美拉关系的基础发生影响，格兰德河以南的国家仍然受制于这个北方大国，形势

---

① 转引自罗永宽编著：《罗斯福传》，武汉：湖北辞书出版社1996年版，第203页。
② 罗伯特·达莱克：《罗斯福与美国对外政策 1932~1945》（下册），陈启迪等译，北京：商务印书馆1984年版，第459页。
③ 关在汉编译：《罗斯福选集》，北京：商务印书馆1982年版，第17页。
④ 达莱克：《罗斯福与美国对外政策 1932~1945》（上册），第25页。

将发生根本变化的幻想很快成为泡影。"①这一时期也是美苏关系的一个转折点,富兰克林·罗斯福出于现实主义考虑正式承认了苏联,两国建立了外交关系。美国从来不会放弃在意识形态上与苏联的敌对,但与这个社会主义国家确立正式外交关系显然是出于更现实的目的考虑:一是不愿意放弃苏联这个广阔的市场;二是想借苏联遏制住日本在东亚的扩张势头,维护既定的"门户开放"政策。正如国务卿科德尔·赫尔对富兰克林·罗斯福所言的那样:"世界正走向一个危险的时期,欧洲和亚洲同样如此。在稳定这种局势方面,俄国会起很大的帮助作用。"②赫尔这番话从一个方面表明了美国政府与苏联关系正常化的深层目的。

富兰克林·罗斯福政府在第二次世界大战前与英法等国一起对德意日法西斯的侵略行径采取姑息态度,名曰维护世界和平,实则助长了以强凌弱的嚣张气焰,加剧了世界局势的紧张。不过,富兰克林·罗斯福算是一个顺时达变的总统,他从美国的长远利益出发,逐渐地把美国与世界反法西斯的事业密切联系在一起。这种倾向在第二次世界大战爆发后更为明显,乃至美国最终卷入了战争。富兰克林·罗斯福政府在第二次世界大战中采取的政策对于法西斯的崩溃起了很大的作用,其功不可没,但美国在战争中获得的好处恐怕是不能仅仅用数字统计来加以说明的。美国在富兰克林·罗斯福时期终于完成了威尔逊的未竟之业,为美国战后充当"自由世界"的领袖和全球扩张铺平了道路。就富兰克林·罗斯福本人而言,他无疑是一个时代的伟人,但又是一个执著地追求美国现实利益的总统。他的行为方式更多地体现出了实用主义的倾向,"随机应

---

① 阿伦索·阿吉拉尔:《从门罗到现在的泛美主义》(Alenso Aguilar, *Pan-Americanism: from Monroe to the Present*),阿萨·扎奇(Asa Zatz)译,纽约:MR出版社1967年版,第69页。

② J. 布卢姆等:《美国的历程》(下册),第二分册,戴瑞辉等译,北京:商务印书馆1988年版,第430页。

变，犹如掮客"，高度的灵活性，"甚至连他的某些朋友也认为他似乎是处于一种变化莫测的状态，没有什么既定的方针，因为许多学说和教条他都弃而不用"。①正是这种不拘泥于教条理论的务实态度，才使得富兰克林·罗斯福在内政和外交方面取得了前所未有的"成功"，成为美国历史上受美国人敬仰的总统之一。

以上我们考察了20世纪前半期美国几个主要总统外交政策的轮廓，主要想说明美国对外关系上的"理想主义"最终服务于现实利益的目的，使人们更加清楚地认识到美国外交的务实性和功利性。"理想"的语言掩遮不住美国外交以国家利益为圭臬的实质，"理想化"的政策丝毫不与美国现实利益相悖，相反却促进了美国在特定时期内利益的实现。美国"新左派"的领军人物威廉·威廉斯在《美国外交的悲剧》一书中认为，美国非常成功地把现实追求的具体利益同口头宣扬的道德和意识形态目标混合在一起，后者是用来动员人们支持这些利益的。美国历史学家詹姆斯·伯恩斯评价富兰克林·罗斯福是"用狐狸的狡猾手段去达到狮子的目的"。当我们研究那些以"理想"为手段来实现"现实"目标的美国领导人时，这句话倒也不失为一种更为形象的说明。

四 现实主义与战后美国外交

现实主义理论的思想渊源可以追溯到意大利文艺复兴时期著名的政治理论家和历史学家尼科洛·马基雅维里和17世纪英国著名政治家及哲学家托马斯·霍布斯的政治哲学观。马基雅维里著有对后世影响颇大的《君主论》一书。在他看来，统治者为确保国家的生存，必须采取不同于常人的道德标准，必须把政治手段和军事措施

---

① 詹姆斯·麦格雷尔·伯恩斯:《罗斯福传:狮子与狐狸》，孙天义等译，北京:商务印书馆1995年版，第604页。

同宗教、道德、社会考虑完全分隔开来。他特别强调权力政治，认为以利益为核心的政治冲突总是体现在国家之间的关系上，因此，外交活动的目的就是为了保存和扩大政治权力本身。简而言之，君王须兼狮子的凶残与狐狸的狡诈，为达到政治目的，可以不择手段。①霍布斯强调权力在人类行为中的至关重要性，追求权力是人的一种本能，永不安宁，永不知足，直至死亡。"没有刀剑的契约只是一句空话，根本无力保护个人的安全"是霍布斯对其权力政治说的概括。②他们的思想对后世产生了很大的影响，使近代欧洲国家的外交深深地打上了强权政治的烙印。

现实主义理论兴起于20世纪30年代，主要是针对国际关系领域的理想主义学派发出的挑战。英国著名学者爱德华·哈利特·卡尔1940年出版了其代表作《1919年至1939年的20年危机——国际关系研究导论》一书，他承认在国际关系中存在着一种国际道义，但由于不存在执行国际道义的权力机构，所以这种道义对主权国家并不能形成约束力，主权国家依然追逐以自我利益为核心的权力。因此，那种主张以道德规范建立超国家的国际组织来谋求国际社会稳

---

① 马基雅维里的政治思想详见威廉·邓宁："马基雅维里的政治理论"（William A. Dunning, "The Political Theory of Machiavelli"），载《国际月刊》（*International Monthly*），第4期（1901年7月/12月），第766~793页；安东尼奥·桑托苏奥索："马基雅维里的道义与政治：两种近期的解释"（Antonio Santosuosso, "Morality and Politics in Machiavelli: Two Recent Interpretations"），载《加拿大历史杂志》（*Canadian Journal of History*），第25卷，第1期（1990年4月），第85~90页。

② 关于霍布斯的政治思想详见乔治·卡特林："托马斯·霍布斯和当代政治理论"（George E. G. Catlin, "Thomas Hobbes and Contemporary Political Theory"），载《政治学季刊》（*Political Science Quarterly*），第82卷，第1期（1967年3月），第1~13页；弗雷德里克·奥拉夫桑："托马斯·霍布斯和现代自然法则理论"（Frederick A. Olafson, "Thomas Hobbes and the Modern Theory of Natural Law"），载《哲学史杂志》（*Journal of the History of Philosophy*），第4卷，第2期（1966年1月），第15~30页。

定的主张只是一种不切实际的空想。①卡尔尽管对此前的现实主义观点也提出了异议，但这本书的出版标志着现实主义学派开始在国际关系学领域崭露头角。第二次世界大战后，现实主义理论迎合了西方大国对国际局势的估计，尤其适应了冷战期间东西方两大阵营对立所造成的局面，遂在西方国际关系学中占据了主导地位，一批研究和提倡现实主义理论的学者著书立说，对这些国家制定和执行对外政策产生了很大影响。正如美国国际关系学家小查尔斯·凯格利指出的那样："现实主义从1939年到1989年这段充满冲突的50年期间找到了繁荣的适宜空间。在这一时期，对权力的渴求、帝国扩张的欲望、争夺霸权的斗争、超级大国的军备竞赛和对国家安全的关注都是十分显而易见的。"②美国现实主义理论的主要代表人物之一肯尼思·华尔兹在20世纪90年代初发表的一篇论文中详细考察了现实主义与新现实主义理论的演变及其基本内涵。③

主权国家在争夺权力资源的国际社会中维护和追求本国的利益是现实主义理论的核心内容之一，其实一些国家的政治领导人早就从他们的外交活动实践中总结出了这种思想。19世纪中期前后任英国外交大臣和首相的帕麦斯顿就明确指出，指导大英帝国外交政策的原则应该是："我们没有任何永久的联盟，我们也没有任何永久

---

① 参见爱德华·哈利特·卡尔：《1919年至1939年的20年危机——国际关系研究导论》（Edward Hallett Carr, *The Twenty Years' Crisis, 1919-1939: An Introduction to the Study of International Relations*），伦敦：麦克米兰出版公司1940年版。
② 小查尔斯·凯格利：《国际关系理论的争执：现实主义与新自由主义挑战》（Charles W. Kegley, Jr., *Controversies in International Relations Theory: Realism and Neoliberal Challenge*），纽约：圣马丁出版社1995年版，第341页。
③ 肯尼思·华尔兹："现实主义思想和新现实主义理论"（Kenneth N. Waltz, "Realist Thought and Neorealist Theory"），载《国际事务杂志》（*Journal of International Affairs*）第44卷，第1期（1990年春季号），第21~37页。

的敌人。我们的利益是永恒的，追求这些利益是我们的责任。"①这番话被追求强权政治大国奉为"至理名言"。类似这样的言论更常见于第二次世界大战后许多国家领导人的讲话。如印度首相尼赫鲁1947年12月4日在制宪会议发表讲话时宣称："一个国家外交事务的艺术在于发现什么对国家最为有利。……归根到底，一个政府行使职责是为了它管理的国家利益，任何政府都不敢做在短期或长期明显不利该国的任何事情。"②法国总统夏尔·戴高乐的一句名言是，国家是"缺乏感情的冷血动物，……受自己的物质利益所支配"。③这里举出这几个政治家的观点只是说明现实主义理论在国际关系学领域曾经"独领风骚"，显然是有广泛基础的。

美国不是现实主义理论的发祥地，但美国学者提出的"现实主义"在美国外交史上早就存在。不过，这里谈到的"现实主义"尽管与第二次世界大战后的现实主义理论有许多相同之处，但很大程度上是美国政治家从务实的角度出发强调国家利益高于一切在对外关系上的反映。如20世纪20年代初，美国国务卿查尔斯·休斯就宣称："外交政策不是建立在抽象的概念上，它们是国家利益这一实际概念的产物，这种国家利益产生于当前某种迫切的需要或在对历史的回顾中生动地反映出来。"④事实上，美国开国先辈们在外交上开创的"现实主义"传统一直被延续下来，而且不断地根据形势的变化有所发展。因此，在美国历史上没有一个总统敢冒天下之大不

---

① 詹姆斯·蔡斯:《一个其他地方的世界：美国新对外政策》(James Chace, *A World Elsewhere: The New American Foreign Policy*)，纽约：斯克里布纳1973年版，第86页。
② 小克拉布:《决策者及批评者：美国外交政策的冲突理论》，第111页。
③ 查尔斯·波伦:《美国对外政策的转变》(Charles E. Bohlen, *The Transformation of American Foreign Policy*)，纽约：诺顿出版社1969年版，第97页。
④ 查尔斯·比尔德:《国家利益观：美国对外政策的分析研究》(Charles A. Beard, *The Idea of National Interest: An Analytical Study in American Foreign Policy*)，纽约：麦克米兰出版公司1934年版，第1页。

鲠在外交上悖逆美国的现实利益，他们只是采取不同的方式使之得以实现。从这个意义上讲，美国对外政策的制定与执行无一不是出于现实利益的考虑。贝利从对美国外交史的研究中得出了"自身利益是一切外交的基石"的结论。①所以，当现实主义作为一种理论出现在国际关系学界时，美国实际上早就为它的"繁盛"提供了必要的"养分"。

在国际关系学界，现实主义理论的后起之秀多是出自美国，其代表人物既有理论功底深厚的专家学者，又有位居决策层中的资深外交家，他们提出的观点尽管不尽一致，但无一不是以权力政治为核心来阐释国际关系的本质。他们的主张简单概括如下：一是崇尚权力政治，认为国家之间围绕权力进行的斗争构成了国际关系的主要内容。美国著名国际关系学家汉斯·摩根索认为，国际政治同其他政治一样，是为了权力而进行的斗争。不论国际政治的最终目标是什么，权力总是主权国家所追逐的直接目标。"因为最大限度地获取权力的欲望是普遍存在的，所有国家势必总是担心它们自己的计算错误再加上其他国家权力的增加，会造成自身的权力劣势。它们会不惜一切代价来避免这种劣势的"。②斯派克曼认为："夺取权力的竞争是人类关系的根本实质。在国际事务的领域内尤其如此。……其余一切都是次要的。因为到最后唯有强权才能实现外交政策的目的。"③二是强调国家利益在外交决策中决定性的作用，也就是美国对外政策必须建立在国家利益的基础上，而不必考虑普遍的道义原则。著名政论家沃尔特·李普曼写道："总而言之，我们

---

① 参见托马斯·贝利：《美国外交政策：过去与现在》(Thomas A. Bailey, *America's Foreign Policy: Past and Present*)，纽约：对外政策协会1945年版，第88页。
② 汉斯·摩根索：《国家间政治——寻求权力与和平的斗争》，徐昕等译，北京：中国人民公安大学出版社1990年版，第267页。
③ 爱·麦·伯恩斯：《当代世界政治理论》，曾炳钧译，北京：商务印书馆1983年版，第479页。

必须考虑美国的国家利益。如果我们不考虑，如果我们把美国的外交政策建立在某种有关权利和义务的抽象理论之上，我们无异于建立了一个空中楼阁。"①美国前国务卿约翰·杜勒斯直言不讳地宣布："我们没有任何朋友，只有利益。"②摩根索同样非常强调国家利益在对外关系上的指导作用，在他看来，"一项从国家利益出发制定的外交政策要比一项按普遍道德原则制定的外交政策在道德上更为完美"。③三是主张以大国力量平衡来维护世界的稳定。被誉为"遏制"理论之父的乔治·凯南指出："欲要保证大国之间的稳定，真正的需要仍是维持它们之间的现实力量均势以及现实理解相互至关利益的范围。"④摩根索写道："力量均衡及旨在维持均衡的政策不但是不可避免的，而且是一个主权国家的社会里的基本稳定因素。"⑤以上这些主张是现实主义理论的核心内容，也是对战后美国外交政策发生影响的主要方面。

任何理论都不是一成不变的，其对决策产生作用同样存在一个由盛转衰的过程。随着国际局势的变化，现实主义理论的一些命题逐渐失去了昔日的影响力，于是新现实主义、存在主义的现实主义等新学派就在美国国际关系学界脱颖而出，试图保持现实主义理论的"辉煌"。不过，美国外交政策的制定与执行绝不会囿于某一种

---

① 欧文·哈里斯主编:《美国的目的：美国外交政策新见》(Owen Harries, ed., *America's Purpose: New Visions of U.S. Foreign Policy*)，圣弗朗西斯科:CS出版社1991年版，第34页。
② 凯文·米德布鲁克等编:《20世纪80年代的美国和拉美:关于危机十年的争论观点》(Kevin J. Middlebrook and Carlos Rico, eds., *The United States and Latin America in the 1980s: Contending Perspectives on a Decade of Crisis*)，匹兹堡:匹兹堡大学出版社1986年版，第326页。
③ 汉斯·摩根索:《维护国家利益：对美国对外政策批评性考察》(Hans J. Morgenthan, *In Defence of the National Interest: A Critical Examination of American Foreign Policy*)，纽约:艾埃弗雷德·克诺夫出版社1951年版，第34页。
④ 乔治·凯南:《回忆录:1925年至1950年》(George F. Kennan, *Memoirs: 1925-1950*)，伦敦和纽约:哈钦森出版社1968年版，第262页。
⑤ 转引自张历历等:《现代国际关系学》，重庆:重庆出版社1989年版，第45页。

理论或原则，一般是灵活多变，视势而定，美国对外关系上的务实传统就是以此为基础的。现实主义理论对战后美国外交发生了重要的影响，这一点应该是无可置疑的，但战后美国政府决策者并不会把自己的外交视野局限于现实主义理论提供的框架之内，他们"纵横捭阖"，在错综复杂的国际形势下试图制定出最有利于实现美国现实利益的政策。这里所说的"现实主义"与现实主义理论有相通之处，但应该是指美国开国先辈们在外交上遗留下来的传统，也就是以国家利益为圭臬，为美国的外部扩张和内部发展营造一个有利的环境。只有基于这种考虑，我们才能对战后外交有一个更为清晰的认识。

战后美国的"遏制"战略显然是深受权力政治影响而产生的一项政策。尽管对苏联的遏制在第二次世界大战一结束就在国内决策层内被炒得沸沸扬扬，但遏制政策在理论上的始作俑者却是现实主义学派的主要代表人物乔治·凯南。1946年2月中旬，时任美国驻苏参赞凯南为了使美国决策层内对苏联有一个更清楚的认识，起草了一封长达8000字的电报，对战后苏联的意图进行了全面的估计，凸显了苏联与美国势不两立的态势。①凯南认为，美国的一切外交活动或决策都应围绕着对苏联的这种认识。杜鲁门主义实际就受到这封电报的影响。1947年7月，凯南在《外交事务》季刊上发表了《对苏联行为的根源》一文，从意识形态上系统地分析了苏联与美国敌对的根源，首次公开提出对苏实行"遏制"战略的主张。美国随后在外交政策上展开了一场全国性辩论，但对苏实行遏制的呼声占据了上风。此后遏制战略长期成为美国对外政策的基本出发点。这里不想就美国的具体外交政策加以论述，只是想说明现实主义思潮很长时期对战后确定对外战略的影响。诚如小克拉布所言："虽

---

① 关于凯南"长电报"的内容参见资中筠主编：《战后美国外交史》（上册），北京：世界知识出版社，1994年版，第50~51页。

然美国人从来不屑于做权力政治的信徒,因为他们的政治领袖很少以政治现实主义的语言使外交政策正当化。但事实上,遏制就是基于一系列现实主义政治观念之上。"①当然,战后初期美国决策者对国际局势的估计未必都是客观的,凯南在若干年后曾坦率地承认了这一点,但美国政府的确从两极对立的设想中获得了许多好处,至少堂而皇之地充当了"自由世界"的领袖,实现了美国多少代政治家梦寐以求的目标。不过美国也为之付出了代价,而且有时名曰追求国家利益而实际上有悖于国家利益。②这样才招致了现实主义者对美国外交政策的批评,也才有了战后美国对外战略的几次大调整,其中尼克松担任美国总统时期进行的全球战略收缩明显受到现实主义理论的影响。

尼克松1968年当选为总统后,在外交领域面临着种种挑战,美国力量的不足显得分外突出。战后美国凭借着大棒和美元肆无忌惮地插手世界各地事务,在东西方冷战中奉行四面出击和咄咄逼人的全面遏制战略。这种战略实际从一开始就包含着勃勃野心与力量不足的矛盾,这种力量在世界力量极不平衡时尚不明显。美国强大的经济力量支撑短时期承担世界警察职责还可对付,但无限的延长势必暴露出难以解决的问题。到了20世纪60年代末和70年代初,美国已经感到力不从心,精疲力竭,国内经济也难以为继。尤其是美国卷入越南战争后,财力和人力耗费巨大,导致国内政治与经济危机迭出,社会动荡不安,犹如掉入泥潭,难以自拔。此外,由于美国军费开支庞大和其他西方大国走出了被第二次世界大战巨大破坏的状况,在国际社会重新崛起,直接的后果之一导致美国在资本主义

---

① 小克拉布:《决策者及批评者:美国外交政策的冲突理论》,第140页。
② 如20世纪60年代美国一些著名现实主义者摩根素、凯南、李普曼、尼布尔等人谴责美国卷入越南战争不符合美国的国家利益,但总统林登·约翰逊却在1965年7月27日的讲话中解释说,他决定将这场战争美国化是因为"我们的国家利益要求这样做"。参见小施莱辛格:《美国历史的循环》,第76页。

世界经济中的地位严重下降。到了20世纪70年代初期，以美元为中心的资本主义货币体系宣告瓦解。与此同时，苏联为了在全球有效地与美国抗衡，全面加强扩军备战，很快就在军事实力上与美国并驾齐驱，并且乘美国卷入越南战争后无暇他顾之机，加快了在美国影响薄弱的地区扩张渗透。到了20世纪60年代末，美苏战略态势开始由美攻苏守转为苏攻美守。这一时期美国对西方盟国的控制力明显减弱，西欧诸国和日本越来越不再跟着美国指挥棒转了。第三世界国家为了维护自己的正当权益，加强了团结与联合，结果美国在这些地区顾此失彼，连连受挫。为了摆脱困境，扭转不利局面，尼克松不得不进行全球性战略调整。

1969年7月25日，尼克松在关岛发表了关于"越南化"的讲话，承认美国不能"负起保卫自由世界国家的全部责任"，美国的盟国或潜在盟国应该分担相应责任。1970年2月，尼克松向美国国会提出关于美国20世纪70年代对外政策的三项原则，即"实力地位""谈判时代""伙伴关系"，这就是所谓的"尼克松主义"。尼克松主义显示出美国在世界上的实力地位明显下降，也说明了美国全球战略将由进攻转入防守。[1]在尼克松主义的指导下，美国结束了与越南的战争，打破了美国与中国长达二十余年互不接触的僵局，对苏联推行缓和外交，重新调整与盟国的关系等，这些外交举措反映出了尼克松政府主要决策者的现实主义观。尼克松和基辛格两人都是现实主义政治家，尤其是基辛格多年从事美国外交研究，具有深厚的理论素养和敏锐的政治头脑。他特别推崇梅特涅的维持欧洲"均势"思想，主张在实力均衡的基础上建立稳定的国际秩序，以维护美国在一个多极化世界中的利益。这种主张与尼克松的现实主义观

---

[1] 关于尼克松主义提出的背景、内容和执行详见弗兰克·特拉格："尼克松主义和亚洲政策"(Frank N. Trager, "The Nixon Doctrine and Asian Policy")，载《东南亚观点》(Southeast Asian Perspectives)，第6期(1972年6月)，第1~34页。

不谋而合，深得尼克松的赏识，成为尼克松任内的主要决策者之一。此外，正是基于对国际形势的现实主义认识，这届政府的对外政策才自然表现出非常务实的特征。基辛格就提倡"清除对外政策中的一切感情用事"，在处理国家间关系上应该体现出"求实风格"。①

吉米·卡特是以执行"人权外交"而著称的总统。人权外交尽管是卡特政府维护和实现美国现实利益的一种工具，但毕竟蒙上了十分浓厚的"理想主义"、"意识形态"、"道义原则"的色彩。实际上，卡特政府的对外政策同样体现出了务实特征。卡特时期美中两国政府经过磋商，于1979年1月1日正式建立了外交关系，这一举世瞩目的事件对国际局势发生了重大影响。关于美国从中美建交中获得的好处，卡特在公开的电视讲话中指出："有了中国这个朋友，还会有个很有意思的潜在的好处，那就是它能悄悄地改变我们本来很难与之打交道的第三世界国家的态度。"②卡特政府还努力解决了直接影响到美国与拉美国家关系改善的重大问题，如签署了巴拿马运河新条约。这一明智之举改善了美巴之间的紧张关系，缓和了其他拉美国家的反美情绪，维持了美国对运河继续管理20年的权利。卡特在《回忆录》中明确谈到美巴运河新约带给美国的实际好处。③卡特政府还恢复了与古巴的谈判，试图改变孤立古巴的政策，并作出了一些积极与古巴改善关系的姿态。卡特政府与古巴谋求正常关系主要想从内部瓦解苏联对西半球这个岛国的军事控制，以减少对美国的威胁。在对待苏联的态度上，卡特政府逐渐地由强调缓和转向强调实力，其基本设想是与苏联缓和助长了苏联的扩张势

---

① 参见亨利·基辛格：《白宫岁月——基辛格回忆录》，第1册，陈瑶华等译，北京：世界知识出版社1980年版，第249~250页。
② 吉米·卡特：《保持信心：吉米·卡特总统回忆录》，裘克安等译，北京：世界知识出版社1983年版，第181页。
③ 参见吉米·卡特：《保持信心》，第171页。

头,对美国的利益形成了威胁。用国家安全顾问布热津斯基的话来说:"苏联已经从日本海到地中海对美国的至关重要的利益提出挑战,……这种挑战必须受到美国更为直接的抵制。"①

1979年12月27日,苏联入侵阿富汗,这一事件在美国反应强烈。美国人民期望卡特总统"考虑美国的荣誉和外交信誉,孜孜以求和随机应变地维护美国在海外的战略和外交利益。一句话,美国人民期望这位行政首脑当机立断"。②在这种情况下,卡特采取了国家安全顾问布热津斯基的主张,以实力为后盾再次拉开了对苏强硬政策的帷幕。1980年1月23日,卡特在国情咨文中宣称:"任何外部势力企图控制波斯湾地区的尝试都被视为是对美国切身利益的一种进攻,美国将使用一切必要的手段,包括使用军事力量打退这种进攻。"③这个称为"卡特主义"战略的问世标志着美国外交又一次重大转变的开始,表明美国的对苏政策从缓和走向强硬。卡特本人虽然因为外交困境失去了连任总统的机会,但他在下台之际的强硬态度一度构成了美国对苏政策的基调。

罗纳德·里根是共和党内的保守派代表,他在外交政策主张上属于典型的"强硬派",他在大选年中针对国内舆论对前几届政府外交政策的普遍不满,提出"恢复美国昔日雄风"的口号。这一口号的基本含义是,把苏联作为遏制的目标,强调重振和复兴国内经济和军事实力,以此为后盾来恢复美国在西方世界的领导地位。里根在总结20世纪70年代美国外交时强调:"10年来我们疏忽、软弱、犹豫不决。现在美国外交的任务就是重振军备,在政治上再次

---

① 小克拉布:《美国外交政策的主义:它们的含义、作用和未来》,第336页。
② 小克拉布:《美国外交和实用传统》,第199页。
③ "有缺陷的卡特主义"("The Flawed Carter Doctrine"),载《人事》(*Human Events*),第40卷,第5期(1980年2月2日),第6页。卡特咨文全文可在 http://www.presidency.ucsb.edu/ws/index.php? pid=33079 网址上获得。

发动攻势。"①因此里根在美国总统任内，他的对外政策的突出特点是从两极对立的思想出发，对苏联采取强硬的新"遏制"政策，这就使美国外交从70年代的守势转入积极的进攻。里根时期的外交政策意识形态色彩很浓，他在讲话中屡屡宣称美国是地球上最崇高的国家，是热爱自由者的圣地，"我总是认为，这片光辉灿烂的土地以一种不同寻常的方式独立存在，一个神圣的计划置于这片位于两洋之间的大陆，这块大陆被地球上每个角落那些特别热爱和信仰自由的人发现"。②类似这些语言经常出现在里根的讲话之中。里根强调美国所谓的"理想"传统丝毫掩饰不了其外交政策的务实性。曾是美国政府决策层的官员葆拉·多布里斯基指出："里根政府首先确信它想要从其前任的错误和成就中吸取经验教训，它认识到，即使追求理想主义的目的也需要用实用主义的方式和深思熟虑的贯彻。"③

里根在出任总统之前对中国怀有很大偏见，尤其是在对台湾问题上大做文章。他在竞选总统时发表了许多不利于中美关系的言论，大有使两国关系发展停滞，甚至倒退之势。但里根作为一国之首脑，其外交决策首先要符合美国的现实利益，个人的好恶必须服从于这个大前提，而中美关系的进一步发展与改善，可使两国都能从中获益。因此，里根政府经过反复调整以及与中国谈判，最终形成了比较务实的对华政策。尽管中美关系的根本分歧依然存在，但里根时期中美关系在更为现实的基础上有了积极的、实质性的发展。④里根政府执政初期，美苏在第三世界争夺十分激烈，国务卿

---

① 曼德尔伯姆等：《里根与戈尔巴乔夫：美苏关系突破的良机》，韩华译，北京：国际文化出版公司1988年版，第21页。
② 小施莱辛格：《美国历史的循环》，第16页。
③ 葆拉·多布里扬斯基："人权与美国对外政策"（Paule J. Dobriansky, "Human Rights and U.S. Foreign Policy"），载《华盛顿季刊》（*The Washington Quarterly*），第12卷，第2期（1989年春季号），第161页。
④ 参见资中筠主编：《战后美国外交史》（下册），第910~929页。

亚历山大·黑格在谈到全球均势时说："整个世界的平衡已经遭到破坏。我们的敌人苏联乘美国意志力软弱之机,在其明显利益和影响的自然范围之外进行扩张。"[1]所以里根就力图利用美国的经济实力,联合第三世界国家"有限推回"苏联的势力,夺回20世纪70年代所失去的势力范围,继续保持美国在第三世界的优势地位。"软硬兼施,灵活机动"构成了里根政府对第三世界政策的主要特征。

冷战结束后,世界局势发生了令人瞩目的变化,第二次世界大战后维持了四十余年的国际秩序在一系列重大国际事件发生过程中趋于瓦解,世界开始进入了一个新旧格局交替的过渡时期。美国作为冷战遗留下来的唯一超级大国,其政策也在不断调整,以适应这一始料未及的变化过程。客观上讲,自20世纪90年代初期以来,美国对外政策中所包含的"理想主义"成分有明显上升之势,但现实的考虑依然是美国对外政策调整的基本出发点,如美国政府从其切身利益出发,强调国家间的经济合作,把它在对外关系中的地位提到非常高的程度。布什总统1990年6月27日提出了"开创美洲事业倡议",宣布与拉美国家建立一种"新的经济伙伴关系",把开辟一个西半球自由贸易区的计划提上了议事日程。1992年8月,美国、墨西哥和加拿大达成组建北美自由贸易区的协定,向着"美洲经济圈"迈出了艰难而非常重要的一步。比尔·克林顿政府除了继续推进美洲自由贸易区进程外,还加强了同亚太国家的经济合作,积极参与亚太经合组织首脑会议。克林顿政府尽管在外交上"理想"的调子居高不下,但已明显地向务实的方向转变,如宣布中国贸易最惠国待遇与人权脱钩;重开美日贸易谈判;主动邀请马来西亚总理和印度总理访美,等等。这些举措使克林顿政府的外交打上了"务实"的烙印。

---

[1] 小亚历山大·黑格:《警告:现实主义、里根和对外政策》(Alexander M. Haig, Jr., Caveat: *Realism, Reagan and Foreign Policy*),纽约:麦克米兰出版公司1984年版,第126页。

不过需要指出的是，即使是在现实主义理论完全左右了美国国际关系领域的时代，美国决策者在实际外交活动中从未放弃所谓"理想主义"外交所体现的基本内容，而是把它与美国面对的现实更为密切地结合起来，一方面掩饰美国外交赤裸裸地对私利的追求，另一方面满足许多美国人文化优越心态。用斯帕尼尔的话来说：

> 只要能使现实主义政治看上去像是理想主义政治，美国就可以推行这种现实主义政治，使理想政治同美国推行外交政策的国家风格一致起来；如果这个国家过去总认为在国际上使用强权乃是罪恶之事，那么现在就需从理论上证实强权政治是合乎道理的。对于国内来讲，为了民主目的而行使权力是合法的；对于国外来讲也是如此，必须根据美国的民主价值观念来证实使用强权是合理的事。①

斯帕尼尔是研究美国外交史的名家，他的这一结论比较深刻地反映了美国领导人宣称的"理想"只是对追求现实利益的一种掩饰。美国学者劳伦斯·达根说的更激进，他批评了战后初期美国对拉美政策是打着"理想"旗号的变相帝国主义，也就是"漠视我们根据国际法应承担的义务，破坏爱好和平的邻国权利。美国人固然不会立即同意这种侵略的看法，但是却很容易想出一些'道德高尚的'辞藻来为我们损人利己的行为解释"。②很有意思的是，尼克松入主白宫后，要求将威尔逊用过的办公桌搬进总统办公室，以示继续威尔逊外交的标志。尼克松常常说，他只是试图贯彻威尔逊的高

---

① 斯帕尼尔：《第二次世界大战后美国的外交政策》，第 427 页。
② 劳伦斯·达根：《美洲：对西半球安全的追求》(Laurence Duggan, *The Americas: A Search for Hemispheric Security*)，纽约：霍尔特出版社 1949 年版，第 47 页。

尚"道义"原则。以推行"现实主义"外交而著称的尼克松尚且如此，足见威尔逊的"理想主义"对战后美国外交的影响。小戈登·莱文在20世纪70年代出版的《伍德罗·威尔逊与世界政治》一书得出结论，美国自1945年之后的全球政策构成了威尔逊价值观的"全面胜利"。格雷戈里认为，在美国历史上很少有美国总统能像威尔逊那样执行如此深远的政策。他说，当威尔逊的"后继者们把第二次世界大战的斗争作为确定冷战时期的全球政策时，无一不相信他们正在遵循着威尔逊的真正精神"。①这些学者的研究从一个方面表明了"理想主义"在美国追求现实利益过程中所起的重要作用。

正因为美国战后现实主义外交中包含着"理想"内容，所以美国的一些政治家和学者就会从理论上给予总结，提出现实主义与"理想"、"道义"的结合才会使美国外交显现出特色，才会使美国的现实利益得到最充分的实现。1985年10月，美国国务卿乔治·舒尔茨接受摩根索纪念奖时说，建立在现实主义基础之上的对外政策既不能忽视思想意识的重要性，也不能忽视道德的重要性。但是，现实主义要求我们的各项对外政策避免完全建立在同政治现实脱节的道德绝对论的基础上。美国政治学家詹姆斯·比林顿指出："我们会惊异地发现，外部世界的许多趋势都证明我们脑海里的种种构想是正确的；此即我们的外交政策既需要务实，又需要远见：当我们重新看到美国对开明思想和宗教信仰所承担的历史使命时，我们同其他国家的关系就会处理得比较得当。"②基辛格在1994年出版的《外交》一书中特别强调了理想主义对美国冷战决策的影响。有些

---

① 弗兰克·默里等主编：《美国外交决策者：从西奥多·罗斯福到亨利·基辛格》(Frank J. Merli and Theodore A. Wilson, eds., *Makers of American Diplomacy: From Theodore Roosevelt to Henry Kissinger*)，纽约：斯克里布纳1974年版，第74页，第76页。
② 詹姆斯·比林顿：《美国对外政策中的现实主义和远见》，载《交流》，1988年第2期，第18页。

人甚至提出,把"理想主义"同"实用政治"这两个对立概念结合在一起,形成"理想政治"这一新概念,以表示"理想主义"的现实性和实用性。①显而易见,美国政府在第二次世界大战后把"理想"融合进其现实主义的强权外交中获得了无数的好处,这大概就是美国人注重功利的务实性在战后美国外交上"最佳"的反映。曾任欧洲经济委员会主席的雅克·德洛尔形象地说,"日益富有侵略性和意识形态很浓"的美国政府"一只手拿着《圣经》,另一只手拿着枪"。②德洛尔的描述意味深长,逼真地反映出了"理想"与现实在美国外交中的一致之处。

---

① 斯坦利·科博:"理想政治"(Stanley Kober,"Idealpolitik"),载《对外政策》(*Foreign Policy*),第 79 期(1990 年夏季号),第 24 页。
② 雅克·德洛尔:"欧洲战线上远非平静"(Jacques Delors,"It's Far From Quiet on the European Front"),载《纽约时报》(*New York Times*),1984 年 12 月 30 日,第 4 页。

第三章

孤立主义在美国外交中的兴衰

美国外交决策是一个十分复杂的过程，影响决策者作出最后决定的因素是多方面的。总统领导的行政部门是外交政策的具体制定者和执行者，但往往受国会的制约，难以为所欲为。从深层的意识形态角度讲，美国外交决策潜在地受到根深蒂固于美国社会中的文化价值观的影响。这些反映美国某一时期或长期利益的观念在美国社会形成一股股强大的潜流，左右着决策者的思想意识。孤立主义是20世纪40年代之前影响美国外交决策的主要思潮之一，它虽然没有表现出具体的外交政策，但却使美国在处理外部关系时深深地留下这方面的痕迹。孤立主义思潮直到1941年12月才在珍珠港呼啸而来的炸弹声中宣告彻底崩溃。第二次世界大战后，面对着已经改变了的国际环境，孤立主义再也无力重整旗鼓，东山再起，但作为一种滞留在人们思想意识深处的文化积淀，依然余波未尽，不时地以变换了的形式向美国跨洋称雄发出挑战。国会内宣传孤立主义的声音不绝于耳,有时还甚嚣尘上,成为影响美国外交决策主潮流之外的一种明显的牵制性力量。

一 维护共和国外部利益的"天然屏障"

孤立本来是指一个国家或民族在尚未受到外界影响之前所处的一种封闭状态,由于受客观条件的限制,它对外部世界全然无知或知之甚微,依靠着自身的力量按照社会发展的基本规律缓慢地向着更高级的文明演进。15世纪末,哥伦布远航到了美洲,在全球意义上实现了东西半球的汇合。自此以后,世界开始形成一个不可分割的整体,国家或民族之间的彼此交往和相互影响变得必不可避免,而且越来越密切广泛。原来受地理因素限制的隔绝状态完全被打破,孤立的自然属性基本上不复存在,处在欧洲之外的国家或民族不管愿意与否,都主动或被动地进入了欧洲一些国家掀起的这场"全球化"进程之中。这种结果是世界历史发展的必然趋势,也是人类走向文明进步的重要标志,但却为后世留下了"血与火"的历史。如在西方殖民者征服美洲的过程中,无数个土著居民在隆隆枪炮声中头颅落地,他们世世代代繁衍生息的土地被殖民者无情地剥夺,一些从现在看来曾经独放异彩的文化成就在殖民者的烧杀抢掠中几乎化为灰烬。某些非西方国家或民族的统治者面对滚滚而来的"白色文明"的冲击,深感难以与之抗衡,只好人为地在其疆界上构筑起一道屏障,试图使国家孤立起来,把来自外部对其古老传统文化以及生活方式延存的威胁减少到最低限度,以此保证其政治、经济以及文化发展的完整性和单一性。中国、日本等国在历史上实行的"闭关锁国"就是这种图谋的表现。事实上,这种人为地把自己与外界完全隔绝开来的被动做法固然是一种"求生图存"的反应,但从长远来看并不会给国家或民族带来利益或安全,一旦孤立状态被打破，国家将会陷于更大的不幸，很多国家的历史发展已经证明了这一点。

美国历史上的"孤立"尽管也是指国家在特定时期所处的一种状态，但体现出的内容却与上述国家的孤立全然不同。英国学者戴维·雷诺兹认为，在许多方面，"孤立主义"在运用到美国对外关系上时是一个误导性概念。在德川幕府统治时期，日本切断了与西方的经济、文化和宗教的接触。如果以此为参照系的话，美国从来不是孤立主义国家。①美国的孤立主义总是相对的，多表现为一种情绪或心态。美国的孤立状态决不是画地为牢，自缚其身，更不是权宜之策，目的要把来自外部的东西抵御在疆域之外，而是借助着美国民众意识中早就形成的孤立情绪，利用浩渺大洋带给欧美两大陆这道地域上的天然屏障，把美国从政治上与欧洲大陆常常发生的动荡"隔绝"开来，以便把美国在安全上面对的外部威胁减少到最低限度。因此，"作为早期美国对外政策的一种表述，孤立主义只是一种手段，而不是目的"。②美国立国之初在政治上"孤立"于欧洲的状态符合国家的长远利益，有效地维护了共和国的独立，使国家有可能把主要精力集中于国内经济的发展和其他问题的解决。美国的"孤立"状态之所以被冠上"主义"（ism）一方面说明了它在美国社会的广泛性和持久性，另一方面也表明了它对美国外交决策发生了持续性的重要影响。

作为一种根深蒂固于美国民族意识中的文化观念，孤立主义有着深刻的历史根源。在很大程度上讲，孤立情绪伴随着移民始祖来

---

① 参见戴维·雷诺兹:"阅读历史：美国的孤立主义"(David Reynolds, "Reading History: American Isolationism")，载《今日历史》(*History Today*)，第34卷，第3期(1984年3月)，第50页。
② 小阿瑟·埃克奇:《思想、理想和美国外交:它们发展与互动的历史》(Arthur A. Ekirch, Jr., *Ideas, Ideals, and American Diplomacy: A History of their Growth and Interaction*)，纽约:梅雷迪思出版公司分社1966年出版，第1~2页。

到北美大陆。诚如美国历史学家唐纳德·德拉蒙德所言,孤立思想的历史"同英国在北美大陆首次殖民一样古老"。①如前所述,早期移民们离开故土,漂洋过海,一方面不甘忍受旧大陆统治阶级的政治和宗教迫害而寻求一块生存之地;另一方面想摆脱贫穷,发财致富,他们自身就带着对母国的不满和怨恨,很多人来到北美之后大概再也没有想到返回故里。我国研究美国文化史专家庄锡昌教授指出:

> 如果对美国人的心理进行深层次的分析,人们不难发现,尽管大多数美国人与欧洲有着血缘关系,但是多数美国人的内心深处对欧洲有一种鄙视心理。他们从心底里认为欧洲在堕落,欧洲在沉沦,而对美国自己的制度和价值观念却感到自豪,因此他们感情上不愿与欧洲为伍。②

这种对欧洲"鄙视"的文化"情结"的形成最早可以追溯到北美大陆殖民地时期。这片人烟稀疏的荒凉大陆最初并未使他们坐享其成,种种难以预料的困难接踵而来,他们像被母亲抛弃到荒野的孩子一样处境孤立,无依无靠。在这样一种状况下,他们已无退路,只有奋力拼搏,才能在极其艰难的环境中求得生存。不过那绿水青山的自然风光,取之不尽的自然资源,一望无垠的平坦土地,以及远离尔虞我诈的政治纷争和动荡不安的兵燹之灾等等,除了增添了他们战胜困难的勇气外,还使他们感到了全能上帝的"恩宠"。他们有时仿佛置于梦境,恍若有隔世之感,创造一个不同于欧洲的全新世界的思想油然而生。把北美大陆与他们脑海中的腐败和压迫

---

① 唐纳德·德拉蒙德:《1937 年至 1941 年美国中立的消失》(Donald F. Drummond, *The Passing of American Neutrality, 1937–1941*),安阿伯:密歇根大学出版社 1955 年版,第 1 页。
② 庄锡昌:《二十世纪的美国文化》,浙江人民出版社 1993 年版,第 93 页。

的欧洲隔离开来的观念逐渐取代了对母国的依恋之情，在移民群体中形成了一种普遍的孤立情绪，这种情绪常常在他们的行为中反映出来。美国学者弗雷德里克·西格尔指出："孤立主义反映美国人中新教徒的观念：美国是上帝的选国，是一块未沾染旧世界罪恶的圣土，是一座照耀所有国家的正义灯塔。"①西格尔是从美国白人对世界承担一种特殊责任的"理想"角度来谈孤立主义起源的，其实孤立情绪在北美大陆上盛行有着更为现实的选择，这种现实性到了美利坚合众国建立之后就更为显而易见了。

当然孤立情绪也是相对而言的，它并不包含着旧大陆的文化在美国文化形成过程中发生的深刻影响，但移民们显然不是把母国的文化简单地移植到北美大陆。欧洲的许多封建传统在这里没有找到生根结果的土壤，其中一个很重要的原因便是移民们对母国甚少依恋。当然，英国对殖民地政治压迫和经济掠夺的加深，欧洲大国不顾殖民地利益相互之间发生的掠夺性战争，促使了生活在北美大陆上的人的孤立情绪更为强烈。诚如瑟法蒂·西蒙指出的那样，"在整个18世纪，殖民地人民抱怨在美洲从事的出于非美洲人利益的战争给他们带来的种种负担。他们认为，殖民地是当时在国际政治中扮演主要角色的欧洲大国的工具"。②美国独立战争爆发前夕，殖民地社会的孤立情绪已经十分强烈，在某种意义上说，北美大陆上的一些政治家正是从民众的这种意识中找到了摆脱英国殖民统治的驱动力，成为他们动员广大民众拿起武器捍卫自己权利的一个有力的武器。革命活动家托马斯·潘恩影响深远的《常识》一书就包含着强烈的孤立情绪。潘恩写道：

---

① 弗雷德里克·西格尔：《多难的旅程——四十年代至八十年代初美国政治生活史》，刘绪贻等译，北京：商务印书馆1990年版，第6页。
② 西蒙·瑟法蒂：《敌对世界的美国外交政策：危险年月》(Simon Serfaty, *American Foreign Policy in a Hostile World: Dangerous Years*)，纽约：普雷格出版社1984年版，第4页。

> 对大不列颠的任何屈从或依附，都会立刻把这个大陆卷入欧洲的各种战争和争执中，使我们同一些国家发生冲突，而那些国家本来是愿意争取我们的友谊的，我们对他们是没有愤怒或不满的理由的。既然欧洲是我们的贸易市场，我们就应当同欧洲的任何部分保持不偏不倚的关系。北美的真正利益在于避开欧洲的各种纷争，如果它由于对英国处于从属地位，变成了英国政治天平上的一个小小的砝码，它就永远不能置身于纷争之外。①

潘恩这番话包含了孤立主义的基本原则，其他北美殖民地领袖人物程度不同地持有这种思想。这种自移民始祖来到这里后形成的传统对独立后的美国确定其与欧洲国家的关系产生了很大的影响。美国学者马克斯韦尔·萨维尔是研究殖民地时期美国外交起源的专家，他认为，孤立主义"已经是北美殖民地的一种传统，逃避欧洲的根深蒂固情绪和受欧洲外交促动而避免卷入欧洲冲突的强烈愿望是其基础"。②美利坚合众国成立以后，国家作为一个主权实体开始有了代表本民族的整体利益。外部安全是一国对外关系中首先关注的问题，对一个新独立的国家来说，这一问题尤为突出。美国虽已独立，但来自外部的威胁并未减弱，再加上内部问题也此起彼伏。对决策者来说，稍有不慎，独立的成果便有遭到倾覆的可能。一些欧洲国家对这个新独立的国家多抱有戒备之心，虎视眈眈地注视着美国的外交举措，力图给美国的发展设置障碍，以免形成强大的竞争对手。这种险恶的国际环境，一方面促使美国加快解决国内问题，摆脱政治上四分五裂的局面，尽早使美国作为一个统一的国家

---

① 马树槐等译：《潘恩选集》，第 24 页。
② 马克斯韦尔·萨维尔："美国外交原则的殖民地起源"(Maxwell H. Savelle, "Colonial Origins of American Diplomatic Principles")，载《太平洋历史评论》(*Pacific Historical Review*)，第 3 卷，第 3 期(1934 年 9 月)，第 331 页。

出现在世人面前；另一方面，为了集中注意力于国内发展，美国急欲解除独立战争期间与某些国家的结盟关系，以便置身于欧洲大国的政治角逐之外。这样，孤立传统自然就体现在国家对外政策之中，成为维护这个新生共和国在外部世界纷争中自我利益和实现国家长治久安的一种重要手段。正如美国外交史学家罗伯特·贝斯纳认为的那样：

> 孤立主义不是一个自然事实，它是一种国家的目标。美国外交家远离欧洲列强间的斗争，不受欧洲总理们的影响，以一种追求自私国家利益的谨慎方式处理美国事务。美国公众则把孤立视为一种防止堕落的欧洲习俗和制度毒害美国试验的预防器。①

贝斯纳这里谈到了美国立国之初决策层内弥漫的孤立主义情绪既是一种传统的体现，也反映了美国在复杂的局面下如何更好地追求和实现最实际利益的一个武器。受文化传统和实际需要的影响，这一时期美国政府的决策者从一开始就在其言论和行为上体现出孤立主义的倾向。他们经过一系列外交实践，在处理错综复杂的外部问题中最终把孤立主义确定为指导美国外交的主要原则之一。美国的孤立首先是借助了地理上的有利条件，浩瀚的大洋在交通不是十分发达的时代成为美国奉行体现孤立主义原则的对外政策的天然"屏障"。美国早期政治家乔治·梅森在1783年写道："大自然用一望无际的海洋把我们同欧洲国家分隔开来，我们介入它们的纷争和

---

① 罗伯特·贝斯纳：《从旧外交到新外交：1965年至1900年》(Robert L. Beisner, *From the Old Diplomacy to the New, 1865–1900*)，阿灵顿海茨：哈伦·戴维森出版社1986年版，第10~11页。

政治愈少，对我们就愈有利。"①这道天然"屏障"一方面使欧洲国家大规模派兵干涉美洲事务望而却步，在很多情况下打消了把美洲纳入大国竞争场所的意识，另一方面使力量孱弱的美国不卷入大洋彼岸大国之间无休止的政治纷争，专心致力于国内的经济发展。对美国早期外交发生重要影响人物基本上都持这种思想。约翰·亚当斯1776年宣称："我们应该不与任何欧洲大国达成任何结盟协定，……我们应该尽最大可能把我们自己孤立起来。"②他在1782年对英国和谈代表理查德·奥斯瓦尔德表示了对欧洲承担义务的担忧，"显而易见，所有欧洲大国都在继续与我们玩花招，诱使我们进入它们现实的或想象的均势。……他们在扩大各自力量时，无一不希望我们成为平衡物。这一点的确丝毫不足为怪，我们尽管不总是，但却常常能够使平衡发生变化。但是找认为不干预应是我们遵循的规则，欧洲大国遵循的规则也应是不希望我们介入，甚至不允许我们介入"。③托马斯·杰斐逊1785年写道，如果他能自主行事，美国将采取中国的闭关自守政策，与外部世界隔绝。1787年他在法国写道，他非常清楚不把美国卷入欧洲事务的纷争是美国奉行的一项明智的准则。杰斐逊确信这一天将会到来，届时，"我们也许通过把西半球隔开的大洋正式需要一条分开的子午线，在大洋的这边，欧洲隆隆的枪炮声将永远不会被听见；在大洋的那边，人们同样不会听见任何美国的枪声"。④亚历山大·汉密尔顿把不卷入"欧洲的纷

---

① 伯恩斯：《美国的使命观：国家目的和命运的概念》，第277页。
② 劳埃德·米查姆：《美国与拉美关系考察》(J. Lloyd Mecham, *A Survey of United States-Latin American Relations*)，波士顿：霍顿·米夫林出版社1965年版，第40页。
③ 格雷伯纳编：《思想与外交：美国外交政策的理性传统选集》，第78页。
④ 引自阿诺德·沃尔弗斯等：《外交事务中的盎格鲁-美利坚传统：从托马斯·莫尔到伍德罗·威尔逊读物》(Arnold Wolfers and Lawrence W. Martin, eds., *The Anglo-American Tradition in Foreign Affairs: Readings from Thomas More to Woodrow Wilson*)，纽黑文：耶鲁大学出版社1956年版，第162页。

争和战争"看做是美国外交的最终目的。①在1788年弗吉尼亚批准宪法的大会上，麦迪逊在回答"美国的处境如何"这一问题时说，美国"远离欧洲，不应该卷入其政治或战争"。②

上述这些政府决策者尽管是在不同场合针对某种局势发出这些议论的，然而在政治上孤立于欧洲的思想从一开始就存在于他们的脑海之中。当然，把这种孤立思想完全体现在美国对外政策上显然存在一个过程，但这种思想显然成为这些在很大程度上决定美国未来发展方向的精英人物的共识，注定会成为美国早期外交的指导原则。其实，这一时间的来临并没有持续太久。1783年6月12日，美国国会通过决议宣称，美利坚合众国的"真正利益要求应该尽可能地不卷入欧洲国家的政治与纷争"。③这是孤立原则在美国政府正式文告中的较早体现。在美国独立战争胜利前夕，美国决策层已经意识到把这个新国家同纷乱的欧洲分离开来的重要性，孤立情绪体现在美国对欧洲国家的态度和政策选择上。孤立主义作为指导美国外交的一项基本原则，则是独立后美国领导人根据外交实践深思熟虑的结果。美国学者詹姆斯·麦克考密克把"孤立主义"看做是美国的传统价值观之一，许多早期的美国领导人担心美国的民主价值观受到世界其他地方，尤其是欧洲的玷污。当然，美国政府奉行具有孤立主义倾向的对外政策也有着更为实际的考虑：首先，美国在地理上与18世纪和19世纪国际政治的主要竞技场欧洲以及世界各地分开；其次，美国是个年轻的国家，国力弱小，无强大的军队，如果在国外寻求对手和潜在的冲突几乎是不明智的；第三，国内的统一仍然受到限制，政府需把更多的注意力放到国内事务上；最后，在北美大陆的扩张是压倒一切的任务，这就是美国政府决定采取孤立

---

① 参见瑟法蒂：《敌对世界的美国外交政策：危险年月》，第4页。
② 转引自贝米斯："华盛顿的告别演说：关于独立的对外政策"，第261页。
③ 理查德·利奥波德：《美国对外政策发展史》（Richard W. Leopold, *The Growth of American Foreign Policy: A History*），纽约：克诺夫出版社1962年版，第18页。

主义态度的主要原因。①因此，美国政府奉行所谓的"孤立主义"外交既受到传统观念的影响，又有着面对复杂的国际环境如何能够维护这个年轻共和国利益的现实考虑。

独立战争期间，刚刚在世人面前出现的美利坚合众国就充分利用了欧洲国家之间的矛盾，与法国结为联盟，一致对付英国。这种联盟关系弥补了美国力量的不足，在某种意义上说是独立战争获胜的有效保证之一。独立战争取得胜利之后，美国尽管有时也须仰仗暂时的结盟来维持有利于这个新生共和国的欧洲均势，但它显然已把从政治上摆脱与欧洲的关系作为其外交决策的一项基本考虑。毫无疑问，包括美国领导人在内的很多美国人对法国的援助心存感激，但美法联盟已变为美国在外交领域实践孤立主义原则的主要羁绊，只要法美联盟存在，摆脱欧洲大国的纷争便成为空谈。欧洲局势的变化为美国政府解除与法国的盟约以及奉行孤立外交提供了契机。1789年7月，一直处在专制王朝统治之下的法国爆发了资产阶级革命，之后英法等国陷入了长期的战争之中，很多欧洲国家卷入，长期维持欧洲大陆稳定的均势开始打破。欧洲这一新的格局曾导致美国政府内部在外交问题上，尤其是在处理与法国的关系上发生过激烈的争执，但无疑使美国调整和确定其外交发展方向有了很大的回旋余地。1793年初，法国对英国宣战的消息传至费城，随后法国公使埃德蒙·热内抵美，要求美国政府履行美法盟约的规定，并多方奔走，试图在美国境内掀起一股支持法国的浪潮。面对着美国卷入欧洲纷争的危险，华盛顿总统1793年4月22日发布了《中立宣言》，声称美国不介入战争的任何一方，规定美国公民不得参加交战任何一方的军事行动，禁止同交战双方进行走私贸易。《中立

---

① 参见詹姆斯·麦克考密克：《美国对外政策和美国价值观》(James M. McCormick, *American Foreign Policy and American Values*), 艾塔斯卡：皮科克出版公司 1985 年版，第 6 页。

宣言》的合法性尽管仍然在美国政府内部引起很大的争论，但其很快付诸实施导致了法美联盟名存实亡，也成为美国最终确立孤立主义外交原则的先声。1796年9月17日，华盛顿在宣布退出政坛时发表了致全国人民的《告别词》，系统地阐述了孤立主义基本准则。他宣称：

> 我们对待外国应循的最高行动准则是在扩大我们的贸易关系时，应尽可能避免政治上的联系。……欧洲有一套基本利益，我们则没有，或关系甚疏远。因此欧洲必定经常忙于争执，其起因实际上与我们的利害无关。因此，在我们这方面通过人为的组带把自己卷入欧洲政治的诡谲风雨，与欧洲进行友谊的结合或敌对的冲突，都是不明智的。我国位于隔离的和遥远的位置，这要求我们并使我们追寻另一条不同的道路。……我们真正的政策是避开与外界任何部分的永久联盟。①

作为美国国父，华盛顿这番发自肺腑之言反映出了美国社会广泛存在的孤立主义情绪，其重要性在于把传统的孤立思想第一次用明确的语言表达出来，确定了美国很长时期制定和执行外交政策的一项主要原则。美国著名外交史学家塞缪尔·贝米斯称之为"第二次独立宣言"。②这篇对后世产生了重要影响的《告别词》许多年来被美国政治家奉为圭臬，成为主张孤立者射向那些要求跨洋干涉者的一支利箭。

---

① 聂崇信等译：《华盛顿选集》，第324~325页。
② 参见贝米斯："华盛顿的告别演说：关于独立的对外政策"，第250~268页。关于华盛顿告别演说的影响另参见亚历山大·德康德："华盛顿告别演说、法国联盟和1796年选举"（Alexander DeConde, "Washington's Farewell, the French Alliance, and the Election of 1796"），载《密西西比河流域历史评论》（*The Mississippi Valley Historical Review*），第43卷，第4期（1957年3月），第658页。

美国的政治孤立空间从来不是北美十三州的疆界，而是把欧洲与美洲两个大陆隔开的大西洋。因此，当历史的时针旋转到19世纪之后，这种本来针对欧洲大国对美国安全构成威胁的外交方针顺其自然而成了维护美国在西半球利益的武器。19世纪20年代，当拉丁美洲新独立的国家面对着欧洲君主国家组成的"神圣同盟"干涉的危险时，①美国政府认为把整个美洲囊括到其孤立主义范围内的时机已经成熟，门罗总统遂于1823年12月2日在致国会的咨文中提出了以《门罗宣言》而著称的政策声明。②

《门罗宣言》包含的几个原则体现出美国孤立主义外交的选择。"美洲体系原则"是构成《门罗宣言》的理论基础，用咨文的话来说，"同盟诸国的政治制度和美洲的制度本质不同"，因而欧洲国家"把它们的制度延伸到这个半球的任何部分的任何企图，对我们的和平与安全都有危害"。美洲体系原则一方面强调不允许主要指欧洲国家的非美洲国家在西半球进行领土扩张，另一方面又要排除非美洲国家在美洲已经存在的势力影响，把美洲变成孤立于欧洲之外的以美国为首的封闭体系。这一原则从表面上看是以南北美洲地理邻近、制度上类似和利益上一致为出发点，其实是美国的孤立主义外交方针发展到一定阶段的标志。美洲和欧洲之间除了浩渺大洋的这道天然屏障外，美国试图通过这一原则，再人为地构筑起一道藩篱，把欧洲国家挡在其外，给美国在美洲随心所欲留下更为广阔的空间。"互不干涉原则"是对美国立国以来奉行的"不卷

---

① 神圣同盟远隔重洋派兵干涉也受到种种客观条件的限制，尤其是同盟诸国并不是一个完全受原则支配的整体，其内部也是矛盾重重，它希望西班牙在美洲恢复君主统治，也会支持某一国家进行干涉，但要集体达成协议出兵美洲并非轻而易举。"海洋霸主"英国的极力反对更使神圣同盟的干涉计划付诸实行的可能性降到最低限度。

② 关于《门罗宣言》的全文见詹姆斯·理查森主编：《总统咨文与文件汇编》(James D. Richardson, ed., *A Compilation of the Massages and Papers of the Presidents*)，第2卷，华盛顿：国家文献局1897年版，第776~789页。

入"欧洲事务政策的发展，其中心思想是不准欧洲国家干预美洲事务。用咨文中的话来说，欧洲国家"如果企图把它们的制度扩张到西半球任何地区，则会危及我们的和平与安全。我们不曾干涉过任何欧洲国家现存的殖民地或属地，而且将来也不会干涉。但是对于那些已经宣布独立并维护独立而且我们基于伟大动机和公正原则承认其独立的国家，任何欧洲国家为了压迫它们或以任何其他方式控制它们命运而进行的任何干涉，我们只能视为对美国不友好的表现"。这一原则如果被付诸实行，自然是对欧洲国家在美洲地区的政治干涉行为形成约束，另一方面因为没有明确对美国在西半球的行为作出规定而给美国干涉这一地区事务大开"绿灯"。《门罗宣言》的始作俑者约翰·昆西·亚当斯在1823年11月30日给美驻英公使理查德·拉什的指令中表明，"对美洲的事务，不论北美大陆或南美大陆的事务，从今以后美国都不能置之不理。有关它们的一切政策问题都对美国的切身权利和利益有直接关系，它不能听任纯粹遵循欧洲原则和欧洲利益的欧洲列强们来加以安排"。①这段话露骨地概括出了美国试图把整个美洲"集体孤立"于欧洲之外的真实意图，也从更深的层次表明了美国政府发布《门罗宣言》的根本目的。

《门罗宣言》从内容上看不只是孤立主义在空间上的延伸，把整个美洲也包括在孤立于欧洲政治纷争的范围内，更重要的是，它从理论上发展了美国立国以来的指导外交实践的基本思想，从实践上把本来维护美利坚合众国独立的"盾牌"演变成美国问鼎西半球的一件得心应手的工具。到了此时，美国不仅借着大洋的屏障让欧洲国家干预美洲的事务失去了"合法性"，而且从与欧洲专制制度

---

① 威廉·曼宁编辑：《美国关于拉美国家独立的外交通信集》(William R. Manning, ed., *Diplomatic Correspondence of the United States Concerning the Independence of Latin American Nations*)，第1卷，纽约：牛津大学出版社1925年版，第215页。

的区别中凸显了美国对世界承担的特殊使命。美国早期外交的成功使得孤立主义情绪在美国社会更为普遍，并完全演化为美国文化中的一个很重要的价值观。关于上述几个因素之间的联系，诚如有的美国学者指出的那样：

> 由华盛顿和杰斐逊宣布，具体体现在约翰·昆西·亚当斯外交政策中的美国孤立于欧洲联盟以及欧洲冲突的思想，是保证这个年轻国家及其理想得以维护的尝试。孤立主义的情绪被牢牢地灌输于美国人的意识中，以致它的号召力及影响在两百年之后仍然可以感觉到。它为美国在一个纷争的世界中完成其使命提供了一种强有力的影响。①

在美国早期历史上，奉行受孤立主义原则指导的对外政策给美国带来了很多实际利益或好处，但很多美国学者在研究孤立主义时持一种"理想化"的观点，更多地强调孤立主义包含着美国树立了一个与欧洲专制、腐败以及堕落区别开来的榜样方面。因此上面谈的这种观点在美国学者中很有代表性。用小塞西尔·克拉布的话来说，"孤立主义的概念也许强调美国与其他大陆，尤其与欧洲地理上的分离。它也许主要强调美国精神上与哲学上同欧洲的分离，强调进步的'美国生活方式'与欧洲停滞的社会和经济体制的对比。它也许主要关注新世界的民主与旧世界独裁或专制的政治体制和意识形态之间的区别"。②小克拉布的这番话主要从意识形态角度强调了孤立主义的另外一个方面的特征，也是美国许多政治家在为孤立主义外交辩护时所持的重要理由。其实这种从表面上看"理想"色彩很浓的原则在执行中只是一种实用主义外交的变形，成为服务于

---

① 希尔德等著：《文化与外交：美国的经历》，第342页。
② 小克拉布：《决策者及批评者：美国外交政策的冲突理论》，第6页。

美国特定时期外部利益实现的一种有效工具。美国立国之初，无论在经济上还是军事上都无法与欧洲大国相提并论。此外欧洲大国对美国抱有戒备之心，虽以为尚不足惧，但却是虎视眈眈，竭力把这个新独立的共和国限制在十三州的地域之内。美国如果处处受制于欧洲，即使独立成果得以幸存，发展起来又谈何容易，只能成为四面受围的一个小国而已。因此，摆脱欧洲大国的牵制是美国走出困境的先决条件之一。在美国决策者看来，把美国与欧洲分离开来是实现这一目标的最佳途径，既符合国内的传统情绪，获得民众的支持，又可使欧洲国家难以问罪，吞下浩渺大洋带来的这颗苦果。所以，当孤立主义成为指导美国外交政策制定的一个主要特征时，其核心思想是美国不卷入欧洲的政治纷争，欧洲不要干涉美洲的事务，其基础是新旧世界各有一套迥然相异的政治制度。

当然，美国奉行的孤立主义外交决不是闭关锁国，完全把自己置于国际社会发展的主流之外。美国从来不可能与外界完全隔绝，在经济上依然积极发展与外部的关系，寻求资本主义赖以生存与发展的国外市场，为美国最终能与欧洲国家正面抗衡奠定物质基础。美国早期外交决策者特别强调这一点。约翰·亚当斯1780年初告诫国会不要把美国和欧洲列强纠缠在一起，他说："我们与它们的往来，它们与我们的往来只是商业，而不是政治，更不是战争，美洲长期以来一直是欧洲战争和政治的玩物。"[1]杰斐逊在第一次就职演说中特别强调说："与世界各国和平相处、通商往来和友诚相待，但不与任何一国结成同盟。"[2]以后国会内的孤立主义领袖威廉·博拉也曾解释说："在贸易和商业方面，我们从来不是孤立主义者。

---

[1] 格雷伯纳编：《思想与外交：美国外交政策的理性传统选集》，第77页。
[2] 李剑鸣等编：《美利坚合众国总统就职演说全集》，天津：天津人民出版社1996年版，第23页。

很遗憾,在金融问题上,我们从来和将永远不会是孤立主义者。"①学者们的研究成果也揭示出美国的孤立主义仅只限于政治上不卷入欧洲的事务。诺曼·格雷伯纳写道:"美国从来不寻求像日本和朝鲜等国那样偏居一隅,与世隔绝;从共和国创建之日起,美国就创造和维持了一个覆盖地球大部分地区的商业帝国。美国的孤立主义总是政治的和军事的,但从来不是商业的或文化的。"②著名历史学家小施莱辛格也持这种观点,他指出:"美国的孤立主义是一个模棱两可的概念。美国人在商业方面从来不是孤立主义者,我们的作家、艺术家、学者、传教士和观光者始终渴望周游这个星球。"③此外,孤立主义决不是一项消极的防御政策,美国实际上在用孤立主义来弥补与欧洲大国竞争时力量的不足,既可借用这道"屏障"把欧洲大国阻挡在大洋之外,使自己在西半球这个辽阔的空间随心所欲,"大展宏图",又可倾听着遥远对岸炮声隆隆的拼命厮杀声,犹若隔岸观火,或救或弃,视利而定。早期的孤立主义适应了美国的需要,不仅有效地维护了美国的独立成果,而且在随后很长时间内为美国的发展创造了一个有利的国内外环境,也在人们的思想意识中留下了难以磨灭的深刻烙印。美国著名史学家查尔斯·比尔德就确信,孤立主义政策"能使美国人民在1776年原则指导下前进,征服一个大陆,创造一种文明,尽管这种文明难免存在过失之处,但对我们来说具有珍贵的优点,不管怎么说它是属于我们自己的"。④

---

① 参见曼弗雷德·乔纳斯:《1935年至1941年美国的孤立主义》(Manfred Jonas, *Isolationism in America, 1935—1941*),伊萨卡:康奈尔大学出版社1966年版,第149页。
② 格雷伯纳编:《思想与外交:美国外交政策的理性传统选集》,第80页。
③ 小阿瑟·施莱辛格:"旧辙重蹈吗?孤立主义的威胁重现"(Arthur M. Schlesinger, Jr.,"Back to the Womb? Isolationism's Renewed Threat"),载《外交事务》(*Foreign Affairs*),第74卷,第4期(1995年7月/8月),第2页。
④ 罗伯特·戈尔德温编辑:《美国对外政策读物》(Robert A. Goldwin, ed., *Readings in American Foreign Policy*),纽约:牛津大学出版社1971年版,第131页。

二 跨洋称雄者走不出的"藩篱"

美利坚合众国初创时期,开国元勋们为国家的未来发展设计了很多蓝图。他们当政时呕心沥血,殚精竭虑,在并无多少先例可循的情况下为一个国家在北美大陆上的崛起奠定了基础。他们的言行举止和品德风范反映出典型的美国人气质,受到人们的尊重和敬仰。尤其是他们当政时形成的惯例和制度,很少被后继者们弃置一旁,久而久之就演化为美国政治文化中的重要组成部分,成为约束人们思想与行为的主要规范。他们确定的孤立主义原则尽管不是指导美国外交决策的唯一选择,但美国在特定时期得益于这种外交方针也是显而易见的。因此,自美国建立以来,"孤立主义就一直是美国政治中的一股力量"。①用英国观察家詹姆斯·布赖斯勋爵的话来说:"美国人生活在一个属于自己的世界。……她免遭进攻,甚至免遭威胁,在遥远的彼岸倾听着欧洲种族和教派的拼命厮杀声。"②美国避开了欧洲大陆的战乱而给国内营造的长期宁静的环境为经济发展创造了一个有利的客观条件。正是在这种很少有外来威胁的发展过程中,美国以非常快的速度迈向了世界经济大国和政治大国,与此同时,孤立主义精神牢牢地根植于美国的民族文化之中,长时期地影响着美国人对外部世界的态度与行为。其实,美国一直是个目光注视全球的国家,孤立主义基本上没有阻碍美国向外发展,相反,在一定的时空范围内促进了这种发展。毕竟大洋之外

---

① 勒鲁瓦·里塞尔贝奇:"孤立主义行为的基础"(Leroy N. Rieselbach, "The Basis of Isolationist Behavior"),载《舆论季刊》(*The Public Opinion Quarterly*),第24卷,第4期(1960冬季号),第645页。
② 诺曼·格雷伯纳:"孤立主义"(Norman A. Graebner, "Isolationism"),载戴维·西尔斯主编:《国际社会科学百科全书》(David L. Sills, ed., *International Encyclopedia of the Social Sciences*),第8卷,纽约:麦克米兰出版公司,第218页。

存在着更为辽阔的空间，对遥远大洋彼岸所发生的重大事件，美国社会很难保持缄默，静观以待。美国政界总有一些人跃跃欲试，图谋把已经强大的美国引向国际竞技场，一展宏图，但他们常常又慑于开国先辈们留下的孤立主义传统，最终望而却步，难以大有作为。长期以来，孤立主义一直是美国社会的一股主要思潮，对政府决策产生了很大的影响。先辈的遗训像一道闪亮的光环笼罩在美国的上空，使许多主张摆脱孤立、跨洋称雄的政治家望而生畏，不敢越雷池一步。即使美国已经具备了与欧洲大国在海外抗衡的基础或力量，历史的发展也在逐渐地动摇着孤立主义赖以存在的条件，美国走向国际竞技场成为大势所趋，但是，那些试图在外交上谋求轰轰烈烈的政治家还是谨慎小心，唯恐触动这根人们极为敏感的神经，给自己的政治前途设卜障碍。美国从华盛顿发表《告别词》到第二次世界大战从未与欧洲国家形成结盟关系，便反映出先辈们构筑起的这一"藩篱"的强大威力。

贝米斯是研究美国早期外交的著名学者，可谓著作等身，他所著的《美国外交政策史》在学界影响很大，反映了他对美国外交政策演变的深刻认识。在谈到早期外交所确定的原则对后世产生影响时他写道："美国外交政策在1796年才第一次确实地、清楚地规定下来。华盛顿告别词贤明、完美的思想真正体现了开国元勋们的经验和智慧。一百多年来没有一个明白是非的政治家认真地否定过它。"[①]贝米斯这里显然是指孤立主义原则对美国政治家的无形约束，在很大程度上使他们很少敢冒天下之大不韪采取"越轨"行动。19世纪20年代，大洋彼岸的希腊爆发了反对土耳其的民族起义，经过艰苦奋战，最终获得了独立。在希腊起义军民同前来镇压的土耳其军队奋战之时，欧洲一些君主国出于各自目的准备对希腊

[①] 塞缪尔·弗拉格·贝米斯：《美国外交史》(Samuel Flagg Bemis, *A Diplomatic History of the United States*)，纽约：霍尔特、莱因哈特和温斯顿出版社1965年版，第109~110页。

革命进行干涉。欧洲君主国的这一举措立即引起大洋彼岸的美国公众的愤慨，一些政治家也打着支持希腊民族解放的旗帜发出了要求干预的呼声。后来担任美国国务卿的丹尼尔·韦伯斯特当时刚刚踏入政界，自恃才高气盛，于1824年1月19日在众议院大声疾呼美国积极参与国际事务，在文明世界发挥作用。他请求美国人民行动起来，反对那些"镇压整个文明世界自由"的行为。[1]韦伯斯特的讲话在国会引起争执，反对干预的意见显然居于上风，因此，美国政府并未对这件事作出强烈反应。当时任国务卿的约翰·昆西·亚当斯解释了美国的官方态度：

> 美国不去国外推翻妖魔。她对所有国家的自由和独立表示衷心祝愿。她只是自己的斗士和维护者。……她深知，一旦云集于其他国家麾下，她将无法解脱地卷入那些充满着利益与欺诈以及个人的贪欲、妒忌和野心的战争之中，而这些战争欺世盗名，滥用自由的标准。[2]

亚当斯的这番话道出了美国一段时期对世界各地，尤其是对欧洲发生民族民主革命的态度。1848年欧洲爆发革命后，在美国引起很大反响。一些持激进观点的政治家主张打破孤立主义传统，更多地关注与参与国外的事务。在他们看来，美国作为一个被上帝赋予特殊使命的国家，对旧世界爆发的争取民族独立的革命，决不应袖手旁观，冷眼相待。他们在美国社会掀起了一股以"青年美国"而著称的政治浪潮。19世纪中叶俄奥联军镇压了匈牙利起义后，起义

---

[1] 参见多萝西·戈贝尔主编：《1776年至1960年美国对外政策文件考察》(Dorothy B. Goebel, ed., *American Foreign Policy: A Documentary Survey, 1776–1960*)，纽约：霍尔特、莱因哈特和温斯顿出版社1961年版，第70页。
[2] 乔治·凯南："论美国原则"(George F. Kennan, "On American Principle")，载《外交事务》(*Foreign Affairs*)，第74卷，第2期(1995年3月/4月)，第118页。

领袖拉约什·科苏特出逃美国,这一事件立即在美国社会引起轩然大波。国务卿韦伯斯特在欢迎科苏特的宴会上作了长篇演说,颂扬了欧洲革命,号召人民为自由与共和的利益而战,重新唤起并向世界推广美国的民族主义。他说:"我们将欢呼美国的模式在多瑙河下游和匈牙利山上冉冉升起。"①科苏特被称为"匈牙利的乔治·华盛顿"。他接触政府要员与社会名流,劝说他们放弃传统的孤立主义政策。他也到处发表讲演,试图以其激昂慷慨的语言激发起美国公众对匈牙利革命的同情,博得美国政府能够提供实质性的支持。"青年美国"运动的一些骨干人物也在这件事上大做文章,借此想突破孤立主义对美国行为的约束,他们要求美国政府进行干涉。参议员刘易斯·卡斯在1852年1月20日的提案中宣称,美国不能再扮演"政治上无关紧要的角色",世界必须知晓,实力强大的2500万美国人的目光正在"越过大洋,注视着欧洲"。②他们的目的很明显,显然是想借维护其他地区的"民主自由"事业,把美国的触角伸到西半球之外,扩大美国的政治影响,最终想使美国作为一个政治大国出现在国际舞台上。这种主张虽然在表面上符合美国宣称的使命,但因为当时美国尚不具备跨洋干涉的力量,所以并未对美国政府的外交决策发生任何影响。美国社会对这一事件的反应始于轰轰烈烈,但终于无声无息。科苏特本人也最终发现,一切活动在美国都无济于事。所以,他是满怀信心而来,结果是大失所望而归。美国驻维也纳外交官员正式通知奥地利政府,美国的任何干涉将不会发生。言下之意,美国不会作出有损于与奥地利关系的任何行为。其实,充斥于决策者思想内的孤立情绪从一开始就决定了这件事的结局。韦伯斯特虽然热情地称赞"匈牙利的独立、匈牙利的自治和匈牙利对自己命运的掌握",但却强调这种偏爱并不暗示美国愿意背

---

① 格雷伯纳编:《思想与外交:美国外交政策的理性传统选集》,第226页。
② 格雷伯纳编:《思想与外交:美国外交政策的理性传统选集》,第222页。

离既定的中立方针。米勒德·菲尔莫尔总统也持类似的观点。美国前国务卿亨利·克莱宣称:"坚持我们明智的爱好和平制度,避开遥远的欧洲战争,我们将保证我们这盏灯在这个西部海岸明亮地点燃着,作为照亮所有国家的光芒,对我们、对匈牙利以及对自由之事业来说,这比冒险使它完全熄灭在欧洲已被推翻的共和国废墟中要好得多。"①以后美国政府对意大利统一运动的态度也反映出这种价值取向。②

进入20世纪之后,美国已不再是国力弱小,而是羽翼丰满的国家了,其目光开始从美洲转向大洋之外。许多政治家发出了摆脱孤立的强烈呼声,主张进行海外扩张的集团逐渐在国家政治生活中占据了上风,孤立主义赖以存在的基础开始动摇。美国波士顿大学历史学教授戴维·弗罗姆金的研究表明,自1898年以来,美国对外关系的根本问题一直是美国是否将在国际事务中扮演一种持续性的作用。③美国外交发生的这场深刻转变尽管不是一帆风顺,甚至还会出现倒退,但的确成为一种发展趋势。正是在这种背景下,美国凭借着内战后发展起来的强大经济力量,为寻求海外市场大踏步地迈向了列强激烈角逐的场所,拉开了美国外交历史性转变的序幕。威廉·麦金莱总统在离开白宫的最后演讲中告诫国人:"孤立主义不

---

① 戈贝尔主编:《1776年至1960年美国对外政策文件考察》,第93页。
② 意大利统一运动的领袖马志尼曾恳求美国放弃孤立主义政策,对其他地区爆发的民族民主运动或革命提供支持。他说,美国已成为欧洲和世界范围内民主力量的代表,美国是"一个领路国家,你们美国人必须照此行动",他谴责了孤立主义的做法,声称"袖手旁观是一种犯罪。……你们必须当机立断,从道义上,如果必要的话,从物质上援助世界各地正在进行神圣战斗的共和国兄弟"。(见小克拉布:《决策者及批评者:美国外交政策的冲突理论》,第195页。)马志尼对美国寄予厚望,但同样以失望告终。
③ 参见保罗·约翰逊对弗罗姆金1995年出版的著作的评论,保罗·约翰逊:"美国孤立主义的神话"(Paul Johnson,"The Myth of Americanism Isolationism"),载《外交事务》(Foreign Affairs),第74卷,第3期(1995年5月/6月),第195页。

再可能合乎需要……排外时期已经成为历史。"①麦金莱总统也许说出了一个事实,也反映了很多政治家多少年梦寐以求的愿望,但是要打破很长时期内形成的一种传统又谈何容易。孤立主义依然是美国社会的一股主要思潮,即使美国已经具备了跨洋干涉的力量,民众意识的变化往往显得非常滞后,他们远未从孤立状态中清醒过来。在美国这样的民主国家,决策者不能不考虑民意的选择。就是对那些想有作为的政治家而言,先辈的遗训还是一道紧箍咒束缚着他们的思想,使他们在外交上顾虑重重,至多也只能打打"擦边球"而已。西奥多·罗斯福等人在入主白宫后,积极鼓吹海外扩张,加强美国的海军力量,发挥美国在欧洲均势中的作用等,他们试图以此唤醒滞留在美国人思想深处的强国和领袖之梦,把美国的目光引向大洋彼岸的欧洲竞技场,但同时又慑于美国社会普遍的孤立情绪,未敢放手行动,大有作为。在美国历史上,真正地向孤立主义传统提出挑战的大概就是美国第28届总统伍德罗·威尔逊了。

威尔逊所处的时代,正值美国社会、政治和经济大变动时期,美国对外扩张也进入了历史上的一个重要时期。他在步入政坛之前作为一个深谙美国历史的著名学者,就意识到了美国正在走出孤立主义的藩篱,并试图在理论上论证这一发展趋势的合理性以及必然性。威尔逊把1898年发生的美西战争看做是美国历史发展的一个伟大界碑,从时间顺序上讲,它是旧世纪的终结,又是新世纪的开端;从政治意义上讲,它是孤立主义的结束,又是美国走向海外竞技场的开端。他颇有信心地断言,美西战争一方面标志着美国孤立状态的结束,更为重要的是标志着美国在世界事务中发挥广泛作用的新时代的到来。1902年,威尔逊出版了当时在学界很有影响的5卷本的《美国人民史》。贯穿于全书的一个主要观点是,第一代政治家宣称的不卷入欧洲外交事务的原则已经"寿终正寝",美国已

---

① 利奥波德:《美国对外政策发展史》,第204页。

经从沉湎于国内发展转向海外扩张。自从美西战争以来，美国已"成为一个殖民帝国，在国际政治领域中获得了自己的权力位置，正在研究美国历史进程的人无不对已经发生的事情感到合理的惊叹"。①他甚至对华盛顿的《告别词》作出新释，断言国父当时提出的指导美国外交方针内涵的意思是："我要你们自我训练，静静等待，直到你们成长为好样的，直到你们有足够强大的力量顶住外国的竞争，直到你们不必担心外国势力，那么你们将准备参与世界事务。"②威尔逊从这一被孤立主义者奉为经典的《告别词》中引申出新的含义，主要是为美国人寻求新边疆进行辩护，但也足见打破人们早已形成的心理定式并非容易，还得借先辈的"幽灵"来促使国人从孤立主义状态中觉醒过来。

威尔逊出任总统后，正值第一次世界大战爆发，他借着这一"天赐良机"，试图把美国充当世界领袖的梦想转化为现实。为了能够顺利地实现这种转变，他屡屡谈及孤立时代已经不可避免地结束。1916年1月27日他在纽约的讲话中宣称，孤立已经不符合美国的利益，与美国的现实状况格格不入，"我们在美国近几代人从未梦想过的一种规模上被强行推出参与世界事务，我们不再是一个独居一隅的国家"。③事隔数月，威尔逊在首都华盛顿对促进和平联盟的讲话中公开宣称："不管我们愿意与否，我们将与其他国家合作。影响到人类的东西必然是我们的事务，也是欧洲和亚洲国家的事务。"④威尔逊的亲信幕僚豪斯上校把这一计划说成是标志着美国新的国际关系的开始，是"我们旧时代的不干涉政策结束的转折

---

① 阿瑟·林克：《外交家威尔逊的主要外交政策—瞥》(Arthur S. Link, *Wilson the Diplomatist: A Look at His Major Foreign Policies*)，纽约：新观点出版社1974年版，第7页。
② 阿瑟·林克编辑：《伍德罗·威尔逊文件集》第12卷，普林斯顿大学出版社1972年版，第57页。
③ 林克编辑：《伍德罗·威尔逊文件集》，第36卷，1981年版，第9页。
④ 林克编辑：《伍德罗·威尔逊文件集》，第37卷，1982年版，第114页。

点"。①为了促使美国人的思想尽快适应国际局势的变化，威尔逊再次对孤立主义奉为经典的华盛顿《告别词》作出解释："它并不意味着我们将避开世界的纠纷，因为我们是世界的组成部分，牵涉到整个世界的事情我们都不能袖手旁观。"②尽管国会内孤立主义的势力依然十分强大，他们的主张在民众中广有市场，但威尔逊总是力图把自己的思想体现在外交政策的制定与执行上，使美国的外交表现出与过去相比很少有的特征。在具体的外交实践中，威尔逊始而想充当交战双方的仲裁者，继而领导美国直接介入战争，进而扮演战后世界和平安排者的角色。当然，在这一过程中，威尔逊有时不得不采取工于心计的策略，以便减少国内孤立主义传统所带来的压力。如威尔逊政府宣布参战后，就坚持美国只是协约国的一个伙伴，而不是盟国。这种说法尽管使协约国感到不快，但却迎合了美国人长期形成的孤立心理，很大程度上减弱了因卷入欧洲事务而背离外交传统所受到的攻击，并使美国在问鼎欧洲乃至世界时充分显示出它的"独特性"。在战争时期，美国国内的一切活动都纳入了战争轨道，人们对战时政府的热情支持在心态上占据主导地位，致使国内反对派也不敢对威尔逊政府的"离经叛道"行为说三道四。然而，随着战争的结束，孤立主义外交传统再次在美国政坛上显示出了强大的威力。

1919年6月29日，威尔逊带着包括国际联盟盟约在内的《凡尔赛和约》返回美国，美国国内随即展开了一场批准和约的大辩论。威尔逊为了保证和约的批准，置身体状况不佳于不顾，驱车西行，到了孤立主义情绪最为强烈的俄亥俄、印第安纳、密苏里、艾奥瓦、内布拉斯加、明尼苏达和南、北达科他等州。从那里他又到了西北部地区和太平洋沿岸主要城市。在完成了由东往西横贯大陆的

---

① 西摩编辑：《豪斯上校私人文件集》，第2卷，第295页。
② 林克编辑：《伍德罗·威尔逊文件集》，第35卷，1981年版，第347页。

行程后，又开始了由西往东的回程，穿越内华达、犹他、怀俄明以及科罗拉多等州。威尔逊进行这次全美旅行的目的很明显，他试图直接向人民呼吁，唤起他们对国际联盟的热情，瓦解国内反对批准和约的政治派别赖以存在的基础。结果并未使威尔逊如愿，和约遭到参议院的否决。威尔逊为美国设计好的战后世界蓝图最终在强大的孤立主义势力面前成为泡影，他也带着终生的遗憾离开了美国政坛。和约未获批准的原因固然很多，但最基本的却是人们的传统孤立心理作祟。早在1916年3月24日，纽约联邦储备银行的本杰明·斯特朗就对英国政治家赫伯特·基奇纳勋爵预言："华盛顿告诫美国人民不要卷入联盟的传统将阻止美国参议院批准任何进攻性和防御性军事联盟的条约；这样一种协定在不远的将来一定也不会得到美国的同意。"[1]斯特朗并不是无的放矢，华盛顿的训谕像一道紧箍咒一样束缚着大多数美国人的脑袋，成为那些试图在两洋之外称雄的领导人在条件未成熟时难以逾越的障碍。在威尔逊的时代，孤立主义仍然是一股强大的社会思潮，尤其在以农业为主的西部和中西部，人们远不能接受威尔逊设计好的战后世界蓝图。

威尔逊深感孤立主义对美国外交行动的约束，他不厌其烦地向人们宣传孤立时代已告结束，美国进入世界竞技场已是大势所趋，甚至不止一次地对华盛顿《告别词》作出新释，试图促使美国人的思想适应新的形势，但对那些顽固坚持在政治上不卷入欧洲事务的人来说，威尔逊的图谋收效甚微。国会中仍然拥有一批有影响的人代表着这股强大的势力，他们随时准备对威尔逊的计划进行攻击。早在美国参战前夕，美国著名记者赫伯特·克罗利就致信威尔逊说："在全国共和党人中间，尤其在国会中存在一种倾向，即明确反对美国在任何条件下参与一个国际联盟。"[2]克罗利这里指的就是以参

---

[1] 林克编辑：《伍德罗·威尔逊文件集》，第36卷，第441页。
[2] 林克编辑：《伍德罗·威尔逊文件集》，第40卷，1982年版，第559页。

议员威廉·博拉为首的"不妥协分子"。当然,这批人在参议院中并不居多数,他们只是代表美国某些地区的利益,但他们强烈反对美国战后卷入美洲之外事务的主张迎合了多数美国人的心态,因此在参议院还是具有举足轻重的影响。威尔逊无法与他们达成一致,只能求助于宣传,消除民众中的孤立心态,减弱他们在国会中的影响力。参议院外交委员会主席亨利·卡伯特·洛奇是一个强烈的扩张主义分子,他本人也曾提出建立类似国际联盟的国际组织,但出于党派之争为了击败威尔逊的国际联盟盟约,也不得不与"不妥协分子"联手,以保证投票时占据三分之二多数,但他想通过保留案来实现美国的霸权地位也因为"不妥协分子"从中作梗终成一纸空文。投票结果正如美国历史学家麦伦·约翰逊所言:"就美国来说,这时不仅是威尔逊的国联死了,而且洛奇的国联也死了。"①"不妥协分子"在这场批准和约斗争中的作用诚如托马斯·贝利说的那样:"当威尔逊开始领导美国人民摆脱孤立主义道路进行有效的世界合作时,他使我们的外交政策发生了一场革命。然而,孤立主义者……能够对这次革命进行反击,使我们又回到了过去的道路。"②孤立主义使美国这场始于19世纪末的外交转变延长了数十年之久。

　　第一次世界大战后美国国内演出的这场所谓"国际主义"与孤立主义的斗争,深刻地反映了美国传统的巨大力量。在19世纪末和20世纪初,美国已经在物质上具备了与欧洲大国在世界各地抗衡的条件,经济的发展和强大促使美国需要在大洋之外寻求更为广阔的发展空间。一些政治家大声疾呼的"国际主义"正是顺应了这种需要和可能,他们积极促进实现美国外交从孤立传统向主动参与国际

---

① 迈伦·约翰逊:《国际联盟:从1914年到1946年美国对外政策评论》(Myron M. Johnson, *The League: A Review of America Foreign Policy from 1914 to 1946*),波士顿:埃丁博罗书社1946年版,第17页。

② 托马斯·贝利:《伍德罗·威尔逊和大背叛》(Thomas A. Bailey, *Woodrow Wilson and Great Betrayal*),纽约:麦克米兰出版公司1945年版,第368页。

竞争的转变，彻底改变美国政治上囿于一隅的被动局面。这些人的主张应该说顺应了美国社会发展的大趋势。然而，许多美国人的文化心理还远远滞后于形势的发展，他们的意识还停留在过去那种"孤芳自赏"的年代，厌恶在政治上卷入大洋彼岸的事务，生怕在世人的眼中，"纯洁"的美国与腐败的欧洲同流合污，沆瀣一气。当然，他们想通过致力于美国的"自我完善"来为世界其他国家树立一个可效仿的榜样，以此完成上帝赋予美国的神圣"使命"。这种意识本身就是一种优于他国的心态，美国多少代政治家追求的世界领袖之梦其实就源出于此。但是，当一些政治家试图通过积极卷入世界事务来实现这种梦想时，却在很长一段时间里背逆了美国社会久已形成的传统，因此很难得到多数美国人的认同。完成人们的心理转变需要时日，当美国迈向国际竞争社会成为大势所趋时，这种转变必然随着时间的推移最终会要到来的。

三 不断失去存在基础的"误区"

美国历史上的孤立主义在20世纪二三十年代进入了所谓的全盛时期。出现这种现象从根本上讲还是美国人的传统孤立心态作祟。继威尔逊之后，才能平庸的沃伦·哈丁能够当选为总统，主要是以"恢复常态"抓住了普通美国人的心理，而他一上台，就信誓旦旦地向选民们保证："1921年8月执政的本政府肯定而坚决地放弃了加入国际联盟的一切想法。本政府现在不提议从旁门、后门或地下室的门进去。"[1]不管哈丁这番话是否发自肺腑，但从一个侧面反映出美国社会的孤立情绪对政治家处理外交事务的巨大影响。就连原先主张美国加入国际联盟的富兰克林·罗斯福，虽然威尔逊的"国际主义"在他的内心深处依然具有一席之地，但在危难之际出任美

---

[1] 约翰逊：《国际联盟：从1914年到1946年美国对外政策评论》，第17页。

国总统后,面对着国内强大的孤立主义思潮,有时也不得不逢场作戏,曲意逢迎,随波逐流,以一种似乎消极的态度等待时机的到来。他在公开的场合与过去判若两人,屡屡明确表示美国不会成为国际联盟的一员。如1933年圣诞节过后不久,他在伍德罗·威尔逊基金会上的讲话中尽管对国际联盟表示敬意,也希望美国在使用它的机构方面采取公开合作的态度,但是他并没有忘记声明:"我们不是它的成员国,我们也不打算成为成员国。"①在一些重大的外交问题上,罗斯福对国会内的孤立主义势力也礼让三分,有时甚至唯他们的意见是从,唯恐略有闪失,在政治上招来不测之灾。曾作为威尔逊"国际主义"忠实追随者的罗斯福尚且如此,足见孤立主义思潮在这一时期的泛滥以及对政治家行为的束缚之深。美国历史学家曼弗雷德·乔纳斯指出,20世纪30年代的孤立主义是"美国的一种普遍情绪",弥漫于国家的各个地区,决定了人们的政治态度。"从纽约到加利福尼亚,从爱达荷到得克萨斯,人们的政治信仰不管是诺曼·托马斯的社会主义,还是赫伯特·胡佛的保守共和主义,在外交政策领域都有着共同的事业,他们相信单边主义,担心战争对美国的影响"。②国会内主张孤立的政治家正是借助着民众中这股强大的孤立主义思潮,一度对美国外交产生了重要的和决定性的影响。

这一时期孤立主义思潮的泛滥也存在着深刻的社会原因。20世纪20年代末,美国爆发了空前严重的经济危机。这场危机使近10年的经济繁荣顿时化作过眼烟云,很多人突然陷入了贫穷之中,基本生存都难以得到保障。这种状况令普通美国人始料未及,造成了他们心理上的恐惧感。富兰克林·罗斯福出任总统后,在非常时期采

---

① 伯恩斯:《罗斯福传》,第327页。
② 罗伯特·达莱克:《美国对外政策方式:文化政治和外交事务》(Robert Dallek, *The American Style of Foreign Policy: Cultural Politics and Foreign Affairs*),纽约:克诺夫出版社1983年版,第118页。

取了非常的措施,大刀阔斧,实行新政,意欲力挽狂澜,救民众于水火,救国家于危难。在这种情况下,人们的注意力必然普遍转向与自己切身利益相关的国内问题,而对于美国以外的事务,尤其是欧洲问题兴趣索然。威廉·兰格等人的研究表明,在这次国内经济危机期间,绝大多数美国人似乎确信,美国应该"集中一切力量解决国家的社会和经济问题,以维护这个伟大的民主堡垒不受到损伤"。①注重国内事务向来是孤立主义者向政府跨洋干涉的对外政策发难的一个有力口实,参议院外交委员会主席威廉·博拉1932年宣称:"美国人应该关心自己的利益,效力于我们自己的民族。"②这是"美国第一"的观念,也是孤立主义者主张的核心,或许不符合美国的利益,但却在特定的时期适应了美国社会的需要,迎合了人们首先关注自身问题解决的强烈要求。

人们对战争的憎恶和恐惧是这一时期孤立主义思潮盛极一时的文化心理基础。第一次世界大战历时四年,是人类历史上前所未有的浩劫。这场战争尽管给美国带来巨大的利益,但许多美国人血洒异国他乡,无数的财富在双方拼命的厮杀中化为乌有,这对长期生活在一种和平宁静环境中的美国人来说,多少都有些不可思议。美国战后和平主义运动风靡全国便反映出这种情绪。人们不愿意谈及战争,想尽快把这场战争的悲剧从记忆中消除掉,就连描写战争的书籍在民众中也没有市场。一位历史学家写道:"到1920年,出版商警告作者们不要送来有关战争的稿件——人们不愿意听到战争。当他们终于愿意对战争作出一番思考时,他们认为战争是一种错

---

① 威廉·兰格等著:《1937年至1940年孤立的挑战》(William L. Langer and S. Everett Gleason, *The Challenge to Isolation: 1937–1940*),纽约:哈珀出版社1952年版,第13页。
② 戈登·马特尔主编:《1890年至1993年美国对外关系重新审思》(Gordon Martel, ed., *American Foreign Relations Reconsidered 1890–1993*),伦敦和纽约:劳特利奇出版社1994年版,第80页。

误,他们热衷于读把战争描写为蠢事的图书。"①这种对战争的痛恨心理使美国人不希望看到战争的再次降临,不愿意美国再次卷入其中。美国的和平主义运动到20世纪30年代中期达到鼎盛,参加者多达4500万到6000万人。欧洲在他们的眼中是罪恶的渊薮,战乱的祸根,美国只有与之隔离,才能避免过去悲剧的重演。美国学者罗伯特·费雷尔在其著述中强调了美国人的这种心态。他写道,大多数美国人感到"介入1917～1918年的世界大战愚蠢至极以及感到了把美国与欧洲分离开来的合理性与必要性。"②这种情绪自然成为孤立主义在美国社会泛滥的一个根源。

共和党参议员杰拉尔德·奈伊是这一时期的著名孤立派代表,1933年他要求对第一次世界大战军火交易的内幕进行调查,参议院接受了他的请求,决定成立奈伊委员会,具体负责这一工作。1934年底,奈伊委员会公布了调查结果,以大量的数字和文件说明了美国参战完全是少数经济利益集团操纵所致,华尔街银行老板与战争进程联系密切,与政府主张参战者遥相呼应,内外勾结,借战争大发横财。"军火商贿赂了政客,共享了专利的好处,瓜分了企业,赚了难以置信的巨额利润,而又偷税漏税——这一切都隐藏在那些肮脏的杀人武器买卖里。更糟的是,军火商为了攫取利润还助长了战争的危险。"③这次调查尽管打上了明显党派之争的色彩,但其结果的公布在美国社会引起了强烈反响,上当受骗之感在美国人脑海中油然而生,原以为美国参战是为了"世界民主的安全",现在一下子变成了在少数人操纵之下为大垄断财团服务的一个机会。其实,美国是第一次世界大战的最大赢家,同盟国和协约国一败一

---

① 达莱克:《美国对外政策方式:文化政治和外交事务》,第95页。
② 罗伯特·费雷尔:《大萧条时的美国外交》(Robert H. Ferrell, *American Diplomacy in the Great Depression*),纽黑文:耶鲁大学出版社1857年版,第18页。
③ 伯恩斯:《罗斯福传》,第331页。

伤，美国尽管为战争的胜利也付出了代价，但它们的拼命厮杀却为美国在国际社会脱颖而出提供了前所未有的机会。然而，深受孤立主义传统影响的绝大多数普通美国人却认为，美国参战不仅是为欧洲大国火中取栗，而且是为了少数人的利益，"拯救世界民主事业"以及"维护美国的正当权利"等等只不过是那些从战争中捞到巨额好处者动员民众参战的堂皇口号。20世纪30年代中期以后，欧洲上空再次显现出战云迹象，此时此刻国会山上的孤立主义者在美国社会掀起的这股反战浪潮显然是"醉翁之意不在酒"，多少有点"项庄舞剑"的味道。其用意无非是利用民众群情激奋的情绪，对政府的外交行为形成牵制，防"患"于未然。罗斯福总统面对着国内日益高涨的孤立主义风潮，也屡屡表示美国决不卷入欧洲的纷争。1935年，他告诉澳大利亚首相约瑟夫·莱昂斯，无论出于什么原因，美国将再不会被拖入一场欧洲战争。[①]同年10月2日，他在加利福尼亚圣地亚哥市郑重其事地宣布："不管其他大陆发生什么事情，美利坚合众国一定而且必须保持我们国父许久以前所祈求它能保持的——置身事外，不受牵连。"[②]不管罗斯福的此类保证是否为由衷之言，但反映出了孤立主义思潮这一时期在美国社会居于的主导地位，孤立主义以其强劲的力量左右着美国人的思想意识，牵制着政府在外交政策上的抉择。

这一时期美国奉行的对外政策明显受到了孤立主义原则的影响，具有明显的特征。历史学家比尔德在谈到这一点时指出，孤立主义在对外关系上的表现意指：

> 拒绝加入国际联盟；不卷入欧洲和亚洲的政治纷争；不介

[①] 参见罗伯特·费雷尔：《美国外交史》(*American Diplomacy: A History*)，纽约：诺顿出版社1959年版，第367页。
[②] 关在汉编译：《罗斯福选集》，第94页。

入上述大陆爆发的战争；美国通过采取适宜于实现这些目的的措施来保证中立、和平以及防御；奉行一种对所有倾向互惠的国家友好的外交政策。①

比尔德是生活在那个时代的著名学者，他本人在政治上也高唱着孤立，尽管他是以赞赏的口气来观察孤立主义的，但大致描述出了这一思潮在该时期的特征。在涉及具体的外交问题时，孤立主义便显示出了它的强大"威力"，使那些本想"略微偏轨"的政治家领略到它的"厉害"。1935年，罗斯福总统向参议院提出美国应该加入国际法庭（World Court）。国际法庭在名义上是解决国际争端和防止战争的组织，其实从成立之日起这一国际组织就形同虚设，对主权国家根本无任何权力和威慑力可言。美国一向主张用国际法约束主权国家的违法行为，设立国际法庭至少在表面上与美国宣称的所谓"理想"相符，如果美国置身其外，难免受世界舆论讥讽。因此，美国早就想加入这一组织，以堵塞"好事者"攻击美国之口舌。1926年美国参议院也曾投票赞成，但美国自诩为是其他国家应当效法的楷模，只想通过国际法约束其他国家，而不愿自己受到束缚。因而国会在赞成加入国际法庭的同时，又提出了非常苛刻的附加条件，即如果事先未得到美国同意，美国拒绝接受国际法庭在涉及与美国有关之争执上提出的忠告性意见。国际法庭无法接受这一条件，加入之事就此搁浅。罗斯福差不多10年之后重提加入国际法庭，除了上面提到的动机之外，还希望美国在国际事务中能有所表现。可是结果出乎罗斯福的意料，他的建议似乎触动了孤立派的敏感神经，国会内一片非议之声。许多议员把国际法庭与国际联盟联

---

① 查尔斯·比尔德：《1932年至1940年发展中的美国对外政策：对诸责任的研究》（Charles A. Beard, *American Foreign Policy in the Making, 1932-1940: A Study in Responsibilities*），哈姆登：阿昌书社1946年版，第17页。

系起来，参议员海勒姆·约翰逊甚至危言耸听地宣称，一旦国际法庭在"与美国发生关系的问题上提出忠告性意见，那么我们自从作为一个国家以来所形成的整个结构便会彻底瓦解"。①在他们的宣传鼓动下，抗议浪潮风靡全国，孤立主义思潮在国家政策制定上显示出了强大的影响力，有关议案因7票之差不足法定的三分之二多数而遭到否决。事后罗斯福在致亨利·史汀生的信中说："如今真是不正常的年代……人民有如惊弓之鸟……在我国及其他任何国家莫不如此……在今后一两年……我们要经历一段在每件事情上都得不到合作的时期。"②罗斯福的这番话预示了如果不发生对美国产生震动性的事件，采取想在国际社会有所作为的行动都将受到民众孤立情绪的牵制，不仅事倍功半，而且甚至无果而终。

  罗斯福的估计无疑是基于现实状况的基础上的。孤立派似乎从罗斯福提议美国加入国际法庭这件事上领悟出有必要用立法手段束缚住行政部门的手脚，他们尤其对罗斯福本人耿耿于怀，唯恐这个善用计谋的政治家重施威尔逊的故技。1935年8月，在孤立派的提议之下，美国国会制定了对交战国实行武器禁运的中立法，规定对一切交战国实施"武器、弹药和军需品"的强制性禁运，授权总统来确定军需品的种类和实施禁运的时间；禁止美国向交战国运送军火和美国公民搭乘交战国的船只旅行。1936年2月，国会对中立法作了补充，规定禁止向交战国提供贷款，并授给总统以裁断权，可以将军火禁运范围扩大到新参战的其他国家。罗斯福迫于国内孤立情绪的压力，在签署中立法时未表示任何异议。中立法尽管本意旨在防止美国卷入欧洲冲突，但其付诸实施却在客观上助长了一些富有侵略性国家的为所欲为。如意大利入侵埃塞俄比亚、西班牙内

---

① 达莱克：《美国对外政策方式：文化政治和外交事务》，第115页。
② J.布鲁姆等著：《美国的历程》（下册，第二分册），戴瑞辉等译，北京：商务印书馆1988年版，第432页。

战、慕尼黑阴谋、日本进犯中国，等等。这些事件成为世界战争再次爆发的先声。

这一时期的孤立传统在人们的思想意识中具有重要地位，孤立主义在美国的政治生活中占据了上风。就美国自身而言，这种孤立局面已与其社会发展的大势相悖逆，因此并不能够有效地维护美国外部利益的实现。其实美国已经无法对大洋彼岸所发生的事情无动于衷了，这是自19世纪末叶以来美国外交发生根本性转变的一个必然趋势。孤立主义可以延缓这种转变，但无法从根本上扭转这种趋势。因此，随着美国卷入国际事务程度的加深，孤立主义赖以存在的政治基础逐渐动摇。从这个意义上说，孤立主义在其鼎盛时期就不知不觉地敲响了其走向衰落的挽钟。

欧亚法西斯国家在世界各地的恣意妄为加剧了国际局势的动荡不安，世界大战的可能性日益向现实性转化。美国如果袖手旁观，任形势继续恶化，其在世界各地的利益同样受到严重的威胁。美国避免战争的唯一办法是联合其他民主国家制止侵略行径，防止冲突扩大。这实际是要求美国更多地介入国际事务。罗斯福已别无选择，只有勇敢地站出来，向孤立主义传统发出挑战。1937年10月5日，罗斯福在孤立主义大本营芝加哥发表了著名的"防疫"演说，指出侵略战争目前正向世界各地蔓延，不点明地谴责了德、意、日法西斯的非人道的侵略行为，呼吁"爱好和平的国家必须作出一致努力去反对违反条约和无视人性的行为，这种行为今天正在产生一种国际上的无政府主义和不稳定状态，仅仅依靠孤立主义或中立主义，是逃避不掉的"。罗斯福把这个不幸的事实比作"无法无天的流行症"，"在生理上的流行症开始蔓延时，社会就会认可并参与把病人隔离起来，以保障社会健康和防止疾病传染"。面对这种危机，美国必须作出积极反应，与其他爱好和平的国家联合起来，伸张正义，阻止这种疾病的蔓延。他最后还暗示了不能排除美国卷入战争的可能性：

  我们决心置身于战争之外，然而我们并不能保证不受战争灾难的影响和避免卷入战争的危险，我们正在采取措施尽可能缩小卷入的风险，但是世界处于骚乱之中，信任与安全已经崩溃，我们并无安全的保证。①

  罗斯福的演说在美国社会引起强烈反响，从最初舆论反应来看，支持他的观点占取了上风。②国会内的孤立派似乎从这篇演说中觉察到某些"不祥之兆"，他们随即进行反击，对罗斯福的"防疫"说大肆攻击，断言罗斯福正在试图把美国引入战争的陷阱，有些议员甚至发表弹劾总统的威胁。一时间国内舆论被他们炒得沸沸扬扬，国会内外一片喧嚣之声。深谋远虑的罗斯福也只好作罢，未敢在具体的外交政策上体现出"防疫"演说的内容。罗斯福放出的这颗"试探性气球"尽管被孤立主义势力所击落，但并未影响到罗斯福与孤立主义分道扬镳的决心。

  罗斯福领导的"国际派"与孤立派首先在修改中立法上展开了较量。中立法是孤立主义给总统设置的一个羁绊，罗斯福常常对此流露出不满。如1938年慕尼黑事件之后，罗斯福把支持他的参议员召到白宫，据参议院外交委员会成员康纳利的记载，总统显得焦躁不安，诅咒中立法，把中立法说成是支持了希特勒发动战争。罗斯福对他说："如果我们能摆脱武器禁运，局势就不会这样糟。"③可是面对着国内普遍存在的孤立情绪，他也只能委曲求全，等待时机，否则会欲速则不达。其实没过了几个月，罗斯福就在1939年1月4日的国情咨文指出了修改中立法的必要性。他坦率地承认："我们的中立法执行起来可能是不公平和不公正的，它实际上是帮

---

① 讲演全文见关在汉编译:《罗斯福选集》,第 150~154 页。
② 参见达莱克:《罗斯福与美国对外政策 1932~1945》,第 217 页。
③ 转引自邓蜀生:《罗斯福》,杭州:浙江人民出版社 1985 年版,第 169 页。

助侵略者，而使被侵略者得不到援助。自卫的本能告诫我们，今后再也不应该让这样的事情发生了。"①罗斯福认为只有取消了禁运条款，才能改变这种不利于被侵略国家的局势。当然国会内的孤立派也不会轻易让步，罗斯福的要求随即遭到国会的拒绝，直到该年7月份，参议院外交委员会才通过投票决定把关于修改中立法的辩论推迟到国会下届会期举行。两个月后，欧洲战争的爆发给修改中立法带来转机。9月21日，罗斯福强烈要求国会召开特别会议，废除禁运条款。他说："我这样要求是因为，在我看来，这些条款对于美国的中立、美国的安全，尤其是美国的和平具有致命的极大危险。"②经过国会内外的激烈辩论，参众两院分别于10月27日和11月2日通过决议废除了军火禁运条款。修正后的中立法废除了不得把军火输往交战国的禁令，允许它们在美国购买军火，但需付现款，并不得用美国船只运输。即实行"现购自运"的原则。这场修改中立法的斗争以"国际派"对孤立派的胜利而告终。

第二次世界大战爆发后，避免介入到这场冲突之中尽管依然是多数美国人的意愿，但民众对大洋之外所发生之事的情绪和态度都发生了明显的变化。根据民意测验，1939年秋天，82%的美国人把战争的责任归咎于德国，83%的美国人希望英法获胜。德国占领波兰后，在接受问答的美国人中，63%认为德国在欧洲的胜利最终会导致进攻美国。法国沦陷后，63%的美国人预言德国会把进攻的目标转向西半球，42.5%的美国人则认为德国会立刻对美国发动进攻。到了1940年9月，53%的美国人把帮助英国击败希特勒看做比置身于战争之外更为重要。4个月后，这一数字上升到68%。③盖洛普民意测验中有这样一个问题："你认为美国是应该避免参战呢，还是应

---

①德拉蒙德：《1937年至1941年美国中立的消失》，第80页。
②关在汉编译：《罗斯福选集》，第231~232页。
③参见达莱克：《美国对外政策方式：文化政治和外交事务》，第128~129页。

该尽力帮助英国,甚至冒参战的风险呢?"对这一问题的回答也反映出了民情的变化。1940年5月,主张避免参战者占64%,主张帮助英国者占36%;到了11月,主张避免参战者下降为50%,而主张帮助英国者上升为50%;再过了一个月,主张避免参战者下降为40%,而主张帮助英国者上升为60%。[1]民意测验尽管不是绝对准确地反映出整个美国人对这场战争的看法,在很大程度上是不同利益集团用来影响和制造舆论的一种手段,但这场战争促使了许多美国人在思想意识上逐渐走出了孤立的状态则是一个事实。他们已经把美国的安全与外部的动乱联系在一起,诚如著名学者理查德·霍夫斯塔特指出的那样:

> 战争的开始意味着美国人无可选择地最终被从习惯的安全中拉了出来。他们的国内生活曾经只被外国世界的危机扰乱过,现在他们被迫进入了一种国内生活主要决定于外交政策和国防需要的情境中。随着这一改变,美国民族最终卷入了它一直追寻逃避的所有现实事件之中。[2]

罗斯福十分重视并精于观察和掌握舆情的变化,他不顾孤立派的阻挠向英国提供援助并加强美国的国防,基本上顺应了多数美国人的意愿。他第三次以绝对优势蝉联总统在一定程度上表明了美国选民对其外交政策的支持。孤立主义此时尽管在国会内仍然具有相当大的势力,但已在民众中失去了昔日的影响力,从这个意义上来说,它在与"国际派"的斗争中已成为强弩之末了。

战争的旷日持久使英国已无力按照"现购自运"的原则从美国

---

[1] 威廉·曼彻斯特:《1932—1972年美国实录:光荣与梦想》,第一册,广州外国语学院美英问题研究室译,北京:商务印书馆1986年版,第326页。
[2] 理查德·霍夫斯塔特:《改革时代——美国的新崛起》,俞敏洪等译,石家庄:河北人民出版社1989年版,第274页。

得到急需物资，罗斯福当然不能见死不救，更何况这与美国的现实利益也密切联系在一起。1940年12月12日，罗斯福在记者招待会上提出了"租借"政策，这位工于心计的老牌政治家用借给邻居浇水管子帮助他扑灭住宅之火来形象生动地说明了他的设想。按照这个逻辑推理，"如果你借出一定数量的军火，在战后得到归还，如果这军火是完好如初的——没有损坏——你就不吃亏；如果它们损坏了，或者陈旧了，或者完全丢掉了，而如果你借给的人照样赔偿，在我看来，你就没有吃亏"。①罗斯福的这番话在国内引起强烈共鸣，随后他又在关于国家安全的"炉边谈话"中强调了向英国提供全面援助对美国的重要性，发出了"我们必须成为民主制度的伟大兵工厂"的呼吁。1941年1月6日罗斯福在年度咨文中正式提出了向反对轴心国的民主国家提供大量军备和物资的"租借法案"。国会内的孤立派也深知这一法案通过后下一步将意味着什么。他们百般阻挠，在国内进行了煽动性宣传，但一切活动似乎都无济于事。民意测验表明，72%的人支持该法案。经过国会内的激烈辩论，参众两院分别于1941年2月9日和3月18日通过了租借法案。租借法的实施把美国与英法等国的命运无可解脱地联系在一起，是罗斯福领导的"国际派"在与孤立主义的斗争中取得的重大胜利之一。法案通过后，国会内著名的孤立主义者阿瑟·范登堡在其日记中写道："我们把华盛顿的告别词弃置一旁。我们完全把自己置身于欧洲、亚洲和非洲的权力政治和权力战争之中。"②范登堡的这种心情多少有点"无可奈何花落去"的味道。

当罗斯福一步一步地把美国引向战争时，国会内的孤立派并没有坐以待毙，他们竭尽全力想使美国置身于战争之外。如果说他们

---

① 关在汉编译：《罗斯福选集》，第259页。
② 小阿瑟·范登堡编辑：《参议员范登堡私人文件集》(Arthur H. Vandenberg, Jr., ed., *The Private Papers of Senator Vandenberg*)，波士顿：霍顿·米夫林出版社1952年版，第10页。

此时还拥有与"国际派"抗衡的力量和在民众中具有一定的影响力的话,那么,珍珠港呼啸而来的炸弹一下子就把孤立派置于绝境,他们再也没有力量把美国从通向战争的路上拉回来,只能顺形势的自然发展了。1941年12月7日,日本偷袭了美国太平洋舰队大本营珍珠港。港内包括8艘战列舰在内的19艘大型舰只被击沉或击毁,311架飞机被炸毁,2325名美国官兵和68名平民丧生。这一事件使美国国内万分震惊,怒火冲天的美国人万万没有想到战火竟然会烧到自己的家门口,美国本土的安全已经与大洋之外的战争密切相关,孤立派再也无法用昔日的理由为自己的政治主张辩解。诚如研究罗斯福政府外交的美国学者达莱克所言:"日本偷袭珍珠港的震惊使民众脑海中剩余的孤立主义情绪也荡然无存了,为美国人再次进行一场使世界事务成为国内信念之延展的征战开辟了道路。"①范登堡在12月7日那天宣称:"对任何现实主义者来说,这一天结束了孤立主义。"②范登堡以一个孤立主义者的观察力道出了一个谁也无法否认的事实。

　　美国告别孤立主义似乎是付出沉重代价之后的一种痛苦选择。其实,当孤立主义的说教不能有效地维护美国外部利益甚或与之背道而驰时,它退出美国政治舞台也就成为历史的必然了。面对局势的变化,许多持孤立主义观点的人的政治态度也发生了明显变化,有的甚至向"国际主义"转变。就连孤立主义的大本营共和党也几乎完全放弃了孤立主义的主张,以顺应历史潮流的发展。据范登堡1942年4月21日的日记记载,共和党全国委员会当天通过决议,不仅支持政府参战直到取得彻底的胜利,而且提出美国应承担起推动国家之间理解、互尊和合作的责任,这样才能保证美国的自由得以维护,战争的破坏过程不再强加给美国以及世界上热爱自由和平的

---

① 达莱克:《美国对外政策方式:文化政治和外交事务》,第132页。
② 小范登堡编辑:《参议员范登堡私人文件集》,第1页。

民族。范登堡本人完全拥护共和党这种新的方针，主张美国在战争结束之后以比此前更大的规模介入国际事务，成为一个范围更加广泛的"国际合作者"。①对很多政治家来说，如果固执己见，坚持这种过时的主张，不仅会毁灭自己的政治前程，而且会把美国引向歧途。在这种已经完全改变了的局势下，孤立主义作为曾经影响政府外交决策的主潮流之一，其退出历史舞台也就成为必然了。

然而，固存于人们脑海中的孤立意识并不会一下子就能消除，早在战争结束之前，本杰明·凯泽就发表文章认为，孤立主义并没有寿终正寝，其在美国对外关系上依然发挥着作用，只不过是以变换的形式。②一生与孤立主义打交道的罗斯福也曾私下说："那些认为孤立主义在这个国家已经寿终正寝的人一定是头脑发昏了。只要战争一结束，孤立主义就会比以前更为强烈。"③罗斯福这里显然是指美国意识中固存的孤立情绪。他的预言并非无的放矢。美国人的这一文化情结只要一遇到适当的条件，便会释放出强大的能量，以多种形式表现出来，程度不同地对美国外交发生着影响。

四 当代美国外交中的新孤立主义

美国学者小克拉布指出："从华盛顿告别演说开始，孤立主义实际上是关于美国与外部世界特定关系的一组态度和设想。孤立主义从一开始就包含几个组成部分，当这一概念被运用到国内外盛行的具体形势时，每个时代都往往会修改它的内容。"④此见诚有道

---

① 参见小范登堡编辑：《参议员范登堡私人文件集》，第30、41页。
② 参见本杰明·凯泽："孤立主义没有寿终正寝"(Benjamin H. Kizer, "Isolationism in Not Dead")，载《远东调查》(*Far Eastern Survey*)，第13卷，第17期(1944年8月23日)，第155~156页。
③ 小施莱辛格："旧辙重蹈吗？孤立主义的威胁重现"，第4页。
④ 小克拉布：《决策者及批评者：美国外交政策的冲突理论》，第2~3页。

理。孤立主义在美国外交中本来就具有很大的伸缩性，它的内容也在随着时代的发展而发生变化。第二次世界大战后，美国多少代政治家梦寐以求的世界领袖地位终于成为现实，孤立主义尽管作为一种文化传统深深地存在于人们的意识之中，但在政府决策层内已失去往日的效能，只是在美国海外干涉失利时，才会以新的形式出现，对美国政府外交决策发生影响。

　　战后初期，美国对其外交政策进行了大规模的调整，逐步形成了以全面"遏制"苏联为特征的全球"冷战"战略。由于美国国内根深蒂固的恐共反共情绪，再加上政府媒介耸人听闻的宣传报道，在意识形态上与国际共产主义的抗衡打上了"爱国主义"的色彩。在这样一种形势下，绝大多数美国人支持政府在海外采取遏制共产主义"扩张"的措施，美国政府的对外战略一度得到民主党和共和党的一致支持，国会内原先持孤立主义观点的人多审时度势，摇身成为美国海外干预的积极支持者。到了此时，在政治上代表孤立主义的派别似乎销声匿迹，政治家讳言自己是孤立主义者，唯恐在政治上划入另类，被抛弃在历史发展的主潮流之外。来自加利福尼亚州的共和党参议员诺兰的观察便深刻地说明了这一事实。他认为，在美国无人是孤立主义者，"美国不可能再回到孤立主义，如同成年人无法回到童年一样"。曾是美国共和党孤立主义领袖的罗伯特·塔夫脱为自己辩解说，美国卷入了战争，签署了各种条约，建立了各种国际关系，在这种形势下，"我们怎么会是孤立主义者呢？"①他在1950年甚至表白："我不知道孤立主义意指何物，今天无人是孤立主义者。"②这些在战前在孤立主义阵营内很有影响的人物思想的彻底转变表明，孤立主义已不合时宜，更不会有助于美国国家利

---

① 转引自张也白：《五十年代初期的美国外交政策大辩论》，载《美国研究参考资料》1984年第7期，第5页。
② 小克拉布：《决策者及批评者：美国外交政策的冲突理论》，第4页。

益的实现。他们不仅放弃了反对美国卷入国际事务的主张，相反还积极行动起来为战后美国充当世界领袖做了大量的工作。上文谈到的范登堡在战争即将结束之际针对国内孤立主义抬头的倾向发表过一篇引人注目的讲话，明确指出，美国要打破"沉默"，积极参与世界事务，原因就是由于科学杀人武器的发展，海洋已不是保卫美国的"护城河"，因此，美国应谋求最大限度的国际合作，以促进建立联合国的基本思想获得成功。这与美国自身利益相一致。战后他又向参议院提出一个议案，为形成北大西洋公约组织铺平了道路。①小施莱辛格指出，在冷战初期，"甚至传统的孤立主义共和党也共同支持联合国和集体行动。美国人看来最终完成了这一伟大转折，此后将永远接受集体责任。美国孤立主义时代最终走到了尽头"。②小施莱辛格的这种估计无疑是正确的，自此以后，作为所谓的自由世界的领袖，美国的各种现实利益决定了它再也不可能退回到独居一隅的时代，相反却借着强大的力量在干涉国际事务中越陷越深。

旧式的孤立主义尽管在美国政坛上失去了存在的理由，但固存于人们意识深层中的孤立情绪并没有随之消失干净。一位美国学者指出："旧日的孤立态度依然存在。绝大多数居民和孤立主义者一道，认为战争结束了，美国在海外的军事卷入要大量缩减。还有一种流行的意见，反对用纳税人的钱让'傻大叔'去为重建那些破落凋敝的战时盟国提供资金。"③这位学者谈到的这种情况存在于美国

---

① 关于范登堡向"国际主义者"的转化以及他的行为表现详见詹姆斯·加泽尔："阿瑟·范登堡、国际主义和联合国"(James A. Gazell, "Arthur H. Vandenberg, Internationalism, and the United Nations")，载《政治学季刊》(Political Science Quarterly)，第88卷，第3期(1973年9月)，第375~394页。也见参见资中筠主编：《战后美国外交史——从杜鲁门到里根》(上册)，北京：世界知识出版社1994年版，第55页。
② 小施莱辛格："旧辙重蹈吗？孤立主义的威胁重现"，第5~6页。
③ 西格尔：《多难的旅程》，第27页。

人中间，这种从过去一直沿袭下来的孤立情绪也会对人们的态度产生影响，但在战后并没有形成一股强大的社会思潮，除了在特定的情况下，很少对美国外交决策的方向发生实质性的影响，充其量只能算作是影响美国决策主要思潮之外的一种呼吁而已，可能会对美国大规模地在海外行动形成了一种牵制。不过，它毕竟反映出民众之中对美国与外部世界互动关系的一种看法，因而必然会产生其在政治上的代言人，成为战后所谓新孤立主义兴起的社会基础。

新孤立主义在20世纪50年代初以主张"美国堡垒"而喧嚣一时，其代表人物主要是美国前总统赫伯特·胡佛和参议员罗伯特·塔夫脱等人。他们否认苏联对美国构成的威胁迫在眉睫，提出将美国的防卫撤回到美洲，依靠两洋屏障维护这块大陆的安全，强调对美国生存的"重大危险"主要来自国内，要求政府把精力和财力集中于内部问题的解决。1950年12月20日，胡佛在电台发表讲话，大声疾呼美国不要再为"欧洲派一兵一卒或花一元钱"，而要把美国国家政策的基础放在"必须是对世界来说把西半球保持为西方文明的直布罗陀"之上。①塔夫脱公开否认自己是孤立主义者，但他认为美国安全的实质在于发展国内经济，反对组建北约，把美国为之承担过多的军事义务看做是对国家自由的侵犯。在塔夫脱看来，"正如我们的国家能够毁于战争一样，国内侵犯自由或摧毁美国财政和经济结构的政治和经济政策同样能使国家遭到巨大的破坏"。②道格拉斯·麦克阿瑟将军1951年宣称，外部力量对美国国家安全构成"直接威胁的论调纯属胡言乱语"，对国家福利构成真正的威胁来自"根植于内部的邪恶力量"，它们已经大大改变了"我们自豪地称为

---

① 全文见赫伯特·胡佛：《关于美国之路的讲演集，1950年至1955年》（Herbert Hoover, *Addresses upon the American Road, 1950–1955*），斯坦福：斯坦福大学出版社1955年版，第3~10页。
② 格雷伯纳编：《思想与外交：美国外交政策的理性传统选集》，第718页。

美国生活方式的那些制度"。①这些人与所谓的"国际主义"一样，持有坚定的反共立场，区别只在于他们强调共产主义威胁主要在亚洲，因此要求政府在远东执行更为强硬的政策，把共产主义从东亚一扫而光。他们的主张在50年代酿成了美国国内一场关于外交政策的大辩论。这场辩论在1951年达到高潮，一直持续到1952年的总统选举。这些主张"美国堡垒"或"美国第一"的人提名塔夫脱作为共和党总统候选人，但遭到否决，可是当选为总统的德怀特·艾森豪威尔为了避免共和党内部分裂，不得不在外交政策上与新孤立派达成妥协。在某种程度上说，艾森豪威尔是依靠共和党内右翼保守派和自由派两个集团的支持才上台的。他出任总统后，起用了在很多主张上与新孤立派相一致的杜勒斯为国务卿，使其政府的对外政策体现出新孤立派的主张。只是到了后来，由于新孤立派的所作所为在国内愈来愈不得人心，逐渐失去了存在的合理性，艾森豪威尔政府才与这伙人分道扬镳，重新回到始于杜鲁门政府的"遏制"战略。不久，这一时期的新孤立派的代表人物相继退出美国政治舞台，他们的影响也在举国一片的"遏制"声中最终化为烟云。

胡佛等人提出的"美国堡垒"主张在许多方面仍然深深地留着战前孤立主义的痕迹，在某种意义上说，它是后者在新形势下的"回光返照"。在美苏两国剑拔弩张的冷战时代，这种主张显然不合时宜，甚至与美国这一时期所追求的长远目标背道而驰，因此其最终丧失影响和退出政坛乃是历史的必然。真正的新孤立主义兴起是在20世纪60年代后期，与美国这一时期所面临的内外问题密切相关。战后美国插手世界事务虽然给美国带来显赫一时的地位，但美国也为此付出了沉重的代价。其实遏制战略本身已经包含着勃勃野心与力量不足的矛盾，这种矛盾在世界力量极不平衡时尚不明显，美国强大的经济力量支撑短时期承担世界警察职责还可对付，但无

---

① 格雷伯纳编：《思想与外交：美国外交政策的理性传统选集》，第717页。

限期地持续下去势必暴露出难以解决的问题。到了60年代末和70年代初，美国已经感到力不从心，国内经济也难以为继。尤其是美国卷入越南战争之后，财力和人力耗费巨大，直接导致国内政治、经济危机迭出，社会动荡不安。美国犹如掉入泥沼，难以自拔。越战给美国社会带来的创伤在很长时期内难以弥补，至今依然余波犹存。据统计，从1961年5月美国入侵越南起，美军投入兵力66万多人，死伤官兵10余万人，战争费用高达3500余亿美元。就美国公众而言，他们丝毫没有从这场战争中得到任何好处，相反只是损失。他们由此对政府的信任度急剧下降，反战情绪与日俱增，示威游行此伏彼起，要求美国放弃承担海外义务的呼声不绝于耳。新孤立主义正是在这种背景下在美国政坛脱颖而出的。

　　这一时期的新孤立主义已不是旧式孤立主义的简单回潮，在主张上更接近"国际主义"，它不再要求美国放弃与世界的联系，同样主张美国在国际事务中发挥积极作用，与"国际主义"的区别之处只在于它强调美国力量的"限度"，海外干涉不能超越自身力量所及。美国应放弃因过度承担海外义务而进行的军事干涉，代之以少花本钱多收利的政治经济干涉主义，特别是通过多边经济援助在第三世界维护和扩展美国的势力。美国学者区分的更细，根据不同的主张分为保守的新孤立主义和自由的新孤立主义。前者认为，"美国不能充当世界警察；它必须仔细地选择欲要履行的国际义务，尤其是那些请求美国运用军事力量实现对之保护的义务"。①后者认为，一种过分的"干涉主义外交政策——尤其是主要依赖军事力量的干涉政策——构成了对美国内部和外部的危险；从内部讲，它造成了对国家政策过度的军事影响，国防预算持续增加，美国政体内部政治分裂日渐加深；从外部讲，它在国外造成另外一个越南，在不成功的外交冒险中消耗掉国家的力量和资源，使美国丧失海外的

---

①小克拉布：《决策者及批评者：美国外交政策的冲突理论》，第33页。

影响与信用"。①共和党议员汉密尔顿·菲什在第二次世界大战期间曾谴责罗斯福是战争狂人,是国会内的孤立主义的代表。20世纪70年代他发表文章说他从来不是一个孤立主义者。因为孤立主义者"反对与其他国家建立任何类型的外交联系。我只是反对承担不涉及我们自己防御的义务。我是一个新孤立主义者和民族主义者"。②菲什的话倒是很形象地刻画了新孤立主义的基本主张。客观上讲,新孤立主义对美国全球扩张政策的批评旨在更好地服务于美国海外利益的实现,从美国的角度来看无疑具有合理性。许多战后曾经竭力鼓吹美国全球扩张的"国际主义者"此时都摇身变为新孤立主义者,其原因也就于此。正如尼克松1971年3月指出的那样,今天具有讽刺意味的是,第二次世界大战以后时期伟大的国际派,在越南战争期间,特别是在战争开始走向结束以后的时期里,已成为新孤立主义者。③如战前最早提出对苏联采取遏制政策的乔治·凯南,其思想在20世纪70年代就发生了很大的变化,他强烈要求美国避免在国外的干涉主义倾向,声称美国并不享有解决其他国家内部问题的直接责任或权力,美国应该以自己的范例来影响国外事件的发展。当然,凯南并不是要美国退守到西半球,而是要美国在力量、资源

---

① 小克拉布:《决策者及批评者:美国外交政策的冲突理论》,第68~69页。
② 参见迈克尔·罗斯金:"见解:什么是'新孤立主义'?"(Michael Roskin, "Opinion: What 'New Isolationism'"),载《对外政策》(*Foreign Policy*),第6期(1972年春季号),第119页。这一时期新孤立主义的主张详见沃尔特·拉克尔:"从全球主义到孤立主义"(Walter Laqueur, "From Globalism to Isolationism"),载《评论》(*Commentary*),第54卷,第3期(1972年9月),第62~67页。
③ "需要的领袖"("Leadership Needed"),载《纽约时报》(*New York Times*),1971年3月14日,第E12页。尼克松对"新孤立主义"的批评另见 C. L. 苏兹贝格:"采访中尼克松说这可能是最后的战争……"(C. L. Sulzberger, "Nixon, in Interview, Says This Is Probably Last War; Summing up Foreign Policy, President Terms Vietnam Conflict Near End—Warns Against Neo-Isolationism Nixon, in Interview, Says He Foresees No Wars"),载《纽约时报》(*New York Times*),1971年3月10日,第1页。

有限的情况下如何实现外交上的最佳选择。他指出:

> 要牢记,我们的资源有限,同时我们面对着一些紧急、困难而又有限的任务,而顺利地完成这些任务对世界安全和我们自己的安全都是必不可少的;要牢记,由于这个原因,我们不能把注意力、精力和资源浪费在使世界更加美好的梦想上,浪费在追求卷入全球事务和全球权威上,浪费在摆道德架势上,这些都是非常迎合美国政治气质和美国社会生活的浮夸作风的。①

凯南既是一个政治家,又是一个很有学术见解的学者,特别是在美苏关系上提出了很多发人深省的观点。凯南思想的转变很大程度上基于学术研究所得出的结论,尤其对政府决策具有重要的参照价值,这才是凯南的真正目的,他并不在乎自己属于"国际主义"阵营还是"新孤立主义"阵营。参议院外交委员会主席富布赖特和1972年民主党总统候选人乔治·麦戈文等人也持类似的观点。他们被认为是这一时期新孤立主义的代表,其实他们的主张与战前的孤立主义相比已经大相径庭了,甚至存在着本质上的不同。②20世纪70年代尼克松政府被迫实行全球战略大调整,尽管其目的是为了更有效地同苏联进行全球争夺,也是出于在力量不足的情况下如何更好地实现美国现实利益的考虑,但在一定程度上也受到了所谓新孤立主义思潮的影响。③

在美苏全球冷战中,任何情况下美国都不可能坐视苏联势力范

---

① 乔治·凯南:《当前美国对外政策的现实——危险的阴云》,柴金如等译,北京:商务印书馆1980年版,第228页。
② 关于孤立主义和新孤立主义的区别参见罗斯金:"见解:什么是'新孤立主义'?",第118~119页。
③ 参见时殷弘:《尼克松主义》,第61~62页。

围的扩大,更不会对海外发生的重大事件袖手旁观,它必然会采取各种措施试图影响事件朝着有利于实现美国现实利益的方向发展,直接干涉是其中司空见惯的重要手段之一。新孤立主义只是代表了美国政坛上一种提倡"有限国际主义"的力量,在美国决策层内并不占据主导地位,对美国外交政策的制定与执行产生的作用十分有限。然而,由于它反映了美国社会上一股经久不衰的思潮,所以,人们往往可以在美国外交决策中看到这个"阀门"所起的调节功能。小施莱辛格认为,里根政府的国家主义意识形态除了别的方面,是美国历史上孤立主义的一种新形式。"孤立主义从来不意味着脱离世界。其实质是拒绝对其他国家承担义务,坚持国家行动的自由不受到妨碍"。①小施莱辛格之语显然只是强调里根政府保守主义的一面,忽视了其在外交中的"灵活性"恰恰是服务于重振美国在世界上的"雄威",但却比较准确地道出了新孤立主义的实质所在,也从一个侧面表明了这种在决策层内不算是微弱的呼声对美国外交决策产生的影响。

20世纪80年代末和90年代初,世界局势发生了令人瞩目的变化,第二次世界大战后维持了四十余年的国际秩序在一系列重大国际事件发生过程中趋于瓦解。战后两极格局是美苏两个超级大国争夺势力范围的产物,随着世界朝着多极化方向发展,这种阻碍世界和平与发展的大国强权体系逐渐失去了存在的基础,其最终走向解体乃是其发展的必然归宿。苏联的解体便是这种格局结束的最后标志。在某种程度上说,世界出乎许多国家意料地走出了东西方冷战时代,进入了一个新旧格局的过渡时期。美国作为影响世界格局的超级大国之一,其战略在不断地调整,以适应冷战后新的国际局势。由此也在国内引发出规模空前的外交政策大辩论,新孤立主义作为其中的一大派别在辩论中尤其引人注目。

---

① 小施莱辛格:《美国历史的循环》,第58页。

1991年夏天，美国《外交事务》季刊主编威廉·海兰接受《纽约时报》记者采访时为布什政府进言，声称冷战的胜利使美国在今后10年内必须把自己的思想、注意力和资金从国外转向国内，"美国今天受到外国势力的威胁比以往任何时候都要小……但国内繁荣受到的威胁却是大萧条以来最为严重的"，现在"必须有选择地解除一些国外负担以节省资源"来解决国内问题。①海兰虽然位于美国外交决策层外，却是能够对决策产生影响的外围集团的核心人物。从海兰以往发表的言论看，说他是一个坚定的国际主义者一点都不为过，很多人就是这样看他的。就海兰本人而言，他从来不承认自己是一个孤立主义者，但他在这篇文章中提出的政策建议在美国朝野引起较大反响，许多人撰文表示赞成，由此形成了冷战结束之后美国政界和学界一种很引人注目的观点。美国对外关系委员会主席彼得·彼得森提交了一份研究报告，提出了美国优先原则，他主张美国要把国内议程放到第一位，因为美国生产、投资、青年教育等方面的软弱无力对美国制度与价值观所产生的直接影响可能超过来自国外的威胁。美国经济战略研究所的埃伦·托尔内森在1991年7月号的《大西洋月刊》上发表文章说：

> 近50年来美国的对外政策一直是建立在国际主义基础上的，认为世界上每个地方的安全与繁荣都与美国休戚相关，而现在这种国际主义包含着的巨大风险与代价，已超出了我们所能继续承担或必须支付的程度。……现在是制定新的对外政策蓝图的时候了。美国必须照顾自己，并认识到增强自己的力量，而不是建立一个十全十美的世界，才是保证自己安全与繁

---

① 参见莱斯利·盖尔布："外交事务：为布什先生的备忘录"(Leslie H. Gelb, "Foreign Affairs: Memo For Mr. Bush")，载《纽约时报》(*New York Times*), 1991年6月12日，第27页。

荣的最好办法。①

在持续四十余年的冷战中，美国无疑获得了很多实际的利益，但同时也为冷战的进行付出了很大的代价，有时甚至为了不惜一切代价与意识形态上的竞争对手全面抗争不仅无暇国内问题的解决，往往还使之加重。在很多美国人看来，冷战的结束也就意味着美国没有必要继续把主要目光注视着全球，而应转向国内。用美国前驻联合国大使珍妮·柯克帕特里特的话来说，冷战后美国的目标应该主要是国内的，"半个世纪的战争和冷战的最主要结果之一是赋予外交异乎寻常的重要性。而冷战的结束使美国可以把时间、注意力和资源集中于自己的需要上"。②上述这些对美国政府决策很有影响的人物与孤立主义并无多少瓜葛，他们的主张只是为美国决策者出谋划策，希望美国政府在新的局势下能够执行一种更有利于国家安全和利益的政策。然而这些建议或主张在客观上与新孤立主义的主张不谋而合，所以他们也被列入了新孤立主义者的行列。一些文人学者纷纷撰文遥相呼应，推波助澜，很快就使新孤立主义在美国社会形成了一股强大的政治思潮。③《纽约时报》的一篇文章将之称为"孤立主义的回潮"。④

---

① 详见埃伦·托尔内森："什么是国家利益？"(Alan Tonelson, "What is the National Interests？")，载《大西洋月刊》(*Atlantic Monthly*)，第 268 卷，第 1 期（1991 年 7 月），第 35~37 页。

② 珍妮·柯克帕特里特："一个处于正常时代的正常国家"(Jeane J. Kirkpatrick, "A Normal Country in a Normal Time")，载哈里斯主编：《美国的目的：美国外交政策新见》，第 156 页。

③ 关于冷战后新孤立主义的主张详见罗伯特·阿特："新近的地缘政治：选择性卷入的战略"(Robert J. Art, "Geopolitics Updated: The Strategy of Selective Engagement")，载《国际安全》(*International Security*)，第 23 卷，第 3 期（1998~1999 年冬季号），第 104~106 页。

④ 参见"孤立主义的回潮"("Isolationism's Return")，载《纽约时报》(*New York Times*)，1999 年 10 月 31 日，第 WK14 页。

比较系统和完整阐明冷战后新孤立主义主张的是美国极端保守主义政治家帕特里克·布坎南。布坎南曾是尼克松的演讲撰稿人，里根政府的对外联络办主任。1991年9月，布坎南在《华盛顿邮报》发表文章，明确提出："我们的战争——冷战结束了，现在该是美国回家的时候了。"他的具体政策建议主要体现在以下七个方面：一是在对拉美国家关系上，美国应彻底修正"门罗主义"，将其适用范围缩小到只包括南美洲的北海岸、加勒比地区及中美洲；二是撤回美国驻韩国部队，停止美韩联合军事演习；三是废除《美日安全条约》，如果东亚小国希望美国太平洋舰队留在该地区，那么经费应由这些国家承担；四是美国不应把核保护伞由西欧向东欧延展；五是撤回驻扎西欧的部队，将北约组织交给欧洲人管理；六是尽早停止一切对外援助，撤销国际发展机构，撤出在亚非拉地区的发展银行；七是美国国会应该阻止政府向国际货币基金组织和世界银行提供更多的资金。他的著名论调是："我们现在需要的是一种新的民族主义，一种新的爱国主义，一种不仅要把美国放在第一位，而且放在第二位、第三位的新的外交政策。"①布坎南1992年作为共和党候选人竞选总统，他在竞选纲领中进一步提出，美国现在不该过于多管世界事务，背负不属于自己的责任，而应该转而致力于解决美国本身的问题，取消所有对外援助，撤回驻在国外的美军，设立贸易保护主义的关税壁垒。②布坎南虽然在这次总统竞选中败北，但他依然以其非常激进的主张作为一个令人瞩目的人物活跃于美国政界。

---

① 帕特里克·布坎南："美国第一——第二和第三"（Patrick J. Burchanan, "America First—and Second, and Third"），载哈里斯主编：《美国的目的：美国外交政策新见》，第34页。
② 详见安德鲁·罗森塔尔："1992年大选"（Andrew Rosenthal, "The 1992 Campaign: Republicans; Republican Duel: A Party Wounded"），载《纽约时报》（*New York Times*），1992年2月29日，第1页。

新孤立主义者提出的"美国第一"主张迎合了美国中下层要求政府集中精力和财力改善国内状况的强烈呼声，在美国社会拥有广泛的市场。参议员理查德·卢格指出，许多人都有一种强烈的孤立主义情绪，认为美国可以在各个方面自给自足。这是大多数人的情绪，而且已经存在了很长时间了。基辛格联合咨询公司的经济学家阿兰·斯托格说，怀有孤立主义情绪的不仅仅是狂热的中西部的共和党人，他们从来没有成为国际主义者，这个国家的许多人都有这种情绪。他们的描述显然不是无中生有，更不是危言耸听，而是反映了固存于美国民众意识中的孤立情绪受到新的国际局势促动而不可避免地迸发出来。这股潮流对美国政治的冲击是显而易见的，在一定程度上减弱了美国对海外干涉的步伐或力度。①布什总统在海湾战争中使美国出尽了风头，但却在连任竞选中败给了克林顿，他固执于"全球主义"不能不说是造成这种结果的重要原因之一。而同属于"国际主义"主流派的克林顿却是见风使舵，丝毫不敢对美国社会上的孤立情绪掉以轻心，而以"重建美国"、"人民第一"以及"代表美国人真正希望的变革"等竞选口号抓住了大多数美国人的心理，在大选中出乎意料地获胜。竞选纲领或竞选口号往往出于争取更多的选民考虑，包含着浓厚的虚幻成分，克林顿出任总统后显然不会将其完全兑现，他依然继续前任的全球主义外交，但在政治上代表新孤立主义的派别有时会对其政策形成牵制之势。如1995年初克林顿首次提出的紧急援助墨西哥的计划就未能得到国会的支持。对于这种结果，法国《费加罗报》刊文指出，在民粹主义的吸引下，美国人不再想要那种伤财的对外政策了。今天，美国舆论显然已受到了退回"美国堡垒"的引诱。政治评论家吉姆·曼在

---

① 参见小阿瑟·施莱辛格："新孤立主义者削弱了美国"（"New Isolationists Weaken America"），载《纽约时报》（*New York Times*），1995年6月11日，第E15页。

《洛杉矶时报》发表文章说,半个世纪以来,最强大的孤立主义潮流正在冲击着美国及其国会,很可能把美国50年来的激进主义对外政策传统一扫而光。①美国《对外政策》杂志主编查尔斯·威廉·梅恩斯指出:"美国恢复20世纪20年代纯粹孤立主义的危险现在要比我曾经看到的要大。目前,思潮是单边主义的,而不是孤立主义的,但它将导致孤立主义,因为我们不可能带着盟国同我们一起走。"②这些美国学者的话未必切中问题的要害,但却从一个侧面反映出新孤立主义在美国政治中起到了不可忽视的作用。

新孤立主义的呼声尽管在国会内和民众中具有一定的基础,但多数民众还是赞成美国积极干预国际事务。20世纪90年代美国多年的民意测验有这样一个问题:"你认为对这个国家未来最好的是积极参与国际事务还是置身于国际事务之外?"1990年10月的民意测验表明,62%赞成积极参与,28%主张置身其外;1991年3月这一数字分别是79%和15%;1993年4月分别是67%和28%;1993年12月分别是57%和35%;1996年分别是66%和28%。③民众对政府积极卷入国际事务的支持决定了新孤立主义显然不会作为冷战后美国外交的主要选择。用维尔纳·费尔德的话来说,孤立主义迄今对许多美国人来说具有循环的感染力,然而对于像美国这样的超级大国而言,

---

① 参见吉姆·曼:"孤立主义趋势危及积极行动的美国对外政策"(Jim Mann, "Isolationist Trend Imperils Activist U.S. Foreign Policy"),载《洛杉矶时报》(*Los Angeles Times*),1995年2月14日,第1页;吉姆·曼:"克林顿为公司海外政策确定人权准则"(Jim Mann, "Clinton to Set Human Rights Guidelines for Firms Overseas Policy: Principles Drawn up with China in Mind Have been Broadened. Support from U.S. Business Leaders is Paltry",载《洛杉矶时报》(*Los Angeles Times*),1995年1月13日,第1页。
② 见沃纳·费尔德:《美国对外政策:抱负与现实》(Werner J. Feld, *American Foreign Policy: Aspirations and Reality*),纽约:威利出版社1984年版,第103页。
③ 参见"什么是新孤立主义?"("What Neo-isolationism?"),载《威尔逊季刊》(*Wilson Quarterly*),第23卷,第2期(1999年春季号),第9页。

孤立主义不能是外交政策的适当动力。因此，虽然返回到美国堡垒看起来预示着美国田园般的和平与幸福，但对美国来说只是一种用现实主义的观点来讲根本不存在的选择。所以新孤立主义从一开始就遭到另一些美国"有识之士"的反驳。美国企业研究所高级研究员欧文·克里斯托尔指出："美国确实没有撤回到'美国堡垒'的选择权。我们今天与世界经济的一体化程度不仅使之在经济上不可能——我们的繁荣不能与商品和投资相对无限制的流动分开，而且美国人民将不放弃美国作为一个世界大国的地位。"① 克里斯托尔从经济角度说明了美国这个世界强国无法解脱地与世界联系在一起。《华尔街日报》著名编辑罗伯特·巴特利却从另一个角度得出了相同的结论：

> 如果美国试图抵制这种新的世界趋势，退回到一个孤立的、目光朝内的堡垒，最大的损失将是美国精神。一个新孤立主义的美国将与历史格格不入，它将会打一场不可能取胜的竞赛，眼看着其他国家建立一个在许多方面基于美国激情和美国传统之上的新世界，而具有讽刺意味的却是无美国参加。②

新孤立主义的主张尽管在广大民众中拥有市场，但很难在美国政府内起着主导决策的作用。有人如果敢公开与美国所谓的"国际主义"叫板，很可能就会成为"孤家寡人"，受到众人非议。1996年初，一位名叫约翰·林德的共和党人在国会说："承认北约1989年8月就已寿终正寝的时间已到。我们现在举行隆重的军事葬礼合

---

① 欧文·克里斯托尔："界定我们的国家利益"（Irving Kristol，"Defining Our National Interest"），载哈里斯主编：《美国的目的：美国外交政策新见》，第66页。
② 罗伯特·巴特利："双赢游戏"（Robert L. Bartley，"A Win-Win Game"），载哈里斯主编：《美国的目的：美国外交政策新见》，第78~79页。

乎礼仪地将其送入坟墓,我们要寻找一种新的外交政策和新的安排,因为昔日的威胁在那里已经不复存在了。"他这番话即刻遭到攻击,被认为是浅薄无知,自以为是。① 有鉴于此,新孤立主义从来没有在美国决策层内居于主导地位,只是作为一种强大的在野力量发挥着作用。其实,布什政府从一开始就没有买新孤立主义的账。布什本人1991年12月7日在夏威夷利用珍珠港事件50周年纪念日对新孤立主义的主张加以反击。他说,现在有人"认为扭脸不理世界上的事就能大大改善国内状况,这是忘记了20世纪的悲惨教训。事实是,当我们拒绝了政治上和经济上的孤立主义、主张卷入世界事务并发挥领导作用时,美国就享受最长久的经济发展与繁荣"。② 他明确表示坚决反对"国内外的孤立主义与保护主义"。布什政府内的其他主要决策者也持相同的看法。1991年美国发起海湾战争就是反新孤立主义的主张而行之。③

克林顿上台后,在新孤立主义者的呼吁声中依然我行我素,继续奉行"全球主义"政策。1995年3月1日,他在国会发表讲话,对新孤立主义者进行了抨击,批评了他们试图改变"我们自第二次世界大战以来就得到两党支持的对外政策的基础",强调为了捍卫"社会开放和人民自由的思想",美国必须在全世界保持强大的存在。他把维护美国世界领袖的传统与一种孤立主义的新形式对立起来,认为二者不能共存。如果美国想要继续改善全体美国人的安全

---

① 参见《国防与对外政策》(*Defense and Foreign Policy*),1996年2月3日,第306页。
② 乔治·布什:"在夏威夷火奴鲁鲁对二战老兵及其家庭的讲话"(George Bush, "Remarks to World War II Veterans and Families in Honolulu, Hawaii"),1991年12月7日。全文可在 http://www.presidency.ucsb.edu/ws/index.php?pid=20316 网址上获得。
③ 关于布什总统任内的国际卷入详见乔治·韦格尔:"行走在孤立主义路上吗?"(George Weigel, "On the Road to Isolationism?"),载《评论》(*Commentary*),第93卷,第1期(1992年1月),第36~43页。

和繁荣,那么美国的领袖地位必须居于主导地位。因此:

> 新孤立主义者是错误的,他们将使我们独自面对未来。他们的观点将削弱美国的力量。我们必须不让已经形成的孤立主义波纹演变为巨浪。如果我们今天从世界撤退,记住我的话,明天我们就不得不努力对付由于我们的疏忽而造成的后果。①

克林顿的这番话明确表明了政府的态度。在克林顿任期内,美国政府不大理会新孤立主义对政府加大海外干涉的抨击,继续对国际上发生的重大事件施加强大影响,总是想试图扮演由其说了算的世界领袖的角色。即使未来的美国或国际局势发生大的变动,只会是美国在国际干涉的路上越走越远,而不是从全球退回到国内。可以预见,新孤立主义只能起着牵制政府决策的作用,远远不能阻止住美国依靠着强大的政治、经济、军事和文化力量在国际事务中继续发挥其重大的影响。

从华盛顿发表《告别词》起,至今已经过去了二百余年了。在此期间,美国发生了天翻地覆的变化,其在国际事务中的地位远非华盛顿时代所能比拟,但这位开国元勋留下的孤立主义遗产却融合进了美国政治文化之中,即使在它不合时宜时也无法从美国人的意识中剔除掉。诚如小克拉布指出的那样:"孤立主义精神根深蒂固于美国的民族气质之中;甚至在20世纪后期,它依然对美国人的思想发生着强有力的影响。"②在一个相互依存的世界里,孤立主义决

---

① 威廉·克林顿:"在尼克松中心召开的和平与自由政策会议上的讲话"(William J. Clinton, "Remarks to the Nixon Center for Peace and Freedom Policy Conference"),1995年3月1日,载《美国总统公开文件》(Public Papers of the Presidents of the United States),第1卷,华盛顿:美国政府出版局1995年版,第284~285页。

② 小克拉布:《决策者及批评者:美国外交政策的冲突理论》,第248页。

不会在美国社会重现昔日的雄风，但作为美国人意识深层中的一种文化积淀，在遇到合适的环境时，必将以不同的形式对美国政治生活发生程度不同的影响。

第四章 美国文化中的扩张主题

纵观人类历史的发展，那些在不同时期曾经炫耀一时的帝国无不在与其他国家的交往中深深地留下了向外扩张的烙印。一般而言，这些帝国的统治者为了实现对其他民族或国家的征服，往往穷兵黩武，南征北战，无不希望其他民族都向自己俯首称臣，它们的疆土都归自己管辖。这样的扩张尽管会给帝国带来一时"荣誉"，也会暂时满足统治者的贪婪欲望，但从长远看却与整个民族利益背道而驰。被征服地区的人民身背重负，苦不堪言，内外矛盾，交互爆发，征服者最终将自食其无止境的扩张所带来的"苦果"。这些帝国由于所处的历史地位和文化背景各不相同，其向外扩张也各有自己的特征。美利坚合众国兴起于近代，在美国人眼中它并没有跨入帝国的行列，但向外扩张成为其主流文化所体现的一个明显特征，深受这种文化熏陶的美国人从不讳言自己属于一个扩张民族。因此，当美国开始具有自己的外部利益时，扩张便以不同的形式在美国对外关系上表现出来。

一 美国对外扩张的文化基础

扩张是体现在美国盎格鲁-撒克逊白人文化中一根永恒的主线，在某种意义上说，新大陆的"发现"便是欧洲文明向世界扩张的结果，而北美十三个殖民地则是英国商业扩张的产物。15世纪末，哥伦布率船队从西班牙出发远航，来到尚未被欧洲人所完全认识的美洲。自此以后，欧洲国家的移民争先恐后地涌向新大陆。他们的到来给这里土著人宁静的生活带来意想不到的灾难，但他们对这片土地的探险与开拓则翻开了人类历史上崭新的一页。英国作为当时世界上比较发达的国家之一，在海外探险上丝毫没有落后于其他欧洲国家之后，逐渐成为北美大西洋沿岸的主人。英国王室在重商主义的动机下向北美大陆移民，先后在大西洋沿岸建立起十三个殖民地。北部的四个殖民地分别为马萨诸塞、罗德岛、新罕布什尔和康涅狄格，它们合称为新英格兰；中部的四个殖民地分别为宾夕法尼亚、纽约、新泽西和特拉华；南部的五个殖民地分别为弗吉尼亚、马里兰、北卡罗莱纳、南卡罗莱纳、佐治亚。因此，对英国王室而言，北美殖民地主要是服务于商业的目的，一方面可以作为英国工业品的销售市场，另一方面可以作为欧洲不生产而又需要消费的产品的来源地，还可以从来自美洲殖民地产品的转口贸易中获得巨额的关税收入。"世界体系论"的创始人伊曼纽尔·沃勒斯坦在谈到英国人热衷于通过海外扩张建立殖民地的原因时指出：

> 美洲的殖民地服务于两个目的。第一，它们是所谓热带产品的来源——糖、棉花、烟叶——这些产品需要一种气候，欧洲大部分地区不具备那种气候条件，扩大的加勒比海地区（包括巴西和北美洲的南部地区）在生态环境方面比较适宜，为

此，英国和法国在这一地区获取了殖民地。两个国家在这方面的差异相对较小，尽管英国比法国更为成功。第二点而且也是殖民地相当不同的功能是，它是工业产品和转手出口商品的市场。热带殖民地市场疲软，正是因为它们有赖于使用强制劳动以减少生产成本。它需要生活较高的欧洲殖民者创造足够的集体净收益以服务于这种功能。①

英国出于商业利益的需要，不断地向欧洲之外的地区扩张，最终造就了一个"日不落"帝国。作为英国向外扩张的产物美利坚合众国是否继承了英国的这种扩张特性，学术界存在着不同的观点，至少很多美国学者明确否定了这样一种延承关系。美国人丝毫不讳言自己是一个扩张民族，但往往否认其扩张的特性与英国的殖民扩张具有密切的联系。如罗伯逊在其著述中写道："英国人在扩张方面是帝国主义者，而不是民族主义者——这是体现在美国民族主义与扩张神话中的细微区别。在美国人看来，英国的扩张动机是卑鄙可耻的，一开始就注定采取侵略手段，注定摆脱不了衰败的命运并导致革命。除美国之外，所有国家的扩张都是因为国王、政府、大人物或者党派对征服、财富、资源、扩充和支配其他民族的生命财产垂涎三尺而引起的。"②持类似观点者在美国学术界并非鲜见。罗伯逊等人显然是为美国人的扩张特性辩解，目的在于把美国与"帝国主义"的殖民扩张区别开来。

其实，这种观点与历史事实并不完全相符。毕竟美国移民的始祖是来自不列颠帝国，他们虽然对母国抱有怨恨，但很难在文化上割断与母国千丝万缕的联系。扩张意识从一开始就存在于他们的脑海之中，这种意识的形成固然与北美大陆的特殊环境以及他们的宗

---

① 伊曼纽尔·沃勒斯坦:《现代世界体系：重商主义与欧洲世界经济体的巩固（1600—1750）》，第 2 卷，北京：高等教育出版社 1998 年版，第 118~119 页。
② 罗伯逊:《美国神话美国现实》，第 73~74 页。

教信仰密切相关，但很难说不受当时西方"文明"向世界，尤其是向尚不为欧洲人所知的地区扩张的影响。①所以，扩张意识一开始就在移民始祖的行为中表现出来，他们一踏上新大陆，便开始了向西拓殖过程。当然这种意识所导致的行为很大程度上是他们面对险恶环境所作出的一种求生图存的反应，但却在北美大陆的开拓过程中融入了美国白人文化之中，成为美利坚民族的一个显著特征。正如美国历史学家朱利叶斯·普拉特指出的那样："认为有一种天命在主宰和指导着美国扩张，这种思想根植在我们的民族意识里面，简直有很少有不存在的时候。"②普拉特这里是以赞扬和自豪的口气谈论美国的扩张的，其观点在美国学界很有代表性。扩张主义分子劳伦斯·洛厄尔在谈到美国使西部殖民化时告诫人们说，在这一过程中，"我们决不要忘记，盎格鲁-撒克逊种族是扩张性的"。③参议员威廉·西沃德在1850年断言："在罗马帝国的历史上，还没有像标志着美国那种十分显著的扩张野心。"④这些在美国历史上很有

---

① 美国史学家范阿尔斯坦就认为美国的大陆扩张与英国的扩张主义具有承继关系。他说："美国在北美洲的扩张是英国殖民者17世纪沿马萨诸塞和南卡罗来纳的大西洋沿岸获得立足点的继续。"见理查德·范阿尔斯坦：《行动中的美国外交》(Richard W Van Alstyne, *American Diplomacy in Action*)，斯坦福：斯坦福大学出版社1947年版，第517页。西奥多·罗斯福也持类似的观点，他在所著的《西方的胜利》一书中认为，根据边疆居民与印第安人斗争的历史，白人的到来将无法阻挡，种族之间的战争不可避免。"在过去三个世纪期间，讲英语民族向世界荒芜空间的扩张不仅是世界历史的最明显特征，而且其影响和重要性在所发生的其他事件中最为深远"。他把这种"伟大的扩张"追溯到许多世纪之前日耳曼部落从其居住的森林出发踏上征服的路程之时，认为美国的发展代表了这一种族发展的伟大历史的最高成就。见理查德·霍夫斯塔特：《美国人思想中的社会达尔文主义》(Richard Hofstadter, *Social Darwinism in American Thought*)，波士顿：比肯出版社1955年版，第175页。
② 亚历山大·坎贝尔主编：《扩张与帝国主义》(A. E. Campbell, ed., *Expansion and Imperialiam*)，纽约：哈珀和罗出版社1970年版，第23页。
③ 霍夫斯塔特：《美国人思想中的社会达尔文主义》，第181页。
④ 威廉·威廉斯主编：《从殖民地到帝国：关于美国对外关系史论文集》(William A. Williams, ed., *From Colony to Empire: Essays in the History of American Foreign Relations*)，纽约：威利出版社1972年版，第119页。

名的扩张主义者显然把美国的向外扩张追溯到文化的根性上，目的是为美利坚民族的向外扩张推波助澜，寻求合理的依据。

美利坚民族的扩张意识主要起源于"天赋使命观"。如前所述，使命观是盎格鲁-撒克逊白人清教徒的宿命论在美国文化中的反映。这些"自命不凡"的清教徒认为，他们的行为是实现上帝赋予的一种特殊使命。这种观念并不是发轫于近代西方文明的形成初期，早在古代就是先进民族征服落后民族的一种解释。古希腊著名思想家柏拉图和亚里士多德就认为，人类是由两部分构成的，一部分是希腊人，亦即文明人；一部分是非希腊人，亦即野蛮人。柏拉图呼吁希腊人不应该内部厮杀，烧毁房屋，杀戮妇孺，但如果这种行为针对未开化的野蛮人时，就毫无理由对之谴责。亚里士多德则认为，野蛮人天生只适应奴隶制度，希腊人应该统治他们。① 现代意义上的使命观可以在反映资产阶级要求的新教伦理中找到雏形，也就是新教徒作为上帝的选民，在尘世肩负着上帝赋予的重任，以自己的宗教理想来使撒旦控制的"邪恶"世界变为上帝光泽普照的人间天堂。因此，"对热衷宗教的人来说，世界是他的责任，他有按其禁欲的理想改变世界的义务"。②

这种上帝赋予其拯救世界的观念被寻求宗教自由的新教徒带到了北美大陆，与征服洪荒莽野的披荆斩棘精神相结合，深深地扎根于美利坚民族的意识中。正是在这种观念的促使下，白人移民扬起了"文明"征服"荒野"的大旗，不断地向内地推进，沿途的烧杀抢掠都在拯救他人出苦海的使命下被合法化了或打上了"正义"的烙印。印第安人世世代代居住的土地遭到侵占，他们成为"白色文

---

① 参见伯恩斯：《美国的使命观：国家目的和命运的概念》，第3页。
② 马克斯·韦伯：《经济与社会：解释社会学大纲》(Max Weber, *Economy and Society: An Outline of Interpretive Sociology*)，京特·罗特等(Guenther Roth and Claus Wittich)编辑，埃弗赖姆·菲斯乔夫(Ephraim Fischoff)等翻译，纽约：贝德米尼斯特出版社1968年版，第542页。

明"冲击下的牺牲品。这种扩张既表现出美利坚民族求生图存和勇于开拓的精神,对土著居民来说,它又是充满暴力和血腥的侵略行为。这种双重变奏在以后美国政府不断掀起的扩张过程中更加显而易见。因此,美国白人认为扩张并不是一个贬义词,而是反映出美利坚民族生气勃勃的开拓与冒险精神,实现盎格鲁-撒克逊人传播基督文明、征服野蛮民族和落后文明的神圣使命。用朱尔斯·本杰明的话来说,美国扩张的所有形式都"起源于这种信仰,即美国的文明是迄今产生的最高文明,其他民族达到美国水平的能力被认为至少取决于它树立的榜样,也就是取决美国教化它们的努力"。①本杰明是研究美国与拉美国家关系的专家,而拉丁美洲地区又是美国向境外扩张的最早对象,他的研究表明,美国在这一地区的扩张具有最实用的目的,但却可以从美国白人的信仰中找到这种扩张所赖以依据的根源。

美利坚民族的扩张意识还受到英国思想家约翰·洛克"自然权利"学说的影响。洛克断言,国内的繁荣和社会的安定需要积极的帝国扩张。洛克显然是为大英帝国进行殖民扩张辩解,但他这种观点却随着其学说在北美大陆的传播而被殖民地一些知名人士所接受,美国独立战争前后的许多革命领袖的言论便反映出这方面的倾向。一生致力于美国独立事业的本杰明·富兰克林积极主张建立一个包括加拿大、佛罗里达、西印度群岛,甚至爱尔兰在内的美利坚帝国。1751年,他曾预言殖民地人口每70年会翻一番,在一个世纪内将挤满大西洋沿岸地区,"需要不断地获取新土地来开辟生存空

---

① 朱尔斯·本杰明:"20 世纪美国与拉美关系结构"(Jules R.Benjamin, "The Framework of U.S. Relations with Latin America in the Twentieth Century"),载《外交史》(*Diplomatic History*),第 2 卷,第 2 期(1987 年春季号),第 91 页。

间"。①约翰·亚当斯1755年写道，英国现在是地球上最伟大的国家。宗教改革后不久，一些英国人出于"良心的缘故"来到这个新的世界。这个显然微不足道的偶然事件也许会把这个伟大帝国的位置转移到美洲。在他看来情况很可能是这样的，即"要是我们能够清除了骚乱的高卢人，根据最精确的计算，我们的人民在下个世纪将变得人数众多，超过英国人的数量。如果果真如此，我可以说，因为这个国家的所有海军用品都掌握在我们手中，那么获得对海洋的控制将是很容易了；欧洲所有的力量联合起来将不能征服我们"。②托马斯·杰斐逊在1786年说："我们联邦必须看做一个巢窟，从这里开始，我们要向整个南美移民。"③美国地理学家杰迪代亚·莫尔斯在1789年写道："众所周知，帝国一直在从东部向西部扩展，很可能它最后和最辽阔的地盘将是美洲。……我们只能期待这个不太遥远的时代的来临，那时美利坚帝国将包括密西西比河西部的几百万人。"④这位享有美国地理学之父之称的莫尔斯在18世纪90年代出版的《美国地理》一书中通过对未来美景的描述把美国囊括整个美洲大陆的梦想大白于天下。在他看来，美利坚帝国正在从东向西延伸，这是一个谁也无法否认的事实，可能其最后和最广泛的疆域将

---

① 加德纳等：《美利坚帝国的建立》，第8页。富兰克林一段关于美利坚人口迅速增长将布满整个北美大陆的言论详见阿艾伯特·史密斯：《本杰明·富兰克林文选》(Albert H. Smyth, ed., *The Writings of Benjamin Franklin*)，纽约：麦克米兰出版公司1907年版，第71~72页。

② 查尔斯·亚当斯编辑：《约翰·亚当斯著作》(Charles F. Adams, ed., *The Works of John Adams*)，第1卷，波士顿：利特尔、布朗出版公司1856年版，第23页。转引自 约翰·卡尔·帕里什：《天定命运思想的出现》(John Carl Parish, *The Emergency of the Idea of Manifest Destiny*)，洛杉矶：加利福尼亚大学出版社1932年版，第7页。

③ 沃尔特·拉夫伯：《新帝国：对1860年至1898年美国扩张的解释》(Walter LaFeber, *The New Empire: An Interpretation of American Expansion 1860-1898*)，伊萨卡：康奈尔大学出版社1963年版，第3页。

④ 理查德·范阿尔斯坦：《正在上升的美利坚帝国》(Richard W. Alstyne, *The Rising American Empire*)，纽约：牛津大学出版社1960年版，第69页。

是美洲。在这个大帝国之内,科学以及文明化生活的艺术将得到极大的改进,公民和宗教自由不受到世俗和教会暴政的残酷之手的压抑而得到保障,那些具有天赋的人能力将得到最大限度的发挥。莫尔斯知道这副诱人的美景只是一种预测,但他认为这一时刻的到来并不很遥远:

> 我们为这些前景感到欢欣鼓舞,这不只是异想天开,而是我们对一个不太遥远时期的预测,届时美利坚帝国将把密西西比河以西的数以百万计的人包括进来。根据可靠基础上的判断,密西西比河从未被选定为是美利坚帝国的西部边界。上帝从来没有打算地球上的这一最好的地区应该由离它们4000英里之遥的一个君主的臣民来居住。我们不妨大胆地预测,当人的权利将更为人们充分地所知时,当对这些权利的了解在欧洲和美洲迅速加深时,欧洲君主的权力将只局限于欧洲,其现存的美洲属地将与美国一样成为享有主权的自由独立的帝国。①

这些人的言论并没有立即变成现实,但折射出美利坚民族文化中的扩张意识,当以后美国掀起大规模的领土扩张时,很多著名的扩张主义分子认为他们是在实现这些开国先辈们早就勾画好的宏伟"蓝图"。

美国总统詹姆斯·布坎南在1858年12月致国会的咨文中宣称:"我们国家的生存法则就是扩张,即使我们想要违背它,也不可

---

① 杰迪代亚·莫尔斯:《美国地理》(Jedidiah Morse, *The American Geography*),第 2 版,伦敦 1792 年版,第 496 页。转引自劳伦斯·豪普特曼:"帝国的西进:1783 年至 1893 年的地理教科书与天定命运"(Laurence M. Hauptman, "Westward the Course of Empire: Geography Schoolbook and Manifest Destiny, 1783–1893"),载《历史学家》(*Historian*),第 40 卷,第 3 期(1978 年 5 月),第 426 页。

能。"①布坎南这段毫无掩饰之语不仅把美利坚民族的一种特性展示得淋漓尽致，而且充分表明了美国政府向外扩张的急切心情。美国的扩张具有自身的特性，在动机上与历史上其他帝国的对外扩张并无多大区别。明明是出于自己私利考虑的一种只有利于美国而侵犯他国或其他民族利益的行为，布坎南却把它说成是遵循一种谁也无法抗拒的"法则"。言下之意，美国的扩张顺天应时，合乎情理，不光是扩张者不能违背这一"法则"，被扩张者的抵制也是毫无作用，只能是落一个"咎由自取"的下场。当然，布坎南以"法则"来解释美国的扩张是顺乎天意在美国政界并不新鲜，早在19世纪20年代当美国对加勒比海的"明珠"——古巴怀有觊觎之心时，当时的国务卿约翰·昆西·亚当斯就提出"熟果理论"以解释美国兼并古巴合乎"法则"。他是这样阐述美国这一扩张行为的合理性的：

> 古巴并入我们共和国势在必行……如同物理的引力定律，也存在有政治法则。被暴风雨从树上打掉的苹果，没有其他选择，只能落到地上。古巴如被迫脱离它与西班牙不正常的联系而无法自立，它只能倒向北美联邦，根据同一自然法则，我们也不能把它从怀中推开。②

亚当斯提出的"熟果理论"显然是牵强附会，为美国的领土扩张辩护，在当时的美国政界影响很大。到了布坎南时代，"熟果理论"便发展为"政治引力法则"。根据这种"法则"，美国政治制度优越，共和原则完善，民主精神渗透到社会的各个领域，生活在这块充满生机的土地上的人民安居乐业，随着时间的推移，势必把其落后的近邻吸引到美国的怀抱，而这种引力与自然法则一样是无法

---

① 帕特森等：《美国外交政策史》，第1卷，第36页。
② 温伯格：《天定命运：美国历史上国家主义的扩张主义之研究》，第229页；另见拉夫伯：《新帝国：对1860年至1898年美国扩张的解释》，第4页。

抗拒的。关于这一点，一些扩张主义分子作出了更"精辟"的阐述，如众议员谢尔比·卡洛姆在国会辩论时强调说："我认为，我们注定拥有控制从巴芬湾到加勒比海的整个西部大陆，但是先生们，我们不必着急，当果子成熟时，它将落入我们的手中。"①亨利·亚当斯宣称："北美整个大陆及其邻近岛屿必须最终落入美国的控制是绝对根深蒂固于我们人民头脑中的一个信念。"众议员诺曼·贾德在辩论多米尼加问题时也说："我们制度的影响不只是限于现在属于我们的领土，而是在时间的流逝中，如果我们的政体持续不变，它将扩大到其他国家，我毫不怀疑，这种影响……将把这些岛屿以及邻近我们的领土并入我们的怀抱。"②美国政界和学界有关这方面的言论俯拾皆是。政治引力法则适应了美国向外扩张的趋势，成为美国思想界为扩张辩护而杜撰出来的一种"冠冕堂皇"的解释。这种解释明显包含着"弱肉强食，适者生存"的社会达尔文思想，但反映出美国力图利用其政治制度的优越性，最终使其落后的邻邦对之仰慕而自然地并入美国。用一个扩张主义分子的话来说："其他国家依靠军队的征服，而我们则依靠思想的征服。"③在美国的对外扩张中，依靠武装力量实现对他国领土侵占的目的不是没有，但美国政府更强调对被扩张对象的思想征服，这大概也是美国对外扩张所表现的明显特征之一。

　　任何时期的美国对外扩张都反映了实现美国在一定时期所注重的特定利益，但美国人总是把这种最实用的行为说成是代表了人类的文明与进步。美国历史学家戴维·希利指出："扩张思想从未在美国真正消失；它的存在从来没有完全与进步和使命的概念相脱离。从殖民地开始，美国人就把自己视为一个他们认为体现进步的

---

① 温伯格：《天定命运：美国历史上国家主义的扩张主义之研究》，第243页。
② 温伯格：《天定命运：美国历史上国家主义的扩张主义之研究》，第241页。
③ 温伯格：《天定命运：美国历史上国家主义的扩张主义之研究》，第240页。

更完善的新社会的建设者。"①希利之言反映出美国政界和学术界一种对美国扩张认识的流行看法。美国的对外扩张从一开始就与传播"文明"密切联系在一起,给本来赤裸裸的利己政策披上了一件"利他"的外衣。其基本设想是,美国是世界上的"文明"大国,它有义务将代表人类进步的基督教"文明"传播给那些处于"愚昧"状态的落后国家,而后者必须接受文明国家的统治,以便得到教化,向文明状态转化。用本杰明的话来说:"美国应该教会劣等民族文明化,也必须把它们从专制下解放出来。为此,美国在维持国际法时,必须向一个腐败的世界秩序提出挑战。"②所以,19世纪美国白人发起驱逐和杀戮印第安人的"西进运动"时,向"荒野"传播"文明"是他们作出的一个最便当的解释。国会议员弗朗西斯·贝利斯1823年说,西进运动"教给荒野生活的真谛,使科学的光芒照射荒野,这一切不违背上帝的戒律;野蛮人在大片荒野上游荡,他们从来没有开垦的土地一直荒芜着,因而占领这片土地不是侵犯人权。"③他们认为,文明、教育、共和体制和民主理想伴随着他们来到了茫茫西部,"文明"最终成为这片土地的主人。美国学者詹姆斯·柯可·波尔丁1823年写道:

> 白人到达的第一年仅仅是一片荒野的主人,对荒野的拥有既受到野兽的威胁,也受到捕猎野兽的红种人的抵制。然而野兽逐渐地愈来愈少了,红种人在"见多识广的白人"无法抗拒的影响下逐渐退却了。白人无论走到那里,走到地球的任何地方,不管是东是西,是南是北,都怀有一种使这个世界文明化然后予以统治的使命。④

---

① 希利:《美国的扩张主义:19世纪90年代的帝国主义欲望》,第37页。
② 本杰明:"20世纪美国与拉美关系结构",第93页。
③ 罗伯逊:《美国神话美国现实》,第72页。
④ 利德基主编:《缔造美国:美国的社会和文化》,第180页。

当美国的扩张触角开始伸向疆域之外的土地时，与其相邻的国家便成为首当其冲的对象。美国政府的许多决策者一向把拉丁美洲设想为美国传播"文明"的"试验地"，他们认为，拉美国家属于劣等民族，经济发展落后，政治制度与民主悖逆，社会生活动荡不安，它们无法靠着自身的力量来解决这些问题，只有靠着文明国家的无私"帮助"才能走上通向"繁荣昌盛"的发展道路。这一文明使命自然责无旁贷地落在处于同一地区的美国肩上，美国在西半球是"文明"与"进步"的象征。因此，美国在西半球的扩张具有正当的合理性。正如戈登·康奈尔-史密斯教授指出的那样："在扩张主义者眼中，美国在拉丁美洲具有一种文明使命，犹如欧洲强国在世界其他'落后'地区具有文明使命一样。"①西奥多·罗斯福就是一个表现出强烈的"文明"扩张色彩的总统，在美国决策层中很有代表性。他认为，一个强国对其统治下的落后地区有强制传播"文明"和宣扬"正义"的责任，"一个文明大国的每次扩张都意味着法律、秩序和正义的胜利"。②传播"文明"导致了美国的扩张，美国的扩张反过来又促使了"文明"的传播，这种在美国扩张链条上的无尽循环成为美国实现其外部利益的一个"振振有词"的借口。许多美国学者对美国扩张高唱颂歌也就是基于此种理由，如罗伯逊在批评英国的对外扩张时，却颂扬美国"必须扩张，这并非出于什么国王或个人追求荣誉的贪婪之心，而是由于人民、民主和自由的力量不可遏制"。③美国政府也正是在上述借口下，一次又一次地把美国对外扩张推向历史上的高潮。

如前所述，孤立主义是影响早期美国外交决策的主要思潮之

---

① 参见戈登·康奈尔-史密斯：《美国和拉丁美洲：美洲国家间关系的历史分析》（Gordon Connell-Smith, *The United States and Latin America: A Historical Analysis of Inter-American Relations*），伦敦：海涅曼教育出版社1974年版，第286页。
② 哈博主编：《西奥多·罗斯福著述》，第359页。
③ 罗伯逊：《美国神话美国现实》，第74页。

一。从表面上看，孤立似乎与扩张无缘，把一个与外界隔绝起来的国家说成是扩张性的显然是自相矛盾，在逻辑上难以成立。然而，美国的孤立由于在历史上具有特定的含义，所以并不与美国的扩张发生冲突，相反在一定的时空范围内有效地维护和促进了美国的向外扩张。前面已经专章对孤立主义进行了探讨，在许多美国人看来，孤立主义包含着浓厚的"理想"成分，美国在政治上不与欧洲形成结盟关系，所持的一个主要理由就是要保持美国这块人间"乐土"的纯洁性，以免受到腐败堕落的欧洲的"玷污"，为其他国家树立一个效仿的榜样。格雷伯纳就认为国家的民主理想主义是美国不卷入外部事务的原因之一，"在某些情况下，这种理想主义把在世界范围内促进美国的理想任务赋予外交去完成"，①而向落后地区扩张又成为实现这种"理想"的最枳极手段，许多美国学者看到了其中的联系。哈韦·斯塔尔认为，孤立主义"出自美国的道义或政治独特性，或'例外论'的自我形象，要求对独特的美国民主试验的保护，这只能避免欧洲权力政治和战争以及传教士式的扩张主义在非欧洲地区的实现"。②持类似观点的在美国学术界不乏其人，他们是从赞颂的角度谈论二者关系的。历史表明，美国只是想利用孤立主义原则束缚欧洲国家的行为，而使自己在外交上进退自若，使欧洲国家难以对美国在美洲大陆的扩张行为提出异议，设置障碍。保罗·西伯里就比较清楚地看到了孤立主义与向外扩张之间的一致之处，他在著述中写道："在美国政治传统中，孤立主义并不代表对政治的一种消极态度。相反，它是美国侵略性的领土增加和其文

---

① 格雷伯纳编：《思想与外交：美国外交政策的理性传统选集》，第80页。
② 肯·布思等主编：《美国人关于和平与战争的思考：关于美国思想和态度新论》(Ken Booth and Moorgead Wright, eds., *American Thinking about Peace and War: New Essays on American Thought and Attitude*)，纽约：巴恩斯和诺布尔出版社1978年版，第45页。

化与经济扩张的一个方面。"①另外一位美国学者谈到美国领土扩张与孤立主义的关系时指出,"孤立主义"的招牌成为"扩张主义"的婢女,为扩张主义提供了对其成功至关重要的自由与能力。因此,19世纪的孤立主义与扩张主义的互动不是一个"单行道",而是互为作用,相得益彰。不介入欧洲事务是孤立主义的真谛,有利于美国在西半球的领土扩张。事实上,美国的扩张主义大大有助于20世纪美国孤立主义的非现实性。②"孤立"与"扩张"是在相同文化背景下形成的两种不同概念,当二者体现在美国对外关系上时,不是相互制约,彼此不容,而是互为作用,密不可分,使美国在特定时期的外部利益得到最大限度的实现。

扩张本是美利坚民族文化特性在对外关系上的体现,反映出了美国政府对自己私利的追求。不管是扩张动机、扩张过程,还是扩张结果,我们都能清楚地看到决策者奉为圭臬的国家利益在其中起着主导作用。然而,许多美国人却把这种最富有实用性的行为冠之于"理想"以及"利他"等修饰性词语,以图来掩盖住扩张的真正目的。诚如美国历史学家约翰·布卢姆所言,美国人"自视为上帝的选民,如果必要的话,运用武力'以布满和拥有上帝指定给我们的这个整块大陆,以发展伟大的自由试验和联邦政府'。妄称自己有权占领印第安人、墨西哥人和西班牙人的土地,并把美国人的自由概念和美国人的财产使用带给这些土地只是美国虚构的命运。所

---

① 保罗·西伯里:《权力、自由和外交:美利坚合众国的对外政策》(Paul Seabury, Power, Freedom and Diplomacy: *the Foreign Policy of the United States of America*),纽约:兰德姆出版社1963年版,第47页。
② 小伯纳德·芬斯特沃尔德:"美国'孤立主义'与扩张主义的剖析"(Bernard Fensterwald, Jr., "The Anatomy of American 'Isolationism' and Expansionism"),第一部分,载《冲突决议杂志》(*The Journal of Conflict Resolution*),第2卷,第2期(1958年6月),第116页。

以，一种表面的德操使征服之路更为畅通无阻"。①美国人向来非常注重实际，讲究功利，这一特征常常体现在与他国的交往上。在纵横捭阖的国际舞台上，一个国家最大限度地追求本国利益原本无可厚非，人们只是谴责那些不顾他国利益甚或侵犯他国利益的强权行径。美国的外交行为往往是追求前者时具有浓厚的后者色彩。然而美国人，尤其是那些活跃于美国政界的大人物从来不承认这一点，相反则用"理想"的外衣把美国对自身利益的追求严实地包裹起来，一方面借助着美国盎格鲁－撒克逊文化中的价值观来实现既定的实用目标，另一方面则用这种虚无缥缈的"理想"来证明自己非人道行为的合理性。美国的对外扩张历史深刻地说明了这一事实。

二 美国版图扩张的完成

美国社会曾经流传一个故事。三个美国人在国外旅游时在外国人面前描述美国的疆土。第一个人说："美国北临英属美洲，南接墨西哥湾，东临大西洋，西濒太平洋。"第二个人认为不对，他说："美国北接北极，南临南极，东边疆界是日出之处，西边是日落之处。"第三个美国人的口气更大，他说："我给你们一个真正的美国。美国的北疆是北极光所至，南疆是岁差（此处含义为一直向前移动——引者注），东边以天地初始为界，西边以世界末日为终。"②这个故事虽然是"虚构"，但折射出美国人脑海中积极向外寻求领土扩张的一种强烈欲望。

---

① 约翰·布卢姆：《美国的希望：一种历史的考察》(John Blum, *The Promise of America: An Historical Inquiry*)，波士顿：霍顿·米夫林出版社1966年版，第15~16页。
② 参见托马斯·贝利：《街头之人：美国舆论对外交政策的影响》(Thomas A. Bailey, *The Man in the Street: The Impact of American Public Opinion on Foreign Policy*)，纽约：麦克米兰出版公司1948年版，第272~273页。

辽阔的疆土是一个大国所具备的自然特征。美国立国之初，羽翼未丰，国力远不能有效地对付其疆界之外虎视眈眈的欧洲国家，但从一开始就有为全球树立一个效仿榜样的美国决策者决不会将自己的发展囿于独立时的十三州疆域之内，其文化中固有的扩张意识从国家一具有了外部利益时就明显表现出来。杰斐逊1801年对门罗说："不管现在我们的利益会怎样把我们限制在我们的疆界之内，但不可能不展望未来，那时，我们迅速发展壮大会把我们的利益扩大到这个疆界之外，我们会占领整个北美，即使不是南美的话。"①约翰·昆西·亚当斯认为："北美似乎被上帝注定由一个民族的人口来居住，他们讲一种语言，接受一种普遍的宗教体系和一套政治原则，而且习惯于已形成的社会习俗。"②这些美国早期决策者的扩张思想决定了美国外交的基本走向。美国正是在这种扩张意识的促动下，充分利用外部环境提供的有利时机，一步一步地把其扩张的触角伸向独立时的疆域之外，以自己疆土的扩大解决了美国早期面临的领土归属问题。美国立国初期的领土问题反映出国家的扩张性质，但这一问题的解决无疑对美国的安全提供了一种有效的保证。美国外交史学家帕特森称之为"在战争世界保持独立与扩张"并不是没有道理的。③当时这个新生的共和国面临的局面正如美国历史学家雷金纳德·斯图尔特的研究所表明的那样：

  欧洲国家占据了北美的很多地方，它们的影响危及美国。英国保持着西印度群岛、百慕大以及延伸到大陆内部大湖流域地区的美国北部边界诸地。对美国来说，这意味着北疆并

---

① 帕特森等：《美国外交政策史》，第1卷，第45页。
② 沃尔特·麦克杜格尔：《希望之地、征服者国家：自1776年以来美国与世界相遇》(Walter A. McDougall, *Promised Land, Crusader State: The American Encounter with the World since 1776*)，波士顿：霍顿·米夫林出版社1997年版，第78页。
③ 帕特森等：《美国外交政策史》，第1卷，第45页。

不安全，因为英国占据了美国土地上的皮毛贸易点，控制了从事皮毛贸易的印第安人部落。美国革命期间，大批的亲英分子逃离美国，来到这些地区避难。西班牙控制了佛罗里达和路易斯安娜地区。这样西班牙控制了密西西比河的出入口，对美国人来说，这是1783年之后进入俄亥俄流域的一条越来越重要的交通水路。此外，西班牙还控制了北美的太平洋海岸，而英国和俄国靠着勘探和商业活动，到了18世纪末也保持着在太平洋沿岸的存在。①

因此，美国在初期领土扩张时面对的最大障碍主要是在北美大陆拥有大片殖民地或属地的英国和西班牙。独立战争结束之后，英国并没有根据1783年与美国达成的和约将驻扎在现在属于美国境内的部队全部撤走，相反英王乔治三世还密令加拿大总督，暂不放弃美加边界上的军事战略要地。英国继续占领这些据点的目的很明显，试图在战略上控制整个北部地区，垄断大湖地区和俄亥俄流域同印第安人的皮毛贸易。此外，英国殖民官员继续保持与印第安人部落的密切联系，给他们提供武器装备，鼓励他们抵制美国沿海诸州居民向西运动，堵塞住美国向西发展的通道，试图把美国的发展限制在独立时的疆界之内，把这个新国家对英国在北美大陆上的既得利益构成的威胁减少到最低限度。

西班牙在美洲拥有一个庞大的殖民帝国，它对美国一展现在世人面前就表露出的向外扩张的勃勃野心十分担忧。所以西班牙竭力反对美英和约所确立的边界，力图把这个新共和国的疆界限制在远离密西西比河流域的墨西哥湾。为了达到这一目的，西班牙在从现在的孟菲斯之南到新奥尔良的密西西比河下游和莫比尔盆地设置了

---

① 雷金纳德·斯图尔特：《美国扩张与英属北美：1775~1781》(Reginald C. Stuart, *United States Expansionism and British North America, 1775-1781*), 查普尔希尔：北卡罗莱纳大学出版社1988年版，第3页。

要塞，派兵驻守。它也与西南部的印第安人部落结为联盟，阻止美国移民向前推进。1784年，西班牙政府命令新奥尔良总督关闭密西西比河出海口，不准美国船只进出，切断了美国西部新开拓的肯塔基、田纳西和俄亥俄地区通向世界市场的水上通道。西班牙的政策不仅阻挠了美国的领土扩张，而且与英国一起形成了对美国的包围态势，对美国作为一个主权国家的安全形成了直接的威胁。①欧洲的灾难向来是美国的福音。1789年法国革命的爆发以及随后多年欧洲局势的动荡不仅保证了美国的独立成果，而且为美国解决领土问题提供了有利的契机。西班牙卷入欧洲战争后，不愿意与美国交恶，以免分散精力，疲于应付。1795年10月，美国与西班牙谈判签订了《平克尼条约》，西班牙承认了1783年英美和约中划定的美国疆界以及美国公民在密西西比河的航行权。这一条约以对美国有利的方式解决了独立战争后美西之间在疆界以及其他问题上的外交争端，奠定了美国向西部和南部扩张的基础。随后美国加紧了对这一地区的渗透，拉开的美国领土扩张的序幕。关于这一条约的重要性，正如美国学者雷蒙德·杨指出的那样：

> 这一条约的重要性也把以后的谈判延伸到佛罗里达问题上。作为密西西比河自由航行的结果，肯塔基阴谋分离的运动由此停止；这个国家在此之前被分为"东部人"和"西部人"，现在却更为强有力地团结为一个整体，商业有了惊人的发展，美国的西疆大大扩展。②

---

① 关于西班牙对美国扩张的担忧详见 G. L. 里夫斯："1795年的西班牙和美国"（G. L. Rives, "Spain and the United States in 1795"），载《美国历史评论》（*The American Historical Review*），第4卷，第1期（1898年10月），第62~79页。
② 雷蒙德·杨："平克尼条约：一种新的观点"（Raymond A. Young, "Pinckney's Treaty—A New Perspective"），载《西班牙美洲历史评论》（*The Hispanic American Historical Review*），第43卷，第4期（1962年11月），第534~535页。

路易斯安娜位于密西西比河和落基山脉之间，幅员辽阔，面积约215万平方公里。这一地区的归属也是几经沧桑，它最初属于西班牙，17世纪法国探险家到达密西西比河后，又宣布这一地区归属法国。1756年至1763年七年战争期间，西班牙由于站在法方对英作战，战败后丧失了佛罗里达，法国遂将路易斯安娜让与西班牙，以弥补西班牙的领土损失。《平克尼条约》之后，美国借着有利形势，加紧了在这一地区的活动，在美国政府的鼓励下，美国疆民蜂拥而入。西班牙对此十分恐慌，它不仅担心路易斯安娜和东西佛罗里达会易手美国，更忧虑美国势力向得克萨斯和墨西哥地区扩展，成为难以有效抵制的隐患。西班牙没有选择，只有将路易斯安娜重归法国，使其在强国手中变成遏制美国南下的屏障。1800年，西班牙和法国签订密约，西班牙同意让出路易斯安娜，法国保证这块领土不让与西班牙以外的任何强国。法国在1763年退出美洲大陆以来，一直伺机卷土重来，拿破仑上台后，重建法属美洲的考虑提上了议事日程，西班牙自愿转让路易斯安娜正投法国之意。用美国边疆史学派创立人弗雷德里克·特纳的话来说，拿破仑的目的是"与西部人沆瀣一气，利用控制（密西西比河）航行权对他们施加影响，使印第安人成为一个障碍，逐渐扩大其控制的疆界，直到墨西哥湾成为一个法国湖，可能阿勒格尼山脉就成为美国的边界"。①法国的美洲帝国之梦与美国的领土扩张发生了正面的冲突。

美国对这件事的进展自然十分关注，当时任美国总统的杰斐逊认为路易斯安娜和新奥尔良从羸弱的西班牙落入强盛的法国之手是对美国最大的威胁。1802年4月，他在给美驻法国公使罗伯特·利文斯顿的信中谈到法国拥有新奥尔良等地是对美国扩张利益的束缚，

---

① 塞缪尔·贝米斯：《美国的拉丁美洲政策：一种历史的解释》(Samuel F. Bemis, *The Latin American Policy of United States: An Historical Interpretation*)，纽约：哈考特、布雷斯出版社 1943 年版，第 19 页。

表示一旦出现这种情况，美国就与英国结盟。①当美国政府派人就此问题与法国进行交涉时，形势突然发生急转，法国主动提出愿意出卖包括新奥尔良在内的整个路易斯安娜地区。拿破仑的这一决定主要出于两方面考虑，一是远征海地的法军惨败，这无疑是对他重建法属美洲帝国计划的沉重一击；二是欧洲局势再度紧张，拿破仑的注意力再次转向与英国的斗争。他把路易斯安娜转让给美国视为遏制英国的一个措施。他明确宣称："领土的增加永远确定了美国的强国地位，我正是要给英国树立一个海上竞争者，这个竞争者早晚会挫败它的傲气。"②在欧洲国家相互牵制下，美国轻而易举地以1500万美元的价格购买了路易斯安娜。这一地区的获得对美国来说意义非凡，它不仅使美国的领土扩大了一倍，而且为美国向西、向南扩张创造了一个有利条件。1810年西属美洲独立运动爆发以后，美国担心欧洲强国，尤其是英国乘机占领西班牙的殖民地，也积极为其领土扩张创造条件。1811年1月15日，美国国会两院联合通过了"不转让原则"决议，颁布执行。这一决议内容主要是：

> 考虑到西班牙及其美洲诸省的特殊形势，考虑到美国南部疆域也许对美国安全、稳定和商业的影响，因此，美利坚合众国参众两院集会决定，在现行危机的特定形势下，美国不能坐视上述地区落入任何外国列强之手，美国对其安全的正当考虑迫使它在某些事件发生时对上述地区给予占领；同时，它宣布，在其控制的上述地区的归属将仍然以未来的谈判为转移。③

---

① 参见托马斯·贝利主编：《美国精神：当代人眼中的美国历史》(Thomas A. Bailey, ed., *The American Spirit: United States History as Seen by Contemporaries*)，莱克星顿：希思出版社1983年版，第175~177页。
② 帕特森等：《美国外交政策史》，第1卷，第60页。
③ 米查姆：《美国与拉美关系考察》，第26~27页。

在"不转让原则"的指导下，1812年3月，美国军队攻入了东佛罗里达，占领了阿美利亚岛。与此同时，美国政府宣布把西佛罗里达并入版图。佛罗里达问题此时虽然还悬而未决，美国的占领并没有使这一地区归属完全合法化，但对美国来说，解决这一问题并不是遥遥无期的。时过数年，整个佛罗里达地区终于合法地并入了美国版图。

如果说美国的早期领土扩张还与维护自身存在的安全交织在一起的话，那么它在19世纪中叶掀起的大陆扩张却完全暴露出美国资本主义向外侵略扩张的本质。这一时期美国的领土扩张很大程度上受国内政治、经济气候变化的影响。19世纪40年代到50年代，美国资本主义获得了迅速发展。东北部地区的工业革命此时正伸向纵深，新兴工业相继出现，工厂制取代了手工业，在工业生产中占据了主导地位。市场是资本主义工业赖以存在的基本条件，而市场的扩大则是其发展的根本动力。大规模铁路修建促进了国内市场的扩大，引起了对土地的进一步需求和追求国外市场不断扩大的欲望。在东北部工业革命的冲击下，西部的农业逐渐摆脱了与南部的经济联系，加强了同东北部的一体化，成为东北部工业的粮食供应地和工业品市场。西部的农业利益集团在深深地卷入了资本主义商品经济旋涡后，迫切要求向西部纵深地区拓殖，同时开辟哥伦比亚河通向太平洋的出海口，并占领了加利福尼亚海岸，作为农产品新的输出通道。南部种植园经济到了19世纪四五十年代，已经失去了昔日的"雄风"，奴隶主在种植园实行残酷野蛮的奴隶制度，造成生产力低下，南部制造业发展缓慢，经济单一化，缺乏足够的地方市场缺乏，导致可利用土地的严重衰竭等，凡此种种使奴隶制经济发展陷入了不能自拔的境地。为了摆脱这种危机，奴隶主只有求助于周期性的土地扩张。尽管国内各个经济利益集团具有各自不同的目标，但把美国的疆土向外延伸的一致性却为大陆扩张提供了有利的国内环境。

"天定命运"①是这一时期适应美国领土扩张需要而产生的一种理论。美国历史学家弗雷德里克·默克指出:"在19世纪40年代中期,一种名称上、号召力上和理论上新奇的扩张主义形式在美国出现了,它就是'天定命运'。……它意味着上天预先安排的向未明白确定的地区扩张。在一些人的心目中,它意味着向太平洋地区扩张;在另一些人的心目中,是向北美大陆扩张;在另一些人的心目中,则是向西半球扩张。"②美国学者迈克尔·埃里斯曼认为:"天定命运是指美国经济和政治优势将不可避免地导致对加勒比地区的控制。"③美国外交史学家丹尼斯·博斯德特罗夫把"天定命运"看做始终存在于美国文化中的神话之一,这种神话"在19世纪中期第一次被美国帝国主义分子明确地表达。他们认为,美国奉天注定将其疆域扩张到太平洋,最终扩张到北美洲其他地方。许多人声称,美国将最终囊括整个西半球"。④美国学术界虽然对"天定命运"的含义持不同看法,但都不否认这一理论是对美国在19世纪40年代以后掀起的领土扩张行为"合理性"的解释。1837年创办的《民主评论》杂志在扩张主义分子约翰·奥沙利文的主持下,大肆宣扬美国的扩张命运,在舆论上推波助澜,把美国的大陆扩张推向

---

① 据有学者考证,"天定命运"这一术语最早用于1845年7月~8月出版的《民主评论》刊载的一篇文章,该文宣称:"为了我们每年成倍增加的数百万人的自由发展,实现人口布满上帝赋予的这一大陆是我们的天定命运。"详见约翰·卡尔·帕里什:《天定命运思想的出现》(John Carl Parish, *The Emergency of the Idea of Manifest Destiny*),洛杉矶:加利福尼亚大学出版社1932年版,第2~3页。
② 雷德里克·默克:《重新解释美国历史上的天定命运和使命》(Frederick Merk, *Manifest Destiny and Mission in American History*: *A Re-interpretation*),纽约:克诺夫出版社1963年版,第24页。
③ 迈克尔·埃里斯曼:《加勒比海的挑战:美国在一个动荡地区的政策》(H. Michael Erisman, *The Caribbean Challenge*: *U.S. Policy in a Volatile Region*),博尔德:西点出版社1984年版,第75页。
④ 博斯特多尔夫:《总统任期与外交政策巧辩》,第177页。

高潮。①

美国在这一时期掀起的大陆扩张本来是其立国以来领土扩张的继续，充分体现出美国文化中的扩张特性和资本主义本质，却用什么"命运"、"使命"之类的神话来为这种扩张披上种种"合理"与"合法"的外衣。这方面的论据主要有：首先，消除"腐败"欧洲影响的威胁，保持美国这块"乐土"的"纯洁性"。美国学者认为欧洲在美洲的势力威胁到美国的民主理想，使美国人的"空间和自由行动的机会"减少，因此"完全摆脱与欧洲接触的污染，对于这种伟大的共和制试验的发展是必不可少的"。②其次，完成美国向落后地区传播"文明"的使命。一些信奉"天定命运"的扩张主义者宣称，美利坚人是最优秀的民族，他们"有征服劣等民族的权利"，也具有扶植落后民族复兴的能力和使命。华盛顿《联合日报》1847年10月14日刊登的一位宾夕法尼亚人写给编辑的一封信。这位写信者要求"在上帝的指引下"发动一场对墨西哥的战争。他说："履行我们的光荣宗教使命，旨在使那些愚昧懒散的不幸的人们得到教化，成为基督徒，把他们从混乱和堕落中解救出来。"③19世纪中期任新泽西学院地理学教授的阿纳尔德·居约以地理决定论颂扬了美利坚民族的伟大，将注定成为人类发展的主宰。因此，"由于拥有开化进步的人民，拥有基于人人平等和兄弟情谊之上的社会组织，美国似乎注定提供了对基督教文明最完善的表述，成为为所有人种提供一种更高的新生活的源泉"。④再次，维护人类民主自由需

---

① 关于约翰·奥沙利文主持的《民主评论》所宣扬的扩张思想详见朱利叶斯·普拉特："约翰·奥沙利文和天定命运"（Julius W. Pratt, "John L. O'Sullivan and Manifest Destiny"），载《纽约历史》（New York History），第14卷，第3期（1993年7月），第213~234页。
② 温伯格：《天定命运：美国历史上国家主义的扩张主义之研究》，第389页。
③ 温伯格：《天定命运：美国历史上国家主义的扩张主义之研究》，第173页。
④ 阿纳尔德·居约：《自然地理》（Arnald Guyot, Physical Geography），纽约和芝加哥1873年版，第120~121页。转引自豪普特曼："帝国的西进：1783年至1893年的地理教科书与天定命运"，第428页。

要。美国著名诗人沃尔特·惠特曼把扩张主义的渴望视为民主的成就,他是这样来阐释这一观点的,即"我们国家及其法律扩展是我们的愿望,只有这样,才能必然保证去掉阻碍人们享受好处与幸福之机会的镣铐"。①安德鲁·杰克逊总统在离职演说中振振有词地宣称:"上帝把无数的福祉赐给这片受到优待的土地,选择你们作为自由的保护人,为了人类利益而维护它。"②《纽约论坛报》的一篇文章宣称,美利坚合众国"愈来愈坚信,地球的文明——古代世界政体的改革——整个人类的解放,在很大程度上取决于美国"。③最后,美利坚民族从幼年到成熟的标志。美司法部长凯莱布·库欣1853年说:"这就是现在的美国——力量的巨人,自由的巨人,国际精神的人。……他体格健壮,感到血管里流动着成熟与活力的血液,因此需要行动,而且必须有行动,它是生存的必需。"④"天定命运"的鼓吹者就这样从各个角度解释了美国的大陆扩张,在种种与实际状况并不一致的语言下使之合理化与合法化。这些解释大多是牵强附会,旨在掩盖这一时期美国扩张的侵略本质,但美国政府决策者却从这种扭曲的理论中找到一支行动的"令箭",加快了在北美大陆的扩张步伐。

得克萨斯原为西班牙的殖民地,墨西哥独立后成为该国的一个重要省份。美国扩张主义分子兼并得克萨斯蓄谋已久。1836年3月,

---

① 恩里克·克劳泽:《英国、美国与民主输出》(Enrique Krauze, "England, the United States, and the Export of Democracy"),载《华盛顿季刊》(*The Washington Quarterly*),第12卷,第2期(1989年春季号),第191页。关于惠特曼的扩张思想详见亨利·纳什·史密斯:"沃尔特·惠特曼与天定命运"(Henry Nash Smith, "Walt Whitman and Manifest Destiny"),载《亨廷顿图书馆季刊》(*Huntington Library Quarterly*),第10卷,第1/4期(1946~1947年),第373~389页。
② 罗伯特·雷明:《安德鲁·杰克逊与1833年至1845年的美国民主进程》(Robert V. Remin, *Andrew Jackson and the Course of American Democracy 1833-1845*),纽约:哈珀和罗出版社1984年版,第418页。
③ 格雷伯纳编:《思想与外交:美国外交政策的理性传统选集》,第157页。
④ 温伯格:《天定命运:美国历史上国家主义的扩张主义之研究》,第203页。

在美国政府的插手下，得克萨斯宣布脱离墨西哥而独立，美国翌年予以承认，完成了合并得克萨斯的第一步。随后得克萨斯申请加入美国联邦，但由于美国民主党和辉格党因为奴隶州和自由州之争，合并问题总是悬而未决。直到1845年3月1日，约翰·泰勒总统在他卸任前三天签署了兼并得克萨斯的两院联合决议，喧嚣十多年的这一问题才告一段落。1845年，美国著名扩张主义分子詹姆斯·波尔克走马出任美国总统。波尔克当时竞选口号是"重新合并得克萨斯"和"重新占领俄勒冈"，这无疑迎合了举国上下的扩张呼声。

英法两国在美国兼并得克萨斯上处处作梗，它们首先承认得克萨斯的独立地位，继而积极促使墨西哥与得克萨斯达成一个条约，保证后者不使自己并入美国。英法两国的目的是想把独立的得克萨斯作为一个阻止美国扩张的缓冲地区，限制美国力量的发展。英国外交大臣阿伯丁说，英国政府希望"得克萨斯继续作为一个独立的国家存在，按照自己的法律和体制发展，一定有助于北美大陆更稳定，因而更永久的利益平衡，它插在美国与墨西哥之间，为维护两国政府之间的友好关系提供了最好机会"。法国首相基佐也认为："在美洲同欧洲一样，我们享有政治和商业利益。这一明显事实使我们需要独立的国家，即一种力量的平衡，这应该是支配法国的美洲政策的实质思想。"①英法两国出于各自利益考虑，想限制美国的领土扩张，这令美国政府深感不安。波尔克就任总统伊始，就派兵到得克萨斯。与此同时，美国政府派遣海军到墨西哥湾和加利福尼亚沿海地区待命，并任命约翰·斯莱德尔为特使赴墨西哥谈判。1845年11月10日，国务院在致斯莱德尔的指令中要求将得克萨斯的边界由努埃西斯河推进到格兰德河，还要求"购买"新墨西哥和加利福尼亚地区。这一指令宣称，美洲大陆国家有自己不同于欧洲的

---

① 德克斯特·珀金斯：《门罗主义，1867年至1907年》(Dexter Perkins, *The Monroe Doctrine 1867–1907*)，格洛斯特：史密斯出版社1966年版，第71页。

特殊利益和政治制度，美国不能听任欧洲国家干涉美洲事务，也不允许欧洲国家在美洲建立新的殖民地。12月2日，波尔克向国会宣读了他的第一个年度咨文，重申了二十余年前门罗政府提出的对美洲政策原则，并作了一些重要的补充和新的解释，尤其针对英法在美洲推行均衡政策把门罗咨文中的"互不干涉原则"发展成为不准欧洲国家干预美国在美洲任意合并他国的权利。他在咨文中宣称：

> 美洲的政体完全不同于欧洲的政体。欧洲各国君主之间的猜忌，担心其中某个大国强于其余的，已使他们渴望建立他们所谓的均势。我们不能允许这种均势在北美大陆上，特别是对合众国加以运用。我们必须永远维护这种原则，即本大陆的人民单独有权决定他们自己的命运。如果他们中的某一部分组成一个独立国家而建议要和我们联邦合并时，这将只由他们和我们来决定，而不需任何外国的干预。我们决不同意欧洲列强因为这种合并会破坏他们也许想在本大陆维持的均势而进行干涉以阻挠这种合作。①

波尔克对国会的咨文并不是"虚张声势"。几周后，得克萨斯正式并入美国，随后美国的扩张势头继续向西蔓延。波尔克政府起初试图通过压力迫使墨西哥政府将加利福尼亚和新墨西哥出卖给美国，但这一招未能奏效，遭到墨西哥政府的拒绝。美国随之于1846年1月派兵开赴格兰德河，双方军队发生了几次交火事件，波尔克政府就以此为借口发动了对墨西哥战争。5月11日，波尔克向国会递交了战争咨文，宣称墨西哥部队"已经越过了美国的边境，入侵

---

① 见詹姆斯·甘滕宾主编：《我们的拉美政策演变：一部文件录》(James W. Gantenbein, ed., *The Evolution of Our Latin-American Policy: A Documentary Record*)，纽约：哥伦比亚大学出版社1950年版，第328~329页。

了我们的领土，使美国人的鲜血在美国土地上流淌"。①波尔克所谓的"美国土地"实际上是美墨之间发生争议的地区，咨文中所列的理由纯属借口，众议员阿伯拉罕·林肯称之为"十足的谎言"。5月13日，美国国会通过法案，宣布对墨西哥作战，战争进行了一年多，以墨西哥的失败而告终。1848年2月2日，美墨双方在墨西哥城附近的一个小镇签订了瓜达卢佩-伊达尔戈条约。墨西哥把加利福尼亚和新墨西哥划给了美国，同时确认了美国对以格兰德河为界的得克萨斯的所有权；美国付给墨西哥1500万美元和美国公民向墨西哥要求赔偿的325万美元。1846年，在美国的压力下，英美联合占领俄勒冈宣告结束，两国达成协议，美国获得286500平方英里的地区，包括今天的俄勒冈、华盛顿、爱达荷及怀俄明和蒙大拿部分地区。1853年，美国通过"加兹登购买"，在梅西亚流域获得45000平方英里土地，而仅仅支付了1000万美元。美国共产党的领导人威廉·福斯特在总结美国从合并得克萨斯到"加兹登购买"这一期间在"天定命运"借口下进行领土扩张时谴责说："这是美国历史上最可耻的事件之一，也是后来引起1846年墨西哥战争的一连串事件之一，美国夺取了墨西哥整个领土的一半。在这种抢劫行动中（包括1853年的加兹登购地事件）美国新添了944825平方英里的土地。"②到了此时，美国在"天定命运"理论的指导下，基本上完成了在北美大陆上的版图扩张，奠定了一个强国在疆土上所必备的基础。

美国从独立到19世纪中期，时间不到一个世纪，就发展成为一个东西疆界濒临两洋的大国，用"地大物博"形容此时的美国一点也不过分，辽阔的疆土为美国经济发展提供了丰富的自然资源和必需的国内市场，也为美国迈向世界大国奠定了自然条件的基础。美国从疆土扩大中得到的好处恐怕不能仅仅用数字所能衡量的。当然

---

① 康奈尔-史密斯：《美国和拉丁美洲：美洲国家间关系的历史分析》，第79页。
② 威廉·福斯特：《美洲政治史纲》，冯明方译，北京：三联书店1956年版，第266页。

美国也不会到此为止，其文化中的扩张特性决定了这一点。一位参与疆土扩张的美国军人拉菲尔·塞姆斯写道："我们的种族进入得克萨斯、新墨西哥和加利福尼亚只是伟大的向南运动的第一步，这场运动是我们命运的组成部分。"①在乌利西斯·格兰特总统举行的一次宴会上，扩张主义分子埃弗里茨叫嚣说："美洲是美洲人的美洲！此话不错，但我们把它理解为美洲是美国人的美洲。让我们先从墨西哥开刀，我们已经获得了该国的一部分，现在必须全部予以吞并。中美洲将伴随其后，以刺激起我们对南美洲的食欲。瞧一下我们看的这张地图，南美洲像一只火腿，山姆大叔的大菜就是火腿。我们那布满星星的旗帜足以从一个大洋伸向另一个大洋。某一天它将独自飘扬着，象征着我们从北极到南极的胜利。"②他们的言论只是反映出扩张主义者对美国未来的"憧憬"，并没有即刻向现实转化。以后的历史发展表明，美国的版图扩张再没有超过格兰德河以南的地区，但美国通过其他方式，逐步完成了在西半球的扩张过程，以确立在这一地区的霸权地位，实现了上述扩张主义者的"预言"。

三　美国海外经济扩张的动力

1893年，弗雷德里克·特纳发表的一篇题目为"边疆在美国历史上的重要作用"的论文，在美国学界引起很大的反响，标志着对美国历史研究产生很大影响的边疆学派的形成。特纳在这篇论文中，开头就引用了美国人口调查局局长1890年报告中的几句重要之

---

①托马斯·帕特森主编：《美国对外政策中的重大问题：文件和论文》(Thomas G. Paterson, ed., *Major Problem in American Foreign Policy: Documents and Essays*)，第1卷，莱克星顿：希思出版社1978年版，第216页。
②塞缪尔·英曼：《泛美主义中的问题》(Samuel G. Inman, *Problem in Pan Americanism*)，纽约和伦敦：乔治·多兰出版公司1926年版，第146~147页。

言:"直到1880年(1880年在内)我国本有一个定居的边疆地带,但是现在未开发的土地大多已被各个独自为政的定居地所占领,所以已经不能说有边境地带了。因此,对边疆范围,对向西部移民运动等等进行讨论,也已不能再在人口调查报告中占有篇幅了。"①特纳引出这段话旨在说明,美国历史上的一个伟大运动已告结束,国内边疆不复存在,美国要继续保持应付经济危机和解决社会问题的"安全阀",就必须不断地寻找新的边疆。特纳不相信"美国人生活中的扩张特性现在已经完全消失。它的主要事实一直是运动,除非这种训练对一个民族不再起作用,否则美国人将继续要求得到更广泛的地区来发挥这种活力"。②边疆学派着重宣扬美国向新领土扩张乃是美国历史发展的基本规律。关于一点,深受边疆学派影响的伍德罗·威尔逊说得更明白。威尔逊1895年5月16日在新泽西历史学会上发表了题目为"美国历史进程"的讲话,认为美国历史主要受"拓荒运动"的驱动,也就是受边疆精神的支配。他把美利坚民族看做一个不断寻求新边疆的民族,这种边疆精神贯穿于北美300年来的历史发展中。他说:"直到1890年,美国总有一个边疆,总是指望远方未被占据的地区,这是其精力发泄的途径,是其人民移居和获取成就的新场所。将近300年来,它的发展一直遵循着一个单一的规则——扩张进入新领土的规则。"③1920年,特纳出版了《美国历史上的边疆》一书,他在书中强调:

> 将近三个世纪来,扩张在美国生活中一直占据支配地位。随着向太平洋沿岸移民,随着自由土地被占去,这个扩张运动将近结束了。如果说这种扩张的能力不再发生作用,那就是一

---

① 转引自杨生茂编:《美国历史学家特纳及其学派》,北京:商务印书馆1983年版,第3页。
② 帕特森等:《美国外交政策史》,第1卷,第158页。
③ 林克编辑:《伍德罗·威尔逊文件集》,第12卷,第11页。

个鲁莽的预言。要求强有力的外交政策,要求两大洋之间开辟运河,要求恢复我们的制海权,要求把美国势力伸向本土外的岛屿和邻近的国家——这一切都表明这个运动还会继续下去。①

特纳创立的边疆学派只是为美国海外扩张行为进行辩解的一种理论,其立论并不符合美国历史的发展,但从一个侧面反映出了美国社会正处在深刻的变动之中。受这种变动的促进,美国的对外扩张也进入了历史上的一个重要时期。

美国著名外交史学家迈克尔·亨特指出:"美国人在加勒比地区确立霸权的同时,他们正越过太平洋以扩大他们的影响。他们认为这既是通向亚洲之路,又是对合众国的最有力保护。"②事实正是如此,美国除了在西半球继续奉行既定的政策外,其扩张势头开始转向大洋外的世界,这是国内经济膨胀所带来的必然结果。美国南北战争之后,资本主义经济开始迅速发展起来。马克思在《资本论》中指出:"美国南北战争的结果……造成最迅速的资本集中……在那里,资本主义生产正在飞速向前发展。"③在这一时期,西部广大地区得到开拓,欧洲移民大批流入,四通八达的交通网把各地区联结起来,形成了任何其他资本主义国家都不可比拟的广阔而统一的国内市场,美国历史上称这一时期为"经济革命"。工业的高涨首先开始于大规模的铁路修建,这是适应开拓西部土地和在政治上、经济上把东部同西部联结起来的需要。政府为了鼓励私人修筑铁路,不惜重金,规定每修筑1英里铁路,拨给铁路两旁各10英里土地,并发给每英里约1.6万至4.8万美元的补助金。在这种奖

---

① 转引自杨生茂编:《美国历史学家特纳及其学派》,第68页。
② 迈克尔·亨特:"美国外交传统:从殖民地到大国"(Michael H. Hunt, "Traditions of American Diplomacy: from Colony to Great Power"),载马特尔主编:《1890年至1993年美国对外关系重新审思》,第4页。
③ 《马克思恩格斯全集》,第23卷,人民出版社1972年版,第842~843页。

励制度的刺激下，美国私人投资修建铁路成风。1865年美国有铁路线3.5万英里，在此后的8年间，国家铁路线翻了一番。从1874年到1887年，大约又铺筑了8.7万英里长的铁路。大规模铁路的修建，直接带动了钢铁、煤炭、机器制造等工业部门的发展，一系列新的工业部门也先后出现。自1859年在宾夕法尼亚西部发现第一个油田后，又陆续在俄亥俄、印第安纳、西弗吉尼亚、堪萨斯、加利福尼亚、田纳西和得克萨斯发现了新油田。1880年第一个发电厂建成，以后发电机很快就在工业中得到普遍应用。

1879年，一个富有时代标志意义的垄断组织在美国出现，这就是洛克菲勒组织的美孚石油托拉斯。美孚石油公司在1870年成立时只有资本100万美元，仅仅经过9年，其名义资本就高达7000万美元。当时它兼并了其他14家大石油公司，并控制了另外26家石油公司的多数股票，从而把美国石油生产的90%集中到自己手中。它还掌握了产油区的各大铁路，修建了四通八达的输油管道，建立了拥有上百艘轮船的海上运输队。美孚石油托拉斯的建立开了风气之先，随后托拉斯在美国各行各业中蜂拥而出。1859年美国工厂数为14万家，生产品总值为188600万美元，到1889年，工厂数增加到35.5万家，生产总值为937200万美元。19世纪80年代美国的工业生产量赶上了英国而居世界第一位，经过10年的发展，美国的工业生产总额占全世界的31%，而此时英国占22%，德国占14%，法国占8%。这种迅速膨胀的经济不仅为美国从自由资本主义过渡到垄断资本主义奠定了必要的物质基础，而且也为其推行全面扩张政策提供了强大的物质后盾。

另一方面，经济的飞速发展也给美国社会带来新的矛盾。国内经济的发展除了受内部因素影响外，与对外贸易和市场扩大密切相关。美国经济的膨胀使消费市场不足日益显得突出。1881年，美国政治家约翰·卡森警告说，如果美国不为其农产品和工业品寻找市场，"我们的剩余品将很快从大西洋沿岸蜂拥而至内地，繁荣的车轮当装载着极为沉重的负担时,将无法向前移动"。①美国经济学家戴维·韦尔斯并非危言耸听地主张,美国必须打开新的国外市场,否则"我们肯定会被我们自身的过分肥胖窒息而死"。②美国历史学家布鲁克斯·亚当斯宣称:"任何国家的扩张必须取决于为其剩余产品寻找市场;中国是现在能够提供几乎无限吸收剩余品可能性的唯一地区。"③这一时期无论在美国的政界,还是学界,很多政治家和学者鼓吹向外经济扩张,他们尽管强调的扩张重点不同,所持的观点也有区别,但目的很明确,就是敦促美国政府扬帆远征,为美国国内日益发展的经济寻求新的"边疆"。

当时美国政界和学界一片扩张的喧嚣声完全是出于本国的利益考虑,说穿了也就是宣扬一种公开的对外经济扩张,但的确反映了美国政府面对的一个非常重大的问题。美国国内经济的飞速发展造成了国内市场的严重不足,如果过剩产品找不到销路,必然要爆发周期性的经济萧条和危机,这一问题直接影响到美国资本主义的发展甚至生存。关于它对美国对外关系的作用,诚如查尔斯·坎贝尔所言:

> 美国日益增长的农业和工业产量在19世纪80年代对美国外交政策产生了重大影响。所谓剩余产品的影响在越过边界与墨西哥争执期间就已经露出端倪,在切斯特·阿瑟担任总统期间尤其显而易见。就连十分谨小慎微的国务卿弗雷德里克·弗里林海森都竭尽全力不仅在像加勒比海、夏威夷和欧洲这样熟悉的地方,而且甚至在遥远的非洲寻找市场。④

---

① 查尔斯·坎贝尔:《1865年至1900年美国对外关系的转变》(Charles S. Campbell, *The Transformation of American Foreign Relations 1865–1900*),纽约:哈珀和罗出版社1976年版,第85页。
② 帕特森等:《美国外交政策史》,第1卷,第159页。
③ 坎贝尔:《1865年至1900年美国对外关系的转变》,第154页。
④ 坎贝尔:《1865年至1900年美国对外关系的转变》,第106页。

美国一些学者把这一时期美国的向外扩张说成是受内部压力所迫，这固然是一个事实，但显然忽视了这种扩张在美国历史上的延承性，是对美国在新时期把扩张目光转向海外的一种巧妙辩解。美国的扩张绝不是一种不得已而为之的行为，而是美国政府在实现其外部利益过程中所使用的一种"最佳"手段。

指导这一时期美国对外扩张的理论基础是"新天定命运"。新天定命运在内容上与旧天定命运相差无几，都是美国盎格鲁–撒克逊白人文化中的使命观在特定形势下的再现，但它的涵盖面远非后者所能比拟。它掺进了当时社会上流行一时的社会达尔文主义，把美国白人注定对世界承担一种特殊使命的观念推到历史上的一个高潮期，在美国朝野产生了强烈的反响。1859年，英国生物学家达尔文出版了《物种起源》一书，提出了"物竞天择，适者生存"的生命由低级向高级进化的规律。这种理论随即被很多西方宣扬白人种族优越的人应用于解释社会发展，在西方的政界和学界形成了风靡一时的社会达尔文主义。美国许多学者根据这种理论，从所谓的科学角度解释了美国白人天生具有对变化了的"环境"的适应能力，提出了新"天定命运"的理论基础。历史学家约翰·菲斯克的研究结论是，美国境内的盎格鲁–撒克逊人已经发展出了一切政治原则之中"最适宜"的原则，即联邦制度，整个世界都将在未来某一天根据这个原则组织起来，而且盎格鲁–撒克逊人在人力和经济力量上更是其他种族望尘莫及，这就是该种族的"适应性"。[①]

对这种思想系统阐述的是美国著名公理会牧师和狂热的福音传教士乔赛亚·斯特朗。1885年斯特朗出版了《我们的国家》一书，他的基本命题是，美国由于控制着一片广大地区，拥有丰富的自然

[①] 坎贝尔主编：《扩张与帝国主义》，第28页。另见约翰·菲斯克："天定命运"(John Fiske, "Manifest Destiny")，载《哈珀新月杂志》(Harper's New Monthly Magazine)，第70期(1984年12月~1985年5月)，第578~590页。

资源，所以注定成为统治世界的国家，这样一种未来之所以得到保证是因为美国人属于盎格鲁-撒克逊血统。他宣称："显而易见，盎格鲁-撒克逊人手中掌握着人类的命运。毋庸置疑，美国将成为这个种族的家园，其力量的主要源泉，其影响的伟大中心。"①斯特朗毫不讳言地宣扬赤裸裸的社会达尔文主义，适应国际竞争环境的种族将得以生存，而不适应的民族将被淘汰。他说："不再有任何新的世界，地球上的可耕地是有限的，将很快被占领。……然后，世界将开始其历史的一个新阶段——种族的最后竞争，盎格鲁-撒克逊人正在为此受训。"②种族竞争规律将迫使盎格鲁-撒克逊这个强大的种族"向南移动进抵墨西哥，再向南进抵中美洲和南美洲，向外进抵海上各岛屿，跨海进抵非洲及以远各地。有什么人能够怀疑这一种族间的竞争将是'最适者生存'呢？"③当《我们的国家》初版时，美国的海外扩张正在孕育之中，这本书的着眼点主要是以向世界传播基督福音为出发点，但对随后美国的政治和经济扩张提供了重要的理论依据。约翰·伯哲士是哥伦比亚大学教授，他在1890年出版的《政治科学和比较宪法》一书中，奢谈在世界上所有民族中只有盎格鲁-撒克逊人具有可以统治世界的民族性格。因此，这些民族注定应该向全世界发展，传播"政治文明"。共和党在1892年的竞选纲领中声称要"在最广泛的意义上实现共和国的天

---

① 拉尔夫·加布里埃尔：《美国民主思想历程：自1815年以来的理性史》(Ralph H. Gabriel, *The Course of American Democratic Thought: An Intellectual History Since 1815*)，纽约：罗纳德出版公司1940年版，第369页。
② 达莱克：《美国对外政策方式：文化政治和外交事务》，第22页。
③ 坎贝尔主编：《扩张与帝国主义》，第29页。关于斯特朗宣扬传教士式的扩张对美国对外政策的影响详见詹姆斯·埃尔丁·里德："美国对外政策、使命政治和乔赛亚·斯特朗，1890~1900年"(James Eldin Reed, "American Foreign Policy, The Politics of Missions and Josiah Strong, 1890–1900")，载《教会史》(*Church History*)，第41卷，第2期(1972年6月)，第230~245页。

定命运"。①美国对落后地区承担责任的想法在美国政界和学界得到普遍的响应,因而在社会上广泛传播。正如研究美国社会思想发展的专家小保罗·博勒指出的那样:"到了美西战争之时,盎格鲁-撒克逊人在世界上履行一种特殊的教化和统治使命的思想已牢牢地包含在美国人的思想中,深深地影响了许多著名美国人对美国与其他国家关系的态度。"②这种对落后地区承担的特殊使命,遂成为美国掀起海外扩张的主要口实之一。

浩渺的海洋把人类居住的这个星球分隔为几大洲,大凡目光注视全球的扩张性国家,无不重视发展海上力量,否则就会"望洋兴叹"。英国之所以长时期驰骋世界,成为"日不落"帝国,很大程度上就是依靠其强大的海军,拥有控制海上通道的制海权。美国立国之后,自以为有东西两洋屏障,本土安全不会或很少受到来自大洋之外的大国入侵的威胁。对美国来说,这样一种优越的地理条件可以使其不必把人力财力投向花费巨大的国防上,专注于解决国内经济问题,但在另外一个方面却造就了美国往往不重视国防的建设与发展,尤其是海军力量异常薄弱,在世界海军列强中根本无一席之地。美国内战爆发时,联邦海军能够投入作战的战列舰仅42艘,内战期间受战时所需的刺激,美国一度加大海军的建设力度,但内战后又大幅度削减国防经费,海军发展再次处于停滞状态。由于战舰长年失修,到1880年时仅余48艘。美国的海军力量与欧洲大国相比,简直不可同日而语。到了19世纪末,美国开始把扩张目光转向

---

① 朱丽叶斯·普拉特:《1898年的扩张主义分子:夏威夷和西班牙所属诸岛的获得》(Julius Platt, *Expansionists of 1898: The Acquisition of Hawaii and the Spanish Islands*),巴尔的摩:约翰斯·霍普金斯大学出版社1936年版,第78~79页。
② 小保罗·博勒:《转变中的美国思想:进化自然主义的冲击1865~1900年》(Paul F. Boller, Jr., *American Thought in Transition: the Impact of Evolutionary Naturalism, 1865-1900*),华盛顿特区:美利坚大学出版社1981年版,第217页。

大洋之外的世界。若没有强大的军事力量作为后盾,美国显然很难在国际竞技场上"有所作为",因此建立一支强大的海军迫在眉睫,这也成为美国积极参与国际竞争所必需的一个条件。用海军准将罗伯特·舒菲尔特的话来说,海军是"商业的先驱"。他对一个众议员说:"为了追求新的贸易渠道……需要国旗和大炮的经常保护。它可以对付野蛮种族——这些人只知道靠体力来讲理。……军舰走到商人前面,给未开化的人民以深刻的印象。"①

被西方视为研究海军战略问题权威的美国历史学家艾尔弗雷德·马汉提出的理论对美国现代海军发展影响颇大。1890年,他出版了《海上实力对历史的影响,1660~1783年》一书,提出了"海上实力论",以后又在一系列论著中进一步阐明了这种理论。所谓的海上实力,具体讲主要包括海军、商船队、海外殖民地和海军基地等,这几个要素互为联系,密不可分,其中拥有一支强大的海军最为重要。这支海军在和平时期可以有效地保证海上通道不受到敌方的堵塞,使国家与外国的交往畅通无阻,尤其要保证运输商品的商船队安全往来,在战时可以切断敌方的供应线,掌握制海权,从而给对手以致命的打击,最终赢得战争的胜利。此外,要发展海军,还需要建立海上加油站和海军基地。马汉在谈到它们之间的关系时说:

> 一个国家要想繁荣与伟大,必须组建自己庞大的商船队,避免它的对外贸易由外国船只转运,该国也应该形成一支能够保持海路畅通和在战时维护其船运的海军;此外,它必须在世界各地建立殖民地,为商船和海军提供避难所和供应站;提供商业港口,提供海军基地。②

---

① 帕特森等:《美国外交政策史》,第1卷,第161页。
② 小博勒:《转变中的美国思想:进化自然主义的冲击 1865~1900年》,第217页。

根据历史学家比尔德的研究，马汉的战略思想由以下几个原则构成：建立一支强大的海军；在世界各地获得殖民地；在战略要地建立和发展海军基地，用来保护贸易和对其他国家施加压力；对商船提供资助；对妨碍美国追逐现实利益的仲裁和调解，一概置之不理；对那些无助于国防发展的社会立法予以限制；通过政府行动促进外贸，尤其与中国的贸易；运用海军保持海上商业道路在和平与战时畅通，以便美国商人能从中获取利润；教育政治家接受和支持上述原则，积极行动起来。①马汉提出建立一支强大的海军显然主要是为这一时期美国对外经济扩张服务的，难怪有的历史学家把马汉的思想称为"重商主义的帝国主义"。②

马汉的"海上实力论"适应了这一时期美国社会的扩张思潮，受到决策层内一些扩张主义分子的称颂赞扬，西奥多·罗斯福、亨利·洛奇以及艾伯特·贝弗里奇等人积极敦促政府识时达务，组建与美国经济力量相符的海军，以保证美国在海外扩张过程中所确定的目标能够如愿以偿。贝弗里奇1898年4月27日在波士顿的一次讲话中说："我们的商船将遍布海洋，我们将建立与我们强大相一致的海军。我们自己进行管理，飘扬着我们国旗和与我们进行贸易的大殖民地将围绕着我们的贸易站发展。我们的制度将在我们的商业两翼跟随着我们的国旗前时。美国的法律、美国的秩序、美国的文

---

① 参见查尔斯·比尔德：《美国外交政策》(Charles A. Beard, *A Foreign Policy for America*)，纽约：克诺夫1940年版，第43页。关于马汉的海权思想另参见彼得·卡斯滕："'影响'的本质：罗斯福、马汉以及海权概念"(Peter Karsten, "The Nature of 'Influence': Roosevelt, Mahan and the Concept of Sea Power")，载《美国季刊》(*American Quarterly*)，第40卷，第4期(1971年11月)，第519~522页。
② 参见沃尔特·拉夫伯："关于艾尔弗雷德·塞耶·马汉的'重商主义帝国主义'的评论"(Walter LaFeber, "A Note on 'Mercantistic Imperialism' of Alfred Thayer Mahan")，载《密西西比河流域历史评论》(*The Mississippi Valley Historical Review*)，第48卷，第4期(1962年3月)，第674页。

明、美国的国旗将出现在迄今仍是血腥和愚昧的海岸,靠着上帝的帮助,此后将使之美丽和明亮。"①西奥多·罗斯福宣称:"我们的船舰应是第一流的——这是迫在眉睫的事,而且应该数量庞大。我们需要一支阵容齐整的海军,不仅仅由巡洋舰组成,而且也包括占相当比例的威力大的战列舰,这才能够对付任何其他国家的海军。政府在从津贴到公共建筑上四处乱花钱时却紧缩我们的海军开支,这不是节约——这是小家子气,是愚蠢的,是目光短浅的。"②呼吁政府组建强大的海军成为这一时期美国政治家的一个主要话题。在他们的推动下,美国政府开始大规模地建立现代海军,到1900年,其海军实力从1880年的世界第12位跃升为第3位,仅次于英国和法国。这支海军力量在美国向外扩张过程起了不可忽视的重要作用。

美国内战后的领土扩张多是为美国大踏步地迈向国际竞技场作准备。1867年,在扩张主义者威廉·西沃德的一手策划下,美国以低廉的价格从俄国手中购买了阿拉斯加,从而加强了美国在太平洋上的地位,获得了把扩张触角伸向东方的基地。《纽约时报》在这次购买后的翌日以醒目的位置刊文宣称,阿拉斯加落入美国之手为美国与中国和日本的贸易带来"光辉灿烂的前景",无疑对扩大美国的太平洋贸易"百利而无一害",从此,"通往中国和日本的贸易之途畅通无阻"。③位于太平洋中间的夏威夷早就成为美国扩张主义者觊觎的目标,西沃德担任国务卿期间就把兼并夏威夷提上议事

---

① 昆西·豪:《我们自己时代的世界史》(Quincy Howe, *A World History of Our Own Times*),纽约:西蒙和舒斯特出版社1949年版,第128~129页。
② H. W. 布兰兹:《对帝国的束缚:美国与菲律宾》(H. W. Brands, *Bound to Empire: the United States and the Philippines*),纽约:牛津大学出版社1992年版,第14页。
③ 欧内斯特·保利诺:《美国帝国之基础:威廉·亨利·西沃德与美国对外政策》(Ernest N. Paolino, *The Foundations of the American Empire: William Henry Seward and U.S. Foreign Policy*),伊萨卡:康奈尔大学出版社1973年版,第111~112页。

日程，到了格兰特政府时期，美国兼并夏威夷的政策就更为明确了。国务卿汉密尔顿·菲什指出，美国将很快"在太平洋海岸与广大的亚洲地区之间的太平洋中部寻求一个驻足点"，而夏威夷正是开启"东方贸易大门的钥匙"。①1882年国务卿詹姆斯·布赖恩直言不讳地警告英国人不要染指夏威夷，因为它"实质上是美国各州体系中的一部分，是北太平洋贸易的锁钥"。②当然夏威夷这颗"梨"也不是轻易能够落入美国之手的，兼并过程由于种种原因延续了数十年之久，直到1898年才正式成为美国的领地。

萨摩亚位于南太平洋，距美国本土约4000英里，战略地位十分重要。英国、德国和美国的移民先后到达这块宝地，三国都想把这个最早称为"航海家群岛"据为己有。他们角逐激烈，互不相让，致使萨摩亚的归属问题迟迟不能定局。直到1889年11月，英国才同意以它在萨摩亚的"权利"交换德国在非洲及太平洋的一些岛屿，从而退出了在该群岛的竞争。随后美国与德国签订了瓜分萨摩亚的条约，规定西经171°为界，以东的土土伊拉岛和帕果帕果港归属美国，以西的所有岛屿归德国所有。这样美国在太平洋上又获得了一块踏上彼岸地区的基地。关于这件事的意义，直接参与谈判的美国代表约翰·巴西特·穆尔以后说得很明白："在美国历史上，没有哪一个事件……比我们政府对萨摩亚群岛的方针更有助于我们理解对菲律宾的兼并。"③

1898年，美国和老牌殖民帝国西班牙之间发生了战争。这场战争是由美国挑起的。是年2月15日晚，停泊在古巴哈瓦那港的美国战列舰"缅因号"突然发生爆炸沉没，原因至今不明。美国政府一

---

① 拉夫伯：《新帝国：对1860年至1898年美国扩张的解释》，第35页。
② 戴维·普莱彻：《麻烦的年代：加菲尔德和阿瑟任内的美国对外关系》(David M. Pletcher, *The Awkward Years: American Foreign Relations Under Garfield and Arthur*)，哥伦比亚：密苏里大学出版社1962年版，第70页。
③ 拉夫伯：《新帝国：对1860年至1898年美国扩张的解释》，第140页。

口咬定此事是西班牙人所为,国内迅即掀起了一股反对西班牙的战争喧嚣。麦金莱政府借口这一事件,不断威逼西班牙答应美国提出的条件。西班牙别无选择,遂于4月23日向美国宣战。这场战争仅持续了3个多月,美国以摧枯拉朽之势,一举击败了西班牙。12月10日,美西两国在巴黎签订了和约。和约规定,西班牙放弃对古巴的主权和所有一切要求,由美国占领该岛;西班牙将波多黎各岛和关岛让与美国;西班牙以取得2000万美元为代价将菲律宾群岛割让给美国。这场战争尽管发生在20世纪前夕,却具有划时代的意义。它拉开了帝国主义列强重新划分势力范围的序幕。对美国来说,美西战争的意义更是非凡,美国正是通过这场战争成功地显示出自己的实力,逐步把与其利益至关重要的地区控制在自己的手中,为美国在美洲建立地区霸权奠定了基础。美西战争在美国历史上也是一个重要的转折点,自此以后,美国开始告别传统的孤立主义,大踏步地跨入了与诸列强在海外激烈竞争的行列,在与诸列强的海外竞争中,美国在商业上的优势不断地显现出来,成为美国打入老牌殖民大国控制的地区的一个有力武器。

美国学者拉尔夫·佩里指出:"土地的占领和自然资源的获得受到发现和征服精神的刺激。美国人贪婪地注视着现在疆界之外的加拿大、中南美洲、西印度群岛、太平洋群岛以及北极和南极的未开发地区,决心把其欧洲竞争者排除出去,在位于大西洋和远东之间的那一整个地区实现霸权。"[①]对于一些极端扩张主义者来说,获得新领土的欲望永远不能满足,尽管鼓吹兼并邻近国家的言论依然在美国政界甚嚣尘上,但美国显然已经放慢或停止了版图的扩张。也就是说,这一时期美国的扩张已不再是以增加版图为特征,而主要转向寻求资本主义赖以生存和发展的疆域外市场,增加新的领土已不是目的,而只是一种更好地服务于异域经济扩张的手段。此时

---

① 佩里:《清教主义与民主》,第580页。

美国政界和学术界，鼓吹经济扩张的言论俯拾即是，很少政治家能够在这种喧嚣声中保持缄默。就连当时一些所谓的反帝国主义分子也不谴责商业扩张，伦敦《泰晤士报》指出，在美国，甚至谴责美国政府海外殖民行动的反帝国主义分子都欢迎"商业征服"政策。①伍德罗·威尔逊出任总统之前是一个著名学者，他在五卷本的《美国人民史》中强调了外交服务于经济扩张的需要，"外交，如果必要的话，必须为市场打开一条通道"。②美国吞并太平洋之中的菲律宾群岛主要是出于向亚洲经济扩张考虑。参议员贝弗里奇等人极力宣扬兼并菲律宾，这样做的目的是，"在菲律宾的另一边，便是中国无边的市场"。亨利·洛奇在参议院宣称，如果美国不获得菲律宾，"那对我们的贸易、商业和我们的企业将是一个不可估计的巨大损失"。③这些在当时活跃于美国政坛的人物所持的观点适应了美国海外经济扩张的需要，对美国政府制定和执行相应的对外政策发生了重要的影响。自此以后，美国就扬起了海外经济扩张的大旗，同西方其他列强激烈地争夺经济势力范围。即使第一次世界大战后受国内孤立主义思潮的影响，美国一度放缓了对世界事务的介入，但海外经济扩张从未间断，相反却伴随着美国国内经济的急剧膨胀而日益加快，从国外市场上获得的利润或原材料源源不断地流入美国，刺激着美国经济朝着更高的水平发展。正是在这个基础上，美国完成了第二次世界大战后承担"自由世界"领袖的物质准备工作。

随着时代的进步，公开宣扬对外扩张的言论很少出现在美国决策者的口中，"经济扩张"这一术语已不多为美国政治家所用，过去那种赤裸裸地为经济扩张服务的手段似乎也走进了历史陈列室，

---

① 威廉·威廉斯：《美国外交的悲剧》（William Appleman Williams, *The Tragedy of American Diplomacy*），第 2 版，纽约：德尔出版公司 1972 年版，第 35 页。
② 威廉斯：《美国外交的悲剧》，第 72 页。
③ 转引自杨生茂主编：《美国外交政策史 1775~1989》，第 212 页。

但并不意味着美国政府放弃了这一术语体现出的基本内容。美国要求其他国家降低关税和开放市场，并竭力敦促非西方国家接受美国的经济发展模式，采取西方式的市场体制，等等。这些措施除了直接服务于美国在海外的经济利益外，还包含着更深层的目的，无非是想使一个统一在美国价值观之下的以西方市场经济为基础的世界早日到来，这大概也是美国一个世纪以前发起海外经济扩张的最终目标。

四　美国对外文化扩张

在国际关系学中，"文化扩张"主要指一国将其传统价值观传播或强加给其他国家，以达到"不战而屈人之兵"的目的。在世界历史上，许多大国对他国征服往往伴随着文化上的扩张，只有文化上的征服才能实现长治久安。在古代埃及，法老极力用本国文化来熏陶充当人质的外国青年贵族，目的是希望他们回国担任领导职务时能够具有埃及人的世界观和生活方式。在古罗马帝国时代，罗马统治者极力在其臣服民族中传播罗马的语言、宗教、建筑以及市民文化。现代西方文明兴起后，西方殖民者踏上异国土地时莫不宣称要以自己的宗教观改变异教徒的信仰，以后逐渐发展为用西方的文化价值观来改变与自己文化不同的国家，使这些国家按照西方设计好的道路发展。这一历史过程长期在西方国家的对外关系中体现出来。马克思曾以英国在印度的殖民统治为例作出过精辟的分析，他说："英国在印度要完成双重的使命：一个是破坏性的使命，即消灭旧的亚洲式的社会；另一个是建设性的使命，即在亚洲为西方式的社会奠定物质基础。"[1]

因此，在西方列强掀起的全球扩张过程中，对西方之外国家的

---

[1]《马克思恩格斯选集》，第2卷，北京：人民出版社1972年版，第70页。

经济剥削或掠夺是这一扩张的中心所在，而实现对这些被征服对象的政治控制也主要是为经济扩张服务的。其实自古至今，那些在历史上炫耀一时的帝国尽管是靠着武力攻城略地，但要实现对被征服地区的长治久安显然不能完全靠着军事力量，而是要依赖宗主国的文化对被征服土地上的臣民进行心灵上的"洗礼"，使他们最终对征服者文化的认同，从而达到巩固宗主国对殖民地永久统治的目的。用一位专家的话来说，帝国主义"不只是通过镇压维持其统治，还要通过出口和制度化欧洲生活方式、组织结构、价值观念、人际关系、语言和文化产品"使其统治具有坚固的基础。这样，帝国主义本身就是"一个多方面的文化进程，为准备接受和采纳很迟到来的媒介文化产品奠定基础"。①非洲几内亚民族独立运动的先驱之一阿米卡尔·卡布拉尔以自己的亲身体验谈到了帝国主义统治与文化征服之间的密切关系。他指出，实行帝国主义统治"需要文化压制，试图直接或间接摧毁被统治人民的文化的实质成分"。②这样，"文化征服"在帝国主义概念中显然具有很重要的地位。法国学者弗朗茨·法农声称，"分解文化的计划"是帝国主义控制殖民地的根本。西方殖民主义不会仅仅满足于政治和经济的统治，而且会试图把当地人脑子里所贮存的东西清洗一空，使其语言、饮食习惯以及性行为受到挑战，改变了他们的坐卧姿势、嬉笑言谈和享受

---

① 安那贝勒·斯里伯尼－穆罕默迪："帝国主义的多文化面孔"（Annabelle Sreberny-Mohammadi, "The Many Cultural Faces of Imperialism"），载彼得·戈尔丁等：《超越文化帝国主义：全球化、交流和新的国际秩序》（Peter Golding and Phil Harris, *Beyond Cultural Imperialism: Globalization, Communication and the New International Order*），伦敦：塞奇出版社 1997 年版，第 51 页。
② 梅尔·拉特纳："赢得人心：为维护独立与文化帝国主义斗争"（Merle E. Ratner, "Winning Hearts & Minds: Combating Cultural Imperialism to Defend Independence"），2001 年 7 月 20 日至 21 日在法国普罗旺斯大学举办的暑期讨论班提交的论文，第 1 页。全文可在 http://hoithao.viet-studies.org/Aix_Ratner.pdf 网址上获得。

生活的方式，并且转变了他们的历史发展方向以及他们自己的人格。因此，在法农看来，当地人必须拒绝欧洲的价值观，抵制它们，把它们彻底抛弃。①法农是个马克思主义者，严厉抨击了西方殖民主义，他号召受到奴役的当地人完全拒绝接受西方的价值观，尽管这几乎是不可能的，但却反映出西方殖民主义者通过转变当地文化来达到永久控制殖民地的目的。因此，文化扩张成为西方国家对落后国家外交政策上的一个鲜明特征，这一特征从一开始就明显表现在美国处理与其他国家的关系之上。

在竞争激烈的国际舞台上，许多国家都程度不同地以自己的文化观念影响着国际关系，西方国家尤甚，但很少像美国那样如此热衷于文化扩张，并使其带有明显的持续性，有的学者把美国称为"文化帝国主义"正是反映出美国对外关系上的这一特征。美利坚是一个目光注视全球的民族，充当世界领袖是美国政府历届领导人追求的一个梦想。在实现这一目标的过程中，美国必然十分重视文化上的扩张，力图用自己"优越"的文化取得政治、经济以及军事力量所不能达到的目的。早在1938年的时候，美国国务院美洲司的理查德·帕蒂就有针对性地指出："政治渗透带有强制接受的烙印，经济渗透被谴责为自私和强制，只有文化合作才意味着思想交流和无拘无束。"②他在这里没有公开谈论文化扩张，但话中显然包含着美国文化能够对其他国家发生潜移默化的重要影响。美国在与这些国家的交往过程中，实际上很少不把文化价值观作为实现其现实利益的一种有效武器。冷战结束后，随着文化因素在国际关系中的地位上升，美国更加重视文化扩张，试图以自己的文化价值观来确定世界的发展方向。本·瓦腾伯格自豪地宣称："今天只有美国的民

---

① 参见小施莱辛格：《美国历史的循环》，第157~158页。
② 弗兰克·宁柯维奇：《思想外交：美国对外政策与文化关系》（Frank A. Ninkovich, *The Diplomacy of Ideas: U.S. Foreign Policy and Cultural Relations*），纽约：剑桥大学出版社1981年版，第27页。

主文化才有基础，只有美国人才拥有使命意识。……我们在历史上是最强有力的文化帝国主义。"①瓦腾伯格的观点反映了冷战后美国政界和学界的一种很有代表性的倾向。

美国的文化扩张首先表现为政治文化的扩张。美国政治文化向外扩张有着深刻的历史根源。"从一开始，一些美国人就把他们国家的国际使命确定为靠着道义的榜样领导这个世界，而另一些人却赞成直接干预来传播具有德行的美国方式"。②政治文化扩张主要由政府部门所为，旨在影响其他国家的政策选择，其政治性比较明显。美国政府一向重视政治文化的扩张，正如哈利·诺特在1941年强调的那样，美国正在通过文化输出，完成由英国开始的全球自由革命，"一个世纪前，当英国开始输出其工业进程、工具以及制造方法的奥秘时，伴随而来的是其他国家由此获益。现在为了各民族的进步，我们必须有意输出文化的奥秘"。③在这里，"文化输出"与"文化扩张"成为说明相同过程的两个不同术语。当然，美国的文化输出或扩张并不像诺特说的那样是"利他性"的或者产生了"利他性"的结果，对其他国家或民族来说，这种行为产生的负面影响是显而易见的，甚至给这些国家带来不幸与灾难。在许多情况下，美国的文化扩张往往伴随着隆隆的枪炮声来到了异国他乡。早在殖民时期，白人移民就扬起了"文明"征服"荒野"的大旗，不断向内地推进，土著人遭到无情的屠杀和驱逐。许多美国人曾以"文明必将征服野蛮"为这种非人道行为辩护。如美国一家影

---

① 本·瓦腾伯格："新显定命运主义"（Ben J. Wattenberg, "Neo–Manifest Destinarianism"），载哈里斯主编：《美国的目的：美国外交政策新见》，第110页。
② 利奥·里布福："美国对外政策史上的宗教"（Leo P. Ribuffo, "Religion in the History of U.S. Foreign Policy"），载埃利奥特·艾布拉姆斯主编：《信仰的影响：宗教团体与美国对外政策》（Elliott Abrams, ed., *The Influence of Faith: Religious Groups & U.S. Foreign Policy*），拉纳姆：罗曼和利特菲尔德出版公司2001年版，第2页。
③ 宁柯维奇：《思想外交：美国对外政策与文化关系》，第65页。

响很大的杂志编辑莱曼·阿博特就把基督教文明传播给"非文明"民族说成是盎格鲁-撒克逊种族的责任。他是这样批评持有异议者的"荒唐"的:

> 有人说,我们毫无权利进入一个由野蛮民族占据的土地,干涉他们的生活。有人说,如果他们宁愿野蛮状态,他们有权利还是野蛮人。我否认野蛮民族保持地球上任何地区的权利。我重申我已经说过的话,野蛮状态不享有文明必须尊重的任何权利。野蛮人享有文明人必须尊重的权利,但是他们没有任何权利保持野蛮状态。①

阿博特的说法在那些一向认为美国对落后国家或民族承担"开化"责任的美国人当中颇具代表性,在美国社会也广有市场,美国政府向所谓的"野蛮地区"发难,这是一个使其明显带有"侵略"性质之行为"合理化"的重要理由。历史事实表明,盎格鲁-撒克逊文化在所谓野蛮人游荡的"荒野"占据统治之日,也就是这片土地的原主人印第安人失去"自由"之时。当属于墨西哥的领土在隆隆的枪炮声中并进了美国的版图时,美国人也没有忘记对这种充满血腥的活动添上几笔诱人的"色彩"。《纽约先驱报》1847年5月15日刊文说,美国能够在数年之内更新与解放墨西哥人民,教化这个国家,"使其居民意识到他们享有的许多好处与福祉正是我们命运的组成部分"。②类似这样的说法在当时美国政治家的口中是常见之语,既反映了使美国最具实用性的现实利益目标有了合法化的解释,又表明了美国还是试图通过其文化征服他国之人的优越心态。

伊曼纽尔·沃勒斯坦在对世界体系演变的研究中得出了"文化

---

① 汉迪:《一个基督教的美国:新教希望与历史现实》,第109页。
② 温伯格:《天定命运:美国历史上国家主义的扩张主义之研究》,第171页。

总是强者的一个武器"的结论。①这种武器对实施对象所起的潜移默化作用往往是其他征服手段所不及的。包括美国人在内的西方人眼中的"东方"是异教徒居住的地区。当美国的扩张目标转向位于太平洋西岸中国这个神秘而富有魅力的文明古国时，大批的传教士捷足先登，纷至沓来。他们自认为肩负着所谓教化中国人的"神圣使命"，试图以基督教文化来改变东方人的思维定式，为美国文化最终征服这些东方国家奠定一个坚实的基础。这样一种所谓的"神圣使命"不仅体现在身负重任的传教士身上，而且也在那些来到东方国家的美国人士身上表现出来。塔夫脱承认，直到他去了东方以后，他才认识到国外传教的重要性，"基督教和基督教的传播是现代文明希望的唯一基础"。②整个世界的进步也许已把那种赤裸裸地宣扬"文明"对落后国家征服的论调扫进了历史陈列室，即使现在美国领导人在公开的场合也很少谈论对弱小国家的"教化"使命，但美国政府从来没有放弃向外扩张其文化价值观的考虑。

太平洋彼岸历来是美国扩张其文化价值观的场所。冷战结束之后，亚洲一些国家异军突起，经济发展令人瞩目，在美国的全球战略中越来越受到重视。当美国开始设想未来形成一个以它为首的太平洋共同体时，以自己的文化价值观要求这一地区国家的政治发展和经济改革就成为美国的一项基本战略。20世纪90年代初布什政府时期，美国就大力促进亚太地区"民主化"趋势的发展，把接受西

---

① 伊曼纽尔·沃勒斯:《民族与普世：存在着诸如世界文化这类事情吗？》(Immanuel Wallerstein, "The National and the Universal: Can There Be Such a Thing as World Culture?"),载安东尼·金主编:《文化、全球化和世界体系：当代认同表现的条件》(Anthony D. King, ed., *Culture, Globalization and the World-System, Contemporary Conditions for the Representation of Identity*),明尼阿波利斯:明尼苏达大学出版社1997年版,第99页。
② 保罗·瓦格:《传教士、中国人和外交家:1890年至1952年在中国的美国新教传教运动》(Paul A. Varg, *Missionaries, Chinese, and Diplomats: The American Protestant Missionary Movement in China, 1890-1952*),普林斯顿:普林斯顿大学出版社1958年版,第80页。

方式的市场经济作为衡量某些国家对外开放的尺度，旨在加深共同的价值观念，强化共同体的思想意识，为美国主宰正在出现的太平洋共同体扫清障碍。克林顿政府提出了"新太平洋共同体"的构想，把"安全、开放市场和民主化"作为加强美国在这一地区地位的主要考虑。克林顿在出席第二次亚太经合组织首脑会议之前发表讲话说，美国不必在人权与亚洲的贸易之间作出选择，"促进人权和民主价值也要求政府与政府之间加强联系，所以我将毫不后悔地在亚洲和全世界推动这些权利和价值"。[1]克林顿这番话既说明了美国政府在亚太地区奉行的政策的一个基本特征，也反映出冷战后美国政府对扩张其文化价值观的重视。

美国在发展中国家的政治扩张与美国的经济利益具有密切的联系，历史事实已经证明了这一点。1947年3月10日，美国国务院官员麦克唐纳德在致麦克马洪的信中说，海外美国之音应该宣传商业，因为"一个根本的思想是，美国必须向世界其他地区推销我们美国的自由企业制度"。美国"自由主义"市场体制在全球范围内的扩张成为美国所谓民主制度取得最后胜利的坚实基础。许多"冷战"斗士认为，以市场为动力的美国制度是对极权国家控制制度的唯一理想的取代。[2]这样，在美国的政治文化中，诸如自由企业、自由贸易、自由放任、门户开放等与经济具有直接联系的词汇被包含在内，成为固存于美国人脑海深处的价值观念。因此，美国政治

---

[1] 参见威廉·克林顿："在乔治敦大学埃德蒙·沃尔什对外服务学院的讲话"（William J. Clinton, "Remarksat the Edmund A. Walsh School of Foreign Service at Georgetown University"），载《美国总统公开文件》(Public Papers of the Presidents of the United States)，1994年11月10日，第1卷，华盛顿特区：美国政府出版局1995年版，第2059~2060页。

[2] 南希·伯恩哈特："真相大白：公众事务电视和国务院的国内信息运动"(Nancy E. Bernhard, "Clearer than Truth: Public Affairs Television and the State Department's Domestic Information Campaigns")，载《外交史》(Diplomatic History)，第21卷，第4期（1997年秋季号），第552页。

文化的扩张自然也包括向外传播这些观念。威廉·威廉斯指出，美国政界的一种普遍观点是，美国的经济福利和民主体制的存在取决于出口和海外金融关系，华盛顿需要形成一个拥有"道义上无限权力"的非正式帝国，以保证扩大贸易关系有一个安全与稳定的环境。他据此得出结论，对于自由国际主义者来说，美国政府总是具有一种非常重要的责任，"保护和扩大自由竞争原则能够运转的市场。如同重商主义一样，古典的自由经济学导致了一种扩张主义的外交政策。"①这位美国著名历史学家已经作古，但他这番话对我们理解美国政治文化扩张的内涵不无意义。美国要求发展中国家市场完全开放与要求它们接受美国的民主制从来就是同一过程中无法割裂的两个方面，这样一种特征决定了美国从中所得并不限于滚滚而来的丰厚利润，还包含着更为深刻的内容。美国贸易代表查伦·巴尔舍夫斯基谈到通过与其他国家签署自由贸易协定，美国有效地出口了美国自由竞争、公正规则和效率等价值观，把美国对打破控制的热情变成对外政策的一个工具。②耶鲁大学管理学院院长杰弗里·加顿说得更明白，认为美国的外交行为动机从来不是纯商业的，"美国的商业一直与开放市场为伍，开放的市场又和政治自由具有关联，政治自由则伴随着民主，而民主还连接着和平"。③加顿是以赞赏的口气谈论美国打开别国市场的更深层的目的，其实发展中国家按照美国标准的政治民主化归根到底还是有利于美国经济利益的实现。

---

① 克里斯托夫·莱恩和本杰明·施瓦茨："没有敌人的美国霸权"（Christopher Layne and Benjamin Schwarz, "American Hegemony–Without an Enemy"），载《对外政策》（Foreign Policy），第92期（1993年秋季号），第13页。
② 戴维·桑格："打贸易这张牌"（David E. Sanger, "Playing the Trade Card"），载《纽约时报》（New York Times），1997年2月17日，第1页。
③ 杰弗里·加顿："商业和外交政策"（Jeffrey E. Garten, "Business and Foreign Policy"），载《外交事务》（Foreign Affairs），第76卷，第3期（1997年5~6月），第69页。

美国的政治文化扩张也在其对社会主义国家政策中表现出来，美国试图以其宣称的文化"优势"，从思想意识上置对手于防守境地，最终实现在战场上所无法实现的目的。1917年，俄国取得了社会主义革命的胜利。到第二次世界大战后，社会主义越出了一国范围而形成了与资本主义抗衡的世界体系。美国对之采取敌对态度乃是两种社会制度根本对立所决定的。美国参议员乔治·麦戈文写道，苏联和其他各种共产主义向"美国的梦想与价值观"提出了挑战，自第二次世界大战以来，美国人往往把"任何与共产主义有关的事件几乎必然视为危机，一种对其基本价值观可怕的和根本性的威胁"。[①]美国从来没有放弃对社会主义国家的政治敌对和经济封锁，不过从一开始就认识到单凭武力是不能置其于死地的。威尔逊总统曾说："布尔什维克主要是思想上的侵略，你不能靠军队击败思想。"[②]言下之意，美国应对苏俄发动一场瓦解其内部统治基础的文化攻势。冷战期间，虽然政治、经济和军事对抗在美苏关系中占据主导地位，但美国从未放弃利用其文化与苏联展开意识形态上的交锋。1982年5月8日，里根发表讲话说，美苏全球冲突的最后决定性力量"将不是炸弹和火箭，而是意志和思想的较量"。他表示要"通过思想和信息的传播"来影响苏东人民，最终使这一地区实现西方模式的民主化。在这种思想的指导下，美国不时以其文化价值观向苏联阵营发起攻势，从外部促成了苏东国家向着资本主义制度的演变，给冷战画上了句号。在这一过程中，美国文化以其对当事国政治家和民众潜移默化的影响扮演了十分重要的角色。捷克作家伊万·克里马在接受记者采访时深有感触地谈到自由欧洲广播电台和美国的宣传攻势对东欧国家演变所起的巨大作用，"我确信，这

---

①乔治·麦戈文：《战争时代，和平时代》(George McGovern, *A Time of War, A Time of Peace*)，纽约：陈酿书社1968年版，第179~180页。
②林克编辑：《伍德罗·威尔逊文件集》，第53卷，1986年版，第576页。

种'地下文化'对1989年秋天的革命性事件产生了重要的影响"。[①] 美国政界和学术界的一种具有代表性的观点就认为,美国靠着其思想意识和文化价值观打赢了这场战争。其实,苏东国家的演变主要是其内部矛盾所致,但美国的文化渗透和扩张无疑起了推波助澜的作用。

美国政治文化扩张主要对他国统治阶层在政策选择上发生影响,直接与美国的对外政策密切相关。美国大众文化扩张在多数情况下属于非政府部门所为和受巨额利润所驱动,但在实际操作中受到政府的支持,尤其在对外宣传方面已与美国外交不可解脱地联系在一起。第二次世界大战后初期,美国负责文化事务的助理国务卿威廉·本顿敦促其政府使用无线电广播、电影和报刊等宣传媒介来影响和改变他国公众的政治态度。在他看来,无论是文化交流,还是新闻宣传,其任务都是推销美国思想。美国中央情报局的老祖宗之一艾伦·杜勒斯也说过,如果我们教会苏联的年轻人唱我们的歌曲并随之舞蹈,那么我们迟早将教会他们按照我们所需要他们采取的方法思考问题。杜勒斯的本意是促进政府使用无线电广播、电影和报刊等宣传媒介来影响和改变他国公众的政治态度,在美国与苏联的"冷战"中发挥美国的大众文化"优势"。大众文化扩张造成的影响非常广泛,美国学者理查德·巴尼特等人1974年出版了名为《伸向全球:跨国公司的力量》一书,其中就谈到美国传播媒介对第三世界绝大多数人思想意识的影响。他们写道:

> 在美国社会,宣传部门在形成价值观念、爱好和态度方面所起的作用,如今由跨国公司在"自由世界"的许多地方起着同样的作用。例如,通过电视和电影院中的广告节目、连环漫

[①] 参见菲利普·罗思:"在布拉格的谈话"(Philip Roth, "A Conversation In Prague"),载《纽约书评》(*New York Review of Books*),第37卷,第6期(1990年4月12日),第12页。

画、杂志广告，外国公司对墨西哥处于底层的一半人民的思想的影响，毫无疑问，比墨西哥政府和墨西哥教育制度的影响更为持久。①

美国大众文化扩张在当代国际关系中与日俱增，现在全世界几乎每个地方都能感到美国大众文化的存在，它正在潜移默化地影响着其他国家的生活方式及其公众的思想意识。哈佛大学国际事务研究中心主任小约瑟夫·奈把美国大众文化的吸引力称为美国对外政策"库存"中的"软"资源，他说："美国文化是一种相对廉价和非常有用的软实力资源。显而易见，美国文化的某些方面对其他国家的人民没有吸引力，在评价文化力量来源上总是存在着偏见的危险。然而，体现在产品和通讯中的美国大众文化具有广泛的吸引力。"②这种"软"资源的利用使美国的生活方式和价值观念得到广为传播。据20世纪80年代末统计，美国电视节目出口是居世界第二位的英国的七倍，美国是唯一拥有全球电影发行网的国家。美国电影产量约占世界的6%~7%，但占世界电影放映时间的50%。这种情况到了20世纪90年代更为严重。布热津斯基认为，美国通过这种大众文化的扩张，左右着全球的谈论、全球的认识和全球教育上的相互影响。"据估计，全球传输和数据处理量的80%以上均起源于美国。……美国在国外播放的电视节目之多，任何其他国家都是望尘莫及的。……从而每一个洲都受到美国电视所播放的形象和价值观念的影响"。③他在1997年出版的一本著作中指出，美国在世界上处于"首屈一指"的地位，除了军事、经济和技术等方面外，大众文

---

① 斯塔夫里亚诺斯：《全球分裂：第三世界的历史进程》，下册，迟越等译，北京：商务印书馆1993年版，第514页。
② 小约瑟夫·奈："软实力"（Joseph S. Nye, Jr., "Soft Power"），在《对外政策》（*Foreign Policy*），第80期（1990年秋季号），第168~169页。
③ 布热津斯基：《大失控与大混乱》，第106~107页。

化也起着决定性的作用。"在文化方面，美国文化虽然有些粗俗，却有无比的吸引力，特别在世界的青年中。所有这些使美国具有一种任何其他国家都望尘莫及的政治影响。"①因此，美国政府常常通过自身的行为促进美国大众文化的扩张。如美国在同意中国享受最惠国待遇时把不要干扰"美国之音"作为一个前提条件，美国国会在"1995年中国政策法"中将开办"自由亚洲电台"列为重点条款之一。在中美知识产权谈判中，美国谈判代表奉政府之命，强硬地要求中国开放国内文化市场，接纳美国各类影音制品。占领中国市场固然是美国方面的主要目的，但传播美国文化同样是其中很重要的考虑。

信息革命给人类生活带来巨大的变化，美国大众文化扩张由此更为便利。这些充满美国情调的文化产品蜂拥而至那些国门初开或敞开的国家，尽管丰富了当地的文化生活，但却在悄悄地吞噬着那里的民族文化。用古巴国务委员会主席卡斯特罗的话来说，"这些东西对每个人的灵魂、人们的思想的渗透是难以想象的"。②美国学者约翰·耶马在1996年发表的一篇题目为《世界的美国化》一文中不无忧虑指出："美国的真正'武器'是好莱坞的电影业、麦迪逊大街的形象设计厂和马特尔公司、可口可乐公司的生产线。美国制作和美国风格的影片、服装和'侮辱性的广告'成了从布琼布拉一直到符拉迪沃斯托克的全球标准，这是使这个世界比以往任何时候都更加美国化的最重要因素。"③毫无疑问，文化上的"美国化"对那些信守传统的国家来说也许是不幸的，甚至是灾难性的，但带给美国的好处恐怕不能仅仅用巨额的经济利润所衡量。

---

① 兹比格涅夫·布热津斯基:《大棋局——美国的首要地位及其地缘战略》，中国国际问题研究所译，上海：上海人民出版社1998年版，第32~33页。
② 小施莱辛格:《美国历史的循环》，第157页。
③ 约翰·耶马:"世界的美国化"(John Yemma, "The Americanization of the World")，载《波士顿全球报》(*The Boston Globe*),1996年7月28日，第F1页。

美国影视产品形成的这种文化攻势就连一些西方国家也难以幸免。法国就是一个例子。据统计，在巴黎收看的六个电视频道每年总共播放1300部电影和电视剧，其中1000部来自美国，美国电影占法国影院票房收入的60%以上。受美国影视作品的影响，法国的生活方式正在发生着令政府焦灼不安的变化。法国人引为自豪的法式大餐受到麦当劳快餐的袭击；巴黎高档时装难以与西部牛仔服为敌；香槟酒让位于可口可乐；古典歌剧和芭蕾更是难以抵御"摇滚"和"霹雳"。西欧许多国家的情况与法国大同小异。面对着美国这场文化"入侵"，以法国为首的西欧国家与美国展开了一场"文化大战"，法国总统雅克·希拉克1993年底在谈到法国文化受到威胁时说宣称，法国的前途处在危急关头，既然法国人热爱这个国家，那么他们就必须保存它的独特性、它的根本及其传统，并把这些把法国与其他国家区别开来的东西世世代代传下去。言下之意，文化代表了一个国家的特性，不能像商品那样可以在市场上进行交换，以此来限制美国文化产品的输入。这场大战孰胜孰负，尚未见分晓，但说明美国文化产品的进入已经到了不可等闲视之的地步。正如欧共体一些著名人士大声疾呼的那样："美国电影就像恐龙一般，正把它的利爪伸向'世界公园'，要是欧洲国家再不联合行动，欧洲文化就濒临灭绝。"[①]1999年上半年，加拿大为了保护本国文化免遭美国出版物、电影、电视的冲击与美国发生争执，几乎酿成两国之间的贸易战。加拿大一些有识人士认为，加拿大必须保持其民族特性，而不应由好莱坞和迪斯尼对其文化构成侵略。加拿大遗产部部长希拉·科普斯在接受路透社记者采访时谈到了文化的重要性，认为文化是一个确定21世纪何去何从的问题，人们不应该为保护文化而感到羞愧。因为存在着这样一种危险、即加拿大人可能会在全球化的单一文化中丧失自我。因此，加拿大强硬的文化政策"保证

[①]转引自《新华文摘》，1994年第9期，第157页。

了思想的自由流动，但为我们自己的脸面和声音保留了缓冲的空间。如果你看不到你自己体现在图书、电影和音乐中，那么这就是正在失去的文明的一个组成部分"。这样，在科普斯看来，"任何贸易协定必须尊重文化的独特性"。①科普斯这里是代表官方说上述话的，明确表明了加拿大政府在这一问题上的基本立场。科普斯的担心不无道理。美国大众文化扩张是对政治文化输出的一种有效"补充"，尽管它一时不会对他国决策过程发生明显影响，但长此以往，维系国家的民族精神和文化基础就会动摇。思想意识上的"美国化"将为美国实现其外部利益清除了一切潜在的障碍。因此，对美国来说，美国大众文化是美国外交中一种"低代价、高效益"的"软"资源。

冷战结束后，国际形势变得更加错综复杂，美国面对着各方面的挑战，更加注重文化扩张的作用。苏联和东欧国家政权转型后，随即开始了政治与经济结构的转变。美国就把促进这些国家确立西方式的民主制和自由市场经济作为一种既定战略，除了通过经济援助保证这一过程顺利进行之外，还利用美国文化这种"软实力"促使人们思想观念的转变。国务卿詹姆斯·贝克1992年2月对独联体六国进行了访问，在同这些国家领导人会谈中明确把"民主改革"和接受美国的人权标准作为美国提供援助或建交的先决条件。克林顿竞选总统时，就大谈上台后要重视在国外促进美国文化价值观的传播，执政后屡屡宣称，"本届政府的对外政策将以民主原则和民主制度为根基"，"促进世界的民主革命是美国的一项首要战略原则"等等。他在就职演说中也不无所指地说，美国最大的实力就是它的

---

① 彼得·福特："联合国与美国文化帝国主义战斗"(Peter Ford,"UN Fights U.S. Cultural Imperialism")，载《科罗拉多日报》(*Colorado Daily*)，2003年10月23日。全文可在 http://coloradodaily.com/articles/ 2003/10/23/news/arts/arts03.tx 网址上获得；爱迪生·斯图尔特："推进文化多样性"(Edison Stewart,"Push on for Cultural Diversity")，载《多伦多星报》(*Toronto Star*)，1998年6月28日。全文可在 NewsBank 世界各国报纸全文数据库中获得。

思想力量。1993年9月下旬，克林顿政府要人先后发表四篇引人注目的外交政策演说，提出"把市场制民主国家的大家庭"推广到全世界的"扩大战略"。在这一战略的指导下，克林顿政府对前苏联和东欧国家政策的基本出发点是支持和促进那里业已开始的民主化进程与市场经济改革，认为这一地区的民主化改革的成败对美国全球安全至关重要，美国1994年国家安全战略报告中就明确指出，其他任何地区民主取得的成功都不如这些国家民主取得成功更为重要。

在国际关系中，只要国家之间存在着交往，文化上的相互影响就不可避免地发生。不同文明之间的文化交流推动着世界历史向前发展，是人类进步的主要因素之一。英国著名哲学家伯兰特·罗素精辟地概括说："不同文明之间的接触在过去常被证明是人类进步的里程碑。希腊向埃及学习，罗马向希腊学习，阿拉伯向罗马帝国学习，中世纪的欧洲向阿拉伯学习，文艺复兴的欧洲向拜占廷学习。"①罗素显然是指平等的文化交流而言。在当今世界上，国家的对外关系已经成为国家发展的重要条件，随着国家交往的频繁，文化上的相互影响自然就更为显而易见。因此，平等的文化交流有利于相互取长补短，使不同文化背景的国家在许多问题上求同存异，达成共识。尤其对于发展中国家来说，通过吸取发达国家文化的精华，更能使本国的传统文化适应现代化的需要。

然而，美国的文化输出并不具有这方面的内容。美国政府要求或强迫在其他国家接受美国的文化价值观反映出了美国人的"救世主"心态，其形式完全变成了一种单向行为的文化渗透，其目的也完全超出了文化交流的本来意义，美国试图使多元文化世界归宗到一种文化的统治下。用哈佛大学历史学教授入江昭的话来说，"美国的梦想将在全球范围内实现，美国的经历将成为世界的经历，只有当美国的理想和制度坚定地移植到全球的各个部分时，美国才不

---

① 罗素："中西文明的对比"，载何兆武等主编：《中国印象——世界名人论中国文化》（下册），桂林：广西师范大学出版社2001年版，第89页。

是独特的，整个世界将成为一个伟大的美国"。①由此可见，美国文化输出的目的是实现美国一统天下的全球霸权梦的一种手段。以研究美国文化外交而著称的宁柯维奇教授对美国大量的原始档案研究后，于1981年出版了《思想外交》一书。他得出的结论是，美国对外文化关系首先是在国际政治中运用文化影响的一种特殊政策工具，文化手段和政治、经济、军事手段一样，不但都是美国外交政策的组成部分，在大国间军事作用有限的条件下，特别是在现代核战争中无法严密保护本国不受报复的情况下，文化手段尤其成为美国穿越障碍的一种更加重要的强大渗透工具。②这一结论对我们认识美国文化输出的实质颇有启迪。

美国历史上的扩张主义是美国白人文化表现出的一个鲜明特征，它给被扩张对象常常带来灾难和不幸，美国人却引以为荣，认为这是实现盎格鲁-撒克逊人传播基督文明的神圣使命。正如西奥多·罗斯福指出的那样："纵观我们国家的绝大多数时期的经历，我们的历史就是一部扩张史。扩张在不同时期表现出不同的形式。这种扩张不是令人感到遗憾，而是令人感到自豪。"③所以美国人把扩张视为进步的体现，是上帝赋予他们在尘世履行的一种特殊使命的具体化。当然这些"娓娓动听"的言辞并不能掩盖美国扩张的真实目的。历史已经证明了这一点。尽管领土扩张已经成为过去，经济扩张也在采取更为隐蔽的形式，文化扩张也往往遇到异族他国的抵制，但作为一个所谓"一往无前"的民族，美国不会放弃它所承担的"使命"，它会更加强调一种无形的扩张，用自己的文化价值观潜移默化地影响它认为需要"教化或改造"的国家，把美国文化中这一永恒的追求继续在其外交关系中体现出来。

---

① 入江昭："文化之间的关系"(Akira Iriye, "Intercultural Relations")，载德康德主编：《美国外交政策百科全书：主要动向和思想研究》，第429~430页。
② 参见宁柯维奇：《思想外交：美国对外政策与文化关系》。
③ 小施莱辛格：《美国历史的循环》，第157页。

第五章 "白人的负担"与美国对外关系

"白人的负担"是19世纪后期英国著名作家拉迪亚德·吉卜林撰写的一首诗的主题,旨在为西方殖民大国征服和统治亚非拉落后地区辩解,西方先进的文明教化或转换非西方世界的野蛮状态贯穿于这首诗的字里行间。"白人的负担"随后就屡屡出现在美国传媒上,被美国扩张主义者援引来说明美国对外扩张的"合理性"。这一术语显然是对美国与落后国家关系的一种扭曲,典型地反映出美国盎格鲁-撒克逊白人文化中的种族优越心态。美国尽管没有像南非一样一度成为种族主义的国家,但种族优越在美国白人身上表现得淋漓尽致,一度造成了种族主义在美国历史上猖獗一时,有色人种在这个"自由"的国度里备尝艰辛。现在有色人在美国的境遇已非昔比,他们应该享受的基本权利也得到了法律的认可和保护,但这并不意味着美国白人的种族优越感消失殆尽。种族之间事实上的不平等依然十分严重,像一张张无形的网络"困扰"着美国社会。这种种族优越感同样深深地影响着美国人对异族他国人的看法与态度，并在美国处理与其他文化不同的国家的关系上表现出来。正如美国学者斯蒂芬·莱文指出的那样，在美国的政治文化体系中，"美国自认为受到全能的上帝的特殊恩宠，注定不仅在西半球而且在世界其他角落扮演一个既行使支配权又乐善好施的角色。下等人（大多数是黑人）在这个自然的民族等级制度中必须接受他们的从属地位。这两种思想的结合培植起这样一种民族意识：乐观主义和自信精神发展到近乎自大狂的地步"。①莱文揭示了美国政治文化中存在的一个明显现象，美国白人的种族优越显然是产生这种现象的根源，并对美国对外政策的制定和执行产生了重要的影响。

一　美国白人种族优越的文化根源

美国学者阿尔森在《美国方式》一书中指出："外国访问者常常发现，美国人总的来说是以恩赐的态度对待他们的，有点像对待经历有限、或许智力低下的孩子。"②阿尔森倒是一针见血地道出了踏上美国国土的异邦人在与美国人打交道时的真实感受。当然他这里所谓的"美国人"，显然是指在美国社会居于支配地位的白人。在阿尔森看来，体现在他们身上的这种"优越感"已经完全是一种下意识的行为，自觉或不自觉地在接触异国人时流露出来。阿尔森只是揭示出存在于美国现实社会的一种普遍现象，既没有对这种明显包含着以我为中心的现象提出尖锐批评，也没有对之追根溯源。其实，美国白人的种族优越感或种族主义在美国盎格鲁-撒克逊文化中由来已久，源远流长，它与白人对有色人种的偏见以及白人

---

① 斯蒂芬·莱文：《灾难的边缘：1945年的中美关系》，载袁明等主编：《中美关系史上沉重的一页》，北京：北京大学出版社1989年版，第39页。
② 阿尔森：《怎样了解美国人》，载《现代外国哲学社会科学文摘》，1992年第6期，第19页。

"至尊至上"的观念密切相关。

种族是在生物学上对体质形态上具有某些共同遗传特征的人群的分类，一般是以肤色、头发的形状和颜色、眼色、面容等生理特征为标志，这些特征是生活在不同地域内的人长期适应自然环境而形成的，并不能表明在体质属性上具有明显差别的人种有优劣之分，然而这种自然的差异却成为西方人来凸显白人种族优越的一个借口。1758年，瑞典动植物学家林奈对人类进行了分类，列出了六个种族，分别是野人、美洲印第安人、欧洲人、亚洲人、非洲人和变态人。这种分类尽管具有一定的科学依据，但把野人和变态人作为种族对待，在今天看来未免就有些荒诞无稽了。1775年，德国早期人类学家布鲁门巴赫根据对颅骨测量的研究，把生活在不同地区的人分为高加索人种、蒙古人种、埃塞俄比亚人种、亚美利加人种和马来亚人种，这种分类法对后世产生了很大的影响。上述学者的分类主要还是从学术研究的角度出发，并不是要证明欧罗巴人种比其他种族的优越，但这种分类本身还是以欧罗巴人种为中心来进行的，成为以后白人种族主义者宣称本种族优越的所谓科学根据。现在通常将人类分为三大人种，即蒙古人种（黄种人）、欧罗巴人种（白种人）和尼格罗人种（黑种人）。

我们全人类本来都是起源于属于一个"智人"的物种，只是环境的差异才造成了分布于不同地区的人种在演化过程中在外表上形成了相互区别的明显特征。种族的外形特征并非必然决定种族之间存在着优劣之分，或其智力具有高低之别。20世纪70年代，美国一个名叫福特的教授曾做过一个这方面的试验。他让一对来自非洲的移民夫妇把他们的孙子送进一所幼儿园，同时送去的还有一个来自以色列的同龄儿童。在幼儿园共同生活了一年之后，两个儿童接受智商测试的结果完全相同。这一结果表明种族生来并没有智力上的差异，差异完全是后天形成的。有人对此评论说，这个试验"驳斥了一切认为低劣和优越是与出生相联系的理论，并且表明了智力的形成仅仅在于、而且完全在于环境与训练"。①当然我们也不否认主要由白种人构成的欧美社会从近代以来发展远远走在了其他地区的前列，但这并不足于证明白色人种就一定比有色人种优越。美国人类学家罗伯特·莫非指出：

> 并没有资料证明某些天生的精神或感情的特点与种族特征有关。事实上那种认为浅色皮肤的人比深色皮肤的人聪明的看法无视生活和历史的知识。人类智力的进化经历了几十万年的历程。北部欧洲人取得先进的地位不过才从16世纪开始。当欧洲还处于蒙昧时代时，阿拉伯人就在北非和近东建立了文明古国。当帝国和大城市在北非繁荣之际，巴黎不过是一个粗鄙小镇。在罗马文明尚未达到北部欧洲很久以前，在中国、印度、伊拉克和埃及就存在着复杂的社会。②

由此可见，与生俱来的种族外表并不能决定社会的先进与落后，更不是文明与野蛮的自然标志。然而，白人种族主义者却在种族的形体差异上大做文章，力图说明人类各种族在智力和道德发展能力上有高有低，高级种族生来具有创造高度文明的生物本质，负有统治世界的使命；低级种族天性愚蠢，只能成为被统治的对象，也只能在优越种族的教化下向着文明过渡。美国参议员约翰·丹尼尔在1899年就宣称："有一种时间和教育都不能改变的东西，你可以改变豹子身上的斑点，但永远改变不了种族的不同特性。上帝创造这些特性就是为了使他们在世界的发展与文明化中完成各自不同

---

① 引自让-雅克·塞尔旺-施赖布尔：《世界面临挑战》，朱邦造等译，北京：新华出版社1982年版，第262页。
② 罗伯特·莫非：《文化和社会人类学》，吴玫译，北京：中国文联出版公司1988年版，第17页。

的使命。"①丹尼尔的这种说法没有任何科学依据,但却是他所处的时代美国社会一种流行的观点,反映了美国盎格鲁-撒克逊白人向落后地区扩张并成为这些地区的土人的急切心态。

种族应该无优劣之分,社会发展却有快慢之别,当一个种族居于优势的社会在文明程度上明显高于另一个种族构成的社会时,前者就会产生一种优越于后者的观念或心态,其实这也是人类历史上种族主义产生的一个重要条件。所以,当人类进入阶级社会之后,种族不平等也就相伴而来。一些学者认为印度的种姓制度是种族主义的一种早期形式,起源于征服者"雅利安人"和被征服者"达萨"(Dravidians)之间在形体上的差别。据世代相传的印度文献《梨俱吠陀》记载,"雅利安"意即"出身高贵的人","达萨"被形容为没有鼻梁,皮肤发黑,语言不清,不祭神灵。这两类人分别属于两种不同的"瓦尔那"(Vernas)。"瓦尔那"意即"颜色",他们分别代表两个在头型、肤色、语言、宗教等方面互有区别的种族。印度的种姓制度就是在此基础上逐渐形成的。因此,在印度文化中,白黑两种颜色分别与善恶具有联系。在古代希腊,当文化发达的希腊人对非希腊人进行征讨时,一些著名的思想家也从种族或民族优劣角度为之辩护。如柏拉图就认为雅典人不准奴役雅典人,不准使对方成为自己的奴隶,希腊诸城邦之间由于血统和感情相同而不得发生战争,却肯定与野蛮的异邦人之间的战争,并且允许把捕获的对方俘虏变成自己的奴隶。柏拉图宣称:

> 我断言,希腊种族的所有成员相互都是兄弟亲属,对野蛮世界来说则是外人。……因此当希腊人与野蛮人发生战争时,我们把他们描述为天敌,相互拼命厮杀,关于此类敌对,我们将赋予"战争"之名,但是当希腊人与希腊人处于相同的状态时,我们

---

① 霍夫斯塔特:《美国人思想中的社会达尔文主义》,第192页。

将说他们是天然的朋友,只是在此设想的情况下,希腊人处于内部冲突的病态,对此类敌对,我们称之为"叛乱"。①

比柏拉图稍晚一点的另一位古希腊哲学家亚里士多德同样具有这种思想。亚里士多德从最初的生物有机体学说论证了奴隶制的合理性,认为天赋理性高的人,能够发号施令,天赋理性低的人,只能听命服从。前者天然是主人,后者自然是奴隶,主人支配奴隶合乎天理。②因此,在亚里士多德的笔下,希腊人的高贵和非希腊人的卑贱被形象地刻画出来。在古代希伯来人文化中,我们也可以看到肤色决定地位的痕迹,如《所罗门之歌》(The Song of Solomon)中的一段话表明了对黑肤色的偏见,即"我皮肤黑黝,但举止合宜……不要因为我黑而盯着我,这是风吹日晒的缘故。我母亲的儿子对我发怒,他们打发我去守护葡萄园"。③在古代社会,文明与野蛮很大程度上并不是以种族为界,尽管一些比较先进的国家在处理与异族关系时已经使种族中心主义暴露无遗,但由于不同种族相隔比较遥远,更何况人类并没有便利的交通工具冲破大自然设置的障碍,除了个别和偶然的交往外,各种族基本上还是处于孤立的发展状态。所以,以种族特性区别优劣实际上只是限制在同一种族的不同民族群体之间,确定地位和身份的是文化,而非种族,发达民族界定的野蛮人只是操另一种语言和具有不同风俗习惯的其他民族集团。尽管如此,古代社会已存在着以天生的优劣来划分人的社会地位,这种观念成为种族主义产生的思想根源。

种族优越与文化中心主义密切联系在一起。事实上,不管在历史上还是在现实中,文化中心主义几乎成为每种文化与他文化接触

---

① 佩里:《清教主义与民主》,第595页。
② 详见刘绍贤主编:《欧美政治思想史》,杭州:浙江人民出版社1987年版,第64页。
③ 《大英百科全书》(Encyclopaedia Britannica),第15卷,第361页。

时一种源于对自己文化自豪或维护的本能反应。正如戴维·莱文森指出的那样:"种族中心主义是凡人皆有的,因为至少有时所有文化的成员都表现出这种倾向。在许多文化中,人们往往以固定的积极术语来描述他们自己文化的信仰、习惯和行为,而以固定的消极术语来描述其他文化的习惯与信仰。"①德国学者马勒茨克也持这样的观点,他指出:"每一种文化都将自己置于世界的中心,并将自己看做是万物的标准。"②按照他们的说法,任何文化都有着以自己文化为中心的倾向,只不过是程度不同而已,有的文化表现得不太明显,有的文化则表现得非常强烈,主要视该文化属于"强"文化还是"弱"文化而定。一种文化总是适合于一个群体的生存方式,凡是属于这个群体的成员,皆对在这种自己熟悉的文化氛围下生活感到舒服和习惯,对于他文化总是有一种陌生或异样的感觉。相比之下,他们各自都会觉得自己的文化比所接触或看到的异文化要好。古希腊历史学家希罗多德指出,如果任何人得到机会在世界上所有国家中选择一套最好的信仰的话,他将毫不犹豫地选择他自己国家的信仰。希罗多德进而断言,每个人都认为本国习俗和宗教是最好的。③客观上讲,这是一种正常的文化心态,能不能划到文化或种族中心主义的范畴,还值得进一步的研究。因为这种"文化优越"感只是局限于一种特定文化群体的体验,可以说它是一种文化的偏见,但并不会影响到其他民族的文化发展。

---

① 戴维·莱文森等主编:《文化人类学百科全书》(David Levinson and Melvin Ember, eds., *Encyclopedia of Cultural Anthropology*),第 2 卷,纽约:亨利·霍尔特出版公司 1996 年版,第 404 页。
② 马勒茨克:《跨文化的交流:不同文化的人与人之间的交往》,魏亚玲译,北京:北京大学出版社 2001 年版,第 17 页。
③ 参见社论:"全球化中的一致性"(Editorial, "Solidarity in Globalization"),载《美洲》(*America*),第 100 期(2000 年 6 月 3 日),第 3 页。

现代意义上的种族主义①与西方文明的兴起几乎是同步的。欧洲人把殖民扩张的触角伸向世界各地时，第一次广泛而直接地与数目众多的不同肤色的种族发生了接触，他们有时尽管对外部文明取得的文化成就叹为观止，但征服异族的急切心理和对物质财富的贪得无厌往往使他们撕下"文明"的面孔，给这种种族间的接触过程打上了"血与火"的烙印。当我们翻开欧洲早期海外扩张史时，哪一页不是流淌着土著人的血与泪，有多少人类文化的瑰宝在殖民者的手中化为灰烬。面对着这种几乎是不可抗拒的"欧洲文明"的冲击，当地人的奋力抗争终归难以抵制手持现代武器的海外"来客"。他们只能在对苍天的哀鸣声中成为他人"刀俎"下的"鱼肉"。白种人在有色人生活的世界里肆虐横行所带来的结果必然是前者对后者统治关系或依从关系的确立，这种不平等的关系便是种族主义产生的基本条件。白人统治者身上的种族优越感乃是他们在与其他种族发生接触时的一种自然或本能表现，而种族主义则是他们为了使对征服异族合理化而杜撰出来的一种"神话"。这种"神话"被后来的一些鼓吹种族主义的白人大肆渲染，逐渐形成了比较完善的理论体系。1853年，法国社会学家戈比诺出版了《论人类种族的不平等》一书，认为种族优劣是社会兴衰、文化高低的决定因素。有色人种是低级种族，白种人是高级种族，其中以日耳曼人最为高贵。优劣种族自身所具有的特征是永远不能改变的。这本书显然服务于

---

① 詹姆斯·琼斯对种族主义下的定义是："种族主义是由种族偏见和/或种族中心主义转变而来，是通过有意或无意支持整个文化的个人和机构行使针对被视为是低劣的一个种族群体的权力转变的。"詹姆斯·琼斯："种族主义概念及其正在变化的现实"（James M. Jones, "The Concept of Racism and Its Changing Reality"），载本杰明·鲍泽等主编：《种族主义对白种美国人的影响》（Benjamin P. Bowser and Raymond G. Hunt, eds., *Impacts of Racism on White Americans*），贝弗利希尔斯：塞奇出版社1981年版，第28页。转引自理查德·洛伊："雅皮士的种族主义：20世纪80年代的种族关系"（Richard Lowy, "Yuppie Racism: Race Relations in the 1980s"），载《黑人研究杂志》（*Journal of Black Studies*），第21卷，第4期（1991年6月），第448页。

西方国家对白人之外种族的征服，被称为种族主义的"圣经"。

在欧洲国家向外扩张过程中，白种人对有色人的种族主义行径令人发指，西方殖民者在实践上把种族主义发展到一个新的阶段，对非西方民族进行了几乎毁灭性的征服。美利坚合众国是欧洲人向外扩张的产物，这个国家的主体民族主要由白人构成，其自然继承了母国在这方面的传统，甚至将之发展到登峰造极的地步。① "种族优越感"成为美国盎格鲁-撒克逊文化的一个显著特征，用一个美国学者的话来说："盎格鲁-撒克逊种族是人类天生的统治者，是'世界的无冕之王'。"② 从起源上讲美国白人的种族优越感与15世纪以后欧洲人对有色人种形成的偏见存在着密切的联系，但随着北美大陆的开拓，这种优越感明显地带有本地区的特征。美国白人宣称的"使命观"已经包含着白人优越论的价值取向。当移民的始祖们踏上北美大陆后，茫茫荒野使他们完成上帝赋予的一种神圣使命得到加强，征服荒野，把文明带给尚处于落后状态下的土著人便成为他们注定承担的使命。这种设想反映出一个简单的逻辑推理，他们靠着全能上帝的指引来到这块预示人类未来的"希望之乡"，把世界从"野蛮、无知、落后、颓废、腐败"中拯救出来对他们来说自然是责无旁贷。对印第安人的驱逐和杀戮是北美大陆上最早的种族主义的表现形式。这种视不同种族为低劣的观念造成的结果成

---

① 关于美国白人种族主义与欧洲的联系详见布莱恩·赫德森："简单的公正：历史视野中的肯定行为与美国的种族主义"（J. Blaine Hudson, "Simple Justice: Affirmative Action and American Racism in Historical Perspective"），载《黑人学者》（The Black Scholar），第25卷，第3期（1995年夏季号），第17页。很多学者把美国的种族主义起源追溯到北美殖民时期，认为白人移民对土著印第安人和黑人的态度明显具有种族主义的倾向。这方面的代表性观点详见奥尔登·沃恩：《美国种族主义的根源：关于殖民经历的论文集》（Alden T. Vaughan, Roots of American Racism: Essays on the Colonial Experience），纽约：牛津大学出版社1995年版。

② 约瑟夫·泰勒："对欧洲移民的限制和种族概念"（Joseph Taylor, "The Restriction of European Immigration and the Concept of Race"），载《南大西洋季刊》（South Atlantic Quarterly），第1期（1954年1月），第32页。

为困扰美利坚民族多少世纪的一个"恶疾"。

北美大陆的种族主义无疑根源于美国白人自视为上帝选民的观念，但与美国独特的地理环境和独立之后形成的政治体制也有着很大的关系。他们自认为生活在一个与旧大陆完全相异的新世界，这里地大物博，富饶无比，人们的民主自由又有世界上独一无二的政体给予保障，所以他们确信美国是世界上最好的国家。美国著名历史学家亨利·康马杰在其著述中写道："美国人完全生活于新世界，这里得天独厚，无比富饶，因而形成一种夜郎自大的信念，确信美国是世界上最好的国家。每一个横渡大西洋——很少走别的路——到美国来的移民，在想象中也确信这是全世界公认的事实。对美国人来说，辽阔的荒野确是可以任意驰骋的乐园；他们轻视其他国家和民族几乎达到旁若无人的程度。"① 桑塔格也认为："大多数美国人具有一种根深蒂固的沙文主义……他们的确不承认其他国家生活方式的存在。"② 就连对美国文化产生很大影响的欧洲在美国白人眼里也不屑一顾，他们认为欧洲人的智慧、创造力和天才早已枯竭，文明的中心已经从大西洋的东岸转到西岸。美国人对同种的欧洲文化尚且如此，对不同种族就很难不让他们显示出优越感了。这种视自己为"天下第一"的观念必然成为种族主义产生与泛滥的"温床"。

种族优越感作为一种价值观固存于美国白人文化之中，在每个受这种文化熏陶的白人身上表现出来。这种观念在美国社会上层居于优势地位的盎格鲁-撒克逊人身上表现尤甚。他们实际上并不把北美大陆看做是一个由多元文化构成的社会，在他们的眼中，"大西洋共同体基本上是英国的。通过根据他们自己规定的条件对其他

---

① 康马杰：《美国精神》，第13页。
② 克里斯托弗·索恩："美国政治文化与冷战的结束"（Christopher Thorne, "American Political Culture and the End of the Cold War"），载《美国研究杂志》（*Journal of American Studies*），第26卷，第3期（1992年12月），第318页。

白种人的同化,盎格鲁-撒克逊人决心保持殖民地的英国特征以及自己在其中的特权地位。在这些移居而来的英国人当中,许多人如同在其祖国一样确信,他们是上帝的选民,他们必须保持这种崇高的地位"。①历史事实证明,在一个多种族并存的社会里,如果占据统治地位的种族决心要维护其居于其他种族之上的特殊地位,种族优越感或种族主义必然会相伴而来。因此,在美国政界和学界,赤裸裸地宣扬种族主义的大有人在,就连一些以实现民主自由理想为己任、对美国历史发展产生很重要影响的人物也难以突破它的藩篱。

本杰明·富兰克林在对待有色人种的态度上是个典型的种族主义者,他根据肤色来划分人类,给每种肤色标上特征,以别优劣高低。他公开谴责印第安人属于"嗜血好战和以屠杀为乐的野蛮无知的部落"。他在私人通信中把印第安人描写为愚昧无知,天性懒惰,亵渎上帝,蛮横无理,把黑人视为不愿劳作,偷窃成风,不会过日子,他甚至为奴隶制法典公开辩护。②所以,富兰克林希望北美大陆成为一个由"纯白人"组成的社会,那些"黝黑的"欧洲人和非洲人及亚洲的"黑人和黄种人"统统都应该从北美殖民地驱逐出去。他认为盎格鲁-撒克逊人是最白的人种之一,他们无论是否被上帝所选择,都是地球上最适宜的人种。他在1751年写道:

> 世界上纯白人的数目比例非常小。非洲大陆都是黑人和黄褐色人。亚洲主要是黄种人。美洲(除了新来者)均为黄种人。在欧洲,我们一般把西班牙人、意大利人、俄国人和瑞典人看做皮肤黝黑的人种;日耳曼人也是如此,只有撒克逊人例

---

① 亚历山大·德康德:《民族、种族和美国对外政策》(Alexander Deconde, *Ethnicity, Race, and American Foreign Policy*),波士顿:东北大学出版社1992年版,第11页。
② 参见亨特:《意识形态与美国对外政策》,第46页。

外,他们讲英语,成为生活在地球上的白人主体。我希望他们的数目日增……也许我对我们国家(指英国——引者注)的肤色抱有偏见,因为这种偏见对人类来说是自然而然的。①

富兰克林在这里竭力为白人种族优越辩护或寻求理论根据。杰斐逊在1781年到1785年写的《关于弗吉尼亚州的笔记》中讨论了奴隶制问题以及这种制度对白人和黑人的影响。杰斐逊虽然在这篇论文中重复了他始终如一地反对奴隶制的思想,但也不可避免地流露出白人优越的情绪。他把黑人刻画为具有"强烈讨厌味道"的种族,由于天生的种族差异,不能与白人和谐地生活在一起。他认为黑人在外貌上丑陋,缺乏远见,记忆力上也许同白人不差上下,但理性和想象力上远不如白人。詹姆斯·麦迪逊在去世前几年尖刻地批评了提倡"白黑人口混合"的观点。虽然杰斐逊和麦迪逊都把奴隶制视为一种邪恶,希望最终被废除,但两人都认为,黑人无法达到白人的智力水平,否认两个种族能在平等基础上和睦相处。他们设想的唯一解决办法是把逐渐解放的黑奴遣送回非洲。这种观点也影响到亚伯拉罕·林肯,林肯在内战前与斯蒂芬·道格拉斯的著名辩论中,谈到几乎所有白人对黑白种族不加区别的混合思想有一种天然的厌恶,他承认对奴隶制的第一个冲动是解放这些受害者,然后把他们送回到利比里亚。1877年,美国著名人类学家路易斯·亨利·摩尔根通过对美国西部和西南部印第安人的考察,写出了对后世影响很大的《古代社会》一书,他对人类由野蛮状态进入文明社会进行了科学的描述,但字里行间也流露出白人种族优越的情绪。如他在书中写道:"雅利安人代表人类进步的主流,因为它产生了人类

---

① 亨特:《意识形态与美国对外政策》,第46页。也参见德康德:《民族、种族和美国对外政策》,第11页。

的最高类型，因为它通过逐渐控制地球而证明了它内在的优越性。"①

种族优越感在这些以开明而著称的人士的身上都有所表现，在那些持有保守观点的美国白人身上体现出强烈的种族优越或种族主义倾向自然也就不足为奇了。这里举出几个有代表性的政治家和学者的观点，旨在说明种族主义在美国白人文化中根深蒂固，同时试图揭示出美国白人所宣扬的"民主自由"理想并不是针对所有种族而言，那些"失去上帝恩宠"的有色人种是不能享受到这些自由的。纽约港高高耸立的自由女神铜像在历史上只是向大西洋彼岸的同种人高举着自由的火炬，召唤着在欧洲受到迫害的白种人来到这块提供"自由"的圣地，实现他们发财致富的梦想。我们很难想象美国白人会对太平洋彼岸的穷苦人做出类似之举，恰恰相反，早期许多有色人是被锁链带到了这个大陆，他们获得的不是自由，而是成为美国白人"自由与幸福"的牺牲品。美国学者范登伯格认为美国革命和法国革命传播的平等与自由理想与种族主义发生了冲突，所谓平等适用的范围只限于白种人。他讲了一句很意味深长的话，即"对统治种族来说是民主的，但对从属种群来说却是暴政的"。②

历史的发展没有使美国成为像南非那样一度成为赤裸裸的种族主义国家，但美国社会不是由单一种族构成，多种族的并存决定了居于支配地位的白人无法消除掉固存于他们脑海中的优越感，唯我至上的观念始终在国家处理种族之间的关系上作祟，导致了美国历史上发生了一幕幕种族屠杀、种族迫害以及种族歧视的人间悲剧，

---

① 路易斯·亨利·摩尔根：《古代社会》，下册，杨东莼等译，北京：商务印书馆1981年版，第557页。
② 皮里·范登伯格：《种族和种族主义：一种比较的观点》(Pierre L. Van den Berghe, *Race and Racism: A Comparative Perspective*)，纽约：威利出版社1967年版，第18页。转引自科林·韦恩·利奇："民主的窘境：解释平等社会的种族不平等"(Colin Wayne Leach, "Democracy's Dilemma: Explaining Racial Inequality in Egalitarian Societies")，载《社会学论坛》(*Sociological Forum*)，第17卷，第4期(2002年12月)，第688页。

种族主义也曾经在美国社会横行一时，宣扬美国白人优越，注定居于其他种族之上甚至到了无以复加的地步。美国历史上种族主义的泛滥完全是受利益驱动的，每一次美国都从中获取巨大的利益，甚至成为美国社会迈向现代化的推动力，但这种毕竟与人类进步相悖的非人道行为很难与文明相容。社会的文明程度越高，野蛮的种族主义越难有栖身之地，美国社会至今仍然背负着种族主义的沉重的包袱，实际上正在吞食着数世纪之前形成的这一"苦果"。我们可以在政府的内外政策中看到种族优越留下来的深深阴影。

二 非白人在北美大陆的历史遭遇

肤色是区别人种的主要标志之一，肤色的深与浅丝毫不改变作为共同的"人"的本质，只能说明生活在不同地区的人类在进化过程中适应自然环境所留下的结果之一。一个人可以通过后天的努力改变所处的境遇，但祖先遗传下来的肤色自始至终伴随着他走完人生的旅途。人们不能选择与生俱来的肤色，然而先天的肤色成为白种人向有色人种发难的一个理由，非白人在北美大陆上的历史遭遇就深刻地说明了这一事实。

北美大陆早在殖民时期就以肤色来确定不同人种的等级。富兰克林的种族概念可以说是开了这方面的先河。随着时间的推移，在19世纪美国社会就已经逐渐形成了比较复杂的种族等级分类。在此时的美国中小学教科书中，这种种族分类常常是图文并茂，描绘了一幅优越的白人成为或即将成为有色人种主人的图景，白人种族优越的观念牢牢灌输到了美国儿童幼小的心灵里。肤色的深浅决定了种族在社会上的等级地位。一般来说，"肤色最浅者位于等级的最高层，而肤色最黑者则被贬到最底层。中间是'黄色'的蒙古人和马来亚人、'红色'的美洲印第安人和混血的拉丁美洲人。每种肤色都暗示着一种体制、智力、道德的发展水平"。①这样一种等级分类尽管毫无科学根据，纯属主观臆造，更不符合人类的基本道德观念，却长期牢牢定型于美国白人的脑海之中，他们在历史上以残酷的方式对待有色人种便是这种分类在实践上的集中体现。

印第安人是北美大陆最早的主人，在欧洲殖民者到达之前，他们已世世代代繁衍生息在这块土地上，过着宁静而原始的部落生活。现在学术界一般都认为印第安人起源于亚洲，约在公元前4万年至公元前2万年，印第安人的始祖由亚洲越过当时连接亚洲和美洲大陆的白令海峡，到达阿拉斯加，继而向南移动，逐渐扩散到北美、中美和南美。所以他们属于蒙古人种，肤色为褐里透红，早期欧洲移民称之为"红种人"。当首批欧洲移民踏上北美大陆后，面对着茫茫荒野，孤立无援，自然界带给他们的困难接踵而来，古朴好客的印第安人并未对乘船而来的欧洲人怀有敌意，他们教会了白人如何适应崭新的自然环境，使后者掌握了克服困难的各种方法。因此，欧洲白人在与印第安人交往之初，关系还算比较和谐。有的欧洲移民甚至设想印第安人与白人同源，他们生下来为白，只是由于风吹日晒才逐渐变黑。②

即使最早来到北美大陆的欧洲白人对土著印第安人不抱种族歧视之意，但两种迥然相异的文化相遇使代表所谓"文明"的白人很难不对"落后"的印第安人文化抱有深刻的偏见。随着白人移民人数的增多，特别是他们对土地和财富贪婪的胃口日益增大，外来人与土著人之间的矛盾也日益发展。这种文化偏见很容易转化为种族冲突，在各个方面处于落后状态的印第安人必然会成为手持先进武器的白人的牺牲品。所以当白人踏上了这块广袤无际的土地时，"厄运"便不可避免地降临到了印第安人头上。白人一旦适应了环

---

① 亨特：《意识形态与美国对外政策》，第48页。
② 参见布雷默：《清教实验：从布拉福德到爱德华兹的新英格兰社会》，第201页。

境，就把枪炮对准曾经帮助过他们的印第安人，后者陷入了意想不到的灾难深渊。昔日的宁静生活被隆隆的枪炮声所取代，土地被掠夺，住处被焚烧，人口被驱逐或屠杀。印第安人在"白色文明"的"冲击下垮了下来，像许多加勒比人一样死去。他们从祖先那里继承下来的生活方式遭到破坏，他们无法理解，无法保存自己"。[1]对印第安人来说，这种意想不到的种族灭绝成为他们很多代人面对的一个不可避免的命运，直到他们完全丧失了抵抗能力和任由白人安排为止。

随着欧洲移民向内地的推进和对土地贪得无厌的要求，两个种族之间的冲突日益加剧。印第安人不甘被驱逐和杀戮，开始进行反抗，因此从肉体上消灭他们自然就成为"文明"对"野蛮"的讨伐和对"荒野"的征服。这一征服过程延续了几个世纪，白人对印第安人可以说使用了无所不用其极的残暴手段，在人类文明史上留下了血淋淋的一页。印第安人在殖民时期直接和间接地死于白人之手的确是不计其数的。美利坚合众国成立后，印第安人并未享受到公民的待遇，美国宪法第一条明确规定，众议员人数及直接税税额，应按联邦所辖各州的人口数目比例分配，但不包括不纳税的印第安人。这条规定显然否认了印第安人的公民权。以后这一点更被美国政府加以强调。1845年，美国司法部长凯莱布·库欣宣布："印第安人是本政府的内部属民……因而他们不是公民。"[2]1830年，杰克逊政府对印第安人推行强行迁徙政策，规定密西西比河以东各州的印第安人，全部迁徙到密西西比河以西，以便给白人让出东部肥沃

---

[1] 罗伯逊：《美国神话美国现实》，第50页。
[2] 沃尔特·威廉斯："美国印第安人政策和关于菲律宾兼并的辩论：美国帝国主义起源的本质"（Walter L. Williams, "United States Indian Policy and the Debate over Philippine Annexation: Implications for the Origins of American Imperialism"），载《美国历史杂志》（*Journal of American History*），第66卷，第4期（1980年3月），第817页。

的土地。成千上万的印第安人在美国政府的逼迫之下，背井离乡，向西而去，他们一路上风餐露宿，饱尝艰辛，很多人未能走完这段路程便死于非命，印第安人把这条西迁的道路称为"眼泪之路"。实际上，当印第安人被驱逐到白人划定的保留地时，种族就濒临灭绝之境。法国著名学者托克维尔19世纪30年代考察了美国境内的印第安人状况后得出结论："北美的印第安人注定要灭亡。我也无法使自己不认为，一旦欧洲人在太平洋海岸立足，那里的印第安人亦将不复存在。"[1]托克维尔没有对美国白人这种种族屠杀的非人道行为进行激烈的抨击，但他的观察却道出了一个谁也无法否认的历史事实。然而印第安人的苦难并没有到此结束。19世纪40年代末，加利福尼亚发现金矿，成群结队的白人淘金者蜂拥而至。太平洋沿岸的印第安人再遭飞来横祸，几乎被消灭殆尽。美国学者沃尔顿·比恩写道：

> 在美国的加利福尼亚，所有非白少数民族都遭到各种不公正的歧视，而虐待印第安人开始得最早，也最为严重。从1846年到1900年，加利福尼亚的印第安人约十分之一是种族灭绝的牺牲品，而死于疾病和饥荒者更多。在加利福尼亚与在美国其他地方一样，19世纪美国对待印第安人的历史常常是种族主义的屠杀和伪装神圣的欺诈交织在一起的令人作呕的记录。[2]

美国内战之后，资本主义迅速发展更是增加了美国白人对土地贪求的欲望。为了把尚存在印第安人手中的土地强占过来，美国政府对印第安人发动了有组织的武装围剿，这个本来就已十分弱小的

---

[1] 托克维尔：《论美国的民主》，上卷，第380页。
[2] 沃尔顿·比恩：《加利福尼亚：一部解释史》(Walton Bean, California: An Interpretive History)，纽约：麦格劳-希尔出版社1968年版，第508页。

种族再次处于"在劫难逃"之境。有的白人甚至丧心病狂地提出了"只有死去的印第安人才是好印第安人"的口号。1864年,科罗拉多民兵对手无寸铁的印第安人任意屠杀。美国南北战争期间北方军著名将领威廉·谢尔曼对此评论说:

> 我们今年杀死的愈多,明年必须被杀死的就愈少,因为我看到这些印第安人愈多,我就愈加确信,所有印第安人都必须被杀掉,要么就作为靠救济过活的标本保存下来。试图将他们文明化将是荒谬可笑的。①

卡斯特中校也持这种观点,他毫不掩饰地说:"如果白人要求得到印第安人自称是他的那一份土地,那就不存在上诉问题,他必须交出来,否则就可无情地把他碾得粉碎,边摧毁边前进。"②到了19世纪末,美国境内的印第安人仅存24万人,人口减少幅度之大的确是骇人听闻的,用"种族灭绝"形容印第安人的最终命运并非过甚之词。当美国白人大谈开拓者对印第安人的胜利是"光明对黑暗的胜利……文明对野蛮的战斗"时,③这种辩解在历史事实面前显得太苍白无力了。开拓北美大陆,发展资本主义是美国白人驱逐和杀戮印第安人的根本原因,他们挥舞着"文明"的旗帜,完成了对印第安人的征服过程。当美国白人使"荒野"变成"文明"之日,也正是印第安人失去昔日自由之时。本书无意论述土著文化的消灭

---

① 拉尔夫·安德里斯特:《长久的死亡:大草原印第安人的最后日子》(Ralph K. Andrist, *The Long Death: The Last Days of the Plains Indians*),纽约:麦克米兰出版公司1964年版,154页。
② 卡罗尔·卡尔金斯编:《美国扩张与发展史话》,王岱等译,北京:人民出版社1984年版,第26页。
③ 海约翰之语,在美国政界颇有代表性,典型地反映出美国白人对印第安人的态度。见威廉斯:"美国印第安人政策和关于菲律宾兼并的辩论:美国帝国主义起源的本质",第816页。

乃是哥伦布发现新大陆后世界历史发展的一个近乎"残酷无情"的趋势，也无意讨论印第安人生存方式在滚滚的西进车轮中压得粉碎对北美资本主义经济发展和财富积累上所起的巨大作用，而旨在说明美国白人文化中的"种族主义"对一个早在白人来到之前已经世代在此繁衍生息以及至少是同样有权利生活在北美大陆上的种族造成的种种恶果。当然，美国白人对待印第安人这种非人道行为也受到一些富有正义感的白人的谴责，如美国著名作家拉夫尔·爱默生曾抗议说："自从大地开创以来，从未听说过在和平时期以及在一个民族对待自己的同盟者和受监护人时，竟然如此背信丧德，如此蔑弃正义，并对于乞求怜悯的悲鸣如此置若罔闻。"①这种正义的呼声在美国社会从来没有停止过，并不足于改变印第安人注定的历史命运，充其量只是反映了那些具有良知的人们在看到对另一个种族一幕幕惨剧时按捺不住地对这一非人道行为的谴责。

在世界几大人种中，肤色最深者莫过于黑人，在白人种族主义者的眼中，他们属于未开化的民族，愚昧无知，天性野蛮，徒具人类之形，缺乏文明之仪，只能居于社会的最底层，受制于白人。美国学者埃里特奥在1860年出版的一本书中写道："黑人现在是人类的一个下等种族，或至少是一种变种，是确定不移的事实，而且我们认为必定也为所有人所承认。靠他自己将永远不会从野蛮状态中摆脱出来；而且即使在白人控制下已部分得到开化的时候，如果获得解放，他也会迅速地退回到相同状态，现在这是不容置疑的真理。"②埃里奥特说这番话时正值美国废除奴隶制的斗争进入白热化的阶段，他显然是不赞成解放黑奴，所列理由只是为之辩护而已，但他的观点在美国社会广有市场，美国白人对黑人的奴役在历史上

---

① 莫里森等：《美利坚共和国的成长》，上卷，第573页。
② 纳尔逊·曼弗雷德·布莱克：《美国社会生活与思想史》上册，许季鸿等译，北京：商务印书馆1994年版，第252页。

达到登峰造极，黑人虽然没有像印第安人一样濒临种族灭绝，但在北美大陆上遭受的苦难同样罄竹难书。

据历史记载，首批20名黑人是被荷兰人于1619年运到詹姆斯敦的，随后转卖给英国殖民者。随着黑人大批地被贩运到北美殖民地和取代白人契约奴成为殖民地的主要劳动力，他们在法律上享有的身份地位逐渐明朗。到了17世纪中叶以后，北美大陆各殖民地先后通过法律，确定了黑人的奴隶地位，使已经开始成型的奴隶制度规范化与合法化。种植园奴隶制在北美大陆的出现固然主要受经济因素的驱动，但白人对黑人的种族偏见同样起着不可忽视的作用。诚如纳尔逊所言："种族偏见无疑有助于奴隶制度的建立。即使在英国殖民者购买第一批非洲奴仆之前，他们可能已把白人的优越感也带到北美来了。若干世纪以来，白人一直保存着一种传统的象征主义的看法：白色象征着善良、纯洁、美丽，而黑色象征着罪恶、腐朽、丑陋。"①1680年，弗吉尼亚制定了第一批奴隶法典，从法律上剥夺了黑人作为"人"所应享受的权利，其他各殖民地起而效仿，内容大致相同的奴隶法典纷纷出笼。黑人完全变成了一种"会说话的工具"，他们可以像牲口一样被随意买卖、转让和出租。南部殖民地黑奴一生备受种植园主的剥削和凌辱，常常是食不果腹，衣不遮体。繁重的体力劳动致使许多黑人早早就丧失了生命。在北部殖民地，黑人的境遇比起南部来要好得多，但肤色决定了他们也只能处在社会的最底层，遭受着种族歧视带给他们的苦难。

美利坚合众国建立后，黑人的地位并未有所改观，南部奴隶制被保留下了，黑人依然被视为一种财产，被排斥在美国公民之外。正如恩格斯指出的那样："可以表明这种人权的特殊资产阶级性质的是美国宪法，它最先承认了人权，同时确认了存在于美国的有色人种奴隶制；阶级特权被置于法律保护之外，种族特权被神圣化

---

① 布莱克：《美国社会生活与思想史》，第19页。

了。"①在法律的保护和怂恿下，美国南部种植园主对黑人肆无忌惮，任意宰割，黑人可以说是用自己的"血与泪"真实地记录下了他们在白人的皮鞭下备遭磨难的历史。1852年，黑白混血儿弗里德里克·道格拉斯在美国独立纪念日时发表演说，义正词严地谴责了美国白人对黑人的剥削与压迫：

> 独立日对美国奴隶有什么意义呢？我的回答是，同一年中的其他日子比起来，这一天更充分显示了极端不正义和暴行，而黑人是经常的受害者。对他来说，庆祝是一场欺骗，你们吹嘘的自由是一张不兑现的支票；所谓民族的伟大是自吹自擂的虚夸；你们欢乐的声音是单调而冷淡的；你们对暴君的斥责是厚颜无耻的；你们叫嚷的自由平等是虚伪的嘲弄；你们的祷告和赞美诗、讲道和感恩祈祷、你们一切的宗教排场和庄严，对他来说只不过是虚夸、欺骗、蒙蔽、邪恶和伪善——它是一层遮掩罪行的薄薄纱幕，这些罪行即使对一个野蛮民族，也是玷辱。世界上还没有哪个民族像当前美国人这样罪行累累，其情节既惊人又残忍无比。②

道格拉斯道出了多数黑人的心声，但在一个黑人不被视为"人"的国度里，若非政府采取行动，民间的正义呼吁在法律对奴隶制构筑的一道道保护网前终究显得单薄无力。1857年3月6日美国联邦最高法院作出了对原黑奴德雷德·斯科特一案（Dred Scote case）的判决，公开宣布奴隶制适用于美国所有领土，重申了奴隶只是奴隶主的一种财产。判决书并宣布，黑奴是"被视为从属的、劣等的一类人，他们是为统治的种族所制伏的人们……他们不得有

---

①《马克思恩格斯选集》，第3卷，北京：人民出版社1972年版，第145~146页。
②转引自邓蜀生：《美国与移民》，第155~156页。

任何其他权利和特权的"。①不过，美国南部种植园奴隶制到了19世纪中期以后，虽然表面上还呈发展势头，但其内部已在分崩离析，尤其是当与美国整个经济发展大势相悖时，它也就像一个垂危的病人一样"日薄西山，气息奄奄"，走到了历史的尽头。

1861年美国南北发生内战，结果是北部获胜，肆虐了近两个世纪的奴隶制最终被废除。1865年开始生效的宪法第13条修正案规定："合众国境内或属合众国管辖地方之内，不准有奴隶制或强迫劳役存在，唯用以对合法制罪之罪犯作为惩罚者不在此限。"②奴隶制的废除对黑人社会地位的改变具有重要的意义，但随后法律上公民权的确认并不意味着黑人享受到了真正的平等权利。在社会上居支配地位的白人无法改变他们对黑皮肤人种的固有偏见，黑人在白人的眼中依然属于劣等民族。托克维尔早就预言过："你可以使黑人获得自由，但你无法使欧洲人把他们看成是自己人。"③这是一种长期形成而又根深蒂固于美国白人文化中的种族偏见，种族偏见必然导致种族歧视，对这样一种强大的无形力量，法律也是无可奈何的，这就决定了跳出了奴隶制火炕的黑人们的命运短时期不会得到实质性的改变。他们只是以"自由人"的身份从事着社会上最低下的工作，处处遭人白眼，在一个"自由"的国度里依然饱受着种族"歧视"之苦。正如美国黑人废奴主义者弗雷德里克·道格拉斯所言，黑人"摆脱了单个的主人，却成了全社会的奴隶。他没有钱，没有财产，也没有朋友。他摆脱了旧日的种植园，但除了脚底下尘土飞扬的大路而外一无所有。他摆脱了一度容他栖身的老旧宿舍，却成了夏天的淫雨和冬天的严寒的奴隶。他流落在露天下，无拘无

---

① 引自谢德风选译：《一七六五——一九一七的美国》，北京：三联书店1957年版，第72页。
② 汉密尔顿等：《联邦党人文集》，程逢如等译，北京：商务印书馆1995年版，第468页。
③ 托克维尔：《论美国的民主》，上册，第398页。

束，赤身裸体，腹中空空，一贫如洗"。①这便是"解放"后的黑人生活的真实写照，他们在美国历史上的悲惨遭遇无疑是对白人种族主义的控诉。

当美国向世界敞开了移民大门时，构成移民主体的是欧洲人，黄肤色的亚洲人只是移民大潮中的一小股水流，许多人并非是自愿离家出走，而是蒙受欺骗，糊里糊涂来到了北美大陆。当这些黄皮肤的东方人以自己一技之长和吃苦耐劳的精神在美国谋生时，肤色决定了他们最终难逃美国种族主义的迫害。中国劳工在美国的遭遇便是一个明显的例子。华工对美国西部早期开发所作的贡献，已经是一个不争的事实。亲眼目睹华工辛劳的奥斯瓦德·加里森·维拉德在美国众议院作证时说："我想提醒你们，不要忘记华工为开发这个国家的西部所做的一切。……（他们）在森林深处披荆斩棘，忍受着寒冷和酷暑，冒着被敌对的印第安人杀死的危险，帮助开发我们的西北帝国。我收到过西北太平洋公司总工程师的一份电报，电文里讲述了华工怎样冒着严寒，踏着八英尺深的积雪，出门继续上工，而当时却没有一个美国人敢于面对这种条件的挑战。"②维拉德证词目的不是赞扬华工，而是规劝政府不要迫害对美国发展有所贡献的华工，可是这种声音在种族主义肆虐的年代里显得太微弱了，对美国政府的相关决策几乎不会发生任何影响。因此，占据统治地位的美国白人的种族主义观念决定华人在这个社会遭侮的命运"在劫难逃"。一位美国学者就认为，华人"巨大的数目，他们的身体差异，他们对民族服饰的保留，留着一条长辫子的习惯以及他们的各种风俗传统，在西方人看来都是不可理解的，这些就使他们很容易成为攻击的目标"。③肤色和文化的不同成为种族主义者向华人发难的一个堂而皇之的借口。

---

①莫里森等：《美利坚共和国的成长》，上卷，第951页。
②转引自陈依范：《美国华人史》，北京：世界知识出版社1987年版，第99页。
③金特尔等主编：《美国之梦：信念和实践的历史》，第176页。

其实美国掀起的大规模的排华运动，主要是经济因素在起着作用，种族主义只是乘风扬沙，推波助澜，成为美国白人为这种不人道行为进行开脱的口实。种族主义者塞缪尔·冈珀斯在《排华的若干原因》中解释说："美国白种人与亚洲人的种族差异永远不会消除，优等白人必须通过法律排斥低等亚洲人，如属必要，可以诉诸武力。"①以后出任美国国务卿的詹姆斯·布莱恩甚至危言耸听地宣称："不是盎格鲁-撒克逊种族拥有太平洋沿岸，就是蒙古人占有它。"②这样，华人从19世纪50年代中期就开始成为美国种族主义者发泄攻击的主要对象。他们无端受侮，财产被劫，人身安全极难得到保证，整日提心吊胆地过活，唯恐遭到白人的袭击。1857年，加州《沙斯塔共和报》曾刊文指出：

> 五年以来，华人之为人谋杀者，不下数百，皆我亡命之徒所为。盖谋杀华人之事，无日靡有，而罪人斯得，明正典刑者，最多不过两三次，犹有反对白人为华人抵偿者，窃以人之情息，其违背天理，莫此为甚。③

1868年中美双方签订的《蒲安臣条约》虽然消除了华工赴美的障碍，但并未阻止美国国内排华运动的发展。从19世纪70年代开始，美国排华运动与日俱甚，华人常遭暴徒的袭击，逐出家园者不计其数，辛劳所得的财产往往被付之一炬，谋杀事件更是司空见惯，有关这方面的史籍记载俯拾即是。一位中国老人以自己的亲身经历描述了当时的可怕情景："每星期六晚上，我们从来不知道是否能活到天明。在矿区居住地附近，我们开了一个洗衣店。星期六是矿工们狂饮的夜晚。他们强行闯入我们的店铺，从衣柜里夺走干

---

① 陈依范：《美国华人史》，第165页。
② 德康德：《民族、种族和美国对外政策》，第50页。
③ 宓亨利：《华侨志》，岑德彰译，北京：商务印书馆1928年版，第138页。

净雪白的包裹,把辛苦洗好的衬衫放在脚下乱踩。衬衫被撕破,我们就不得不赔偿。一天晚上,一个矿工把脸靠在楼前窥视。他虽然离开了,但我们知道,我们的生命危在旦夕,因此逃走了。我们的财产和钱财全丢在那里。那个矿工果然领着一帮暴徒回来把洗衣店洗劫一空,抢走了360美元。这可是我们所有的积蓄啊!然后他们放火烧了店房,幸运的是我们活着逃了出来,来到了东部。"①这就是华人生活的真实写照,玛丽·库利奇教授写道:"在卡尼主义(卡尼是当时煽动排华的著名人物——引者注)年月,任何在美国的中国人能够活下来真是一个奇迹。"②随着美国政府陆续通过了一系列排华法案,发端于加州的排华运动逐渐向全国蔓延,在美的华人完全陷入了种族迫害的深渊之中,他们无处申诉,法律只是使他们的处境更为恶化。中国驻美公使伍廷芳1901年11月在谈到中国移民遭受到不公正的待遇时曾经抗议道:"为什么你们美国人不能公正待人?如果我国不是一个弱国,你们将像这样谈论吗?如果中国人拥有选举权,你们将何以待之?"③就连西奥多·罗斯福总统在1905年对国会的年度咨文中也不得不承认:"我国在极力实行排逐华工——华人苦力——政策的过程中,使中国人民遭受了极大的冤屈,最终也使美国蒙受了奇耻大辱。"④然而,这场把华人作为"替罪羊"的种族迫害运动直到1943年才算正式结束。在这半个余世纪期间,华人可谓含垢忍辱,在死亡线上苦苦挣扎,他们在美国的惨痛经历给美国历史写下了悲剧性的一页。

美国政治家拉尔夫·邦奇写道,在美国,"街上走的每个人,

---

① 金特尔等主编:《美国之梦:信念和实践的历史》,第178~179页。
② 金特尔等主编:《美国之梦:信念和实践的历史》,第178~179页。
③ 德尔伯·麦基:《1900年至1906年的排华对门户开放政策:罗斯福时代在对华政策上的冲突》(Delber L. McKee, *Chinese Exclusion versus the Open Door Policy 1900–1906: Clashes over China Policy in the Roosevelt Era*),底特律:韦恩州里大学出版社1977年版,第72页。
④ 转引自陈依范:《美国华人史》,第241页。

不管是白种人，黑种人，还是红种人和黄种人，都知道这是'自由之地'、'机会之地'、'自由的摇篮'和'民主的故乡'，美利坚的旗帜象征着'人人平等'，向我们全体保证了'生命、自由和财产的维护'，言论自由、宗教自由和种族容忍"。①邦奇之言代表了许多美国人的观点，但撇开政治上的因素，充其量只是反映出了美国民众观念中的一种"理想"，既不能说明历史，也与现实不相符合。所谓美国是追求自由者的"乐园"、"希望之乡"以及"避难所"等说法，在历史上是有特定含义的，并不是针对生活在地球上的所有人而言，从一开始就是指大西洋彼岸的同种白人。那些"失去上帝恩宠"的有色人种是不能享受这一切的。有色人种在北美大陆的命运就证明了这一点。历史的变迁有时也许会冲淡人们对这些不再发生的一幕幕悲剧的记忆，尽管现在有色人种的地位在美国也可以得到法律的保护，但白人价值观中对有色人种的偏见很难从根子上彻底消除。这种文化隔膜带来种族间的巨大鸿沟一时之间也无法填平，结果必然是事实上的不平等。尤其是那些来自发展中国家的新近移民，有多少人带着梦幻般的"理想"来到这个"天堂"之国，他们之中又有多少人能够融合进美国的主流社会？一些人也许在这里获得了从未有过的物质享受，但文化上和精神上受到的压抑恐怕远不是物质生活所能够弥补的。美国社会的确为人们进取提供了许多"机会"，但对一些非白肤色的人来说，一道道无形的障碍只能使他们对这些机会可望而不可即。②这种状况不是法律条文所致，但却是一个谁也无法否认的事实。如果要追根溯源的话，在美

---

① 贡纳尔·摩道尔：《进退维谷的美国：黑人问题与现代民主》（Gunnar Myrdall, *An American Dilemma: the Negro Problem and Modern Democracy*），纽约：哈珀和罗出版社 1962 年版，第 4 页。
② 加利福尼亚大学心理学系教授科林·韦恩·利奇以有色人种在美国社会所处的低下地位解释了平等社会的种族不平等现象，他将之称为"民主的窘境"。利奇："民主的窘境：解释平等社会的种族不平等"，第 681~696 页。

国主体文化中,上帝的"伊甸园"只能由他的选民进入,上帝在北美有意留出的这块"希望之乡"也只能由他们所统治,到这个"人间乐土"实现梦想的追求自由者最终只能是他们之中的分子。这种根深蒂固的文化价值观在历史上是如此,到现在也没有发生根本性的改变。

三　美国社会难以消除的种族歧视

在历史上,美国白人的种族优越感导致了有色人种在这个世界上所谓的"平等与自由"的国度遭受到种种不公正的待遇,用"非人道"来形容美国白人对印第安人、黑人、东方人和其他有色人种的行为一点都不为过。历史的演进没有使美国成为种族主义的国家,有色人种最终也与白人一样享受到了受宪法保护的权利。公开的对有色人种的歧视在如今的美国几乎已经不存在了,但在一个白人居于多数和控制地位的国度里,要实现各种族之间的完全平等谈何容易,美国主流文化中根深蒂固的对有色人种的偏见依然潜移默化地影响着受这种文化熏陶者的态度与行为。关于这一点,站在美国社会和文化之外的人可能看得更清楚一些。正如马来西亚总理马哈蒂尔指出的那样:

> 总之,西方的种族优越感反映了在白人社会非常突出的种族偏见。如果你指出这一点,西方人,尤其是美国人竭力否认。然而,这本身就证明了这种优越感持续不衰。当然,尽管相对很少,亚洲也存在着种族偏见和歧视,但这种偏见和歧视从来没有发展为基于一个人肤色之上的种族主义。①

---

① 萨利姆·拉希德主编:《"文明的冲突?"——亚洲的反应》(Salim Rashid, ed., *"The Clash of Civilizations?": Asian Responses*),纽约:牛津大学出版社1997年版,第 xiii 页。

马哈蒂尔这里旨在说明西方社会，尤其是美国社会种族歧视的根深蒂固性。正如上文所言，在美国历史上，有色人种遭受的非人待遇真可谓罄竹难书，正是在对有色人种的恣意盘剥、侮辱以及泄愤中，美国白人逐渐形成了一些难以改变的固定观念。随着时间的推移，这些观念深深地扎根于白人文化之中，受这种文化熏陶和在这种文化氛围中成长起来的美国人很难成为"叛逆者"，除非其思想受外界的冲击而发生剧烈的变更。因此，美国白人对有色人种的歧视可以说是受其文化影响的一种本能反应，即使法律的明文规定也无法改变这一点。由于历史上有色人种不断争取民主权利的斗争，美国的法律条文也使他们享受到与白人一样的平等地位。事实上，在白人占主导地位的美国社会，法律的保障往往只流于形式或表面，并不会有助于有色人种的社会地位发生实质性的改善。相反，种族歧视像一张无形的大网笼罩在美国的上空。白人无法逾越出这张网的束缚，有色人种却在这张网的下面饱尝了偏见或歧视所带来的种种恶果与苦难。

按照社会学的解释，偏见是一种态度或看法，歧视则是一种行为，很大程度上是由偏见转化而来的，也就是说那些对其他种族抱有偏见的人最容易表现出歧视行为。在历史上，美国白人对有色人种的偏见曾经造成了一幕幕凄惨的种族主义悲剧。社会的进步尽管再也不会使这类悲剧重演，但由偏见导致的歧视行为并没有从美国社会彻底消失。《美国之旅》的作者里夫斯采访尼克松时问道，美国人是否为种族主义者，尼克松坦率相告他们是，"现在许多人仍持种族主义态度，不过这已经不时髦了，我认为这是非常重要的。你不能像过去那样谈论黑人了……我认为，种族主义减少了，但它还存在，而且将永远存在"。[①]尼克松的这番话道出了种族歧视在美国白人身上的根深蒂固。这种歧视尽管不能与昔日的种族主义相

[①] 里夫斯：《美国之旅：沿150年前托克维尔足迹重游美国》，第211页。

比，但毕竟与之共起源于同一种文化，具有异曲同工之效。当然，美国也不乏一些有色人经过自己的奋斗而能跻身于美国中上层社会，但就作为一个种族群体而言，他们与白人相比一直处于一种事实上的不平等的竞争位置。科林·鲍威尔是布什任内的参谋长联席会议主席，他是第一位出任该职位的黑人，年富力强，能力卓著，海湾战争中指挥若定。他在美国享有较高声誉，也算是个显赫人物，退役后曾有意参加1996年的总统竞选，试图打破美国总统总是由白人担任的不成文"规定"。鲍威尔的胆识勇气可谓过人，但最终还是"识时达务"，急流勇退。他退出竞选总统固然因素很多，但不能改变的"肤色"恐怕也是其中重要的原因之一。处在美国上层的鲍威尔尚且具有"肤色"之忧，那么处在社会底层的广大有色公众面对着无处不在的种族歧视更是在劫难逃了。

　　黑人是美国社会最大的有色人种群体，共有3500万人左右，占美国人口的12%强。种族主义在美国历史上的泛滥使他们经历了非人的悲惨遭遇，他们的地位和境况尽管随着时代的发展有了很大的提高和改善，但始终难以摆脱种族歧视的"幽灵"，依然在法律难以约束的实际生活中遭受着各种歧视和不公正待遇。争取政治权利和改善政治地位是黑人长期不懈的奋斗目标之一。黑人在1870年3月30日宪法第15条修正案批准生效后才获得了投票权，这是黑人政治地位改善的开端。这条规定"公民的投票权不得因种族、肤色或曾为奴隶而加以拒绝和剥夺"的法律在实际中并未有效执行，黑人享受的政治权利只是徒有虚名而已。只是经过黑人近100年的斗争，才在1964年1月23日宪法第24条修正案批准生效后真正获得了选举权。在近几十年来，黑人的参政议政活动开始逐渐增多，但与黑人在总人口中所占比例仍然不相称，黑人公职人员仅占总数的1.5%，在数千名总统任命的官员中，黑人还占不到1%，黑人议员在国会中比例仅为2%左右。黑人官员在职务提升等问题上明显不如白人，如1986年10月，美国国务院黑人外交服务官上诉地方法院，控告国务卿舒尔茨在职务提升和退休方面歧视黑人，视黑人为"二等官员"。颇具讽刺意味的是，在1989年11月美国地方选举中，黑人候选人利用美国社会日益严重的种族问题，巧妙地把自己的黑皮肤和少数民族身份转化成独一无二的政治资本，出奇制胜，脱颖而出。如戴维·丁金斯当选为纽约市长，成为美国第一大城市有史以来第一位黑人市长。道格拉斯·怀特当选为弗吉尼亚州州长，成为美国历史上第一位通过选举产生的黑人州长。在底特律、西雅图、克利夫兰、纽黑文等大中城市，黑人候选人也分别新选或连选出任市长。众多黑人的竞选胜利充分反映出美国普通民众要求尽快医治"种族问题"的强烈呼声，也从另一个侧面说明了种族歧视现象在美国还是一个远没有解决的严峻现实。

近几十年来，黑人的经济地位和状况虽然有所改善，但在他们通往富裕的路上，种族歧视依然给"黑肤色"设置下种种难以突破的障碍。据统计，1967年年收入超过5万美元的黑人中产阶级占全部黑人家庭的7%，1990年这一比例增加到15%，但该年黑人中等家庭收入只相当于白人家庭收入的62%，这一差距与20世纪70年代相比几乎没有多大变化。而黑人群体中的收入差别正逐年拉大，资料表明，1967年处于贫困线以下的黑人家庭比例为14%，至80年代末上升为30%；1967年收入不足5000美元的极端贫困的黑人家庭比例为8%，而到90年代则上升为12%。[1]据1994年统计，黑人、拉美裔人以及印第安人贫困率平均在30%以上，是白人的三倍。黑人儿童生活在贫困中的可能性比白人儿童大四倍，在美国无家可归者中，黑人占到48%。黑人失业率也远远高于白人，1994年美国的失业率为5.6%，而成年黑人失业率为15.9%，黑人青年失业率则高达40%，黑人失业率一般是白人的二至三倍。"肤色"是黑人就业的最大障

---

[1] 参见陈东晓：《黑人问题：一个游荡在美国上空的幽灵》，载《国际展望》，1995年第21期，第18页。

碍。据《青年非洲经济》报道,美国企业界存在严重的"肤色论",很多黑人因在本企业受到种族歧视之苦而愤然离职。据美国第29届全国城市联盟年会在1989年8月发表的材料说,美国黑人的就业和发展机会较少。[1]黑人因肤色而在公司企业中得不到与白人均等的晋升机会,他们深受企业"高筑种族藩篱"之苦,始终处于中下层,提升到高级职位者寥寥无几,减薪裁员则是首当其冲。黑人多数生活在大中城市里的黑人聚居区,这里居住条件极差,周围环境恶劣,与白人居住区形成了天壤之别。

黑人的社会地位与权利尽管受到美国法律的保护,但他们在实际生活中却难以享受到与白人完全平等的地位,在很多场合遭人白眼,始终不能摆脱"低人一等"的境地。美国黑人问题研究专家阿尔芬·杰斐逊的研究表明,在过去20年内,美国社会发生了深刻的变化,表现在非裔美国人生活和文化的各个方面,"但在美国理想的言辞和美国黑人人口日常现实之间存在着严重的不符。从纯粹的生活必需品到基本的人权,20世纪80年代美国黑人的状况比60年代都更为恶化。甚至连在一个不再执行的全国计划中促进种族平等的空洞承诺都消失的无影无踪"。[2]美国东北大学1988年初提供的一份研究报告认为,由于过分膨胀的肤色论,黑人在美国社会中受屈辱和难堪的事情比比皆是,处处被视为"二等公民"。一些极端种族

---

[1] 参见戴增义:《黑人状况与种族歧视面面观》,载《美国研究参考资料》,1990年第8期,第27页。
[2] 阿尔芬·杰斐逊:"20世纪80年代的美国黑人:言辞对现实"(Alphine W. Jefferson, "Black America in the 1980s: Rhetoric vs. Reality),载《黑人学者》(*Black Scholar*),第17卷,第3期(1986年),第2页。转引自洛伊:"雅皮士的种族主义:20世纪80年代的种族关系",第454页。另见约翰·麦科纳海等:"种族主义在美国已经衰落了吗?它取决于所问之人和所问内容"(John B. Mcconahay, Betty B. Hardee and Valerie Batts"),载《冲突解决杂志》(*The Journal of Conflict Resolution*),第25卷,第4期(1981年12月),第563~579页。

主义分子杀害黑人的暴行时有发生，1987年全美发生的452起种族犯罪中，53%是对黑人身体的伤害，47%是对黑人财产的侵犯。美国大中城市的中上层居住区一般拒绝黑人入内，黑人若随便进入，轻则拳打脚踢，重则乱棒毒打，弄不好还会有进无出，命归黄泉。进入90年代之后，种族暴力事件有增无减，仅1991年美国就发生此类案件4558起，其中黑人成为最大的受害者。1995年初以来，美国南部一些州有30余座黑人教堂被白人种族主义者焚毁，仅在1996年6月的十几天内，美国就连续发生了五起烧毁黑人教堂的事件。美国法律虽然并未明确规定黑白种族犯罪区别对待，但实际上对黑人的犯罪行为惩治更为严厉，据联合国特别报告员格雷雷·安汉汉佐1994年10月访问美国后写的调查报告，在美国，犯有同样的罪，黑人及有色人种往往受到比白人重二到三倍的惩罚，杀害白人被判处死刑的黑人是杀害黑人被判死刑的白人的四倍。《纽约时报》1995年报道，虽然自1977年以来，在美国被谋杀的人中，黑人和白人所占比例大致相同，但在被判死刑的犯人中，85%是因犯有谋杀白人的罪行，只有11%是因为杀害了黑人。

　　教育领域的种族歧视一向比较严重，20世纪60年代前后美国爆发的声势浩大的民权运动最终给种族隔离的学校教育体制画上了句号，但种族歧视仍然存在于各级教育机构。美国一些社会学家认为，黑人在就业、住房、医疗保险等方面受到的歧视以及自身的贫困，无不可以从教育方面存在的种族主义找到原因。正因为如此，黑人的教育水平远远低于白人以及全国的平均水平。近些年来，美国的许多高校不断发生种族歧视事件，黑人学生经常无辜受辱，生活在一种精神十分压抑的气氛中，白人学生对他们的恐吓、讽刺、嘲笑和谩骂更是司空见惯。与白人相比，黑人的卫生保健状况相距甚远，黑人的死亡率和许多疾病的发病率是白人的两倍，黑人婴儿的死亡率也是白人的两倍。黑人健康状况恶化主要由社会问题所致，生活水平普遍低于白人也是其中重要的原因。芬兰赫尔辛基大学教授西莫·维尔塔宁等人把20世纪90年代美国黑人状况的恶化看做是"新种族主义"所导致的结果,他们通过调查获得的大量数据罗列出了"新种族主义"在美国社会的各种表现,并揭示出了其与旧式的种族主义之间的有机联系。[①]

1963年8月28日,黑人领袖小马丁·路德·金在华盛顿林肯纪念堂前向参加争取就业和自由进军的25万聚会者发表了《我有一个梦》的著名演讲,他说:"一百多年后的今天,我们都不得不面对一个悲惨的现实:黑人远没有获得自由。一百年后的今天,黑人依然在种族隔离和种族歧视的双重桎梏下步履维艰,挣扎谋生。一百年后的今天,黑人依然蜷缩在美国社会的角落苟延残喘,身居祖国,却如同漂泊异乡。"[②]四十余年过去了,客观上讲,美国社会的种族歧视心态较过去已经大大减退,种族平等观念在许多领域中显示出了强大的影响力。对任何人来说,法律条文上已无不平等可言,但黑人争取到事实上与白人的平等地位还是一个相当漫长的过程。为了黑人幸福自由而捐躯的小马丁·路德·金的"梦想"远没有成为现实,大批黑人依然游离在美国经济发展和社会进步的主流之外,甚至还过着金几十年前所描述的那种悲惨生活。

黑人的状况是当今美国社会有色人种生活的缩影和真实写照,许多亚裔美国人和拉美裔美国人同样难逃种族歧视之网。他们要想出人头地,必须付出比白人高出许多倍的努力。实际上,大多数人在种族歧视设置的一道道无形的障碍面前望而却步,在美国主流社

---

① 参见西莫·维尔塔宁等:"旧式的种族主义和种族偏见的新形式"(Simo V. Virtanen and Leonie Huddy, "Old-Fashioned Racism and New Forms of Racial Prejudice"),载《政治杂志》(*The Journal of Politics*),第60卷,第2期(1998年5月),第311~332页。
② 小马丁·路德·金:"我有一个梦想"(Martin Luthur King, Jr., "I Have a Dream"),1963年8月26日。全文可在 http://www.stanford.edu/group/King/publications/speeches/address_at_march_on_washington.pdf 网址上获得。

会之外过着贫穷而压抑的生活。近些年随着亚洲和拉美的合法移民和非法移民大量涌入美国，排外主义重新抬头，种族歧视大大增强，种族迫害事件时有发生，亚裔和拉美裔遭到暴力侵犯呈上升趋势。加利福尼亚大学教授理查德·洛伊认为在20世纪80年代种族主义在美国依然是一个严重的社会问题，反映在发生在整个这一国家此起彼伏的种族偏见事件中。①据纽约市警察局的统计，20世纪90年代以来该市针对亚裔的暴力事件共上升了680%。1995年，全美国登记在案的反亚裔暴力事件达458起，比1993年增加了37%。据墨西哥官方的报告，1995年美国侵犯墨西哥移民的事件达72864起，自1990年以来，约有100名墨西哥人惨死在美国警察和边境巡逻人员手中，而绝大多数凶犯至今仍然逍遥法外。实际上许多移民由于没有美国公民权，享受不到应有的合法权益。那些非法居留者的境况更惨，不仅工资极低，劳动条件很差，而且没有任何合法权利，经常受到美国雇主的非人待遇，而得不到任何法律保障。当然，不同的有色人种或少数民族并不是团结一致，相反，他们常常受生活所迫相互争抢工作，甚至大打出手，如黑人的一些暴力犯罪就是针对亚裔和拉美裔的。亚裔人常常对黑人避而远之，不屑与之为伍，唯恐出现不测。尽管他们相互猜忌或不信任，但就其政治、经济以及社会地位而言，他们无疑都是白人种族歧视或迫害的牺牲品。

种族歧视在美国社会根深蒂固，源远流长，绝非一朝一夕所能根除，美国许多持有正义感的白人对此深感不安和内疚，他们为了实现各种族之间的平等正在做出不懈努力。当然，更多的白人认为有色人种低人一等是上天注定，合情合理，他们试图在理论上为这种不合乎人道的行为寻求合法性。如1994年哈佛大学和美国企业研究所的两位教授出版了《正态曲线》一书，在这部840余页的著作中，作者以洋洋数万言论证了遗传基因决定了黑人在智力上低于白

---

① 参见洛伊："雅皮士的种族主义：20世纪80年代的种族关系"，第446页。

人，认为这种差异与生俱来，无法通过外在因素予以消除，因此，黑人贫困是命中注定。该书的一个重要结论是，政府对黑人的福利补贴不但无助于使穷人摆脱贫困，而且会助长其依赖心理，并增加私生子数量，使劣等基因进一步扩散。[1]这本书一出版即被舆论炒得沸沸扬扬，迅速风行美国，对本来就十分严重的种族歧视起了推波助澜之效，更重要的是反映出了美国社会由种族歧视引发出的种族矛盾呈现出激化态势。事实也是如此。自20世纪80年代后期以来，美国各地不时掀起抗议种族暴力的活动。1989年8月26日，华盛顿举行了有来自全国各地数万人参加的抗议种族歧视的游行，参加者有黑人政治家、工会领导人和民权运动积极分子。1992年3月，白人警察殴打黑人司机罗德尼·金的事件一曝光，随即引发起大规模的种族冲突，黑人抗争的怒火迅速遍及全国各主要城市，美国政府出动了3000名陆军和1500名海军陆战队到洛杉矶"维持秩序"。这场冲突延续数日，财产损失无计，人员伤亡重大，58人死亡，2383人受伤，11824人被捕。时隔三年，号称"世纪审判"的美国影星和球星辛普森谋杀白人妻子案引起黑白种族的关注，实际成为两个种族的一次较量。辛普森腰缠万贯，一掷千金，巧妙地利用了美国社会的种族冲突与矛盾，最后被判无罪开释。我们且不说这一结果是否使罪犯逍遥法外，但对案件的审理和判决却充分反映出美国社会种族矛盾何等尖锐。这一案件画上句号还不到半个月，1995年10月16日美国首都华盛顿又发生了一场名为"百万黑人游行"集会。这次集会的发起人法拉汗极端仇视白人，他振臂一呼，黑人民众群起而应，40万人浩浩荡荡，云集华盛顿。这次游行在美国引起

---

[1] 理查德·赫恩斯坦和查尔斯·默里：《正态曲线：美国生活中的智力和阶级结构》(Richard J. Herrnstein and Charles Murray, *The Bell Curve: Intelligence and Class Structure in American Life*)，纽约：自由出版社1994年版。对这本书的介绍与评价参见悉尼·卡唐(Sidney Kardon)发表的书评，这篇书评载于《社会工作》(*Social Work*)，第41卷，第1期(1996年1月)，第116~117页。

很大震动，美国政府也不敢等闲视之，集会当天克林顿总统在得克萨斯发表演讲，呼吁美国民众"打扫干净种族主义房屋"，"促进种族间相互理解"，试图以示政府对黑人问题的重视来平息众怒。①这一连串事件反映出种族问题给美国社会带来的潜在危机，触发它们的根本原因乃是黑人低下的政治经济地位所导致的愤懑压抑情绪。

种族问题像"梦魇"一样，常常搅得美国社会动荡不安。美国政府感十分挠头，也曾力图通过法律来解决这个长期困扰美国社会的棘手问题，但往往是事倍功半，收效甚微。种族歧视依然横行美国，其所导致的种族矛盾和冲突大有激化之势。当然受白人文化熏陶的美国决策者首先维护的是白人的利益，他们采取缓和种族对立的措施只是出于维护其统治考虑，种族歧视在他们的脑海中同样居有一席之地，他们也难以摆脱"白人至上"、"白人优越"的观念。这恐怕也是美国种族歧视长期难以解决的一个重要原因。

四 种族优越与美国对外关系

影响国家对外关系的因素很多，其中，决策者的思想观念往往对外交政策的制定与执行发生着潜在的作用。因此，当美国开始处理与亚洲、非洲、拉丁美洲国家的关系时，固存于决策者思想中的种族优越观念必然会以各种形式表现出来，成为美国对落后国家外交政策的一个明显特征。诚如美国历史学家迈克尔·亨特所言："由于对辩论和决策者思想的支配，由于对新闻界的影响，由于对

---

① 讲话全文见威廉·克林顿："在奥斯丁得克萨斯大学的讲话"（William J. Clinton, "Remarks at the University of Texas at Austin"），1995年10月26日，载《美国总统公开文件》（*Public Papers of the Presidents of the United States*），第2卷，华盛顿：美国政府出版局1995年版，第1600~1606页。

全体选民的控制,种族歧视强有力地形成了国家对付其他民族的方法。这种歧视不只是包括富兰克林时代之前的印第安人,当美国人形成独立的外交政策时而且包括拉丁美洲、东亚和欧洲。"①亨特是研究意识形态对美国对外政策制定与执行的专家,种族优越也是固存于美国白人脑海中的一种意识形态,自觉或不自觉地在美国政府处理与非西方国家的关系上表现出来。美国学者斯特林·约翰逊在谈到种族偏见影响到美国对其南邻墨西哥的政策时指出:

> 许多盎格鲁人对非洲人和印第安人形成了一种强烈的种族偏见,很容易把种族低劣的观念援引到墨西哥人身上。种族意识形态在支持盎格鲁人从墨西哥人那里强占土地和使之合理化上服务于一种经济目的。②

约翰逊这里提到的"种族意识形态"就是美国白人对非白人的一种根深蒂固的种族偏见。这种偏见一开始就在决策者的思想中体现出来。拉丁美洲是美国最早发生对外关系的主要地区之一,如果从种族上追根溯源的话,拉美和北美大陆的"发现"都是欧洲人扬帆远征的结果。主宰南北美洲的统治者在种族上同源,只不过拉美地区在以后的发展中种族构成发生了明显的变化。混血种人、印第安人以及黑人在人口中居于多数,纯粹意义上的"白人"在这里成了少数民族。更何况拉美地区的白人与美国的白人存在着明显的文化差异。因此,美国白人把拉丁美洲人划入"种族另册"丝毫不足为奇。用一位研究者的话来说:"受盎格鲁-撒克逊种族优于其他民族的影响,美国白人民族主义的优越感得到了加强。在这个美洲共和国的脑海里,数目庞大的印第安人和黑人居住在该地区往往使

---

① 亨特:《意识形态与美国对外政策》,第52页。
② 约翰逊:《全球追求与占有:美国国家利益对国际法》,第8页。

美国人把拉丁美洲人视为具有低劣的种族身份。"①这样一种意识尽管不是美国政府决策的主导力量，但在特定的情况下只要对美国实现其利益有益，往往会对美国的外交政策发生举足轻重的影响。

拉丁美洲独立战争本来是西属殖民地人民争取独立自由的民族解放运动，但美国许多白人对这场运动不屑一顾，认为长期处在西班牙专制统治下的拉丁美洲不可能真正获得自由，即使独立，自由也只是形式而已，种族的劣根性已经决定了这一点，杰斐逊和亚当斯等人就持这种观点，他们在拉丁美洲独立战争爆发后把天主教的迷信、西班牙专制的遗产和种族混合的人口看成是取得进步的严重障碍。杰斐逊直言不讳地宣称，西班牙美洲"处在极其黑暗的愚昧之中，深受偏执和迷信的影响"，因此"就像孩子一样不能自治"，他只是希望"军事独裁"取代现存的西班牙暴政。②约翰·昆西·亚当斯同样认为："我衷心祝愿他们的事业，但是我过去看不到，现在还丝毫看不到他们将建立自由政府制度的前景。……他们没有良好或自由政府的基本要素。军队和牧师的专横权力铭刻在他们的教育、他们的习惯以及他们的制度之上。在他们所有尚处于萌芽状态的原则中充满着内部的纷争。"③一些白人反对用相同的起源和类似的遭遇把美国与拉丁美洲联系起来，所持理由就是二者在文化和种族上毫无相似之处。如《北美评论》编辑爱德华·埃弗里特在1821年写道："我们与南美洲毫无关系。……我们不能对他们形成满腔热情。我们具有不同的血统，我们讲不同的语言，我们受不同的社会和道义学校的熏陶，我们服从不同的法律准则，我们从根本上接

---

① 格鲁厄姆·斯图尔特等：《拉丁美洲和美国》(Graham H. Stuart and James L. Tigner, *Latin America and the United States*)，第6版，恩格尔伍德：普伦蒂斯·豪尔出版社1975年版，第722页。
② 转引自亨特：《意识形态与美国对外政策》，第100~101页。
③ 转引自彼得·史密斯：《鹰爪：美拉关系的动力》(Peter H. Smith, *Talons of the Eagle: Dynamics of U.S.–Latin American Relations*)，纽约：牛津大学出版社1996年版，第47页。

受不同的宗教标准。"①尽管美国政府出于其他利益考虑最后还是对拉美独立运动给予了支持,但这种选择丝毫改变不了美国白人对拉丁美洲人的种族偏见。其实这种偏见对美国外交政策的影响,早在对海地革命的态度上表现出来。

1791年,海地岛爆发了黑人奴隶反对法国殖民统治者的起义,起义军势如破竹,殖民统治岌岌可危。美国政府十分关注这场距离美国本土并不遥远的战争,华盛顿、杰斐逊等政府决策者不仅对逃到美国避难的法国人深表同情,而且提供尽可能的支持,给法国白人种植园主送去了武器弹药,帮助他们镇压黑人起义。美国政府的这种态度主要出于种族因素考虑,无非是担忧起义将蔓延到美国南部,引起一场种族战争。用一位美国人的话来说,"这场战争将只会在一个种族或另一个种族的灭绝中结束"。②1801年1月1日,海地宣布独立,建立了现代世界的第一个黑人国家,美国拒绝予以正式承认,其原因自不待言。

对其他新独立的拉美国家,美国尽管相继与之建立了外交关系,但种族偏见成为发展正常关系的严重障碍之一。墨西哥首任驻美大使何塞·曼努埃尔·索索亚对此有着实际的体验。在他看来,美国白人的"傲慢使他们不能平等对待我们,只把我们看做低劣一等,随着时间的流逝,他们将成为我们不共戴天的仇敌"。③他以自己的亲身经历和体会道出了发自内心的深刻感触。美国对墨西哥的

---

① 阿瑟·惠特克:《西半球观念的兴衰》(Arthur P. Whitaker, *The Western Hemisphere Idea: Its Rise and Decline*),伊萨卡:康奈尔大学出版社1954年版,第32页。
② 蒂莫西·马修森:"乔治·华盛顿对海地革命的政策"(Timothy M. Mathewson, "George Washington's Policy Toward the Haitian Revolution"),载《外交史》(*Diplomatic History*),第3卷(1979年夏季号),第38页。
③ 阿尔文·鲁林斯坦等主编:《第三世界的反美主义:美国对外政策的言外之意》(Alvin Z. Rulinstein and Donald E. Smith, eds., *Anti-Americanism in the Third World: Implications for U.S. Foreign Policy*),纽约:普雷格出版社1988年版,第31页。

领土强占本来是一种赤裸裸的以强凌弱的强盗行径，也是美国历史上不光彩的一页，美国白人却从种族优越论中找到了为这种行为辩解的理由。美国白人把对得克萨斯白人"起义"的支持说成是白种的得克萨斯人与印第安人和西班牙混血种人之间一场不可避免的冲突。当美国通过战争的手段兼并了大片墨西哥领土时，美国白人也没有忘记以种族上的理由使这种公开"劫掠"合法化。他们宣称："白种人道义和智力的优越将拯救其他种族：这样最年轻的民族和最新开发的土地将成为最古老种族的复兴者和改革者。"①《里士满辉格党报》1845年8月19日刊文宣称，美国与墨西哥的这场冲突乃是"盎格鲁-撒克逊人对混血种人的战争，前者是纯白人血统，后者由印第安人、黑人和西班牙人构成。这三类人种由于血统和肤色的混合而退化"。②美国对墨西哥开战有着最实际利益的需要，但很多美国白人和舆论给这场战争打上"种族冲突"的烙印却会迎合了大多数白人的种族优越的心理，激发起国内的种族民族主义情绪，给这场本来赤裸裸的侵略战争扫除国内一切不必要的障碍。

美国对拉美地区的政策无疑受到种族优越的影响，这种优越感充分反映出了美国白人文化中"以我为主"的价值观，威尔逊政府的加勒比政策就体现出了这方面的倾向。威尔逊是美国历史上以执行所谓"理想主义"外交而著称的总统，其实他是个典型的白人种族优越论者。他曾经允诺上台后给国内黑人自由，在处理实际问题时却深深地留下了种族主义的烙印。这里仅举一例便可说明。威尔逊时期黑人问题突出，种族隔离加剧，黑人代表到白宫面见威尔逊请愿，但威尔逊对所提出的问题敷衍搪塞，言不由衷，最后甚至大发雷霆，让代表们出去。以后威尔逊对这件事的处理方式颇为后悔，他对海军部长约瑟夫·丹尼尔斯说，他应该"洗耳恭听，抑制

---

① 加布里埃尔：《美国民主思想历程：自1815年以来的理性史》，第343~344页。
② 德康德：《民族、种族和美国对外政策》，第33页。

怒气，等他们说完后，然后对他们说，当然，你们的请愿将予以考虑，他们然后就平静地回去，将再也听不到此事"。①这大概就是威尔逊能够高于其他赤裸裸地宣扬种族优越论者的地方，但这种思想不可避免地暴露于他对落后国家的政策中，尤其对多米尼加和海地两个黑人共和国更表现出这种倾向。美国海军陆战队在海地登陆后，威尔逊主张采取强硬行动，并不担心这种肆无忌惮地侵犯一个国家主权会在拉美国家造成什么严重影响，也不在乎给他这个自诩为"西半球民主自由斗士"留下不光彩的一页，在他的心目中这个国家已被划入另册。1915年8月15日威尔逊在给其恋人高尔特的信中暴露出平时罕见的思想，他说："我们在海地采取的方针对'拉丁美洲'的影响将不是严重的，原因它是黑人国家，将不被视为兄弟之邦！"②他也曾幸灾乐祸地嘲笑美国干涉给海地政府官员带来的窘境。他8月24日致信高尔特说："这些可怜的家伙进退维谷，他们不敢冒犯我们，然而如果他们屈从了我们，他们的敌人将在随后的选举中针对他们制造事端。"③其他决策者同样抱有这种思想。国务卿罗伯特·兰辛1918年就海地的状况写道："非洲种族"有一种"倒退到野蛮状态和摆脱与他们的天性格格不入的文明约束的固有的倾向。当然，对于这个种族弱点有许多例外，但是，根据我们从本国的经验所知，大部分人确是这样"。④拉美事务局局长博阿兹·朗在讨论对海地政策时，得出结论说，海地这个"低劣的民族不能维持法国留给他们的文明程度或形成他们有资格得到国际尊重或信任的任何自治能力"。⑤这种思想当然会对威尔逊政府的决策发

---

① 林克编辑：《伍德罗·威尔逊文件集》，第31卷，1979年版，第309页。
② 林克编辑：《伍德罗·威尔逊文件集》，第34卷，1980年版，第209页。
③ 林克编辑：《伍德罗·威尔逊文件集》，第34卷，1980年版，第311页。
④ 帕特森等：《美国外交政策史》，第2卷，第358页。
⑤ 弗雷德里克·卡尔霍恩：《权力与原则：威尔逊外交政策中的武装干涉》（Fredrick S. Calhoun, *Power and Principle: Armed Intervention in Wilsonian Foreign Policy*），肯特：肯特州立大学出版社1986年版，第101页。

生影响。

美国历史学家弗雷德里克·卡尔霍恩考察了威尔逊的加勒比政策后,把"种族人道主义"说成是构成其外交政策的基础,这一术语旨在说明威尔逊想要鼓励这些拉美国家获得更多的民主生活方式,但解决问题的方法却使他打上了种族中心主义的烙印,所以,"他在使人民得到其自由的努力中,否决了他们选择自己命运的权利"。①卡尔霍恩的基本立论并没有超出受本民族文化影响的局限性,他批评的只是威尔逊的外交方式而已,并不否认威尔逊的动机,从实质上肯定了威尔逊对这些国家的政策。以此解释美国对外政策者在美国学术界也不乏其人。他们只注意到一些表面现象,把种族主义与武力干涉用"良好动机"不自然地联系在一起,掩饰住这种明显具有强权特性之外交的真正实质。恰恰就是白人优越的种族中心主义,才使威尔逊政府在"理想"的外衣下挥舞着"文明棍",以国际关系中最令主权国家难以接受的武力干涉完成了对其他国家的控制。在美拉关系上,类似威尔逊政府的做法并非鲜见。正如美国著名国际关系学者摩根索指出的那样:

> 在我们对拉丁美洲国家的态度中似乎存在着根除不掉的倾向。我们总是认为,自西半球赢得独立以来北方巨人所享有的不可动摇的优势,简直是自然规律。人口趋势、工业化、政治和军事的发展,可能会修改这一规律,但不能根本改变它。同样由于几个世纪以来少数白人种族主宰着世界政治历史,而有色人种主要是这一历史的客体,因此对于所有种族来说都难以想象会出现白人种族的优越政治地位不复存在的情况,也确实难以想象会出现种族间的关系颠倒过来的情况。②

---

① 卡尔霍恩:《权力与原则:威尔逊外交政策中的武装干涉》,第23页。
② 摩根索:《国家间政治——寻求权力与和平的斗争》,第211页。

体现在美国外交政策中的种族优越,常常使拉丁美洲人极为反感。许多国家经常爆发激烈的反美浪潮固然是多种因素所致,但美国人的傲慢偏见、目空一切、居高临下等等,无疑诱发出了拉丁美洲人对这个北方巨邻的本能抵触情绪,成为美国政策在拉美地区遭到困境的最重要根源之一。

美国太平洋彼岸的东方主要生活着由黄种人构成的民族,这些民族或国家具有悠久的文化传统,历史上曾经放射出璀璨的光芒,成为人类文明进步的代表者。只是到了近代,当世界大踏步地迈向资本主义工业文明时,处于专制统治之下的东方国家却明显地落在这一大潮之后,乃至后来成为"船坚炮利"的西方国家侵略宰割的"俎上肉"。美国作为西方资本主义的大国之一,早就对神秘而富有魅力的东方"垂涎欲滴"。幅员辽阔的东方市场燃烧起美国商人西渡发财的欲望,大批的美国传教士伴随着隆隆的枪炮声纷至沓来,试图在东方实现"基督文明"复兴世界的梦想。用美国学者斯陶特的话来说:"一切文明民族在推进它们的各种各样的利益的同时,的确是结合在一起来摧毁亚洲的古老宗教和偶像崇拜,使已经衰竭不堪的亚洲种族获得新生。伊斯兰教和异教都必须同样地湮没下去,基督教必须进来,像灿烂的阳光射进混沌世界一样来照亮和复兴这个古老的世界。"①美国政府对亚洲国家的政策显然是为其政治、经济、文化扩张服务的,但由于美国白人对黄种人深刻的种族偏见,种族优越观念自然会在美国政府处理与东方国家关系时表现出来,程度不同地对美国外交政策发生了影响。

菲律宾是美国通向东方市场的踏板,当美国19世纪末吹起海外扩张的号角后,菲律宾首当其冲,美西战争之后被美国兼并。美国政界在兼并菲律宾上可谓众说纷纭,但赞成者和反对者的观点毫无

---

① 吕浦等编译:《"黄祸论"历史资料选辑》,北京:中国社会科学出版社1979年版,第21页。

例外地体现出了白人种族优越的观念。主张兼并者所持的理由是，美利坚民族作为地球上最优越的种族，对落后民族负有"教化"的责任，以促进它们向"文明"转化。最典型的是威廉·麦金莱总统对兼并菲律宾所作的道貌岸然的解释。①反对兼并者并不是出于对菲律宾人追求独立事业的同情，更不是反对美国向东方的商业扩张，他们不希望黄种的菲律宾人成为美国联邦大家庭的"成员"，以免玷污了白种人的"纯洁"。参议员约翰·丹尼尔斯认为，美国国内反对兼并菲律宾的人不希望将大量的马来西亚人、中国混血种人和其他低劣种族"融合进美国制度"。②有的美国人甚至建议修改联邦宪法，"以便规定我们伟大的美国共和国永远不与亚洲国家结为伙伴关系"。③主张兼并者和反对兼并者在种族优越上毫无相异之处，用美国历史学家亚历山大·德康德的话来说，二者都拥有十分强烈的种族主义，"双方都在试图以一种种族理由影响美国的对外政策，只不过是帝国主义者占取了上风"。④美国在菲律宾的自治问题上总是表现出类似"大人对待小孩"的态度，菲律宾种族的不成熟决定了其难以实现自治，只有在成熟的盎格鲁－撒克逊种族的引导下，菲律宾人才能逐渐走出长期形成的不适宜自治的文化传统。这样一种种族优越思想在美国兼并菲律宾群岛问题上占取了上风，最终使美国如愿以偿，在太平洋上获得了通向东方广袤市场的一个重要门户或踏板。

中国是美国在东亚地区最早接触的国家之一，美国人过去对这

---

① 参见本书第一章关于麦金莱总统在这一问题上的相关思想。
② 鲁宾·韦斯廷:《美国帝国主义的种族主义：种族态度对美国对外政策的影响，1893~1946年》(Rubin F. Westin, *Racism in U.S. Imperialism: The Influence of Racial Assumptions on American Foreign Policy, 1893–1946*)，哥伦比亚：南卡罗莱纳大学出版社1972年版，第93页。
③ 韦斯廷:《美国帝国主义的种族主义：种族态度对美国对外政策的影响，1893~1946年》，第109页。
④ 德康德:《民族、种族和美国对外政策》，第63页。

个文明古国的了解主要是通过欧洲人撰写的有关中国的书籍,并无多少感性认识,但黄皮肤的中国人在美国白人的脑海中深深地留下了种族偏见的烙印。美国1784年出版的一本地理书把中国人描述为"世界上最言而无信、最卑鄙和偷窃成性的民族"。①从19世纪开始,随着美国商人以及传教士大批地涌入中国,美国人通过实际接触了解中国的机会大大增多,但对黄种人的种族偏见决定了这种了解带有很大的偏颇性,甚至是完全根据自己的臆想对事实的扭曲。中国被描述为"道德的荒原",生活在这块土地上的人们愚昧无知,道德沦丧,卑鄙下贱。②中国人的这种"不佳"形象在美国白人脑子里长期存在。当美国政府把中国纳入其"太平洋帝国"的重要组成部分时,其外交政策主要是为美国的政治、经济、战略等现实利益服务,但种族优越感也在潜在地发挥着作用,美国政府似乎负有一种把美国人眼中的这个"低劣种族"从水深火热中拯救出来的使命,以美国的"优越"文化来"教化"愚昧的中国民众,最终使中国能够按照美国设计好的道路发展。

日本是19世纪末在东方唯一崛起的国家,当日本具备了强大的经济和军事力量时,便对东亚地区虎视眈眈,试图将之变成独占的势力范围。这实际是对在这一地区享有巨大利益的美国的一种挑战。1904年,西奥多·罗斯福谈到日俄战争时写道:"如果日本获胜,不仅是斯拉夫人,而且我们都将不得不在东亚对付一个崛起的大国。"③从1904年到1916年,美国国内大肆谈论"黄祸",这主要是针对日本而言的,这一时期美国国内掀起的排日浪潮正是反映出美国人对这个黄种人国家崛起的担忧。1904年,美国著名作家杰

---

① 鲁斯·米勒·埃尔森:《传统的卫道士:19世纪美国的教科书》(Ruth Miller Elson, *Guardians of Tradition: American Schoolbooks of the Nineteenth Century*),林肯:内布拉斯加大学出版社1964版,第162页。
② 亨特:《意识形态与美国对外政策》,第69~70页。
③ 达莱克:《美国对外政策方式:文化政治和外交事务》,第56页。

克·伦敦发表文章,宣扬日本对美国构成的威胁,一场种族冲突在他所处的时代不可避免地到来。他宣称:"种族冒险的可能性仍未消失。我们正处在我们自己的种族中间,斯拉夫人正整装待发,难道黄种人和褐色人就不可能从事和我们一样规模宏大而且更惊人的特殊冒险吗?"①有的美国人更是危言耸听,认为日本的威胁只是蒙古种人将由于人口问题引起扩张冲动,不久就会越过太平洋,到达西南美洲,最后经墨西哥逼近美国的大门。日本的扩张政策使亚洲许多国家深受其害,其实尚未对美国等白种国家构成灾祸,只是损害了美国在东亚地区的既得利益。美国等国宣扬的"黄祸威胁论"并未遏制住日本在东亚的扩张势头,相反,却激起了它们之间更加激烈的竞争。

美国和英国同属盎格鲁-撒克逊种族,来自英国的移民是北美大陆的开拓者,他们构成了人口中的主体,美利坚合众国的建立是北美人摆脱英国殖民统治争取独立的结果。当美国作为一个主权国家活动在国际舞台上时,英美两国并不会因为种族上同源而一定保持和谐,利益之争常常也会使两国关系紧张,有时甚至到了拔刀相见的程度。然而,当英国与一个非白人国家发生冲突时,种族上的同源便会使美国明确地站在英国一边。1856年,英国对中国发动了第二次鸦片战争,美国舆论界掀起一片支持英国的喧嚣之声。一家美国报纸1857年2月23日刊登社论指出,"已经衰退的伊斯兰和蒙古种族"注定要拜倒在盎格鲁-撒克逊人面前,犹如印第安人和墨西哥人"在美国拓殖者前进中消失"一样。②一些美国白人甚至敦促政府介入这场"盎格鲁-撒克逊同类"发动的战争。1859年6月,英国及其盟国击败了中国后,派代表沿海而上到天津交付已被批准

---

① 霍夫斯塔特:《美国人思想中的社会达尔文主义》,第189页。
② 参见斯图亚特·米勒:《不受欢迎的移民:1785年至1882年美国的中国人形象》(Stuart C. Miller, *The Unwelcome Immigrant: The American Image of the Chinese, 1785–1882*),伯克利:加利福尼亚大学出版社1969年版,第123页。

的和约。在途中他们遭到满腔怒火的中国军队的抵制，中国人封锁了前往天津的河道，并重创前来攻打的英法军队。此时美国海军指挥官乔赛业·塔特纳尔高喊着"血浓于水"，率军冲上前去援助，他说："如果他袖手旁观白种人在他的眼皮底下惨遭杀害，他将受到谴责。"①

1877年，英国兼并了一个布尔人的共和国德兰士瓦（Transvaal），南非人指责这是一次侵略行为，希望美国能够出面主持正义。他们的领导人保罗·克吕格尔亲自向美国政府呼吁抗议这次兼并，但美国政府无动于衷，几乎没有作出任何反应。"除了少量关注的黑人外，很少美国人此时对非洲感兴趣，对于那些盎格鲁-撒克逊美国人来说，他们根本不希望卷入"。②1899年10月，英国人与布尔人发生了战争，美国国务卿海约翰明确表明了美国政府对这场冲突的基本态度，他写道："我坚信，我们对外政策的一个必然之特征应该是对英国的友好理解，我只要在位一天，就不会采取改变这种信念的行动。"③一些英国社会名流通过传媒向美国公众呼吁支持英国人对布尔人的这场战争，所持理由就是英美两国具有种族亲姻关系以及盎格鲁-撒克逊文化的无比优越。美国政府决策者如麦金莱、海约翰等明确表示对英国提供支持主要出于种族考虑。马克·吐温一针见血地指出："即使是错的——实际就是错的，英国也必须受到支持。"④类似这样的例子在美国外交史上并非鲜见。在20世纪，美国与英国的关系很少发生大的裂痕，并且每次英国处于岌岌可危之时，美国总会伸出援助之手，帮助英国渡过危

---

① 德康德：《民族、种族和美国对外政策》，第38页。
② 德康德：《民族、种族和美国对外政策》，第65页。
③ 斯图亚特·安德森：《种族与和睦：盎格鲁-撒克逊主义与1895年至1904年的英美关系》(Stuart Anderson, *Race and Rapprochement: Anglo-Saxonism and Anglo-American Relations, 1895-1904*)，拉瑟福德：菲尔莱狄更斯大学出版社1981年版，第84页。
④ 德康德：《民族、种族和美国对外政策》，第67页。

机。美国的这种支持或帮助首先固然出于维护自身的利益考虑，但种族上的"亲姻"和文化上的"同源"显然也在发挥着一定的作用。

20世纪之前，美国对非白人国家的外交政策明显包含着种族主义的内容，随着时代的发展和社会的进步，种族主义尽管在白人国家还广有市场，但把之体现在对外关系上的做法已经遭到越来越多的国家抵制。然而，美国白人文化中的种族优越观念并不会因此而消失，其对美国政府决策者思想的影响依然显而易见。富兰克林·罗斯福认为，"在世界民族中有许许多多未成年的孩子需要被托管"，其中首先是"东方的棕色民族"。他尽管希望解放日本控制下的亚洲国家，但坚持这些国家必须受到先进国家指导数十年后才能走上独立的发展道路。①罗斯福的后继者杜鲁门、艾森豪威尔都表现出浓厚的白人种族优越的思想。一位美国学者从种族优越角度分析了美国对华政策失败的原因：

> 种族优越感滋生了这种（低估中共力量的）错误认识。美国官员，包括中国问题专家，都把"中央王国"视为一个政治、军事、经济上的落后民族，美国过去屡次向它伸出援助之手，将来它仍需要美国的匡助。当共产党人对过去美国为中国所尽的努力不表示感激或怀疑其动机时，外交官们就从意识形态方面寻找解释，而不去注意诸如美国的行为这样的外来刺激因素。美国人的思想中明显地缺乏自我反省。②

---

① 参见亨特：《意识形态与美国对外政策》，第162页。
② 威廉·怀特尼·斯蒂科：《对抗之路：1947年至1950年美国对中国和朝鲜的政策》(William Whiteney Stueck, *The Road to Confrontation: American Policy toward China and Korea, 1947-1950*)，查珀尔希尔：北卡罗莱纳大学出版社1981年版，第254页。转引自袁明等主编：《中美关系史上沉重的一页》，北京：北京大学出版社1989版，第463页。

在当代美国外交中,赤裸裸地宣扬种族主义甚至都为许多美国政治家所不齿,但种族主义遗留下来的文化优越感仍然深深地影响着美国人对非白人国家的态度和政府的外交政策。正如社会学家戴维·波普诺指出的那样:"这些人总是倾向于用他们自己的标准来判断所观察到的文化。他们常常把那些要与他们自己的价值观相矛盾的习惯和信仰称为不开化和野蛮,而赞扬和接受那些与他们自己的价值观相吻合的习惯。用自己的文化为标准来评价其他文化,并认为自己的文化是正确的而别人的是错误的。这种倾向叫'种族中心主义'。"[1]1996年8月在亚特兰大举行的奥运会上,美国媒体对中国运动员的有意诋毁充分暴露出固存于一些美国人心理中的种族优越观念。近些年来,中国体育健儿在国际体育大赛中成绩突出,捷报频传,反映出了改革开放带给中国的勃勃生气。一向唯我独尊的美国人打心眼里不能容忍中国人在国际竞技场击败美国人,前者只有永远保持"东亚病夫"的形象才能满足或符合后者的新种族主义的心理。就连美国的《华尔街日报》也承认,当中国赢了,美国人就说"中国人吃药了"。如果中国输了,他们又说"因为中国人没有吃药,所以中国赢不了"。如果中国金牌获得者药检结果正常,他们就说中国采取了防药检措施。[2]其他非白人国家的运动员同样难逃这种恶意中伤。

一些美国人在最不应该讲政治的体育竞技场上都难以抑制住种族上的偏颇之见,在处理与发展中国家的关系上更是暴露出了"老大自居"的优越心态。新加坡资政李光耀1995年8月公开批评了美国对亚洲国家的文化优越态度,他宣称,当美国媒体赞扬台湾地区及韩国、菲律宾或泰国实行民主并有新闻自由时,这种文化上的

---

[1] 波普诺:《社会学》,上册,第121页。
[2] 参见李希光等:《妖魔化中国的背后》,北京:中国社会科学出版社1996年版,第28页。

优越感也是明显的。这是一种用傲慢态度提出的赞扬，是拍着下级的头带着文化上的优越感给予的赞扬。李光耀的批评可谓一针见血，以自己长期与美国政界要人打交道的经历把美国人的种族优越感充分地揭示出来。正是在这种优越心态的作用下，美国政府以自己的文化价值观衡量他国的行为，以自己的标准确定他国的发展方向。小马丁·路德·金曾经说过："我相信，除非美国执行'没有种族歧视'的对外政策，我们是不会有世界和平的，我们在越南以及在多米尼加共和国的灾难性的经历，在某种意义上说来，就是种族偏见的决策造成的后果。西方的白人，不论他们喜欢与否，是在种族歧视的文化中成长起来的，他们的思想都染上了这一事实的色彩。他们的思想中灌满了欺骗性的神话和传统，使他们见不到别人的抱负和才能。他们不能真正尊重任何非白种人。可是如果缺乏相互尊重，我们就根本不可能赢得和平。"①四十余年过去了，时光的飞逝丝毫没有冲淡这位黑人领袖发自肺腑之言的意义。

---

① 查尔斯·雷诺兹等编：《美国社会》，徐克继等译，北京：三联书店，1993年版，第115页。

第六章 美国世界领袖的梦想与现实

国家自出现以来，总是存在着大小之分，强弱之别。在古代社会，这种差异往往是在列国的征战厮杀中形成的，而强国对弱国的统治欲则是它们兵戎相见的主要原因。不过，这时形成的对周边国家具有很大威慑力的帝国多是限于某一区域。世界历史发展到近代后，强国尽管依然为充当某一地区的"盟主"而争得不可开交，但它们的目光已经开始越向域外，在更为辽阔的空间寻求支撑国内繁荣和稳定的殖民地和势力范围，其中也不乏试图通过征战来控制世界的大国。不过，这种征服世界的图谋无一得逞，相反给本国或本民族带来无尽的灾难。美利坚合众国兴起于近代，很快就从一个小国发展为雄踞北美大陆的强大国家，它与历史上的任何大国一样孜孜追求对其他国家的支配地位，但没有一个大国像美国那样在20世纪的外交中把充当世界领袖体现得那么明显。这显然与美国白人文化中始终存在的"救世主"观念息息相关。美国前总统吉米·卡特曾说过：

"在这个世界上能够在国际社会中承担真正领袖的只有一个国家,那就是美利坚合众国。"①卡特的话可以说是代表了美国政治家和多数人的心声或意愿,也反映了美国外交长期追求的一个主要目标。美国实现世界领袖地位经历了一个曲折的过程,最后变成了现实。说是"世界领袖",其实是所谓的"自由世界"的领袖。因此,美国的世界领袖地位从一开始就面临着挑战,既有外部的,也有内部的。尽管如此,美国政府决策者从来没有放弃对世界领袖地位的追求。

一 争当世界领袖的曲折历程

在很多美国人看来,美国是一个特殊的国家,秉承上帝旨意对人类的发展承担着一种其他任何国家所没有的"使命",因此美国领导世界实现上帝早就规划好的"美好蓝图"是再自然不过了,正如美国前副总统阿尔·戈尔指出的那样:

> 美国在很长时间里一直是国际社会的当然领袖。自500年前的伟大航海发现起,西方文明的政治想象便开始集中在新大陆上。那里是第二次希望的所在,以菲茨杰拉德的话来说,是"人类最后一次找到能施展才能创造奇迹的地方"。新大陆的神秘使命似乎以现代民主的诞生而完成。在过去的200年间,新大陆的承诺变成了一个世人瞩目的共和国。它有能力保护每个人"不可剥夺的"权利。其政治体制的基础是立宪政体,其中每一权力中心都与其他权力中心保持适当的平衡。②

---

① 伦德斯塔德:《用一种比较观点对美国"帝国"和美国对外政策其他方面的研究》,第1页。
② 阿尔·戈尔:《濒临失衡的地球:生态与人类精神》,陈嘉映译,北京:中央编译出版社1997年版,第145页。

戈尔的这番话表明，实现领导世界的梦想在美国文化中有着深刻的历史渊源。如前所述，常常以"上帝的选民"自居的美国人总认为美国优越于世界上任何其他国家，它的"天赋使命"和"天定命运"是领导世界，在世界事务中让其他国家俯首称臣。这种意识一直在美国对外关系上体现出来，诚如迈克尔·亨特所言："当美国决策者深思熟虑他们的选择时，当他们决心使美国从成功走向成功以及最终实现作为一个全球大国的显赫地位时，指导他们的这些思想在制定美国政策的框架内形成了一种持续不衰的强有力传统，把早期的时代与以后的时代联系起来。"①因此，美国的对外政策往往既反映了美国的与众不同，又体现出了这种"与众不同"所带来的对世界领袖地位的追求。

美国立国之后很长一段时期，由于羽翼未丰，国力有限，再者集中于国内问题的解决和在北美大陆上扩张，不可能把它的触角伸向世界各地，但美国并未因此放弃在世界事务中发挥特殊作用的愿望，只不过是没有采取主动"出击"的形式罢了。美国人通常抱有这种思想，即他们国家的经历为世界其他国家指明了一条通向"光明"的发展道路。这种把美国视为其他国家"范例"的倾向在美国许多早期决策者的思想中就有反映。华盛顿宣称，"神圣之火"的持续系于美国人民进行的伟大试验。②美国外交家乔尔·巴洛1787年说，在美国"展现出的政治明智与和谐的范例将引起整个地球上的王国纷纷效仿以及改善人类的状况"。③以上说法在早期美国政府决

---

① 迈科尔·亨特："美国外交传统：从殖民地到大国"(Michael H. Hunt,"Tradition of American Diplomacy:from Colony to Great Power")，载戈登·马特尔主编：《美国对外关系再思考，1890~1993年》，(Gordon Martel,ed.,*American Foreign Relations Reconsidered 1890-1993*)，伦敦和纽约：劳特利奇出版社1994年版，第6页。
② 杜勒斯：《美国上升为世界大国，1898~1954年》，第6页。
③ 温伯格：《天定命运：美国历史上国家主义的扩张主义之研究》，第102页。

策层内很普遍，既反映了美国人长期形成的"孤芳自赏"的心态，更重要的还是想说明美国在世界事务中所发挥的特殊"领导作用"。这是典型的"山巅之城"观念，也就是想通过致力于自身的"完善"来为世界其他国家树立一个"榜样"。受这种说教的影响而形成的很长时期内的"孤立主义"外交使美国大获其益，但毕竟反映出了美国自身力量尚不足以在大洋之外的辽阔世界"驰骋风云，独占鳌头"，因此不可能是美国外交的最终选择。一旦美国具备了与世界其他列强在海外竞争抗衡的力量，滞留在美国人脑海深处的世界领袖的梦想便会开始发挥作用，在美国对外政策中体现出来。当然，物质条件的具备并不等于充任世界领袖的条件成熟，美国民众长期形成了在政治上孤立于大洋之外事务的文化心态，这种心态严重阻碍了一些政治家走出美洲，跨洋称雄。因此到了19世纪末叶以后，美国外交虽然拉开了重大转变的帷幕，但世界领袖的地位并非"唾手可得"，实现这一目的既需要外部国家的认可，又需要内部民众的心理认同，两者缺一不可，而这两个条件同时成熟除了要借助外部的"天时地利"之外，自然也需要时日，因为完成人们的心理转变决非朝夕之事。如果在这两个条件或其中之一条件不成熟的情况下强行将美国的世界领袖梦想转化成现实，那也是枉然，最终还是逃脱不了破灭的命运。这样美国实现其世界领袖地位的努力就呈现出曲曲折折和大起大落的特征。

在孤立主义情绪盛行的时代，美国的世界领袖之梦只是在大洋之外局势变动的刺激下偶然露出"峥嵘"，有时甚至还会在美国社会喧嚣一时，但充其量只是一种"鼓噪"而已，并不会对美国的外交决策产生改变方向的重大影响，如19世纪中叶发生的"青年美国运动"在美国社会掀起了一股向孤立主义挑战的潮流，一些代表人物主张自由贸易和领土扩张，要求美国政府在国外事务中扮演积极的角色。这场运动尽管打上了明显"天定命运"的烙印，但最终还是没有突破孤立主义为阻挡美国走向海外设置的"藩篱"。还有一些政治家从不甘心于美国局限在美洲大陆发展，不时地为美国的未来绘制出一幅幅"宏大"的蓝图，如曾任美国国务卿的威廉·西沃德在19世纪中期前后提出的太平洋帝国的构想。从地缘政治角度讲，在19世纪中期，亚洲只是西方大国彼此竞争的地方，这固然构成了它们在亚洲活动的一个主要特征，但西方国家有时为了共同对付亚洲国家的抵抗还会结成松散的同盟，美国此时说实在的也只是作为尾随在欧洲大国之后分享"杯羹"的一个伙伴，谈不到建立什么"太平洋帝国"。欧洲尽管战火频仍，动荡不安，但自资本主义兴起以来就一直是世界政治的活动中心。当时的国际政治舞台主要指欧洲大陆而言，只有首先问鼎欧洲，称霸世界才存在着可能性。美国长期拒绝介入欧洲政治事务，对欧洲舞台上演出的一幕幕政治"戏剧"也只是隔岸观望，至于"剧情"的发展以及结果如何似乎与美国毫无关联；欧洲大国对美国也常常是"不屑一顾"，并不认为大洋彼岸的这个国家在欧洲争夺的棋盘上有多大的重要性。当美国在两洋之外的世界尚未达到举足轻重时，把世界领袖的"桂冠"戴在美国的头上自然是一种"梦想"而已。就是到了19世纪末叶美国在外交上开始重大转变时，其扩张的目的也只是为日益膨胀的经济寻求辽阔的海外市场。这时的美国充其量只能说是一个控制美洲和觊觎亚洲的大国，离世界政治大国还有很大差距，那就是因为还没有摆脱孤立主义设置的羁绊，没有登上欧洲政治舞台去扮演"角色"，更不用说在众生亮相的这个舞台上扮演"主角"了。

　　西奥多·罗斯福大概是把美国外交引向欧洲政治的第一位总统。在他的任期内，美国已经具备了在世界政治舞台上与欧洲大国抗衡的力量，但罗斯福深知美国还不可能凌驾于欧洲大国之上来独立地履行"世界警察"的职责。他在1902年告诉国会："国际政治和经济关系日益相互依赖和错综复杂，这就要求所有文明化的和秩序井然的国家义不容辞地承担起适当维持世界的责任。"①日俄战争之后，美国在世界事务中的"身价"顿时倍增，罗斯福的政治密友亨利·洛奇致信总统说："我们是目前存在的最强大的道义力量——也是物质力量，世界的和平很大程度上取决于我们。"②西奥多·罗斯福虽然慑于先辈的"遗训"在外交上手脚未能完全放开，但在摩洛哥危机中迈出了卷入欧洲政治纷争的第一步。罗斯福政府在1904年就借保护侨民利益而介入了摩洛哥事务。摩洛哥是进入非洲的门户，英国、法国以及德国等欧洲大国在这里争夺十分激烈，最终酿成了这几个国家大有诉诸武力来解决争端的摩洛哥危机。罗斯福生怕这场危机造成打破欧洲均势，危及美国的利益，所以他就借着调停日俄战争成功的"东风"，介入摩洛哥危机，试图通过调停来使欧洲均势"安然无恙"。经过罗斯福的折冲尊俎，当事国在摩洛哥问题上达成协议，摩洛哥在经济上门户向这些大国洞开，在政治上建立了以法国为主的国际共管。

在这场危机中西奥多·罗斯福究竟起到多大作用，史学界历来存在着不同的看法，但是我们姑且不论这一点，单就美国介入这一事件来说，就在其外交史上有着重大的意义，这是美国主动卷入欧洲政治纷争的开端，同时也标志着美国作为一个世界政治强国出现在世人面前。用与西奥多·罗斯福同时代的一位美国学者的话来说："我们，美利坚合众国的公民们，对是否应该在世界上发挥重大作用的问题不存在其他的选择。命运已经替我们作出了决定，事态的进展替我们作出了决定，我们必须发挥那样的作用。"③研究这一时期美国外交的华德·比尔也指出："西奥多·罗斯福—洛奇式的扩张主义分子把美国人民带入实现政治大国的帝国主义斗争，他们主要

---

① 达莱克：《美国对外政策方式：文化政治和外交事务》，第34页。
② 达莱克：《美国对外政策方式：文化政治和外交事务》，第51页。
③ 劳伦斯·肖普等：《帝国智囊团：对外关系委员会和美国对外政策》，怡立等译，上海：上海译文出版社1981年版，第13页。

不是出于美国在世界范围内的经济利益考虑。西奥多·罗斯福及其同时代的扩张主义者的主要考虑是权力和威望以及带来二者的海军力量。一想到他们的扩张主义政策将创造的美国伟大和权力，他们深感自豪和得意。"①他们对西奥多·罗斯福外交的这种解释未必符合实际，但把罗斯福时期视为美国追求世界政治大国的开端显然是有一定道理的。

如果说西奥多·罗斯福是唤醒美国世界领袖之梦的总统，那么其后任伍德罗·威尔逊却第一次力图把这种梦想转化成现实，而第一次世界大战则为这种梦想成真提供了一个契机。大战爆发后不久，豪斯上校就在致威尔逊的信中坦言："在这场悲剧中，世界希望您扮演一个重要角色——您将的确如此，因为上帝已经赋予您这种力量。"②豪斯不愧是威尔逊的亲信幕僚，对威尔逊的内心活动可谓了如指掌，他这番话正投威尔逊之意，说出了这位"雄心壮志"的总统把美国带向国际政治竞技场以及在其中扮演"主角"的心声。1916年10月5日威尔逊在奥马哈讲话中说："美国远离现在这场冲突，而世界其他地区则战火蔓延，不是因为她不感兴趣，也不是因为她冷漠无情，而是因为她想要扮演的角色是一种不同于此的角色。"③威尔逊这里所言的"角色"，显然不是指美国还像过去一样对欧洲爆发的战争"隔岸观火"，而是要站在战争之外发挥一个交战双方都"服从"的大国作用，通过调停来结束这场战争，以展现美国的"与众不同"的领导作用。

在这样一种思想的主导下，威尔逊政府奉行了中立政策，这一政策表面上是对交战双方做到不偏不倚，但其主要目的之一就是想

---

① 霍华德·比尔：《西奥多·罗斯福和美国上升为世界大国》(Howard K. Beale, *Theodore Roosevelt and the Rise of America to World Power*)，巴尔的摩：约翰斯·霍普金斯大学出版社1956年版，第50~51页。
② 西摩主编：《豪斯上校私人文件集》，第1卷，第325页。
③ 林克编辑：《伍德罗·威尔逊文件集》，第38卷，1982年版，第347页。

在中立期间，纵横于交战国之间，以仲裁者的身份结束战争，以期左右国际局势，进而实现领导世界的梦想。因此，美国对交战双方的调停贯穿于威尔逊政府的中立时期。调停在国际关系中，意指未介入冲突的第三国站在公正的立场上使国与国之间的争执得以解决，在不损及双方根本利益的前提下恢复过去的态势。美国对冲突双方的调停，其含义已经远不止此。尽管威尔逊也常常谈到美国是作为一个"无私的朋友"服务于交战双方，但在实质上，美国是想借助战争带来的这次机会，通过调停堂而皇之地进入国际竞争社会，为美国最终成为世界领袖奠定政治基础。当然这其中也包含着竭力避免出现一方大获全胜和另一方一败涂地的结果，借以保持均衡。不管是与冲突双方分担世界大国责任也好，还是以仲裁者的身份强迫交战国接受和谈也罢，美国都没有改变这一基本目的。在中立期间，威尔逊派豪斯上校几次赴欧斡旋。美国的调停活动反映了美国力图充当世界和平仲裁人的尝试，显示出美国夺取未来世界领袖地位的决心与图谋，但同时也暴露出美国力量的不足，无强大的军事力量作为后盾，任何调停都会被交战国敷衍搪塞，甚至不屑一顾，对此豪斯上校深有体会。1925年4月他在致编辑其文件的查尔斯·西摩的信中不无感触地回忆说："如果我们从战争一开始就秣马厉兵，等待时机干预，美国也许改变了历史进程，……因为协约国和德国将重视干涉的任何威胁，我们可以按照自己的条件视情况进行干预。"①美国随后开始扩军备战，其中一个主要原因就是加强美国对交战双方说话的分量。

美国政府的调停努力虽然无一奏效，但这场战争唤起的这种梦想再也不可能在美国政府决策者的脑海中消失。随着战争的深入进行、交战双方的精疲力竭以及美国力量的愈益强大，实现世界领袖之梦的条件更加成熟。1917年4月2日，美国宣布站在协约国方面介

---

① 西摩主编：《豪斯上校私人文件集》，第2卷，第83~84页。

入战争。威尔逊政府参战的一个主要原因就是在新的形势下寻求实现世界领袖地位的新的机会。调停是威尔逊力图实现其世界领袖之梦的一种手段,它未能奏效也并非意味着这种梦想的破灭,参战在某种程度上讲也就是寻找一个新的机会,从这个意义上说参战与调停在目的上并无任何相异之处。早在1916年4月3日,豪斯上校就试图劝说威尔逊总统参战:"我们成为交战国不是没有好处,因为它将加强您在国内和与协约国打交道时的地位,……您在和会上的影响将是大大加强,而不是减弱。"①美国参战前夕,简·亚当斯2月28日拜访了威尔逊总统,她以后回忆威尔逊对她说:"作为一个参战国的首脑,美国总统将在和会上拥有举足轻重的地位,但如果他仍然是一个中立国家的代表,他充其量只不过能够'通过门缝叫喊'。"②虽然威尔逊政府没有毫无掩饰地宣称美国参战是为了实现世界领导权,但这种思想无疑对美国参战发生了重要影响,自然也就成为美国的主要战争目标之一。

美国对德国宣战并不意味着美国与协约国在战争目标上完全一致。战争的进行需要盟国协同作战,但是当胜利刚刚露出端倪时,美国与协约国之间暂时掩盖的矛盾便开始暴露出来,一边是共同对德作战,一边是盟国之间的外交斡旋,英法等国对美国寻求世界领袖感到不快,而美国则对协约国的"斤斤计较"难以认同。当时机成熟时,美国就会把那"空泛"的理想转变成具体的目标或解决方案,美国充当世界领袖的野心自然也就充分体现于其中。如果说此前的外交为美国实现世界领袖奠定了基础的话,那么具体化的方案就成为实现这一目标的"博大精深"的蓝图。

1918年1月8日,威尔逊在国会两院发表了他称为"世界和平纲

---

① 西摩主编:《豪斯上校私人文件集》,第2卷,第230页。
② 戴维斯·罗斯主编:《进步、战争和反应,1900~1933年》(Davis R. Ross, ed., *Progress, War and Reaction 1900–1933*),纽约:哈伦·戴维森出版公司1970年版,第145页。

领"的十四点计划,公开了美国的具体战争目标以及对战后世界秩序的总构想。在威尔逊看来,建立一个国际联盟组织是十四点计划的核心,因为这个联盟是美国实现世界领袖地位的必要保证。威尔逊这种思想由来已久,战争爆发后不久,他就给其内弟说:"必须有一个国际联盟,所有国家联合在一起以维护每个国家的完整,违犯这一契约的任何一个国家将给自己带来战争,也就是说自动受到惩罚。"①1916年5月,威尔逊在"促进和平联盟"讲话中公开宣布支持一个战后国际联盟,以维护海洋自由和防止战端再起。这次讲话明显具体化了威尔逊关于美国在世界事务中发挥特殊作用的思想,建立国际联盟自此以后成为美国重构战后国际体系设想的主体。豪斯上校把这次讲话称为"新时代的开始和旧秩序的衰落"。②英国实际上也在积极促进成立一个国际联盟,甚至在威尔逊调停时把它作为一个条件提了出来。英国的目的与威尔逊的主张虽然具有类同之处,但英国主张成立一个胜利者的联盟,这就与威尔逊的国际联盟思想有点格格不入了。威尔逊1917年10月28日与日内瓦大学经济学教授威廉·拉帕德谈话时说:"我从不致力于建立目的在于赞成一个交战国集团而牺牲另一个交战国集团的民族联盟。"③威尔逊设想的这个国际组织是一个以美国为盟主,囊括所有主权国家的联盟,决不把战败国排除在外,只有这样,美国才能成为世界领袖,否则只能成为与英、法等国相并列的主要盟国而已。威尔逊在十四点计划提出后坚决反对把这一联盟曲解为胜利者联盟,其目的也就于此。1918年8月,有人敦促成立国际联盟,此时成立联盟显然就是针对另一个交战国而言,这当然不会得到威尔逊的同意。他主张国际联盟只能在和会上组成,"如果我们仍在战斗之时组织联

---

① 卡尔霍恩:《权力与原则:威尔逊外交政策中的武装干涉》,第187~188页。
② 西摩主编:《豪斯上校私人文件集》,第2卷,第299~300页。
③ 林克编辑:《伍德罗·威尔逊文件集》,第44卷,1983年版,第488页。

盟，它将必然被视为一种针对德国的神圣同盟"。战败的德国不应被排除在联盟之外，而"应该被邀参加国际大家庭"。[①]国际联盟的性质以及美国在这一组织中的特殊作用在此就可见一斑了。十四点计划是威尔逊政府在外交辞令掩饰下要求充当世界领袖的宣言，它把美国自战争爆发以来着力追求的目标以具体的纲领形式表现出来，勾画出一幅以美国为领袖的战后国际新秩序蓝图。虽然这一计划并未立即带来美国欲要的和平，也未出现豪斯所希望的威尔逊在和会上的"君临地位"，但此后它一直是威尔逊政府外交中的指导性纲领。

1918年11月，第一次世界大战以协约国获胜宣告结束。这场战争历经四年，是人类历史上前所未有的浩劫。交战双方无不竭尽全力取胜对方，人力和物力资源消耗惨重。协约国虽然取得胜利，但旷日持久的战争已使各国经济千疮百孔，亟待恢复。美国作为站在协约国方面参战的伙伴国，无疑对战争进程产生了举足轻重的影响。战争结束后美国在世界舞台上的地位自然是举世瞩目。威尔逊亲率美国代表团出席了巴黎举行的战后和平会议，旨在借着这场战争给美国带来有利的国际地位，试图实现他早就勾画好的世界领袖蓝图，但协约国的政治家没有对这位当代"耶稣"俯首称臣，反而在许多问题上迫使威尔逊作出与其宣称目标不符的让步，世界领袖之梦并未立即向现实转化，尚存的一点希望也在国内反对派的攻击下荡然无存了。威尔逊带着终生的遗憾离开了美国政坛。

美国这一时期世界领袖之梦的破灭存在着历史的必然性。自19世纪末叶以来，美国借助着其迅速发展起来的强大经济力量，开始摆脱几个世纪以来独居一隅的局面，大踏步地迈向国际竞争社会。美国扩张势头转向两洋之外的世界无疑是美国社会内部矛盾运行的结果，而最终实现美国历届政府决策者孜孜以求的世界领袖之梦则

[①] 林克编辑：《伍德罗·威尔逊文件集》，第49卷，1985年版，第273~274页。

是这种扩张的必然归宿。这种梦想一旦唤起，就很难在决策者脑海中消失，但是，实现这一梦想单凭经济实力是远远不够的，美国在其他方面还难以与其他列强匹敌，所以美国只能在欧洲之外的地区出击。欧洲大国的殊死厮杀为美国实现世界领袖之梦提供了天赐良机，客观上缩短了这一过程。威尔逊政府正逢其时，始而想充当交战双方的仲裁者，继而直接介入大战，进而扮演战后世界和平安排者的角色。毋庸置疑，战争带给美国经济巨大繁荣、政治影响日益扩大和军事力量空前强大，这些都为美国政府在战后承担世界警察责任创造了必要的条件。威尔逊不仅在讲话中暴露出这种倾向，而且已部分付诸行动，自己俨然就是拯救世界跳出苦海的当代"耶稣"。然而这一切都是特定形势的产物。协约国赢得战争需要美国的援助，美国对战争进程的影响尤其在它参战后更加明显，协约国领导人也不敢轻易冒犯威尔逊，在涉及一些重大问题时总是让他三分。美国国内的一切活动都纳入了战争轨道，在威尔逊"理想主义"语言激励下，美国人民对战争的热情迅速提高，他们对战时政府的支持使国内的反对派也不敢轻举妄动。随着战争的结束，这种特定情况不复存在。苏俄政权虽然成为资本主义大国的主要敌人，但尚不能构成对整个资本主义体系的严重威胁。在这种形势下，战胜国之间的尖锐矛盾开始暴露出来，威尔逊也不得不付出巨大的政治代价来换取他所倡导的国际联盟。国联盟约只是满足了战后风靡世界的和平主义情绪，它对保障战后和平只是空洞承诺而已，因此在大多数美国人眼中，国际联盟不会给美国带来世界霸主的交椅，只会加强英法在欧洲的地位，巩固日本在亚洲的优势，而美国的手脚反而受到束缚。美国学者用"理想主义衰退"[①]来形容美国人民态度的变化固然不足于揭示问题的实质，但说明威尔逊的勃勃野心并不会得到大多数美国人的认可。其实这种转变在战争刚刚结束后

---

① 贝克:《伍德罗·威尔逊与世界和解》，第 1 卷，第 82 页。

就已经开始了。在1918年11月举行的国会选举中，共和党在参众两院获得多数，威尔逊的民主党从此失去对两院的控制。西奥多·罗斯福讥讽挖苦说："我们的盟国、我们的敌人和威尔逊先生本人都应该明白，威尔逊先生现在已没有任何权威来代表美国人民说话，他的领导权刚刚被美国人民断然抛弃。"①威尔逊在和约批准受到威胁时，深入民间，企图从民众中寻求支持，结果是事倍功半。他在和约未获通过后，仍然寄希望于1920年大选时的"全民复决"，但同样成为泡影。才能平庸的哈丁以"恢复常态"的口号抓住了普通美国人的心理，当选为总统。执世界事务之牛耳是美国外交追求的一个主要目标，威尔逊以为这一时刻已经到来，当他满怀信心迎接世界霸主地位时，却埋下了以悲剧而告终的根源。诚如林克教授所言：

> 事实是，1920年美国人民还没有准备来承担威尔逊所贡献给他们的世界领袖地位，世界列强也还没有准备去实施美国总统所创立的世界范围的集体安全体系。②

美国参议院否决和约是多种因素综合的结果，当然这里并不排除批准和约的可能性，即使美国参加了国际联盟，也很难出现威尔逊冀望的世界领袖地位，只不过是在资本主义大国吵吵闹闹中增加了一名成员而已，国联依然是徒有虚名，美国还会不受国联的约束我行我素。从这个意义上讲，威尔逊的世界领袖之梦的破灭具有历史的必然性。关于这一点，威尔逊在1924年去世前已有所认识，他对家人说："美国不参加国际联盟是对的。……我长时期以来就在

---

① 朱利叶斯·普拉特：《挑战与应战：美国与世界领袖，1900~1921年》(Julius W. Pratt, *Challenge and Rejection: the United States and World Leadership, 1900-1921*)，纽约：麦克米兰出版公司1967年版，第175页。
② 林克：《外交家威尔逊的主要外交政策一瞥》，第155页。

考虑这个问题,如果美国按照我的要求参加了,这当然是我个人的一个巨大胜利,但这不会起什么作用。因为美国人民内心深处是不相信它的。当他们认识到有必要参加时,这个国家参加这样一个联盟的时刻就会到来。到这时,也只有在这个时候参加进去才有作用。"①威尔逊时代是美国向外政治、经济、文化扩张的一个重要时期,世界领袖之梦虽然破灭,但美国积极参与国际事务,跻身世界政治舞台的趋势终不可阻挡。

二 美国治下的"和平与秩序"

第一次世界大战后美国政坛上发生的"国际主义"与"孤立主义"的斗争从表面上看以前者的失利而告终,美国社会的孤立情绪似乎也达到了历史上的高潮,但美国此时要与战后形成的世界"秩序"相分离恐怕既不现实,也不明智。美国再也不可能对大洋之外的事务持袖手旁观的态度了,因为这些事务的发展往往与美国的利益密切联系在一起。在这种局面下,美国政府奉行了一种所谓"单边国际主义"的外交政策,也就是说,美国不以其他国家结盟的方式卷入国际事务。这种方式同样体现出了美国欲在第二次世界大战后的世界发挥特殊作用的心态。1921年英国驻美大使在给国内的一封信中写道,美国人的"主要野心是为美国赢得世界领袖地位,赢得讲英语国家的领袖地位",他们打算"阻止我们把商品运往美国偿还债务,他们寻求机会把我们视为一个从属国,只要债务未被偿还"。②这位英国人身居美国,整日与高官显贵打交道,应该说是对美国高层的政治动向有所了解,他以自己的耳闻目睹道出了美国外

---

① 转引自邓蜀生:《伍德罗·威尔逊》,上海:上海人民出版社,1982年版,第218页。
② 埃米莉·罗森堡:《传播美国之梦:1980年至1945年的美国经济和文化扩张》(Emily S. Rosenberg, *Spreading the American Dream: American Economic and Cultural Expansion, 1890–1945*),纽约:希尔和王出版社1982年版,第144页。

交发展的一个基本趋向。美国对外关系委员会秘书埃德温·盖伊1932年在《外交事务》季刊上发表了名为《大萧条》的文章,他指出:

> 美国将成为世界强国和强大的债权国,从而也会极其关心国际贸易和世界繁荣。有朝一日,美国必然面对这个新地位的现实。……世界大战确定了美国的国际政治责任,而世界性的萧条显示了美国和其他国家之间经济上的相互依赖。美国不能成为一个闭关自守的国家。①

实际情况的确如此,美国的政治、经济以及战略等利益已经使美国无可解脱地与世界联系在一起,形势的变化使美国再也不可能退回到过去的"孤立主义"时代了,用帕特森等人的话来说:"经过第一次世界大战,美国成为公认的世界强国。战后的美国外交家比以往任何时候更接近于从全球观点考虑问题。他们知道美国边疆已经扩大,即使美国人想对世界事务采取旁观态度,他们也做不到。"②就美国外交而言,这是一个不可逆转的趋势,美国人厌恶卷入外部政治事务的传统心态由此正发生着深刻的变化,尽管完全转变尚需时日,但转变的开始却预示着美国充任世界领袖的时代正在缓慢地到来。

在第二次世界大战中,美国在富兰克林·罗斯福的领导下,基本上是坚定地站在反法西斯国家的一边,在未介入战争之前就成为这些国家的"兵工厂",源源不断的战争物资从美国流向欧亚两洲,对反法西斯战争的进行无疑具有"输血"之效。美国参战后与苏联一道积极推动反法西斯联盟的形成,在促使德意日法西斯国家崩溃

---

① 肖普等:《帝国智囊团》,第19~20页。
② 帕特森等:《美国外交政策史》,第2卷,第305页。

上起到了非常重要的作用。不过这场战争使美国实力大增，美国将在战后扮演世界领袖的梦想再次在美国领导人的脑海中泛起。一些政治家和学者已经敏锐地意识到这一点，他们执笔为文，竭力促使美国政府承担起历史赋予的"重任"。富兰克林·罗斯福任内的副国务卿萨姆纳·韦尔斯说，战后"必须是这样的一个世界：渊源于其他国家的各种政治、社会、经济力量都应纳入能使我们获得我们自己目标的各种渠道"。①1940年12月，美国全国工业联合委员会主席弗吉尔·乔丹在美国投资银行家协会发表演说时指出："无论战争的结果如何，美国都已在世界事务及其生活的各个其他方面开始了一项帝国主义事业，机会、责任以及暗含的危险将伴随而来。……在一种新的盎格鲁-撒克逊帝国主义中，英国充其量只是一个低微的合作伙伴，而美国的经济资源和陆海军力量则位于中心。"②乔丹这里所讲的"帝国主义"道出了美国政府孜孜以求的世界领袖的实质。

1941年1月，美国著名出版商亨利·卢斯在《生活》杂志上发表了一篇社论，题目为"美国的世纪"。这篇文章不长，乍看起来并无多少惊世之语，所论多是当时美国社会讨论的中心话题，即面对着在欧洲和亚洲肆虐的战争，美国是否应该介入。卢斯显然赞成美国应及早介入战争，以承担拯救这个灾难四伏的世界的大国责任。卢斯是一个虔诚的基督教徒，他在这篇社论中实际上是用传教士的"理想化"语言来阐释一个非常现实的问题。他在文中虽然没有明确批评当时在美国社会上依然具有相当影响力的孤立主义，但字里行间却渗透着美国的"独善其行"不仅与世界潮流相悖，而且与美国作为一个世界大国的地位不相匹配。在他看来，进入20世纪之

---

① 转引自中国美国史研究会编：《美国史译丛》，1982年，第110页。
② 小约翰·斯沃姆利：《美国帝国：20世纪征服的新政治伦理》(John M. Swomley, Jr., *American Empire: New Political Ethics of Twentieth-Century Conquest*)，纽约：麦克米兰出版公司1970年版，第95页。

后，美国成为世界上最强大和最富有生命力的国家，但美国人无论在精神上还是在实践上，都没有使自己适应这一无可逆转的事实。因此，他们没有发挥作为世界大国的作用。这种失误不仅会给美国人自己，也给人类造成灾难性的后果。卢斯对"孤立主义"不点名的抨击说到底就是要美国人认识到美国作为一个世界大国应在国际舞台上扮演的角色，首先要在观念上树立起大国的意识，继而在行动上履行大国的责任。如果美国人不能顺利地完成这种权力角色的转变，仍然过着"孤芳自赏"的生活，那将是美国的不幸，更是人类社会的不幸。

在卢斯看来，第一次世界大战之后，国际局势的变化为美国提供了充当世界领袖的一次"前所未有的机会"，对美国来说，这是一次"绝好的机会"，但美国没有意识到这次机会的重要性，乃至与之擦肩而过，最终酿成了人类再次陷入世界战争的灾难之中。卢斯对整体的美国一片赞颂之语，但对美国处理具体问题的做法却毫不留情地予以批评，不管是赞颂，还是批评，无不反映了卢斯的良苦用心。在他的眼中，美国是一个代表"善"和"正义"的国家，如果美国承担起世界领袖的责任，人类社会的发展便会具有美好的前景，如果拒绝这一责任，人类的灾难势必接踵而至。美国塔夫斯大学政治学教授托尼·史密斯在评论卢斯的这篇社论时指出，卢斯的呼吁听起来很像林肯很有信心地断言，美国是"地球上最后的最好希望"。[1]历史再次把失去的"绝好机会"摆在了美国人的面前，美国应抓住这次"天赐良机"，以适当的方式对世界施加全面影响。只有这样，20世纪才能成为真正的"美国世纪"。因此，只要美国"充满活力地登上世界舞台"，就有可能最终会"明确形成用来指导

---

[1] 托尼·史密斯："让世界在美国世纪内对民主是安全的"（Tony Smith, "Making the World Safe for Democracy in the American Century"），载《外交史》（*Diplomatic History*），第23卷，第2期（1999年春季号），第173页。

我们实现真正的20世纪,即美国世纪的观念"。①这样,卢斯在对美国迟迟不作抉择的批评中展现出美国领导世界走向"大同"的美好前景。随后这一社论以小册子的形式出版,并把诸如多萝西·汤普森、约翰·张伯伦、昆西·豪、罗伯特·斯皮瓦克和罗伯特·舍伍德等名流的相关评论收录进去,在美国等国广为发行。这本小册子在美国社会反响较大,十分畅销,为美国朝野人士研究和筹划战后世界秩序提供了基本的思路。

美国参战后,美国政府决策者很少有人不认为美国在战后世界事务中应该居于统治或主导地位,也就是说安排战后世界秩序应由实力无可比拟的美国说了算。美国对外关系委员会是为政府提供外交咨询的一个重要部门,在某种程度上说它提出的政策建议就预示了美国对外政策的大致走向。此时该委员会的领导人就明确持有上述观点。主席诺曼·戴维斯断言:"昔日的英帝国将一去不复返,美国可能不得不取而代之。"乔治·斯特朗将军认为,美国"对战后世界的解决办法,必须养成一种使我们能把自己的条件强加于人的心理,我们的条件可以说就是美国治下的和平。"领土小组负责人艾赛亚·鲍曼在致汉米尔顿·阿姆斯特的信中说,对外关系委员会和美国政府现在必须"用一种新的方式来考虑世界性的组织。由于美国在一定程度上是民主国家的兵工厂,因而它必定也是胜利的最后军火库。它不能将军火库里的库存扔掉,它必须承担世界重任。……我们的胜利有多大,胜利后我们的统治范围也就有多大"。②美国著名新闻评论家沃尔特·李普曼总结说:"在外交上,美国在第二次世界大战中已经意识到,它不再与许多大国并驾齐驱,而是一个领导大国,整个西方世界将依靠着它来维护其安全和

---

① 卢斯这篇社论的全文见亨利·卢斯:"美国的世纪"(Henry R. Luce,"The American Century"),载《外交史》(*Diplomatic History*),第23卷,第2期(1999年春季号),第159~171页。

② 以上引文见肖普等:《帝国智囊团》,第156~157页。

领导地位。"①富兰克林·罗斯福原本就是一个"国际主义者",他一直对第一次世界大战后美国放弃了维护世界秩序的领导权耿耿于怀,他曾不厌其烦地告诉国人:"上次战争之后我们的幻想破灭,我们放弃了实现更好和平的希望,因为我们缺乏在一个众所周知的不完善世界中完成我们责任的勇气。我们务必不能再让这种事情发生了,否则我们将会重蹈悲剧之路——走向第三次世界大战之路。"②罗斯福十分清楚这场战争将会给美国带来在世界上首屈一指的实力地位,与之相伴随的将是美国在国际事务中承担起任何其他国家都无力承担的责任。他在开罗会议前夕对儿子说:"美国将不得不出面领导,并运用我们的斡旋进行调解,帮助解决其他国家之间必然产生的分歧……我们有能力做到这一点,因为我们是大国,是强国……美国是能够在世局中缔造和平的唯一大国,这是一项伟大的职责。"③正是在这种思想的指导下,美国开始设计战后领导世界的蓝图了。

1943年4月,在罗斯福的授意下,雷斯特·戴维斯发表了《罗斯福的世界蓝图》一文,透露出罗斯福政府建立战后以美国为主导地位的战略构想。罗斯福的"世界蓝图"是以大国合作,特别是以美苏合作为前提,旨在通过美国居于优势的国际政治或经济组织,达到软化苏联、拉拢英国、塑造美国世界盟主地位的目的。戴高乐在其回忆录中记载了他与罗斯福会晤后的感受:

> 罗斯福把苏联拉在整体中的打算隐藏着他的野心,美国在这个整体中可以集合他的仆从国家。在这"四大国"中,的确,他知道蒋介石中国需要他的帮助,英国除非放弃它的自治

---

① 奥斯卡·汉德林主编:《美国原则与问题:国家目的》(Oscar Handlin, ed., *American Principles and Issues: The National Purpose*),纽约:霍尔特、莱因哈特和温斯顿出版社1981年版,第474页。
② 达莱克:《美国对外政策方式:文化政治和外交事务》,第134页。
③ 转引自罗永宽编著:《罗斯福传》,第357页。

领，否则也必须屈从它的政策。关于大批中小国家，他能用美援的方式影响它们。①

戴高乐的观察道出了美国外交的一个基本走向。罗斯福在任内的最后几年就开始将这一"蓝图"付诸实践，他致力于创建一个大国控制的国际政治组织，以便于美国履行领导全球的"责任"。1944年8月到10月，几个大国的代表在华盛顿敦巴顿橡树园先后召开会议，讨论了建立联合国组织的事宜，后又在雅尔塔会议上决定于1945年4月25日在美国旧金山召开联合国成立大会。罗斯福虽然未能目睹联合国成立时的盛况，但他生前致力于完成威尔逊的未竟之业现在对他所处时代的那些所谓的"国际主义者"来说终于如愿以偿。新任总统哈里·杜鲁门在这次会议的闭幕式上发表演说，称赞《联合国宪章》"实现了30年前那个伟大政治家——伍德罗·威尔逊的理想"和"第二次世界大战中那个英勇的领袖富兰克林·罗斯福的目标"。②显而易见，这一国际组织的成立很大程度上是人类对战争与和平思考的结果，但美国长期控制了联合国，颐指气使，发号施令，这正是罗斯福等人提议创建联合国的初衷。1944年7月，在罗斯福政府的积极倡导下，44个国家的代表云集美国的新罕布什尔州布雷顿森林，举行了"联合国货币金融会议"，通过了美国建议成立战后国际货币体系的方案，美元一跃而成为"世界货币"，老牌的金融帝国英国面对着美国强大的经济力量，也无可奈何地承认了美国在世界经济中的领导地位。"布雷顿森林体系"的建立尽管是世界经济发展的客观需要，却是美国追求世界领袖地位的一个重要结果。罗斯福本人设想的大国合作维持世界秩序的战略虽然因

---

① 夏尔·戴高乐：《战争回忆录》，北京编译社译，北京：世界知识出版社1959年版，第250页。
② 哈里·杜鲁门：《杜鲁门回忆录》，李石译，第1卷，北京：三联书店1974年版，第218页。

罗斯福的去世而基本完结,但罗斯福为美国勾画出来的世界领袖"宏图"已被后任者继承下来。

第二次世界大战结束后,国际政治格局发生了巨大的变化,德、意、日三国作为战败国,退出了诸列强的竞争行列。英、法虽为战胜国,但在战争中国力消耗殆尽,战后国内问题丛生,无力在国际事务中再现昔日的"雄风"。在西方资本主义大国中,这场战争的最大得益者就是美国。美国虽然也为战争的胜利付出了不小的代价,但与战争收益相比微不足道。它是交战国中唯一没有遭到战火洗劫的国家,因而几乎没有平民伤亡和财产损失,而且盟国对战争物资的大量需求极大地刺激了美国的经济发展。战后初期美国拥有资本主义世界工业产量的53.7%(1948年),出口贸易的32.4%(1947年)以及黄金储备的74.5%(1948年)。另一个统计数字表明,1945年,占大约世界人口6%的美国生产世界电力的46%,消费世界能源的40%。美国的企业和公司控制了世界石油储藏的59%,在美国公路上跑的汽车占世界的60%。美国生产的汽车是苏联的100倍,是德国、英国和法国加起来的8倍。在1949年,美国人使用全世界电话的70%,冰箱的80%,电视机接近100%。到1950年,美国拥有世界货币黄金、储蓄货币和国际货币基金组织储蓄的50%左右,美国的人均收入比1929年高22%。① 当时美国的经济实力正如英国外交大臣欧内斯特·贝文说的那样,美国"今天正处在拿破仑战争结束时英国的地位。在拿破仑战争结束后,英国掌握了全世界财富的

---

① 参见马尔科姆·布拉德伯里等主编:《美国研究入门》(Malcolm Bradbury and Howard Temperley, eds., *Introduction to American Studies*),第2版,纽约:朗曼出版公司1998年版,第303页;伦德斯塔德:《用一种比较观点对美国"帝国"和美国对外政策其他方面的研究》,第40页;赖因霍尔德·瓦根雷特纳:"娱乐的帝国或有声的苏联布鲁斯舞曲:自由的声音与美国在欧洲的文化霸权"(Reinhold Wagnleitner, "The Empire of the Fun, or Talk in Soviet Union Blues: The Sound of Freedo mand U.S. Cultural Hegemony in Europe"),载《外交史》(*Diplomatic History*),第23卷,第3期(1999年夏季号),第507页。

30%左右，而今天，美国则掌握了大约50%"。①杜鲁门总统在一次演讲中趾高气扬地宣称："我们是经济世界的巨人，不管我们喜欢与否，未来的（国际）经济关系格局将取决于我们。"②大战期间美国的军事力量也变得非常强大，到战争结束时，美国军队曾达到1200万人之多，战后初期在强大的社会舆论压力下，这一数目减少到150万人，但其武器装备和人员素质远非其他大国所能比拟，他们分别驻扎在美国本土和其他五十多个国家。美国的军事基地也遍布世界各地，尤其是美国战后初期对原子弹的垄断更使本来就十分强大的军事力量增添了一种令人恐怖的威慑力。美国可以说具备了谋求世界领袖的两个基本条件，一是外部国家的认可，当然主要指资本主义体系中心的欧洲国家而言。战后欧洲国家在涉及整个资本主义命运的大事上，基本上以美国之命是从，唯恐得罪了这个钱袋鼓满的"大兄弟"给自己国家经济的恢复与发展设置下障碍，因此它们是在无可奈何的情况下承认了美国的领袖地位。二是国民心态的转化。战后初期，尽管"孤立主义"作为一种文化情结依然滞留在很多美国人的脑海深处，但这种心态已失去了往日的强劲势头，充其量也只能算是"强弩之末"，在美国政治舞台上几乎没有任何影响。这种状况说明了从整体上讲，美国人已经适应并支持政府在国际事务中发挥一种积极的领导作用。客观条件的具备使美国决策者脑海中的世界领袖梦想开始向现实转化。

杜鲁门担任美国总统后在很多次场合宣称要承担"领导世界"的责任。1946年4月6日，他在芝加哥发表演讲，公开宣称"美国今天是一个强大的国家，没有任何一个国家比它更强大了，这不是自

---

① 托马斯·帕特森：《苏美对抗：战后重建与冷战的起源》(Thomas Paterson, *Soviet-American Confrontation: Postwar Reconstruction and the Origins of the Cold War*)，巴尔的摩：约翰斯·霍普金斯大学出版社1973年版，第11页。
② 约瑟夫·琼斯：《十五周》(Joseph M. Jones, *The Fifteen Weeks*)，纽约：瓦伊金出版社1955年版，第166页。

吹自擂。……这意味着，我们拥有这样的力量，就得挑起领导的担子并承担责任"。①曾任美国陆军参谋长马克斯韦尔·泰勒将军后来是这样形容这一时期美国对外政策特征的："原子弹的惊人破坏力产生了这样的看法，即我们的空军现在拥有决定性的武器，这种武器可以使美国从此以后建立对世界的警察统治，并迫使世界接受美国治下的和平。"②正是在这种称霸世界心态的驱使下，美国在战后初期完成了自威尔逊时代以来的全球战略大转变，堂而皇之地登上了资本主义世界霸主的宝座。不过美国尽管具备了履行"世界警察"职责的条件，而且在国际事务中横行无忌，不可一世，但战后的世界是错综复杂的，"美国治下的和平"终归仍是一个梦想，美国政府把这种由"罗马治下的和平"和"英国治下的和平"演绎过来的说法作为其外交战略的基本出发点，无非要消除掉迈向这一目标时的各种障碍，使战后的世界按照美国确定好的方向发展。

美国谋求世界霸权的主要障碍自然是在意识形态上与之对立的苏联。在战争期间，由于面临着共同敌人，美苏两国暂时抛开了意识形态上的敌对，结为反法西斯联盟。然而，随着战争的胜利和共同敌人的消失，两国在战争中潜在的矛盾逐渐表面化，战时的合作伙伴开始转变成势不两立的竞争对手。苏联在第二次世界大战期间承担了希特勒德国的大部分的军事压力，遭受的战火浩劫比较严重，但也正是在这种严酷的考验中军事实力大大增强。到了战争结束之时，苏联拥有世界上最强大的陆军，成为仅次于美国的军事强国。苏联尽管曾在本国安全需要的借口下对其邻国扩张侵略，但至少在战争初期并没有表现出在世界范围内与美国一争高低的欲望。1945年6月美国国务院向杜鲁门报告说："只要没有迹象表明西欧

---

① 转引自《战后世界历史长编》，第一编，第三分册，上海人民出版社1977年，第6~7页。
② 转引自杨生茂主编：《美国外交政策史》，北京：人民出版社1991年版，第438页。

诸国正在联合起来反对他们,俄国人并不十分关心西欧的事态发展。"①其实摆在苏联面前的迫切之事并不是另一场战争,而是国内的重建,这就需要一个稳定的国际和国内环境。凯南以后也承认:"我认为当时苏联根本没有任何方法来构成对我们的军事威胁……单战后重建就明显需要几年的时间,俄国人渴望和平的心情是强烈的。"②美国决策者当时不是没有认识到这一点,但并没有把其政策基于这点考虑之上,认为共产主义和资本主义势不两立,不能共存,苏联的存在就是对西方"自由世界"的潜在威胁,也是横亘在美国实现全球霸权道路上的障碍。正是在这种估计的基础上,美国在战后初期对其外交政策进行了大规模的调整,逐步形成了以全面遏制苏联为特征的全球"冷战"政策。

战后初期美国实行遏制战略在前章已略有所论,这里需要强调的是,以1947年3月杜鲁门主义的出台为标志的"冷战"政策,其主要目的就是要缩小或消除苏联在世界上的影响力,在扩大资本主义阵营的同时巩固美国在国际事务中的既定地位,最后实现消灭共产主义,使美国成为名副其实的世界霸主。美国许多评论家由此认为:"在杜鲁门主义的幌子下,美国实际上要把美国治下的和平强加给世界。因为这是杜鲁门主义的'真正'目的,被宣称的民主制和共产主义或自由和暴政的斗争毫无意义,它只是服务于把美国自己追求霸权的趋势合理化而已。"③欧内斯特·勒菲弗指出,当美国采取遏制战略时,它"完全接受了强加给我们自由世界的领导地

---

① 沃尔特·拉夫伯:《美国、俄国和冷战,1945~1984年》(Walter LaFeber, *America, Russia, and the Cold War, 1945-1984*),纽约:克诺夫出版社1985年版,第27页。
② 乔治·凯南:"当时和现在的遏制"(George Kennan, "Containment Then and Now"),载《外交事务》(*Foreign Affairs*),第65卷,第4期(1987年春季号),第885~886页。
③ 小克拉布:《美国外交政策的主义:它们的含义、作用和未来》,第141页。

位，采取适当的措施以建立一个生气勃勃的西方联盟"。①以后艾森豪威尔政府和约翰·肯尼迪政府先后推出"解放战略"与"和平战略"，虽然在形式上和手法上与杜鲁门时期的"遏制战略"有所不同，但其基本出发点都是一致的，即为美国迈向世界霸主地位扫除前进路上的"绊脚石"。

战后初期，历来被认为是资本主义中心的西欧面临着难以依靠自身力量所能解决的灾难。这一地区的国家饱经了战火的洗劫，战争带给它们的恶果在战争结束两年后也到处可见。整个西欧满目疮痍，生产凋敝，工厂寂然无烟，农村田园荒芜，黄金外汇储备枯竭，人们赖以生存的生活必需品奇缺。1946年冬天西欧又遭受了百年不遇的严寒袭击，连续两个月，气温一直在零度以下，暴风雪之后又是洪水泛滥。天灾接连的降临对于饥肠辘辘和衣不蔽体的西欧人来说，无疑是"雪上加霜"。英国路透社报道说："自从一个帝国的心脏——君士坦丁堡——没落以来，当代最大的崩溃已迫在眉睫。这不仅仅是几场暴风雪的问题。这是可怕的衰落，因为几场暴风雪就能影响到如此程度。"②温斯顿·丘吉尔在1947年形容西欧仅仅是"一堆瓦砾，一个藏骸所，一片瘟疫和仇恨的滋生地"。③对当政者来说，更可怕的是严重的社会动荡将为共产党"乘虚而入"大开方便之门，这一时期西欧一些国家共产党影响明显增大。美国作为"自由世界"的领袖，当然不会坐视西欧的崩溃而不理。欧洲历来对美国具有重大的战略意义，第二次世界大战以后更是如此。失去西欧，美国的领袖地位又何从谈起，只有支持西欧经济的复兴，才能保住这块与苏联直接对抗的前沿阵地，而且还可借此从经济上和政治上控制西欧，这对美国谋取世界霸权可以说是意义非同小

---

① 欧内斯特·勒菲弗:《道义与美国对外政策》(Ernest W. Lefever, *Ethics and United States Foreign Policy*)，纽约:梅里迪安书社1957年版，第42页。
② 斯帕尼尔:《第二次世界大战后的美国外交政策》，第45页。
③ 布卢姆等:《美国的历程》，下册，第509页。

可。其实，美国自战争结束以来就不断地向西欧提供援助，但并未能使西欧状况有所改善，所以西欧的复兴成为美国全球战略棋盘上的当务之急。美国决策者经过深思熟虑，决定对西欧进行大规模的经济援助。

1947年6月5日，国务卿乔治·马歇尔在哈佛大学发表演说，在一种非正式的场合表达了美国政府援助欧洲的必要性和重要性，他希望欧洲人应该首先提出倡议和方案，然后美国再视需要给予帮助。马歇尔的讲话立刻在欧洲引起强烈反响，几个月后英法等16个西欧国家正式联合提出一份总报告，要求美国在四年内提供224亿美元的援助和贷款。1948年4月3日，杜鲁门签署了《1948年援助法》，援外金额共60.98亿美元，其中53亿美元用于"欧洲复兴计划"。从1948年4月到1952年6月，美国国会为马歇尔计划共计拨款132亿美元，资金主要流向英国、法国、意大利和西德。马歇尔计划无疑是成功的，西欧和美国都从中获得巨大利益。西欧复兴的本身已经超过了经济上的意义，敌对意识形态的影响大为削弱，资本主义制度得到巩固和加强，对美国来说也不仅仅限于得到经济实利，通过经济上的依赖关系，美国实际加强了对西欧国家的控制。这一时期西欧国家在国际事务中紧随美国，亦步亦趋，成为支持美国追求全球霸权的重要力量。

在马歇尔计划执行的同时，美国积极筹划与西欧结为军事同盟，意在通过结盟关系把西欧国家与美国的全球战略紧紧地拴在一起。1948年7月，西欧和北美七国开始就建立北大西洋联盟举行大使委员会会议，同年9月通过了"华盛顿文件"，翌年4月4日，美国、英国、法国、比利时、荷兰、卢森堡、加拿大以及挪威等12国云集华盛顿，举行了隆重的签字仪式，正式成立了"北大西洋公约组织"。北约的建立使欧洲成了美国与苏联冷战的全球战略的"头一道防线"。①

对于战败的日本,美国在占领期间大力推行改革政策,力图以西方的民主模式重新塑造日本。1948年后美国确定日本为其远东依靠的重点,把日本纳入了其全球"遏制"战略的轨道,在经济上给予大力扶植。到20世纪50年代初,美国与日本结成了军事同盟,日本遂成为美国在东亚与社会主义国家抗衡的"马前卒"。美国与西欧和日本形成结盟关系使资本主义国家紧紧地"团结"在了美国的周围,大大加强了美国在"自由世界"的领袖地位。

拉丁美洲一向在美国的全球战略中举足轻重,战后初期成为美国名副其实的"后院"。美国出于全球战略考虑,把外交重点放在了欧洲和亚洲,但并不是说拉美在美国的通盘战略中失去了昔日作用。只不过这里不存在着刀光剑影的争夺、咄咄逼人的谈判,也不存在着经济崩溃、内部混乱、人民起义、政权变更的紧迫形势。其实拉美地区在美国的全球冷战中依然具有重要的地位。具体来说,这一地区是美国全球争霸的战略后方,只有"后院"稳固,美国在"前院"履行"警察"职责才无后顾之忧,所以美国在战争结束后就加强了对拉美国家政治上的控制和经济上的渗透。1947年8月15日至9月12日,20个美洲国家的代表在巴西的里约热内卢举行了关于大陆和平与安全的泛美特别会议,美国与拉美国家签订了《美洲国家间互助条约》,其中第二条规定:"任何国家对美洲国家的武装进攻应视为对全体美洲国家的武装进攻。"②这个条约是美国战后初期在强化地区性防御体系的"第一个冷战条约",它要求拉美国家在强化经济和军事防御方面与美国合作,美国正式把拉美国家的经济和军事拉入同苏联进行全球"冷战"的轨道,"形成了美洲国

---

① 斯帕尼尔:《第二次世界大战后的美国外交政策》,第52页。
② 罗伯特·伯尔和罗兰·赫西主编:《美洲国家合作文件》(Robert N. Burr and Roland D. Hussey, eds., *Documents on Inter-American Cooperation*),第2卷,费拉德尔菲亚:宾夕法尼亚大学出版社1955年版,第173页。

家对国际共产主义威胁的抵制"。①1948年3月,国务卿马歇尔率代表团到哥伦比亚的波哥大参加了第九次美洲国家会议,他在会上发表演说,强调了美洲国家合作对付极权主义威胁的必要性,这次会议完成了对泛美体系的改组。新成立的美洲国家组织进一步使泛美体系组织化和制度化,长时期内成为使美国在西半球干涉行为"合法化"的工具。拉美国家由于受协定的约束,在东西方冷战中基本上站在美国的一边,成为美国与苏联抗衡时的一支重要的辅助力量。美国在战后初期把拉美视为对美国经济发展至关重要的广阔市场,通过各种协定加强了对拉美地区的经济渗透。

1949年1月20日,杜鲁门在第二任就职演说中概述了构成未来四年美国对外政策的计划,其中一项内容是向落后国家提供技术援助,这就是所谓的"第四点计划"。拉美地区是这一计划实施的重点,该计划对于改善一些国家贫穷状况起了一定作用,但其目的除了具有明显的政治性外,服务于美国资本向落后地区的渗透也是显而易见的。诚如一位美国学者所言,杜鲁门政府"立即开始以日增的侵略性推行一项计划,旨在促进美国私人资本在拉丁美洲的投资"。②因此拉美国家抱怨说:"美国政策的目的是增加对它们的经济控制,而不是帮助它们发展。"③这句话正确地道出了美国对拉美地区经济政策的实质。此外,美国也通过"第四点计划",积极扩大在亚非地区的势力范围,试图把这一广阔的中间地带绑到美国的"冷战"战车上,遏制住共产主义力量在这些地区的发展,最终实现美国对它们的控制。美国在亚非拉地区的活动构成了其争夺全球霸权的重要组成部分。

战后初期,美国在国际事务中的权力达到登峰造极,美国俨然

---

① 米查姆:《美国与拉美关系考察》,第167页。
② 唐纳德·多泽:《我们是好邻居吗?》(Donald M. Dozer, *Are We Good Neighbors?*),盖恩斯维尔:佛罗里达大学出版社1959年版,第244页。
③ 康奈尔-史密斯:《美国和拉丁美洲:美洲国家间关系的历史分析》,第205页。

以"世界领袖"自居,在世界各地挥舞着星条旗,让云集到其麾下的国家按照美国的意志行事。实际上,战后的世界并不是完全按照美国的安排向前发展,用划一的模式把这个纷繁复杂的世界统一起来本身就不切合实际。所以"美国治下的和平"也只是美国的一厢情愿,难以成为现实。美国尽管在这一时期"春风得意",出尽了风头,结果却未能如愿。相反,形势的发展对美国的霸权地位形成了越来越难以应付的冲击和挑战。

三 多极化对美国霸权的冲击

第二次世界大战后,世界发生了天翻地覆的变化,其发展之快,变化之大确实是史无前例的。这种变化同样反映到国际政治领域的各个方面。美国在战后很长一段时间以其无可比拟的政治、经济以及军事实力成为资本主义世界中的"无冕之王","无所不能"的狂妄意识左右着美国领导人的决策过程,世界上无论什么地方发生引人注目的政治事件,不管是不是与美国有关,都会招致美国的过问和干预。美国政府插手世界各地事务的一个简单逻辑是,美国是"当之无愧"世界领袖,领袖"理所当然"地负有维护世界"和平与秩序"的责任。其实,更深层的原因是与美国的现实利益息息相关,美国无非是想通过干涉,一方面显示出美国在国际事务中享有至高无上的"权力",使被干涉国家慑于压力或威胁集合到美国的麾下,扩大美国与敌对意识形态进行全球竞争时的地盘或阵营;另一方面使事件的发展按照美国设计好的方向发展,为美国全球扩张创造一个更为有利的国际环境。然而这仅仅是美国的一厢情愿而已,出现的结果往往与美国所设想的不相一致甚或相反,遭到干涉的国家并没有甘心臣服于美国,有时还促使了它们向着与美国敌对阵营的靠拢,甚至加盟。更何况美国的干预本身已带着某种先入之见，并不是出于当事国的考虑来解决问题，所以只会加剧动荡，难以出现美国欲要的"和平与秩序"。从这一时期的国际局势来看，当某国或某地区出现动荡不安时，如果有外部势力作祟，美国很少能摆脱干系。哪里有"麻烦"，哪里就有美国，哪里有美国，哪里很可能就会遇到更大的"麻烦"。这几句话倒是对美国履行"世界警察"职责并不会给世界带来秩序与稳定的形象说明。因此那种在国际事务中以"老大"自居而恃强凌弱的强权做法势必遭到抵制，即使是弱国或小国也很难容忍对其主权的侵犯。从这个意义上讲，美国在战后推行的全球扩张政策从一开始就包含着与其他国家发生冲突的根源。第二次世界大战结束以来美国是"自由世界"无国可以替代的领袖，这种局面自然形成了以美国为中心的资本主义阵营，身居其内的国家与美国结盟存在着共同的利害关系，但它们承认美国的领袖地位实在是无奈之举，客观条件使然，美国的强大与它们的衰弱形成显明的对比，它们无不希望在国际事务中通过追随美国而从这个财源似乎"取之不竭"的国家获得经济上的好处，在这方面美国也会显得"慷慨解囊"，帮助与美国具有战略关系的盟国从经济困境中走出。

不过，美国的政策总是从本国的利益出发，尽管在一定的时空范围内也许与其盟国的利益相吻合，但绝不是出于它们的利益考虑，而且美国对其盟国的支配权最终是要保证美国的利益顺利实现，有时甚至还要以牺牲或侵犯它们的利益为前提。所以从维护各自利益的角度讲，美国拥有的支配地位并不会得到他国的真正认同，而且这种状况也不是固定不变的，尤其是对那些曾经有过"辉煌"历史的国家来说，屈从美国犹如受"胯下之辱"，一旦它们变得强大，就会对美国产生离心倾向。关于这一点，我们将会在后文详细谈到，这里只是强调美国的领袖地位即使在资本主义体系内也不是十分稳固的。实际上对美国领导地位的挑战是来自多方面的，既有内部的，也有外部的。当历史的时针旋转到20世纪70年代以后，美国尽管在国际事务中依然举足轻重，但与以前相比大有"江河日下"之势，对美国领导地位的挑战变得日益明显和表面化，尤其是当世界呈现出"多极化"的发展势头时，美国全球霸权的"黄金时代"大概是一去而不复返了。

战后初期，美国视苏联为势不两立，不能共存，其发动的全球"冷战"攻势就是要消除掉这个阻碍美国世界领袖实现的"眼中钉，肉中刺"，但结果并未能使美国如愿。苏联很快就从战争的废墟中走出，经过两个五年计划，国民经济得到进一步恢复和发展，1949年8月苏联原子弹试制成功，美国的核垄断地位从此宣告结束。尼基塔·赫鲁晓夫上台后，大力推行改革，使苏联的工业和科技获得了进一步发展。1953年至1963年苏联工业产值年均增长率一直保持在10%以上；科技领域也取得了令人瞩目的成就，1954年6月建成了世界上第一座原子能发电站，1957年8月发射了第一枚洲际导弹，同年11月又成功地把第一颗人造卫星送上太空。美国中央情报局局长艾伦·杜勒斯1959年4月在爱迪生电力研究所（Edison Electric Institute）发表的讲话中谈到了苏联在军事和经济上对美国形成了严重的挑战。[①]列昂尼德·勃列日涅夫1964年10月入主克里姆林宫后，继续推行了一系列经济改革，大大促进了苏联国民经济的增长和社会发展，此时美苏经济实力的差距明显缩小，苏联作为一个世界经济强国屹立在世人面前。苏联经济的恢复与发展使其领导人开始在国际事务中走上与美国争霸的道路。赫鲁晓夫希望与美国平起平坐，和平共处，共同主宰世界，实际上要与美国平分秋色。为了达到这一目的，赫鲁晓夫把重点放在发展苏联的军事力量之上，提出了"火箭核战略"，并且不失时机地在苏伊士运河事件、柏林危机和古巴导弹危机中显示出苏联的力量。尽管在这些事件中，苏联多

[①] 参见"艾伦·杜勒斯关于苏联的军事—经济挑战的讲话"（"Speech by Allen W. Dulles on Military-Economic Challenge of the Soviet Union"），载《纽约时报》（*New York Times*），1959年4月9日，第8页。

在美国扬言不惜一战的恐吓声中退却了，作出了妥协，但苏联显然已经具备了在国际事务中与美国一争高低的基础。在这些事件发展过程中，苏联似乎蒙受了"屈辱"，结果却进一步刺激了苏联发展军事力量，哪怕是牺牲本国人民生活水平的提高也在所不惜。在这点上，美国就难以与苏联相比了。

列昂尼德·勃列日涅夫1964年10月入主克里姆林宫后，美苏经济实力的差距进一步缩小。勃列日涅夫执政时期，苏联的军事工业部门大为扩展，军费开支在国民生产总值中所占的比例长期居高不下。结果苏联的整体军事实力赶上了美国，有些领域甚至超过了美国。据统计，1962年古巴导弹危机前夕，美国的洲际导弹以5∶1的优势领先于苏联，美国拥有200多枚洲际导弹和1000多架能够对苏联进行核打击的轰炸机，而苏联仅有40枚左右的洲际导弹，战略轰炸力量更是难以与美国相匹敌。到了20世纪60年代末，美国拥有1054枚洲际导弹，200枚潜射弹道导弹和540架远程轰炸机，苏联则拥有1200枚洲际导弹，200枚潜射弹道导弹和200架远程轰炸机，两国战略力量基本达到平衡，但苏联的核军备发展迅猛，大有超越美国之势。此外苏联拥有世界上最强大的陆军，空军与美国旗鼓相当，海军亦在奋起直追，已经向美国长期形成的制海权发出了挑战。基辛格就承认："曾经成为整个战后时期特征的美国的决定性优势，到1967年就已经结束了。"[1]正是在实力增强的基础上，苏联开始在被美国视为重要的战略地区主动出击，美攻苏守的态势逐渐让位于苏攻美守的局面，美国对苏联的挑战只能是疲于应付，顾此失彼。如果说在战后初期美国对苏联全球利益的威胁只是政治家杜撰出来的一种"神话"，那么美国现在却面对着一个实实在在的强大竞争对手。此时东西方关系在激烈争夺的另一面呈现出"缓和"的态势，就美国而言，"缓和"与苏联的关系大概也是一种无奈的选择。

---

[1] 转引自梁守德等编：《世界政治与国际关系》，武汉：湖北人民出版社1987年版，第160页。

西欧和日本在战后很长一段时间是美国在与苏联全球抗衡时的最重要的政治附庸，在对付敌对意识形态上，它们与美国有着利益的一致之处，但对美国支配地位并不是打心眼里服从，只不过是在力量十分悬殊和对美国有求的情况下"不敢言"而已。西欧和日本一旦从经济困境中走出，在国际事务中彻底摆脱美国的"阴影"尽管还不现实，毕竟它们之间还存在着共同的利益，必然会强调独立自主性，听命于大洋彼岸的美国未见得事事都符合它们的国家利益。况且对于这些极富民族自尊心的国家来说，维持这种对美国的屈从关系也不可能是长远之计。西欧的经济恢复和发展较快，到了1952年，西欧国家的工业生产先后恢复到战前的水平，之后进入了高速发展阶段，一直持续到20世纪70年代初。结果西欧国家在世界工业生产中所占的比重明显加大，在世界贸易中的地位大大加强，黄金外汇储备也大为增加。在此期间，西欧开始了经济一体化过程，并取得了显著的成效。战后日本经济发展更是迅速，到了20世纪50年代初，日本的工矿业开始超过战前水平，以后就进入了高速发展时期。到了1968年，日本的国民生产总值成为资本主义世界仅次于美国的第二大经济大国。西欧和日本经济实力的增强势必导致在政治上更加表现出独立行事的趋向。基辛格在60年代发表的一篇论文中指出："无论如何，美国不能希望使欧洲战后的不幸永久成为国际关系的一种不变的模式。欧洲经济的复原势必导致它回到更为传统的政治压力方面。"[1]事实正是如此，西欧国家从20世纪60年代纷纷开始调整其对外战略，力图作为美国的平等伙伴国出现在国际事务中。法国在戴高乐总统的领导下，60年代奉行了不依附美国的独立外交政策。他一执政就要求法国分享北约组织中的领导权和决策权，遭到美国拒绝后断然退出了北约军事一体化组织，他提出的"欧洲是欧洲人的欧洲"口号显然是针对美国而言。1964年9月

---

[1] 亨利·基辛格：《美国对外政策》，复旦大学资本主义国家经济研究所译，上海：上海人民出版社1972年版，第50页。

11日，戴高乐在记者招待会上宣称："欧洲大国应该有属于它们自己的国家的防务权利和义务。一个大国的命运听从于另一个大国的决定和行动是不可容忍的，不管这另一个国家可能如何的友好。"①西德在60年代以后也开始在外交上表现出相当程度的自主性，如60年代末奉行的"新东方政策"，主张加强与西方合作的同时，争取与东方的谅解。这一政策旨在改变西德长期以来唯美国马首是瞻的被动状况。

就整个西欧国家而言，它们开始走上了联合自强的道路，在许多问题上为了维护自身的利益而不愿意屈从美国，如拒绝对美国农产品敞开市场，批评美国的中东政策和越南政策，逐步改善与苏东地区国家的关系，积极开展与发展中国家的外交等等。凡此种种都表明了美国在西欧的支配地位大大减弱。日本在经济发展起来后，也开始谋求摆脱在各方面从属美国，力争与美国建立"富有成效的伙伴关系"。1960年1月美日两国签署了"美日共同合作和安全条约"，取代了1951年的"日美安全条约"，废除了美军干涉日本内部事务的条款。日本在外交上实行了多边自主的政策，逐步改变了紧随美国的形象。正如日本外相大平正芳1972年指出的那样："日本跟美国走的时代已经过去了，日本现在应该为采取负责的行动做出决定。"②西欧和日本尽管实现与美国的"平等伙伴"地位尚须努力，但它们到了70年代无疑已经作为重要的力量活跃在国际舞台上，美国对它们逆自己意志行事的外交活动有时也不得不予以默认。美国援助盟国强大原本是增强与苏联全球抗衡中的力量，但它们强大起来后却不再愿意听命于美国，甚至与美国产生严重对立，这一点大概是战后初期美国领导人所始料未及的。

---

① 国际关系研究所编译：《戴高乐言论集》，北京：世界知识出版社1964年版，第244页。
② 转引自武桂馥等编：《竞争与冲突》，北京：国防大学出版社1991年版，第130~131页。

战后初期，美国凭借着其强大的实力，把处于中间地带的许多亚非拉国家拉入与苏联进行全球"冷战"的阵营，"必欲控制而后快"构成了美国对这些国家政策的基本特征，也就是对亲美政权提供尽可能的支持，维护住美国欲要的"稳定与秩序"，消除共产主义滋生的土壤，以保证美国在这些地区的政治、经济以及战略利益的实现。然而，这些地区战后发生了巨大的变化，亚非拉国家为了维护自己的切身正当利益，结成了不受大国干预的同盟或集团，以一种新的姿态和力量出现在国际舞台上。

1955年4月，亚洲和非洲29个国家代表在印尼万隆召开了历史上第一次没有西方国家参加的国际会议，这次会议体现出了民族独立国家团结友好，互相合作，维护世界和平而进行共同斗争的精神。亚非会议的召开是第三世界在国际社会崛起的标志，而不结盟运动的兴起则表明第三世界的力量进一步壮大。1961年9月，在南斯拉夫总统铁托等一些国家领导人的倡导和发动下，24个国家的代表在贝尔格莱德召开了第一届不结盟国家和政府首脑会议。不结盟运动的基本原则和目标是：在和平共处的基础上对不同政治和社会制度的国家奉行独立政策，支持民族解放运动，反对集团和建立军事基地，解决国际经济格局中的不平等现象，等等。这一运动发展迅速，声势浩大，成为活跃在国际社会的一支重要力量。77国集团是第三世界国家为争取国际经济新秩序而形成的一个组织。1964年6月，第一届联合国贸易和发展会议在日内瓦召开，会议结束时，77个国家和地区发表了"联合宣言"，"77国集团"由此得名。在这个集团的推动下，南北对话和南南合作进入了一个新的阶段。第三世界的崛起使整个世界政治和经济的基本格局大为改观，尽管许多第三世界的国家难以摆脱对发达国家的依赖，在美苏全球冷战中也很难保持绝对的中立，内部同样存在着各种矛盾和分歧，但在涉及发展中国家的切身共同利益时，第三世界就会形成一种整体力量来与发达国家展开斗争。这种斗争带来的结果自然对美国的全球霸权形成了很大的挑战。

第三世界在争取合理的国际新秩序斗争中矛头不仅仅是针对美国,但对在第三世界享有巨大利益的美国来说,其在这些地区所确立的霸权地位由此大大动摇,干涉行径遭到越来越多的国家的抵制,致使美国对外政策常常难以奏效,就此而言,美国在国际事务中面对着一种再也无法控制和随意摆布的力量。如在美国控制程度比较高的拉美地区,美国的政策很难畅行无阻,拉美国家常常联合起来共同对付美国的政治和经济压力,"美国已不能指望在美洲国家组织中获得多数。相反,如果美国强令拉美国家接受违反它们利益的政策,美洲国家就可能变成一个攻击美国的讲坛。……在今天的世界上,拉美国家不仅可以越来越放胆地发表这种批评和追求它们自己的利益,不怕得罪北方的老大哥,而且它们还将设法共同行动,务求打破拉美对美国过度依赖的局面"。①这种态度应该说是反映出了发展中国家对美国推行霸权政策的一种基本趋向。

战后初期的美国是靠着极其强大的实力走上全球扩张道路的。这种实力地位一方面建立在国内经济繁荣的基础上,另一方面可对比的参照国家均是破损不堪,更加映衬出美国的强大无比。当其他国家的经济迅速发展起来后,美国就逐渐失去了这种在资本主义世界的绝对优势地位。20世纪60年代初美国卷入越南战争本想显示一下其在国际事务中的"威力",但结果适得其反,侵越战争对美国霸权地位产生了强大的冲击波,国力大伤,实力急剧下降。据统计,美国在越战中共投入兵力66万多人,死伤官兵10余万人,战争费用高达3500亿美元。美国有的学者认为,侵越战争是美国"有史以来最花钱、最残酷,却又是最无价值"的战争。②60年代后期,美国国内反战情绪与日俱增,示威大游行此伏彼起,国内矛盾进而

---

① 亨利·欧文主编:《七十年代的美国对外政策》,齐沛合译,北京:三联书店1975年版,第145页。
② 拉夫伯:《美国、俄国和冷战,1945~1984年》,第306页。

激化。此外，由于美国军费开支庞大和其他西方大国的重新崛起，美国在世界资本主义经济中的地位严重下降。1948年，美国在资本主义世界工业总产值中所占的比重是54.6%，1970年仅占37.8%，在世界出口贸易中所占的比重也由32%下降为15.2%。美元危机频频爆发，西欧各主要金融市场纷纷抛售美元，抢购黄金。到了70年代初，以美元为中心的资本主义国际货币体系宣告瓦解。这一时期美国的国民生产总值尽管一直位居世界首位，但实力已无法与战后初期相比了。强大的实力地位是美国推行霸权政策的基础，当实力不足时依然继续这一政策就会在外交上显得顾此失彼，处处被动，美国虽然还在处心积虑地维护其在世界上的霸权地位，但已无法再像过去那样不可一世了。

"多极化"是当代世界政治经济发展的一种基本趋势，其并不专指对战后初期所形成的雅尔塔两极格局的根本改变，而只是说在美苏全球冷战中涌现出了多种影响世界局势发展的政治和经济力量。尽管这些力量往往形成相互牵制之势，但对试图以一种力量来左右世界格局发展的美国来说，多种力量的兴起本身就是对这一图谋的牵制与挑战。如果美国无视这些变化，依然我行我素，把手伸向世界各地，未必就见得有利于美国的利益，其实常常以损及美国的利益而告终。朝鲜战争和越南战争就是明显的例子。当然美国政界也不乏"识时务者"，他们竭尽全力维护美国的全球霸权地位是不变的，但同时又看到了美国力量的"限度"。实际上这两者永远无法"和谐"地结合在一起，只要美国不放弃对世界霸权地位的追求，即使政府决策者认识到这一点，而且在外交上采取更为现实的做法，但其政策最终还是难以奏效的。不过正是他们对美国战后外交的重新认识以及在对外战略上的调整，才反映出了美国在一个多极化世界中所面临的挑战。

20世纪60年代以后，世界进入了大动荡、大分化和大改组的时期，国际政治多极化趋势开始出现。在美国政界崭露头角的肯尼迪

60年代初就意识到国际形势的变化对战后初期形成的美国"无所不能"意识的冲击,开始承认美国力量的"限度"。他在就职总统前曾在华盛顿大学发表演讲时说:

> 我们必须面对事实,那就是,美国既不是无所不能,也不是无所不知——我们不过只占世界人口的百分之六——我们不能把我们的意志强加于其他百分之九十四的人类——我们不能去矫正每一个错误,或者扭转每一个逆境——所以说,对于世界上的每一个问题,不可能都有一个美国的解决方案。①

上述这番话也许是肯尼迪的由衷之言,毕竟他还没有坐到白宫的总统位置上,他一旦就职为总统,其言谈举止自然就代表国家,而当时的美国社会主流依然沉浸在"世界领袖"的梦幻之中,肯尼迪必然要把这种认识反映到新政府的对外关系上。他在就职演说中特别强调,美国必须要让全世界知道,"为了保证自由的生存和成功,我们将付出任何代价,承受任何重担,面对任何困难,支持任何朋友,反对任何敌人"。②因此肯尼迪基本上没有背离前任所确定的冷战框架,坚持遏制理论,继续推行称霸世界的政策,到处插手世界事务,特别是扩大对印度支那的干涉使美国开始陷入难以自拔的泥沼之中。约翰逊继任总统后,继续打着遏制共产主义的大旗进行全球扩张,他肆无忌惮地对拉美事务进行干涉,军事上卷入非洲和中东事务,尤其是他使越南战争"美国化"标志着美国全面卷入了越战。然而,在约翰逊任内,世界的多极化趋势进一步发展,约翰逊置这种变化于不顾,以"有限"的力量去满足美国"世界领

---

① 小阿瑟·施莱辛格:《一千天:约翰·菲·肯尼迪在白宫》,仲宜译,北京:三联书店 1981年版,第494~495页。
② 哈特曼等:《变化世界中的美国对外政策》,第91页。

袖"的目空一切心理,自然就会在外交上捉襟见肘,形象大损。尽管美国政府不会从根本上改变谋求世界霸权的政策,但以"有限"的力量去维护需要花费无限资源的"霸权"越来越得不到美国人的认同。约翰逊没有认识到这一点,所以就难逃在政治上留下"败绩"的厄运,他本人自动宣布退出总统预选还算是有"自知之明"的,不过也确确实实反映出他的外交政策已不再能在美国获得民心了。

20世纪60年代后期,世界多极化趋势日益明显,新的"力量中心"在国际舞台上十分活跃,美国尽管在国际事务中依然举足轻重,但已不再是"无所不能"了,用基辛格的话来说:"美国不再能实行全球性的计划;它只能赞助那些计划的实行。它不再能够把自己喜欢的解决方法强加于人;它必须设法让别人提出它来。……我们的贡献不应当是唯一或主要的力量,但它应能决定事情的成败。"①尼克松上台后,这位曾经坚定的"反共战士"面对着已经变化了的形势,深知按照过去的思维模式已很难维护美国在一个多极化世界的利益,美国必须采取新的方式来保住其世界领导地位于不衰。他和基辛格首先从理论上阐明了世界格局的变化,认为世界已进入了一个新的时期。尼克松不止一次地强调"国际关系中的战后时期已经结束"。基辛格也指出,战后国际关系的秩序年代就已终结,"冷战的激烈两极对立已不复存在,取而代之的是一个变化莫测和错综复杂的世界,拥有许多权力中心,危险与机会共存,前者更加难以捉摸,后者却带来新的希望"。②正是在这种认识的基础上,他们提出了"五大力量中心说"。

1971年7月6日尼克松在美国堪萨斯城的讲话中指出:"从经济角度来说,美国不再是世界的头号国家,超群的世界强国,也不再

---

① 基辛格:《美国对外政策》,第72~73页。
② 以上引文见瑟法蒂:《敌对世界的美国外交政策:危险年月》,第239~240页。

仅仅有两个超级大国,当我们从经济角度和经济潜力来考虑问题时,今天世界上有五大力量中心",它们是"美国、西欧、苏联、大陆中国,当然还有日本"。①不久基辛格对"五大力量中心"作了进一步的解释,美苏两国是军事上的两极,中美苏是政治上的三极,美日欧是经济上的三极,三方面因素的综合构成了当今世界的"五大力量中心"。尼克松政府正是在对世界多极化认识的基础上,开始了美国战后外交战略的第一次大调整,形成了以全球战略收缩为特征的"尼克松主义"。这里我们不想就尼克松政府的具体外交政策加以论述,只是想强调"尼克松主义"的出现深刻地反映出美国霸权地位的动摇,也说明了美国全球战略将由进攻转入防守。

罗伯特·希尔在《尼克松以后的美国》一书中写道:"杜鲁门主义的提出适应了一个正在扩张的帝国的需要,尼克松主义则相反,它是为适应一个逐渐崩溃的帝国的需要而产生的。"②尼克松政府进行全球收缩并不意味着放弃了美国在战后国际事务中形成的领导地位,而是在承认美国力量"有限"的前提下在"五种力量中心"之间寻求新的均势,以最小的代价来最大限度地维护住美国在世界格局中的优势。这就决定了尼克松之后的几届政府虽然采取了各种手段试图挽回美国正在失去的领导地位,但多是一时之功,最终难以奏效,既没有遏制住苏联在世界各地的扩张,也没有消除第三世界革命力量的发展,更没有阻止住美国霸权的衰落。到了20世纪80年代初,美国政界的"遏制"之声鹊起,就连缓和政策的奠基

---

① 讲话全文见理查德·尼克松:"在堪萨斯城对出席国内政策通报会的中西部新闻媒体总经理的讲话"(Richard Nixon, "Remarks to Midwestern News Media Executives Attending a Briefing on Domestic Policy in Kansas City"),1971年7月6日,载《总统公开文件集》(*Public Papers of the Presidents*),全文可在 http://www.presidency.ucsb.edu/ws/index.php?pid=3069&st=&st1=网址上获得。

② 转引自陶军主编:《当代国际政治与国际关系》,武汉:华中师范大学出版社1986年版,第198页。

人和执行者尼克松也转变了态度。尼克松在1980年出版的一本书中写道："为了应付对于我们自己的生存、对于自由与和平的生存的挑战，我们必须大大增加我们的军事力量，支持我们的经济力量，恢复我们的意志力量，加强我们的总统权力，制定一种不仅旨在避免失败，而且旨在取得胜利的战略。"①里根上台后其外交政策明显地具有两极对抗的特征，目的就是要恢复"美国在世界上的领导地位"。里根口气坚决地宣布："从1981年1月20日起，一寸土地都不能落到共产党人之手。"②里根在位八年期间，正值苏联内部危机四伏，无暇他顾，美国乘此之机，转守为攻，在与苏联全球争夺中保持了明显优势。正是苏联的退缩，美国在第三世界奉行的政策取得了一定的成效。然而，这些都不意味着美国"领导地位"的恢复。当里根政府力图以"实力"求得美国欲要的"和平"时，实际上是以牺牲美国经济增长为代价，巨额的国防开支造成了财政赤字剧增，美国在里根任内首次由世界最大的债权国沦为最大的债务国。美国参议员比尔·布拉德利说："从军事上说，如今我们在国际上比以往更强大了，但是从经济上说，我们则比过去更弱了。"③布拉德利的这番话多少有点无可奈何的味道，表明美国想维持住全球霸权的图谋越来越困难了。

在当代国际政治中，经济是国力的基础，只有国力强大才能增加在国际事务中说话的分量，当然美国追求的不仅仅是"分量"而已。美国的军事力量在里根时期无疑是强大的，但这种强大如果没有雄厚的经济支撑，以"强大"来谋求世界领袖地位自然就失去了

---

① 尼克松：《真正的战争》，常铮译，北京：新华出版社1980版，第19页。
② 转引自威廉·安德森等："'现实主义'如何是里根的外交"(William D. Anderson and Sterling J. Kernek, "How 'Realistic' Is Reagan's Diplomacy?")，载《政治学季刊》(Political Science Quarterly)，第100卷，第3期(1985年秋季号)，第407页。
③ 转引自杨生茂主编：《美国外交政策史》，第619页。

基础。实际上当美国经济呈现出"相对衰落"的趋势时，美国在这个多极化的世界面临的挑战更大，因此它在追求世界领袖地位过程中所遇到更多的困难也就不足为奇了。

四 冷战后难圆的世界领袖梦

"冷战"是第二次世界大战后形成的雅尔塔两极格局的产物，主要指美苏两个超级大国使用直接武力对抗以外的一切手段来达到抑彼扬己的目的。美国显然是"冷战"的始作俑者，因为在美国决策者的眼里，苏联是其奉行所谓"全球主义"的主要障碍，它的存在使美国的"世界领袖"梦想难以变为现实。美国在冷战期间也有"黯然失色"的时候，但大部分时间都处在相对优势的地位。当世界进入20世纪90年代以后，本来就已急剧变化的国际局势再起波澜，苏联内部矛盾进一步激化，最终导致解体，给已崩溃的雅尔塔格局画上了一个"圆满"的句号。一个超级大国突然从地球上消失尽管是其内部矛盾使然，但却出乎许多政治家的意料，着实让西方国家，尤其是美国欢喜了一阵。四十余年的竞争对手不攻自破，美国一下子就变成了世界上唯一的超级大国，"世界领袖"舍我其谁。德国《明镜》周刊1997年10月下旬刊文指出："由于共产主义终结和本国经济繁荣而地位加强的华盛顿似乎已抛弃了产生于越南战争创伤的自我怀疑心态。美国现在是国际政治中的施瓦辛格：炫耀武力、横冲直撞和威胁别人。"[①]弗吉尼亚大学历史系教授菲利普·泽利科描述了冷战结束后美国力量的强大：

值此世纪之末，美国在军事上、经济上和政治上比任何时

[①] 参见威廉·德罗兹迪亚克："甚至盟国也抱怨美国的控制"（William Drozdiak, "Even Allies Resent U.S. Dominance"），载《华盛顿邮报》（*The Washington Post*），1997年11月4日，第A01页。

候都要强大,在所有这些领域它比当代实力最接近的对手要强大得多。它有威力挫败科索沃的"种族清洗";有足够强大的影响力动摇,甚至拯救世界市场;力量所及,能够控制波斯湾;具有道德权威,能够将一位流亡的海地总统重新推上台。①

泽利科教授的这番话说的多是实情,但并不说明美国在后冷战时代可以在国际事务中为所欲为了。其实苏联的解体并不必然意味着美国的胜利,"冷战无赢家"是人们经过冷静思考后得出的一个比较切合实际的结论。美国人同样深有体会,用美国国务院外交事务研究中心主任迈克尔·弗拉霍斯的话来说:"许多美国人感到,我们自己的需求已被这场伟大的斗争(指冷战)的需要所延误,我们为其他国家作出那么长时间的牺牲,仅仅发现我们自己被削弱和误入歧途。"②这种认识带有美国政府奉行的对外政策具有"利他"倾向的味道,显然不符合实际,但在冷战结束之初的美国却是一种强烈的呼吁,表明美国人对政府为了追求在国际事务中的领导地位而忽视了国内发展的不满。其实,这种"美国第一"的呼吁并不足以阻碍美国政府决策者想在国际事务中发挥特殊领导作用的欲望。

冷战后世界局势变得更加错综复杂,动荡不安,作为自诩为"世界领袖"的美国自然是责无旁贷,必欲干预,以使问题能够按照美国的意愿得以解决。诚然,冷战后美国在解决地区性冲突中显然起到了重要的作用,但这种作用是否能用"领袖"来衡量恐怕值得怀疑。大概除了在国际事务中不再担忧与另外一个超级大国正面冲突之外,美国在冷战期间所遇到的对其"领袖"地位的各种挑战依然存在,而且呈现出加剧之势。美国外交政策研究所主任特德·

---

① 威廉·拉斯伯里:"超人的清单"(William Raspberry,"Checklist for Superman"),载《华盛顿邮报》(*The Washington Post*),1999年9月6日,第A27页。
② 迈克尔·弗拉霍斯:"扪心自问"(Michael Vlahos,"To Speak to Ourselves"),载哈里斯主编:《美国的目的:美国外交政策新见》,第48页。

盖伦·卡彭特写道：

> 在过去的四十余年中，几个主要权力中心已经出现或重新崛起。西欧国家早就不再是遭受战争蹂躏的弃儿，不能防卫欧洲大陆的安全。日本现在拥有世界上第二大经济，在远东能够扮演更为积极的政治和军事角色。中国、印度和其他国家在它们的政治、经济和安全日程上已经成为重要的地区行动者。美国不仅再也不必维持这个星球的治安，而且越来越可能的是，它在这样做的时候无一不侵犯其他大国的利益，因此造成了不必要的摩擦和冲突。①

卡彭特的观察的确很到位，也是美国国内重新抬头的"新孤立主义"要求政府不卷入与美国利益无关之事件的一个重要理由。然而，美国政府领导人和一些政治家恐怕就不会这样来考虑问题了，冷战的结束为美国在国际事务中发挥更大的作用提供了良机，摘取"世界领袖"的桂冠似乎就是举手之劳，如此梦寐以求的好事，岂有放弃之理。所以尽管美国国内的新孤立主义呼声很高，但还是很难影响到美国政府的决策过程，"全球主义"在冷战后美国对外战略中占据主导地位，布什政府和克林顿政府虽为实现美国的全球领袖地位作出了不懈的努力，但终究还是一个"难圆的梦想"而已。

布什是在冷战结束之际出任美国总统的，他上台伊始，正值苏联东欧社会主义国家内部剧烈变动之时，戈尔巴乔夫的改革"新思维"使苏联的外交政策发生了巨大的变化，对抗尽管依然是东西方关系上的主要特征，但布什政府面对着已经改变的形势，开始采取新的手段来完成其外交目标，实现世界领袖地位依然是美国外交的

---

① 特德·盖伦·卡彭特："一项独立的方针"（Ted Galen Carpenter, "An Independent Course"），载哈里斯主编：《美国的目的：美国外交政策新见》，第82~83页。

中心内容。美国国务卿詹姆斯·贝克1989年4月14日提出，由于第二次世界大战后两个超级大国的冲突已经不复存在，美国目前所面临的任务将"更加复杂和微妙"，为了促成世界政治的变化和迎接新的挑战，只有在美国的"领导"下，才能实现解决全球性问题的国际合作。1990年下半年美国直接插手海湾危机表明了美国充当"世界领袖"的决心。1990年8月初，伊拉克入侵邻国科威特，随后公然予以吞并。这一事件使国际舆论大哗，美国反应最为强烈，随即进行大规模的军事集结，准备通过各种手段，包括使用武力迫使伊拉克"把吃进去的东西乖乖吐出来"。美国这样做主要是担心其在海湾地区的石油利益受到威胁，当然也想乘此机会显示一下其超级大国的"权威"，使世界都承认美国在处理重大国际事务时能够起到"领袖"作用。伊拉克不买账，美国就通过联合国组织了以美军为首的多国部队向伊拉克实施了"沙漠风暴行动"，面对多国部队的军事打击，伊拉克几乎无抵抗能力，数日内就结束了这场举世瞩目的战争。美国基本上达到了预期的目的，但同时暴露出美国的经济实力已不足以维持其"世界警察"责任，布什不得不派人游说他国，到处要钱，以补充海湾战争所需要的庞大军费开支。美国《时代》周刊刊文指出，美国成了"超级大国和乞丐的奇怪结合体"。[①]法国新闻界也借此讥讽美国这个"唯一超级大国"是"泥足巨人"。尽管美国经济捉襟见肘，很难支撑美国政府在海外为所欲为，但这场战争唤起的世界领袖之梦再也不可能从美国领导人的意识中消失，海湾战争的指挥者之一美国参谋长联席会议主席鲍威尔毫不掩饰地说："海湾战争唤醒了美国充当世界警察的意识，当世界需要

[①] 参见乔治·丘奇等："一个新的世界"（George J. Church and Dean Fischer, "A New World: The Helsinki Summit is Only the Latest Sign of How Saddam's Belligerence is Transforming Global Alignments and Shaking up Established Truths"），载《时代》（*Time*），第136卷，第12期（1990年9月17日），第20—23页。

警察时，究竟谁被召唤出来恢复和平呢？将是我们。"①布什本人更是想借着海湾危机和海湾战争掀起的有利于美国形象改变的全球风潮，建立美国领导下的世界新秩序。

1991年1月29日，当海湾地区还处在隆隆的枪炮声中时，布什向国会提交了他上任后的第二个《国情咨文》，提出了美国全球战略新构想，其核心内容是建立美国领导下的"世界新秩序"，用咨文中的话来说：

> 美国在这一实现世界新秩序的努力中起着主要的领导作用，在世界各国中唯有美国具有道义上的声望，已具有支持这一声望的物质力量，我们是世界上唯一能够集合一切和平力量的国家。正是这一领导的重任以及实力，使美国在一个前途茫茫的世界中成为自由的灯塔。②

布什强调美国在世界范围内的"领导作用"主要表现在三个方面：一是在处理国际事务中的"带头作用"，二是在西方世界的"核心作用"，三是对盟国安全的"保护作用"。海湾战争后，布什政府加快了对外战略的调整，力图以提高国内的经济实力来保证海湾战争后所确立的美国在国际事务中的"领导"地位于不败。1991年8月13日布什在向国会递交的《1991年国家安全战略报告》中提出，美国对外战略的新目标应该是：继续保持美国在世界上的领导地位，按照美国的价值观建立"世界新秩序"。为了保证这一目标的实现，美国必须要以强大的经济实力为后盾，"我们国家的力量

---

① 转引自倪世雄：《战争与道义：核伦理学的兴起》，长沙：湖南出版社1992年版，第199~200页。

② 参见乔治·布什："国情咨文"（George H. W. Bush, "State of the Union Address"），1991年1月29日，全文可在 http://www.infoplease.com/ipa/A0900156.html 网址上获得。

最终取决于我们的经济力量和恢复力",否则"我们自身的安全就得不到保证",美国强有力的宏观经济活动才是保持美国"全球政治领导地位的先决条件"。①苏联的解体使美国失去了在国际社会抗衡的对手,一些政治家开始大谈美国应该以"独善其身"来取代"兼济天下",也就是无需再为另一个超级大国的存在而忧心忡忡,应该致力于国内问题的解决。更多的人则是兴奋异常,得意忘形,认为这是美国推行"全球主义"的胜利,美国理应乘此机会,实现世界领袖地位。如1991年7月29日,查尔斯·克劳撒默在美国《新共和》周刊发表了题目为"孤独的超级大国"的文章,鼓吹美国应利用其现在"唯一超级大国的独特地位"领导世界,"建立美国治下的和平",世界新秩序应为"美国化的秩序"。②

当然,美国在冷战后所处的地位无法与战后初期相比,克劳撒默等人的主张尽管反映出美国政府战后一直孜孜以求的一个目标,但是此时若要美国像战后初期那样"四面出击",恐怕财力也难以允许。倒是基辛格和布热津斯基等人还没有被"胜利"冲昏了头脑。他们也非常强调冷战后美国在全球的"领导作用",如布热津斯基就认为,美国在冷战后必须更多地考虑"继续致力于全球活动的需要",为维护全球安全作出"特别贡献",也就是说处于过渡时期的世界秩序不仅需要"美国的参与",更需要"美国的领导",但美国的领导作用不是靠在全球范围内全面行动,而是靠在一些重要地区"有选择地承担义务"。对美国政府来说,他们的主张也许更为现实些,不过对国际社会发生的重大危机,美国"介入"或"不介入"之间并无明显的界限,但政府领导人的"世界领袖"意识决

---

① "国家战略安全报告"("National Security Strategy Report"),1991年8月13日。全文可在 http://www.globalsecurity.org/military/library/policy/national/nss-918015.htm 网址上获得。
② 查尔斯·克劳撒默:"孤独的超级大国"(Charles Krauthammer, "The Lonely Superpower"),载《新共和》(*New Republic*),第205卷,第5期(1991年7月29日),第19~23页。

定了美国决不会袖手旁观。布什总统在1992年1月28日发表的《国情咨文》中十分强调苏联消失后"美国已从西方的领袖变成世界的领袖"。①布什满以为可以连任总统,却在竞选中败给了一位在美国政界"初出茅庐"的小人物,这与布什过分强调美国的"世界领袖"时而忽视国内亟待解决的问题不无关系,也从另一个方面说明了冷战后美国履行"世界警察"职责首先在国内就遇到了"麻烦"。颇有意思的是,布什在下台之际还念念不忘美国的"领袖"地位。1992年12月15日,他在得克萨斯一所大学发表讲话,声称美国必须在全球发挥领导作用,强调介入国际事务非常符合美国的利益,"历史再次召唤我们发挥领导作用。美国在为过去自豪的时候必须再次放眼未来,我们必须实现我们祖辈最崇高的理想"。②这倒不是说布什总统"执迷不悟",而是反映出冷战后美国对外战略上的一个主要特征。

比尔·克林顿1993年1月宣誓就职为美国总统,他是第二次世界大战后出生的第一位新一代总统,年轻有为,生气勃勃。他从上台开始就表现出"雄心壮志",大有重振美国之势。在对外政策上克林顿吸取了前任的教训,推出了力图适合冷战后美国国情需要的战略,发挥美国的世界领袖作用依然在其外交战略中居于中心地位,只不过是克林顿更加强调从复兴美国经济开始。用他的话来说,如果人们不在国内重建这个国家的经济实力,我们就不会成为超级大国,就不能在世界上起领导作用。他特别重视美国的世界领袖作用

---

① 乔治·布什:"在国会联席会议上关于国情咨文的讲话"(George Bush, "Address Before a Joint Session of the Congress on the State of the Union"),1992年1月28日。全文可在 http://www.presidency.ucsb.edu/ ws/index.php? pid=20544 网上获得。
② 乔治·布什:"在得克萨斯农工大学的讲话"(George Bush, "Remarks at Texas A&M University in College Station"),1992年12月15日,载《美国总统公开文件》(Public Papers of the Presidents of the United States),第2卷,华盛顿:美国政府出版局1993年版,第2194页。

和对全球事务的参与，认为美国在世界上的领袖地位从来没有像现在这样重要过，只要我们履行世界领袖的使命，就可以保证美国的全面安全和繁荣。克林顿同时非常注重美国文化价值观在实现这一目标过程中的作用。他就职后不久在一次讲话中指出，美国的利益要求美国率先努力建立一种由美国价值观形成的社会秩序。如果美国不能承担由此而来的责任，"我们将失去创造一个更为民主和稳定世界的机会"。①在克林顿任内，所谓的"孤立主义者"在美国政坛上还是十分活跃的，他们试图影响美国政府的决策过程，但克林顿并未为之所动，依然坚持"国际主义"或"全球主义"，在每次阐述其对外政策时很少忘记强调美国在国际事务中的"领导地位"。1993年4月克林顿在谈到巴尔干半岛危机时斩钉截铁地说："我们毕竟是世界上唯一的超级大国，我们必须领导这个世界。"②美国国务卿沃伦·克里斯托弗1995年1月20日在哈佛大学发表对外政策讲话，提出了美国外交战略三原则，其中首要之原则是美国必须继续介入世界并发挥领导作用。③他在1995年初在美国《对外政策》杂志上发表文章竭力为美国充当世界领袖辩护，认为美国如果不抓住这次"机会"，对美国和对世界都将贻害无穷。他在文章结束时宣称：

> 美国是世界上最大的军事和经济强国。我们国家的根本原

---

① 克里斯托弗·莱恩和本杰明·施瓦茨："没有敌人的美国霸权"（Christopher Layne and Benjamin Schwarz, "American Hegemony—Without an Enemy"），载《对外政策》（*Foreign Policy*），第 92 期（1993 年秋季号），第 7 页。
② 克林顿总统的记者招待会（The President's News Conference），1993 年 4 月 23 日，载《美国总统公开文件》（*Public Papers of the Presidents of the United States*），第 1 卷，华盛顿：美国政府出版局 1993 年版，第 488 页。
③ 沃伦·克里斯托弗："一项重大外交政策的讲话"（Warren Christopher, "A Major Foriegn Policy Address"），1995 年 1 月 20 日，讲话视频可在 http://ksgaccman.harvard.edu/iop/events_forum_listview.asp?Type=Y 网上获得。

则在全世界人民的想象力中依然居于特殊地位。我们财力雄厚，决心坚定，我们将依靠着美国人民的支持明智和有力地继续促进我们的根本利益，利用正在出现的各种机会帮助形成一个更安全、更民主和更繁荣的世界。"①

就是共和党人也不反对美国政府在世界事务中发挥领导作用，如国会内的共和党领袖之一鲍勃·多尔在1995年初发表文章强调美国充当世界领袖是其外交政策的根本所在，他说："作为唯一的全球大国，美国必须充当领袖。欧洲——不管是单个国家还是联盟——则不能。中国、俄国、印度、巴西和日本都是重要的地区性大国，一些国家也许是潜在的地区性威胁。但是，唯有美国才能领导解决世界面对的各种政治、外交、经济和军事问题。"②同年10月6日克林顿公开谴责"孤立主义"在美国造成的不良影响，声称美国必须在世界发挥领导作用，"如果你看看从波黑到海地，从中东到北爱尔兰所取得的成果，就可以再次证明美国的领导作用是必不可少的。要是没有它，我们的价值观、我们的利益与和平本身都将岌岌可危"。③克林顿1996年8月5日在华盛顿大学发表的讲话要求美国在一个动荡的世界承担起领导责任："事实是，美国仍然是不可缺少的国家。有时候，美国，也只有美国，才能在战争与和平、自

---

① 沃伦·克里斯托弗："美国的领导，美国的机会"（Warren Christopher, "America's Leadership, America's Opportunity"），载《对外政策》（Foreign Policy），第98期（1995年春季号），第27页。
② 鲍勃·多尔："形成美国的全球未来"（Bob Dole, "Shaping America's Global Future"），载《对外政策》（Foreign Policy），第98期（1995年春季号），第35~36页。
③ 威廉·克林顿："白宫早餐的讲话"（William J. Clinton, "Remarks at a Freedom House Breakfast"），1995年10月6日，载《美国总统公开文件》（Public Papers of the Presidents of the United States），第2卷，华盛顿特区：美国政府出版局1995年版，第1546页。

由与压迫、希望与恐惧之间起决定作用。当然我们不可能承受世界所有负担。我们不能成为世界警察。但是在我们的利益和价值观需要这样做、而且我们能起作用的时候,美国必须采取行动并起带头作用。"①克林顿在这里虽然否认美国扮演"世界警察"角色,但言语中丝毫不掩饰只有美国才能"领导"这个世界走向"完善"。

克林顿蝉联美国总统后,这方面的调子更是居高不下。他在1997年2月4日发表的《国情咨文》中突出强调必须"保持美国强有力而可靠的领导作用",树立美国的"世界领袖"形象。②克林顿任内虽然没有遇到类似伊拉克吞并科威特的海湾危机,但他对地区性冲突的干涉与前任相比也是有过之而无不及。如美国带头强迫伊拉克接受联合国对该国武器生产的长期监督,对海地的制裁和干涉,出兵索马里,向波黑地区派兵,等等。此外克林顿政府也直接插手欧洲、亚太、拉美、中东等地区的事务,以树立美国的"世界领袖"形象。克林顿政府的外交战略取得了一定的成效,但在一个错综复杂的多极世界里,实现"世界领袖"对美国来说,"挑战"显然大于"机遇"。正如俄罗斯学者任金娜在1997年10月初发表在俄《红星报》的文章指出的那样,美国把确立世界领袖的地位看做实现国家利益的主要条件,如果需要的话,它准备对任何国家和国际集团施加压力和武力,只要它们妨碍美国达到自己的目的。这就意味着,美国现在把自己与世界大多数国家对立起来,这些国家认

---

① 威廉·克林顿:"载乔治敦大学关于国际安全问题的讲话"(William J. Clinton, "Remarks on International Security Issues at George Washington University"),1996年8月5日,载《美国总统公开文件》(Public Papers of the Presidents of the United States),第2卷,华盛顿:美国政府出版局1996年版,第1257页。
② 威廉·克林顿:"在国会联席会议上关于国会咨文的讲话"(William J. Clinton, "Address Before a Joint Session of the Congress on the State of the Union"),1997年2月4日,载《美国总统公开文件》(Public Papers of the Presidents of the United States),第1卷,华盛顿:美国政府出版局1997年版,第109~117页。

为，世界的发展应是多极的，不应当由一国来统治。任金娜的观点反映了美国境外学者对美国全球霸权的一种批评之声。

苏联在解体之前，基本上保持了海湾危机中与美国的合作，在美国主演的这场戏中扮演了配角，舆论普遍认为这是苏联超级大国地位日趋下降的重要标志。两极格局崩溃之后，在原来苏联的国土上林立起诸多国家，大概只有俄罗斯基础雄厚，力量较强，不过在很长一段时间内，俄罗斯百废俱兴，并且有求于西方国家，所以在国际事务中并未"显头露角"。美国虽对俄罗斯的重新崛起早有提防，但以为尚不足惧，只要"防患于未然"，俄罗斯就不会对美国的"领导地位"构成威胁。实际上，俄罗斯没有表现出对美国亦步亦趋，更不会像美国希望的那样作为西方的一个战略"伙伴国"出现在世人面前。叶利钦政府对美国的如意算盘可谓不屑一顾。1994年3月11日，俄外长安德烈·科济列夫在《消息报》上刊文声称，西方某些人梦想，他们可以在如下原则基础上同俄国建立伙伴关系，即如果俄国人已经变好的话，他们就应该紧随我们。科济列夫强调对于一个曾经打败过拿破仑和希特勒的民族来说，无论如何是咽不下这口气的，更何况西方许诺的大笔援助，至今仍然是一张画饼。俄国总统叶利钦1994年12月6日批评了美国试图主宰世界发展的政策："当我说全世界的命运不能由一个国家的首都来决定时，我希望你们能清楚地理解我讲的话。"自1994年12月车臣战事以来，俄罗斯在国际事务上不同美国合作甚至对着干的事件屡有发生。如在北约东扩问题上，俄罗斯表现出非常强硬的态度，致使以美国为首的西方国家不得不放慢东扩步伐，打算以照顾俄罗斯的利益来换取其对美国作出战略性的让步。种种迹象表明，俄罗斯恢复大国地位已成定局，当然它要达到当年苏联的实力尚有距离，但对美国来说俄罗斯的崛起无疑是对其"领袖"地位的一个挑战。美国决策层内一些人已经认识到这一点，如美国防部长佩里就说："即使出现可以想象的最好结果，即出现一个完全民主和以市场为导向的俄罗斯，新俄罗斯的利益也将与我们的不同。"①基辛格1996年6月17日在美国的《新闻周刊》上发表文章强调,美国应防止俄罗斯民族主义对外政策威胁美国的世界领袖地位,"即使是在叶利钦的领导下,俄罗斯也在实行一项越来越武断的政策,这项政策已经在世界上许多其他地方妨碍美国心目中的世界秩序"。②他们的所言未必全是事实,但说明了西方国家,尤其是美国对俄罗斯作为一个大国重新崛起的担忧。

　　冷战期间,美国的盟国出于维护自身安全或利益的需要,基本上还能承认美国是"自由世界"的领袖,即使这样,它们在国际事务中摆脱美国"阴影"的离心倾向日益明显。冷战结束后,由于苏联的消失,以美国为首的西方盟国共同对敌的凝聚力迅速弱化,美国已无法用昔日的理由将它们紧紧地维系在一个共同的阵营之内,美国试图这样做,但很难说起多大作用。从1995年以来,美国不顾西欧诸国的异议,坚持加快北约东扩进程,其目的就是通过这一计划的执行,既可利用北约来制约俄罗斯,又可利用俄罗斯来牵制西欧,起到一箭双雕之效,确保美国在欧洲事务中的主导地位。北约东扩之所以后来得到西欧国家的赞成,原因主要在于北约的扩大首先对欧洲安全有利。然而北约内部在酝酿着一场深刻的变革。1996年5月15日,北约在布鲁塞尔拟订了一项计划,欧盟各国可以在没有美国参加的情况下代表北约采取行动。德国外长金克尔就说,欧洲今后将实现"没有美国干预的单独行动"。6月3日,在柏林召开的北约理事会外长会议正式批准北约建立由欧盟直接指挥的多国多兵种特遣部队的计划,这样欧盟就可以单独履行有关欧洲安全的军事使命,标志着与美国平起平坐的开始。

---

① 转引自《世界知识》,1995年第2期,第5页。
② 亨利·基辛格:"当心:来自国外的一种威胁"(Henry A. Kissinger, "Beware: A Threat Abroad"),载《新闻周刊》(Newsweek),第127卷,第25期(1996年6月17日),第41~43页。

更令美国担忧的是，对于美国颁布的贸易制裁政策，其盟国不仅不支持，而且群起反对。如1996年7月10日，美国政府宣布正式执行旨在强化制裁古巴的赫尔姆斯—伯顿法，欧盟反应十分强烈。15国联合照会美国，如果美国一意孤行，欧盟将采取反制裁措施，限制向美国公民发放签证，冻结美国资产，等等，并准备向世界贸易组织起诉美国。美国和欧盟在经济上的冲突决不是仅此一例。冷战后国际关系的重心开始逐渐转向经济领域，当美国试图通过经济制裁来确立其"国际权威"时，二者的冲突就难以避免。美国国际经济研究所所长弗雷德·伯格斯特2001年发表在《外交事务》季刊上的文章详细地考察了欧盟与美国在贸易、能源、环境的金融等重大问题上的分歧，由此明确地表明了世界经济多极化趋势的发展。[①]欧洲人对美国的"霸道"做法越来越感到难以接受。正如法国学者多米尼克·莫伊西指出的那样：

> 今天，美国在国内的说教和国外的玩世不恭的结合可能严重地损伤了欧洲与美国的关系。更富有意义的是，在欧洲，没有人把乔治·布什的美国看做一个政治模式，而罗纳德·里根的保守主义革命曾鼓舞了欧洲许多知识分子和政治家。[②]

莫伊西的观点在欧洲很有代表性，表明许多欧洲人对美国的"幻想"正在破灭。法国前总统弗朗索瓦·密特朗在去世前几个月谈到了对美国的担忧。他特别强调说，尽管法国现在还没有意识到，

[①] 参见弗雷德·伯格斯特："美国两条战线的经济冲突"(Fred C. Bergster, "America's Two-Front Economic Conflict")，载《外交事务》(Foreign Affairs)，第80卷，第2期(2001年3~4月)，第16~28页。

[②] 多米尼克·莫伊西："大西洋两岸的真正冲突"(Dominique Moisi, "The Real Crisis Over the Atlantic")，载《外交事务》(Foreign Affairs)，第80卷，第4期(2001年7~8月)，第149页。

但是，法国现在确实是在与美国展开一场战争，而且是一场至关重要的经济持久战。他认为，这些美国人狡诈无比，而且贪得无厌，他们想独霸世界。密特朗的这番话尽管是告诫法国人的，但反映出欧洲内部一种抵制美国的情绪，也表明西欧国家独立自主的意识日趋增强。欧盟在处理与俄罗斯的关系上虽然与美国存在着一致之处，但摆脱美国控制的倾向已露端倪，正在向着独立外交过渡。美国盟国不服从美国指挥棒转的例子并非鲜见，如法国宣布，从1997年1月1日起，法国正式脱离以美国为首的多国部队，不再参与多国部队在伊拉克北部的任何军事行动。更令美国担忧的是，对于美国颁布的贸易制裁政策，美国盟国不仅不支持，而且群起反对。如1996年7月10日，美国政府宣布正式执行旨在强化制裁古巴的赫尔姆斯—伯顿法，欧盟反应十分强烈，舆论普遍认为，"禁止与古巴做生意的赫尔姆斯—伯顿法和阻挠与伊朗、利比亚做生意的达马托—肯尼迪法案是难以容忍的'美国帝国主义'形式，因为这些法案企图把美国的法律适应范围扩大到其他国家"。①欧盟15国联合照会美国，如果美国一意孤行，欧盟将采取反制裁措施，限制向美国公民发放签证，冻结美国资产等，并准备向世界贸易组织起诉美国。美国和欧盟在经济上的冲突决不是仅此一例。

  冷战后国际关系的重心开始逐渐转向经济领域，当美国试图通过经济制裁来确立其"国际权威"时，美国与其盟国的冲突就难以避免。加拿大紧邻美国，素来对美国怀有"心有余悸"之感，在国际事务中常常屈从于美国。冷战后加拿大为了维护本国的利益在美国面前挺起了腰杆，其总理让·克雷蒂安1994年4月曾说："我不想让加拿大被人看成美国的第51州，我们不是美国，我们是加拿大。"②克雷蒂安的话铿锵有力，掷地有声，反映了在加拿大存在着一种不

---

① 参见德罗兹迪亚克："甚至盟国也抱怨美国的控制"，第 A01 页。
② 见《光明日报》，1994 年 4 月 4 日。

想受制于美国的强烈的民族主义情绪。他在1995年1月又说，加入美洲自由贸易集团的国家团结起来，就会形成一种足够抗衡美国的力量，以防止美国利用国际条约采取变化无常的行动。加拿大不仅谴责美国对古巴实施赫尔姆斯—伯顿法，而且高调加入了国际上反对美国制裁伊朗、利比亚的大合唱，抗议美国对他国搞"治外法权"。至于美国在东亚的盟国日本，与美国的经贸冲突已久，当美国试图扬起"超级301条款"强迫日本开放市场时，日本毅然对美国说了"不"字。显而易见，美国与其盟国的关系正在发生着深刻的变化，美国如果还想用冷战期间的方式对待其盟国，那指挥棒只会"失灵"，而且还会给美国带来无穷的烦恼。

美国在发展中国家的优势地位也今非昔比，其推行的强权政治遭到越来越多的国家的抵制。1996年6月6日，第26届美洲国家组织大会通过了一项关于"西半球贸易和投资自由"的决议，强烈谴责美国企图进一步强化对古巴制裁的赫尔姆斯—伯顿法，通过这个决议时只有美国投了反对票，美国在这个地区性组织上首次成为众矢之的。1996年10月，美国国务卿克里斯托弗飞往非洲，游说他国支持美国采取的若干政策主张，可谓风尘仆仆，但收效甚微，非洲国家反应冷漠。如在泛非部队问题上，非洲领导人明确表示不希望华盛顿插手；对制裁尼日利亚，非洲几国领导人不曾认同；在联合国秘书长加利连任上，非洲统一组织的立场更是与美国大相径庭。亚洲国家更是不买美国人的账，美国在亚太地区推广美国文化价值观遭到这里许多国家的强烈抵制。

总的来说，美国在冷战后推行以我为中心的政策已很难得到他国的认同或支持，就连美国报刊也提醒克林顿政府美国的霸权已遭到世界的普遍憎恶。如美国《新闻周刊》1997年1月6日刊文指出：

> 90年代末，无论美国人如何看待他们自己，世界其他地方的人都把美国看成一个气势汹汹的霸道者。华盛顿强迫外国开

放市场，要求让美国商品在外国市场占有一定的份额，同时，还威胁要对那些同古巴或利比亚做生意的国家实施制裁。它压低美元比价，从价格上挤掉竞争者的生意。美国到处耀武扬威，将军人或导弹运到伊拉克、中非、海地和台湾海峡。它先是污辱然后解除了一位联合国秘书长的职务，同时，它还继续拖欠其应缴的联合国的会费。甚至在美国的盟友中，对美国强权的憎恶也越来越普遍。①

上述这番话表明，美国政府若不改变现在的一些强权做法，在世界上遇到的"麻烦"恐怕会更多。乔纳森·鲍威尔1997年7月8日发表文章认为美国主宰世界的目标无法实现，美国若利用其新的经济实力和无敌的军事力量企图席卷全球，将会引起严重的怨恨和妒忌，并树立自己恰好想要回避的敌人。北约东扩本身就是一个足够严重的错误，但是，更带有灾难性的错误很可能正在酝酿之中。美国欧亚基金会主席查尔斯·梅恩斯在谈到美国的霸权时说："美国必须避免傲慢地要求别人接受它的观点。美国既没有意愿，也没有能力取得成功。美国能够率先领导人权运动，但只是作为一个劝说者，并且率先垂范，而不是充当警察的角色。"②美国众议院议长纽特·金里奇1997年11月在乔治敦大学外交研究所说："如果我们不学会改变我们的领导作风，我们最终会在全球引起很大的怨恨。我们国家幅员辽阔，因而除非我们采取更注意'学习和聆听'的领导

---

① 迈克尔·埃利奥特："回家：民族和国家的认同性助燃日益增长的对美国的怨恨"(Michael Elliott, "Going Home: People and Nations have a Sense of Identity, Which Could Fuel a Growing Resentment of America")，载《新闻周刊》(Newsweek)，第128/129卷，第27/1期，1997年1月6日，第41页。
② 查尔斯·威廉·梅恩斯关于冷战后美国对外政策的观点详见查尔斯·梅恩斯："自下而上的对外政策"(Charles William Maynes, "Bottom-up Foreign Policy")，载《对外政策》(Foreign Policy)，第104期（1996年秋季号），第35~54页。

作风，否则我们会引起许多怨恨。"①他们发出的这些批评之声旨在规劝政府制定切实可行的对外政策，但美国由此而招致在世界各地遇到的"麻烦"则是众所周知的事实。

　　美国遇到的上述"麻烦"并不是说它在国际事务中不再是举足轻重了，至今还没有一个国家能取代美国或单独与美国匹敌，很多美国人据此认为美国理所当然地承担领导责任。克劳撒默以自豪的语气描述了美国力量的强大。他写道，无论从哪个方面讲，美国的优势程度都是令人吃惊的。"在军事上，过去几千年第一世界强国和第二世界强国之间的差距从来没有像现在这么大。甚至英帝国在其最强盛时也没有展现出今天美国军队所表明的优势。经济上呢？美国经济是离其最近的竞争对手的两倍还多。我们几乎是独一无二地享有低通货膨胀、低失业和强劲的增长。文化上呢？从美国蜂拥而出的T恤衫和牛仔裤、音乐和电影、录像带和软件等等形成了潮流，世界各地的父母徒然地抵制着这股潮流，而他们的子女又渴望得到它们。一直存在着大众文化，但以前从来没有世界大众文化。现在这种文化正在形成，它就是独具特色的美国大众文化。甚至未来的知识和商业大道，即互联网，已经是靠着我们的语言和习语来建立。每个人都讲美国的语言。外交上呢？没有我们将一事无成。真的是这样，……直到美国人到达波斯尼亚，战争才停了下来。当美国人在中东开始袖手旁观时，什么也取得不了进展。我们决定是否北约扩张，哪个国家加入进来"。所以，在他看来，"美国的支配地位是福音，因为它给世界带来美国治下的和平，一个在20世纪没有见到的、在人类历史上很少出现的国际和平与宁静的时代。大国被拴进了美国的'和平区'，以致中国和俄国受到了约束和/或遏

---

① 转引自德罗兹迪亚克："甚至盟国也抱怨美国的控制"，第 A01 页。

制。小国不敢发动地区性的战争，它们看到了伊拉克的下场"。①美国副国务卿理查德·阿米蒂奇指出："今天，在21世纪来临时，只有美国享有无可匹敌的外交、经济、军事和文化力量。作为一个民族，我们比我们历史上任何时候都有更大的能力维护和推进我们的利益。作为一个国家，我们比我们历史上的任何时候都有更大的责任行使领导权。"②也正是如此，美国政府才把"世界领袖"的头衔戴在自己头上，也才有恃无恐地在世界各地耀武扬威。诸如《新共和》与《时代》周刊在20世纪90年代后半期经常载文鼓吹美国居于世界领袖地位是理所当然的，因为美国打赢了第一次世界大战、第二次世界大战和冷战，有权得到战胜品，国际体系的权力机构必须由一个主要强国来建立和维持，美国必须设法把自己的信条强加给其他国家。有些作者把美国居于世界领袖地位说成是人类的"幸事"，因为美国可以带来了美国领导之下的世界和平，带来了一个在20世纪前所未有的、在人类历史上也是罕见的国际和平与安宁时期。③这种观点尽管与美国政府的"全球主义"战略相符，但显然过高地估计了美国对冷战后世界的影响和作用，实际情况远非如此。说美国在某些国际事件中起过"领导作用"还有据可依，不算为过，但说是"世界领袖"恐怕距现实甚远，就是"领导作用"也面临着挑战。他们从政治、经济、文化和军事上谈到了美国在后冷

---

① 查尔斯·克劳撒默："美国统治：感谢上帝"(Charles Krauthammer, "America Rules: Thank God")，载《时代澳大利亚》(*Time Australia*)，第32期(1997年11月8日)，第60~61页。
② 理查德·阿米蒂奇:《在每个事件上的盟国、朋友与合作伙伴：国家安全战略中的国际合作》(Richard L. Armitage, "Allies, Friends, and Partners on Every Page: International Cooperation in the National Security Strategy")，载《美国对外政策议程》(*U.S. Foreign Policy Agenda*)，第7卷，第4期(2002年10月)，第10页。
③ 参见查尔斯·克劳撒默："一个想象的世界"(Charles Krauthammer, "A World Imagined")，载《新共和》(*New Republic*)，第220卷，第11期(1999年3月15日)，第22~25页。

战时代具有任何其他国家所无法比拟的强大实力，主张美国应该在国际社会发挥特殊的领导作用，竭力要求美国采取单边行动以确立一个"仁慈的全球霸权"或"美国治下的和平"，但并非必然说明了美国可以在国际事务中为所欲为了。美国学者戴维·卡列奥指出了单极世界的危险与其他大国的冲突："美国式的全球主义意味着一个单极的美国治下的和平，并不是权力必须被分享的多样化的多元世界。在现实世界里，一种固执的单极想象与日益多元主义趋势之间的差距反映了不断加剧的危险。这种危险在抵制美国而同时符合俄罗斯、中国甚至欧洲利益的政治路线中是十分显而易见的。"[1]基辛格在2001年出版的一本专著中对美国政界的右翼新保守主义分子的观点提出了批评，认为尽管这些人意识到实力的重要性，但他们没有认识到对美国强大力量存在的各种限制，在任何时候和任何情况下，其他国家都不会把美国的霸权视为仁慈的。在国际社会单边地使用权力会刺激其他大国联合起来，结成一个抵制美国过分强大的联盟，"迫使美国采取一些将最终使它受到孤立和耗尽力量的强制措施"。所以，在基辛格看来，那些来自左翼和右翼的"精英"正在促使美国奉行将瓦解像北约等多边机制的单边主义政策。这对美国来说无疑是一种"不祥之兆"。[2]

英国制裁问题专家约翰·布雷在一篇文章中写道，美国不再是世界警察，而只是世界的"县治安官"了，二者的区别在于，县治安官不能独立采取行动，需要召集一批武装人员才能逮捕罪犯，而

---

[1] 戴维·卡勒欧："美国与大国"（David Calleo, "The United States and the Great Powers"），载《世界政策杂志》（*World Policy Journal*），第16卷，第3期（1999年春季号），第12页。

[2] 亨利·基辛格：《美国需要对外政策吗？面向21世纪的外交》（Henry A. Kissinger, Does America Need a Foreign Policy? Toward a Diplomacy for the 21st Century），纽约：西蒙和舒斯特出版社2001年版。参见约翰·米尔斯海默："基辛格的睿智……和忠告"（John J. Mearsheimer, "Kissinger's Wisdom...and Advice"），载《国家利益》（*The National Interest*），第65期（2001年秋季号），第125页。

美国现在无法召集一批武装人员来对付古巴、伊朗或利比亚。其实，在一个多极化的世界里，就是"县治安官"，美国也越来越难堪此任。亨廷顿1997年在美国《外交事务》季刊秋季号上发表了题为"美国国家利益被忽视"的文章，其中谈到了美国政府在国际事务中的强权行径遭到诸国的抵制："不论是大国还是小国，富国还是穷国，友邦还是敌国，民主国家还是专制国家，看来所有国家都能抵制美国决策人的诱惑和威胁。"①亨氏并非无的放矢，他以大量的事实说明了这一点。美国也不会由此而放弃对"世界领袖"地位的追求，克林顿政府如此，下届政府同样会强调这一点。如威兰姆·普法夫1997年初撰文指出："美国作为唯一超级大国的独一无二的地位可能使这个国家冲昏了头脑。国会具有为世界立法的习惯，行政部门可望看到这些法律得以实施，而学界则解释说，全球霸主地位是明显的天意。"②美国前国务卿贝克在讨论美国21世纪外交政策时说，美国外交政策中的"头号挑战要数保持我们自第二次世界大战一直追求的国际主义外交政策的形象"，因为这有助于促进全球的和平与稳定，"更为重要的是，对于美国人来说，它变成了直接的经济利益"。不过这里需要指出的是，"世界领袖"对美国来说已变得可望而不可即，过去是这样，现在还是这样，将来更是这样。

---

① 塞缪尔·亨廷顿："美国国家利益被忽视"(Samuel P. Huntington,"The Erosion of American National Interests")，载《外交事务》(*Foreign Affairs*)第76卷，第5期（1997年9/10月），第42页。
② "美国权力的滥用"("The Misuse of US Power")，载《波士顿全球报》(*The Boston Globe*)，1997年1月26日，第E6页。

第七章 反共意识形态与国家利益

资本主义是人类社会发展到一定阶段的产物，这种制度长期代表了先进的生产力，以极快的速度推动着人类迈向现代社会。在这一过程中，它也暴露出了许多自身难以解决的各种矛盾和弊端。社会的进步需要人们进行理性的思考和探讨，当西方文明出现危机或陷于困境时，人们必然会探求解决问题的新方式。在某种意义上说，社会主义就是人类对自身如何走出困境的一种有益探索，它从一开始就作为西方文明的对立面出现在历史舞台上，不管是早期空想社会主义思潮，还是马克思主义指导下的工人运动，乃至俄国十月社会主义革命，莫不如此。美国是西方主要国家之一，与其他资本主义大国相比无疑具有自身的特殊性。资本主义制度是美国人的理性选择，美国社会发生天翻地覆的变化显然得益于这种制度。美国人从中获得的多是利益，而鲜有危机，这就导致美国人几乎是"忠贞不渝"地捍卫西方的民主体制。这种观念已经成为美国政治文化中的重要组成部分。因此,当社会主义作为国家形态出现时,美国必然与之为敌,而且想方设法必欲除之而后快。"红色幽灵"始终萦绕在美国政府的决策过程中,使20世纪美国对外关系呈现出浓厚的"反共"色彩。

一 布尔什维克"异端"的冲击波

美国著名外交史学家托马斯·帕特森在1988年出版的一本专著中概略地谈到美国人始终与共产党政权敌对的几个原因:一是"共产党与美国的意识形态和经历迥然相异",美国人"尊重"财产私有、个人创造力、自由市场体制以及权利法案等等,而共产党的主张与做法却常常与之"背道而驰",因此美国人就把"共产主义视为真正的威胁和异己";二是美国人认为共产党政权"否认"政治和经济自由,让人们"屈从于抑制创造力、阻碍经济增长、使独裁统治者利己权力永久化"的政权;三是美国人对共产党号召世界革命"怕得要死",认为大多数革命都是对美国"既定位置"的挑战;四是共产党国家的"阴沉气氛"和对人民的"残暴行径"加剧了美国人的反共情绪。①当然,美国人是戴上"有色眼镜"来看待共产党国家的,偏见和傲慢明显体现于其中。不过,帕特森作为一个置身于美国社会的外交史学家,其观察或描述倒是确实反映出美国人对共产党国家的基本态度。自世界上出现了第一个社会主义国家以来,"红色恐怖"就像"梦魇"一样搞得美国人惶惶不安,长期生活在这种氛围之内的人自然就形成了对共产党根深蒂固的偏见或敌对。这种情绪不光是见诸于笔墨之上,从共产党国家去美国的人都

---

① 参见托马斯·帕特森:《抵制共产主义的威胁:从杜鲁门到里根》(Thomas G. Paterson, *Meeting the Communist Threat: Truman to Reagan*),纽约:牛津大学出版社1988年版,第 viii 页。

会深深地感到这一点。

1917年11月,俄国取得了社会主义革命的胜利。这次革命是马克思主义学说在新形势下付诸实践的结果。它打破了资本主义链条上最薄弱的一环,带来了人类社会发展的本质变化。资本主义和社会主义本来就是两种在意识形态上根本对立的社会制度。俄国社会主义革命的胜利在资本主义世界引起了阵阵恐慌,苏维埃政权使美国及西方资本主义大国在内心深处对这种新生的制度恨之入骨,将其扼杀在摇篮之中是资本主义大国制定对苏俄政策的基本出发点,也是对苏俄政权的基本态度。当然,我们并不是说资本主义大国在政策执行上都表现出一致性,它们由于受各自现实利益的制约,暴露出来的矛盾是不可避免的。威尔逊政府一开始并没有响应协约国大国倡导的对苏俄政权的武装干涉,相反,在表面上还留下了阻止武装干涉的印象,这便是资本主义大国在这一问题上不能协调的表现。当然,美国政府最初反对协约国的武装干涉不能说明威尔逊政府对新生的苏维埃政权的同情,历史事实也不是如此,而是意识形态的绝对冲突服从了眼下国家利益的需要。美国的重点此时乃是打赢这场世界大战,至少不能让以德国为首的同盟国在战场上获得主动权,使和谈难以到来。在这种情况下,威尔逊政府自然竭尽全力想把苏俄保持在战争之内,拖住德国部分兵力,减轻对西线的压力。在《布列斯特和约》签订之前,威尔逊政府主要以"温和"的态度诱使苏俄继续进行战争,但并不排除运用其他方式达到这个目的。1917年12月6日,美国驻莫斯科总领事马丁·萨默斯到医院看望了俄国反动将领阿列克谢·布拉西洛夫。后者向他谈到俄国反布尔什维克力量如何强大,请求美国提供道义和财政援助,以保证所谓的俄国忠诚部队"将继续与德国战斗,在前线抵制德国部队"。[1]国务卿兰辛同其助手和顾问反复磋商后,决定对南部反动将领阿列克

---

[1] 林克编辑:《伍德罗·威尔逊文件集》,第45卷,1984年版,第229页。

谢·卡列丁提供财政支持。他于12月12日给美国驻英使馆下达秘密指示,认为卡列丁和拉夫尔·科尔尼洛夫等人领导的南部和东南部运动为重建一个稳定政府和继续抵制德奥带来了最大的希望,而布尔什维克奉行的政策肯定会使俄国脱离战争。因此,"任何趋向防止这种灾难的运动都应受到鼓励,即使它的成功仅仅属于一种可能性"。①美国对俄国境内苏俄政权反对派的支持无疑有意识形态因素作祟,显然包含着对苏俄政权的敌对。

当然,威尔逊政府公开支持俄国反布尔什维克力量与其宣称的政策不符,会使它的"道义"地位黯然失色,只能暗中对卡列丁等人的活动给予支持。为此,兰辛想了一个两全之策,由英法出面为他们的活动提供资金,这笔钱由美国以贷款给英法的形式负担。这种偷梁换柱的手法一方面可以保证卡列丁的所需资金,最终使卡列丁推翻布尔什维克政权的计划取得成功,另一方面又可以避免美国卷入俄国内政之嫌。威尔逊当天致信兰辛,表示完全同意这一计划。美国这一行动的基本出发点是要扶植俄国内部反动势力来确保东线于不溃,关于这一点,兰辛2月10日在致威尔逊的信中说得很明白:"随着布尔什维克统治的崩溃,俄国军队能够重新组建,到翌春或翌夏成为战争中的一支重要力量。"②显而易见,支持俄国反动势力从根本上讲是美国决策人物的反共意识形态心理作祟,但要达到推翻布尔什维克政权以重振东线的目标在当时并不现实。威尔逊政府不愿意公开出面其实就是担心这一计划失败后无回旋余地,就连把苏俄保持在战争之内的希望也会成为泡影。威尔逊随后支持乔治·克里尔拒绝国务院要公共情报委员会在俄国内部发动一场反布尔什维克宣传战,显然是出于这种考虑。到了1918年春天,美国政府屡屡宣布华盛顿无意承认俄国的任何反布尔什维克势力同样是

---

① 林克编辑:《伍德罗·威尔逊文件集》,第45卷,第274页。
② 林克编辑:《伍德罗·威尔逊文件集》,第45卷,第263页。

这一倾向的表现。这说明威尔逊政府此时的重点并不在于推翻布尔什维克政权，而是想方设法达到阻止苏俄退出战争这一目标。

1918年3月，苏俄与德奥签订了停战和约，正式退出了战争。《布列斯特-立托夫斯克和约》的签订标志着美国以及协约国试图把苏俄保持在战争之内的政策破产，但同时也预示着威尔逊政府对苏俄政策的重点开始转变。当协约国积极策划武装干涉苏俄时，威尔逊政府不愿意日本单独干涉，以免日本在远东势力增大，威胁到美国的门户开放政策。1918年5月初，协约国最高军事委员会通过第25号联合照会，要求协约国支持集中在俄国北部的摩尔曼斯克和阿尔汉格尔斯克以及海参崴的捷克军队，威尔逊起初只同意在摩、阿两地采取军事行动，6月初，他派出了一支7000人的部队到达俄国北部。6月29日，一部分捷克军队推翻了海参崴的苏维埃政权，并宣布建立一个新的反德东方战线。协约国最高军事委员会立即抓住这一时机，要求威尔逊批准干涉西伯利亚计划。7月16日威尔逊在白宫召开了最高级会议，批准了在西伯利亚使用美国军队的行动计划，随后就派陆军少将威廉·格雷夫斯作为美国远征司令官率部队开赴西伯利亚，参与了西方资本主义大国蓄谋已久的对苏俄的联合武装干涉。

威尔逊政府最终决定参与对苏俄的武装干涉暴露了其对苏俄政策的实质。它作出这种选择是多种因素综合的结果，但意识形态上的根本冲突是其中的重要原因。美国作为一个资本主义大国，对苏俄采取敌视是很自然的。苏俄政权在威尔逊等人看来是威胁整个资本主义体系的"洪水猛兽"，威尔逊政府在特定形势下，为了美国的特定利益，会暂时掩盖住这种意识，但两种社会制度的根本对立决定了美国不会奉行一种"骑墙"政策，而只能尽其所力消灭布尔什维克和阻止其向外传播。这一因素决定了威尔逊政府对苏俄政策的基本发展方向。美国研究这一问题的专家贝蒂·昂特伯杰认为"十四点计划"中的第六点可以解释威尔逊对布尔什维克的政策。

在她看来，"在面临救援捷克斯洛伐克军队问题时，威尔逊的基本目标是防止其伙伴国把救援使命变成一种对布尔什维克的讨伐"。[1]特定形势的需要和威尔逊的动听之语不足以反映出这一时期美国对苏俄态度的全貌，也不能揭露其实质。诚然，威尔逊政府确曾在政策文告中出现过同情苏俄之语，也曾萌生过承认苏俄政权之意，甚至在政策执行中也体现过这方面的倾向。这些现象不能忽视，但不能到此为止，而应该着重揭露出背后暗藏的真正动机。

历史事实是，即使威尔逊政府奉行一种对苏俄"和缓"政策，美国决策者也不能隐瞒内心对布尔什维克的仇视。1917年12月底苏俄政府发布了《告协约国人民与政府书》，西方社会大为震惊。兰辛的评语是，这一文件"当然是对所有国家现行社会秩序的一种直接威胁"。[2]此前兰辛就代表政府发表声明拒绝承认苏俄为俄国事实上的政府，理由是布尔什维克人推翻了"合法"的临时政府。[3]兰辛12月10日在致威尔逊的信中对这个新生政权竭尽诬蔑，提出了支持俄国内部反动力量，以使他们"足以强大到取代布尔什维克和建立一个政府"。[4]威尔逊在这方面并不逊于他的顾问，他在1917年12月4日的国情咨文中说："俄国人民已被使德国人民处于黑暗的非常相同的谬误所毒化，这种毒气受到非常相同之手所控制。"[5]威尔逊没有对布尔什维克指名道姓，但此处指谁，无人不晓。1918年2月9日，塞缪尔·冈珀斯将奉命准备的一份关于俄国问题的备忘录送给威尔逊。这份文件一方面道出了美国"与布尔什维克建立更好

---

[1] 贝蒂·昂特伯杰："伍德罗·威尔逊与布尔什维克：苏美关系的'严峻考验'"（Betty M. Unterberger, "Woodrow Wilson and the Bolsheviks: the 'Acid Test' of Soviet-American Relation"），载《外交史》（Diplomatic History），第11卷，第2期（1987年春季号），第90页。
[2] 林克编辑：《伍德罗·威尔逊文件集》，第45卷，第428页。
[3] 林克编辑：《伍德罗·威尔逊文件集》，第45卷，第205页。
[4] 林克编辑：《伍德罗·威尔逊文件集》，第45卷，第263页。
[5] 林克编辑：《伍德罗·威尔逊文件集》，第45卷，第199页。

理解"的主要目的,"既不是在他们的国内政策上,也不是在他们的外交政策上鼓励他们,而只是拖延和限制他们与德国接近"。①另一方面它预言了社会主义运动对整个资本主义世界的威胁,由布尔什维克继续成功所导致的"一场全欧运动将几乎必然波及英国,它也不可能不对本国的芝加哥、纽约、旧金山和其他对外工业中心产生影响"。②冈珀斯之言也不完全是危言耸听,一己之见,而是当时美国政府内许多高级官员的"共识"。兰辛就认为布尔什维克的威胁比德国所代表的军国主义威胁更大,他宣称:

> 今日世界上有两大害正在作祟,一是专制主义,其力量正在衰落;一是布尔什维克主义,其力量正在上升。我们已经看到了布尔什维克统治在俄国的骇人后果,我们也知道这一主义正在往西方传播。想到在中欧国家实行无产阶级专制统治的可能性就令人不寒而栗。③

威尔逊完全同意兰辛的分析,他甚至想借德国之手与苏俄对抗,据内政部部长富兰克林·莱恩1918年10月23日关于内阁会议的备忘录记载:"总统说,他担心在欧洲出现布尔什维克主义,需要德皇对之镇压——维持某种秩序。"④存在于美国决策者脑海中的这种思想尽管很少公开过,但却反映了他们想推翻布尔什维克政权的迫切心情。

美国政府决策者对共产主义传播的担忧甚至威胁到美国国内公民享受宪法保障的基本自由,如1919年,有"好斗的公谊会教徒"之称的米切尔·帕尔默被任命为司法部长,以对付国内的反政府高

---

① 林克编辑:《伍德罗·威尔逊文件集》,第46卷,1984年版,第311页。
② 林克编辑:《伍德罗·威尔逊文件集》,第46卷,第312页。
③ 转引自斯塔夫里亚诺斯:《全球分裂》,下册,第532页。
④ 林克编辑:《伍德罗·威尔逊文件集》,第51卷,1985年版,第415页。

潮。他任职后，根据1917年的惩治间谍罪法和1918年的煽动叛乱罪法，对共产党人、持不同政见的激进分子以及外国侨民进行疯狂迫害。1919年11月8日，纽约800名警察袭击了庆祝俄国十月革命的群众大会，逮捕了数百名工人。1920年1月2日，经威尔逊亲自批准，在帕尔默的指挥下，联邦政府特工人员在全国几十个城市进行突然搜捕，几千名涉嫌人员被捕入狱，许多侨民被驱逐出境。据统计，在这次袭击中，被捕者共达一万余人，其中500余人被押解出境。这些行动是对美国政府一向宣称的"民主自由"的莫大嘲讽，充分暴露出了美国政府对共产党影响的担忧。

　　随着时间的推移和形势的变化，美国决策者的"恐共反共"思想必然会在美国外交政策实践中有所反映，并逐渐成为美国制定与执行对外政策时的主要考虑之一。《布列斯特和约》签订后，威尔逊政府对苏俄政权的仇视在其政策中充分体现出来。美国仍然拒绝在外交上承认苏俄政府。威尔逊1918年3月10日致信代国务卿波尔克说，美国对俄国的关系与义务丝毫没有改变，因为在俄国，"事实上并不存在着与之交往的任何政府"，因此苏维埃政权的"行动无一需要得到本政府的官方承认"。①5月初，美国前驻俄大使戴维·弗朗西斯建议把干涉作为一项反布尔什维克的措施。约翰·史蒂文斯在给政府的报告中认为，反对西伯利亚布尔什维克党人联合行动的需要是"绝对迫切的"。②被兰辛视为研究俄国的权威乔治·凯南屡屡向政府进言：一是不承认布尔什维克政权；二是不应该与布尔什维克合作或向它提供援助；三是布尔什维克与德国都是协约国大敌。他5月26日在给兰辛的信中说："无论布尔什维克做什么，无论他们对我们的最后态度是什么，我们都应该毫不迟疑地站在反对

---

① 林克编辑：《伍德罗·威尔逊文件集》，第46卷，第592页。
② 贝蒂·昂特伯杰：《1918~1920年美国的西伯利亚远征：国家政策的一项研究》（Betty M. Unterberger, *America's Siberian Expedition, 1918–1920: A Study of National Policy*)，达勒姆：杜克大学出版社1956年版，第49页。

他们的一边。"①这些人的进言暴露出威尔逊政府对俄政策的实质。1918年6月初，苏俄政府宣布准备任命马克西姆·李维诺夫为驻美全权代表，威尔逊6月10日致波尔克的密信中指示他转告弗朗西斯拖延回答。事隔两天，威尔逊把亲自起草的电文发给弗朗西斯，"如果现存的苏维埃政府退位或被推翻，你可以向俄国人民宣布，美国从未停止考虑俄国人民是它反对中欧国家的朋友"。②这份电文说明威尔逊根本就没有把苏俄视为俄国人民选择的政府，它已经开始谋划其被推翻之后的政策了。

威尔逊虽然一再否认美国参与武装干涉是针对苏俄，但事实证明这只不过是遮人耳目之言。在派往俄国的美国官兵中，许多人认为美国出兵的目的是讨伐布尔什维克。③就连昂特伯格在其1989年出版的一部著作中也承认，美国干涉的结果背离了美国的最初目的，"事实上，（沿横贯西伯利亚铁路）运输系统的改善大大帮助了反布尔什维克事业。美国尽管矢口否认这一点，但积极卷入了俄国内战"。④凯南1918年8月9日在致兰辛的信中祝贺美国政府作出的干涉决定，设想这次远征打算推翻明显视为德国傀儡的布尔什维克政府。威尔逊这时公布伪造的"西松文件"显然是出于与凯南相同的目的。西松是一名新闻记者，十月革命后他通过各种渠道获得诬蔑苏维埃的文件。1918年2月9日到13日，弗朗西斯将这些文件用电报发回国务院，主要内容讲列宁等布尔什维克领导人自1914年战争爆发以来一直受德国政府雇用，甚至在获得政权后还继续接受德国提供的资金。当时许多人就否定这些文件的真实性，但数月后，威

---

① 林克编辑：《伍德罗·威尔逊文件集》，第48卷，第185页。
② 林克编辑：《伍德罗·威尔逊文件集》，第48卷，第277页。
③ 西尔维安·金达尔：《西伯利亚的美国士兵》(Sylvian G. Kindall, *American Soldiers in Siberia*)，纽约：史密斯出版社1945年版，第17页。
④ 贝蒂·昂特伯杰：《美国、革命的俄国以及捷克斯洛伐克的兴起》(Betty M. Unterberger, *The United States, Revolutionary Russia, and the Rise of Czechoslovakia*)，查珀尔希尔：北卡罗莱纳大学出版社1989年版，第324页。

尔逊突然决定将这些文件在报纸上公布，其用心无非是想在国内外煽起一场反苏运动，使自己的干涉行为在世人的眼中更具"合理性"。

"西松文件"公布三日之后，威尔逊代表政府发布了所谓俄国"红色恐怖"的声明，编造了在莫斯科和彼得格勒等城市成千上万的平民百姓未经审判就惨遭屠杀的谎言。他宣称："我知道，我的国人将希望我代表他们公开声明对这种现存的恐怖主义状态深切担忧以及他们对俄国人民的深切同情。"①此时大战已接近尾声，德国败局已定，威尔逊政府开始把布尔什维克视为对所谓"文明世界"的主要威胁。其担心正如整天跟随威尔逊的约瑟夫·图马尔蒂12月31日致电威尔逊说的那样：

> 如果美国现在失败，社会主义将统治世界，如果在民主体制下国际公平对待不能抑制（国家主义的）野心，只会存在着俄国与德国已经开始的社会主义。②

包括威尔逊在内的美国高层人员把苏俄与德国相提并论固然是他们的偏见，但反映出他们对苏俄存在的恐惧心理。美国政府1920年甚至通知日本，"鉴于阻止布尔什维克进展，它不倾向反对日本在西伯利亚东部采取的任何合理措施"。③一些美国学者研究这一时期美俄关系时也看到威尔逊派遣远征队的反布尔什维克性质。阿尔诺·迈耶是修正学派的主要代表人物，他认为威尔逊的战后国际体系计划是一种反对俄国布尔什维克和欧洲激进左派的保守企图，这一计划追求经济与文化扩张，阻止竞争的列宁主义制度传播，要求

---

① 林克编辑：《伍德罗·威尔逊文件集》，第51卷，第63页。
② 林克编辑：《伍德罗·威尔逊文件集》，第53卷，第571页。
③ 《美国对外关系文件》(*Papers Relating to the Foreign Relationsof the United States*)，1920年，第3卷，第501~502页。

世界门户开放，威尔逊参与协约国对苏俄的干涉乃是这一计划的具体体现。①戈登·莱文也持相同观点，认为"干涉西伯利亚的决定主要是由于威尔逊希望运用美国的影响支持俄国自由民族主义反对德帝国主义和俄国布尔什维克构成的相互联系的威胁"。②这些学者试图从意识形态对立上寻求美苏冷战的起源，所提出的一些观点当然还有待深入研究，但他们的结论也不完全是牵强附会，空发议论，的确对我们研究威尔逊对苏俄政策具有启迪。

威尔逊政府参与了资本主义大国对苏俄的武装干涉，但需要强调的是，威尔逊本人与只会砍杀的穷兵黩武之徒还是有所不同。他很快认识到武力并不是解决这一问题的最佳方法，这大概是威尔逊高于协约国一些领导人之处。他曾对《曼彻斯特卫报》编辑查尔斯·斯科特说："布尔什维克的侵略主要是思想上的侵略，你不能靠军队击败思想。"③他也曾深有感触地说："在我看来，试图用作战部队阻止一场革命运动就像用一把扫帚阻挡大潮一样。"④不可否认，威尔逊的这种思想必然也注入了他的对苏俄政策之中。他在战争结束后不久就要撤出美军，除了其他因素外，与他认识到武力不能阻止布尔什维克的传播有很大关系。他试图对受布尔什维克影响较大的中欧地区提供经济援助和扶植该地区的所谓"民主力量"，在苏俄的周围建立起一道"防疫线"，阻止布尔什维克的传播。这种方式与武力干涉只存在着形式上的区别，其实质都是要达到消灭布尔什维克这一最终目的。

---

① 参见阿尔诺·迈耶：《缔造和平的政治与外交：凡尔赛的遏制与反革命，1918~1919》(Arno J. Mayer, *Politics and Diplomacy of Peacemaking: Containment and Counterrevolution at Versailles, 1918–1919*)，纽约：克诺夫出版社1967年版。
② 罗伯特·舒尔青格尔：《20世纪的美国外交》(Robert D. Schulzinger, *American Diplomacy in the Twentieth Century*)，纽约：牛津大学出版社1984年版，第91页。
③ 林克编辑：《伍德罗·威尔逊文件集》，第53卷，第576页。
④ 林克：《外交家威尔逊的主要外交政策一瞥》，第117~118页。

威尔逊是美国历史上第一个与共产党国家打交道的总统，他确定了美国对待社会主义国家的基本态度，他提出的某些原则被他的后继者们所遵循。富兰克林·罗斯福任内美国虽然承认了苏联，第二次世界大战期间美苏还合作反对法西斯主义，但这并不意味着美国对社会主义国家的基本态度有所改变。随着特定形势的消失，合作很快就由大规模的"冷战"所替代，威尔逊外交的影响更加显而易见。诚如格雷戈里在一篇文章中说的那样，当威尔逊的"后继者们把第二次世界大战的斗争作为确立冷战时期的全球政策时，无一不相信他们正在遵循着威尔逊主义的真正精神"。[1]这种精神也就是指威尔逊针对苏俄政权所确定的基本原则。有些美国学者把威尔逊政府派兵参与干涉苏俄说成是早期冷战的表现，从威尔逊政府的苏俄政策对第二次世界大战后美苏冷战的影响上讲，这种说法也不是完全没有根据的。正如欧文·克里斯托尔所言："官方声称，美国第二次世界大战后外交政策的目标是威尔逊式的。这些目标似乎反映出一种思维定式。美国政府发现根据这种定势能够解释其外交政策。冷战本身在很大程度上就是根据威尔逊的术语所解释和描述的。我们是'自由世界'的领袖，也是旨在'遏制'共产主义的反共国际联盟的领袖。"[2]克里斯托尔从与苏俄对立的意识形态角度谈到了威尔逊给美国外交留下的一份遗产以及对后世外交的重要影响。

---

[1] 默里等主编：《美国外交决策者：从西奥多·罗斯福到亨利·基辛格》，第76页。
[2] 克里斯托尔："界定我们的国家利益"，第58页。

二 第二次世界大战后美国外交中的"反共"主旨

在第二次世界大战中,美国为了维护西方的民主制度不至于遭到法西斯国家的蹂躏,暂时抛开了意识形态上的偏见,毅然与苏联结为战时联盟,在不同的战线上抵制着法西斯国家的侵略。美苏战时合作是卓有成效的,罗斯福总统曾设想通过继续保持这种合作关系维持战后世界的和平与秩序,但这只是一种不切实际的"美好"愿望,很快就随着局势的变化而成为"历史"。1945年5月22日,美国前助理国务卿萨姆纳·韦尔斯在电台上发表讲话说:"在罗斯福总统去世后短短的五周内,他煞费苦心制定的政策就被改变。对俄国人来说,我们的政府现在明显是与苏联对立的西方联盟的先锋。"① 韦尔斯曾是罗斯福的主要幕僚之一,参与了罗斯福战后"世界蓝图"的绘制,他对新政府的抱怨多少有点"恋旧"的味道,丝毫不意味着他想改变美国对苏政策的总趋势。随着战争的结束,美苏之间由于失去了共同的敌人,其固有的矛盾开始暴露出来,并且逐步表面化。美国把矛头指向苏联乃是两种社会制度存在着根本的冲突所决定的,即使罗斯福活着恐怕也很难改变美苏最终走向对抗的结局。参议员乔治·麦戈文指出,苏联和其他共产主义国家向"美国的梦想与价值观"提出了挑战。自第二次世界大战以来,美国人往往"把任何与共产主义有关的事件几乎无一例外地视为一种危机,一种对其基本价值观可怕的和根本性的威胁"。② 麦戈文的观点广泛存在于美国社会,活跃在美国政治舞台上的人物很少能够摆脱这种

---

① 达莱克:《美国对外政策方式:文化政治和外交事务》,第159页。
② 麦戈文:《战争时代,和平时代》,第179~180页。

思想。用美国学者弗雷德·尼尔的话来说，战后"美国政策中的一个关键因素是一种难以摆脱的思想，即我们面对着苏联军事侵略的经常和紧迫性威胁"，有时这种担忧变成一种"全国性的妄想狂"。①苏联战后急于扩大势力范围对美国在全球的利益形成了很大的挑战，其扩张势头尽管在西方受到抑制，但在东方却显得有些肆无忌惮。②更有人无中生有，危言耸听，试图在国内掀起反苏浪潮。如1947年3月26日，美国联邦调查局局长埃德加·胡佛在国会作证说，苏联正通过其在美国的"第五纵队"来推翻美国政府。③在一个纷繁多变的战后世界，美国的对外政策总是针对具体的情况而制定的，其目的自然是各不相同，但很少不包含着与共产党对抗的内容，所以我们在考察战后美国对外关系时，一条把美国不同政策联系起来的"反共"线索便清晰地展现出来。

战后初期，杜鲁门政府认为苏联的存在构成了对"自由世界"的威胁，作为西方世界力量最为强大的美国自然不能袖手旁观，坐视不理，必须"勇敢"地站了出来，率领西方国家"迎接"苏联的挑战，尽其所力遏制住所谓"国际共产主义"的全球"扩张"。美国政府的这种认识迎合了美国社会长期存在的与共产主义势难两存的氛围。小克拉布谈到这一点时指出，对苏联采取"遏制战略符合美国特性和精神气质的某些特征，与根深蒂固于美国传统中的一系列因素相一致"。④对杜鲁门政府来说，与苏联的敌对并非历史的偶

---

① 尼尔·霍顿主编：《与历史抗争：革命时代的美国对外政策》(Neal D. Houghton, ed., *Struggle Against History: United States Foreign Policy in an Age of Revolution*)，纽约：华盛顿广场出版社1968年版，第22页。
② 关于战后苏联势力范围在亚洲的扩张详见雷蒙德·丹尼尔："在西方受到抑制的共产党干涉东方"(Raymond Daniell, "Communism, Held in the West, Strikes in the East")，载《纽约时报》(*New York Times*)，1948年12月26日，第E3页。
③ 参见亚历山大·克伦斯凯："国际共产主义"(Alexander Kerensky, "International Communism")，载《纽约时报》(*New York Times*)，第C24页。
④ 小克拉布：《决策者及批评者：美国外交政策的冲突理论》，第158页。

然，而是一种必然的结果，只有扬起"反共"这面大旗，才能获得国内各个方面对其全球扩张政策的支持，"反共就像是骑兵的冲锋号，唤起美国还要去完成另一项外交使命，这种行为完全符合美国把世界划分为罪恶与美德两个极端的传统。……反共一直是决策者们要达到的目的，遏制政策也得了公众的和国会中民主与共和两党的长期而广泛的支持"。①因此，即使苏联在战后初期并不愿意与美国为敌，美国政府也会出于需要想方设法找出苏联属于敌人的种种理由，以利于其对外政策的顺利执行。凯南曾经借用一位同事的话说："就是苏联的威胁从不存在，我们也必须杜撰出这种威胁，以造成一种使我们立即采取行动的紧迫感。"②所以杜鲁门政府把世界上发生的不利于美国国家利益实现的事件几乎都与苏联或国际共产主义联系在一起，缓缓地拉开了对苏"冷战"的序幕。

关于"冷战"，我们在前几章中都有所论及，但很少以翔实的事实来说明美国发动"冷战"的根源及其实质。从内心深处对共产党的敌视是"冷战"的根源，其目的也就是最终将共产党这种敌对意识形态从这个星球上彻底消灭，实现资本主义制度的一统天下。用一位美国学者的话来说，冷战的开始是因为美国政府努力使东欧地区民主化，剥夺苏联在第二次世界大战中获得的胜利果实。美国发动这场运动旨在"抑制全世界范围内的共产主义，摧毁苏联境内的苏维埃政权"。③里根在一次讲话中谈到苏联政权的真正本质、极

---

① 斯帕尼尔：《第二次世界大战后美国的外交政策》，第42页。
② 巴顿·格尔曼：《与凯南辩论：趋向一种关于美国权力的哲学》（Barton Gellman, *Contending with Kennan: Toward a Philosophy of American Power*），纽约：普雷格出版社1984年版，第97页。
③ 弗雷德里克·舒曼："世界事务中的苏维埃社会主义共和国联盟"（Frederick L. Schuman, "The U.S.S.R. in World Affairs: A Historic Survey of Soviet Foreign Policy"），载塞缪尔·亨德尔等主编：《50年之后的苏维埃社会主义共和国联盟：希望与现实》（Samuel Hendel and Rardolph L. Braham, eds., *The U.S.S.R. after Fifty Years: Promise and Reality*），纽约：克诺夫1967年版，第217~218页。

权主义和民主之间的根本区别以及对苏联扩张主义构成对人权国际威胁抵制的道德义务导致了东西方的紧张。①言下之意,苏联政权的"邪恶"是美国对之"讨伐"的根源。1947年2月21日,英国政府照会美国国务院,声称由于经济困难不再提供给希腊和土耳其经济和军事援助,希望美国能挑起这副担子,对这两个国家给予经济援助,以免共产党人乘乱而起,夺取政权,继而引发连锁反应,对全球资本主义体系构成严重威胁。英国的"危言耸听"之语正是美国政府的担忧之处。希腊和土耳其扼东地中海,地处国际交通要道的汇合点,具有重要的战略地位。当时美国政府许多高层人士认为希腊内部的"动荡"系共产党人所为,旨在获得政权。2月27日下午,美国副国务卿迪安·艾奇逊在杜鲁门邀请国会两党领袖商议对策的会上作了长篇发言,他特别强调说,苏联在土耳其、伊朗等地的活动受到挫折,现在将"压力集中到希腊头上,除非希腊立即得到大规模的外来援助,共产党人很可能会顺利地控制它。来自希腊的情报表明,几个星期内就可能出现全面崩溃的局面"。一旦"希腊和东地中海被苏联控制,这对于朝不保夕地维持着自由政体的这些国家的物质和精神的影响,将是破坏性的,或许还是决定性的"。②艾奇逊的这篇讲话多少有点危言耸听的味道,但真实地反映出当时美国决策层的意图所在。经过有关部门集体讨论和精心准备,杜鲁门3月12日在国会两院联席会议上宣读了后来被称为"杜鲁门主义"的咨文。他明确提出了"两种生活方式的选择","一种生活方式是以多数人的意志为基础的,它突出地表现为自由制度、代议制政

---

① 罗纳德·里根:"在洛杉矶世界事务理事会午宴上的讲话和问答会"(Ronald Reagan, "Remarks and a Question-and-Answer Session at a World Affairs Council Luncheon in Los Angeles"),1988年10月28日。全文可在 http://www.presidency.ucsb.edu/ws/index.php?pid=35084&st=china&st1=human+right 网址上获得。
② 参见《战后世界历史长编》,第三分册,1977年版,第37~39页。

府、自由选举、对个人自由的保障、言论和宗教自由和免于政治压迫的自由。第二种生活方式则是以少数人的意志强加于多数人为基础的，它所依靠的是：恐惧和压迫、报纸和广播受到控制、事先安排好了的选举和个人自由的压制"。紧接着杜鲁门就提出了这一讲话的三点宗旨：一是"美国的政策必须是支持各国自由人民，他们正在抵制武装的少数集团或外来压力所试行的征服活动"；二是"我们必须帮助各国自由人民以他们自己的方式去解决有关他们各自命运的问题"；三是"我们的帮助应该首先通过经济和财政援助的途径，这种援助对稳定经济和有秩序的政治进展是关系重大的"。[①] 杜鲁门的讲话通篇未提苏联，也只字未提"共产党"一词，只是强调了"民主制和极权主义"两不相容，但极权主义国家指谁，根本无需说明。杜鲁门事后解释说，这篇咨文"就是美国对共产主义暴君扩张浪潮的回答"，是向"全世界说明，美国在这个新的极权主义的挑战面前所持的立场"，今后"无论什么地方，不论直接或间接侵略威胁了和平，都与美国的安全有关"。[②]

显而易见，杜鲁门主义对美国的重要性或意义并不在于请求国会批准对希、土提供经济援助，而是以"两种生活方式"之间的斗争确定了战后美国外交的基本框架。正如美国学者约翰·加迪斯所言："通过根据两种生活方式之间的意识形态冲突而提供给希腊和土耳其援助，华盛顿官员促成了一种把冷战过分简单化的观点，这种观点最终把美国的外交限制在一种意识形态的范围之内。"[③] 杜鲁门政府两种意识形态对立的思想集中反映了此时美国政府对苏联根

---

① 参见《战后世界历史长编》，第三分册，第 47 页。杜鲁门讲话的原件存于杜鲁门总统图书馆，可在 http://www.coldwarfiles.org/files/Documents/trumandoctrine.pdf 网址上获得。
② 杜鲁门：《杜鲁门回忆录》，第二卷，第 120~121 页。
③ 约翰·加迪斯：《美国与冷战的起源：1941~1947 年》(John L. Gaddis, *The United States and the Origins of the Cold War: 1941–1947*)，纽约：哥伦比亚大学出版社 1972 年版，第 352 页。

本意图的估计以及准备采取的相应对策。在此之前，国务院政策计划司司长保罗·尼采领导的一个小组根据杜鲁门1950年1月31日的指令于4月7日向总统提交了一份题目为"美国国家安全的目标和计划"的报告。4月12日，杜鲁门在给国家安全委员会执行主席小詹姆斯·莱的信中要国家安全委员会对该报告进行研究，以为政府决策提供进一步的相关信息。这份报告即成为美苏冷战初期著名的"NSC68号文件"。这份文件长达66页，谈到了目前这场世界冲突的背景与根源，分析了美国的"目的"与苏联的"阴谋"之间存在的根本区别，特别强调了两者在思想领域和价值观领域难以调和的冲突，并在对苏联和美国实际和潜在能力估计的基础上提出了如何对付苏联对"自由世界"构成威胁的基本设想。国家安全委员会的68号系列文件进一步明确了两极对立的思想，认为"共产主义"和"自由世界"势不两立，狂热的和好战的苏联人正试图把"独裁权力强加给世界其他地区"，美国必须挫败克里姆林宫"恶魔"的全球"阴谋"，因为他们正在冷酷无情地通过武力、渗透和恐吓"蚕食自由世界"。[1]NSC-68号文件同样是夸大了苏联的威胁，当时美国国务院的苏联问题专家查尔斯·波伦就认为NSC-68号文件设想苏联阴谋征服世界是"过分简单化了这一问题"。[2]这一系列文件的结论尽管受到许多人的怀疑，也未被历史事实所印证，却完全符合了美国决策层的意图，遂成为美国"冷战"时期整个全球战略的蓝图。艾森豪威尔总统1953年4月30日在国家安全委员会上宣称："本政府确信，克里姆林宫打算统治和控制整个自由世界。自斯大林死后，苏联新的领导人伸出的'和平触角'并没有改变苏联继续对自

---

[1] 参见"执行秘书关于美国国家安全的目标和计划对国家安全委员会的报告"（"A Report to the National Security Council by the Executive Secretary on United States Objectives and Program for National Security"），1950年4月14日。全文可在 http://www.coldwarfiles.org/files/Documents/nsc68.pdf 网址上获得。
[2] 帕特森：《抵制共产主义的威胁：从杜鲁门到里根》，第52页。

由世界构成可怕威胁的充分理解。"①以后，随着苏联力量的强大，在国际事务中成为能够与美国抗衡的超级大国。到了此时，苏联对美国构成的"威胁"才从设想转变成现实。苏联因素成为以后历届美国政府对外政策中首先考虑的问题。虽然其间美苏关系出现过"缓和"，但这只是美国领导人认识到无法通过军事对抗达到消灭对方的目的所致，实际上缓和成为消除共产党威胁的一种新手段。关于"缓和"战略中的"反共"因素，帕特森指出：

> 缓和意味着有限的合作，但是继续与两个主要共产党国家——苏联和中国保持敌对。缓和是一种手段或方式，旨在通过遏制这两个国家和抑制革命来产生一种国际均势。尼克松和基辛格就试图利用中苏分裂，使两个共产党国家互相对立，保持一方对美国与另一方打交道时的担心，以此来实现双方的相互遏制。②

客观上讲，美苏缓和有利于世界局势的稳定，通过谈判解决分歧乃是发展国家间关系的最佳途径。然而美国进行缓和的本意并不在此，因此其结果不是必然缓和了双方的矛盾，有时还会加剧冲突，这样美国最终又会回到"遏制"的老路上去。所以在"冷战"期间，美国对苏政策尽管不断翻新，但说实在的也只是"新瓶装旧酒"。"遏制"以不同的形式贯穿于两国关系上，把不同时期美国的对苏政策有机地联系在一起。

当美国对苏"冷战"在欧洲等地进行得如火如荼之时，被称为"东方睡狮"的中国正在发生天翻地覆的变化。中国共产党领导的

---

① 诺曼·格雷伯纳主编：《国家安全：其理论和实践，1945~1960 年》(Norman A. Graebner, ed., *The National Security: Its Theory and Practice, 1945–1960*)，纽约：牛津大学出版社 1986 年版，第 57 页。
② 帕特森：《抵制共产主义的威胁：从杜鲁门到里根》，第 222~223 页。

新民主主义革命取得节节胜利，代表腐朽反动的蒋介石政权日暮途穷，纵然靠着美国的支持，但拾数已尽，再也无回天之术了，中国革命的胜利已成为大势所趋。美国自第二次世界大战后期起就推行了扶蒋反共的政策，杜鲁门1945年10月公然宣称："我的政策就是支持蒋介石。"①无论是赫尔利使华，还是马歇尔调停，都是在这一基本原则指导下行事的。蒋介石政府挑起内战后，美国提供钱财和武器，支持蒋政权"统一中国"。美国的钱财倒是花了不少，就是不见"回报"，国民党南京政府似乎是"扶不起的阿斗"，在与中国人民解放军进行的战争中屡战屡败，在短短的几年期间其所控制的"河山"尽数落入共产党领导的人民民主政权之手。中国革命的胜利是历史发展的必然，美国政府逆潮流而动，其对华政策自然就难以奏效了。杜鲁门政府后来虽然对蒋介石政权失去了信心，减少了援助，试图从中国内战中"脱身"，但其对华政策的实质并未从根本上改变。1949年7月，美国驻华大使约翰·司徒雷登曾提出要到北平谈谈，得到中国共产党方面的应允。对美国来说，这是一次了解中国共产党对外政策的"绝好机会"，但美国国务院指示司徒雷登尽量避免与中共高层接触，"在任何情况下都不得访问北平"。美国政府还是不希望在舆论界造成弃蒋而承认中国共产党的误解。不过到1949年底之前，美国采取了观望等待的态度，这就是艾奇逊所谓的"等待尘埃落定"。

1950年2月《中苏友好同盟条约》签订后，在美国政府的眼中，中国已成为苏联的"附庸"。杜鲁门同年在与英国首相克莱蒙特·艾

---

① 丹尼尔·耶金：《支离破碎的和平：冷战的起源和国家安全状态》(Daniel Yergin, *Shattered Peace : The Origins of the Cold War and the National Security State*)，波士顿：霍顿·米夫林出版社1977年版，第441页。关于美国支持蒋介石政权的理由参见"杜威请求美国帮助中国与共产党人战斗的讲话"("Dewey's Talk Demanding U.S. Help China to Combat Communists")，载《纽约时报》(*New York Times*)，1947年11月25日，第18页。

德礼的私人谈话时说，中国共产党人是"俄国的仆从，只要现在的北平政权在台上，他们就是俄国的附庸"，是"彻头彻尾的附庸"。他特别强调"对付共产党的唯一办法就是消灭它"。①这种思想自然体现在美国的对华政策中。随着朝鲜战争的爆发和中美两国在战场上兵戎相见，美国开始对新中国推行了遏制、封锁以及孤立的政策。到了艾森豪威尔执政时，美国对中国继续奉行遏制与孤立的政策。在政治上，拒绝承认中华人民共和国，阻挠中国恢复在联合国的合法席位；在经济上，对中国实行全面贸易禁运和封锁；在军事上，力图对中国形成包围之势。美国的目的就是要促使共产党领导的合法政府崩溃，在中国建立一个亲美的非共产党政权。国务卿杜勒斯1957年6月28日在旧金山关于美国对华政策演说中说，"我们可以有信心把这样一种假设作为我们的政策的根据：国际共产主义强求一致的统治，在中国和在其他地方一样，是一种要消逝的，而不是一种永久的现象"，美国应该尽其所力使"这种现象消逝"。②

到了肯尼迪政府和约翰逊政府时期，美国依然没有从根本上改变遏制中国的政策，当时甚至把中国看做比苏联更为危险的"敌人"。这两届政府竭力阻挠中国拥有核武器就是担心对美国构成强大的威胁。据统计，20世纪50年代初，60%的美国人支持政府同中国对抗。50年代中期，92%的美国人反对中国加入联合国，从60年代中期到70年代中期，美国人认为中国比苏联更"可怕"。③美国长期奉行敌视中国的政策，使整整一代人的时光两国处在尖锐的对立之中，其根源无非在于中国属于共产党国家。在美国外交思想中，"共产主义是一成不变的，无可逆转的；而右翼军事独裁则被认为是可以改变的，是美国最终可以依靠其军事保护的接受者。但是一

---

① 帕特森：《抵制共产主义的威胁：从杜鲁门到里根》，第75页。
② 参见《杜勒斯言论集》，北京：世界知识出版社1959年版，第314页。
③ 参见林宏宇：《美国公众舆论与美国对华政策》，载《世界经济与政治》，1997年第8期，第68页。

个国家一旦走向共产主义,那么一切渐变的希望都落空了"。①这位美国学者的话道出了美国对共产党国家从心底里敌视的根源。所以在"反共"成为美国全球战略主旨的年代,很难想象美国能对中国采取"善意之举"。

在国际关系中,国家的外交活动无一不是以追求国家利益为最高准则,美国当然希望意识形态的好恶能与实现国家利益保持一致,但错综复杂的国际局势往往很难使美国的对外政策达到这一"最佳"状态。在美国的对华政策中,与中国的敌对并非必然与美国的国家利益相一致。美国外交以维护国家利益始,以损及国家利益终,这样的事例在美国外交史上并非鲜见。因此意识形态的绝对冲突有时也得服从于国家利益的需要。尼克松时期美中对抗的"坚冰"开始打破,乃至后来两国关系完全正常化。对美国来说,国家利益的考虑显然高于意识形态之上,如果依然保持公开敌对,势必更大地损及美国利益。这一时期美中关系迅速发展符合两国的利益,对于世界局势的稳定也大有裨益,但并不意味着意识形态因素在美国对华政策中不再起作用了。美国对共产党国家的"恐惧"、"仇视"心理是永远不会改变的,有时候以其他方式体现在其外交政策中。美国政府经常制造一些不利于两国关系发展的事端其实就是意识形态因素在作祟。只要中国是处在共产党的领导之下,要美国彻底摆脱意识形态的"幽灵"恐怕也是不现实的。

美国战后对共产党国家的"遏制"战略不仅仅体现在军事对抗上,而且更多地表现为试图通过思想文化的渗透,促使其内部滋生出亲西方的势力,最终实现向西方民主体制的演变。实际上从第一个社会主义国家苏联诞生之日起,美国就开始意识到西方文化思想的作用,并在美国对外政策上体现出来,第二次世界大战以后这种倾向更为明显。1948年,司徒雷登建议胡适领导一场"新思想运

---

① 转引自袁明等主编:《中美关系史上沉重的一页》,第463页。

动",以抵制共产主义在中国的胜利。他后来致信美国国务院详细地谈了他的看法。他说,美国自始至终都反对共产主义,"共产主义的毒害是在道德方面或政治方面,而不是在军事方面。……我们还必须用教育和其他办法加以援助,然后非共产主义的地区才能够表现出真正民主制度的优越性,不然的话,军事上的收获最终会自行消失"。①司徒雷登的建议显然在于通过军事以外的援助方式做到"防患于未然"。这和美国对已变为共产党统治的国家发动思想文化"攻势"如出一辙,具有异曲同工之妙。

约翰·杜勒斯是冷战时期积极提倡利用西方文化的"优势"来达到演变社会主义目标的重要人物。他是艾森豪威尔政府的主要决策者之一。他把美苏之间的斗争看做主要是思想意识上的冲突,在未出任国务卿之前就在美国政坛上大肆宣传美国应通过和平的方式,促使共产主义从内部解体。艾森豪威尔政府所谓的"解放政策"主要出自杜勒斯之手。1953年1月15日,即将出任国务卿的杜勒斯在国会作证时提出了这一政策,主张用"政治战、心理战和宣传战"等手段"解放"处于共产主义统治下的人民。随后他在"我国外交政策的目标"演说中进一步阐述了"解放"的含义:所谓"解放"通常来自社会主义国家内部,"但是如果希望不断受到外界的支持,解放就更易于来自内部。关于这一点,我们正多方面地在做。"②基于这种思想之上,杜勒斯很重视运用军事以外的手段同社会主义国家"开展一场思想战争",他加强了"美国之音"的宣传攻势,支持和赞助"自由欧洲电台"的工作。如1956年6月5日美国政府得到赫鲁晓夫在苏共二十大的秘密报告后,不断地用43种语言向全球播放。《纽约时报》就此报道,美国政府显然"决心要利

---

① 引自柳静编著:《西方对外战略资料》,第1辑,北京:当代中国出版社1992年版,第5~6页。
② 《杜勒斯言论集》,第136页。

用赫鲁晓夫关于斯大林一系列残暴行为的说明，来对整个苏联制度，其中包括目前的苏联领袖们进行一次重大的宣传攻势"。①1956年东欧一些国家发生的政治事变尽管主要是其国内矛盾所致，但美国的宣传攻势无疑起了推波助澜的作用。

肯尼迪在出任总统之前是国会内比较活跃的参议员，他特别强调美国以"和平"的方式对社会主义国家进行长期的文化渗透，以促使其内部发生演变。1959年10月7日，他在威斯康星州发表演讲，提出美国应把"推动铁幕后面的和平变革"付诸行动，这样"我们才能在波兰以及铁幕出现的任何其他裂缝中，逐步地、慎重地、和平地促进更密切的关系，培养自由的种子"。具体措施是扩大与社会主义国家的贸易，增加美国人去那里旅行的人数，利用资本和技术的优势，扩大学生和教师的交换，执行外交和新闻方面的经常计划。②美国历史学家阿兰·内文斯专门把肯尼迪出任总统之前的讲话汇编成册，取名为《和平战略》。1960年1月7日，美国参议院外交委员会公布了哈佛大学国际事务研究中心提交的《意识形态和外交事务》研究报告。研究者在这份报告中，特别强调了在社会主义国家从思想意识上突破对美国的重要意义：

> 通过共产党统治下的欧洲各国，来影响苏联内部的演变，也许是一种更有效的方法。这些国家一向是瞩目西方的，它们特别容易接受西方的生活方式，而且已经起了将西方的原则、西方的风格和西方的趣味灌输到苏联去的传送带的作用。美国

---

① 詹姆斯·赖斯顿："美国利用来自赫鲁晓夫讲话中的材料"（James Reston, "U.S. Exploiting Material from Khrushchev Speech"），载《纽约时报》（*New York Times*），1956年6月1日，第1页。
② 参见阿兰·内文斯编：《和平战略——肯尼迪言论集》，北京编译社译，北京：世界知识出版社1965年版，第38页。

应当继续关怀东欧，以助长这些趋势。①

肯尼迪执政只有一千天，但其政府的外交政策确实体现出了"一手抓箭，一手抓橄榄"的战略。美国对社会主义国家进行"和平攻势"在20世纪60年代几乎成为美国政界的共识。

20世纪70年代初，美国新闻署署长谢克斯皮尔在回答记者问时强调了"宣传战"在冷战中的重要性，他说："冷战，争夺头脑的斗争依然存在。当前世界的这场冷战实际上是意识形态的交锋……美国仍需要，或者说更有必要继续向全世界作宣传。"②不过这种"和平"战略的奏效并不是单方面地取决于美国，在某种意义上说，社会主义国家的内部演变才会为西方的"和平演变"提供可乘之机。所以到了80年代中后期，当苏东国家因受内部困境掀起改革浪潮时，美国终于等来了"机会"。里根在一次讲话中谈到了美国与苏联之间存在的根本区别：

> 我们与苏联的关系必须受希望和现实主义两根柱子的支撑。美国和苏联是不同的；我们不只是由"制度"不同而分开的两个势均力敌的竞争超级大国。美国是一个自由开放的社会，是一个享有新闻自由和出版自由盛名的民主国家。苏联人民生活在封闭的独裁制度下，民主自由在这里遭到否定。他们的领导人对人民的意愿无动于衷；他们的决定不是靠着公开辩论或异议；他们宣称和追求列宁主义"革命"的目的。③

---

① 《意识形态和外交事务：哈佛大学国际事务研究中心研究报告》，北京编译社译，北京：世界知识出版社1963年版，第166页。
② 转引自毕波编：《美国之音透视》，青岛出版社1991年版，第49页。
③ 罗纳德·里根："关于未来的美国日程致国会咨文"（"Message to the Congresson America's Agenda for the Future"），1986年2月6日。全文可在 http://www.presidency.ucsb.edu/ws/index.php?pid=36768&st=china&st1=human+right 网址上获得。

在这种意识形态对立的思想指导下，里根在任期间把对苏东国家的"攻心战"推向高潮。布什入主白宫后，根据局势的变化，提出了"超越遏制"战略。这一战略的核心内容是，美国在保持军事实力以防止苏联扩张的前提下，抓住苏东国家进行改革之机，更多地运用经济、政治、文化、意识形态等手段，以和平的方式将苏东国家逐步"融合"到西方的政治经济体系之中。美国政府正是在这一战略的指导下，对社会主义国家展开了猛烈的"和平攻势"，从外部直接促使了苏东国家发生了举世瞩目的剧变。美国对社会主义国家的"和平演变"战略从20世纪50年代始，到了80年代末终于产生了令美国人兴奋异常的"硕果"。

第二次世界大战后美国政府对共产党国家的遏制战略几乎在美国外交各个方面表现出来，美国重要的外交举动很少不与"反共"相关。美国在全球对苏联"冷战"时卷入了几次地区性的"热战"，就是想通过直接的武力对抗来阻止想象中的共产党扩大与美国对抗的"势力范围"。20世纪50年代初美国出兵朝鲜，介入朝鲜半岛内战。美国的意图很明显，一是帮助其傀儡李承晚"统一"朝鲜，二是通过这次战争，遏制住所谓的"国际共产主义扩张"，增强美国在中间地带的影响力。美国在这次战争中损兵折将，并未达到预期的目的，但美国决策者脑海中固存的"反共"意识使他们从来没有从这次战争中吸取教训，到艾森豪威尔执政时又开始插手印度支那事务。艾森豪威尔的理论是，在一排多米诺骨牌中，如果第一块牌倒下了，其他的骨牌也会很快地跟着连续倒下，直至最后一块牌。这种"多米诺骨牌理论"对随后美国扩大对印度支那的干涉产生了重要的影响，最后使美国陷入了侵越战争的泥沼之中。美国试图通过武力达到遏制共产党国家的目的很少奏效，相反，往往使美国外交陷于困境而难以自拔。

美国对社会主义制度的恐惧和仇视是对苏发动"冷战"的根源，随着社会主义制度在许多国家的确立，美国也就把"冷战"的范围扩大到这些国家，有时甚至以"热战"的形式来实现"冷战"的目的。纵观四十余年的"冷战"历史，美国为了把社会主义制度从这个星球上消除掉可谓无所不用其极。我们上面所论述的几个方面远没有展现出美国在"遏制"战略指导下的外交活动全貌，只是提供了一个基本线索，使我们可以从中比较清楚地看到"反共"因素在美国战后对外战略中占据着何等重要的地位。

三　对发展中国家民主改革或革命的干涉

民族民主改革主要指第二次世界大战后一些发展中国家对适合本国国情的发展道路的探求，这种改革往往要打破阻碍国家经济发展的旧体制，给社会带来天翻地覆的变化。就当事国而言，改革符合国家发展的潮流，有利于国家走上"繁荣富强"，但是必然要侵犯竭力维护"旧秩序"的既得利益者。美国一般都在这些国家享有巨大的政治经济利益，一旦这些国家改革成功，美国的既得利益不敢说是"丧失殆尽"，至少也是"元气大伤"。因此"从意识形态的角度讲，社会变革运动一般是华盛顿极为担心的事情"。[1]尤其是当美国把"反共"作为其全球战略的主旨时，它势必认为这种引起社会巨大变化的"革命"与"国际共产主义扩张"具有某种有机的联系。变革不是在共产党的领导下进行，就是受共产党的暗中策动，结果给共产党扩大"势力范围"创造了条件。所以美国宁愿支持落后、腐朽以及反动的独裁政权，也很难容忍这种代表进步但有悖于美国全球利益的激进行为。智利学者埃拉尔多·穆尼奥斯指出：

---

[1] 梅尔文·格托夫等：《失败的根源：美国在第三世界的政策》(Melvin Gurtov and Ray Maghroori, *Roots of Failure: United States Policy in the Third World*)，韦斯特波特：格林伍德出版社1981年版，第202页。

华盛顿传统上把社会变革视为对其外部安全利益的潜在威胁，这样就混淆了在拉丁美洲安全的外部范围和内部范围。颇具讽刺意味的是，美国的态度往往把社会转变与外部（苏联）威胁等同起来，最终构成了对拉丁美洲利益的威胁，成为走向进步的社会经济和政治变革的障碍。①

穆尼奥斯所言极是，尽管是就美国对拉美国家社会变革的态度而言，但他作为一个置身于美国文化圈之外的研究者，还是比较准确地道出了美国很难容发展中国家社会变革的根源以及美国的干预给后者的发展带来了种种的"不幸和灾难"。美国人在这方面倒是直言不讳，他们很容易地把发展中国家的民族民主改革与敌对意识形态的扩张联系在一起。阿德莱·史蒂文森1954年10月16日在旧金山召开的民主党大会上发表讲话指出："帝国主义的共产主义不只是一种武装威胁和一种地下阴谋，而且也是一场社会运动，尽管我们集中力量与这种阴谋进行斗争，但这场运动尤其在不满的广大不发达地区日益昌盛。即使我们遏制住了共产党国家的军事努力，但我们将是愚蠢地让它们在社会和经济战场上轻而易举地获胜。所以我们必须在非共产党世界不断地推进发展经济和道义力量。"②史蒂文森讲这番话的本意尽管是在外交上批评执政的共和党，却表明了美国政治家对发展中国家激进改革的一种通常认识。正是在这样一种认识的指导下，与美国利益息息相关的发展中国家一旦出现比较

---

① 罗伯特·韦森等主编：《拉丁美洲人关于美国政策的见解》（Robert G. Wesson and Heraldo Muñoz, eds., *Latin American Views of U.S. Policy*），纽约：普雷格1986年版，第9页。
② "史蒂文森在对外政策上攻击共和党的讲话全文"（"Text of Stevenson's Speech Assailing G.O.P. on Foreign Policy"），载《纽约时报》（*New York Times*），1954年10月17日，第58页。

激进的改革，很少不引起美国的担忧，美国也很少不对之进行干预，以把这些威胁到美国利益的改革扼杀在摇篮之中。

伊朗的摩萨台政府是美国战后对中东地区干涉的第一个牺牲品。1951年4月，穆罕默德·摩萨台出任伊朗首相，在日益高涨的国内民族民主运动的推动下，对长期控制伊朗石油的英国英伊石油公司实行国有化。美国最初想利用这次机会取代英国在伊朗的地位，但不久就发现这场声势浩大的石油国有化改革使美国在伊朗的石油利益也"在劫难逃"。杜鲁门政府曾与摩萨台政府进行谈判，并施加了各种压力，力图保证美国石油财团在伊朗的利益不受侵犯，但均未奏效。艾森豪威尔上台后，在杜勒斯的直接策划下准备采取推翻摩萨台政府的措施。当时美国政府的主要决策者都认为是摩萨台政府是亲伊朗共产党（杜德党）的，伊朗正落入苏联的势力范围。关于这一点，中央情报局局长艾伦·杜勒斯以后煞有介事地说，共产党在伊朗已经"实现了对政府机构的控制"。[1]20年之后，美国《幸运》杂志1975年6月还刊文认为，摩萨台"与伊朗共产党（杜德党）阴谋推翻巴列维国王，与苏联串通一气"。[2]这种认识并不是伊朗的现实，但美国政府却从中找到了干涉伊朗的"借口"。在美国政府的指使下，中央情报局派人到伊朗秘密活动，向亲巴列维国王的势力提供钱财和武器，于1953年8月策动了一场政变，颠覆了摩萨台民族主义政府。关于美国在这次政变中的作用，美国陆军少将乔治·斯图尔特以后在美国国会作证说："在这一危急关头，事情几乎快要失败时，我们违犯了我们的常规，采取了一些行动，其中之一就是立即向（伊朗）军队供应物资，作为一项紧急措施，……他们手中所持的枪械，他们所乘的卡车，他们驾驶着穿过街道的装

---

[1] 艾伦·杜勒斯：《情报技巧》（Allen Dulles, *The Craft of Intelligence*），纽约：新美国图书馆1965年版，第216页。
[2] 转引自威廉·布鲁姆：《中央情报局：一部忘却的历史》（William Blum, *The CIA: A Forgotten History*），伦敦和新泽西：奇德书社1986年版，第75页。

甲车以及他们借以进行指挥的无线电通讯器材等等，统统都是以军事防御援助计划的方式供应给他们的。……如果没有这次援助计划，一个对美国不友好的政府可能现在还在掌权。"[1]这次政变之后，美国获得了在伊朗的石油利益，巴列维国王在美国的扶植之下执政达二十余年之久。

1957年1月5日，艾森豪威尔总统向国会发表关于中东问题的特别咨文，建议国会批准一笔每年向中东地区提供两亿美元的援助，并允许他在这一地区动用美国军队。国会批准了艾森豪威尔的请求，所通过的决议规定："如果总统确定有必要，美国就准备使用武力帮助（中东地区）任何请求援助的国家或国家集团抵制受国际共产主义控制的任何国家发动的武装侵略。"[2]这就是所谓的"艾森豪威尔主义"。美国也正是打着这一旗号，在中东地区飞扬跋扈，约旦、叙利亚以及黎巴嫩等国先后成为美国进行干涉的对象。美国的所作所为维护了其在中东的石油利益，却加剧了这一地区的紧张局势，并未给解决地区性冲突带来任何"福音"。帕特森在谈到这一点时指出，如果美国领导人认识到中东的现实与共产主义幽灵没有多大关系，"他们至少把该地区的动荡理解为由当地问题所引发，而不是外部所输入，也许就能制定出一种包容性强和灵敏度高的政策"。[3]其实，美国政府恰恰就是在国际共产主义侵略或威胁的借口下，逐步完成了在中东地区的扩张，至于中东国家遭到的"不幸"也正是这种政策所带来的必然结果。

战后拉丁美洲变成了美国名副其实的"后院"，这一地区在美国看来并不是美苏"冷战"的世外桃源，如果敌对意识形态在这里打开缺口，不仅构成对美国本土安全的威胁，而且直接影响到美国

---

[1] 转引自戴维·霍罗维茨：《美国冷战时期的外交政策：从雅尔塔到越南》，上海市"五·七"干校六连翻译组译，上海：上海人民出版社1974年版，第166页。
[2] 小克拉布：《美国外交政策的主义：它们的含义、作用和未来》，第155页。
[3] 帕特森：《抵制共产主义的威胁：从杜鲁门到里根》，第190页。

的全球利益。杜勒斯就说:"如果世界共产主义占领无论多么小的任何美洲国家,一个危险的战线将会形成,这将会增加对整个自由世界的危险。"①然而,战后拉美地区同样存在着"起火"的条件:一是日益高涨的民族民主运动会促使一些国家的统治者进行民主改革;二是有的国家内部矛盾激化,会引发起革命,推翻现行的专制独裁政府,建立民族主义政权。这两种情况都会危及美国在拉美地区的既得利益,所以美国必欲干涉,以恢复原状。然而,战后初期通过的《美洲国家组织宪章》第15条规定:

> 任何国家或国家集团都没有权利以任何理由直接或间接干涉任何其他国家的内政和对外事务。前述原则不仅禁止使用武装力量,而且禁止使用任何其他干涉形式或企图威胁国家的存在或其政治、经济和文化的构成。②

不干涉原则战后明确载入宪章,得到美洲国家组织成员国的共同承认,成为美洲国家体系的主要原则之一。美国在特定的情况下,为了实现自己的长远利益,会暂时屈从于原则的限制,但它的扩张本质决不会因为原则的存在而有丝毫的改变。因此,随着历史条件的变化,当美国的长远利益的实现受到原则束缚时,那么实现的形式就会随之改变,美国政府甚至会以维护不干涉原则之名,行干涉之实。1952年,美国国务院宣称,不干涉西半球事务的原则不适用于显然属于共产主义的政权。③1953年3月12日,美国对外关系委员会研究小组领导人斯普鲁伊尔·布雷登在其演讲中强调:"由

---

① 瑟法蒂:《敌对世界的美国外交政策:危险年月》,第355页。
② 伯尔和赫西主编:《美洲国家合作文件》,第2卷,第183页。
③ 罗伯特·弗里曼·史密斯主编:《美国与拉丁美洲势力范围》(Robert Freeman Smith, ed., *The United States and Latin American Sphere of Influence*),第2卷,马拉巴:克里格出版公司1981年版,第50页。

于共产主义如此明显地不是一个国家的内政问题,而是一个国际性的问题,因此,美洲的一个或几个共和国在一个其他的共和国里镇压共产主义,即使是武力镇压也罢,都不构成对那个美洲国家内政的干涉。"①在1954年召开的第十届美洲国家会议上,美国起草了"维护美洲国家政治完整以抵制国际共产主义干涉的共同宣言"(Declaration of Solidarity for the Preservation of the Political Integrity of the American States against International Communist Intervention),②试图在西半球形成以其为首的反国际共产主义对美洲事务干涉的联盟。这样美国欲要对西半球某个国家进行干涉,就冠之于国际共产主义"干涉"美洲国家事务或被干涉国家属于敌对意识形态的统治。所以当拉美国家发生了威胁美国既得利益的民族民主改革或革命时,美国就是打着这种旗号对这些国家进行冠冕堂皇的干涉。

1951年,哈科夫·阿本斯当选为危地马拉总统,他上台后推行了比较激进的社会改革和经济改革。阿本斯在政府纲领中宣布:"我们将依照三个基本目的促进危地马拉的经济发展:第一,把我们国家从依附国和半殖民地国家转变成经济独立的国家;第二,把我们国家从落后的和封建经济占优势的国家转变成一个现代资本主义国家;第三,完成这种转变,使广大人民的生活标准随之得到最大可能的提高。"③1952年6月,阿本斯政权颁布了《土地改革法》,这一法令的执行使美国联合果品公司的近16万公顷的土地遭到没收。此外,阿本斯政府还采取了许多旨在限制美国垄断资本活动的措施,如建设圣托多新港,以打破联合果品公司对危地马拉港口的

---

① 肖普等:《帝国智囊团》,第179页。
② 内容详见"美国关于共产主义的草拟决议"("U.S. Draft Resolution on Communism"),载《纽约时报》(*New York Times*),1954年5月7日,第3页。
③ 参见科尔·布莱齐尔:《徘徊的巨人:美国对拉丁美洲革命变革的反应》(Cole Blasier,*The Hovering Giant: U.S. Responses to Revolutionary Change in Latin America*),匹兹堡:匹兹堡大学出版社1985年版,第152页。

独占；在首都附近建立一个新的水力发电站，以结束电气公司对电力的垄断；还准备修建一千公里的公路，以摆脱国际铁路公司对交通运输的控制。在外交上，阿本斯政府奉行了比较独立的外交政策，尤其在国际事务中不唯美国之命是从，如公开宣布不派兵进入朝鲜半岛，将集中精力于国内发展。

阿本斯政府的民族民主改革引起美国政府极大的不安，美国遂加快了对危地马拉干涉的准备。它除了对危地马拉采取政治和经济压力之外，还谴责阿本斯政府受共产党控制，给"国际共产主义"提供了在美洲的桥头堡。美国的一些电台、报刊对此大肆渲染，说什么危地马拉面临着"共产主义威胁"，声称危地马拉是加勒比地区的"赤色危险"，"中美洲的赤色前哨"等等。《纽约时报》载文指出，在危地马拉问题上，大多数美洲国家将接受门罗主义的现代扩张，把俄国帝国主义在任何借口下在西半球获得立足点视为"对它们和平与稳定的威胁"。①国务卿杜勒斯指责危地马拉处在"一个共产党的恐怖主义"统治之下。他在讲话中把危地马拉所谓的"动荡"说成是受苏联的操纵，对门罗主义形成了直接的挑战。②艾森豪威尔总统警告说，"共产主义独裁政权"在本大陆建立了"一个不利于所有美洲国家的前哨基地"。③1954年10月中旬，在美国的精心策划下，一支由美国支持和提供装备的雇佣军侵入危地马拉。阿本斯政府虽然进行了有效的抵抗，并取得了初战的胜利，但美国又策动危地马拉内部的反对派力量，特别是政府军中的高级军官，要他们向阿本斯施加压力，逼其下台。6月28日，阿本斯面对

---

① 参见"危地马拉柱问题"("The Issues in Guatemala")，载《纽约时报》(*New York Times*)，1954年1月21日，第22页。
② 参见"杜勒斯关于危地马拉动荡的讲话全文"("The Text of Dulles' Speech on Guatemalan Upset")，载《纽约时报》(*New York Times*)，1954年7月1日，第2页。
③ 布鲁姆：《中央情报局：一部忘却的历史》，第77页。

着强大的压力，被迫宣布辞职，一场在危地马拉持续多年的社会改革运动就这样在美国的干涉下被扼杀了，危地马拉重新回到改革前的亲美独裁统治。美国始终是打着"国际共产主义威胁"的旗号来进行这次干涉的。阿本斯本人是职业军人，对马克思主义理论知之甚少，直到当选总统之前才与危地马拉共产党开始接触，逐渐地了解到一点马克思主义。阿本斯的改革措施无疑受到共产党人的影响，但这场改革始终没有超出资产阶级民族民主革命的范畴。阿本斯只是想通过限制外国资本的影响来发展民族经济，并没有对外资采取诸如国有化的更过激措施。阿本斯对共产党采取宽容与合作的态度不能说明他本人就是共产党人，共产党对危地马拉政治生活发生影响也不能说明他的政府受共产党控制，事实上并没有一个共产党人在其政府内身居要职。至于"国际共产主义"对阿本斯政府的"操纵"更是无稽之谈，就连杜勒斯也承认，"找出证据明确地把危地马拉政府与莫斯科联系在一起是不可能的"。甚至在干涉发生一年之后，艾森豪威尔政府仍然不能令人信服地表明苏联插手了危地马拉事务。[1]所以"国际共产主义威胁"纯粹是美国干涉的一种借口，只是表明了任何威胁到美国利益的改革都为美国所不容。

第二次世界大战后古巴在富尔亨西奥·巴蒂斯塔的专制统治下，阶级矛盾非常尖锐，美国资本对古巴经济的控制导致民族矛盾异常突出。这两种矛盾交织在一起使广大人民群众对现状日益不满，当这种情绪与古巴社会的民族主义结合在一起时，就会汇合成一股强大的洪流冲蚀着现存统治的基础。1958年12月，菲德尔·卡斯特罗领导的起义军以势不可挡之势攻克中部重镇圣克拉拉，并继续向西横扫，直逼首都哈瓦那。1959年1月1日凌晨，起义军胜利进入哈瓦

---

[1] 参见斯蒂芬·拉伯:《艾森豪威尔和拉丁美洲：反共产主义的对外政策》(Stephen G. Rabe, *Eisenhower and Latin America: The Foreign Policy of Anticommunism*)，查珀尔希尔：北卡罗莱纳大学出版社1988年版，第57页。

那，巴蒂斯塔出逃，卡斯特罗领导的古巴革命宣告成功。美国尽管早就对卡斯特罗领导的武装起义抱有成见，也估计到阿本斯在危地马拉进行的改革会在古巴重现，但美国受客观条件的限制，在古巴革命成功后并没有立即对这个新政权采取公开敌视的态度，而是试图引导古巴按照美国所设计好的方向发展。美国国务院设想，古巴新政权在政治上是分裂的，由于温和派的影响举足轻重，卡斯特罗能够被说服将不进行激烈的政治、社会和经济改革，不会改变美国在古巴事务中所起的重要作用。美国政府的估计显得有些乐观，古巴随后发生的事情完全出乎了美国预料之外。

卡斯特罗领导的这场革命顺应了古巴社会发展的潮流，得到了广大人民的支持，在短短的几年时间内就获得了胜利。这场推翻古巴独裁统治的革命的成功来之不易，新生政权的巩固更需要继续得到广大古巴民众的支持，而这只有在国内进行剧烈的变革才能实现。这一点决定了新政权与在古巴享有巨大利益的美国的冲突难以避免，对此卡斯特罗早有思想准备。1959年6月，他在一封信中写道："当这场战争结束时，对我来说，另一场范围广泛和声势浩大的战争将开始，我将进行一场反对他们（美国人）的战争，我深信这是我的真正命运。"①因此，古巴革命一胜利，卡斯特罗立即着手新政权的建设工作。经济领域的变革是古巴新政府实现其各项目标的决定性一环，广大人民对此翘首以待。1959年5月3日，古巴政府宣布对美国国际电报电话公司的子公司古巴电话公司实行国有化，这一举措拉开了古巴政府经济改革的序幕。5月7日，古巴政府颁布了《土地改革法》，废除了大庄园制，禁止外国人占有古巴土地。这意味着外国资本土地所有制将在古巴不复存在。古巴社会这场翻天覆地的经济变革使美国对卡斯特罗所抱的希望荡然无存，美国加快了推翻卡斯特罗政府的准备工作。到1959年底，美国虽然尚未把

---

① 史密斯主编：《美国与拉丁美洲势力范围》，第2卷，第54页。

卡斯特罗政府完全视为共产党政权，但已经意识到它朝着这方面运动的"危险"。

1959年11月5日，代理国务卿克里斯琴·赫脱在提交给艾森豪威尔总统的一份政策备忘录中强调推翻卡斯特罗的三点理由：一是"卡斯特罗将不愿意采取与华盛顿最低安全需要和政策利益相一致的政策与态度，把我们的政策建立在这种希望之上毫无道理"；二是"卡斯特罗政权在古巴以其现在的形式长此以往将对美国在拉美的地位产生严重的不利影响，而对国际共产主义提供了相应的有利条件"；三是"只有通过在古巴内部形成一个凝聚力强的反对派，由希望在一个友好的美古关系框架内实现政治与经济进步的人组成，卡斯特罗政权才能受到牵制或被取代"。这份备忘录谴责了古巴政府的各项改革措施，认为尤其在经济方面，"卡斯特罗政府的政策是极端的，日益朝向国家对古巴经济生活的控制。我们在古巴的商业利益不仅受到严重影响，而且美国也没有希望鼓励与支持其他拉美国家的可行经济政策和促进在拉美地区的必需私人投资"。[1]赫脱的观点反映出此时美国政府决策层内对卡斯特罗政府改革的态度。美国社会舆论也为政府采取强硬措施大声疾呼，12月17日，《纽约时报》载文说："自巴蒂斯塔独裁政权被推翻一年来，古巴已成为一个完全的革命国家……古巴革命致力于……一场彻底无遗的经济和社会变革目标，而这是在牺牲被巴蒂斯塔独裁政权蹂躏的民主制前提下进行的。"[2]到了此时，美国政府已经基本上确定了对卡斯特罗政权奉行的策略方针，也就是竭尽全力推翻这个新政权。

---

[1] 亚利克斯·海贝尔:《领导人如何推论：美国对加勒比盆地和拉丁美洲的干涉》（Alex R. Hybel, *How Leaders Reason: US Intervention in the Caribbean Basin and Latin America*），剑桥：布莱克维尔出版社1990年版，第87~88页。

[2] 塔德·肖尔:"卡斯特罗控制古巴的一年：左派促进大改革"（Tad Szulc, "A Year of Castro Rule in Cuba: Leftists Speeding Vast Reforms"），载《纽约时报》（*New York Times*），1959年12月17日，第1页。

美国驻古巴大使菲利普·邦斯尔以后认为，卡斯特罗"1959年的胜利是激进的，纯粹民族主义的；它之所以转而依赖俄国，完全是因为美国1960年春季的行动，使得俄国人除了挽救卡斯特罗之外，别无选择"。①在这里，邦斯尔把卡斯特罗领导古巴走上社会主义道路说成是受美国所逼，是美国战略失误所致。言下之意，两国并不是必然对立。其实，卡斯特罗领导的这场革命从一开始就种下了与美国冲突的根源，民族民主革命的目标势必侵犯美国的既得利益，如莫里斯·齐特林等人就认为，卡斯特罗的实践不仅威胁了古巴的寡头统治，而且危及美国传统上从现状中获益的私人利益。"当革命的政府坚持其决心贯彻似乎符合古巴利益而却损害美国私人投资者直接利益的纲领时，两国之间的关系就恶化了"。②《纽约时报》1960年8月刊登的一篇文章认为，卡斯特罗政权两大方面的行为解释了其把矛头对准美国的原因，一是该政权丝毫不打算进行选举，镇压所有的反对派，控制了新闻出版，侵犯了个人自由；二是这个越来越受共产党控制的独裁政权与苏联和中国公开结盟，共产党在古巴已经成为主要政治组织。③1961年4月国务院在一份关于古巴的文件中谴责了卡斯特罗政权与国际共产主义的联系，明确表明了美国政府对这个具有共产主义性质的政权的敌对态度。④所以，即使

---

① 爱德华·邦斯尔：《古巴、卡斯特罗和美国》(Edward M. Bonsal, *Cuba, Castro and the United States*)，匹兹堡：匹兹堡大学出版社1971年版，第67页。
② 莫里斯·齐特林等：《古巴：我们半球的悲剧》(Maurice Zietlin and Robert Scheer, *Cuba: Tragedy in Our Hemisphere*)，纽约：格罗夫出版社1963年版，第126页。
③ 参见"美国与古巴"("The U.S. and Cuba")，载《纽约时报》(*New York Times*)，1960年8月12日，第18页。艾森豪威尔政府对卡斯特罗政权的态度详见"艾森豪威尔关于古巴声明全文"("Text of the Statement by Eisenhower on Guba")，载《纽约时报》(*New York Times*)，1960年1月27日，第10页。
④ 详见"国务院谴责古巴卡斯特罗政权文件全文"("Text of the State Department's Document Denouncing Castro Regime in Cuba")，载《纽约时报》(*New York Times*)，1981年4月4日，第14页。

卡斯特罗未转变成一个共产主义者，古巴也没有由民族民主革命向社会主义过渡，美国也很难允许在其视为至关重要的战略地区存在一个不服从美国指挥的政权。从这个意义上讲，美国对卡斯特罗政权采取敌视态度是必然的，而随后美国对古巴事务的公开干涉便是这种态度的逻辑延伸。

肯尼迪就职总统后，美国准备武装颠覆卡斯特罗政权的步伐随即加快。1961年1月28日，中央情报局向新总统汇报了蓄谋已久的推翻新政权的计划。在随后的数月期间，肯尼迪与其顾问们数次开会讨论这一计划。肯尼迪无疑赞成采取非常措施推翻卡斯特罗政权，但不希望过多地暴露出美国的直接卷入，以避免造成舆论谴责美国武装干涉一个美洲国家内政的口实。中央情报局根据总统的指示，对计划略作修改，最后将登陆地点选择在人烟稀少的猪湾海岸。4月15日，美国派遣了两架B26型飞机对古巴的飞机场进行了轰炸。4月17日，肯尼迪下达了执行猪湾登陆计划的命令。1400名受中央情报局训练过的古巴流亡者乘美国运输船在预定的地点登陆，中央情报局雇佣人员驾驶的飞机作掩护。这支受美国政府支持的入侵武装遭到了早有准备的古巴部队的抵抗，在短短的两天之内就被击溃。事后肯尼迪发表讲话承担了这次入侵失败的全部责任。随后，肯尼迪下令对古巴实行全面贸易禁运，强使美洲国家组织开除古巴，同时加强了反卡斯特罗的宣传，并且策划了一系列暗杀或伤害卡斯特罗的秘密行动。卡斯特罗为了防止美国再次策划入侵活动，试图借助苏联的力量与美国抗衡。苏联也乘机在古巴部署导弹与轰炸机。美国对此反应强硬，最终酿成了冷战期间著名的"古巴导弹危机"。在这一事件中，美苏双方剑拔弩张，战争大有一触即发之势。美国在其他美洲国家的支持下，对古巴采取了军事封锁，以战争要挟苏联，强迫苏联拆除与撤除了在古巴部署的进攻性武器。随后美苏双方开始谈判，达成协议。苏联被迫撤出了在古巴的数千名军事人员，美国政府宣布将采取一切必要的措施，保证美国不被古巴流亡分子用做入侵古巴的基地。古巴虽然像插在美国安全地带的一把匕首幸存下来,但从此以后美国开始了对古巴的长期封锁与孤立。这种封锁一直持续至今。它给古巴经济发展带来的灾难用数字是远远不能表明的。古巴经济数度陷于危机,至今尚未走出发展的困境,美国的经济封锁是其中一个非常重要的原因。

美国以"共产主义威胁"干涉他国事务在拉美可谓司空见惯。1961年,贾根总理领导的英属圭亚那人民要求独立,并指望得到美国支持。贾根在接受记者采访时回忆说,1961年10月25日,他亲往白宫面见肯尼迪总统,希望在摆脱英国独立上得到美国政府的支持。当时美国政府担心他主持的圭亚那政府投靠俄国人。贾根为此向肯尼迪保证,如果这是美国的担心,那么这种担心大可不必,圭亚那将不会成为苏联的基地。贾根的保证是希望消除美国的疑虑,向圭亚那提供经济援助。①肯尼迪政府虽不反对圭亚那独立,但却怀疑贾根是马克思主义信徒,于是决意要把贾根搞下台,在中央情报局的直接插手和煽动下,圭亚那顿时流言四起,内乱不止。随后美国又公开对这个弹丸小国实行经济封锁,终于迫使贾根在1963年底下台。1994年10月30日《纽约时报》披露了这一鲜为人知的事件,并评论说:"30年前,圭亚那曾是南美洲最富裕的国家之一,而现在却成了最穷的一个。"②话虽不多,却一语中的。

1965年,多米尼加发生内乱,约翰逊政府悍然出兵进行干涉,出兵理由正如约翰逊当年5月2日在电视上发表讲话指出的那样:"美洲国家现在不能允许,并且将来也不允许在西半球建立另一个

---

① 蒂姆·韦纳:"克林顿难以摆脱的肯尼迪——中央情报局阴谋"(Tim Weiner, "A Kennedy-C.I.A. Plot Returns to Haunt Clinton"),载《纽约时报》(*New York Times*),1994年10月30日,第10页。另见蒂姆·韦纳:"保持每个人都知道的秘密"(Tim Weiner, "Keeping the Secrets That Everyone Knows"),载《纽约时报》(*New York Times*),1994年10月30日,第E16页。
② 韦纳:"克林顿难以摆脱的肯尼迪——中央情报局阴谋",第10页。

共产党政府。"①这段话以"约翰逊主义"而著称。实际上多米尼加的动荡是内部各个派别争夺中央权力的矛盾激化，任何一方上台充其量只是政权更替而已，丝毫不存在着向社会主义过渡的可能性，但动荡的局势会给爆发古巴式革命提供了客观条件。副总统尼克松在讲话中宣称，美国派遣部队到多米尼加是值得称赞的，因为美国"不容共产主义接管一个独立国家"。②因此防止外部敌对意识形态插手和内部共产党掌权尽管不完全是一种杜撰出来的无稽之谈，但对美国政府来说，至少找到了另一种使自己干涉"合法化"的理由。正如一位学者说的那样："当目前多米尼加共和国的危机爆发时，约翰逊先生除了单纯地反共产主义之外再没有比那更大的政治概念作依据了。"③一些人也从这次干涉中逐渐认识到：

> 反共产主义的自由政府是一种不可能实现的理想；因为任何寻求真正民主和社会改革的运动将总是吸引着那些将被美国必然列为"共产党"的人参加；美国然后变得疑神疑鬼，暗中破坏，最终推翻这场运动。④

几年后美国政府在智利的所作所为再次证明了这种观点的正确性。1970年，萨尔瓦多·阿连德就任为智利总统后，开始在政治、

---

① 小克拉布：《美国外交政策的主义：它们的含义、作用和未来》，第235页。
② 参见"尼克松敦促采取强硬行动消灭共产主义的古巴"（"Nixon Urges Strong Action to Rid Cuba of Communism"），载《纽约时报》（New York Times），1965年5月2日，第79页。
③ 弗兰克·尼斯：《一个向着自己的半球：美国与拉丁美洲关系史》（Frank Niess, A Hemisphere to Itself: A History of US-Latin American Relation），伦敦和新泽西：奇德书社1990年版，第163页。关于美国对多米尼加的干涉详见"多米尼加危机与美国的作用"（"Dominican Crisis and U.S. Role"），载《纽约时报》（New York Times），1965年5月2日，第E1页。
④ 布鲁姆：《中央情报局：一部忘却的历史》，第206页。

经济领域进行大刀阔斧的改革。他对美国的主要投资企业国有化，重新分配农地，使智利社会制度革命化，调整智利的对外政策。在美国政府看来，阿连德政府的这些举措构成了对美国利益的直接威胁。因此，美国很难容忍阿连德的民主改革，但美国进行公开干涉很大程度上受制于客观条件的限制。①20世纪70年代的国际局面与古巴革命成功之初大相径庭，美国总统尼克松也不愿意冒公开干涉智利引起整个拉美地区谴责美国之险。所以，美国政府在表面上没有介入智利内部事务。但实际上，美国力促阿连德政权倒台的意图以及秘密活动从来没有停止过。1973年9月，智利陆海空联合发动政变，阿连德以身殉职，智利成立了以陆军司令皮诺切特为首的军人政府。关于美国是否在幕后直接介入了这次政变一事，基辛格、赫尔姆斯等人后来在美国国会调查中央情报局秘密活动听证会上矢口否认。虽然有关美国直接介入政变的材料研究者至今尚未完全掌握，但尼克松政府始终把阿连德视为"心头之患"，必欲除之而后快则是一个众所周知的事实。中央情报局正式报告说，在阿连德执政时期，进行反阿连德的活动总共花了800万美元。②杰拉尔德·福特总统在1974年9月16日的记者招待会上承认："在（智利）这种情况下作出的努力帮助和支持了反对党报纸与电子舆论工具的维持，保护了反对党。我认为这最符合智利人民的利益，无疑也最符合我们的利益。"③福特这番话尽管还是出于为美国政府辩护之目的，但无

---

① 参见布莱齐尔：《徘徊的巨人：美国对拉丁美洲革命变革的反应》，第 262~267 页。
② 约翰·兰尼拉格：《中央情报局》，潘世强等译，北京：中国社会科学出版社 1990 年版，第 618 页。
③ "总统关于国内外事务记者招待会记录"("Transcript of President's News Conferenceon Foreign and Domestic Matters")，载《纽约时报》(*New York Times*)，1974 年 9 月 17 日，第 22 页。另见"总统公开支持中央情报局的秘密行动"("President Publicly Backs Clandestine C.I.A. Activity")，载《纽约时报》(*New York Times*)第 1 页，第 10 页。

法掩饰住美国干预智利内政这一事实。

  1979年，尼加拉瓜的桑地诺民族解放阵线推翻了索摩查的独裁统治，取得了民族民主革命的最后胜利。桑解阵线领导的革命的成功使美国忧心忡忡，它执行的具有社会主义倾向的改革措施以及与苏联和古巴的密切联系更使美国难以容忍。卡特政府曾试图通过经济援助影响尼加拉瓜的变革过程，但未能奏效。里根上台后，把尼加拉瓜视为中美洲的"第二个古巴"，必欲除之而后快。他采取的方法是，对尼加拉瓜政府施加压力，支持尼加拉瓜反政府力量，试图迫使尼加拉瓜政府按照美国的条件就范，以打破苏联—古巴—尼加拉瓜的三角联盟。1983年3月10日，里根在对全国制造商协会的讲话中宣称，在中美洲，"战略利害关系是如此之高，以致我们不能忽视一个意识形态和军事上与苏联有密切联系的政府掌握权力的危险"。①在他看来，桑地诺解放阵线就是靠着苏联部队的支持才能维护其统治的。里根政府试图通过强硬政策迫使尼加拉瓜桑解阵政府就范，这种强硬政策在各个方面表现出来。在经济上，里根政府停止了对尼加拉瓜所承诺的一切经济援助，削减了从尼加拉瓜进口牛肉的份额，并向国际金融机构施加压力，阻止尼加拉瓜得到急需贷款。在政治上，美国竭力孤立尼加拉瓜，将它排除出中美洲民主共同体和中美洲防务委员会，并不断扬言改变尼加拉瓜的现行体制，以防止中美洲其他国家发生类似革命。里根于1985年4月强调说："我们必须牢记，如果桑解分子现在不予阻止，他们将……试图把共产主义传播到萨尔瓦多、哥斯达黎加、洪都拉斯和

---

① 达里奥·莫雷诺:《美国在中美洲的政策：无休止的辩论》(Dario Moreno, *U.S. Policy in Central America: the Endless Debate*)，迈阿密：佛罗里达国际大学出版社1990年版，第111页。

其他地方。"①军事上,美国使用了除直接出兵之外的各种威胁,不断施加压力,进行军事挑衅,派遣飞机和军舰侵犯尼加拉瓜的领空领海,并纠集盟国进行针对尼加拉瓜的军事演习。除此之外,里根政府还积极支持和援助尼加拉瓜反政府武装力量,使其在尼加拉瓜内部进行大规模的武装侵袭和破坏活动,以达到美国未出兵公开干涉的目的。在美国直接和公开的军事援助下,尼加拉瓜反政府武装力量迅速壮大,反政府武装的目标就是要颠覆现存的桑解政权,重建所谓"民主制度"。桑解阵线1990年2月在尼加拉瓜举行的大选中败北,与美国对该国反对派联盟提供大力援助是分不开的。

以上所述并未完全展现出美国战后干涉发展中国家内政的全貌,只是从一个侧面反映出美国在第三世界奉行的强权外交本质。美国以抵制"国际共产主义"为名行干涉之实符合美国的全球战略,作为一个在世界各地享有既得利益的国家,美国不能容忍对其利益的侵犯,更不允许敌对意识形态政权的出现。不过历史的发展并不是以某一国家的意志为转移,美国的目的可能会一时得逞,但从长远来说,未必有利于美国,干涉者最终必自食其果,历史事实已经证明了这一点。

四 "冷战思维"的阴影

东西方的长期对立使许多美国人,尤其是那些活跃于政界的人物形成了观察国际事务的特有的思维模式或认识框架,他们往往把与美国意识形态不同的国家划入另册,必欲"遏制"而后快。这种对不同意识形态国家的"刻板之见"早就成为美国政治文化中的重

---

① 参见杰拉尔德·博伊德:"里根断言俄国部队帮助尼加拉瓜:美国说俄国人帮助尼加拉瓜人"(Gerald M. Boyd, "Reagan Asserts Russian Troops Help Nicaragua: U.S. Says Russians Help Nicaraguars"),载《纽约时报》(*New York Times*),1985年4月21日,第1页。

要组成部分,"冷战"只不过是将其加剧而已,反过来又对美国外交政策发生了显而易见的影响。前述部分尽管未能展现出美国在这方面的全貌,但提供的事例却足以说明了这一点。东欧剧变和苏联解体之后,东西方之间有形而具体的"冷战"不复存在,但"冷战"留在美国人头脑中的固定思维定式并不是朝夕可以改变的,尤其是当两种制度和价值观念之间的斗争依然存在时,美国不少政治家还是习惯于从"对立"或"冲突"的角度来考虑冷战后的世界,给本来就不安宁的国际社会投下了"新冷战"的阴影。因此,只要世界上存在着坚持走社会主义道路的国家,一些美国人就觉得共产主义的"幽灵"还会像过去那样"搅得"他们睡梦不安,坐卧不宁。所以冷战时期指导美国对外战略的"遏制"概念,至今依然频繁地见诸于美国报刊,特别是针对正在走向强大的中国。也正是在那些思想停留在冷战年代的政治家或学者的鼓噪之下,美国有意识地把社会主义国家视为潜在的威胁,树立为假想的敌人,结果必然是冷战后的美国全球战略深深地留下冷战时代的痕迹,美国对华政策就是显然的例子。

中国自1978年以来,在中国共产党的领导之下,坚持进行经济体制的改革和对外开放,试图通过自身的调整来适应外部世界的变化。尤其是冷战结束后,各国都把战略重点转向经济发展和如何为本国经济实现增长创造一个有利的内外部环境,中国自然也加快了改革的步伐,成为亚太地区乃至世界经济发展最快的国家之一。中国一直是在坚持社会主义的前提下不断地探索着一条适合本国国情的发展道路。二十多年过去了,中国的改革开放取得了令世人瞩目的成就,中国的经济、政治、社会和文化等各个领域正在发生着深刻而广泛的变化,作为置身于这一进程中的我们对此变化有着切身的经历和体会。据统计,到1998年,中国的钢产量是1949年731倍;原油产量是1341倍;原煤产量是39倍;发电量是271倍;水泥是812倍;粮食产量是4倍;棉花产量是10倍;油料是9倍;水产品是87

倍。1998年中国的国内生产总值达到79552.8亿元，是1952年679亿元的117倍。从1979年算起按可比价格计算，平均每年增长9.8%。中国于1995年提前5年实现了比1980年翻两番的计划。人均国民生产总值由379元提高到6404元，剔除价格因素，平均每年实际增长8.4%。而同其他国家比较，截至1998年，中国经济总量居世界第七位；中国主要工农业产品产量居世界第一位；对外贸易总额居世界第十位；外汇储备居世界第二位；国际旅游业居世界第八位；吸收外资居世界第二位。①这些数字表明中国在世界经济格局中的地位正处在深刻的变化之中，也显示出改革开放给中国经济带来了勃勃生机。中国经济的飞速发展不仅有利于全球经济的稳定，而且使中国在国际舞台上日益成为维护世界和平的一支重要力量。

中国是一个发展中的社会主义国家，经过20余年的不断探索，在实践中逐渐形成了建设中国特色的社会主义理论，也正是在这种理论的指导下，中国的改革开放取得了令世人瞩目的伟大成就。中国改革的成功向全世界昭示，世界社会主义运动尽管遭受了重大挫折或处于低潮，但并没有完全失败。中国在坚持社会主义道路上的实践已经初步回答了经济落后的国家如何建成社会主义现代化国家的问题，不仅为现存的社会主义国家或发展中国家迈向现代化提供了有益的借鉴，而且为未来世界社会主义运动的复兴提供了可能性。中国走向强盛是改革开放的必然结果，对世界经济的发展与和平的稳定无疑是个"福音"，但对大洋彼岸的美国却认为是"不祥之兆"。从根子上来讲，美国很难允许一个意识形态上与自己完全对立的大国在国际上崛起。

在美国一些政治家和学者看来，中国正在日益打破世界力量的平衡，其强大必定对世界和美国构成新的威胁，更何况中国在意识形态和文化价值观上一直被美国视为"异端"。因此美国舆论界的

---

① 参见《人民日报》，1999年10月8日。

主流声音把中国"妖魔化",美国政界掀起"中国威胁论"喧嚣声,美国对华政策包含着明显的"遏制"内容,凡此种种丝毫不足为奇,而是反映出已经成为历史的"冷战因素"对冷战后美国全球战略的影响。美国政治家劳伦斯·伊格尔伯格曾经说过,美国人也许哪一天会怀旧式地回顾冷战时代,那时共产主义是明确的和公认的敌人,东西方关系的模式在人们头脑中根深蒂固。他的这番话很值得玩味。对于一个欲要在世界上发挥"领袖"作用的美国来说,国际上有一个公开的"敌人"更能激发起国内对政府全球战略的支持,更有利于政府在国外铤而走险,为所欲为。苏联是美国奉行"遏制"战略的基础,而苏联的消失一下子使这种战略失去了继续的理由,结果之一是使美国政府在国外的重大举措受到国内因素的牵制。小阿瑟·施莱辛格在冷战结束后就预言,一些美国人不习惯也不甘心于没有敌人,总想找一个敌国来确定美国的外交方向。美国冷战后是否需要在国际上有一个公开的"敌人",中国是否被美国人为地设想扮演这种"角色",我们不想加以猜测,但美国在许多方面视中国为"敌"却是世人皆知的事实。如果要对美国这些行为追根溯源的话,一个受共产主义意识形态左右的国家的强大会使美国本能地感到恐惧和不安,这正是美国冷战后对中国采取一些不利于两国关系发展的政策的根本原因所在。

美国媒体一向标榜"客观公正",但很少从正面报道中国,相反则对中国进行恶意中伤、歪曲、丑化或"妖魔化"。只要稍微浏览一下美国各大报刊,就会发现美国社会强烈的反共情结在舆论上暴露无遗。例如,北京申办奥运会,美国媒体大力煽动国内的反华情绪,同时使用各种手段活动其他国家不投中国的票。北京举办世界妇女大会,美国媒体进行片面报道,试图把会议变成攻击中国的讲坛。至于1995年的吴弘达事件、1996年上海孤儿院事件都是美国媒体制造出来的耸人听闻的虚假报道,以期在国内煽动起反华浪潮。关于美国媒体对中国的肆意攻击,在美国《华盛顿邮报》曾工作半年的中国记者李希光先生写道:"美国报界素以敢于发表不同意见而自居,但最近一年来他们关于中国的报道读起来完全是一个声音,如此舆论一致,如此有组织性,真是罕见。美国报人对于来自中国的消息,已经完全不在乎这些东西是否编造或是高度夸大。他们只是一心一意地要妖魔化中国。"①美国媒体这种置事实于不顾的做法显然是根深蒂固的反共意识作祟,造成的后果只能是"于人不利,于己不利",一方面误导了美国公众,加剧了美国社会对中国的"敌意",给中美关系的正常发展设置下障碍;另一方面在中国人中间种下了对美国不满的民族主义情绪。美国国会一批反华议员不时地以一些无中生有的所谓"事实"掀起对中国"讨伐"的恶浪。②1996年9月5日,美国前总统布什在表示对美国媒体妖魔化中国极大忧虑时宣称,他对于最近有时候出现的仇恨非常担忧。美国抨击中国的现象太多了。美国前总统卡特1997年8月10日专门在《纽约时报》上发表了题目为《妖魔化中国是错误的》文章,以自己参与发展美中关系的经历和这些年来的访华观感为依据,批评了美国国内一些人对中国的歪曲和攻击。他说:"相互是批评是正当的和必要的,但是不应当以傲慢的或自以为是的方式来进行。每一方都应当看到对方所取得的进步。"③他们当然不是"杞人忧天",而是忧虑美国的利益在这种误导的报道中遭受损失,但要美国媒体停止"妖魔化"中国恐怕不是几个政治家的呼声所能根本改变的。

如果说美国媒体"妖魔化"中国纯属凭空捏造,无中生有的

---

① 李希光等:《妖魔化中国的背后》,第5页。
② 参见琼·陈:"中国不是任何威胁"(Jean Chen, "China's No Threat"),载《芝加哥论坛报》(*Chicago Tribune*),1999年11月12日,第12页。美国政界代表人物对中国"扭曲"性言论详见迈克尔·斯温:"不要妖魔化中国:关于中国军事力量的论调不能反映现实"(Michael D. Swaine, "Don't Demonize China: Rhetoric About Its Military Might Doesn't Reflect Reality"),载《华盛顿邮报》(*The Washington Post*),1997年5月18日,第C01页。
③ 吉米·卡特:"妖魔化中国是错误的"(Jimmy Carter, "It's Wrong to Demonize China"),载《纽约时报》(*New York Times*),1997年8月10日,第E15页。

话，那么一些美国人杜撰出来的"中国威胁论"似乎倒是"有根有据"了。1993年5月31日美国《时代》周刊刊登文章根据购买力平价理论估计出中国到了2020年国民生产总值将超过美国，成为世界上经济总额最大的国家。这篇文章一经发表，犹如一石投河，波浪顿起，中国在未来竟然超过美国，这对经常以"老大自居"的美国人来说简直不可思议。美国中央情报局1995年对世界上10个最大的经济国家的未来发展进行了估算，根据购买力平价理论，中国国内生产总值到2020年为200040亿美元，美国和日本则分别为134700亿美元和50520亿美元，中国赫然名列第一，美国、日本屈居之后。①这种统计固然说明了中国经济发展的"美好前景"，究竟是否符合实际还有待未来检验，但却给某些美国人制造"中国威胁论"提供了数字依据。至于在政治、军事、文化等方面，美国人也把中国摆在对美国利益构成"威胁"的位置，并加以具体说明。1992年美国传统基金会在《外交研究》秋季号刊登了题为《觉醒的巨龙：亚洲的真正危险来自中国》一文，声言中国将对美国的经济和当前利益构成威胁。1995年初，美国中央情报局全国情报委员会前副主席格雷厄姆·富勒发表了题为《下一个意识形态》的文章，提出中国等第三世界国家的文化价值观将对西方世界形成严重的挑战。②克劳撒默1995年7月31日在《时代》周刊发表了"为什么我们必须遏制中国"一文，竭力鼓吹"遏制"乃至"颠覆"中国的种种理由。他毫无根据地宣称，"如今的中国更像是个旧式独裁专制国家而不是执行救世主似的任务，它一心追求权势。它更像19世纪晚期的德国。当时的德国对于它所处的欧洲大陆来说是太强大了"，因此美国应该召集西方国家结成像当年的"神圣同盟"那样，对中国实行

---

① 参见理查德·哈洛伦："崛起的东方"(Richard Halloran,"The Rising East")，载《对外政策》(*Foreign Policy*)，第 102 期(1996 年春季号)，第 11 页。
② 格雷厄姆·富勒："下一个意识形态"(Graham Fuller,"The Next Ideology")，载《对外政策》(*Foreign Policy*)，第 98 期(1995 年春季号)，第 145~158 页。

"遏制",以防这个对美国全球利益构成威胁的大国的崛起。①

1997年2月,理查德·伯恩斯和罗斯·芒罗合作出版了《即将到来的中美冲突》一书。与此同时,两位作者将他们的主要观点摘编成一篇同名文章,发表在美国《外交事务》季刊上。他们在文章中断言,中美之间在台湾和南中国海发生军事冲突的可能性始终存在,即使两国"不发生正面冲突,在21世纪头几十年期间中国也将成为美国在全球争夺中的主要敌手"。中美竞争将迫使其他国家站在某一方,从而在全球范围内形成一个以中国为中心的非正式反美同盟,以此"对西方——尤其是对美国的全球霸权——日益提出挑战"。由此可见,"中国必将成为美国长期的竞争对手,而不是战略伙伴"。②这期《外交事务》杂志上还刊登了罗伯特·罗斯的《作为保守政权的北京》一文,作者似乎以"公允"的态度来分析中美关系的发展,但"中国威胁论"同样见诸于字里行间。他宣称:"中国尽管技术和军事上落后,但能够通过威胁美国的力量、加剧地区性冲突和拒绝与国际社会合作而增加地区不稳定,这样就要求美国运用另外的策略手段维护其利益。"③美国参谋长联席会议主席亨利·谢尔顿将军公开宣称,中国对美国"疑心重重",正在"侵略性"地使其常规力量与核力量现代化。④一篇发表在1997年5月《华

---

① 查尔斯·克劳撒默:"为什么我们必须遏制中国"(Charles Krauthammer, "Why We Must Contain China"),载《时代》(Times),第146卷,第5期(1995年7月31日),第72页。
② 理查德·伯恩斯和罗斯·芒罗:"美国即将到来的冲突"(Richard Bernstein and Ross H. Munro, "The Coming Conflict with America"),载《外交事务》(Foreign Affairs),第76卷,第2期(1997年3/4月),第18~32页。
③ 罗比特·罗斯:"作为保守政权的北京"(Robert S. Ross, "Beijing as a Conservative Power"),载《外交事务》(Foreign Affairs),第76卷,第2期(1997年3/4月),第38页。
④ 参见约翰·霍尔德里奇:"美国与中国:到处都是不满"(John H. Holdridge, "U.S. and China: Frowns All Around"),载《纽约时报》(New York Times),2000年12月20日,第A34页。

盛顿邮报》的文章认为，几个月以来在观察中国上形成了一股扭曲的潮流，即"持续不断的一系列文章、书籍和舆论作品宣称，中国现在是亚洲和平的主要威胁。这种观点描述一个好战的中国正在从事一项毁灭性军事扩张计划，目的强行使其邻邦归顺，把美国从这一地区驱逐出去。这种描述的言外之意是很清楚的：美国面对着一个类似苏联的新的战略敌手"。他列举了把中国"妖魔化"的五种"神话"：一是"中国通过军事力量向台湾展示的近期图谋证明了它旨在对整个亚洲构成了威胁"；二是"中国正在奉行一项毁灭性的军事现代化计划，据各种估计每年花在国防上的开支为800亿美元到1500亿美元"；三是"中国已经具备了先进的军事系统，大大扩大在其疆域之外实施打击力量的能力，由此改变了亚洲的均势"；四是"即使中国现在不具备潜在的进攻能力，它在10年内必然会拥有这种能力"；五是"中国的现代化努力主要目的是向美国在整个亚洲的能力提出挑战"。作者是一位很著名的美国学者，他从维护美国利益的角度出发反对将中国如此"妖魔化"。[①]这位作者的声音代表了很多人的看法，也反映了美国政界、学界以及舆论界对中国的"扭曲"已经到了不可等闲视之的地步。鼓吹中国"威胁"世界和美国的论调尽管是危言耸听，理论上难以自圆其说，学术上毫无价值，但的确反映出美国社会长期存在的反共心态。这些对中国抱有很大偏见的学者也正是借助着这种心态在公众中煽动起反华情绪和误导政府的对华政策。

美国政府的对华政策首先是出于国家利益的考虑，本来两国关系的健康正常发展最有利于两国利益的实现，但美国政府却不以为然，受"冷战思维"的影响也把中国视为潜在的"敌人"。在已经变化的国际局势下，公开"遏制"中国显然已不可取，也有悖于美国的利益。克林顿政府曾反复声明，一个强大、稳定、繁荣、开放

[①]斯温："不要妖魔化中国：关于中国军事力量的论调不能反映现实"，第 C01 页。

的中国符合美国的利益。美国不能对中国进行孤立、对抗和遏制，同中国进行建设性的接触才是唯一选择。这应该说是发展中美关系的一种明智态度。但在事实上，这种认识似乎是说给别人听，往往流于言语上，并未真正地转化为实际行动，相反"遏制"成分却在美国对华政策中呈上升之势。"反华"一直是美国领导人捞取政治资本的时髦话题，每逢总统大选，北京总是被双方候选人作为攻击的对象。克林顿在竞选总统时就把北京设想为美国的"敌人"，极尽不实之词。更有甚者，1994年春纽约世贸中心大楼爆炸后，克林顿在白宫的一次会议上对美国工商界人士说："美国必须对中国采取强硬态度，否则下次世界贸易中心爆炸的时候，炸弹很可能来自中国的核武器。"①把一件与中国毫不相干的事与中国挂起钩来实属"欲加之罪，何患无辞"。

　　美国蓄意与中国为敌的态度没有停留在口头上，而在实际外交活动中体现出来。在政治上美国政府认为中国是推行全球"民主化"的最大障碍，所以在美国国务院每年发布的人权报告中总是指名道姓地批评中国；在台湾问题上玩"危险游戏"，美国政府允许美台之间建立次内阁级对话，准许美台官员在白宫和国务院以外的政府机构会晤。1995年5月，竟然置对中国的承诺于不顾，批准李登辉访美；在国际社会肆意诋毁中国，诬蔑中国向一些国家出售战略核武器的技术和设备。如美国中央情报局在关于1996年下半年大规模毁灭性武器扩散的报告中宣称，中国是向外国提供与大规模毁灭性武器有关的商品和技术的"最重要的供应国"，其中包括"给予伊朗和巴基斯坦弹道导弹计划的各种巨大帮助"。美国还在国际社会制造了结果令其非常难堪的"银河号事件"。经济上美国经常挥舞着"制裁"大棒，阻挠中国加入世界贸易组织，在双边经贸往来、知识产权谈判等方面设置障碍。在思想意识上通过传播美国的

---

① 转引自李希光等：《妖魔化中国的背后》，第264页。

文化价值观来"软化"中国。1996年9月30日，美国正式开通了"自由亚洲电台"，主要是针对中国展开"攻心战"。在军事上试图对中国形成包围之势，用美国某一政策研究机构报告中的话来说，从长期的战略角度看，社会主义中国的存在对美国的生存构成了威胁，因此美国必须在中国周围保持强大的军事存在。1995年1月5日至16日，美国、新加坡、泰国三国在泰国进行了意在牵制中国的联合军事演习。1995年7月，美国正式宣布同越南建立外交关系，其中一个战略考虑就是利用越南来牵制中国。美国参议院军事委员会委员麦凯恩直言不讳地宣称，美国和越南有共同的利益，即遏制中国的霸权。让经济上有活力和稳定的越南强大起来，达到可以抵制其北方强邻的地步，这绝对是符合美国的安全利益的。1996年4月，克林顿前往日本，与日本政府签署了"美日安全保障联合声明"，美日重新结盟发生在该年3月第三次台湾海峡危机之后显然是"项庄舞剑，意在沛公"。此外，美国大约半数以上的陆基洲际导弹，对准北京和中国各大城市以及军事基地。美国在太平洋的海军舰队也是以中国为主要敌手。①

克林顿政府的对华政策显然受到国内对华强硬派的影响。这伙生怕中美关系改善的人物主张美国对中国应以"遏制"为主，"接触"为辅，以压力促使中国改变对美国构成"威胁"的现行政策。也有一些人持相反意见，力主美国对华政策应以"接触"为主，在此过程中，以美国的政治、经济、文化优势来影响中国，促使中国参与国际规则的制定，并逐步成为一个所谓"负责任"的国家。如美国国务院前亚洲政策顾问曼宁1996年7月23日发表文章称应将中国纳入国际体系以改变中国。美国国防部前助理部长小约瑟夫·奈1997年9月14日在美国《国际先驱论坛报》发表文章主张与中国保持接触以防止其成为美国的挑战者。相比之下，接触派的主张还算

---

① 参见李希光等：《妖魔化中国的背后》，第269页。

比较务实，从长远来说有利于美国利益的实现，因此也会对美国对华政策发生明显的影响。目前克林顿政府的对华政策显然表明"接触派"占了上风，但通过"扭曲"中国来达到影响外交决策的力量在美国社会一直不可轻视。2000年民主党总统候选人戈尔在批评竞争对手布什时指出："孤立和妖魔化中国是错误的，当我们需要建筑一座桥梁时砌起一堵墙也是错误的。"[1]戈尔的批评主要是针对共和党宣扬对华遏制而言的。不过就美国政府而言，无论是对华"遏制"，还是对华"接触"，无非都是出于要中国改变现行统治方式的目的。前国务卿克里斯托弗在谈到美国政府的对华政策时说，关于中国，美国的政策将设法通过鼓励那个伟大国家的经济和政治自由化势力，来促进中国从共产主义向民主的和平演变。这正是美国政府对华政策的最终目的。

当然在美国并不是所有政治家都会加入到"反华"大合唱中去的，其中也不乏真诚地希望通过中美关系的改善来共同促进两国利益实现的人。他们提出的观点尽管首先出于维护美国利益的考虑，但是比较客观公允，有利于中美关系的健康发展。如美国国防部助理部长帮办罗什认为："环顾世界，当今对美国安全最有影响的国家非中国莫属，美国在许多国际性问题上若不取得与中国的合作，将会一事无成。"美中商务委员会主席唐纳德·安德森甚至警告说："今之美国如再无视中国的重要性，将自食其果。"[2]美国《国家利益》杂志主编欧文·哈里斯1997年5月发表文章从中国渴望全球霸权、中国渴望地区霸权、中国扩充军备、中国侵犯人权、中国政界人士对美国持敌对态度和中国干涉美国内政六个方面驳斥了"中国

---

[1] 凯瑟琳·西利："戈尔在对外政策上挑剔布什"（Katharine Q. Seelye, "Gore Faults Bush on Foreign Policy"），载《纽约时报》（*New York Times*），2000年4月30日，第30页。

[2] 以上引文转引自杨运忠："克林顿政府对华政策的演变与特征"，载《世界经济与政治》，1996年第4期，第62页。

威胁论"。中国问题专家哈里·哈丁提出中美关系应是"非敌非友"的大国关系。基辛格1997年7月6日在《华盛顿邮报》发表了题目为"让我们与中国合作"的文章。在这篇文章中,基辛格从各个方面论证了美国与中国合作的重要性,呼吁美国应从战略高度出发与中国进行合作。①他在1999年9月10日向美国政府呼吁在与中国打交道时一定要放弃"冷战思维"。在美国全国新闻俱乐部1997年12月15日举行的美国对华政策座谈会上,前助理国务卿洛德主张美国应放弃对华遏止政策,因为遏止将会使中国变成敌人,美国也因此失去在一些领域同中国的合作,还会导致盟国关系紧张。

  未来几十年里,美中关系既有顺利的一面,又有摩擦的一面,因此美国政府应采取接触政策,将中国融入地区社会和国际社会之中,通过相互依赖来抑制任何冒险主义的政策。卡特、布什等人在不同的场合也提出了与中国保持合作的主张。上述这些人多已退出了决策部门,但依然具有很大的政治影响力,所以会在一定程度上促使克林顿政府采取一些有利于中美关系改善的政策。但是,当保守主义思潮在美国政坛上居于主导地位时,这些政策不会成为"主流"。美国对华政策继续体现出以"防范、遏制"为主,"交往、合作"为辅。无论今后中美关系朝着哪个方向发展,只要中国坚持走社会主义道路,美国政府就难以摆脱"冷战思维"的阴影,更不会真诚地希望中国在对外改革开放中走向富强,相反还是要竭力通过各种手段改变中国的国家性质,根深蒂固的"恐共和反共"意识决定了这一点。

---

① 亨利·基辛格:"让我们与中国合作"(Henry Kissinger, "Let's Cooperate with China"),载《华盛顿邮报》(*The Washington Post*),1997年7月6日,第C7页。

第八章 「输出民主」：宣言与实践

所谓"输出民主"，主要是指美国以自己的是非标准来衡量其他国家，尤其是发展中国家的行为与文化传统，并认为美国有义务和责任将美国的民主制度推广到世界各地，即以美国的民主制为模式或原型，促进与美国文化不同的发展中国家的政治制度向着美国规定好的方向运行，最终实现美国式民主体制的一统天下。输出民主属于美国政府传播其文化价值观的重要组成部分，是美国对发展中国家外交政策的一个明显特征。这种特征在第二次世界大战后和冷战后表现得尤其明显。它是美国对外关系上的一项文化战略，是实现美国外部利益的一种有效手段，历史和现实都证明了这一点。

一 "输出民主"在美国文化中的思想根源

以自己的政治制度为模式，要求或强迫其

他国家接受虽然也存于别的大国或强国的外交中，但其持续性和明显性莫过于美国对与自己文化不同的经济不发达国家的外交。美国企业研究所高级研究员克里斯托尔谈到这一点时说：

> 欧洲民主国家无一认为在世界范围内"促进民主"是其外交政策的重要组成部分。这些民主国家无一认为自己是"山巅之城"，而我们却在世界上有一种特殊的道义——政治使命，我们习惯上这样认为和这样行动。①

这种在其他国家外交中鲜见的现象不能不引起研究者的深思。只有首先搞清楚产生这种现象的思想根源，才能从深层揭示出这种行为的实质。美国白人文化中有一种根深蒂固的观念，即认为美国是世界上特殊的"道义之邦"，美国的政治制度在世界上"独一无二""完美无缺"，是其他国家效仿的榜样。正如美国学者阿尔森在谈到美国人特性时说的那样："美国人通常认为，他们的国家是优秀的国家。它是个经济和军事强国；其影响遍及全球各处。美国人通常还认为，他们的'民主的'政治制度可能是一种最好的制度。"②这种认识反映到美国对外关系上时，就成为其向外输出民主的思想基础。

美国是个典型的资产阶级共和政体，这种体制出现在北美大陆同样有着深刻的历史根源。受欧洲资本主义发展的影响，北美大陆在形成自己的文化过程中从一开始就包含着资产阶级"民主、自由、平等"的成分。众所周知，当美洲出现在欧洲人面前之前，资本主义生产方式已经在欧洲初见雏形，但很大程度上仍然是在社会上占统治地位的封建生产方式的卵翼下生存。如果仅仅局限于在其

---

①克里斯托尔："界定我们的国家利益"，第60页。
②阿尔森：《怎样了解美国人》，第19页。

产生的母国突破旧生产方式的束缚，无疑需要一个很长的历史过程，所以海外探险就成为缩短这一过程的主要途径之一。因此，美洲的发现存在着一个基本的前提条件，即受到欧洲资本主义生产发展的推动。美洲的殖民化虽然是在这个大背景下进行的，但由于殖民国家的政治制度不同，文化传统相异，因而殖民化呈现出不同的模式。西、葡美洲和英属美洲形成了鲜明的对比，这在很大程度上决定了美洲两大陆以后走上了不同的发展道路。19世纪中期美国著名政治家丹尼尔·韦伯斯特认为，"根据天意"，英国无意准备使北美殖民化，她培养了自由，发展了自由体制，把这些无价的礼物送给了横渡大西洋寻找新国家的儿女。丹尼尔·韦伯斯特对美洲两大陆发展进行了比较，最后得出结论说："英国给美国带去了自由；而西班牙则带去了权力。"①弗雷德里克·金特尔斯的研究结论是，"美国多数政治传统是英国经历的结果"。②拉美诺贝尔奖获得者奥克塔维奥·帕斯指出：

>   一个是讲英语的美洲，继承的是奠定现代世界的传统，即宗教改革以及伴随而来的社会和政治后果、民主及资本主义；另一个是讲西班牙语和葡萄牙语的美洲，继承的是普世天主教君主制和反宗教改革。③

帕斯从不同宗教伦理的角度对两个美洲之间悬殊的解释尽管非常具有挑战性，但的确提出了一个令人深思的重大理论问题。这些学者试图从英国那里找到美国的政治传统，其中包括美国民主的起

---

① 伯恩斯：《美国的使命观：国家目的和命运的概念》，第45页。
② 金特尔等主编：《美国之梦：信念和实践的历史》，第9页。
③ 劳伦斯·哈里森：《不发达是一种心态：以拉丁美洲为例》（Lawrence E. Harrison, *Underdevelopment is a State of Mind: The Latin American Case*），增订版，拉纳姆：麦迪逊书社2000年版，第xvii页。

源。当然也有一些历史学家力图从北美大陆发展中寻找美国民主的起源,特纳就持此说。他否认美国民主起源于欧洲,认为美国民主产生于西部,因为西部具有产生民主的客观条件,所以"美国的民主充满了活力,使之与历史上的任何民主形成鲜明的对比,与欧洲通过立法进行种种理论努力创造一个非自然的民主秩序形成鲜明的对比。美国的问题不是创造民主,而是保存民主制度与理想"。[1]因此特纳认为,美国民主的产生不是来自理论与梦想,不是起源于欧洲,而是来自美国的森林,来自对新边疆的占取。其实,把美国民主的产生仅仅溯源于英国或北美本土都有些失之偏颇。北美殖民地在许多方面都留下了母国的痕迹,尤其是英国的政治传统对北美大陆的未来发展产生了重要的影响,但如果说美国的民主是对英国政治传统的简单复制,就完全忽视了北美大陆独特的历史条件的影响与作用。两者的结合,再加上18世纪欧洲启蒙运动的影响,才在北美大陆上产生了迄今仍存的资产阶级民主共和体制。

资本主义的扩展导致了北美大陆的发现,而后者的拓殖反过来又促进了前者的发展。新兴的资产阶级首先对禁锢人们思想意识的封建宗教提出挑战,在欧洲大陆的主要国家先后掀起了声势浩大的宗教改革运动,促成了人们的观念从"中世纪"向现代世界的过渡。1566年,尼德兰爆发了反对西班牙统治的独立战争,经过数十年的斗争,到17世纪初期,荷兰建立了欧洲大陆上第一个资产阶级共和国。马克思称荷兰是"17世纪标准的资本主义国家"。[2]17世纪中叶,资本主义比较发达的英国爆发资产阶级革命,一举推翻了封建制度,也是经过长期的斗争,最后确立了资产阶级的君主立宪制,揭开了人类历史上的新的一页。这次革命的胜利虽然标志着资产阶级已经由在野力量上升为政权主体,但英国却是拖着一条长长

---

[1] 弗雷德里克·特纳:《美国历史上的边疆》(Frederick J. Turner, *The Frontier in American History*),纽约:霍尔特出版公司1920年版,第266页。
[2]《马克思恩格斯选集》,第2卷,北京:人民出版社1972年版,第256页。

的封建尾巴开始社会转型的。此时资产阶级民主政体只是一些激进人士的"理想"而已，并未转化为现实，欧洲大陆事实上依然处于封建制度的阴影笼罩之中。直到18世纪才出现了影响广泛的欧洲思想启蒙运动，向封建"神权"挑战的资产阶级民主思想才在这场运动中脱颖而出。约翰·洛克是英国著名思想家，他发展了自然权利理论，认为人类是生而自由和平等的，具有生存权、自由权和财产私有权。他把人民政治主权原则作为建立国家的基础。洛克的思想以"天赋权利说"而著称于世，对后来一些国家建立资产阶级民主制产生了很大的影响。法国思想家让·雅克·卢梭提出了"社会契约论"和"人民主权论"，把民主共和国作为他理想中的政体。他们的思想充分体现出了早期资产阶级民主成分，即人人都受自然法则的支配，都享有天赋的自由与平等权利；人民为了保证个人自由，才订立契约，组成社会，建立国家，推举统治者，所以主权应当属于人民；如果统治者对人民施以暴政，人民就有推翻他们权利。这些学说成为资产阶级问鼎政权时所操持的一件动员舆论的有力武器，在某种程度上也成为衡量资产阶级民主政体的基本原则。这些民主制的基本原则被那些具有先进思想的移民们带到了北美大陆，经过几代人的消化与实践，在这片新开垦的土壤里深深地扎下了根。因此，民主制在北美大陆的出现绝不是偶然的，很大程度上讲具有必然性。诚然，欧洲启蒙思想家的学说对北美大陆未来政体的形成产生了很大的影响，但不是决定性条件，如果不存在移民们来到北美大陆的背景以及这里独特的地理环境和优越的自然条件，很难设想这块大陆的未来发展。许多早期移民自身就带着旧大陆所不愿意接受的思想与观念，他们不畏艰难险阻来到这块大陆，就是想创建一个与旧大陆完全不同的"新社会"。此外，由于英属殖民地的特殊性，经济发展从一开始就与资本主义商品经济密切联系在一起，先进的生产关系预示着必然会在北美大陆上结出丰硕的政治果实。

随着资本主义经济的发展，资产阶级必然要求获得政权，实现生产关系的转变，进而为生产力的发展创造条件。正是在此基础上，北美早期资产阶级革命先驱借西欧启蒙思想家的"天赋人权"说为理论武器，发出摆脱英国殖民统治的呼声。以"自由的使者"、"美国的号手"而著称的革命思想家托马斯·潘恩，用其犀利的文笔，写出了振聋发聩的战斗檄文——《常识》，向北美人民宣布："组织我们自己的政府，乃是我们的自然权利。"[①]潘恩的宣传可以说首次激发起美利坚民族独立的激情，点燃起即将形成燎原之势的独立火花。资产阶级民主主义者杰斐逊为了唤起人民的革命热情，甚至认为，人民不但有权反抗暴政，而且在民主政体下举行局部起义也是允许的，因为它是防止政府腐败的"必须的良药"。[②]他们在向人民宣传与鼓动革命中发展了欧洲启蒙思想家的"天赋人权"学说，形成了指导北美大陆独立的革命理论，1776年大陆会议通过的《独立宣言》便是这种理论的具体体现。它庄严地宣布：

> 我们认为下面这些真理不言而喻，即所有人是生而平等的，造物主赋予他们一定的不能转让的权利，其中包括生命、自由和幸福的追求。为了保障这些权利，人类才在他们之间建立政府，而政府之正当权利，是经过被统治者的同意而产生的。任何政府一破坏这些目的，人民便有权利把它改变或废除，以建立一个新政府。新政府所依据的原则，和用以组织其权力的方式，必须使人民认为，那样是最有可能使他们得到安全和幸福……[③]

[①] 马树槐等译：《潘恩选集》，第36页。
[②] 菲利普·方纳编：《杰斐逊文选》，王华译，北京：商务印书馆1963年版，第54页。
[③] 《独立宣言》原件见美国国会图书馆编《美国历史上的基本文件》(The Library of Congress, *Primary Documents in American History*)，可在 http://www.loc.gov/rr/program/bib/ourdocs/DeclarInd.html 网址上获得。

这些为后世所熟悉的词句脍炙人口，激发起殖民地人民摆脱英国宗主国统治，组建自己政府的激情。《独立宣言》所包含的全部内容标志着资产阶级的"自由、平等、博爱"学说已经发展到成熟阶段，对美国历史和世界历史的发展都产生了重要的影响。约翰·亚当斯就认为，《独立宣言》"注定覆盖全球的表面。它一举推翻了建立在征服之上的所有政府的合法性。它扫除了堆积数世纪奴役状态的全部垃圾"。[1]《独立宣言》尽管有时代的局限性，但无疑是欧洲启蒙运动产生的思想与北美大陆具体实践结合的产物，它深刻地反映出美国早期资产阶级革命者的民主思想。美国独立战争胜利后，制宪会议1787年召开，通过了美利坚合众国宪法，规定按三权分立的原则组成政府机构。立法权归国会，行政权归总统，司法权归最高法院及其下属法院，三大权力部门相互制衡，以防其中之一权力机构专权。宪法的通过标志着资产阶级民主共和政体的正式确立。1791年美国国会通过了宪法前10条修正案，称为"权利法案"，确认了资产阶级的民主原则，主要保障了美国国内男性白人在政治上和社会上所享受的基本权利。

在美国白人看来，他们的祖先为了寻求自由来到美洲，经过数世纪的奋斗，现在终于在北美大陆上形成了有别于世界上任何其他国家政治制度的体制，美国采取了世界上能够保证资产阶级民主自由的最好制度。詹姆斯·门罗总统在离职前的最后一次致国会的咨文中说："我们的制度在文明世界历史上构成了一个重要的时代。一切都将取决于这种制度的维护以及最大限度的纯洁。"[2]以这种

---

[1] 转引自小爱德华·豪兰·塔特姆：《1815年至1923年的美国和欧洲：对门罗主义背景的研究》Edward Howland Tatum, Jr., *The United States and Europe 1815-1823: A Study in the Background of the Monroe Doctrine*），伯克利：加利福尼亚大学出版社1936年版，第243页。
[2] 詹姆士·门罗："第八次年度咨文"（James Monroe, "Eighth Annual Message"），1824年12月7日。全文可在 http://www.presidency.ucsb.edu/ws/index.php?pid=29466 网站上获得。

"自由与开明"的制度为基础去实现其复兴和拯救世界的梦想，自然就成为美国白人文化中的一个重要组成部分。诚如研究美国民主思想发展的知名学者拉尔夫·加布里埃尔所言："美国民主制把世界从专制者的压迫下解放出来的使命正是基督教注定把世界从撒旦统治下拯救出来的世俗表达。"①众议院拨款委员会在第二次世界大战初期的一份报告中写道："我们的先辈在这块土地上洒下的自由种子如果得到适当培育的话，其生长就不应该仅限于我们的疆域之内，而应该进入到世界其他地区。"②博斯特德罗夫也认为，在美国，"使命神话坚持，美国具有一种服务于民主模式的道德义务，天定命运的神话却表明，美国注定通过扩张其版图成功地传播民主"。③因此当美国开始处理与自己政体不同的国家关系时，这种价值观必然会在其外交政策中体现出来，要求其他国家接受美国式的民主体制便成为其中的一个主要内容。

上述所论只是美国向外输出民主的思想意识根源，并未涉及到美国对外关系中的政治、经济和战略等利益，而后者才是美国外交政策制定与执行的决定性因素。因此，输出民主固然能在美国白人文化中找到它的痕迹，但当这种价值取向在外交中与美国的实际利益结合在一起时，就完全转变成实现美国政治、经济、安全等利益的一种手段。

二　美国外交中的"输出民主"表现

"输出民主"是一个宽泛的概念，从狭义上讲，它是指美国要

---

① 拉尔夫·加布里埃尔：《美国民主思想历程：自1815年以来的理性史》(Ralph H. Gabriel, *The Course of American Democratic Thought: An Intellectual History Since 1815*)，纽约：罗纳德出版公司1940年版，第37页。
② 宁柯维奇：《思想外交：美国外交政策与文化关系》，第123页。
③ 博斯特多尔夫：《总统任期与外交政策巧辩》，第185页。

求其他国家，尤其是发展中国家或意识形态与之相异的国家对其政体的被动接受。从广义上讲，它是指美国将其传统文化价值观传播给其他国家。自从美国作为一个主权国家与外部发生关系以来，输出或传播美国式的民主制便作为美国政府决策者的一项考虑，始终存在于美国对非西方国家的政策之中。我们并不否认，受传统文化价值观的影响，许多美国人，包括跻身于美国决策层内的一些重要政治家，虔诚地希望美国的民主体制能够取代在他们眼中属于"专制、独裁、堕落、腐败"的政府，他们期望美国外交政策中的任何方针都能反映出符合本国社会文化的价值观。他们对外部世界的态度或认识常常有意或无意地给政府外交决策造成一种有形或无形的压力，迫使政府在执行外交政策时总是力求在可能的情况下至少在表面上与美国的文化传统保持一致，以获得公民对其外交政策的支持。其实，如果仅从意识形态角度讲，美国政府还是力求在输出民主方面取得成效，以完成冥冥之中的上帝赋予其在尘世所履行的一种特殊"使命"。外交是国与国之间的一种互动行为，置身于这一过程中的任何一方无不力求其外部利益得到最大限度的实现，美国也不例外。尽管许多美国领导人在讲话中和政策文告中常常以动听的语言阐述美国的输出或促进民主，给这种外交行为穿上一件光彩熠熠的外衣，但他们也很难掩盖现实利益对输出民主的制约。一旦这层外衣被剥开，我们就会发现输出民主具有更深层的目的。

美国从来不是一个囿于自身疆界之内发展的国家，它的目光始终注视着疆域之外的世界，总是试图在世界事务中扮演一种与他国不同而且是居于他国之上的角色。立国之初由于受客观条件所限，美国无法在大洋之外的竞技场上主动出击，但美国并未由此放弃了在国际舞台上发挥特殊作用的愿望，以自己所谓"完善"的民主体制昭示世界体现出美国政府决策者工于心计的谋略。当其他国家对美国纷纷效仿时，美国实际也就迈出了征服世界的第一步，至少在文化心理上胜其竞争对手一筹，为日后美国把这些国家纳入自己的势力范围奠定基础。美国早期领导人经常宣称以美国的"范例"来"拯救"世界就是这方面最好的说明。"范例"毕竟只是一厢情愿而已，他国是否接受与效仿并不取决于美国，这种被动的文化战略事实上在美国具备了问鼎世界领袖的力量时也就发生了改变。被动与主动同时并行，一方面"范例"继续以其昔日的魅力吸引着他国的效仿，另一方面积极在国外促进美国式的民主。当然在现实生活中，这项文化战略并未能够完全遂美国政府之愿，而且常常又受到美国其他利益的牵制，但在条件许可的情况下，美国政府会力求这一战略与其他至关重要的利益保持一致。当一个"民主化"或"美国化"的世界到来时，美国自然就成为"无冕之王"，领袖地位何止仅限于美洲或西方。所以当美国积极追求在世界上发挥领导作用时，美国领导人从来没有忘记操出这件对美国既定目标实现非常有利的武器。

实现世界领导权和按照美国设计好的方案安排战后国际秩序是美国参加第一次世界大战的主要原因之一，但威尔逊总统却把美国的目的说成是"必须使世界适宜于民主的推行"。他义正词严地宣称：

> 我们将为我们一向最珍视的事业而战，——为民主，为屈从于权势的人们在自己的政府中有发言的权利，为弱小民族的权利与自由，为自由人民协力合作的普遍权利而战。这种自由人民的协力合作必将给各国带来和平与安全，并使世界本身最后获得自由。[①]

威尔逊的这番话不是美国参战的真正原因，但也流露出民主会给动荡不安的世界带来和平与自由的倾向，为"民主"而战成为动

[①] 林克编辑：《伍德罗·威尔逊文件集》，第41卷，1982年版，第519~527页。

员美国民众支持政府行为的一个最好的理由。富兰克林·罗斯福骨子里都铭刻着威尔逊"国际主义"的印记。他无时不想使这位他仰慕的总统为美国设计好的世界领袖"蓝图"转化为现实，美国民主的传播成为实现这一目的的手段之一。罗斯福在1936年的总统竞选期间公开宣称，其他国家的人民"早就产生了他们的民主。……只有我们的成功才能激发起他们久已沉没的希望。他们开始知道，在美国，我们正在为民主的生存……从事一场伟大而成功的战争。为了我们自己和全世界拯救这一伟大而珍贵的政体，我们正在战斗不息"。①同年12月，他在布宜诺斯艾利斯召开的美洲国家会议上宣布："民主制仍然是世界的希望。如果我们这一代能够继续使之在美洲成功地运行，它将会得到传播，取代统治人们的其他方法。"②这些政治家之所以常常把"民主"挂在嘴边，除了他们真心地希望美国的民主制度能够被其他国家所接受之外，主要还是想以此掩饰美国在国外追求的真实目的，以在推行对外政策时获得国内民众的支持。

第二次世界大战后，美国成为名副其实的西方世界领袖，为了控制对其世界霸权至关重要的"中间地带"，促进和维护民主自由的旗号自然堂而皇之地出现在美国的对外政策中了。杜鲁门1947年3月12日在国会两院特别会议上发表的著名演说中明确提出了"两种生活方式的选择"，美国的责任就是帮助和支持那些选择了西方自由体制的国家。他以后声称："整个世界应该采取美国的制度，美国的制度只有成为一种世界制度，才能存在下去。"③用阿纳托尔·拉波波特的话来说，第二次世界大战之后，美国领导人确信，"世界需要美国，美国将保证使世界按照美国设计的方案适当地组

---

① 达莱克：《美国对外政策方式：文化政治和外交事务》，第121页。
② 达莱克：《美国对外政策方式：文化政治和外交事务》，第121页。
③ 斯蒂芬·安布罗斯：《趋向全球主义：自1938年以来的美国对外政策》(Stephen E. Ambrose, *Rise to Globalism: American Foreign Policy since 1938*)，巴尔的摩：企鹅书社1971年版，第19页。

织起来"。①肯尼迪出任总统时期,美国的战后霸业达到了顶峰。这位"属于冷战一代"的总统自命不凡,雄心勃勃,大有以美国的自由体制征服世界之势。他把其政府欲要奉行的外交政策形容为"一手抓箭,一手抓橄榄枝",在第三世界大力促进所谓的"民主",以图改变美国战后支持独裁政权的不佳形象。里根是以重振美国"昔日雄风"为己任出任美国总统的。他力图重新塑造美国在国际社会的形象,恢复美国执世界事务之牛耳的地位,并把传播美国的民主价值观作为实现这一目的的重要手段。1986年3月14日,里根发表了对外政策咨文,声称美国要对全世界"进行强有力的领导",要推行一种"顾及世界各地寻求自由的亿万人民命运的外交政策",美国的目标是促进世界的"民主革命",让世界"有自由"而无"任何形式的暴政",美国将为实现这些目标而不懈努力,按照美国的理想去影响事态发展,"将随时准备在其他国家帮助实现民主"。②

从美国领导人的言论来看,在国外促进民主似乎是美国对外政策的一个主要目标,其实不然,在政策的实际执行中,促进一个民主化世界的到来只是美国实现其世界领袖的前奏。美国政府前高级官员葆拉·多布里斯基认为,美国在国外促进民主"除了得到纯粹的军事好处外,一个民主的世界将产生一种最有益于美国政治、经济和文化利益的国际环境"。③用美国学者乔舒亚·穆拉夫契克的话来说:"一个民主的苏联或一批民主化的后起国家将不是我们的敌人。我们将摆脱核灾难的经常恐惧。苏联将增加民主阵营几乎不可抵制的力量。美国和苏联作为一个伙伴国,而不是对手,靠着民主

---

① 阿纳托尔·拉波波特:《两大国:苏美关于外交政策的观念》(Anatol Rapoport, *The Big Two: Soviet-American Perceptions of Foreign Policy*),纽约:飞马出版社1971年版,第91页。
② 参见"里根致国会关于对外政策全文"("Text of Reagan Message to Congress Foreign Policy"),载《纽约时报》(*New York Times*),1986年3月15日,第4页。
③ 多布里扬斯基:"人权与美国对外政策",第166页。

的欧洲和日本的支持,美国能够促成一个新的全球秩序。"①穆拉夫契克这里就是少说了一句话,在这种由"民主"国家构成的世界秩序中,美国自然是当之无愧的领袖,这大概也就是美国政府在国外推进美国民主的一个主要目的吧。

大多数发展中国家由于历史原因和经济不发达,再加上发达国家相互争夺势力范围,所以国内政局常常动荡不安,政权更替频繁。这种状况对在这些国家或地区享有巨大利益的美国构成了一种潜在威胁。在许多情况下,美国对这些国家利益的侵犯是动荡的根源之一,但作为最大的既得利益享有者,美国又不愿意或希望动荡的发生,它们的政治和社会的"稳定"是保证美国利益实现和发展的一个前提条件。正如美国学者斯特林·约翰逊指出的那样:"一种稳定的国际体系的存在是维护美国经济和军事霸权的关键所在。因为对现状的任何变革很可能不是促进美国的利益,而是损害美国的利益。"②所以,当非西方国家,尤其是那些与美国利益密切相关的国家发生破坏现状的革命或动荡时,美国总会采取不同的方式进行干涉,迫使它们接受美国规定好的政体形式是其中经常使用的一种方式。因为在美国领导人看来,"不民主的国家生性好战并且邪恶;而民主国家是和平的有道德的,这种国家受人民的监督并定期更换他们的领袖"。③用富布赖特的话来说:

> 第二次世界大战以前,美国的对外干涉——即干涉其他国家的内部事务,几乎完全局限于我们公开宣布的在拉丁美洲的势力范围。第二次世界大战以来,美国已成为在全球实行对外

---

① 乔舒亚·穆拉夫契克:《输出民主:完成美国的使命》(Joshua Muravchik, *Exporting Democracy: Fulfilling America's Destiny*),华盛顿:AEI 出版社 1991 年版,第 7 页。
② 约翰逊:《全球追求与占有:美国国家利益对国际法》,第 10 页。
③ 斯帕尼尔:《第二次世界大战后美国的外交政策》,第 11 页。

干涉的国家。作为战后时期实力最强的国家，我们总是认为我们有进行干涉和维持秩序的责任，有在世界范围内推行和执行发展和民主化计划的责任。①

我们以拉丁美洲为例来说明美国是如何干涉这些国家的政体形式的。威尔逊常常宣称，在世界范围内传播民主，促进其他国家接受民主政体尤其是美国外交的一个"主要目标"。林克教授把威尔逊政府的这种外交政策取向称为"传教士外交"就是以此为根据的。威尔逊出任美国总统伊始，就拒绝承认墨西哥通过政变上台的韦尔塔政府，并借助各种手段迫使韦尔塔下台，最后乃至出兵干涉，要求在墨西哥建立一个符合宪法的民选政府。他也借多米尼加共和国和海地的内乱，派美国海军陆战队登陆，在刺刀的恐吓下进行所谓的投票选举。在这里，投票者完全慑于美国的胁迫，不得不选出美国选择好的总统。威尔逊的这种直接出兵形式在第二次世界大战前较为常见，战后美国则更多地通过其他途径干涉拉美国家选举，如美国1962年出钱资助在巴西大选中的亲美候选人。卡特政府在1978年多米尼加总统大选中，支持安东尼奥·古斯曼当选，多米尼加人戏称古斯曼是"卡特和万斯的儿子"。在智利、厄瓜多尔、尼加拉瓜、危地马拉、洪都拉斯、秘鲁、萨尔瓦多以及加勒比地区，美国政府都不同程度地插手，力图使选举按照美国设计好的方向发展，最后组建亲美的民选政府，以利于美国的政治控制和经济扩张。美国学者小西奥多·怀特研究了这一问题后得出结论："美国并不有意在其他国家采取促进民主体制的政策。美国支持自由选举是要解决伴随其上升为世界强国的某些具体政策问题。首要之问题一直是如何防止或阻止革命。在与这一企图有关的每个实际事件

---

① 富布赖特：《帝国的代价》，第116页。

中，政治稳定是美国选举干涉的直接或间接目的。"①在美国对大洋之外的国家或地区的干涉中，我们同样可以清晰地看到这项文化战略的痕迹。

美国政府的一位高级官员莫顿·霍尔珀林指出，美国应该领导促进国外的民主趋势，因为"民主政府更爱好和平，很少发动战争或引起暴力。那些属于立宪民主的国家不可能与美国或其他民主国家进行战争，更愿意支持对武器贸易的限制，鼓励和平解决纠纷，促进自由贸易。这样当一个国家试图举行自由选举和建立一个立宪民主制时，美国和国际社会应该不仅帮助，而且应该保证这一结果"。②霍尔珀林这里谈的是冷战后美国应该采取的政策，但这种思想在第二次世界大战后美国对外政策中就不时地体现出来，至少在美国决策者看来：其一，世界民主化或美国化程度愈高，美国治下和平的可能性就愈大；其二，美国扶植的民主化国家不会与美国兵戎相见，很少对美国的地区或全球利益构成威胁；其三，民主国家不易爆发推翻现状的革命，这样就把战后共产主义的"扩张"减少到最低限度。

第二次世界大战后，美国单独占领了日本，占领当局对日本进行了一次自上而下的民主改革。改革是按照杜鲁门总统1945年9月6日正式批准的"战后初期美国对日政策"这一文件进行的。这份文件的精神主要有两点，一是保证日本非军事化，不再构成对和平的威胁；二是铲除封建基础，在政治上实现民主化。这次改革是基于

---

① 小西奥多·怀特：《美国支持国外的自由选举》(Theodore P. Wright, Jr., *American Support of Free Elections Abroad*)，华盛顿：公众事务出版社1964年版，第37页。

② 莫顿·霍尔珀林："保证民主"(Morton H. Halperin, "Guaranteeing Democracy")，载《对外政策》(*Foreign Policy*)，第91期(1993年夏季号)，第105页。关于美国人认为民主国家热爱和平的说法详见巴巴拉·克罗西特："民主国家热爱和平，不是吗？"(Barbara Crossette, "Democracies Love Peace, Don't They？")，载《纽约时报》(*New York Times*)，1997年6月1日，第E3页。

日本文化与美国文化甚至西方文化二元对立之上来进行的。如参与起草日本宪法的比特·西罗塔·戈登认为，"日本文化实质上是封建主义的。日本人民服从当局的任何命令，即使作为个人的他们这样做感到勉为其难。……日本的道义体系提高了为了大事业而牺牲个人利益者的地位。……日本人民不知道个人权利的基本概念。他们把这样一个概念误解为等同于自私或丑陋的个人主义"。相比之下，美国是一个对个人权利有着成熟理解的国家。①麦克阿瑟1951年在美国参议院听证会上比较了美国战后对日本和德国的占领，详细地阐述了日本如何在美国的指导下成为一个"好学生"。在麦克阿瑟看来：

  德国人民是一个成熟的民族。如果盎格鲁-撒克逊在发展上、在科学上、在艺术上、在神德上以及在文化上到了45岁的年龄，那么德国人是相当成熟的。然而，日本人尽管按照时间来衡量是古老的，但他们还处于一个被教诲的状态，按照现代文明标准来衡量，与我们45岁的发展相比较，他们还是像一个12岁的孩子。像处在任何受教诲的时期内，他们很容易追随新的模式，接受新的思想。你能把一些基本的概念移植到这里。②

麦克阿瑟的这番话在认为"民主制"很健全的美国人当中很有代表性，明显包含着对日本文化的"贬低"，而日本人善于接受对

---

① 米雷·科伊卡里："输出民主吗？1945年至1952年美国占领日本期间美国妇女、'女权主义改革'和帝国主义政治"（Mire Koikari, "Exporting Democracy? American Women, 'Feminist Reforms', and Politics of Imperialism in the U.S. Occupation of Japan, 1945—1952"），载《妇女研究杂志》（*A Journal of Women Studies*），第23卷，第1期（2002年），第32页。
② 转引自约翰·道尔：《残酷无情的战争：太平洋战争期间的种族与权力》（John Dower, *War Without Mercy: Race and Power in the Pacific War*），纽约：万神书社1986年版，第303页。

本国发展有利的外来文化成分却在这里被说成是他们像"小孩"一样易于接受美国这个"大人"的谆谆教导，也会按照"大人"的安排行事。不过也毋庸讳言，美国在日本强制推行的改革对战后日本的发展产生了重大影响，尤其是美国一手操纵的日本新宪法的制定和通过，确立了美国式的三权分立政体，标志着日本完成了从军国主义专制体制向资产阶级议会制的过渡。

在德国占领区，美国也联合英法两国，以西方民主制的模式成立了德意志联邦共和国。当然美国对日本和德国进行的"民主化"改革本意主要是出于美国的利益考虑。日本与德国虽然战败，但依然具有一定社会文化基础的法西斯残余并未随着战火的熄灭而消失殆尽，若不按照西方的民主模式对两国进行激烈的改造，就会留下"隐患"，日后对美国地区利益乃至全球利益形成威胁。任盟国驻日占领军司令道格拉斯·麦克阿瑟将军就认为，日本的民主化是一种辅助性的目的，其"最终目标"是"促成一种形势，最大可能地保障日本将不再构成对世界和平与安全的威胁"。[1]就连竭力倡导美国在国外应积极促进民主的穆拉夫契克也直言不讳地承认："美国参加第二次世界大战是为了维护自己，并不是使日本和德国民主化。然而，一旦美国卷入其中，便得出结论，维持和平的最好方法将是使日本和德国转变成民主制。同样，美国参加冷战是为了维护自身，并不是为了传播民主。不过美国常常发现或设想，建立一个抵制共产主义在其他国家进展的堡垒的最好方法是加强民主制。"[2]穆拉夫契克这里至少说出了美国大力促进国外民主的一个主要原因。

拉丁美洲民主化是战后拉美经济发展所导致的在政治领域的一种变革趋势。在这一进程中，美国是设置了障碍，还是促进了发展，国外的看法也不尽相同，但可以肯定地说，美国没有置身于这

---

[1] 穆拉夫契克：《输出民主：完成美国的使命》，第92页。
[2] 穆拉夫契克：《输出民主：完成美国的使命》，第119页。

一进程之外，而是将它纳入了美国向拉美传播美国文化价值观的轨道。1958年5月，副总统尼克松出访南美后提出美国应该热情地支持拉美民主制的领导人，以免造成它正在帮助一小批特权阶层的影响。这一建议虽然受到国务卿杜勒斯的异议，但说明促进拉美民主制已经引起美国上层的关注。[①]肯尼迪上台后，提出在拉美推行"争取进步联盟"计划，把"促进经济发展和加强民主体制"作为两大目标。肯尼迪政府在这方面作了一些努力，试图通过经济援助，在拉美巩固和发展以美国价值观念和生活方式为基础的代议制民主。20世纪70年代后期，卡特政府强调把在拉美建立"民主制度"作为其外交的重要内容，为此以中断经济和军事援助为手段，迫使南美军人政权改变统治方式，逐渐向文人政府过渡。里根政府在外交上虽然灵活多变，但把促进世界各地的"民主运动"作为其外交政策的一个"基本方向"。在这种思想的指导下，里根政府利用其所谓的文化优势，以其民主价值观向苏联阵营不时发动进攻，将其置于文化意识形态上的守势境地，在促成苏东国家的政治制度演变上起了推波助澜的作用。

"输出民主"作为一项文化战略在美国对外关系上时隐时现，美国政府只要条件允许都竭力将之在对外政策中体现出来。这种外交行为得到美国一些政治家和学者的称赞，如美国国务卿乔治·普拉特·舒尔茨（George Pratt Shultz）1985年1月31日在参议院作证时说，美国始终是民主制度的卫士。民主制度是人权的最好保证，也是局势稳定的最长远保证。在两党支持下全国对民主制度的援助反映了美国这种致力于民主的精神。在每一个大陆，我们都看到走向民主的趋势和对民主的向往，它们生动地说明自由的思想完全不是

[①] 沃尔特·拉夫伯：《不可避免的革命：美国在中美洲》（Walter LaFeber, *Inevitable Revolutions: The United States in Central America*），纽约：诺顿出版社1983年版，第137页。

一种同文化联系在一起的愿望或者工业化的西方所独有的东西。美国学者理查德·巴尼特认为:"对美国人来说,美国政治制度得到证实是通过它被其他国家所接受。我们通过这种制度在国外被效仿和受称赞的程度来判断我们社会的价值。"①这样的语言在美国政界和学界比比皆是。他们固然道出了美国文化中的一种价值观,但并不能真实地反映出这种价值观与美国的具体利益结合在一起所要达到的真正目的,实际上也就掩盖了美国外交的本质。"利他性"只是"利己性"的一种掩饰,且不说在风云变幻的国际竞争中没有"利他主义"的一席之地,即使偶尔存在着利他因素,那么这种"利他"首先是为了利己。"输出民主"给美国获取其他至关重要的利益蒙上了一层漂亮的外表,当我们把这层外表剥开后,它并不像美国政治家和学者们宣扬的那样娓娓动听,纯粹是一种服务于美国政治、经济、战略等利益实现的一种有效辅助手段。

三 冷战后的美国"输出民主"战略

冷战结束后,世界并未进入太平盛世,相反冷战时期掩盖和压抑的许多矛盾纷纷暴露出来,国际局势变得更加错综复杂。作为冷战后的唯一超级大国,美国面对着来自各个方面对其世界领袖地位的挑战,更加注重对外政策中的文化因素。美国强调以其政治发展为模式促进国外的民主,也就是试图把一个意识形态多元化的世界用美国的价值标准统一起来,实现冷战后美国治下的和平。

具体来讲,美国主要出于下述考虑,东欧剧变和苏联解体使美国朝野一时沸沸扬扬,一种主要观点认为美国靠着其思想意识和文化价值观打赢了这场战争,如穆拉夫契克在1991年出版的一本书中写道:"美国几乎没有费劲就赢得了冷战……不过,美国获胜不是

---

① 索恩:"美国政治文化与冷战的结束",第323页。

靠着其军事力量和外交技巧，而是靠着美国制度基于之上的民主思想的力量和共产主义思想的失败。"①斯坦福大学胡佛研究所高级研究员拉里·戴蒙德也持相同观点。他认为："民主制赢得了冷战的这场伟大的意识形态斗争。"不过，戴蒙德没有对这场西方的"胜利"得意忘形，他告诫那些得意忘形的美国人说："民主制不是唯一的选择。各种独裁主义——伊斯兰原教旨主义的独裁、极端民族主义的独裁、军事的独裁、革命的独裁——依然具有吸引力。"②戴蒙德本意还是要美国政府加大推行"民主化"战略，消除这些美国人"视若恐惧"的威胁，但却反映出一个统一到美国民主制旗帜下的世界对美国来说为时尚早。

其实，冷战并没有真正的赢家。虽然苏东地区出现的形势确实说明美国等西方国家文化价值观的推波助澜作用，但冷战的结束并不意味着与美国不同的意识形态在这个世界上完全消失。除了还存在着坚持走社会主义道路的国家外，一些在美国人眼中属于专制、独裁、集权的国家也积极活动在国际舞台上，成为建立以美国价值观为主导的国际新秩序的主要障碍。美国决策者认为美国的民主具有无坚不摧的力量，是将这些国家引导或演变到"西方民主大家庭"中的有力武器。多布里扬斯基指出在国外促进民主与人权不仅是一种道义上迫切履行的义务，而且是一种支持美国国家安全的可靠战略方式。③布什在向国会递交《1991年国家安全战略报告》时发表声明说：

> 我们对战略挑战的对策一向是由我们作为一个民族的特性

---

① 穆拉夫契克：《输出民主：完成美国的使命》，第1页。
② 拉里·戴蒙德："促进民主"(Larry Diamond,"Promoting Democracy")，载尤金·维特科夫主编：《美国对外政策的未来》(Eugene R. Wittkopf,ed., *The Future of American Foreign Policy*)，纽约：圣马丁出版社1994年版，第101页。
③ 多布里斯基：《人权与美国外交政策》，第166页。

决定的,因为我们的价值观联结着我们的过去与未来,联结着我们的国际生活与对外政策,联结着我们的力量与目的。作为一个国家,我们的责任不仅是保护我们的公民与我们的利益,而且还要帮助创建一个新世界,使我们的理想不但能生根,而且还能开花结果。这正是我们的国家安全战略的根本所在。①

克林顿政府的国务卿克里斯托弗1993年在多次场合的讲话中强调,美国对外政策的基本目标是保证美国本土的安全,促进美国的经济繁荣,增强美国的民主价值观念。在他看来,对这些目标的共同献身精神把美国人民紧紧地联结在一起。促进他们的利益和发扬他们的理想一直是美国外交的中心任务。②美国政府在1998年10月公布的《新世纪国家安全战略》中强调,"支撑我们担当国际领导的支柱是我们民主思想和价值观所产生的力量。在制定我们的战略时,我们认识到,民主的扩大对美国价值观是一个支持,对我们的安全和繁荣是一个促进。民主国家的政府在面临共同的威胁时彼此之间更易于进行合作,鼓励自由贸易和促进经济持续发展。因此,全世界走向民主和自由市场的趋势有助于促进美国的利益"。③所

---

① 乔治·布什:"关于1991年国家安全报告的声明"(George W. Bush, "Statement on the 1991 National Security Strategy Report"),1991年8月13日。这份文件存于布什图书馆,可在 http://bushlibrary.tamu.edu/research/papers/1991/91081302.html 网址上获得。
② 沃伦·克里斯托弗关于在全球范围内促进民主的观点详见"民主与人权""Democracy and Human Rights: Where America Stands—Secretary of State Warren Christopher Addresses World Conference on Human Rights–Transcript"),载《美国国务院电讯》(US Department of States Dispatch),1993年6月21日。全文可在 http://findarticles.com/p/articles/mi_m1584/is_n25_v4/ai_14168099 网址上获得。
③ 白宫:《新世纪国家安全战略》(White House, National Security Strategy for a New Century),1998年10月。这份文件全文可在 http://www.whitehouse.gov/WH/EOP/NSC/html/documents/nssr.pdf 网址上获得。

以，冷战后美国外交中所谓的"理想主义"成分上升绝非偶然，它反映出美国为适应外部环境变化的一种战略调整，输出民主自然成为其中一项重要内容。

在冷战时期，美国为了有效地执行其全球遏制战略，常常与那些坚决反共的亲美独裁政权结为联盟，用经济和军事援助加强对这些国家的控制，维持有利于美国既得利益实现和抑制内部革命爆发的"稳定与秩序"。肯尼迪执政时期加强了对第三世界亲美国家的经济援助，其目的正如他在关于对外援助的信中写道，通过援助使这些国家在社会、经济和政治等方面取得进步，这对于防治国际共产主义的传播是至关重要的。①这种扶植和维护亲美独裁政权的政策虽然在一定时期对与苏联的抗争颇为奏效，但长此以往必以损害美国的长远利益而告终。美国也不时进行政策调整，尽管把支持的重点逐渐转向那些与美国保持友好关系的民主国家，但并没有完全放弃与独裁政权的联盟。冷战结束后，美国无须再为一个意识形态上与它抗衡的超级大国存在而忧心焦虑，也无须再利用独裁政权作为实现其安全利益的一个工具。不过苏联的解体并未使美国高枕无忧，作为一个虎视全球的世界警察国家，每个地区失去平衡都会威胁到它的利益，酿成对其世界领袖地位的挑战。在美国决策者看来，在民主国家，执掌权力者由于受到政治和法制程序所限，不易制造地区动乱，不会对其邻邦构成威胁，反而能够配合美国维护所在地区的稳定与安全。此外，当经济因素逐渐在冷战后的美国外交中居于主导地位时，美国决策者把一个民主世界的存在看成是创造了一个有利于美国经济利益实现的国际环境。因此在美国的战略构想中，促进和传播民主成为维护美国全球安全和经济利益的主要先决条件之一。克林顿在当选为美国总统后说：

---

① 参见"肯尼迪关于对外援助计划的信"("Kennedy Letter on Foreign Aid Program")，载《纽约时报》(*New York Times*)，1961年5月27日，第2页。

> 在世界上保卫自由和促进民主并不仅仅是我们最深刻的价值观的反映,这些都对我们的国家利益至关重要。民主意味着国家之间和平相处,思想和贸易相互开放。①

美国国家安全顾问安东尼·莱克说得更具体,"民主的传播将帮助解决所有其他的美国外交政策问题,因为民主制不侵犯人权,不进攻其邻邦,不采纳限制性的贸易政策,不从事恐怖主义,或者不产生难民"。②美国决策者认识到这一点,但美国与之打交道的国家并不都是以西方标准画线的民主国家,而这些国家向西方政治结构演变也不是由外部环境或压力所能决定的。冷战后美国政府都把传播美国价值观和促进国外民主在其全球战略中提到非常高度,无非就是迫不及待地梦想一个统一在美国价值观之下的"民主"世界早日到来。

自由市场经济是资本主义制度运行的根本条件,而反映出资产阶级利益的政治民主化则是这种经济模式发挥有效作用的基本保障。美国是个典型的资本主义大国,它在历史上形成的民主共和制适应了自由市场经济的发展,除了某些特定时期外,两者基本上处于适应状态,美国国内的经济繁荣和政治稳定很大程度上有赖于此。冷战结束后,国际关系中的主要矛盾发生了变化,各个国家都把寻求对自身经济发展有利的国际环境作为外交政策的首要目标。美国也不例外,它既要振兴冷战遗留给美国国内日益衰退的经济,又要在这股汹涌澎湃的国际经济大潮中获得支配地位。当世界经济贸易区域化成为国际社会的一种发展趋势时,作为一个谋求世界领

---

① 伯姆斯塔德:《克林顿的内政、外交政策》,载《现代外国哲学社会科学文摘》,1993年第2期,第7页。
② 哈里·哈丁:"濒临边缘的亚洲政策"(Harry Harding,"Asia Policy to the Brink"),载《对外政策》(*Foreign Policy*),第96期(1994年秋季号),第61页。

袖地位的国家，美国更是率先一步，力图以自己的贸易、金融、投资、技术、援助等优势形成以地缘为基础的自由贸易区，为主宰未来世界经济格局奠定基础。当美国开始为实现这一目标作出不懈努力时，就把促使与之贸易往来的国家的经济市场化作为形成未来自由贸易区的基本要素，其实就是以自己的价值标准来主导美国介入的自由贸易区朝着美国规定的方向运行。所以美国领导人大力宣扬西方自由市场经济的优越性，鼓励其他国家效仿。如美国副总统阿尔伯特·戈尔1995年3月12日在联合国社会发展首脑会议上发言说，只有自由市场才能确保全球的经济永远向前发展，"我们认为，只有市场体制才能比任何其他形式的经济组织更能发挥人的潜力，而且只有市场体制才拥有创造财富的明显的潜力"。[1]戈尔这里显然指的是西方式的自由市场经济。

美国政府在非西方国家促进西方市场经济可谓深谋远虑，但许多美国人认为，这种经济体制只有在西方民主制下才能"茁壮成长"。美国学者达尔就持这种观点，在他看来，历史事实表明，现代民主制度只存在于私有制占优势、市场调节经济，或资本主义的国家。[2]言下之意，西方民主政治与市场经济是一对孪生兄弟，市场经济只有在采用西方民主政体的国家才会顺利运行，也只有通过市场经济才会进一步使政治上更加"民主化"。戴蒙德在谈到两者之间的关系时指出：

出于两个有力的理由，促进民主暗示着培育市场主导型经济。第一，国家社会主义——意味着国家所有制和对生产手段的控制——在本质上与民主制水火不相容，民主制要求权力资

---

[1] 戈尔的讲话可在 www.un.org/documents/ga/conf166/gov/950312075543.htm 网址上获得。
[2] 引自阿尔蒙德：《资本主义与民主》，载《现代外国哲学社会科学文摘》，1993年第5期，第18页。

源的某种分配，致使政治竞争能够是真正的，国家能够负有责任；第二，正如过去几十年情况必然表明的那样，国家社会主义没有产生持续的经济发展，中央集权型的经济是落后的。这样，只有市场主导型经济才能产生合法的民主的条件。①

民主可以培育市场经济，市场经济反过来又可使民主制得到巩固或更加成熟，市场经济成为民主制到来的前奏。美国学者曼德尔鲍姆认为，推行市场经济至少可以从两个方面间接地培育民主。首先，市场运行不受统治当局的支配，这就扩大了个人可得到的活动空间。公民借助不受国家控制的社会空间而自我组织起来，这正是民主政治的必要条件。其次，在经济上获得成就的条件下，民主政府似乎更易发展。②这些美国学者指出了民主与市场经济之间的密切联系，这是正确的，但他们显然是站在本国立场上为西方政治经济体制高唱赞歌，道出了在美国政界和学术界流行的一种看法，即非西方国家政治民主化是实现世界稳定的保证，是经济和贸易更加开放的一个先决条件，而经济市场化却是这种民主化不至于流于形式的基础，二者的结合才会创造出一个有利于美国希冀的世界秩序到来的外部环境。所以美国政府在冷战后把输出民主提到非常高度，其中一个很重要的原因就是为西方市场经济在非西方国家产生、发展以及运行创造一个条件。正如克林顿1992年在阐述其外交政策的一次演说中指出的那样，"在这个新时代里总统领导的第二个迫切的任务就是强化向民主和市场经济发展的世界潮流。我们的战略利益和道德价值根植于这一目标。在我们帮助民主扩展时，我们就会使我们自己和盟国更为安全。民主国家极少互战或以恐怖主义相威胁。这些国家是贸易外交上更为可靠的伙伴。正在增长的市

---

① 戴蒙德：''促进民主''，第102页。
② 曼德尔鲍姆：《布什的外交政策》，载《现代外国哲学社会科学文摘》，1992年第5期，第3页。

场经济扩大了个人的机会和社会的宽容"。②这里顺便提到一点，在今天，随着市场经济成为非西方国家进行经济改革的必然选择时，是否一定要导入西方的民主政体才能保证经济改革或调整的成功？许多非西方国家在经济上取得了举世瞩目的成就证明了二者之间并非存在着必然的联系。很多研究成果也证明了这一点。如韩国学者李松仁指出，从逻辑上和制度上来看，民主制或"民主化"并不能成为经济改革的必要前提条件。西方和第三世界国家的经验告诉我们，在实行集权或精英统治的政治体制下，市场经济完全可以有效运转。①李松仁的观点是对美国在国外大力促进民主的一种含蓄的批评，在发展中国家的学术界很有市场。

第二次世界大战以后，当某一国家爆发了威胁美国利益的民族民主革命或动荡局面时，美国政府常常借着遏制苏联的渗透堂而皇之地进行干涉。干涉实际上成为美国控制在战略上对美国至关重要的国家的手段。冷战结束后，美国面对着一些地区或国家威胁到美国利益的动荡形势，已无法利用冷战时期的那些干涉借口，必然要在新的形势下寻找一种使自己干涉行为合法化的依据。当发展中国家的政治民主化成为一种趋势时，美国也就找到了干涉的理由。美国一方面通过干涉使这种民主化的趋势按照美国所引导的方向发展，防"患"于未然，另一方面对那些已出现动荡局势的国家施加压力，甚或不惜武力干涉，试图以美国的标准建立或恢复民主统治，维护冷战后的美国安全与经济利益。此外，在冷战后美国国内孤立主义大有回潮之势时，以促进其他国家民主之名的干涉在多数情况下会得到国会和美国人的认同。霍尔珀林写道："美国人宁愿看到其他国家享有与他们享有的自由……如果美国人认为美国决策者正在促进全球范围内的民主，他们将更愿意以承担财经义务来支

---

① 伯姆斯塔德:《克林顿的内政、外交政策》，第7页。
② 李松仁:《民主加经济改革:是俄罗斯发展的新模式吗？》，载《国外社会科学快报》，1993年第3期，第10页。

持美国的政策，如果必要的话，支持军事行动实现这些外交政策的目的。"①克林顿也承认，如果不体现出美国人民持续的价值观，任何对外政策都不可能长期是成功的。②国内压力的减少可以使美国无后顾之忧地在海外充当"世界警察"。

布什是在冷战结束之际当选为美国总统的，他上台后在手持大棒的同时，把在国外促进民主明显地注入美国外交中。1990年4月他在接受记者采访时声称，他希望成为帮助巩固全世界出现的民主变革的总统，宣布美国在全球的"新作用"是继续向全世界提出民主与人权的标准。③在此之前，国务卿贝克发表题为"民主与外交政策"的讲话，详细阐述了对外输出民主战略的基础。他提出民主意味着个人权利与个人责任，提供了一种独一无二的政治合法性，所以美国的外交政策必须反映民主价值观，以民主作为外交手段，实现美国在海外的利益。因此，"民主在于超越遏制。现在正在迅速扫除老的独裁者，建立新的民主制度的时机已经到来，那就是布什总统确定我们的新任务是促进和巩固民主的原因。这是一个实行美国理想和美国利益的任务"。④1992年美国政府发布的《国家安全报告》阐述了20世纪90年代美国的国家利益和目标，其中包括加强和扩大共同致力于民主和保证个人权利的自由国家的共同体，建立一个稳定和安全的世界，保证在这个世界里政治和经济自由、人权

---

① 霍尔珀林:"保证民主"，第106页。
② 佩塞尼:"美国军事干涉期间促进民主的两条道路"，第398页。
③ "美国的全球作用和国家认同——对布什的采访"("US's Global Role and National Identity—Interview with Bush")，载《基督教科学箴言报》(*Christian Science Monitor*)，1990年4月24日，第7页。
④ 詹姆斯·贝克:"民主与外交政策"(James Baker, "Democracy and Foreign Affair")，1990年3月在世界事务理事会上的讲话，全文可在 http://usinfo.state.gov/usa/infousa/facts/democrac/61.htm 网址上获得。有的学者把冷战后美国在国外大力促进民主称为"民主的理想主义"政策，参见戴维·卡拉汉:"理想主义时代"(David Callahan, "The Hour of the Idealist")，载《纽约时报》(*New York Times*)，1991年4月21日，第1A页。

和民主制度的蓬勃发展。

在这种战略思想的指导下，布什政府对已演变的东欧国家提供经济援助，除了帮助获得政权的反对派巩固到手的权力成果之外，还促使它们向西方自由市场经济的顺利过渡。此外，布什政府还借苏联内部不稳之机，一方面加快美国的文化价值观的渗透，另一方面明确宣布支持要求民主的改革派，在苏联解体上扮演了一种积极的角色。布什政府对前苏联地区的"民主化"充满信心，用国务卿贝克的话来说：

> 我们有机会把俄罗斯、乌克兰和其他共和国牢牢地固定在欧洲大西洋共同体和民主国家联盟之内。我们有机会把民主制度带给这些对它知之甚微的地区，这是一个超越历史世纪的成就。……这个历史分水岭，即在布尔什维克诞生地共产主义政权的崩溃，标志着历史上赋予我们这种挑战：把苏联帝国的崩溃看成是整个前苏联帝国向民主制和经济自由转变的开始。①

对美国政府来说，苏东地区按照美国设计好的民主化对其全球战略的实现意义重大，过去与美国完全敌对的国家一下子成为以美国为首的资本主义阵营的成员，美国自然是乐在其中了。布什总统1992年4月宣布："曾经对自由与和平构成世界性威胁的一个国家现在正试图加入民主国家共同体。民主和自由在前苏联地区的胜利使我们为子孙后代造成了一个新的和平世界成为可能。但是这场民主革命如果失败，就会使我们在一些方面陷入了比冷战黑暗年月里

---

① 托尼·史密斯：《美国的使命：美国与20世纪世界范围内争取民主的斗争》(Tony Smith, *America's Mission: The United and the Worldwide Struggle for Democracy in the Twentieth Century*)，普林斯顿：普林斯顿大学出版社1994年版，第322页。

都更加危险的境地。"①布什在这里实际道出了苏联在体制上向着西方式的民主制转变对带来在后冷战时代"美国治下和平"的重要性。

对于西半球,布什政府直接插手结束了中美洲的动荡局面,帮助组建了清一色的亲美文人政权;援助拉美地区刚刚确立民主制的国家,试图把这一地区出现的民主化运动引导到美国安排好的方向,建立一个所谓的"民主化半球",为形成由美国主宰的西半球自由贸易区奠定政治基础。布什1990年提出的"开创美洲事业倡议"主要是与拉美国家建立一种新的经济关系计划,但其政治性也是显而易见。用哥伦比亚前总统毕尔希略·巴尔科的话来说,古巴也加入世界民主国家行列的日子不远了,从而使整个美洲完全成为自由国家。在非洲,法国的势力长期居于优势。冷战结束后,法国在苏东剧变的鼓舞下,试图在法语非洲国家强制推行"民主化"改革,以加强和巩固对这一大陆的控制。美国则认为,冷战的结束使法国失去了在非洲充当"宪兵"的意义,美国应该介入该大陆的发展,资源共享,利益均沾。因此布什政府与法国展开了激烈的争夺。美国也打着"民主化"的旗号,四处插手非洲国家事务。与法国等国相比,唯有美国在非洲推行"民主化"最为坚决和严厉。在亚太地区,布什政府大力促进"民主化"趋势的发展,加深共同的价值观念,强化共同体的思想意识,把各种"专制主义的冒险"行动限制到最低限度,为美国主宰正在出现的太平洋共同体扫清障碍。如在朝鲜统一问题上,美国表示只支持"在韩国主导下实现的统一",并且是"必须具有民主、自由和市场经济的价值观的统一"。正如美国著名问题专家马丁·拉萨特在一篇文章中认为的那

---

① "布什关于援助计划讲话摘录:今天我们必须赢得和平"("Excepts from Bush's Remarks on Aid Plan:Today We Must Win the Peace"),载《纽约时报》(*New York Times*),1992年4月2日,第A11页。

样:"美国支持在亚太地区建立民主制度和程序。我们支持民主制是因为它是美国的理想。但更重要的是这种制度能促使政治上的稳定和经济力量的增强。如果要维持该地区和平并加强亚太国家之间的合作,这些条件是必要的。"①

克林顿在向外输出美国式的民主方面丝毫不比前任逊色。他在竞选总统时,就大谈上台后将比前任更加重视在国外促进民主和人权,明确提出以"实现全球民主化"作为其对外政策的总纲领,"对于美国来说,从全球退却或者低估面临的各种危险是错误的。这样做将会使我们作为民主主义者期望达到的一切全面倒退。在全球范围内保卫自由并促进民主,使个人自由、政治多元化和自由企业在拉美、东欧、非洲、亚洲和苏联牢牢扎根,不仅是美国价值观的一种反映,而且直接关系到美国的国家利益"。②克林顿执政后这方面的调子一直居高不下,宣称,"我已要求采取一项战略,美国应参与鼓励在国外传播和巩固民主。不能有选择地或半心半意地推行这样一种战略"。③1993年9月下旬,克林顿等政府要人先后发表四篇引人注目的外交政策演说,提出"把市场制民主国家的大家庭"推广到全世界的"扩大战略"。这一战略具体内容有四个方面:一是巩固与业已实行市场制民主国家的合作与团结,作为实施此战略的核心力量;二是大力支持正在建立市场制民主国家的新生力量——俄罗斯、中东欧国家和独联体其他国家;三是从外交、经

---

① 马丁·拉萨特:《美国对亚洲社会主义国家的政策》,载现代国际关系研究所选编:《美国政要论苏联和东欧》,北京:时事出版社1990年版,第30页。
② 克林顿与布什竞选美国总统的三场电视辩论中涉及了在国外大力促进民主问题,客观上讲,双方在这一问题上调子都很高。布什大谈他任美国总统期间在促进国外民主化取得的成就,而克林顿则批评布什政府在这方面的不力,提出如果他当选为总统,他将采取更为得力的措施,以保证在促进国外民主上取得更大的进展。两人三场辩论的全文可在 http://www.presidency.ucsb.edu/debates.php 网址上获得。
③ 引自《现代外国哲学社会科学文摘》,1993年第2期,第8页。

济、军事和技术上孤立对市场民主制持敌对态度的国家，促使那些采取市场机制的非民主国家走向民主；四是对天灾人祸最深重的一些发展中国家提供人道主义援助，同时促其发展市场民主体制。克林顿说：

> 在一个充满危险和机遇的新时代，我们压倒一切的目标必须是扩大和加强以市场为基础的民主制共同体。在冷战期间，我们为遏制对自由体制的威胁进行了战斗。现在我们努力扩大生活在自由体制国家的圈子。只有在相互合作与和平共处的繁荣的民主制世界，世界上每个人的意见和能力才能得以充分表达和发挥。①

美国国家安全顾问安东尼·莱克提出七种因素是美国出兵海外的指导原则，其中一种因素是"维护、促进并捍卫民主，这反过来又会加强我们的安全，并传播我们的价值观"。他在一次讲话中总结了克林顿政府在国外促进民主的基本内容，一是"加强市场民主制的共同体"；二是"尽可能地促进和巩固一些国家新确立的民主制和市场经济"；三是"抵制侵略和支持与民主敌对的国家的自由化"；四是"出于最伟大的人道主义考虑帮助民主制和市场经济扎根于世界各个地区"。②上述构想转化成实际行动尽管还存在一个复杂过程，但足以体现出克林顿政府对向国外输出民主何等重视。

对于前苏联地区，克林顿政府的基本出发点是支持和促进那里业已开始的民主化进程与市场经济改革，把这一地区的民主化改革成败视为对美国全球安全至关重要，美国《1994年国家安全战略报

---

① 史密斯：《美国的使命：美国与20世纪世界范围内争取民主的斗争》，第311页。
② 转引自道格拉斯·布林克利："民主扩大：克林顿主义"(Douglas Brinkley, "Democratic Enlargement: The Clinton Doctrine")，载《对外政策》(*Foreign Policy*)，第106期（1997年春季号），第116页。

告》特别强调，"其他任何地区民主取得的成功都不如这些国家民主取得的成功更为重要"。对于拉美地区，克林顿政府在积极促成西半球自由贸易区形成的同时，把促进、巩固、完善这一地区的民主作为其外交政策的主要目标之一，对那些通过军事政变取代民主政权的国家，美国不惜威胁使用武力，对海地的干涉就是一例。对于社会主义国家古巴，克林顿政府加大了压力，试图从外部促使古巴政体向西方民主体制的演变。1993年5月，副国务卿沃顿在谈到新政府的拉美政策时引用克林顿的话说："不论古巴人民被告知了什么，美国不对这个岛国构成军事威胁。……我们希望古巴人民通过那种已使其他许多国家变成民主国家的和平过渡方式来赢得自由。"①对亚太地区，克林顿政府提出了"新太平洋共同体"的设想。用美国学者扎戈里亚的话来说，克林顿总统坚定认为，"美国在建设一个新太平洋共同体的第三个优先项目必须是支持席卷该地区的民主改革浪潮"。②所以，克林顿政府把对亚太地区的贸易、投资、技术转让与民主和人权挂钩，动辄以最惠国待遇、经济制裁等要挟一些亚洲国家，试图迫使它们接受美国政府提出的一些附加条件。1994年度用于全球"民主计划"的预算为25亿美元，其中相当大的份额拨给了亚太地区。

冷战后美国政府把输出民主明确体现在对外政策中显然是出于战略考虑。《1994年国家安全战略报告》指出："扩大民主社会和自由市场国家的阵营有利于美国所有的战略利益，从在国内促进繁荣到在国外遏制全球威胁，防止它们危及我们的领土。因此，同新兴民主国家合作，帮助它们维持发展自由市场和尊重人权的民主制

---

① 约翰·戈什克："克林顿强调在拉美政策中的民主与人权"（John M. Goshko "Clinton to Stress Democracy, Human Rights in Latin America Policy"），载《华盛顿邮报》(*The Washington Post*)，1993年5月4日，第A15页。
② 扎戈里亚：《克林顿的亚洲政策》，载《现代外国哲学社会科学文摘》，1994年第11期，第7页。

度,是我国安全战略的一个关键部分。"①尽管这种政策在实际执行中未必完全奏效,但美国政府决不会放弃这方面的努力。克林顿1994年10月16日发表讲话强调,美国在争取全世界的自由和民主的斗争中起着重要的作用,"我们不能背离这一事业,我们今后也不会背离这一事业"。②

四 "输出民主"难以走出的"困境"

"民主"源于希腊语,原指多数人统治,后来逐渐发展为指一个国家的民众在政治上享有自由发表意见和参政议政的权利。以此标准来衡量,举凡能够反映出多数人意志或利益的政府,都会程度不同地使其统治具有民主的特性或色彩。不过,许多西方人却不以为然,否认民主具有普遍性,所谓"民主"只能产生和成长于西方的土壤,民主属于他们所独占和独享。西方之外的世界即使存在着不同的民主形式,也很难被许多西方人所承认。非西方国家的民主只能根据西方国家所确定的标准来评判。小克拉布教授指出:"一般来说,在整个第三世界,土生土长的政府和政治运动试图明确规定和运用各自的民主概念,但这些概念常常根本不同于美国的或西方的观点。"③小克拉布尽管意指发展中国家的民主观与西方国家的差异,但其中明显包含着前者很难为后者所认同。这种认识在自以

---

① 《国家参与和扩展安全战略》(*A National Security Strategy of Engagement and Enlargement*),华盛顿:美国政府出版局1994年7月版。参见威廉·萨菲尔:"参与和扩展文件"(William Safire,"The En-En Document"),载《纽约时报》(*New York Times*),1994年8月25日,第A21页。
② 威廉·克林顿:"在雅加达对国际商界的讲话"(William J. Clinton,"Remarks to the International Business Community in Jakarta"),1994年11月16日,载《美国总统公开文件》(*Public Papers of the Presidents of the United States*),第2卷,华盛顿:美国政府出版局1994年版,第2101页。
③ 小克拉布:《决策者及批评者:美国外交政策的冲突理论》,第217页。

为"众人皆醉我独醒"的美国人脑海中尤甚。所以,输出民主的倾向在美国对外政策中表现得尤为强烈。

输出民主在美国外交中带有浓厚的"理想"色彩,美国历届政府领导人受其文化价值观的影响,无不希望世界最终将统一到美国民主制的麾下,完成上帝赋予这个特殊国度的历史使命。迈克尔·林德曾讥讽地说:

> 无论是"新全球主义者",还是"新民族主义者",都矢口忠于美国民主制的思想。然而,"新全球主义者"是"传教士",他们希望把民主制的福音传布到世界各个角落。"新民族主义者"则是"修道士",他们认为美国是民主政体的一个典范,宛如建在山上的寺庙,为了使自己的示范作用能继续存在下去,寺院会销售自己酿造的酒,以获取巨额利润。①

因此,美国在国外输出或促进民主根本无法摆脱现实利益的制约,在执行过程中只能成为实现美国政治、经济、文化以及战略等利益的一种工具,所以往往收效甚微,出现的结果往往与美国政府宣称的目标相悖。这一现象也曾令一些美国学者困惑不解,也力促他们对这一"悖论"作出解释。如霍华德·维亚尔达把美国向拉丁美洲输出民主难以奏效的原因归纳为十种。②他们对这一问题的研究固然不乏睿识卓见,但总是难以摆脱本民族文化的限制。其实当我们把这一"悖论"放在特定历史条件下或美国的整体利益中考察时,美国输出民主的实质也就昭然若揭,"悖论"也就迎刃而解

---

① 时事出版社编:《美国人看美国》,北京:时事出版社1992年版,第8页。
② 霍华德·维亚尔达:"民主能够输出吗?美国拉美政策中对民主的追求"(Howard J. Wiarda, "Can Democracy Be Exported? The Quest for Democracy in U.S.–Latin American Policy"),载米德布鲁克等编:《80年代的美国和拉美:关于危机十年的争论观点》,第326~327页。

了。目的与结果的不一致只是一种"错觉",目的是对美国而言,结果则是对美国输出民主所针对的国家而言,正是这种不一致,才为美国实现其长远利益提供了一种有效的保证。

美国学者一向把输出民主视为传统的"理想主义"外交的组成部分,把这种行为与对美国早期外交具有较大影响的杰斐逊联系在一起。杰斐逊是个典型的资产阶级民主主义者,他的思想受到欧洲启蒙运动的影响,憎恶君主制和暴政,宣称:"我对上帝的祭坛起誓对禁锢人类思想的各种暴政形式永久敌对。"[1]他把君主制看做人类社会冲突的根源,所以自然认为民主制的确立是消除这种邪恶根源的唯一途径。杰斐逊的政治哲学观可以说是美国对外输出民主的理论基础,也给这一外交行为在表面上深深地留下了"理想"的烙印。美国的输出民主从表面上看似乎超越了美国的现实利益,但在实际执行过程中无论从手段上,还是结果上都无法与美国宣称的"理想"相一致,一方面美国从这种不一致中谋取到利益与好处,另一方面,却给被干涉国家带来不幸,甚至灾难。

在美国外交史上,美国的输出民主往往通过非民主的方式。在美国决策者看来,非西方国家的民主、自治的实现不是靠着本国社会的政治运行和经济发展,而必须靠外力的推动,它们只是被动的承受者,对美国的相关政策必须无条件服从,否则美国将采取一切手段迫使这些国家的统治者接受美国的安排。这样就出现了枪口下的选举,压力下的政体变更,直接出兵的武力干涉。这些方法无一不是对"民主"本身的莫大嘲讽,而且必然导致在落后国家建立民主自治体制完全是在侵犯他国主权的情况下进行。一种矛盾的"怪圈"由此出现,强加者提倡的"民主"愈烈,国与国之间的矛盾也就愈明显,所以带给这些国家并不是真正的民主,而是对它们利益的直接侵犯。美国占领菲律宾后,试图以自己的政治模式来主导菲

---

[1] 德康德主编:《美国外交政策百科全书:主要动向和思想研究》,第859页。

律宾的发展，但对菲律宾人来说，结果却令人悲哀。那些即使是屈从了美国的好恶实行了所谓代议制的国家，充其量也是民主其外，专制其内，美国只是在"民主"的外衣下寻找到了理想的代理人。

美国学者朱利叶斯·普拉特考察了威尔逊政府对拉美的政策后，不无感触地说，"美国的干涉都没有促进威尔逊和布赖恩声称的民主理想事业"，威尔逊政府的政策"虽然带来秩序，但不是民主，颇具讽刺意味的是，由促进民主的愿望所产生的政策反而加强了外国人控制的独裁主义统治"。①普拉特虽然还是从"理想"的角度解释威尔逊政府的政策，但他也无法回避这种政策给被干涉国家带来的种种恶果。美国著名外交史学家德克斯特·帕金斯根本不相信美国会真心地帮助被干涉国家建立民主体制，他谈到美国在国外促进民主时说，这些讨伐除了不可避免的失败之外，几乎总是带有"某种与帝国主义的类似性"，尤其是对那些不想通过美国的干涉来按照美国的标准以在政治上获得"拯救"的国家来说更是如此。②维亚尔达一针见血地指出，美国通过坚持输出其民主体制，"加剧了拉丁美洲政治频繁动荡，导致美国目前在中美洲和其他国家面对着各种混乱局面，这虽然不是第二次世界大战后拉丁美洲政治不稳定的唯一原因，但的确是一个主要起作用的因素"。③富布赖特更是坦率地承认："历史已经充分证明，我们既无能力，也无意扶植最优秀的人才上台，并不想在我们进行干涉的国家创立诚实、稳定和民主的政府。"④美国政府这种宣称的"目标"与实际的"结果"大相径庭的做法必然会使当地人对美国式的民主概念提出质疑，原先抱

---

① 普拉特:《挑战与应战:美国与世界领袖,1900~1921年》,第87页。
② 德克斯特·珀金斯:《对外政策和美国精神文集》(Dexter Perkins, *Foreign Policy and the American Spirit: Essays*),范杜森等人编辑(Edited by Glyndon G. Van Deusen and Richard C. Wade),伊萨卡:康奈尔大学出版社1957年版,第26页。
③ 米德布鲁克等编:《80年代的美国和拉美:关于危机十年的争论观点》,第334页。
④ 富布赖特:《帝国的代价》,第124页。

有幻想的人也会大失所望。诚如美国学者卡尔曼·西尔韦特解释的那样,美国传播的民主已"象征着伪善,民主只是那些能够提供它的人享受……对世界上贫穷地区来说,它只是剩余价值的盘剥者,是殖民主义的强加者,是本地精英的收买者,是世界混乱的制造者"。①克拉布也指出:"在国外土壤中培植民主的努力只会留下反美主义和对美国不满的余波。在许多情况下,这种做法造成了与一个大国有联系的政治运动背上臭名。……当美国介入其他社会以促进民主和人权的代价变得明显时——当美国人习惯地不愿意付出这种代价时,美国就被斥责为虚伪和不是'真诚地'致力于国外的政治自由事业。"②因此,输出民主的"理想"色彩只是对实现美国外部重要利益的一种掩饰,它在执行过程中,本身就包含着站在其他国家立场上难以用"理想"解释的"悖论"。

1961年,肯尼迪总统在谈到与多米尼加共和国关系时说:"在确定重点次序时存在三种可能性:一种是正派体面的民主政权,一种是特鲁希略政权的继续,一种是卡斯特罗政权。我们应该把目标放在第一种,但我们确实不能谴责第二种,直到我们确信我们能够避免第三种。"③肯尼迪这番话典型地反映出了美国在处理与独裁政权关系时的战略考虑。美国的输出民主从本意上讲,包含着要那些在美国人眼中属于专制独裁的国家能够改变统治方式,按照美国设计好的方案采用所谓的代议民主制。后来出任里根政府的驻联合国大使珍妮·柯克帕特里克认为,只要有足够的时间以及具备某些经济、社会和政治条件,右翼独裁政权有时能够演变为民主政权,独

---

① 卡尔曼·西尔韦特:《理解拉丁美洲论文集》(Kalman H. Silvert, *Essays in Understanding Latin America*),费拉德尔菲亚:人文问题研究所1977年版,第58页。
② 克拉布:《决策者及批评者:美国外交政策的冲突理论》,第226页。
③ 诺曼·波德霍雷茨:《为什么我们在越南?》(Norman Podhoretz, *Why We Were in Vietnam*),纽约:西蒙和舒斯特出版社1982年版,第52页。

裁政权更能与美国利益保持一致。①因此，美国决策者总是认为，美国式的民主制或立宪政体能够减少其享受至关重要利益的非西方国家的政局动荡，消除国内革命或激进变革滋生的土壤，有效地维护美国在这些国家享有的既得地位。正如美国一些学者在谈到美国在拉美这方面举措时强调的那样："如果美国对拉美政策的主要目的是稳定、反共产主义和获得该地区的市场与资源，那么促进民主只是在适当条件下使用的一种工具，有助于保证实现稳定和反共产主义更优先考虑的目标。"②

实际上，美国在为实现这一目标作出努力时，由于把采取立宪政体从属于美国的战略和经济利益，所以支持的对象多是能够维持美国欲要"稳定"的亲美独裁政权。一是亲美独裁政权能够保证美国在它们的国家享有的巨大利益不受到侵犯，同时又能为美国的进而政治控制和经济渗透创造更好的环境。如古巴独裁者巴蒂斯塔一上台，就采取许多措施讨好杜鲁门政府，"对华盛顿私下保证，美国在古巴的利益将受到尊重"。③多米尼加共和国在独裁者拉菲尔·特鲁希略的统治下，"支持美国政策，提供美国建立军事基地的区域，鼓励美国进行投资"。④二是亲美独裁政权多是倚仗美国的政治、经济以及军事上的支持来维持国内的统治，所以一般对美国政府俯首听命，成为美国实现其政治和经济利益的可靠代言人。美国对尼加拉瓜索摩查独裁政权的支持几乎持续始终。对中国蒋介石政权，美国在政治上给予支持，在经济上提供援助，在军事上供给武

---

① 参见阿兰·托恩尔森："人权：我们需要的偏见"(Alan Tonelson, "Human Rights: The Bias We Need"), 载《对外政策》(Foreign Policy), 第49期(1982~1983年冬季号)第56页。
② 米德布鲁克等编：《80年代的美国和拉美：关于危机十年的争论观点》, 第336页。
③ 邦斯尔：《古巴、卡斯特罗和美国》, 第11~12页。
④ 波普·阿特金斯等：《美国和特鲁希略政权》(G. Pope Atkins and Larman C. Wilson, *The United States and Trujillo Regime*), 新布伦瑞克：拉特格斯大学出版社1972年版, 第72页。

器装备，而这个政权却是专制腐败的。用美国一家报纸的话来说："蒋介石政权主要兴趣在于维持一个服务于地主和军阀而不是人民的腐败官僚制度与固定不变的社会和经济体制。"①美国也正是在对蒋政权的大力支持过程中完成了对中国的控制。在富兰克林·罗斯福任美国总统时期，一次国务卿科德尔·赫尔请罗斯福过目受邀到华盛顿的国家首脑名单时，罗斯福指着索摩查的名字问道："这个人不是被说成是无耻之徒吗？"赫尔回答说："的确是这样，但他是我们的无耻之徒。"②这段话形象生动地展现出美国对独裁政权的用心。三是第二次世界大战后，美国对属于自己势力范围内的国家，一个基本考虑是防止所谓"国际共产主义"的渗透，而独裁政权则能保证与美国在这方面通力合作。正如乔治·凯南指出的那样："民选政府的概念与传统过于软弱，以致不能成功地抵制共产主义的强烈进攻，因此，我们必须承认，政府严厉的镇压措施也许是唯一的解决办法。"③独裁政权的反共与反革命的坚定立场很受美国赞赏，美国对南朝鲜、南越、委内瑞拉、古巴、多米尼加、萨尔瓦多、尼加拉瓜以及伊朗等国历史上的独裁政权的支持就是明显的例子。正如美国学者贝克威茨等人在其著述中指出的那样，美国政府"一方面，试图把民主制作为卡斯特罗式的共产主义的替代物。另一方面，美国政府又害怕民主政府的形成，特别是在'第三世界'国家，因为事实证明，缺少经验的民主政体往往比右派军事政府更无力抵御共产主义。所以，当面临逼近中的共产主义威胁时，美国

---

① 达莱克：《美国对外政策方式：文化政治和外交事务》，第163页。
② 爱德华多·克劳里：《独裁者从未消失：尼加拉瓜和索摩查王朝的描述》(Edwardo Crawley, *Dictators Never Die: A Portrait of Nicaragua and the Somoza Dynasty*)，纽约：圣马丁出版社1979年版，第99页。
③ 转引自亚伯拉罕·洛温塔尔主编：《输出民主：美国和拉丁美洲》(Abraham Lowenthal, ed., *Exporting Democracy: The United States and Latin America*)，巴尔的摩：约翰斯·霍普金斯大学出版社1991年版，第387页。

的政策几乎本能地支持实权派而不支持民主派"。①

美国许多学者在其论著中深刻地谈到美国支持独裁政权的必然性。汉斯·摩根索1974年写道:"自从第二次世界大战以来,我们一直忠实地站在保守的和法西斯主义的一方镇压革命和激进的改革运动,在社会处于革命或准备革命阶段时,我们成了世界上现存的最大的反革命力量。这样一种政策只能导致道义上和政治上的灾难。"②查尔斯·凯利等人强调说,在许多情况下,"美国武装和在其他方面支持现代世界中一些最残暴和最野蛮的专制政权,而把这些政府说成是'自由世界'的成员"。③梅尔文·格特夫也认为,美国对第三世界的政策始终是保护和加强具有共同经济和战略利益以及宣称遵循共同价值观的政权,而这类政权自然是独裁主义。④迈克尔·克拉维对许多个案研究后得出结论:"因为美国在拉丁美洲的道义提议从来不牺牲某些更重要的政治或经济利益,所以美国将继续与西半球一些最残暴的独裁者结为联盟。"⑤他们的研究虽然旨在总结美国在第三世界留下的教训,希望美国政府在决策时能够作出更加符合美国利益的选择,但却揭示出了一个无法否认的历史事实,即美国的第三世界政策无法超越其对现实利益的追求,在这种局势下,美国政府宣称的民主往往淹没在对独裁政权的支持中。

美国长期对独裁政权的支持显然与美国政府宣称的支持民主制的目标截然不同。美国政府在内外压力下,也曾试图改变做法,把支持代议制政府纳入美国的输出民主的轨道,但由于受战略利益和

---

① M.贝克威茨等:《美国对外政策的政治背景》,张禾译,北京:商务印书馆1979年版,第205页。
② 转引自斯塔夫里亚诺斯:《全球分裂》,下册,第496页。
③ 约翰逊:《全球追求与占有:美国国家利益对国际法》,第11页。
④ 格特夫等:《失败的根源:美国在第三世界的政策》,第198页。
⑤ 理查德·费根主编:《资本主义与美拉关系的状态》(Richard R. Fagen, ed., *Capitalism and the State in U.S.-Latin American Relations*),斯坦福:斯坦福大学出版社1979年版,第168页。

经济利益的制约，这些努力收效甚微，甚至事与愿违，美国最终又回到了支持亲美独裁者的老路。这种状况一直到冷战结束后才有所改观，美国再也无须依靠独裁政权来与竞争对手苏联抗衡，但美国促进非西方国家的民主化进程依然受实利益的制约。如果对美国实现其政治、经济、战略利益有益或需要，美国必然会故态复萌，重蹈覆辙。美国《纽约时报》1992年5月29日载文披露布什总统1989年10月签署了《国家安全决定第26号命令》的文件，下令援助伊拉克，其目的是"美国同伊拉克之间正常关系将符合我们的较长期的利益，并将促进海湾和中东地区的稳定。美国政府应该给伊拉克经济和政治鼓励，以使它的行为变温和，并增加我们在伊拉克的影响"。①而此时正是美国大力宣扬在全球促进美国民主之时。小施莱辛格在论述美国冷战后对外政策时指出：

> 我们是否认真地期望或要求将民主作为其他社会合乎规范的政府形式。或许，伊斯兰世界最能说明这个问题。我们当真要改变沙特阿拉伯的机制吗？简单的回答是"不"；多年来我们一直在寻求保持这些机制，有时还宁可不要民主力量在这一地区出现。法赫德国王已经毫不含糊地表明，民主机制并不适合他的社会。有意思的是，对此我们似乎并未保持异议。在其邻邦科威特，我们更关切的是恢复那里的合法性，而不是培养民主。②

---

① 伊莱恩·西奥里诺斯："布什下令对伊拉克提供援助：视伊朗而不是伊拉克为该地区的主要威胁"（Elaine Sciolinos, "Bush Ordered Iraqis Plied with Aid: Seeing Iran, not Iraq, as the Main Regional Threat"），载《纽约时报》（*New York Times*），1992年5月29日，第A3页。美国政府对中东地区独裁政权的支持另见杰西·策尔·卢里："中东的民主"（Jesse Zel Lurie, "Democracy in the Middle East"），载《纽约时报》（*New York Times*），1991年5月26日，第BR4页。
② 施莱辛格：《试论冷战后的美国外交政策》，载《现代外国哲学社会科学文摘》，1993年第6期，第3页。

其实，无论是输出民主也好，还是支持独裁政权也罢，二者看起来难以求同，但是当我们把视角转向美国的整体利益时，矛盾也就成为一致了，它们只是美国政府保证其根本利益顺利实现的任意选择。

从文化传播学上讲，国家之间只要存在着交往，文化上的相互影响就不可避免地发生。平等的文化交流有利于相互取长补短，使不同文化背景的国家在许多问题上求同存异，达成共识。这是国际关系的一个重要内容。尤其对于发展中国家来说，通过吸取发达国家文化的精华，更能使本国的传统文化适应现代瞬息万变的世界的需要。不可否认，美国文化中存在许多可供其他国家借鉴的地方，受这种文化影响而形成的政治制度无疑适应了美国发展的需要，在促使这个国家从农业社会转向工业社会，又从工业社会迈向现代社会过程中起了非常重要的作用。然而，当美国政府强行在其他国家传播其文化价值观或要求它们接受美国的政治发展模式时，文化交流中的彼此互惠完全变成了一种单向行为的文化渗透，其目的也远远超出了文化上的本来意义。在这种情况下，美国政府根本不考虑其他国家的文化传统与现实条件，完全以自己的标准画线，认为这些国家民主的实现不是本国社会的政治运行和经济发展所然，而必须由美国这个对世界承担"特殊使命"的国家"恩赐"于它们。凯南写道："那些声称确切了解其他国家人民需要以及哪种政治制度对他们更合适的美国人，最好还是问问自己，难道他们不是正在企图把自己的道德标准、传统和思想习惯强加给那些并不需要这些东西的人民吗？"[1]尼克松也承认："美国在同世界各国相处时一个最常犯的毛病，就是倾向于用西方民主的标准去衡量所有国家的政府，用西欧的标准去衡量各国的文化。"[2]其实，如果一种异质文化

---

[1] 凯南：《当前美国对外政策的现实》，第40页。
[2] 理查德·尼克松：《领导者》，尤勰等译，北京：世界知识出版社1983年版，第394~395页。

的强行进入不适应这些国家的环境与需要,甚或侵犯了它们的利益,很难得到当地社会的认同。正如小克拉布指出的那样:"事件表明,实际上大多数第三世界社会既不想复制美国的模式,又不想重复苏联的模式,它们宁愿与自己的传统保持一致,形成可能把几种可利用的外国模式成分结合在一起的独特体制。"①小克拉布谈的是一个历史事实,表明了在发展中国家完全接受美国的政治模式不见得能够适应国家的发展,它们只能从中吸取到有益于其发展的成分。一位美国学者1994年11月15日在《基督教箴言报》发表文章指出:"亚洲人正在躲避美国的政治和经济模式。我们强调的是个人权利和自由市场,他们则强调集体成就和政府对经济的干预。他们把本国的高增长率归功于对个人自由的适当限制和经济管理有方。他们逐渐在台北、新加坡和东京,而不是在华盛顿找到了他们的政治和经济模式。"②

在历史上,受到干涉国家的统治者和人民自觉或不自觉地抵制美国强行输出民主的例子并不鲜见,有时还会酿成激烈的文化冲突。尤其是美国把输出民主作为实现其安全、政治、经济利益的一种手段时,这种冲突更加显而易见。因此,当美国在发展中国家推行美国式的民主和传统价值观时,这种做法不仅无助于这些国家的政体向着更完善的方向发展,相反则起到了一种严重的阻碍作用。克里斯托夫·莱恩在谈到美国的对华战略时认为,美国试图向中国"输出"民主目光特别短浅,并且是很危险的。美国的价值观被世人看做效仿的样板,更不用说中国了。此外,美国试图普及自己开明的价值观和制度更可能被他人视为行使霸权,而不是无私的利他

---

① 小克拉布:《决策者及批评者:美国外交政策的冲突理论》,第78页。
② 转引自潘龙海:《瞻21世纪的东亚经济和文化》,载《未来与发展》,1997年第2期。关于亚洲对克林顿政府促进西方政治模式的抵制详见法里德·扎卡里亚:"亚洲将转向抵制西方吗?"(Fareed Zakaria, "Will Asia Turn Against the West?"),载《纽约时报》(*New York Times*),1998年7月10日,第A15页。

主义。确实，人们普遍认为美国把自己的价值观作为它主宰国际政治合法化的手段。莱恩曾经为克林顿政府的国家安全顾问，在这个职务上也曾为美国政府如何促进在国外的民主献过策和出过力，他的这番话既是向决策者提出的忠告，也是他的经验之谈。言下之意，如果美国政府执意在向国外输出民主，不仅事倍功半，还会招致抱怨甚或敌对。哥斯达黎加学者埃德尔韦托·托里斯-里拉斯把体现在拉美民主人士身上的积怨归因于美国阻碍民主变革的结果。在他看来，美国的文化传统对拉丁美洲人的情感是陌生的，对另一个国家政治制度的模仿只能像美国试图在国外建立这种制度一样迷失方向。[1]托里斯-里拉斯站在美国文化圈之外的这番话可谓洞若观火，一语中的，对我们从文化冲突角度来认识美国的输出民主实质深有启迪。

卢梭曾经说过，每个民族都应根据自己的情况"确定一种特殊的制度体系，这种制度体系尽管其本身或许并不是最好的，然而对于推行它的国家来说则应该是最好的"。他还转引另一位思想家布拉马奇的话说，每一种好政府并不是同等地适宜于一切民族。在这一点上，必须顾及各个民族的气质和特点以及国家的大小。卢梭等人还强调民主的"渐进性"，要注意实行民主的必要条件，要考虑居民的接受能力和"消化能力"，不能超前强制地推行民主。他们比喻说，民主自由是一种可口的、但难于消化的食品。虚弱的公民如果不具备消化能力，民主自由如果突如其来而且过分，也会致人于死命。[2]这些思想启蒙大师尽管还是站在西方的立场上来看待其他民族的发展，但却对我们研究美国输出民主不无启发。

在主权国家构成的国际舞台上，各国由于历史文化传统千差万

---

[1] 米德布鲁克等编：《80年代的美国和拉美：关于危机十年的争论观点》，第477~478页。
[2] 参见《光明日报》，1994年10月3日。

别，经济发展参差不齐，所以在选择政治发展道路上必然存有差异。一个国家采取什么样的政体形式，固然其他国家提供的借鉴模式很重要，但归根到底还是由本国的条件所决定，是受本国经济发展、文化传统以及人们的思想观念等因素的限制，而政治制度向着完善过程的发展同样反映出国内条件的变化。美国采取了适合自己发展的政体，但这种政体形式未必就适合其他国家的发展。早在19世纪30年代法国著名学者托克维尔考察了美国之后，以一个置身于这种文化圈外的人写道："在看了美国之后，只有利令智昏的人或蠢人才会坚持认为，以世界现实而言，美国的政治制度还可以适应于其他国家。"①基辛格在1987年11月发表的一篇文章中指出，美国喜欢民主政权而不喜欢专制政权，这一点是不言而喻的。美国应当作好思想准备为它的这种偏爱付出某种代价也是显而易见的。但是，西方的民主制度是土生土长的，是在地球的一个小小的角落里经过几百年的时间逐步发展起来的，忘记这一点是很危险的。它是由西方文明一些独有的特点培育起来的，迄今为止，在其他文明中还没有出现同样的特征。富布赖特也不赞成把美国的民主体制移植到国外，认为那样做不见得会取得成效，往往还事与愿违。因为"我们的社会和政治制度是建立在也许是世界上最富庶、最丰饶、最理想的一块地产上的。如果我们的制度移植到西伯利亚的荒凉地区，我怀疑这种制度会如此有效"。②所以那些慑于美国压力而采取美国规定好的政体的国家，也只是流于表面，内部政治结构很难在不成熟的条件下进行彻底的变更。墨西哥历史上的独裁者波菲里奥·迪亚斯1908年3月曾对一位美国记者说：

> 我认为民主制是一种真正的公正政体原则，虽然实际上它

---

① 里夫斯：《美国之旅》，第328页。
② 富布赖特：《帝国的代价》，第26页。

可能仅为高度发达的民族所享有。……在墨西哥，我们具有不同的环境。我在人民四分五裂，并不打算采取极端民主政体原则之际从一支胜利的军队手中接过了这个政府，立即把政府的全部责任强加给广大群众，将可能会造成怀疑自由政体事业的局势。①

迪亚斯的这番话尽管有为他在墨西哥实行专制统治辩解之意，但却从另一个角度反映出当时的墨西哥并不存在着接受美国民主体制的条件，而且类似迪亚斯这样的人物在拉美国家出现则反映出时代的现实。委内瑞拉著名学者阿图罗·彼得里对拉美历史上的独裁政权进行了大量的个案研究后得出结论，拉美历史上的铁腕人物"是这块土地的产物，具有历史的必然性。……拉丁美洲出现了与欧洲形成共和思想相反的社会组织形式，但完全适应了拉美经济和社会结构"。②

美国的民主制是北美大陆特殊的自然环境和人文环境的产物，它适应了这块大陆上形成的美利坚合众国的发展，支撑这种体制运行的基本原则已经深入人心，成为美国政治文化的重要组成部分。对美国人来说，这种政治体制尽管还有进一步完善之处，但无疑是能够保证他们基本权利的最好体制。发展中国家具有各自特殊的历史文化传统与人文环境，它们可以吸取美国民主制有益于其发展的因素，但很难全盘接受，因为这样做不符合国家的利益，既不会取得效益，还会造成难以弥补的混乱。美国政治学家罗伯特·帕肯哈姆写道："在可以预见到的未来，在大多数第三世界国家实现自由民主的机会不是非常大；美国能够通过积极行动有效地促进民主事业的机会可能甚至更小。促进自由立宪政体的努力从可行性观点讲

---

① 马茨等主编：《拉丁美洲、美国和泛美体系》，第154页。
② 马茨等主编：《拉丁美洲、美国和泛美体系》，第155页。

是非现实主义的,从合乎需要的观点讲,是种族主义的。"①美国学者欧文·克里斯托尔认为:"在我们的外交政策声明中,我们不应该自称,在不远的将来,我们能够盼望民主制征服这个世界,世界并非如此。民主在阿根廷或在菲律宾或在……南朝鲜取得的成功使一些人欣喜若狂,我不是其中一员。我敢打赌,民主制将不会在这些国家存在下去。民主制的先决条件是复杂的——某些强烈的文化态度。就我看到所言,这些国家并不具备它们,因此,建立在这些国家的民主制将很快失去信用,被某类或左或右的独裁政权所取代。"②他们虽然摆脱不了美国狭隘的民主观的限制,但对美国外交的批评却说明了西方式的民主制很难在文化背景不同的异国他乡找到合适生长的土壤。

第二次世界大战后,美国政府在日本的民主化改革常常被一些美国人引证为输出民主成功的一个范例。且不说在日本民族毫无抵制能力下进行的举措,日本只能就范,但要在一个与美国文化完全相异的国家移植美国的民主制恐怕也非简单之事。战败的日本也许迫于美国占领当局的压力走上了以美国为效仿模式的民主化之路,但其中并不排除日本人以一种主动的态度向他们认为将会促进其国家复兴的美国政治文化学习的因素在内。美国最终帮助日本完成了"民主化"的改造,但并非意味着日本全盘接受了美国在政治制度上的安排。关于这一点,许多美国人看得很清楚。如1945年5月28日,美国国务院的日本问题研究专家约瑟夫·格鲁告诉杜鲁门总统:"从长远的观点看,我们能够希望最好的是立宪君主制,因为经验

---

① 罗伯特·帕肯哈姆:《自由的美国与第三世界:对外援助和社会科学中的政治发展观念》(Robert Packenham, *Liberal America and the Third World: Political Development Ideas in Foreign Aid and Social Science*),普林斯顿:普林斯顿大学出版社1973年版,第189页。
② 欧文·哈里斯等:《里根主义及其之外》(Owen Harries, et al, *The Reagan Doctrine and Beyond*),华盛顿:美国企业研究所1987年版,第24~25页。

已经表明，民主制在日本将从来不会运行。"①格鲁的话似乎有点极端，但主要是想说明在一个与美国文化完全相异的国家移植美国式的民主制恐怕并非简单之事，要想使他们的文化心理完全归属西方更非易事。美国国家安全委员会1948年8月的一份基本文件坦率地承认："我们在德国和日本的经验有力地表明，一个伟大民族的心理和观念（文化）不能在一个很短的时空内仅仅在一个大国的强制命令下而被改变，甚至完全战败和降服后也是如此。"②一旦这种被动的任人安排的状态结束，受其文化传统的影响，日本人或多或少总会对美国人为他们设计好的政体提出异议。日本一位学者写道，美国政府为日本制定的"这部宪法无论在内容上多么合乎需要，因为致命地打上了异国强加的烙印而蒙受侮辱。当这种占领成为历史时，国家的独立和自尊的恢复必然将日益提出制定一部真正本土宪法的要求"。③从以后的历史发展来看，日本从美国三权分立的政治制度中借鉴了很多有用的东西，但最后还是让这一貌似从美国移植过来的体制打上本土文化的印记与起源国的体制区别开来。

古巴著名的民族主义者何塞·马蒂指出："政体必须在本国土壤上产生与发展，一种政体的精神必须基于该国的真正本质之上。"④因此只要是以国内现实条件为基础，能够反映出大多数人意愿和促进国内经济发展的政体都有其存在的合理性。对那些在国内实行暴政的政权来说，其出现固然也有一定的社会基础，但长期存在下去必然失去了合理性，最终会被一种适合本国发展的新的政体形式所

---

① 西奥多·科恩：《重塑日本：作为新政的美国占领》(Theodore Cohen, *Remaking Japan: the American Occupation as New Deal*)，纽约：自由出版社1987年版，第14页。
② 容苏科·谢主编：《文化与国际关系》，第113页。
③ 卡泽洛·卡维：《日本的美国插曲》(Kazelo Kawai, *Japan's American Interlude*)，芝加哥：芝加哥大学出版社1960年版，第57页。
④ 马茨等主编：《拉丁美洲、美国和泛美体系》，第154页。

取代。如果不顾国情盲目以某一国家的体制为效仿模式，轻者会造成国内各种发展偏向，重者则会给国家带来严重的不幸与灾难，统治者也将自食其果。由模仿西方民主体制而造成国内混乱的例子在世界上并不鲜见。以美国为首的西方国家执意将自己的政治制度强加给其他国家，结果并不会像强加者所宣称的那样"娓娓动听"，其带给一些国家的灾难已为事实所证明。德国前总统赫尔姆特·施密特1993年11月发表文章批评了西方国家企图把自己的文化价值观强加给具有不同文化传统的中国，他指出，这种做法成功的前景同企图在俄国、西伯利亚或中亚第一次推广民主一样渺茫。假如邓小平不光在经济上搞改革，而且在政治上也尝试实行公开性，中国目前也许正深陷混乱之中。施密特这番话寓意深刻，用来反思一些国家不顾国情盲目效仿西方发展模式而造成的国内混乱，足可令人深省。

由此可见，美国的输出民主这一文化战略本身就包含着难以用本来意义上的民主来解释的许多"悖论"，而这些"悖论"恰恰是美国以输出民主追求其长远利益时所带来的必然结果。因此，美国推行的输出民主的做法，在理论上难以自圆其说，在实践中更不能畅行无阻。尤其是在冷战后的世界，当美国给自己的外交行为打上明显的"促进民主"烙印时，并不会有助于世界各种矛盾的解决，更不会给人们带来长期希冀的太平盛世，相反则会给本来就不安宁的世界注入新的不稳定因素，成为国际社会动荡的主要根源之一。而对于那些寻求政治稳定和经济发展的国家来说，民主决不是舶来物，它只有经过本国环境的浇灌才能茁壮成长，也才会在本国的政治、经济、社会运行中发挥重要作用。具有不同文化传统和意识形态的国家只有在经济发展上互惠合作，在政治体制上求同存异，在文化往来上平等相处，才能保证国际社会朝着一个健康的方向发展，使民主原则在国际范围内真正得到实现。

第九章 "人权外交":历史与现状

在当代美国外交中,以"人权"为武器实现其既定外交目标是美国对外关系的重要组成部分。这样一种倾向根源于欧美早期资产阶级革命时期提出的"天赋人权"理论,发展于所谓的美国特殊地理环境与政治制度,但作为美国对外交往中服务于其国家利益实现的工具或口实则是形成于20世纪初期。其后这种把"人权"作为衡量他国之行为的标准一直在美国外交中时隐时现,到20世纪70年代后期吉米·卡特入主白宫后,正式作为国家的一项主要外交政策提了出来,"人权外交"由此得名,并且对后任总统的外交政策产生了重要的影响。"人权"作为美国对外关系上的一个重要筹码固然反映出了美国主流文化中的"理想主义"成分,也在某种程度上给本来以国家利益为圭臬的外交政策留下了一道道"利他""自由"以及"民主"的深痕。然而,当我们把人权外交放到特定的历史环境和具体的事件中加以考察时,就不难发现,表里不一或双重标准尽管是美国这种外交行为的一个明显特征，但更为重要的是，正是这种"虚有其表"才使美国对其他国家"大张挞伐"。在受到干涉的国家或民族看来，"人权"几乎等于"强权"或"霸权"。因此，搞清楚美国人权外交的来龙去脉，对我们从深层认识美国强权外交的实质，无疑具有重要的历史意义和现实意义。

一 美国"人权外交"的历史演进

"人权"本是资本主义生产关系在西欧产生以后，新兴的资产阶级为了动员舆论，推翻与之对立的封建生产关系而提出的一种进步的要求。启蒙思想家认为，在国家与政府出现之前，人类处在一种自然状态之下，他们受自然法的支配，本能地过着一种自由与平等的和睦生活，享受着普遍的自然权利。对此启蒙大师之一洛克指出：

> 他们在自然法的范围内，按照他们认为合适的办法，决定他们的行动和处理他们的私人财产和人身，而无须得到任何人的许可或听命于任何人的意志。[1]

洛克把自然权利归为三类：生命权、自由权和财产权。这些是造物主赋予人类的最基本权利，因而是与生俱来的，任何情况下都不得受到侵犯。这就是所谓的"天赋人权"理论。这种理论的提出与付诸实践已经明显带有新兴资产阶级的局限性，但确曾震撼了多少世纪以来欧洲封建专制王权统治的基础。它虽然产生于西欧，但却最先在北美大陆上开花结果。这与根植于美利坚民族形成过程中独特的社会背景与历史条件息息相关。如前所述，在当时封建生产

---

[1] 洛克：《政府论》，下篇，叶启芳等译，北京：商务印书馆1964年版，第5页。

关系居于统治地位的欧洲，人们对造物主赋予的基本权利的追求往往淹没在"君权高于一切"的喧嚣声中，在这种阴气森森的氛围中，人的基本权利非但不能得到保障，且常常成为"君权"的牺牲品。许多移民就是不甘忍受这种对人性的压抑而冒险越洋来到了北美大陆寻求一块能够使他们享受的基本权利得到保障的理想"圣地"。他们最初在这里虽然面对着极其艰难的环境，但在某种程度上讲却保证了他们作为一个人应该享受到的权利。所以他们非常珍视这种来之不易的果实，并把这种观念传递给了他们的子孙后代，使之深深地根植于美利坚民族文化的形成之中。

当历史的时针旋转到18世纪后叶时，北美大陆上爆发了摆脱英国殖民统治的独立战争，殖民地人民要求独立的因素固然很多，但英国殖民当局逆民情而动，强制性地剥夺殖民地应享受的权利无疑诱发起了独立运动的火花。北美早期资产阶级革命先驱也正是以"天赋人权"为理论武器，很快就使独立运动呈现燎原之势。1776年6月12日，弗吉尼亚议会通过了由乔治·梅森草拟的《权利法案》，第一条明文规定：

> 所有人都是生来同样自由与独立的，并享有某些天赋权利，当他们组成一个社会时，他们不能凭任何契约剥夺其后裔的这些权利；也就是说，享受生活与自由的权利，包括获取与拥有财产、追求和享有幸福与安全的手段。①

这一法案发布后时隔不到一个月，大陆会议便通过了杰斐逊起草的《独立宣言》，宣布了"人人生而平等"，人人都享有"生命权、自由权和追求幸福的权利"。用马克思的话来说，《独立宣言》

---

① "弗吉尼亚权利法案"（"Virginia Bill of Rights"），1776年6月12日。全文可在 http://www.constitution.org/bor/vir_bor.htm 网址上获得。

是人类历史上的"第一个人权宣言"。①1791年12月，美国第一届国会通过了宪法前10条修正案，称为"权利法案"，具体规定美国公民享受的民主自由权利。这些权利包括言论自由、出版自由和宗教信仰自由，和平集会及向政府请愿的自由，携带武器，人身、住宅、文件和财产不受侵犯，无正式命令不得加以逮捕、传讯和侵占，非经法院决定，不能剥夺生命、自由和财产，禁止施以酷刑和处以过重的罚金，等等。②"权利法案"对于改善美国公民的人权状况起了非常重要的作用。不过，这些权利仅仅限于白人男子，并未给予印第安人、黑人与白人妇女，尤其是美国政府在立国之初对谢司起义的镇压和对印第安人生存权利的剥夺标志着资产阶级宣扬的"人权"学说已经开始走向它的反面。尽管维护"人权"在美国文化中已经打上了统治阶级的烙印，但作为一种文化传统却在美国社会拥有广泛的基础。正如小施莱辛格在1990年发表在美国《政治学季刊》的一篇文章中指出的那样："美国的建立是以维护人民的不可让渡的权利为基础的，人权历来在美国的传统中都会引起非同寻常的反响。"③小施莱辛格未必说出了美国在北美大陆上出现的真正原因，但却道出了"人权"根深蒂固于美国文化中的这一事实。卡特把人权提高到了非常的高度，与国家的创建联系在了一起，在他看来，不是美国发明了人权，而是人权创造了美国，美国是世界历史上明确建立在人权之上的第一个国家，"我们的社会和政治进步奠定在一个基本原则之上：个人的价值和重要性。把我们团结为一个整体的不是亲缘关系或发源地或宗教偏好。对自由的热爱是在美国人静脉中流动的共同血液"。因此，维护国内外人权既是美国

---

① 《马克思恩格斯全集》，第16卷，北京：人民出版社1964年版，第20页。
② "权利法案"全文可在 http://www.jmu.edu/madison/center/main_pages/madison_archives/constit_confed/rights/document/document.htm 网址上获得。
③ 转引自《现代外国哲学社会科学文摘》，1992年第3期，第12页。

所特有，也是美国不能逃避的责任。①

在美国文化中，个人主义是最基本的价值观之一。加利福尼亚大学社会学家罗伯特·贝拉等人在1985年出版的《心灵的习性》一书中认为："个人主义位于美国文化的核心"，已经成为一种神圣的和道德的责任。②美国个人主义在形成过程中，包含着肯定和尊重个人的价值、尊严、权利和自由，美国许多法律的制定都是以此为基本出发点的。如最早的"权利法案"就明确规定了人们的言论出版自由、宗教信仰自由以及和平集会自由等权利神圣不可侵犯，从而在法律上确立了个人权利的保障体制。美国著名政治家卡尔·舒尔兹在1859年出版的《自由平等权利》一书中满腔热情地宣扬说：

> 在这面（美国）国旗下，任何文明人类的语言都可以使用，各种信仰都受到保护，每一种权利都神圣不可侵犯。在那里，西方社会的每一个成员都昂首挺立，对伟大的事业充满热情，相互信任，自尊自敬。从阿勒格尼山脉西麓延伸到落基山脉的光荣的谷地上，飘扬着这面旗帜，……旗帜上写的是："自由和平等权利"，像空气一样为人类所共有——自由和平等权利，统一而不可分割。③

这种极度重视个人权利的观念弥漫于美国社会的各个方面。在社会生活中，个人的利益别人不能随意侵犯，个人的时间别人无权随意侵占，个人的隐私别人无权过问，子女自立后父母无权对他们的选择说三道四。

---

① 吉米·卡特："对全国的告别演讲"（Jimmy Carter, "Farewell Address to the Nation Remarks of the President"），1981年1月14日。全文可在 http://www.presidency.ucsb.edu/ws/index.php? pid=44516 & st=human+rights & st1 网址上获得。
② 利德基主编：《缔造美国：美国的社会和文化》，第28页。
③ 转引自赵一凡编：《美国的历史文献》，北京：三联书店1989年版，第175~176页。

在政治生活中，美国人要求法律面前人人平等，把参政议政视为应享受的权利，希望政府和社会能为个人提供最大限度发挥能力的机会，他们尤其反对政府对个人权利的干预。亨利·索罗是19世纪美国著名思想家和文学家，他撰写的文章《论非暴力的不合作主义》对后世影响极盛，其中三点主张成为美国人的共识：一是"最好的政府是管事最少的政府"；二是"最好的政府是不管事的政府"；三是公民有权利蔑视政府、不服从政府。在美国历史上，美国政府如欲与某一国家或集团对立或对之征讨，往往打着美国人的权利或国家的权利受到对方的侵犯，以此激起民众的怒火，使他们义无反顾地对政府的行为予以支持。由此可见美国人对个人权利是何其重视。

在西方文化中，强调个体为本的价值观居于主导地位，但唯有美国文化使个人主义发展到了登峰造极的地步。个人权利成为衡量一切社会生活的标准，个人的自由与平等成为人权的基本内容。这种对个人权利的重视与美国人头脑中的"使命感"结合在一起时，就自然地使他们很难对境外侵犯个人权利的事件保持沉默，美国社会经常掀起声援国外反暴政的轩然大波就证明了这一点。多布里斯基在谈到美国的人权传统时指出："虽然人权自70年代以来一直是美国外交中讨论较多的组成部分，但美国人对其他国家人权发展的兴趣并不是一种新现象。毋庸置疑，美国的历史和政治传统清晰地表明了对维护个人权利和国家权利的长期关注，无论是国内还是国外都莫不如此。"[1]对美国许多普通公民而言，在这种观念的作用下，他们对其他国家人权状况的关注尽管已经戴上了美国文化的"有色眼镜"，但也许是出于几分真诚，希望统治者能够尊重和保护本国公民享有的基本权利不受到侵犯，所以他们自然把这种想法与美国外交目标等同起来。康涅狄格大学国际政治学教授金一平就认

---

[1] 多布里斯基："人权与美国对外政策"，第153页。

为:"在美国人的价值观中,立足于个人主义的人权的尊严和民主思想占统治地位,因此美国的外交政策也以提高个人人权和建设民主社会为目标之一。"①金教授只是强调了二者之间的联系,而忽略了它们之间的根本区别。其实,美国政府在国外发动的"人权"攻势尽管可以在美国文化中找到思想渊源,也会在表面上留下维护他国公民权利不受侵犯的印象,但"人权"在这里已经失去了本来的意义,完全变成了美国干涉他国内政的一个冠冕堂皇的借口,也成为美国实现其外部利益的一种有效武器。

美国维护世界各国的"人权"已经打上了霸权主义的色彩,成为美国履行其世界警察职责的一个象征,也就是说只有美国才有权利对别国的人权状况"吹毛求疵",说三道四。这样所谓维护"人权"在美国对外政策中自然占有重要的地位。有的美国学者甚至把人权与对外政策联系在一起可以追溯到立国时期,如萨拉·斯坦梅茨指出:"支持国外的人权及其在国外的扩张自美国立国以来一直是美国对外政策的一个内容。"②美国国会研究处高级分析家马克·洛温塔尔也持此种观点。在他看来,"人权与对外政策是密切联系在一起的,自这个国家创建以来便一直如此"。③他们这里显然是指

---

① 参见新华社编:《参考资料》,1996年1月22日,第1页。
② 萨拉·斯坦梅茨:《民主传统与人权:对美国外交政策的透视》(Sara Steinmetz, *Democratic Transition and Human Rights: Perspectives on U.S. Foreign Policy*),奥尔巴尼:纽约州立大学出版社1994年版,第3页。
③ 参见罗宾·怀特:"冷战政策之后的全球和平战略"(Robin Wright, "A Strategy for Global Peace After Cold War Policy: 75 Years after Wilson Articulated His 14 Points, Today's Best Foreign-Policy Minds Update the List to Reflect Changes in the World"),载《洛杉矶时报》(*Los Angeles Times*),1993年11月28日,第2页。美国学者林肯·布鲁姆菲尔德在追溯卡特人权外交的意识形态起源时认为,人权政策与美利坚合众国一样古老。参见林肯·布鲁姆菲尔德:"从意识形态到计划再到政策:卡特人权政策探源"(Lincoln P. Bloomfield, "From Ideology to Program to Policy: Tracking the Carter Human Rights Policy"),载《政策分析和管理杂志》(*Journal of Policy Analysis and Management*),第2卷,第2期(1982年秋季号),第2页。

美国文化中的人权观念对美国外交政策的影响而言。实际上,美国立国后很长一段时期,由于受国力所限和集中于国内发展,没有把手伸向世界各地,以"人权"来对其他国家说三道四当然也就提不上议事日程,但固存于美国文化中的"人权观"并非不影响到美国人对外部世界的态度。"完善的范例"、"人类的希望"、"民主的试验"等这些出自美国人之口的语言反映出与人权观相同价值取向,暗示着美国是世界"民主"、"自由"以及"人权"的维护者。当然这种选择也必须服从于美国的国家利益,美国由于不具备跨洋干涉的力量,所以对大洋之外发生的暴力镇压事件,也会权衡利害得失作出相应的反应,通常民众反响较大,政府仅仅是口头抗议而已,谈不上认真对待,更不会采取具体的行动。19世纪欧洲许多自由派人士在发起反对本国专制统治的运动时,起初都想从美国那里获得支持,但最终都大失所望。要说这一时期美国人还提出"人权"问题的话,那也只是对美国剥夺他人权利的一种解释。如哥伦比亚大学著名教授约翰·伯哲士就公开宣称,对于处于野蛮地位的人来说根本无人权可言。文明国家对非文明人口既有一种要求,也有一种责任,就是要通过各种手段使他们文明化。如果野蛮人抵抗,他们必须自食其果,强迫其接受文明,如果他们证明毫无希望,顽固不冥,就必须被驱逐或消灭。①这大概也是对美国自诩为"人类权利"维护者的莫大嘲讽。

进入20世纪之后,美国开始由世界经济大国向世界政治大国过渡,除了对西半球进行赤裸裸的干涉之外,雄厚的物质力量基础使美国开始有条件涉足世界其他地区,在扩大自己影响的同时为经济扩张扫清障碍。这样,打着维护"人权"旗号而实现美国外部利益的政策自然就出现在美国外交中了。

把"人权"明确作为对外政策中的一个组成部分,始于威尔逊

---

① 详见希利:《美国的扩张主义:19世纪90年代的帝国主义欲望》,第15~16页。

出任总统时期。这固然与威尔逊本人的政治气质有关，但更重要的是，美国这时明确打出"人权"这张牌子，是为了与其他大国在国际舞台的竞争中，弥补政治和军事上的不足。威尔逊宣扬所谓"道义外交"，认为美国在世界上承担着一种"特别和特殊的使命"，他尤其强调"我们的利益不是财产权，而是人权"。[1]他把美国的外交行动说成是出于利他的动机，"总是从其他地区的角度出发"。[2]因此，美国的政策完全符合其他民族或国家的利益，后者必须无条件接受，否则美国将毫不客气，必要时武力相见。所以威尔逊在干涉西半球一些国家事务时，大言不惭地说，美国是"整个西半球民族自由和独立主权的斗士"。[3]他那"教会南美洲共和国选举好人做总统"的"名言"更使一些老牌干涉者望尘莫及，自愧弗如。第一次世界大战爆发后，威尔逊宣布对交战双方奉行"不偏不倚"的中立政策，但经济纽带逐渐把美国与协约国无法解脱地联系在一起，最终导致了美国站在协约国方面参战。这种结果本来是美国政府权衡利害得失之后作出的一种使自己经济、政治与安全利益得到最大限度维护的选择，但威尔逊却不是这样解释的。他所持的一个"振振有词"的理由是，英国对海洋的封锁只是侵犯了财产权，而德国潜艇战则是侵犯了人权，前者可以在战争结束时要求给予赔偿，"但人的基本权利则不能，生命的损失无法弥补"。[4]因此他堂而皇之地宣布，如果基本的人权受到侵犯，世界就动荡不安，美国的建立就是为了维护人的基本权利，"此后美国必须成为国际大家庭的一个成员，以发挥它的全部道义和物质力量维护这些权利"。[5]1918年初，威尔逊提出了战后议和基础的十四点计划，他声称该计划以

---

[1] 林克编辑：《伍德罗·威尔逊文件集》，第36卷，第43页。
[2] 林克编辑：《伍德罗·威尔逊文件集》，第37卷，第48页。
[3] 林克编辑：《伍德罗·威尔逊文件集》，第36卷，第43页。
[4] 林克编辑：《伍德罗·威尔逊文件集》，第38卷，第132页。
[5] 林克编辑：《伍德罗·威尔逊文件集》，第38卷，第532页。

"公正、民主、自由"为前提,使美国"以高尚之宗旨、正当之主义、尽解决道德之责任"。其实,威尔逊正是在这种"民主、自由、道义、人权"的口号的掩饰下,把美国的对外扩张发展到一个新的阶段。诚如美国学者埃米莉·罗森堡指出的那样:"从1913年到年出任总统的伍德罗·威尔逊加速了美国在世界上的力量发展,增加了其道德主义的热情,扩大了政府传播经济和文化的作用。"①当然罗森堡不可能认识到威尔逊"道义"外交的实质,但毕竟看到了它对美国向外扩张的重要性。

威尔逊虽然带着莫大的政治遗憾离开了美国政坛,但他在外交领域留给美国的遗产一直深深地影响着他的后继者们。大凡雄心勃勃地想在海外一展美国"风采"的总统们都或多或少地强调"人权"在美国外交中的地位。富兰克林·罗斯福在欧洲战云密布之际大力宣扬美国在维护"人权"上的特殊性,1935年10月2日,他在圣地亚哥市发表讲话说:

> 每个人享有根据自己良心支配而实行自己宗教信仰的自由,在合众国,我们认为是不言而喻的。一个半世纪以来,我们的国家象征着信仰自由、宗教自由和法律面前人人平等这些原则;而且这些原则已经成为我们根深蒂固的民族性格。②

罗斯福在第二次世界大战紧要关头发表了"四大自由"演说,强调"人权"的核心是让人们享受言论自由、宗教自由、摆脱贫困的自由和免于恐惧的自由。1942年8月14日,罗斯福与丘吉尔经过会谈联合发表了《大西洋宪章》,实际上把"四大自由"作为两国战后对外政策的共同目标。宪章甚至许诺世界各国人民都"享有选择其生活所在之政府的形式之权利"。1942年元旦的钟声刚刚敲响,

---

① 罗森堡:《传播美国之梦:1890年至1945年的美国经济和文化扩张》,第63页。
② 关在汉编译:《罗斯福选集》,第94页。

26个国家云集华盛顿，签署了《联合国家共同宣言》，宣告："为保卫生命、自由、独立和宗教自由，并为保全他们本国和其他国家中的人权和正义起见，完全战胜敌国，实为必要。"①这一时期罗斯福政府的"人权"举措主要是出于反法西斯战争的考虑，明显包含有国际人权保障的内容，所以才能被许多国家接受和承认，但也体现出美国对世界的"使命感"和"责任感"，希望按照美国的政治原则和模式使美国在战后承担起领导世界的责任，其服务于美国的自我利益同样是显而易见的。

第二次世界大战后，国际体系一分为二，美国成为"自由世界"的领袖，它在与苏联的全球抗争中，自然不会忘记"人权"这一武器。肯尼迪时期是美国的人权外交发展的一个重要阶段。肯尼迪本人就十分强调"人权"在美国外交中的作用，他在就职演说中谈到，新一代美国人"不愿意目睹或允许我国总是作出保证的、我们在国内和全世界今天作出承诺的人权遭到无端的侵犯"。②1963年他在美利坚大学讲话时激动地反问道："从根本上讲，和平归根到底难道不是一个人权问题吗？"他在遇刺两个月前告诉联合国："既然人权是不可分割的，那么这些权利受到任何成员国的侵犯和忽视时，这个组织就不能袖手旁观。"③美国此时把"人权"明确纳入了对外政策之中。1961年，美国政府在《对外援助法》修正案中补充规定，美国国务院必须每年向国会众议院、参议院外交委员会提交一份有关各国人权状况的翔实报告。考察的对象包括联合国成员国和受美国援助的国家。它被视为美国与别国发展双边关系或向别国提供援助的重要依据和条件。对于那些被美国认为侵犯了"人

---

①《国际条约集，1934—1944》，北京：世界知识出版社1961年版，第342页。
②约翰·肯尼迪："就职演说"（John F. Kennedy,"Inaugural Address"），1961年1月20日。全文可在 http://www.presidency.ucsb.edu/ws/index.php? pid=8032 网址上获得。
③小施莱辛格：《美国历史的循环》，第95页。

权"的国家，美国往往根据不同的对象采取不同的处理办法。美国国务院一年一度的人权报告，自1961年开始就一直延续下来了。①

福特当政时期，美国以"人权"为由迫使苏联在犹太人移民问题上作出了让步。1974年12月13日，参议院以88票对0票通过了杰克逊-瓦尼克修正案，要求把苏联放松对移民的限制作为获得出口信贷和最惠国待遇的一个条件。1975年，国务院成立了"人道主义事务司"，专门负责搜集和提供联合国各成员国的人权执行情况，向国会报告。不过，美国此时在"人权"问题上还是十分谨慎，唯恐伤及了与盟国的关系，尤其担心分散了美国对传统国家安全利益的追求。美国的这种态度正如当时的国务卿基辛格1975年解释的那样：

> 如果对人权的侵犯没有严重到我们不能与之共存的地步，我们将试图制定出我们与有关国家共存的政策，以便增加我们的影响。如果对人权的侵犯严重到我们不能与之共存，我们将避免与冒犯国家打交道。②

尽管如此，美国政府已开始把"人权"置于外交中比较重要的地位，基辛格1976年也承认，人权"至关重要……是我们时代最为迫切问题之一"。③他在同年召开的美洲国家组织第六届大会上专门就人权问题发表了讲话，把"必须保护和扩大人类的基本权利"说成是"我们时代最引人注目的问题之一，也是要求所有责任心强的

---

① 参见周金榜："美国'人权外交'政策的产生及其实质"，载《北京师范学院学报》，1991年第6期，第54页。
② 拉尔斯·斯库尔茨：《人权与美国对拉美的政策》(Lars Schoultz, *Human Rights and U.S. Policy Toward Latin America*)，普林斯顿：普林斯顿大学出版社1981年版，第110页。
③ 小施莱辛格：《美国历史的循环》，第97页。

民族与国家采取一致行为的问题"。①

自威尔逊时代以来,美国政府尽管没有完全忽视"人权"在对外关系中的作用,但总的来看,"人权"并没有成为政府制定对外政策的主要原则,到了20世纪70年代后期卡特执政时才终于发展为明确的"人权外交"。在卡特看来,自威尔逊以后,除了少数总统外,美国很少把"人权"放到重要地位来考虑。他在回忆录中写道,长期以来,美国外交政策"未能显示出美国所特有的杰斐逊或威尔逊的理想主义"。②言下之意,他要使这种根深蒂固于美国文化中的观念"独放异彩",在美国对外关系上占据重要的一席之地甚至中心位置。因此,卡特的"人权外交"思想是美国文化中的"使命感"与美国历史上所谓的"理想主义"外交在特定的形势下的一种强烈折射。

二 卡特政府的"人权外交"

"人权外交"到了卡特执政初期成为美国对外政策中的主旋律。③促使卡特政府奉行"人权外交"的因素很多,从客观上讲,是由于形势的变化迫使美国政府必须进行政策调整,从主观上讲,则是美国政府企图在新的国际形势下更好地实现美国的全球战略目标。

具体来讲,卡特政府是出于下述考虑提出"人权外交"的。第一,在第二次世界大战后,美国自恃战争期间发展起来的强大经济

---

① 参见《国务院公告》(*Department of States Bulletin*),1976年7月5日,第1页。
② 吉米·卡特:《保持信心:吉米·卡特总统回忆录》,裘克安等译,北京:世界知识出版社1983年版,第128页。
③ 对卡特"人权外交"的理论来源和实践的详细考察见桑迪·福格尔格桑:"人权外交"(Sandy Vogelgesang,"Diplomacy of Human Rights"),载《国际研究季刊》(*International Studies Quarterly*),第23卷,第2期(1979年6月),第216~245页。对卡特政府所谓"人权"所包括的主要范畴的考察详见麦克考密克:《美国对外政策和美国价值观》,第99~100页。

力量与政治影响,把在全球范围内遏制苏联"扩张"作为其总体战略,由此承担起"世界警察"的职责。美国以资本主义世界霸主自居,颐指气使,到处发号施令。而随着苏联战后的迅速发展,西欧与日本在经济上重新崛起,以及第三世界国家民族解放运动的兴起,美国战后形成的霸权地位开始动摇。到了20世纪60年代末,美国深感处处插手世界事务力不从心,金元帝国的大厦也摇摇欲坠,尤其是在卷入越南战争之后,财力和物力消耗巨大,犹如掉入泥潭,越陷越深。尼克松上台后,为了摆脱困境,扭转不利局面,不得不进行全球性的战略调整。这次战略调整虽然在一定程度上取得了成效,但并未从根本上扭转美国的不利局面。苏联则乘美国全球收缩之机,大力发展经济和军事实力,扩大势力范围,这就使美国在国际事务中受到更为严重的挑战。卡特上台后,推出"人权外交",旨在以美国之"强",击苏联之"弱",在国际社会赢得道义上的支持,从而在与苏联竞争中获得主动地位,以期"不战而屈人之兵"。卡特说得很清楚,"在我看来,树立美国理想主义的榜样,是处理外交事务的一种切实可行和现实的态度,道德原则是行使美国武力和扩大美国影响的最好基础"。[1]

第二,战后美国政府维护亲美政权的社会和政治稳定是加强对不发达地区控制的手段之一。英国著名历史学家阿诺德·汤因比指出,美国由于扩张而变成世界上最保守、最反对变革的国家,从而它就必定要竭力维持它的利益所以发展和巩固的那些国家的"既定秩序"。[2]汤因比在这里说出了美国支持亲美独裁政权的主要原因。试以拉美地区为例,战后很长一段时期内,美国为了维持西半球反共产主义的"稳定",竭力使亲美独裁政权稳固,免遭颠覆。60年代,美国政府为了改变与其宣称"理想"不符的形象,把鼓励代议

---

[1] 卡特:《保持信心》,第129页。
[2] 参见《拉丁美洲问题译丛》,第15辑,第93页。

民主制作为"争取进步联盟"计划的两大目标之一,由于这一计划受美国战略因素的制约,结果适得其反。这种现象程度不同地存在于其他不发达地区。尼克松和基辛格奉行的现实主义成分较浓的外交政策不但没有使这种状况有所改变,反而呈加强趋势,致使这些地区反美情绪高涨。卡特上台后,为了改变美国在第三世界的形象,自然会以一种新的姿态奉行一种新的方针。第三世界是美国"人权外交"的重点之一,其原因概出于此。

第三,第二次世界大战后,美国国家垄断资本主义获得长足发展,联邦政府奉行了以赤字财政与通货膨胀为手段的调节经济政策,这种政策虽然在一定程度上缓和了国家垄断资本主义的矛盾,促进了经济的发展,但产生了一种难以医治的病症——滞胀危机。自此以后,历届政府都试图采取新的方针解决这一问题,但均以失败告终,深受其害的各阶层民众开始对联邦政府失去信心。尼克松上台伊始就指出,美国正面临着城市危机、社会危机以及对政府行使职责的能力的信任危机。他试图通过新联邦主义使之缓和,但水门事件引发出统治阶层内部危机更使人们对政府不满情绪加剧。这种信任危机到了卡特时期达到高峰。卡特就把能源危机对美国社会带来的震荡说成是"信任危机",指出这场危机正冲击着美国国民的意志、灵魂与气概,甚至蔓延到联邦政府内,在一些官员身上产生了可怕的悲观主义情绪。他大声疾呼复活美国人民的志气,试图唤起美国人的"理想之梦",使人们在错综复杂的问题面前保持对未来的信心。反映到外部关系上,借助传统外交中的"理想",就成为恢复美国人信心的一个组成部分。布热津斯基坦言:"我相信,通过强调人权,美国可以再一次使自己成为人类希望的使者,未来潮流之所在。这将有助于克服悲观主义的蔓延。"[1]当然,卡特

---

[1] 兹比格涅夫·布热津斯基:《实力与原则:1977—1981年国家安全》,邱应觉等译,北京:世界知识出版社1985年版,第6页。

倡导"人权外交"也与他的宗教信仰、个人出身以及政治思想有关。卡特是以自我标榜为自由主义的平民总统走进白宫的,但他进行外交调整,个人因素决不是决定性的,而是形势需要使然,是美国政府试图实现其既定目标的一种努力。①

卡特政府对外政策的指导思想明显具有阶段性。1979年以前,"世界秩序战略"是美国制定对外政策的基本出发点,特征是强调南北关系先于东西关系;1979年之后,卡特主义成为美国对外政策的指导原则,特征是加强了对苏联的遏制。"世界秩序战略"主要想达到下述目的:一是加强固有联盟的关系,密切与西欧、日本的政治、经济、军事合作,从而促成稳定的"民主国家的团结"。二是主动发展比较和谐的南北政治与经济关系,包括减少对发展中国家的军事援助和武器出售。三是强化美国文化思想意识对世界的影响力,重塑美国在第三世界的形象,缓和日益增长的反美情绪,重振美国在第三世界的号召力。"人权外交"就是实现上述目标的主要手段之一。

卡特是高唱着"维护人权"出任美国总统的。在此之前,卡特曾在多次场合谈到人权问题,如他在1976年9月8日的一次重要讲话中指出,任何国家要是"剥夺其人民的基本权利,事实将有助于形成我国人民对该国政府的态度"。②他在总统竞选时谴责福特政府"在我们外交政策中忽视了美国人民的特征,采取了与我们的长期信仰和原则相反的行为"。③他此时把"人权"作为外交方针提了出来,既赢得选民的支持,击败了对手,也的确成为他出任总统后对

---

① 关于卡特政府奉行"人权外交"的现实考虑参见肯尼斯·汤普森:"对伦理与对外政策的新思考:人权问题"(Kenneth Thompson, "New Reflections on Ethics and Foreign Policy: the Problem of Human Rights"),载《政治杂志》(*The Journal of Politics*),第40卷,第4期(1978年11月),第985页。
② 马茨等主编:《拉丁美洲、美国和泛美体系》,第178页。
③ 马茨等主编:《拉丁美洲、美国和泛美体系》,第178页。

外政策的"基调"。在美国政府看来，世界各地的人权状况不是在改进，而是在急剧恶化。①因此，作为一向是维护全球"民主自由"的国度，美国理所当然地应该承担起阻止这种状况继续的责任。1977年1月20日，卡特在就任总统演说中，宣称他的政府将以一种新的精神来实现美国人传统中的"理想"，这种"理想"就是维护被其他国家侵犯的"人权"。因此，"对美国来说，最崇高和最有雄心的任务就是帮助建立一个真正人道的正义与和平的世界"。②从卡特及其助手发表的言论以及美国政府采取的行动来看，"人权外交"内容主要体现在两个方面：一是以美国的传统价值标准作为美国对外政策的基础。卡特1977年5月22日在圣母大学发表演说时指出："这是一个新世界，但美国不应该对之担心。这是一个新世界，我们应该帮助其形成。这是一个新世界，它要求美国执行新的对外政策——基于其价值方面保持永久体面和我们的历史观中保持乐观主义的政策。"③二是对侵犯"人权"的国家进行干涉或采取经济制裁。卡特在就职演说中宣称："因为我们是自由的，所以我们决不可对其他地区的自由信仰无动于衷。我们的道义感使我们必须明确地支持那种同我们一样永远尊重人权的社会。"④卡特及其幕僚在多次场合都谈到要对一些违反人权的国家以削减和停止美元援助

---

① 关于当时世界各地的人权状况详见伯纳德·格韦茨曼："人权：世界其他地区对之不同的看法"（Bernard Gwertzman, "Human Rights: The Rest of the World Sees Them Gidderently"），载《纽约时报》（*New York Times*），1977年3月6日，第147页。
② 吉米·卡特："就职演说"（Jimmy Carter, "Inaugural Address"），1977年1月20日。全文可在 http://www.presidency.ucsb.edu/ws/index.php? pid=6575 网址上获得。
③ 吉米·卡特："在圣母大学毕业典礼上的讲话"（Jimmy Carter, "Address at Commencement Exercises at University of Notre Dame"），1977年5月22日。全文可在 http://www.presidency.ucsb.edu/ws/index.php? pid=7552 & st=human+rights&st1= 网址上获得。
④ 卡特："就职演说"；另见马茨等主编：《拉丁美洲、美国和泛美体系》，第178页。

给予"制裁"。

　　卡特政府在外交事务中强调"人权",苏联是其针对的一个主要对象,它试图运用"人权外交",团结西方联盟,动员世界舆论,向苏联展开意识形态攻势,最终达到孤立苏联的目的。1977年1月27日,在卡特出任总统刚满一周,美国国务院就声明,公开赞扬苏联持不同政见者的领袖人物、著名核物理学家、诺贝尔奖金获得者安德烈·萨哈罗夫是"为人权而奋斗的战士",指责苏联政府不让不同政见者发表意见是与"公认的国际人权标准背道而驰"。在此之前,萨哈罗夫于1月21日致信卡特,数落苏联政府侵犯人权行为,请求美国政府干预,以阻止这种违反"民主与自由"之行为的继续。①1月30日,卡特在华盛顿召开的记者招待会上宣称国务院的声明反映了他本人的立场。他甚至还说,如果是他亲自发表声明,就会"产生更大的鼓舞力量"。2月5日,卡特亲自复信萨哈罗夫,向他表示"人权问题是我们政府主要关心的问题。……美国人民和我们的政府将继续履行不仅在我们国内而且在国外促进人权的坚定诺言"。②萨哈罗夫事件引发起美国对苏联展开来势迅猛的"人权"攻势。2月8日,卡特举行了记者招待会,有记者问总统,苏联近期发生了一系列侵犯人权的事件,其中包括驱逐美国新闻记者和逮捕亚历山大·金斯伯格,是不是人权问题会有可能危及美国与苏联在其他问题上的关系?卡特在回答这个问题上表明了政府在人权问题上决不作出妥协,表示无论什么地方人权受到了威胁,美国都会履行其对人权保障作出的国际承诺。"这不是旨在在国家关系上对苏联的攻击,而是我将希望他们的领导人能够认识到美国人民对人权

---

① 萨哈罗夫致卡特信的全文见"萨哈罗夫在人权问题上致卡特信的全文"("Text of Sakharov Letter to Carter on Human Rights"),载《纽约时报》(*New York Times*),1977年1月29日,第2页。
② 转引自张海涛:《吉米·卡特在白官》,成都:四川人民出版社1982年版,第116~117页。

的深刻关注"。①3月1日，卡特在白宫接见苏联另一名持不同政见者弗拉基米尔·布科夫斯基，把他奉为上宾，并对他说："我们维护人权观念的决心是永远不变的，我在公开发表声明和表明立场方面不会畏首畏尾。"②参议院与白宫配合默契，遥相呼应，对苏联侵犯人权大张挞伐，谴责苏联国内侵犯人权的行为，把美国对苏联发动的"人权攻势"推向高潮。就在卡特会见布科夫斯基的翌日，参议院以92票对0票通过了一项反对苏联侵犯人权的决议，抗议苏联最近殴打、关押和折磨想获得移民签证去和家人团聚的苏联犹太人及其他少数民族的人。

为了使人权攻势能在苏东国家掀起轩然大波，卡特政府不惜重金，给美国之音等电台增拨额外款项4500万美元，希望能增加发射器，以便加强和扩大对苏东国家的舆论宣传。在卡特政府的这种攻势的影响下，以萨哈罗夫为首的100余名持不同政见者发表宣言，呼吁1975年欧安会30多个国家的政府首脑采取行动，使这次会议的"最后文件"中有关人权的条款在苏东国家得以遵守。10月在贝尔格莱德召开的欧安会续会上，美国以人权问题为口实，带领西方盟国对苏联展开猛烈抨击，使之处于被动受攻的地位。1980年3月，在日内瓦召开的联合国人权委员会上，美国联合英国对苏联的侵犯人权行为进行了猛烈的攻击。③苏联对卡特政府在人权问题上处处挑剔大为恼火，勃列日涅夫指责美国干涉苏联内政，并责成苏联研究美国问题的专家揭露美国国内在对待黑人少数民族问题上存在的

---

① 吉米·卡特总统的记者招待会（The President's News Conference），1977年2月8日。全文可在 http://www.presidency.ucsb.edu/ws/index.php? pid=7666&st=human+rights&st1=网址上获得。

② 朱迪斯·邦奇尔主编：《人权和美国外交 1975~1977 年》（Judith F. Buncher, ed., *Human Rights and American Diplomacy, 1975–1977*），纽约：事实与档案出版社1977年版，第80页。

③ "美国和英国在人权上攻击苏联"（"U.S. and Britain Attack Soviet on Human Rights"），载《纽约时报》（*New York Times*），1980年3月11日，第A2页。

侵犯人权现象。美苏双方相互攻讦，彼此驱逐对方记者，在贸易与交流活动中设置障碍，导致双方在一些重大问题上的谈判进展缓慢。以后卡特在谈到美苏关系时也承认，人权问题"确实在我们之间造成了紧张气氛，并妨碍了我们更和谐地解决一些别的分歧"。①

卡特"人权外交"的重点是第三世界，拉丁美洲又是重点的重点。因为拉美在战后既是美苏全球竞争的"后院"，又是美国称霸世界的"门户"。而卡特上台时，美国在拉美的处境十分不利。1977年1月21日英国刊物《拉丁美洲政治报道》发表评论指出，美国对拉美的政策，不仅在拉美，而且在全世界，特别重要的是在美国国内，已经严重地名誉扫地，如果不作一些改变的话，美国在这一地区的活动只会遭到越来越多的抵制。1977年4月，卡特在美洲国家组织常设理事会上捉山了对拉美地区的"新方针"，其中一项内容是尊重"人权"，在拉美推行美国传统理想中的"自由"和"民主"，给拉美一些独裁政权施加压力，改善这些国家的统治者与被统治者的关系，以阻止内部革命的爆发。用国会议员拉里·麦克唐纳的话来说，"在维护人权的借口下，卡特政府在中美洲掀起了一场造成反共政府不稳定的战役，这些国家是自由世界的可靠盟国"。②麦克唐纳的话尽管有批评卡特政府政策的味道，但却表明卡特想要改变这些美国盟国统治方式的决心。其实，卡特政府的目的就是努力改变美国过去一贯支持独裁政府的形象，减少拉美国家之间的矛盾，把若即若离的"民主"国家团结起来，以稳定住后院的阵脚。

卡特就职后不久，尼加拉瓜天主教的主教们联合发表了一封致教徒的公开信，谴责尼加拉瓜国民警卫队在国内实行恐怖统治。这

---

① 卡特：《保持信心》，第 135 页。
② 转引自斯图尔特·费希尔："萨尔瓦多的人权和美国的对外政策"（Stewart W. Fisher, "Human Rights in El Salvador and U.S. Foreign Policy"），载《人权季刊》（*Human Rights Quarterly*），第 4 卷，第 1 期（1982 年春季号），第 2 页。

封信在美国社会引起很大反响，国会内外掀起一片要求政府停止对尼加拉瓜经济和军事援助的呼声。1977年3月，国务院发布了"国家关于人权实践的报告"，建议如果萨尔瓦多军政府、尼加拉瓜索摩查政权以及危地马拉的加西亚独裁政权不改善国内的人权状况的话，美国将中止对它们的安全援助。不久卡特政府宣布，在索摩查政权改善其人权记录之前暂停1200万美元的援助。索摩查深知，美国对其人权记录的批评只会给国内反对派撑腰壮胆，如要维持住统治，必须继续从美国获得支持。为此，他解除了针对国内反对派，尤其是对桑地诺民族解放阵线的戒严状态，宣布恢复宪法保证。1978年2月16日，美国副国务卿萨莉·谢尔顿在参议院国际组织小组委员会的听证会上评价尼加拉瓜形势时说："虽然问题仍然存在，但我们认为，自1977年初以来（在人权方面）的进步一直是显而易见的。"①这说明美国只是想通过压力迫使索摩查改变统治方式。索摩查也认识到这一点。6月19日，他宣布大赦政治犯，保证重建选举制度，邀请美洲国家组织人权委员会到尼加拉瓜进行现场检查。美国恢复了对索摩查政权的援助。1977年中叶，美国政府与索摩查政府签署了一项数额为2500万美元的援助协定。1978年5月，国务院秘密批准给尼加拉瓜一笔款项，16万美元用来购买军队医院的设备，15万美元用于军事训练。美国政府同时批准了对尼加拉瓜两笔贷款，300万美元用于教育，750万美元用于食物援助。卡特还煞有介事地宣布："美国重申其严格不干涉尼加拉瓜内部政治事务的政策，我们的愿望仍然是促使其向真正民主统治的非暴力的稳定过渡。"②1980年10月，美国政府开始执行帮助萨尔瓦多训练军官的计划，以加强该国镇压国内"暴乱"的能力。国务院官员宣称，在这

---

① 参见"世界新闻摘要：美国观察到尼加拉瓜人权的改善"("World News Briefs: U.S. Sees Improvement in Nicaraguan Rights")，载《纽约时报》(*New York Times*)，1978年2月17日，第A4页。
② 莫雷诺：《美国在中美洲的政策：无休止的辩论》，第53页。

一计划执行中,要对被训练者强调对人权的遵循。①

卡特政府鉴于南美洲一些国家军政权在国内的高压统治,先后以人权为由,停止了对它们的经济和军事援助。阿根廷、智利、巴拉圭、巴西等国的军政权成了美国人权外交攻击的目标。这里以阿根廷为例来说明。卡特一上台,阿根廷就被列为因侵犯人权而加以特殊对待的国家。1977年2月24日,国务卿万斯通知国会,出于人权问题考虑,美国对阿根廷等国的援助将在同年10月11日开始的财政年度中予以削减,以推动这些政府采取使其国家"民主化"的改革。1978年初,副国务卿克里斯托弗和美国进出口银行达成一项协定,中止该银行在阿根廷的活动。国务院随后以人权问题为由否决了进出口银行向阿根廷提供的贷款。在美国政府的压力下,美洲国家组织泛美人权委员会1980年4月11日发布了关于阿根廷的人权报告,共216页,非常详细地列举了阿根廷军政府侵犯其公民基本权利的做法。②1981年9月,国务院拉丁美洲司编辑出版的《现代化》杂志发表一篇文章宣称,从1976年到1980年,阿根廷共向世界银行和泛美开发银行申请过32次贷款,其中28次遭到美国政府代表的否决。③此类制裁程度不同地存在于南美其他独裁国家。④

---

① 参见珍妮特·巴塔伊:"在一个强调人权计划中美国训练萨尔瓦多军官"(Janet Battaille, "U.S. Training Salvadoran Officers in a Program Stressing Human Rights"),载《纽约时报》(*New York Times*),1980年10月9日,第A10页。
② 参见罗伯塔·科恩:"人权外交:卡特政府和南锥体"(Roberta Cohen, "Human Rights Diplomacy: The Carter Administration and the Southern Cone"),载《人权季刊》(*Human Rights Quarterly*),第4卷,第2期(1982年夏季号),第229页。
③ 洛温塔尔主编:《输出民主:美国和拉丁美洲》,第142页。
④ 参见科恩:"人权外交:卡特政府和南锥体",第226~227页。美国一项以大量统计数字为基础的研究表明,美国对拉美地区的经济和军事援助与这一地区国家的人权记录密切相关,即美国政府在分配援助款项时,人权是一个非常重要的考虑。参见戴维·辛格雷纳里等:"人权实践与美国外援向拉美国家的分配"(David L. Cingranelli and Thomas E. Pasquarello, "Human Rights Practices and the Distribution of U.S. Foreign Aid to Latin American Countries"),载《美国政治学杂志》(*American Journal of Political Science*),第29卷,第3期(1985年8月),第539~563页。

卡特政府在对拉美军政权施加压力的同时，加强了同墨西哥、委内瑞拉、哥斯达黎加等实行代议制民主国家的联系。卡特宣称委内瑞拉是美国的一个"特别盟友"，1977年6月卡特邀请委内瑞拉总统卡洛斯·安德烈娅·佩雷斯访美，1978年3月卡特在万斯和布热津斯基的陪同下，对委内瑞拉正式回访，双方就一些问题进行了谈判。对墨西哥也是如此，卡特一上台就首先邀请墨西哥总统访美，通过协商解决了美墨之间的冲突。在美国政府的支持下，国际货币基金组织为墨西哥提供了12亿美元的贷款，泛美开发银行也许诺三年之内提供墨西哥10亿美元的贷款。卡特政府对代议制民主国家的"亲善"是吸取了尼克松与福特政府的教训，实际上是肯尼迪政府"争取进步联盟"计划在这方面的继续，肯尼迪没有做到这一点，卡特想变换手法使之实现。

卡特政府的"人权攻势"最初似乎取得了成效，一些独裁国家慑于美国的压力多少改变了一下国内统治方式。阿根廷著名人权活动家埃米里奥·米格诺内在布宜诺斯艾利斯接受采访时对卡特的人权政策给予了肯定的评价。他指出："我是绝对确信，如果这一政策不存在，阿根廷的人权状况将是更为恶化。"[1]据当时美国民意测验调查，大多数人对卡特的人权外交表示钦佩。1978年芝加哥对外关系理事会的调查显示，67%的公众和78%的精英人士认为，美国应该对那些有组织地侵犯人权的国家施加压力。[2]卡特的亲信幕僚对人权外交引起的巨大反响得意不已，如布热津斯基就认为"人权政策"已获得成功，"它创造了全球关切人权的气氛，从而鼓励改善人权状况，约束并揭露破坏人权的行为"。[3]卡特本人更是对恢复

---

[1] 详见辛西娅·戈尼："里根的拉丁美洲政策"（Cynthia Gorney,"Reagan's Latin Policy"），载《华盛顿邮报》（The Washington Post）,1981年4月15日，第A25页。
[2] 参见戴维·斯基德莫尔："卡特与对外政策改革的失败"（David Skidmore,"Carter and the Failure of Foreign Policy Reform"），载《政治学季刊》（Political Science Quarterly），第108卷，第4期（1993~1994年冬季号），第717页。
[3] 布热津斯基：《实力与原则》，第152页。

美国昔日的"黄金时代"信心十足,俨然成为维护世界各地"人权"的领袖。

然而,卡特的"人权外交"从一开始就引起许多国家的不满,苏联的抵制自不待言,就连常常接受美国援助的一些国家也不买账。萨尔瓦多和危地马拉宣布"出于国家尊严考虑"放弃来自美国的军事援助,声称美国对其人权状况的批评是对它们主权的一种侵犯。1977年5月,阿根廷、玻利维亚、巴西、智利、巴拉圭、秘鲁和乌拉圭的代表在蒙得维的亚召开了一次特别会议,讨论了抵制美国人权政策的共同战略。其中一些国家甚至抵制与人权挂起钩的美国援助。①在美洲国家组织第七届大会上,这些国家形成了一个集团,阻止大会通过强烈谴责西半球一些国家侵犯人权的决议。所以卡特政府的"人权外交"并没有达到预期的目标,反而加剧了与一些国家的紧张关系,国内舆论逐渐转向批评。"温和派"认为这种政策损害了美苏关系,不利于缓和进程。美参谋长联席会议主席布朗认为,人权问题损害了美国与拉美国家的团结,从长远来看,可能影响到美国的安全。"强硬派"却认为人权外交不能遏止苏联的扩张势头,主张采取强硬方针来对付苏联在全球范围内的咄咄逼人之势。舆论的导向使卡特政府在某些问题上陷于困境,欲罢不忍,欲行不能。参议院38名共和党议员公开声称,卡特的外交政策"不仅行不通,而且美国人对他的所作所为感到失望"。②卡特执政后期,美国舆论普遍认为,卡特政府对国际上所发生的重大事件,都表现出美国对外政策的软弱性。美国的一份报告指出,卡特的人权政策"已被放弃,被一种政治和道义现实主义的不干涉政策所取

---

① 胡安·德·奥尼斯:"阿根廷和乌拉圭拒绝与人权联系起来的美国援助"(Juan de Onis, "Argentina and Uruguay Reject U.S. Assistance Linked to Human Rights"),载《纽约时报》(*New York Times*),1977年3月2日,第10页。
② 詹姆斯·赖斯顿:"卡特的个人窘境"(James Reston, "Carter's Personal Dilemma"),载《纽约时报》(*New York Times*),1977年5月7日,第E23页。

代。……（人权政策）使美国的朋友与盟国付出了代价，使我们丧失了影响"。①有的共和党议员甚至认为卡特的人权政策"使这个世界变得更为危险"。②柯克帕特里克1980年在美国《评论》杂志上发表一篇题目为《独裁与双重标准》的文章，她说："卡特政府的外交政策的失败是尽人皆知，而只有它的设计师才执迷不悟。"③美国公众对国外侵犯人权事件十分关注，也希望政府能够干预，但他们却不希望人权成为对外政策的中心。芝加哥对外关系理事会1978年的民意测验列出了13个具体的外交政策目的，要求回答者认为这些目的是非常重要、有点重要或不太重要，结果促进和维护国外的人权列为最低，只有39%的公众和36%的精英人物认为它是非常重要的。④这个实际上埋下了卡特人权外交失败的根源。卡特本人在第二次总统竞选中遭到惨败，最后悄然离开白宫，他的外交政策失利显然是一个重要的因素。

三 卡特之后的"人权外交"

卡特政府奉行的"人权外交"并未因卡特本人下台而时过境迁，也未因共和党执政而被抛置一边。相反，此后的美国历届政府总结了卡特任内的经验教训，将维护"人权"更加灵活地运用于美

---

① 肯尼思·奥耶等：《鹰复活了吗？美国对外政策的里根时代》(Kenneth A. Oye, Robert J. Lieberane Donald Rothc, eds., *Eagle Resurgent? The Reagan Era in American Foreign Policy*)，波士顿：利特尔和布朗出版公司1987年版，第362页。
② 共和党议员对卡特对外政策的激烈抨击详见亚当·克莱默："更换的共和党对手攻击卡特的对外政策"(Adam Clymer, "G.O.P. Rivvals, Shifting, Attack Carter Foreign Policies")，载《纽约时报》(*New York Times*)，1980年1月30日，第A1页，第A18页。
③ 赫德里克·史密斯等：《里根和里根总统》，潘东文等译，北京：商务印书馆1982年版，第194页。
④ 参见斯基德莫尔："卡特与对外政策改革的失败"，第717~718页。

国外交之中。正如新加坡外交部一位高级官员考西肯指出的那样：

> 人权问题超越了政治范畴。民主党人和共和党人共同具有美国同一种政治文化的基本价值观。里根和布什总统并不否认卡特对人权的重视。他们只是反对他所强调的重点。里根和布什并未取消由卡特所建立的人权法规及官僚机构。这些法规和机构以人权为基础并更多地集中于反共斗争中。①

里根执政时期是美国"人权外交"发展的重要阶段。这位共和党人属于美国政界的"强硬派"，他在总结20世纪70年代美国外交时说："十年来我们疏忽、软弱、犹豫不决。现在美国外交的任务就是重振军备，在政治上再次发动进攻。"②因此里根上台后，他的对外政策的突出特点是从两极对立的指导思想出发，对苏联采取了强硬的新"遏制"政策，这就使美国外交政策从70年代的守势转入积极的进攻。在贯彻这种新的遏制战略中，意识形态较量是其中重要的组成部分，而美国继续打出维护"人权"的旗帜，就是想在这种较量中胜过对手一筹。里根政府推行的"人权外交"在实质上与前任毫无区别之处，所不同的只是，里根吸取了卡特的教训，在强调实力的同时强调人权。③二者相辅相成，有机地结合成一个整体，在对外关系上表现为软硬兼施，这就能使"人权外交"更易发挥作用。

里根1981年就任总统之初，许多人怀疑新政府可能放弃前任的"人权外交"，其实这种担心很快就消失了。种种迹象表明，"人

---

① 比拉巴里·考西肯："亚洲不同的标准"（Bilabari Kausikan, "Asia's Different Standard"，载《对外政策》（*Foreign Policy*），第 92 期（1993 年秋季号），第 30 页。
② 曼德尔伯姆：《里根与戈尔巴乔夫》，第 21 页。
③ 参见杰罗姆·谢斯塔克："人权、国家利益和美国对外政策"（Jerome J. Shestack, "Human Rights, the National Interest, and U.S. Foreign Policy"），载《美国政治与社会学研究院年鉴》（*Annals of the American Academy of Political and Social Science*），第 56 卷（1989 年 11 月），第 23~26 页。

权"在新政府的对外政策中仍然有着举足轻重的地位。新政府在首次发表的《国家关于人权报告书》中声称,本政府认为,人权是至关重要的问题。1981年1月,里根政府在《国家安全战略报告》中也明确指出,美国对苏联的总体战略"仍然是遏制苏联的扩张,鼓励苏联国内及其统治的其他各国内部的政治民主化和基本人权"。埃利奥特·艾布拉姆曾就人权问题递交给新政府一份备忘录,要求把人权作为美国对外政策的核心。这份备忘录颇受重视,艾布拉姆随即被任命为国务院人权事务司的负责人。里根和其他决策人物的思想同样反映出了这一点。里根在一次公开场合强调说:"促进自由一直是我们国家外交政策的一个主要因素,在本届政府任内,人权考虑在我们外交政策的各个方面都是重要的。"①国务卿亚历山大·黑格也说道:"人权不仅符合我们国家的利益,而且是我们对外政策的主要焦点。"②但里根政府的人权政策基本上不受道义因素的限制,完全从属于战略目标。1982年10月14日,黑格在普林斯顿大学的讲话中指出:

我们面对着这样一种形势,即在福特政府时期以及卡特政府过分虔诚地发动人权攻势时期,战略被动性逐步削弱了独裁的反共产主义政府的决心,使西方盟国的信心不断下降,鼓励了苏联和苏联操纵的极权主义政权采取冒险政策。③

显而易见,人权问题已成为新政府在制定和执行其外交政策时的主要考虑之一。进入20世纪80年代以后,许多社会主义国家为了

---

① 小艾尔弗雷德·莫厄尔:《人权和美国对外政策:卡特和里根的经历》(Alfred G. Mower, Jr., *Human Rights and American Foreign Policy: The Carter and Reagan Experiences*),纽约:格林伍德出版社1987年版,第34页。
② 小莫厄尔:《人权和美国对外政策:卡特和里根的经历》,第34页。
③ 莫雷诺:《美国在中美洲的政策:无休止的辩论》,第85页。

克服面临的困难，纷纷推行改革开放政策。这种局面自然加重了美国手中的"人权"筹码，使美国有机会发起更猛烈和更具针对性的人权攻势，以打破这些国家在意识形态领域的封闭状态，加速它们向西方结构的演变。1981年波兰发生内乱，波兰政府宣布进入紧急状态。美国等西方国家大造舆论，推波助澜，以波兰政府侵犯人权为由，对波兰进行经济和政治制裁，最后迫使波政府作出让步，承认了团结工会的合法地位，为以后的波兰剧变埋下了伏笔。1982年3月，美国国会通过了关于苏联人权的参众两院373号共同决议（House Joint Resolution 373），要求苏联政府停止对其公民所享受的基本人权的迫害行为。里根在签署这一法案时发表声明指出：

> 我真诚地与国会一道再次向苏联政府呼吁停止其针对那些寻求自由者、迁徙国外者以及坚持他们的宗教或文化传统者所采取的镇压行为。这些自由是我们美国传统的基本组成部分，对其否认引起了我们政府和公民的最深切的关注。我们敦促苏联采取积极的措施保证其政策和做法与其尊重苏联公民个人权利的国际义务保持一致。①

1982年6月8日，里根在伦敦议会发表一篇被说成是"代表美国对外政策总目标"的讲话，宣称"自由和民主在向前挺进途中将把马克思主义—列宁主义抛进历史的垃圾堆"，表示要通过"思想和信息的传播"来影响苏联和东欧国家的人民。②

---

① 罗纳德·里根："签署关于苏联人权法案的声明"（Ronald Reagan, "Statement on Signing a Bill Concerning Human Rigts in the Soviet Union"），1982年3月22日。全文可在 http://www.presidency.ucsb.edu/ws/index.php?pid=42304&st=human+rights&st1=网址上获得。
② 罗纳德·里根："对英国议会成员的讲话"（Address to Members of the British Parliament），1982年6月8日。全文可在 http://www.presidency.ucsb.edu/ws/index.php?pid=42614&st=human+rights&st1=网址上获得。

20世纪80年代中期戈尔巴乔夫执政后在苏联推行"公开性"、"民主化"方针和"新思维"外交,苏东地区形势开始发生变化,东西方关系出现新的缓和,国际局势转向有利于美国发动"人权"攻势。1985年2月,里根在向国会递交的国情咨文中宣称,美国"已经作好伟大变迁的准备",要进行一场"把世界和平与人类自由的希望带到美国国境之外的革命"。①1986年3月14日,里根在公开发表的对外咨文中强调:"美国人民信奉人权,反对以任何形式出现的暴政。……美国鼓励进行民主变革,将随时准备在这些国家及其他国家帮助实现民主。"②在这种形势下,里根政府加强了与苏东国家内部反政府势力和持不同政见者的联系,直接或间接地支持他们的活动。1988年5月,里根赴莫斯科与戈尔巴乔夫举行美苏首脑会谈,在此期间,他借机大讲人权,宣扬美国的文化价值观。他一只手举着联合国人权宣言、赫尔辛基最后文件中关于人权的规定,另一只手举着美国的宪法和民主体制,试图在苏联民众中掀起一场争取"自由与民主"的运动。他给一些持不同政见者撑腰打气,公然对他们说:"作为普通人中的一员,我来到你们当中是希望我所做的一切能给你们力量……当我们通过外交途径推进人权时,你们却成年累月地冒着失业、失去家庭、失去一切的风险,用你们的生命来推进人权。"③里根在会谈中,迫使苏联政府在人权问题上作出

---

① 罗纳德·里根:"在国会联席会议上关于国情的讲话"(Ronald Reagan,"Address Before a Joint Session of the Congress on the State of the Union"),1985年2月6日。全文可在 http://www.presidency.ucsb.edu/ws/index.php?pid=38069 网址上获得。
② "里根致国会关于对外政策咨文文本:总统对外政策声明文本"("Text of the Reagan Message to Congress on Foreign Policy: Text of President's Foreign Policy Statement"),载《纽约时报》(*New York Times*),1986年3月15日,第4页。
③ 罗纳德·里根:"在莫斯科斯帕索修道院对苏联持异议者的讲话"(Ronald Reagan,"Remarks to Soviet Dissidents at Spaso House in Moscow"),1988年5月30日。全文可在 http://www.presidency.ucsb.edu/ws/index.php?pid=35894&st=&st1=网址上获得。

了一些让步。美国政府在维护"人权"的名义下,对苏东国家采取"压",而对其内部反对派采取"扶"的方针为日后这些国家内部剧变奠定了外部基础。

里根时期美国对中国人权问题虽然没有向后来那样大张旗鼓地批评,但也不时地以"人权"要挟中国。1982年,美国以尊重人权为由,给中国运动员胡娜以"政治避难";1985年9月,美国国会无理指责中国实行强迫性堕胎,对中国实行计划生育政策进行攻击。在西藏问题上,美国谴责中国侵犯了人权。1987年6月,美国会众议院通过了中国在西藏侵犯人权的修正案。9月,达赖访美并在国会发表演说,众议院人权委员会为达赖举行记者招待会,并对他提出的关于西藏地位问题的"五点计划"表示支持。12月3日,参众两院联席会议通过了"中华人民共和国在西藏侵犯人权"的修正案,随后参众两院分别予以正式通过。

在对待第三世界国家方面,里根政府的人权政策与其前任相比,更加灵活和务实。1981年10月,新政府的"人权备忘录"对盟国的侵犯人权行为实行"消极标准",即只需口头批评,无须见诸行动,否则极权主义政权取代独裁政权,将会对"人权事业"构成更大的威胁。在中美洲,美国要求萨尔瓦多、洪都拉斯和危地马拉等国尊重人权,实行土改,逐步向"政治民主化"过渡。在美国的积极活动和组织下,这一地区的几个重要国家都结束了长期的军人统治,成立了亲美的文人政权。对南美洲不按美国人权标准行事的国家,里根政府不但不予谴责,而且采取安抚和笼络的政策,试图恢复因人权问题而恶化了的关系。里根敦促参议院撤销了禁止向阿根廷、智利提供军援的法令。美国驻联合国人权委员会代表投票反对"谴责智利践踏人权的提案"。对于战略上、经济上、政治上对美国至关重要的国家,里根政府虽然也曾批评其国内的侵犯人权行为,但是不痛不痒,根本无助于其国内问题的解决,而美国提供的军事和经济支持则起了助纣为虐的作用。我们以南非为例。南非在政治上和经济上与美国联系密切，美国350家公司在南非的投资，占这个国家外资的20%。到1984年，美国在南非的总投资是150亿美元。南非为美国提供了许多重要矿产品，从1981年到1983年，南非61%的钴、55%的铬、49%的铂、44%的钒、39%的锰输往美国。南非地理位置也十分重要，在对付受苏联影响的国家如安哥拉上起着重要的作用。在这种背景下，里根政府对这个种族主义国家提供支持。1985年联合国一项建议警告南非政府如果不结束种族主义，安理会将要实行强制性的经济和政治制裁。但里根政府反对采取强硬行动，否决了这一建议。美国驻联合国代表柯克帕特里克一语道破天机："马克思主义比种族主义更为危险。"①里根政府这种庇护南非种族主义政权的政策，助长了南非政府的顽固立场。南非黑人领袖德斯蒙德·图图1984年10月说："就我看来，里根政府在促进我们自由斗争上做得太少了，如果有的话，它只是帮助使南非当局更加冥顽不化。"②

1989年布什出任美国总统后，面对着国际局势发生的一系列变化，进一步强化了人权外交。他向世界表明，对人权的关注是美国外交政策的中心内容；美国的人权外交是世界性的，它不排除也不针对任何国家；人权依然是美国外交政策的基本原则，但非唯一原则。布什政府对于正在变革的苏东国家，以"实现持久的政治多元化和尊重人权"寻找突破口。1989年7月，布什访问了波兰和匈牙利两国，对两国出现的"自由潮流"大加赞许，并发表了一系列宣传美国人权观的讲话，表示"支持这个地区的自由"，同时答应提供经济援助。在美国等西方国家的支持下，东欧各国相继发生演变。对苏联，布什政府一方面支持戈尔巴乔夫的政治与经济改革，另一方面扩大与国内政治反对派的联系。1991年1月，美国以维护

---

① 小莫厄尔：《人权和美国对外政策：卡特和里根的经历》，第135页。
② 小莫厄尔：《人权和美国对外政策：卡特和里根的经历》，第136页。

"人权"为由,对苏联前往波罗的海沿岸维持秩序作出强烈反应,并以采取经济制裁相要挟。同年8月19日发生的事变标志着苏联开始解体。布什在随后的讲话中得意地宣布,苏联人看来正朝着美国对外政策的目标前进,正朝着民主、自由、自决等所有这些目标前进。苏联的解体虽然内部因素起决定作用,但美国等国的插手加速了这一过程。美国从战后初期提出的和平演变战略至此在苏东地区变为现实。

苏联解体后,布什政府逐渐把"人权"攻势的重点转移到中国。《纽约时报》1991年9月10日刊登了一篇关于中美关系的评论,作者认为,美国在人权问题上攻击中国,是因为中国已成为美国"新崛起的主要对手"。美国的目的很明显,就是想以"人权"为契机,向中国政府施加压力,以压促变,清除掉他们眼中这个坚持社会主义道路的"最后堡垒"。布什政府在人权问题上处处挑剔中国主要表现在:无视中国计划生育取得的举世瞩目的成就,对中国奉行这一有利于本国发展的政策横加指责;借口西藏问题干涉中国内政;支持中国内部的"民主人士"反对中国的合法政府;以最惠国待遇相要挟,在两国经贸关系上设置障碍。"人权"尽管不是美国对华政策的唯一选择,但无疑给两国关系的正常发展蒙上了一层深深的阴影。

克林顿上台伊始,该政府的一个重要官员沃顿在阐述新政府的外交政策时强调说:"人权是我们政策的核心,美国将想方设法用其援助和影响力帮助这些国家促进人权和强化增强法制的民主制度。"①沃顿虽然是针对拉美地区而说这番话的,但反映出新政府将继续把"人权"体现在对外政策之中。在拉美,克林顿政府强调"人权",除了引导这一地区的民主化过程朝着有利于美国的方向发

---

① 戈什科:"克林顿强调拉美政策中的民主与人权"(Goshko,"Clinton to Stress Democracy, Human Rights in Latin America Policy"),载《华盛顿邮报》(*The Washington Post*),1993年5月4日,第A15页。

展外，还可以借机干涉拉美国家的内政。1994年2月，克林顿政府指控智利人权状况欠佳，受到智利政府的抵制。2月6日，智利政府谴责美国干涉智利内部事务，副外长罗德奥戈·迪亚斯指出，智利是一个法治国家，一贯维护和尊重人权，并为此作出了巨大努力，"我们决不接受指控智利侵犯人权的报告"，一个大国决不能借人权问题干涉别国内政。①

亚太地区是克林顿政府推行"人权外交"的重点。这与亚太地区在美国的全球战略中举足轻重的地位以及该地区经济发展有很大关系。1994年的《国家安全战略报告》指出，亚洲是一个对美国的安全和繁荣具有越来越重要的地区。在其他任何地区美国三管齐下的战略都没有像这一地区那样紧密相连，要求美国继续参与的需要也没有像这一地区那样明显。安全、开放市场和民主现在比以往任何时候都更加同美国对这一具有活力的地区的态度密切相关。克林顿政府重视亚太地区尽管主要出于安全和经济利益考虑，但促进"人权"成为实现这些目标的主要手段，用克林顿的话来说，美国不必在人权与亚洲的贸易之间作出选择，"促进人权和民主价值也要求政府与政府之间加强联系，所以我将毫不后悔地在亚洲和全世界推动这些权利和价值"。②

在这种思想的指导下，克林顿政府借助美国强大的经济力量，把对亚太地区的贸易、投资、技术转让与"人权"挂起钩来，动辄以最惠国待遇、经济制裁等要挟亚洲一些国家，试图迫使它们接受美国提出的一些附加条件。如抵制中国申办2000年奥运会，给中国

---

① 转引自《人民日报》，1994年2月6日。
② 威廉·克林顿："在乔治敦大学埃德蒙·沃尔什外交学院的讲话"(William J. Clinton, "Remarks at the Edmund A. Walsh School of Foreign Service at Georgetown University")，1994年11月10日，载《美国总统公开文件》(*Public Papers of the Presidents of the United States*)，第2卷，华盛顿：美国政府出版局1994年版，第2059~2060页。

重返关税与贸易总协定设置障碍，在最惠国待遇上要中国接受美国的"人权"标准，强迫印度尼西亚、马来西亚、泰国等国在劳工、知识产权等问题上接受美国提出的条件，以西方的标准和价值观来主导东盟区域论坛，试图将其变成干涉亚太事务的一个工具。1996年8月12日美国《福布斯》杂志刊登了一位美国人采访李光耀的访谈录，李尖锐地批评了美国对中国的人权政策。他宣称：

> 我觉得一个非常难解开的谜是：为什么你们的人权和公民自由团体认为它们可以像对待一个第三世界的接受援助的国家那样对待中国，惩罚它责备它，仿佛它是非洲或南太平洋的一块殖民地或半殖民地似的。这种做法是荒诞的。中国是一个有着非常古老文明的国家，人民是非常自豪的人民，他们经历了200年的屈辱，所以希望恢复自己的力量和自尊。要是我，我是不会在他们身边转来转去，欺负他们和向他们挑衅的。①

美国政府以"人权"为棍棒敲打亚洲国家的这些做法成为美国与它们发生争执的主要原因之一。正如美国东亚问题研究专家哈里·哈丁所言："最大的问题正出现在人权领域。克林顿政府尽管起初说，人权仅仅是美国在亚洲的三大主要利益之一，但逐渐把促进人权视为最优先考虑之事，致使人权成为美国与中国、新加坡、马来西亚和印度尼西亚关系中的主要争执。"②实际上，美国在要求亚洲国家遵循它的"人权"标准时，正在酿成一场激烈的文化冲突。这不仅仅影响到文化交流本身，而且也在其他方面表现出来。

---

① 安德鲁·坦泽："善御者不是靠武力征服"(Andrew Tanzer,"'Ride It! You Can't Fight It!'")，载《福布斯》(Forbes)。第158卷，第4期(1996年8月12日，第46~48页。全文可在南开大学图书馆EBSCO数据库中获得。
② 哈里·哈丁："濒临边缘的亚洲政策"(Harry Harding,"Asia Policy to the Brink")，载《对外政策》(Foreign Policy)，第96期(1994年秋季号)，第61页。

马来西亚总理马哈蒂尔抵制西雅图会议;新加坡不睬克林顿的请求,鞭笞破坏公物的美国少年;印尼谴责美国插手东帝汶问题;东盟国家一致反对美国在人权、劳工权利以及缅甸问题上所持的态度。上述事实使美国在亚洲的"权威"受到严重挑战,导致克林顿政府的亚太政策处处受窘,陷于危机。就连助理国务卿洛德也致信国务卿克里斯托弗,表示对美国亚太政策忧心忡忡,他指出,美国同亚洲的关系正受到(美国提出的)人权、贸易和其他事情上所造成的争执的影响。如果继续这样做,"我们可能就会破坏我们的影响和利益"。①

在内外压力之下,克林顿政府对亚洲政策不得不进行一些调整,采取了比较灵活务实的手段,尽量避免与亚洲国家矛盾激化。如在中国最惠贸易国待遇上,宣布与人权脱钩;主动邀请马来西亚总理和印度总理访美等等。1996年7月29日,克林顿在接受《纽约时报》记者采访时承认其政府在对华政策上把"人权"看得重于贸易是"不正确的"。他说:"取消中国的最惠国待遇将给中国造成短期的经济损害,但中国人不会改变自己的人权政策,反而会更压制人权,美国这样做将是发动新的冷战。"②较之以前的做法,这些当然不失为明智之举,但并不意味着美国在处理亚太事务和世界事务上的基本态度、方法与目标已有所改变。美国还会以自己的文化价值观衡量与自己文化背景不同的国家的行为,以自己的"人权"标准对它们施加压力,以图促进一个统一在美国文化价值观下的世界早日到来。

---

① 转引自《国际展望》,1994年第15期,第3页。
② 参见"克林顿包括通过贸易实现和平的三大目的"("Clinton's Three Big Objectives Include Peace Through Trade"),载《纽约时报》(*New York Times*),1996年7月29日,第A15页。

四　关于美国"人权外交"的思考

让蓝天之下所有人享受到充分的人权，是人类长期以来所追求的理想之一。但理想毕竟不等于现实，人类为之奋斗不懈就说明了这一过程并非坦途。就是在人类文明已经敲响21世纪钟声的今天，地球上还有多少人在生存的边缘苦苦挣扎，他们食不果腹，贫病交加。至于一些国家发生的民族厮杀、种族迫害、恐怖主义以及政治动荡等，更是对人权的国际保障投下了一层深深的阴影。对于那些公然违背人类基本道德准则的非人道行为，国际社会予以谴责甚或干预都是无可非议的。美国的"人权外交"从表面上看似乎留下了这方面的痕迹，带有"人道主义"干涉的味道，其实不然。这种外交方式的基本出发点并不是出于人道主义的考虑，而是一种战略上的图谋或需要，是美国政府借助其文化传统中的"理想主义"成分而实现其外部利益的一种有效手段。

在美国外交史上，美国在与外部发生关系时，常常表现出两种倾向，一种是毫无掩饰的"扩张主义"，一种是自以为是的"理想主义"，前者把美国所追求的自我利益暴露于外，后者则将之掩饰于内。这两种外交方式有时相辅而行，有时融为一体，发挥着实现美国在某一时期或某一地区国家利益的作用。第二次世界大战后，美国借助其强大的政治、经济、军事优势，担负起领导"自由世界"的责任。美国除了屡屡以武力卷入大洋彼岸的事务外，始终没有忘记使用传统的"理想主义"外交向竞争对手展开攻势。20世纪50年代中期，杜勒斯提出了对社会主义国家的"和平演变"战略，主张通过"政治攻势"从内部瓦解社会主义统治基础。这种战略的基本出发点就是试图用美国的文化价值观战胜共产主义思想，从意识形态领域突破，取得与军事手段相同的目的。"和平攻势"在美苏对抗日益加剧的情况下，很少有隙可乘，但并不意味着美国放弃了这种战略的选择，一旦时机成熟便会成为美国政府打出的一张"王牌"。

美国从卡特政府起推行的"人权外交"也就是这种战略的继续与具体化，这种政策把美国文化传统中的"人权观"运用到外交事务中，无非想兵不血刃地击败对手。它并不与军事遏制发生冲突，而是彼此补充，因此对美国政府来说，维护"人权"不是目的，而只是一种手段。美国决策者并不讳言这一点。布热津斯基"十分强烈地认为，强调人权是美国外交政策的一个组成部分，将促进美国的全球利益"。①一位研究卡特政府人权政策的资深作者得出结论："军事、经济和战略考虑是外交政策制定与执行中的最后决定因素。人权较之国家安全目的必须履行的责任时，就成为一种附属性因素。"②里根及其后任奉行的"人权"政策，其战略目标更加显而易见，在冷战结束前完全把"人权"作为直接针对社会主义国家的一种武器。里根政府中负责人权事务的艾布拉姆斯1983年10月12日在华盛顿发表演讲，解释了美国政府人权政策的目标。他的结论是："东西方的斗争在很大程度上关系到人权问题。……防止任何国家被共产党政权所控制，在我们看来就是人权事业的一大胜利。"③小施莱辛格也指出了里根政府人权政策的选择性：

> 里根接受了这种理由，卡特的人权攻势打击了非民主但友好的领导人，比如巴列维国王和索摩查，造成伊朗和尼加拉瓜反美政权执政。由于扰乱了朋友而无损于敌人，美国在整个世界的利益受到损害。里根并不是想解散人权机构，而是把矛头

---

① 小莫厄尔：《人权和美国对外政策：卡特和里根的经历》，第24页。
② 戴维·希普：《人权与美国对外政策：第一个十年，1973~1983年》(David Heaps, *Human Rights and U.S. Foreign Policy: the First Decade, 1973-1983*)，纽约：美国国际法学家委员会协会1984年版，第26页。
③ 小莫厄尔：《人权和美国对外政策：卡特和里根的经历》，第26页。

指向马克思列宁主义的国家。①

冷战结束后,美国更加注重"人权"在全球战略中的作用,其服务于美国战略目标更加显而易见。东欧剧变和苏联解体后,美国在冷战期间政治上面临的全球性威胁基本消除,但地区性危机和冲突严重危及美国的国家安全和全球利益,既构成了对美国建立以西方价值观为统治地位的国际新秩序的最大障碍,也是对美国全球领导地位最严重的挑战。国际社会形形色色的民族主义思想和运动在冷战后呈上升趋势,伊斯兰宗教意识仍在蔓延,顽强地对抗着西方的价值观念。美国继续在对外关系上体现出维护"人权"的内容,一方面可以与这些异端思想抗衡,更重要的是成为美国介入地区冲突的一个借口。更何况与美国价值体系完全对立的社会主义制度并没有在地球上消失,美国自然还会利用这一外交方式,突破对方在意识形态领域设置的防线,力争苏东国家演变的最后一幕在这些国家重演。这样,"人权"作为一种手段在冷战后的美国全球战略中发挥着不可忽视的作用。美国《外交事务》季刊主编威廉·海兰在冷战结束后写道:"当前的迹象表明,奉行地缘政治的现实主义正在让位于重视人权的理想主义。这种情况如果最终成为美国政策的新动向,也不必过于惊怪:就美国政策的根本动机而言,遏制始终是为达到这个理想主义目的的一个手段而已。"②海兰谈到"人权"因素在冷战后美国对外政策中分量加重是对的,但他把促进"人权"说成是美国外交的一个"根本动机"无论如何与历史和现实都是不相符的,事实恰恰相反。美国负责人权事务的助理国务卿约翰·沙特克1995年2月1日在回答记者提问时指出,就明显的争论而言,如我们在对人权报告的概述中所说的,有范围广泛的各种手

---

① 小施莱辛格:《美国历史的循环》,第104页。
② 中国现代国际关系研究所选编:《冷战后的美国与世界》,第7页。

段，既有胡萝卜软手段，又有大棒硬手段，能够使用就应该使用这些手段，美国对于改善人权的努力就是正在使用这些手段。[1]沙特克尽管还是在为克林顿政府的人权政策辩护，但也无法掩饰美国把它作为一种实现其现实利益的手段或工具选择。

冷战期间，维护和巩固第三世界亲美政权的稳定是美国的一项既定政策。许多亲美政权由于在国内实行暴政，常常遭到人民的反对，统治基础极不牢固，这必然对享有巨大战略利益和经济利益的美国构成一种潜在的威胁。美国把在第三世界推行"人权外交"作为全球战略中的重要组成部分，目的就是要把这种威胁减少到最低限度，迫使这些独裁政权停止在国内采取高压政策，改用其他手段来巩固国内统治地位，以防内部出现混乱，引发革命，给苏联提供插手之机。卡特对此并不讳言：

> 我决心既支持较为独裁专制的盟国和朋友，又有力地在这些国家促进人权，我们引导它们改变镇压政策，就会扩大自由与民主，并将帮助它们消除爆发革命的原因，因为革命常常是从那些受迫害的人们中爆发出来的。这样我们也许可以实现我们的目的，从而无需以一个同样具有压迫性质的左翼政权去替换一个极权的右翼政权。[2]

因此卡特政府在以"人权"向独裁政权施加压力时，不是要求它们立即改变现存的政体，也不是中止与它们的结盟关系，而是要它们更加万无一失地维持住国内统治的稳定。

1978年7月，卡特致信索摩查，称赞他对尼加拉瓜人权状况的

---

[1] 沙特克关于克林顿政府奉行人权政策的观点详见哈里·克赖斯勒（Harry Kreisler）对他的多次采访，采访全文可在 http://globetrotter.berkeley.edu/people/Shattuck/shat-con0.html 网址上获得。
[2] 史密斯：《美国的使命：美国与20世纪世界范围内争取民主的斗争》，第263页。

"改进"和对稳定该国局势的贡献。更有甚者,1979年5月,当桑解阵线对索摩查政权发动最后攻势时,索摩查请求美国政府提供军事援助,虽然美国决策层内主张不一,但卡特政府最后还是决定干涉,并且试图让美洲国家组织通过决议,使干涉合法化。万斯向美洲国家组织提交了六条建议,其中一条是要求派遣主要由美国海军陆战队组成的"泛美维持和平部队"到尼加拉瓜,阻止桑解革命阵线的成功。只是在墨西哥为首的拉美国家反对下,美国才被迫放弃了干涉。①卡特政府对萨尔瓦多的政策主要从战略与安全考虑,尤其在尼加拉瓜革命胜利后,卡特出于对革命的担心,就很难顾及所谓的"人权"了。正如詹姆斯·邓克利指出的那样:"当侵犯人权频繁发生和使用了令人恐怖的手段时,美国的'标准'变得越来越灵活,以免影响到美国对萨尔瓦多军队的支持。"②卡洛斯·埃斯库德研究了这一时期美国与阿根廷的关系后,以比较具体的统计数字说明美国虽然在人权方面对阿根廷施加压力,但并没有停止经济上的支持。他说,卡特执政时期两国冲突看起来是激烈的,但"卡特政府对人权弊端的大声谴责不仅伴随着美国政府(对阿根廷)的相当大支持,而且伴随着阿根廷获得的美国私人资金最大规模的流入"。③卡特政府对独裁政权提供支持也程度不同地存在于其他地区。这种政策似乎与维护"人权"发生冲突,但是当我们把视线转到美国的战略利益时,矛盾也就成为一致了,它们只是保证美国根本利益顺利实现的任意选择。

迈克尔·克拉雷等人考察了卡特的"人权外交"后得出结论:"美国在拉丁美洲的道义提议从来不牺牲某些更重要的政治或经济

---

① 格特夫等:《失败的根源:美国在第三世界的政策》,第198页。
② 简斯·邓克利:《长期的战争:萨尔瓦多的独裁与革命》(Janes Dunkerley, *The Long War: Dictatorship and Revolution in El Salvador*),伦敦:交叉书社1982年版,第48页。
③ 洛温塔尔主编:《输出民主:美国和拉丁美洲》,第152页。

利益，所以美国将继续与西半球一些最残暴的独裁者结为联盟。"①这种对反共亲美独裁政权的支持在里根担任美国总统任内更是显而易见，用艾布拉姆斯的话来说："美国常常被迫勉强支持侵犯人权的政权，因为我们认为，它们被极左制度取代对人权事业更是有害无利。"②其实，"被迫勉强"只是一种巧妙的辩解，美国政府希望这些国家的统治者能够"放下屠刀，立地成佛"，但又无法把这种期望与其战略目标和利益完全脱钩，当二者发生冲突时，美国政府自然会毫不犹豫地选择后者，牺牲"人权"又何足惜哉。拉尔斯·斯库尔茨对20个拉美国家侵犯人权和美国援助分析之后发现，美国对拉美援助与受援国家人权侵犯的关联度毫无例外地明确表明，美国的援助往往是不均匀地流向严重侵犯其公民权利的拉美国家政府。③

从国际法的意义讲，人权标准只能是已被大多数国家承认与接受的国际人权条约内容。这里且不说美国推行的人权标准是否与之吻合，即使偶有相同之处，由于促进"人权"必须受制于美国的战略利益，所以美国在人权问题上实行双重标准或多重标准也就不足

---

① 另一位美国学者认为，到了卡特执政期间，促进"民主"成为人权外交的组织部分。然而，卡特政府的实际政策却是继续支持现存的独裁政权。详见威廉·鲁滨逊："全球化、世界体系和美国对外政策中的'促进民主'"(William I. Robinson, "Globalization, the World System, and 'Democracy Promotion' in U.S. Foreign Policy")，载《理论与社会》(Theory and Society)，第25卷，第5期(1996年10月)，第622页。

② 小莫厄尔：《人权和美国对外政策：卡特和里根的经历》，第42页。

③ 参见迈克尔·斯托尔等："人权和从尼克松到卡特的对外援助"(Michael Stohl, Davia Carleton and Stevwn E. Johnson, "Human Rights and U.S. Foreign Assistance from Nixon to Carter")，载《和平研究杂志》(Journal of Peace Research)，第21卷，第3期(1984年9月)，第219页。有的学者甚至认为，美国对拉美国家的援助与人权并没有真正的联系，详见詹姆斯·麦考密克等："美国的援助真正与拉美的人权联系在一起吗？"(James M. McCormick and Neil Mitchell, "Is U.S. Aid Really Linked to Human Rights in Latin America?")，载《美国政治学杂志》(American Journal of Political Science)，第32卷，第1期(1988年2月)，第231~239页。

为奇了。小施莱辛格以人权不是美国对外政策的唯一目的解释了这种现象，他说："事实上，双重标准固存于（人权）问题之中，不仅是因为各个国家处于不同的成熟阶段，更为重要的是因为促进人权毕竟不可能是外交政策的唯一目的。人权仅仅构成了国家的许多利益之一，不是所有其他利益都服从于之的压倒一切的利益。"①欧文·克里斯托尔在论及美国的人权政策时得出结论："我们的外交政策在我们现在称之为'人权'上不仅有双重标准，而且有三重和四重标准。"②美国的人权政策一开始就与双重标准联系在一起。卡特对诸如与美国战略利益的盟国滥用权力或保持缄默，或避重就轻，或为之辩护，他对以色列、南非、菲律宾等国的政策就体现出这一点。有些国会议员不无讥讽地说："美国赞成世界上的自由，但我们首先维护我们的国家安全。所以卡特总统赞成人权……但给了马科斯5亿美元。"③当卡特政府决定不中断对伊朗、南朝鲜和扎伊尔等国的援助时，舆论甚为不解，万斯对此解释说："无论如何，我们必须权衡对人权的政治考虑与经济和安全目标的关系。"④里根政府在这方面更是有过之而无不及，副总统布什1981年访问马尼拉时，公然赞扬菲律宾暴君马科斯"遵循民主原则和民主程序"。《纽约时报》1985年10月25日刊登的一篇社论指出，里根在日内瓦最高级会谈期间"严加斥责"苏联侵犯人权，但对南非的种族隔离或南朝鲜、智利和菲律宾"缺乏政治自由"则不置一词。许多学者由此得出结论，里根政府对它认为"与美国敌对的国家"在人权问题上大打出手，而对它认为"与美国友好的国家"侵犯人权却为之辩护。⑤其中之原因，用美国学者莫雷诺的话来说："里根强调美

---

① 小施莱辛格:《美国历史的循环》，第102页。
② 克里斯托尔:"界定我们的国家利益"，第72页。
③ 小莫厄尔:《人权和美国对外政策:卡特和里根的经历》，第30页。
④ 多布里斯基:《人权与美国外交政策》，第163页。
⑤ 详见小莫厄尔:《人权和美国对外政策:卡特和里根的经历》，第47页。

国的军事实力、美国安全援助和对亲美政权的支持,而不管它们的人权记录如何。"①一些美国学者主张美国政府在冷战后应该推行以国际主义为基础的外交政策,但他们在谈到人权外交时也认为,这是一个难以回答的"伪善与矛盾"。②美国在"人权"问题上奉行的双重标准或多重标准完全是出于自身利益考虑的一种必然选择,正如美国一位学者指出的那样:"卡特振振有词地抨击苏联和东欧严重侵犯人权,而对第三世界独裁政权则很少如此,因为美国在历史上曾帮助这些国家实行高压统治,这样就用人权来发动一场新的冷战。"③这番话可谓一针见血,虽然论及的是卡特的人权政策,但却揭示出美国发动"人权"攻势时目标的"选择性",这种"选择性"同样体现在以后的人权政策中。

美国著名心理学家埃里希·弗罗姆写道:"就看待外国而言,缺少客观性是人人皆知的。长期以来,一国总是把自己说得尽善尽美,而把别国说成十足的腐败和残忍。评判敌人的一举一动用一个标准,而评判自己的一言一行用另一个标准。甚至敌人善行也被视为穷凶极恶的征兆,意在欺骗我们和全世界,而我们的丑行则是必要的。的确,如果像研究人与人之间的关系一样研究国与国之间的关系,就会得出这样的结论:客观性是极为少见的,而不同程度的自我陶醉的歪曲,则是司空见惯的。"④弗罗姆不是研究美国外交的专家,但对研究美国外交者来说,他的话却是至理名言,很值得人们玩味。"人权"的国际标准至今仍然是一个争论不休的问题,《世界人权宣言》、《国际人权公约》所规定的内容也只是人类共同的理想和长期奋斗的目标。且不说各国都有自己的特殊性,即使存在着划一的人权标准,很难说哪一个国家就已经"达标"。那些公

---

① 莫雷诺:《美国在中美洲的政策:无休止的辩论》,第86页。
② 参见《参考消息》,1999年9月8日,第52页。
③ 小莫厄尔:《人权和美国对外政策:卡特和里根的经历》,第45页。
④ 转引自富布莱特:《帝国的代价》,第9~10页。

然实行暴力镇压的政权理应受到国际社会的谴责。只要一国通过自己的努力，逐步完善公民的人权保障过程，任何其他国家的挑剔干预很难说不是有意刁难，存心不良。美国亚洲协会香港办事处主任伯顿·莱文在亚洲生活了40年，他在批评美国对中国了解近乎无知时说："克林顿政府上台把人权列为对华政策的基石，是对实际情况了解太差。克林顿政府抨击中国人权时，中国老百姓却享有比过去50年更大的个人自由和更高的生活水平。"①更何况美国也不是"世外桃源"，净土一方，人权状况已经是"尽善尽美"了。

1988年，美国两位前总统福特和卡特曾组织一个专家小组，审查了"美国的日程表"，给当选总统提交了一份报告，他们评论说："我们看到了两个美国，一个日益富庶，一个可悲地贫穷；对多数人，这是机会之地，而对更多的人，则是无所作为和绝望之乡；这个国家从未如此繁荣，或者说从未如此靡费。两端之间，是中等的美国人，其中多数人正在挣扎谋生。"②时过五年，这种状况依然故我，还是卡特，他在1993年6月的维也纳世界人权大会上坦诚直言，批评了美国的人权状况，他说，美国国内显然存在许多人权问题，"我们确有两个美国……两个亚特兰大，两个华盛顿，两个纽约，两个芝加哥等等。一个比较富裕；另一个贫穷，犯罪率很高，无家可归和失业者都很多"。他还说："美国把人权的定义定得最有利于自己，以便不使自己处于尴尬的地位。"③卡特在任时曾以推行"人权外交"而著称，他尚且这样评论，自然应该不是夸大其词了。我们这里不是刻意挑剔美国的人权状况，只是想说明，不去"独善其身"，而老是对别国"横挑鼻子竖挑眼"，岂能说是出于"善意"。一些国家人权记录比较糟糕，美国恐怕也难逃干系。加利福尼亚和平行动总指挥彼得·费伦巴赫1996年7月发表文章，他以美国向一些

---

① 转引自《光明日报》，1995年9月25日。
② 中国现代国际关系研究所选编：《冷战后的美国与世界》，第3页。
③ 转引自《光明日报》，1994年6月17日。

国家出口武器批评了美国在人权问题上的虚伪性。他说："据国务院统计，这四年，美国价值552亿美元的武器销售中有78%卖给了据认为是有侵犯人权的国家。尽管保证武器只转让给有合法防务需要的国家，但这十年来实际接受武器的国家是发展中世界以悲惨境遇著称的国家，尤其是摩洛哥、索马里、利比里亚、扎伊尔、土耳其、巴基斯坦、印度尼西亚、海地、危地马拉和沙特阿拉伯。"①我们在研究美国的人权政策时，费伦巴赫这番话确实值得深思。

主权国家构成了国际关系领域的主体，它们各自的活动自然是出于维护本身的利益、权益与安全考虑。正常的国际关系应该是国家之间平等竞争，互惠互利，在竞争与合作中求得共同发展。只顾自身利益而不兼顾他国利益，甚或牺牲他国利益，必然会引起主权国家之间的冲突，成为国际社会动荡不宁的主要因素之一。美国的人权政策很大程度上忽视了主权国家在国际舞台上的主动性，试图把自己的"人权观"强加于他国，这种做法无疑侵犯了主权国家的利益。诚然，"人权"在美国历史发展过程中占有十分重要的地位，也曾经起过非常进步的作用，但美国的"人权观"是以美国的文化意识和价值观念为基础的。如果强行在文化差异巨大的国家推行，不但无助于问题的解决，往往还会造成社会秩序的紊乱。正如多布里斯基指出的那样：

> 美国特殊的人权概念也许对许多外国文化和社会来说是陌生的，甚至是设置障碍的，尤其是许多第三世界文化传统强调明显区别于个人权利的集体权利（如教会权利、工商业利益者权利、军队权利、农民权利）。②

---

① 彼特·费伦巴克："人权上的虚伪"（Peter T. Ferenbach, "Hypocrisy on Human Rights"），载《洛杉矶时报》（Los Angeles Times），1996年7月24日，第9页。
② 多布里斯基：《人权与美国外交政策》，第167页。

马来西亚大学教授钱德拉·穆扎法尔1994年12月7日说,在世界的这一部分地区,已经形成了几千年来的哲学思想和传统习惯,这些思想和习惯体现了人类和人的尊严,甚至还有人权的根深蒂固的概念。西方对人权的看法是以个人为核心的。这并非是研究人权问题的唯一办法。在像马来西亚这样的社会中,每个人的行动都是通过社会展示的。作为人类生存要素的个人自由并不真正同我们的价值观念和哲学的传统思想相一致。自由是重要的,但自由并不是一个更广泛的价值观念的一部分。因此,西方在人权问题上与亚洲的分野完全是政治和意识形态性质的,是西方把人权当做政治工具的结果。事实上,不同的权利观念是不同社会环境和历史发展的产物。在亚洲,尊重个人并不必然与人权相联系。对于这个地区的大多数国家来说,自由首先意味着摆脱西方国家殖民统治的自由,权利首先意味着从殖民者奴役之下独立的权利。因此,亚洲国家的个人权利是以国家和集体的权利为基础的。他认为,亚洲一直在学习西方的优秀价值观,亚洲所不能接受的是西方对于个人至上和政治权利的过分强调,因为个人至上与亚洲文化不相容。同样,在权利问题上,亚洲也有值得西方学习的东西,比如个人权利与社会利益的平衡,个人权利与对社会的责任的平衡,利他主义的精神与道德价值观等。①

文化的不同,对人权标准的理解必然存在着差异,国情的不同,对人权的保护必然要适合本国的实际状况。如堕胎在美国争议比较大,有的州将其定为"违法",但计划生育在中国却是一项基本国策。这种对人权理解的差异在各国法规中数不胜数。就连卡特时期负责人权事务的助理国务卿帕特里夏·德里安在人权政策难以

---

① 穆扎法尔关于人权的观点详见他在2003年3月23~27日在泰国曼谷召开的"东亚人权的文化基础"国际研讨会上的发言,有关报道见信春鹰《东西方人权观念之间的交流和对话——"东亚人权的文化基础"国际研讨会观点综述》,可在 http://www.legaltheory.com.cn/info.asp? id=1586 网址上获得。

奏效时也不得不承认:"文化和利益的多样性以及经济和政治成熟阶段的不同,对每个国家的不同情况要分别对待。对所有国家来说,用一种完全相同的方法实现我们的人权目标是不可能的,试图这样做也是愚蠢的。"①万斯在辞去国务卿之后,不无感触地说:"当我们在推行人权政策时,也应该认识到:我们的力量和智慧是有限的。刻意强迫别人接受我们的价值观,或者去推行脱离实际的行动计划,反而会破坏我们的目标。"②应该说他们的话都不失为明智之言。一个国家的人权发展与完善是个历史的过程,其演变只能通过内部的动力来自我完成,国际社会应该创造一个有利于各国人权发展的良好国际环境,那种试图从外部迫使他国接受一种"人权"标准的行为是注定难以奏效的。历史的经验告诉我们,企图把自己的意志强加给享有主权的国家,最终会使自己陷于窘境,受到世界人民的谴责,用美国学者摩根索的话来说:"美国想要始终如一地遵循捍卫人权的路线,就不能不自作聪明地落得堂·吉诃德的境地。"③

---

① 小施莱辛格:《美国历史的循环》,第 101 页。
② 赛勒斯·万斯:《困难的抉择:美国对外政策的危急年代》,郭靖安等译,北京:中国对外翻译出版公司 1987 年版,第 301 页。
③ 摩根索:《国家间政治》,第 327 页。关于美国人权政策的困境详见约翰·豪厄尔:"美国人权政策的社会经济窘境"(John M. Howell, "Socioeconomic Dilemmas of U.S. Human Rights Policy"),载《人权季刊》(*Human Rights Quarterly*),第 3 卷,第 1 期(1981 年 2 月),第 78~92 页。

第十章 美国文化与世纪之交的美国对外战略

冷战结束至今已经十余年了,在这期间,世界发生了天翻地覆的变化,出现了一些新的发展趋势。各国为了给自己的发展营造有利的内外部环境,无不在进行战略调整。美国作为冷战后的唯一超级大国,其全球战略一直处在调整之中。美国政坛上多次出现关于外交战略的大辩论,美国一些著名政治家或学者也纷纷撰文著述,为政府的全球战略调整出谋划策,提供理论依据。从目前来看,美国政府尽管尚未确定一种像冷战时期那样能够明确而有效地指导国家外交决策和执行的对外战略,但经过这么多年的调整和在实际执行中的利弊取舍,逐渐形成了其在后冷战时代的全球战略。实际上,前面各章已经论及其中的许多内容,但总觉得言犹未尽,这里并不想重复前述之言,只想就一些新的问题进行探讨,使人们对文化因素在美国对外关系中的影响与作用有更为深刻的认识。在新的世纪来临之前,这种认识对于世界形成一种有利于各国发展的新秩序应该说是有所裨益的。

一 "新门户开放"战略

提起"门户开放",中国人并不会感到陌生,这个明确载入美国对外关系史上的词汇是针对中国而提出的。据记载,美国来华特使顾盛1843年在一次公众讲话中最早使用了这一术语。[①]半个多世纪以后,美国以"门户开放"为内容形成了明确的对华政策。门户开放提出的背景固然很复杂,但显然是为美国经济获取国外市场服务的,简而言之,就是阻止中国成为其他列强封闭的势力范围,中国市场应向美国工商企业界全面开放。美国提出门户开放政策并非偶然,除了其他具体的因素外,还在一定程度上反映出了美国主流文化中的一种倾向。在某种意义上说,美国是欧洲资本主义向外扩张的产物,商品经济从一开始就伴随着殖民者的枪炮声来到了北美大陆,致使开拓这片土地的人们逐渐创造出自己特有的文化时,同时造就了社会上重视商业的风气,也使他们形成了"物质第一"的观念,"这里朝气蓬勃而又狂热的物质生产运动"(马克思语)可以说是美国不断走向发达的主要动力。从世界历史发展进程来看,大凡重视商业的国家都不会满足于国内市场,商业本身就是一种具有很强外延性的活动,市场是其发展和扩大的基础,市场越广,发展就越快,没有广阔的国外市场,资本主义走向兴盛就缺乏一个必要的条件。金特尔斯等人认为:

> 商业精神从中世纪后期进入文艺复兴和早期现代社会时主宰了西方文明。西班牙、葡萄牙、法兰西、荷兰和英国对物质主义的欲望成为在新世界建立殖民地的动力。发财致富之梦成

[①] 参见小克拉布:《美国外交政策的主义:它们的含义、作用和未来》,第60页。

为美国人之梦的重要组成部分。①

美国文化中的扩张性与社会重视商业精神的结合必然会使美国把发展的目光投向境外，它以自己生产出来的商品作为打开落后国家门户的"重炮"，从立国之后就体现在对外关系上，对国外市场的依赖程度尽管很长时期不十分明显，但对外贸易在美国经济发展中一直居于举足轻重的地位，而且随着美国经济的发展日益显得重要。

爱默生曾谈到贸易在美国历史发展过程中所起到的重要作用，"历史学家将看到贸易是自由的原则；贸易孕育了美国，摧毁了封建主义；贸易缔造了和平，维持了和平，以及贸易将废除奴隶制"。②爱默生这里就是少说了一句，贸易也是美国打开其他国家市场的主要手段。因此在某种意义上说，"门户开放"政策在正式提出之前早就存在于美国人的思想意识中，并且逐渐地被美国政府付诸实践。美国著名学者泰勒·丹涅特就把"门户开放"追溯到美国立国之初，认为"门户开放政策和我们同亚洲的关系是同样久远，政策的精神则是和《独立宣言》同样悠久的"。③许多学者也提出了类似的看法，迈克尔·亨特认为，门户开放"把平等的贸易机会与长期的美国政治和文化影响联系在一起。……门户开放体现出的思想比海约翰的更古老，在运用范围上比中国更宽泛。例如在19世纪50年代美国人在中国之后与朝鲜打交道时，他们就表示了在平等条件下获得市场和竞争的忧虑。在20世纪，门户开放实质上在全球基础上运用。"④小施莱辛格指出了"门户开放"在全球的运用，在他看

---

① 金特尔等主编：《美国之梦：信念和实践的历史》，第5页。
② 小施莱辛格：《美国历史的循环》，第131页。
③ 泰勒·丹涅特：《美国人在东亚：十九世纪美国对中国、日本和朝鲜政策的批判的研究》，姚曾廙译，北京：商务印书馆1959年版，第1页。
④ 亨特："美国外交传统：从殖民地到大国"，第7页。

来,"那些试图抵制美国经济侵略的国家被说成是对美国自由构成了威胁,因而发生了与西班牙的战争,第一次世界大战和第二次世界大战,冷战,与越南的战争,根据门户开放这一命题,征服世界市场的动力解释了美国外交政策的一切"。①小施莱辛格这里意思很明确,"门户开放"是美国经济崛起之后打开其他国家市场的一种手段,是一项全球性的战略选择,成为奠定美国外交决策和执行的重要基础之一。显而易见,美国资本主义精神早就在其文化中孕育了"门户开放"的意识,这种政策提出后经久不衰,而且作为美国对外关系的一个基础随着形势的变化而趋向完善,这也足以反映出这种文化意识形态在美国社会的根深蒂固以及广泛的影响力。

威尔逊在出任美国总统之前曾经大肆宣扬国家的外交必须为贸易和获得国外市场服务,他在1907年4月在哥伦比亚大学进行系列讲座时指出:

> 因为贸易是不理睬国界的,制造商坚持让世界作为一个市场,其国家的旗帜必须跟随着他走,其他国家关闭起来的门户必须加以摧毁,金融家所取得的特许权,必须受到他们国家使节的保护,即使不情愿国家的主权在此过程中受到侵犯也在所不惜。殖民地必须取得和建立,以至于世界上任何有用的角落都不会受到忽视或弃之不用。②

持威尔逊这种观点者在美国历史上不乏其人,他们曾公开宣扬在海外建立殖民地,敦促政府组建一支足以与其他列强相匹敌的强大海军,以武力使东方国家俯首称臣。美国政府也一度扬帆远征,

---

① 小施莱辛格:《美国历史的循环》,第130页。
② 威廉·戴蒙德:《伍德罗·威尔逊的经济思想》(William Diamond, *The Economic Thought of Woodrow Wilson*),巴尔的摩:约翰斯·霍普金斯大学出版社1943年版,第141页。

兼并了通往东方路上的一些国家或地区。不过美国终究没有走上英法老牌殖民国家之路，在西方国家中是一个典型的非殖民帝国，美国在更大的程度上是以"商业"的优势来构筑其世界帝国的大厦的，当然美国商品征服他国市场往往伴随着"船坚炮利"与文化的渗透，历届政府的外交活动也多与"商业"具有某种有机的联系。正如耶鲁大学管理学院院长杰弗里·加顿在1997年发表在美国《外交事务》季刊上的一篇文章中指出的那样："在美国大部分历史中，外交政策热衷于为美国生意人打开市场。美国为过剩的小麦寻找出路，为汽车和飞机寻找市场，努力获取像石油、铜这类原材料。海外商业扩张常常被看成美国边疆拓展，属于这个国家肩负的使命。"他认为商业能够推动外交政策很大程度上是由于美国社会的独特性，"美国不是一个传统的殖民大国，其帝国主义式的行动不是体现在军事上，而是一般地体现在美国银行和公司的影响和控制方面。"[①]商业对美国外交的影响在此就可见一斑了。

在历史上，美国一方面积极进行商业扩张，以"自由贸易"和"商业无国界"等说法为由要求其他国家市场开放，若遭抵制便施以强权，但在另一方面则又在国内实行高关税壁垒，保护国内的工农业市场免受来自外部的冲击，如美国建国初期实行了贸易保护主义，到了20世纪二三十年代达到顶峰，曾经导致资本主义世界的"关税战"，成为引发20年代末世界经济大危机的主要因素之一。商品的互补性是国际贸易的前提条件，作为一种双向行为的国际贸易只有在平等互惠的基础上才能进行。其实，在国家间贸易的实际往来中，互惠虽然存在，但绝对的平等却是没有的，获利多的总是经济强大的一方。不过如果只想从他国所得而又不给予他国优惠，国

---

① 杰弗里·加顿："商业和外交政策"（Jeffrey E. Garten, "Business and Foreign Policy"），载《外交事务》（*Foreign Affairs*），第76卷，第3期（1997年5~6月），第68~69页。

际贸易最终会走到"死胡同"。高关税毕竟与外向型的美国不符，长此以往必以损及美国的经济利益而告终。20世纪30年代以后自由贸易的主张在美国占据了上风，这固然与美国商业活动的外延性有关，但更重要的是美国想通过部分让渡本国市场使打上美国制造的商品在世界各地更加"横行无忌"。1934年，美国通过了"互惠贸易协定法"，授权总统在三年内可以同外国政府直接进行关税协定谈判，与许多国家达成了互惠贸易协定。美国的剩余商品大量地流入这些向美国开放的市场，仅最惠国条款就使美国获利甚丰，诚如当时的国务卿赫尔宣称的那样，最惠国条款将"维持美国贸易在许多国家的地位，因为这些国家现在从我国购买得多，而我们从它们那里购买得少"。[1]自由贸易以后就成为美国商品进入其他国家市场的一张"王牌"。第二次世界大战之后，美国率先提出组建"国际贸易组织"，以便在多边谈判的基础上相互削减关税，促使世界贸易自由化，"关税与贸易总协定"就是在这种背景下签订的。

　　自由贸易的先决条件是市场的相互开放，商品可以不受国界的限制而自由流动，经济发展水平相当的国家进行自由贸易往往是互惠和互利的，而经济发展具有差距的国家进行自由贸易，获利多的总是经济强大的一方，当然弱小方并非完全无利可图，但常常要付出很高的代价。因此，它们会本能地抵制自由贸易，用其享受的经济主权将国内缺乏竞争力的商品抵挡在疆域之外，再加上冷战期间东西方之间存在着一道人为的意识形态藩篱，美国的商品实际上对许多国家的市场"可望而不可即"。美国作为战后世界上无可比拟的超经济大国，打开世界各地的市场已成为维持这种地位之必需，冷战期间美国从自由贸易中获得的好处仅仅用数字是远远不能表明的。自由贸易既是美国世界领袖向外延伸的主要途径，也是美国打

---

[1] 科德尔·赫尔：《科德尔·赫尔回忆录》(Cordell Hull, *The Memoirs of Cordell Hull*)，第1卷，纽约：麦克米兰出版公司1948年版，第320页。

开其他国家市场的最佳手段。布鲁斯特·丹尼指出：

> 从美国开始有对外贸易关系起，美国国家利益的主流就表现为自由贸易。别国的限制或美国的限制几乎总会带来困难和经济损失，甚至导致战争。……尽管在美国整个对外政策史中，自由贸易的理想曾几经起伏，总的说来美国政策的理想和美国的国家利益一直同自由贸易和中立权利相符合。①

美国前贸易代表盖佐·费克特库蒂总结了第二次世界大战以来美国通过自由贸易来使世界变得对其战略实现更有利的重要性，在他看来："自第二次世界大战以来，既出于国内经济原因，也出于全球战略目的，美国在全球贸易谈判中一直扮演着主要角色。在两个方面取得的结果都是引人注目的。因为从1970年到1994年出口的扩大速度是国民生产总值的两倍，所以贸易一直是经济增长的主要动力。利用全球贸易自由化国家的经济繁荣加速了冷战的结束。这一结果证实了诸如乔治·马歇尔和科德尔·赫尔等伟大的美国领袖提出的第二次世界大战后宏伟的经济远景：基于市场原则之上的贸易扩张创造了一个更为繁荣与和平的世界。"②他这番话显然带有对美国战后贸易政策的溢美之词，但更多地以自己身处美国政府贸易决策层的体会道出了自由贸易给美国带来的莫大好处。这样一种观点在美国政府决策层内可以说是占据了主导地位。"门户开放"虽然没有明确出现在美国领导人之口和政府的政策文告中，但却以新的

---

① 布鲁斯特·丹尼：《从整体考察美国对外政策》，范守义等译，北京：世界知识出版社1988年版，第32—33页。
② 盖佐·费克特库蒂："面向21世纪的美国贸易战略"（Geza Feketekuty, "An American Trade Strategy for the 21th Century"），载盖佐·费克特库蒂主编：《新时代的贸易战略：在全球经济中保证美国的领袖地位》（Geza Feketekuty, ed., *Trade Strategies for a New Era: Ensuring U.S. Leadership in a Global Economy*），纽约：对外关系理事会1998年版，第1页。

面貌在美国外交活动中体现出来，这种倾向在冷战结束后表现得更加明显。

20世纪80年代末90年代初世界上发生的瞩目事件给美苏两大集团的对抗画上了一个句号，意识形态的藩篱虽然没有最后拆除，但任何人为的障碍再也不可能把一个在经贸上形成的整体世界分开。为了适应这种形势的变化，许多国家加快了经济改革步伐，以推行市场经济为契机来实现经济的快速增长，市场经济焕发出了新的活力，把生产力从束缚已久的桎梏中解放出来，原先处于世界经济"边缘"地带的发展中世界尽管发展很不平衡，但在整体上所取得的成就最为明显。1993年发展中国家的经济增幅超过了5%，1994年出现了6.2%的强劲增长，1995年增长率略有下降，但也达到了6%左右，1996年再创新纪录，增长率为6.3%，1997年增长率预计可达到6.4%。这种经济的快速增长使许多发展中国家成为世界经济格局中的新兴市场。向外开放是它们与世界经济接轨的主要途径，也是它们取得经济成就的重要保证。然而，对于正在发展中的国家来说，开放"度"并非绝对和无限，而是由具体的国情来决定，当然更难谈得上以西方自由市场体制作为衡量"开放"的标准。美国在传统上奉行自由贸易政策，要求所有国家的市场应该完全开放，不能对美国商品的进入形成任何障碍，门户开放的基本含义也就于此。萨姆纳·韦尔斯1935年在一次讲话中谈到美国对外关系具有三重性，亦即联系密切的政治、经济和文化，"对外关系上的这三个方面都有着一个共同的目的，那就是突破障碍，消除政治关系上的怀疑和误解，寻求经济上扩大贸易的途径"。①时光已经飞逝了七十余年，这位曾经是富兰克林·罗斯福的高级幕僚所说之言并未时过境迁，美国冷战后的外交战略同样反映出了多重性的特征，但无一不是为美国在已经变化了的世界格局中"寻求扩大贸易的途径"服

---

① 宁柯维奇：《思想外交：美国外交政策与文化关系》，第24页。

务,这样"新门户开放"自然就体现在美国的对外关系上。

美国"新左派"史学的代表人物之一的威廉·威廉斯指出,美国政界的一种普遍观点是,美国的经济福利和民主体制的存在取决于出口和海外金融关系,华盛顿需要形成一个拥有"道义上无限权力"的非正式帝国,以保证扩大贸易关系的安全与稳定的环境。他据此得出结论,对于自由国际主义者来说,美国政府总是具有一种非常重要的责任,"保护和扩大自由竞争原则能够运转的市场。如同重商主义一样,古典的自由经济学导致一种扩张主义外交政策"。①这位美国著名历史学家已经作古,但他的这番话对我们理解冷战后的美国外交不无意义。

在一个后冷战时代,美国对外关系常常笼罩在"冷战思维"的阴影之下,但却与世界上其他国家一样把战略重点从强调安全利益转向经济发展。美国比过去更加重视开拓海外市场,以为其国内经济寻求更为广阔的增长源,也使其经济与他国市场密不可分,用加顿的话来说:

> 美国经济的健康发展比以往更紧密地依赖世界市场,国内的动力已不再能形成充分的增长、就业、利润和储蓄。美国目前超过三分之一的经济增长来自出口。到20世纪末,有超过1600万个就业位置要靠海外销售来维持。从可口可乐到凯特皮拉履带式拖拉机公司,美国许多企业在海外的收入已超过50%。而且从美国外交政策的立场上讲,美国同大多数国家的联系以及对这些国家的潜在影响,越来越依赖于它们之间的商业关系。贸易、金融和经济投资已成为与俄国、中国、日本、东南亚、欧盟和西半球国家联系中绝对必要的条件。②

---

① 莱恩和施瓦茨:"没有敌人的美国霸权",第13页。
② 加顿:"商业和外交政策",第69~70页。

在历史上，美国的发展始终与商业上与国外市场的扩大密不可分，加顿之言表明了冷战后美国经济的发展更是需要国外市场的不断扩大来支撑，与其他国家贸易的扩大已成为美国经济振兴的主要动力来源。美国圣地亚哥美洲会议协调员理查德·布朗指出："国际贸易现在占美国国民生产总值的四分之一强，是几十年前的三倍。在很大程度上说，这种贸易扩张一直是走向繁荣的动力。如果没有在消除世界范围内贸易障碍上发挥领导作用，自1993年以来美国经济创造1300万个就业机会是不可能的。"① 美国对外战略调整自然也相应地加强了服务于海外经贸利益实现的力度，外交更加与商贸密切联系在一起，甚至在某种程度上成为后者的"奴婢"。法国《快报》周刊1997年11月下旬刊文谈到美国冷战后在寻求一种新的战略时指出，外交成了这个商业大国意志的一种延伸，成了为出口和经济服务的一种武器。此外，在美国的推动下，现在唯一可以称得上有组织的世界秩序就是贸易关系方面的秩序。迈克尔·赫什等人认为，冷战结束后商业已经成为美国对外政策的头等大事。"自从19世纪靠炮舰打开日本和中国同西方通商的大门以来，美国的对外政策在很大程度上说从来没有像现在这样成为同美国商业利益紧密相连的政策。"②

事实也正是如此。冷战后的美国政府领导人无不大力在世界范围内推行西方自由市场体制，以为美国商品更为便利地进入他国市

---

① "在国际经济政策与贸易小组委员会上讲话"（"Remarks before the Subcommittee on International Economic Policy and Trade House International Relations Committee"），华盛顿，1928年4月29日，第2页。全文可在http://www.gov/regions/what/980429-brown-free-trade.html 网址上获得。
② 迈克尔·赫什等："商定交易"（Michael Hirsh and Karen Breslau, "Closing the Deal"），载《新闻周刊》（Newsweek），第125卷，第10期（1995年3月6日），第34~36页。全文可在南开大学图书馆EBSCO数据库中得到。

场创造条件，布什在1992年1月28日《国情咨文》中宣称："我们将努力推倒阻止世界贸易的墙。我们将努力开辟市场。在我们的重大贸易谈判中，我将为取消有损于美国农场主和工人的关税和价格补贴而继续努力。我们将通过北美自由贸易协定和通过美洲事业计划在本半球内为美国人找到更多的好工作。"①克林顿尽管在许多问题上与其前任相左，但延承了前任的"新门户开放"战略，更加强调外交服务于美国经贸的扩张。他在1994年致国会的财政预算咨文中强调说："我们已经把提高我们的经济竞争置于我们的外交政策的核心。"②日本《经济学家》周刊年12月发表文章认为，美国对国际社会的关心变成了一味优先考虑经济。对于海外，以有利于美国经济的形式把"自由贸易"强加于其他国家。这种观察的确反映出了冷战后美国外交发展的一个新趋势。

在克林顿任内，自由贸易几乎与西方自由体制成为两个互换的术语，也成为衡量其他国家，尤其是发展中国家市场开放的主要尺度，当然美国从中所得并不限于滚滚而来的丰厚利润，还包含着更为深刻的内容。克林顿在1994年11月16日谈到这一点时指出："我们仍然确信，加强各国之间的贸易联系能有助于砸碎压制的锁链，随着各国在经济上变得更加开放，它们在政治上也会变得更加开放。"③很多美国学者在这方面也有着相似的论述。苏珊娜·加门特

---

① 参见乔治·布什："国情咨文"（George H. W. Bush, "State of the Union Address"），1992年1月28日，全文可从 http://www.infoplease.com/hist/state-of-the-union/205.html 网址上获得。
② 转引自道格拉斯·布林克利："民主扩大：克林顿主义"（Douglas Brinkley, "Democratic Enlargement: The Clinton Doctrine"），载《对外政策》（*Foreign Policy*），第106卷（1997年春季号），第116~117页。
③ 威廉·克林顿："对雅加达国际商会的讲话"（William J. Clinton, "Remarks to the International Business Community in Jakarta"），1994年11月16日，载《美国总统公开文件》（*Public Papers of the Presidents of the United States*），第2卷，华盛顿：美国政府出版局1994年版，第2100页。

指出:"从长期来看,贸易确实跟着旗帜走,正如帝国主义者所说的那样,今天这面旗帜不是美国的旗帜,而是象征着西方某种价值观的旗帜。"②加顿认为美国的外交行为动机从来不是纯商业的,"美国的商业一直与开放市场为伍,开放的市场又和政治自由具有关联,政治自由则伴随着民主,而民主还连同着和平"。③加顿是以赞吻的口气谈论美国打开别国市场的更深层的目的。其实发展中国家按照美国标准的政治民主化归根到底还是有利于美国经济利益的实现,政治上的开放除了能为美国维持其霸权地位营造一个有利的国际环境之外,还为美国的商品和资金的进入减少了很多人为的障碍。正如俄罗斯历史学副博士伊琳娜·任金娜1997年8月14日在俄《红星报》上发表文章指出的那样,美国促进其他国家向着民主原则和市场原则前进,将会促进这些国家创造条件,增加对美国的日用品、轻工业品和汽车以及个人消费品的需求。民主的开放性和聘请美国专家顾问不仅可以使美国资本找到新的投资领域,偶尔还可以按照美国的意愿发展市场机制,促进建立有利于美国的国际关系。任金娜站在美国文化之外的观察可谓洞若观火,指出了美国促进其他国家接受美国式的民主和市场机制的主要动机。

正是具有上述的重要性,克林顿政府把自由贸易在其对外战略中提到了非常高度,并为之在世界范围内的实现作着不懈的努力。克林顿的政治密友米基·坎特在1997年离任时意味深长地说:"贸易和经济不再是一个与美国外交政策的其余部分毫不相干的领域,这就是四年来我们既定的方针。事实上,我们正在利用所有一切手

---

① 苏珊娜·加门特:"贸易必须从属人权之原因的转折点"(Suzanne Garment, "A Turning Point Why Trade Must Defer to Human Rights"),载《洛杉矶时报》(*Los Angeles Times*),1995年7月16日,第1页。
② 加顿:"商业和外交政策",第69页。

段设法打开那些封闭的社会。"①克林顿在谈到其新任期对外政策的"设想"时指出，美国必须大力争取建立一个全球经济体系。这个全球经济体系将更加开放和更为广泛，像美国这样一直开放市场的国家一样，向更多的国家提供以公平的方式实现经济增长的机会。克林顿在这里实际道出了美国冷战后外交战略的一个基本选择。

20世纪90年代以来，亚太地区的经济发展令世人瞩目，东亚国家遥遥领先。亚洲开发银行首席经济学家萨蒂什·杰哈博士指出："在过去20年内，东亚经济年均增长率达8%，大大高于发展中国家经济年均4.3%和发达国家经济3%的增长水平。"②据世界银行预测，在1994年至2003年10年内，东亚经济年增长率为7.6%，大大高于发展中国家经济年均4.8%和西方七国经济年均2.7%的增长水平。亚太地区的贸易额占全世界的41%。一些经济学家预言，到20世纪末，世界贸易将有一半在亚太地区进行。亚太可谓是世界经济中最有活力的地区之一，美国国防部在《1995年东亚安全战略报告》中指出，亚太地区目前是世界上经济最活跃的地区，从某种程度上说，亚洲的繁荣是美国成功的政策带来的结果。这些政策加强了亚洲的安全，促进了亚洲的经济发展。如今整个环太平洋地区是美国最大的贸易伙伴。报告估计，到了21世纪初，亚太地区（包括美国）将在全世界的经济活动中所占比例大约为三分之一。亚洲的繁荣和稳定反过来对美国经济的健康发展和全球安全具有极其重要的影响。这份报告的目的无非是要美国政府更加重视亚太地区，以保证未来美国在这一发展迅速的区域中占据主导地位。冷战期间亚洲

---

① 戴维·桑格："玩贸易牌：美国正在通过全球商业协定出口其自由市场价值观"（David E. Sanger, "Playing the Trade Card: U.S. Is Exporting Its Free Market Values Through Global Commercial Agreements"），载《纽约时报》(*New York Times*)，1997年2月17日，第43页。
② 转引自沈玉麟：《克林顿在亚洲进退"三难"》，载《国际展望》，1994年第10期，第9页。

地区在美国的全球战略中具有重要的安全利益，现在该地区在经贸上对美国愈益举足轻重。一位陪同美国国务卿克里斯托夫执行在越南河内建立大使馆使命的高级官员说："过去，我们想使亚洲成为民主制度的安全岛，现在，我们想使它成为美国出口的安全岛。"①美国负责经济、企业和农业事务的副国务卿琼·斯佩罗告诫美国工商企业界不要忽视亚太地区，作为市场和竞争者，亚太国家将对美国只会越来越重要。美国的出口产品有三分之一是运往东亚的，东亚国家对美国产品的进口实际为美国国内提供了270万个就业机会。

美国作为亚太地区的主要国家积极参与该地区事务无可非议，如果是以一种平等互利的态度介入无疑会促进该地区的经济发展和繁荣稳定。然而，美国政府总是以亚太地区的"老大"自居，霸主心态处处有所表现。本来一种互惠互利的贸易变成美国单方面要求一些亚洲国家市场按照美国标准开放的手段，所以美国动辄以贸易制裁来威胁在美国人眼中那些在经济主权上毫不妥协的国家，制裁之目的路人皆知，用美国经济学家弗雷德·伯格斯滕的话来说，从美国的观点看，亚太地区走向自由贸易是件极好的事情。我们已经消除了大部分贸易壁垒。亚洲大多数国家仍实行贸易保护主义，这意味着它们要削减的关税和其他壁垒比我们要削减的规模大得多，这样就可以大大改善我们进入世界上发展最快的市场的机会。因此，亚洲正在全球贸易自由化进程中扮演着举足轻重的角色。②

亚太经合组织是该地区国家适应世界经济区域化的一种反映，旨在促进贸易投资自由化与经济技术合作。美国俨然以这一地区性

---

① 转引自迈克尔·多布斯："美国在亚洲市场上转移目标"（Michael Dobbs, "U.S. Shifts Goals in Markets of Asia"），载《华盛顿邮报》（The Washington Post），1995年8月9日，第A14页。
② 伯格斯滕的观点详见弗雷德·伯格斯滕："一个推进世界范围自由贸易的亚洲"（Fred Bergsten, "An Asian Push for World-wide Free Trade"），载《经济学家》（Economist），第338卷，第7947期（1996年1月6日），第62~63页。

组织的当然领袖自居，几乎是不顾亚洲国家的具体国情大力推行一种经济自由化的计划，当然这里并不是说由外部导入的一些经济政策完全与亚洲国家的利益不符。在一个相互依赖的时代，任何国家的经济发展都不可能与外部环境相脱离，国家间只有存在着利益的一致才有合作的可能。美国与亚太其他国家的经济合作包含着这种倾向，但在更大程度上却是要把该地区纳入其在未来建立一个以美国价值观为主导地位的世界经济新秩序的考虑。在美国人看来，市场开放程度越高，越易于接受美国的价值观念，同时也反映出了这些观念在文化不同的国家所取得的效益。当然这只是美国的一厢情愿而已，亚洲许多国家需要美国的经济合作，但并不等于要向美国让渡出自己的经济主权，市场开放程度最终还是取决于本国的实际承受能力以及利益的需要。所以当美国以"新门户开放"战略处理与亚洲国家的关系时，这种做法往往会引起它们的不满，由此引发的经贸冲突屡见不鲜。美国政府不会放弃用经贸手段打开亚洲国家市场的选择，但这种战略难以奏效已为事实所证明。

区域经济一体化是第二次世界大战后在世界格局中出现的一种新现象，它在形式上表现为同一地域内的国家在经济上的联合或合作。但在美苏两个超级大国竞争激烈的年代，"冷战"波及全球，纯经济意义上的区域合作几乎成为不可能。实际上，经济合作如果超越不出意识形态的藩篱或具有很浓的政治色彩，就很难取得成效，而且成员国为此达成的基本规则同样难以得到有效的贯彻。因此，"冷战"时期尽管区域经济合作出现过高潮，但在20世纪80年代之前，除了少数几个区域性组织还在运行之外，大多数都是名存实亡或处于停滞状态。80年代中期以后，"冷战"因素在国际经济格局中相对减弱，国家间在经贸领域的竞争日益激烈，这一趋势在90年代以后更为明显。"冷战"的结束标志着两极格局的"寿终正寝"，大大促进了业已形成的多极化格局的发展。在一个多极化的世界里，任何一个大国都无力对整个世界经贸格局产生决定性的影响，当它们依然想在这种格局中获取长久优势时，自然就把源于地缘而形成的区域性经济合作视为提高各自竞争实力的一种手段，而那些弱国或小国在竭力为国内经济发展争取一个有利的外部环境时，通过域内国家的经济合作同样不失为是一种重要的选择。因此，在新的国际局势的推动下，区域经济一体化再掀高潮。美国在战后很长时期内反对形成区域性经济贸易集团，主张通过多边自由贸易体系最终实现全球贸易的自由化。正如美国政府颁布的一份重要文件指出的那样："自关贸总协定签署以来，美国率领世界努力创造一个受法规指导的开放贸易体系，在这一体系中，削弱贸易壁垒将为美国的商品、服务和农业提供了最大限度的市场准入。"[1]美国的意图显然与其"冷战"战略具有某种联系，也反映出了美国想以其强大的经济实力来主宰世界经济的发展。冷战期间美国从自由贸易中获得了巨大的好处，自由贸易既是美国世界领袖向外延伸的主要途径，也是美国打开其他国家市场的最佳手段。随着世界经济贸易区域化的兴起，同一地区内的国家需要联合起来进行更为密切的经济合作，共同对付来自其他地区国家的经济竞争。美国自然不甘落于这种新潮流之后，而是力图寻找更有利于自身经济发展的机会。

按照20世纪90年代初美国政府的构想，未来的世界经济格局将由三大经济圈组成，一是以统一后的德国为首的欧洲大市场；二是以日本为核心的亚太经济圈；三是以美国为盟主的美洲自由贸易区。对于前两个经济中心，美国也想占有一席之地。布什政府提出的新大西洋主义和太平洋主义就是想保持住美国在欧洲和亚太地区

---

[1] 美国贸易代表办公室："1999年贸易政策日程和美国总统关于贸易协定计划的1998年年度报告"("The Office of the United States Trade Representative, 1999 Trade Policy Agenda and 1998 Annual Report of the President of the United States on the Trade Agreements' Program"),1999年3月发布,第1页,全文可在 http://www.ustr.gov 网址上获得。

的利益和地位，同时也表明了美国对被排挤出欧、亚地区的担忧。对于以地理邻近为基本要素的"经济圈"来说，美国并没有找到令人信服的根据，而美国经济应付来自欧共体和日本的激烈竞争已经显而易见，因此组建美洲自由贸易区，形成与以欧共体和东亚经济圈鼎足之势对美国来说不失为一种可行的方针。

西半球在传统上就是美国的经贸势力范围，美国主要向拉美国家出口技术设备和工业制成品，从拉美地区进口原材料和技术附加值很低的半成品。自从美国与拉美国家发生关系以来，这一地区的广阔市场从来未被美国所忽视，即使是在美国将安全利益置于第一的冷战时代，拉美市场在经济上也没有失去重要性。冷战结束后，当美国开始把全球战略重点转向为国内经济发展寻找新的外部增长源时，西半球市场的巨大潜力更是显示出了重要的意义。据统计，拉美地区1997年占美国总出口的20%和美国出口增长的40%。从1993年到1997年，美国在这一地区的市场占有率基本上呈上升状态，欧洲和日本的占有率却在下降。1993年，世界各地向拉美地区的出口额为1890亿美元，其中美国占41.5%，欧盟15国占29.0%，日本占8.9%，加拿大占1.4%，其余国家占28.7%。1997年，世界向拉美地区的出口额为3090亿美元，其中美国占43.5%，欧盟15国占17.1%，日本占6.4%，加拿大占1.3%，其余国家占31.7%。①

事实正是如此，从20世纪90年代开始，美国对拉美地区的出口呈直线上升的趋势。1990年出口额为490亿美元，至1994年上升为880亿美元，增长了79%，1995年为937亿美元，1996年达到1090亿美元。在1998年前八个月，美国向拉美地区的出口增加了10%，而由于亚洲金融危机，美国对世界其他地区的出口却下降了3%还多。

---

① 威廉·戴利："美国国会第六次年度报告：国家出口战略"(William M. Daley, "Sixth Annual Report to the United States Congress, The National Export Strategy: Staying the Course"), 1998年10月，第18~19页。全文可在 http://permanent.access.gpo.gov/lps44039/1998/www.ita.doc.gov/media/sec.pdf 网址上获得。

在克林顿执政期间，美国对拉美地区的出口几乎翻了一番，从750.8亿美元上升到1430亿美元。①一份研究报告指出："美国商业部提出的这种思想，即美国的商业应该集中在世界上新兴的大市场。毫无疑问，拉美市场既是大的，又是新兴的。"②1999年3月美国贸易代表办公室公布了"1999年贸易政策日程和1998年美国总统关于贸易协定计划的年度报告"。这份重要文件指出："西半球是美国出口产品的主要目的地，占美国1998年商品出口的44%（包括机械产品和农产品）。由于拉美经济增长放慢，美国对西半球的出口大大减少，尽管如此，美国向西半球的出口继续增长了4.6%，而我们对世界其他地区的出口却下降了4.9%。西半球市场对美国的商品和服务日益开放，……这些对美国经济的继续扩张都是必要的前提。"③统计数字有时尽管有所差异，但拉美市场对美国的重要性却是无可置疑的，这也是美国积极倡导和促成美洲自由贸易区形成的一个主要原因。美洲理事会官员威廉·普赖斯1999年3月4日在向国会作证时指出了西半球贸易的自由流动对美国的重要性：

> 美洲自由贸易区预示着一个拥有8亿人的潜在市场，我们能向他们出售我们的商品和服务。这是一个从手提电话到工业机械无所不包的巨大市场。美国对拉美的出口自1990年以来已经上升了100%还多，现在正以快于世界其他国家两倍的速度增长。美国出售给巴西的商品多于出售给中国的；出售给中

---

① 参见美国贸易代表办公室："当前新闻发布"（Office of the United States Trade Representative, "For Immediate Release"），1998年10月22日。

② 斯蒂芬·科伦："拉丁美洲对美国国际贸易的重要性"（Stephen P. Coelen, "The Importance of Latin America to U.S. International Trade"），马萨诸塞州大学社会和经济研究所，1998年11月19日，第2页。全文可在 http://www.umass.edu/miser/news/laimpall.pdf 网址上获得。

③ 美国贸易代表办公室：《1999年贸易政策日程和美国总统关于贸易协定计划的1998年年度报告》，第2页。

美洲的商品多于出售给东欧和前苏联的；出售给1400万智利人的商品多于出售给9亿印度人的。①

可以设想，如果美洲自由贸易区得以如期建成，世界经济格局中将会出现一个无论经济实力、资源和人口都非常强大的区域性经济集团，美国作为这一集团的核心，势必加强了与其他区域集团竞争或抗衡的能力，这种新的战略与美国冷战后"新门户开放"战略是相一致的。1996年12月1日，美国《洛杉矶时报》载文建议克林顿应该高举"自由贸易"的大旗，加快美洲贸易自由化的进程。作者认为，按照美国对拉美出口额的年递增率，到2010年这一数目将达到2400亿美元，他这里想说拉美市场对美国日益重要。1994年1月1日正式运行的北美自由贸易区对美国来说只是实现"美洲经济圈"的第一步，美国有意以此为契机推动整个西半球的贸易自由化进程，用布什总统的话来说，他希望并且相信北美自由贸易区将扩大到智利和南美、中美以及加勒比的其他伙伴国。在整个美洲实现自由贸易的时机已经到来。时任美国总统克林顿也是按照这一方针行事，力促美洲自由贸易区早日到来，实现西半球国家市场的相互开放。

美洲实现贸易自由化应该说是符合世界经济发展的主潮流，美国采取主动显然是出于其全球战略的考虑。这里不能排除美国的动议与拉美国家经济发展具有一致性的地方，但美国要求这一地区市场开放首先是为本国经贸扩张服务的，所以在组建自由贸易的谈判过程中美国提出的开放标准未必见得完全符合拉美国家的利益，甚至是侵犯了它们的利益，美国与拉美国家在经贸问题上经常发生冲突就是最好的说明。因此，对拉美国家来说，贸易自由化固然是寻求经济增长的一种选择，但市场开放程度应该基于本国经济发展的

---

① 普赖斯的作证可在 http://www.Counciloftheamericas.org/pryce100.html 网址上获得。

需要，力戒不顾实际而无原则地接受美国提出的标准，这样就有可能由于经济比较脆弱难以抵制市场开放后的强大冲击波，造成经济发展无序状态。墨西哥《对外贸易》杂志1995年6月号刊登了一篇题目为《拉美最新的历史教训》的文章，作者谈到拉美国家应从推行自由市场经济中吸取教训，认为市场全面自由化将导致贫富悬殊、通货膨胀和生产利润比例失调，在作者看来，过去，很多经济学家主张，迅速而全面地实行市场自由化能产生经济效益，不断减少贫困。而现在，在墨西哥危机突然发生之后，上述观点所基于的理由受到了严厉的批评。这种观点反映了发展中国家对市场过度开放或过快开放给经济弱势方带来不利结果的担忧。所以，当美国高举着"市场开放"的大旗试图率领着西半球国家迈向贸易自由化时，拉美国家切莫操之过急，否则就会欲速则不达，在迎接"挑战"时失去了发展的"机遇"。

"门户开放"是美国人思想意识中的重要组成部分，它作为一种政策正式提出至今已经一个世纪了，美国正是靠着其商品的"威力"打开和征服了许多国家的市场，不尽财源滚滚流入国内，为美国社会不断走向发达提供了必不可少的资金。托尼·史密斯据此指出：

> 一个开放的世界经济服务于美国的经济和安全利益，这一点是无可置疑的。美国初创时，重商主义限制了它的贸易能力。当这个国家成为世界上第一流的工业经济国时，大国利益范围暗示它要获得国外市场。在每个阶段，在最惠国协定运行下的非歧视国际经济秩序总是官方的政策。……美国奉行的是一种"自由贸易"帝国主义。①

---

① 史密斯：《美国的使命：美国与20世纪世界范围内争取民主的斗争》，第327~328页。

时至今日，国际贸易在美国经济增长中越来越居于重要的地位，美国需要外部市场大概比任何时期都更为强烈。克林顿在向国会提交的《1997年全球贸易政策安排》宣称，"对美国经济来说，贸易现在比任何时候都更加重要。今天，美国对外贸易额几乎等于国内生产总值的30%"。由此他特别强调美国必须在经济上继续保持"对世界出口猛增的趋势"，在政治上，贸易是美国"能够在全世界推广其核心价值观的工具"；在战略上，通过加强贸易关系，美国"可以在世界各地发挥美国的领头作用"。他在1998年的国情咨文中再次强调："过去5年中，我们一直带头开拓新市场，缔结了240项贸易协定。这些协定消除了外国对带有'美国制造'印记的产品设置的障碍。今天，我们的经济增长中有整整三分之一是创纪录的出口创造的。我希望这种出口能保持下去，因为这是使美国经济保持增长、促进世界安全与稳定的唯一途径。"①因此"门户开放"所体现出的基本内容并未过时，其对美国在新的世界经济格局中经贸利益以及其他利益的实现愈益显得重要。要求其他国家按照美国的设想开放市场未必能够奏效，但美国不会放弃这种选择，将把其置于美国全球战略中的重要地位，现在是这样，将来还会是这样。

二 全球化与美国对外文化战略

全球化进程在世界形成一个整体后就业已开始，但这一如今看来非常流行的词语出现在文字中则是近十年之事。迄今为止，全球化还是一个没有准确定义的概念，不同领域的学者（主要是经济学家、政治学家、历史学家、文化学家、社会学家）各持己见，众

---

① "总统比尔·克林顿国会咨文讲话"（"President Bill Clinton's State of The Union Address"），1998年1月27日。全文可在 http://www.cnn.com/ALLPOLITICS/1998/01/27/sotu/transcripts/clinton/网址上获得。

说纷纭，以这一概念所特有的含义来表示人类生存的这个地球所发生的天翻地覆的变化。全球化给人类社会带来的并非都是"福音"，但无疑从经济、政治、文化、思想观念等方面对生活在地球之上的所有国家都产生了具有深远意义的影响。

从发展的角度讲，全球化乃是一个客观的历史进程，其所描述的是世界作为一个整体的发展，其所带来的结果则是涉及全球范围内的深刻变化。资本主义文明在欧洲的兴起是人类面对发展困境所作出的一种理性选择，但这种文明的外延性或扩张性决定了它必然会在欧洲之外寻求更为辽阔的发展空间，资本主义的扩张冲破了大自然设置的天然障碍，消除了民族国家受地理因素限制的隔绝状态，把世界联系成为一个再也不可能分离的整体。这种结果固然是世界历史发展的必然趋势，也是人类走向文明进步的重要标志，但却无处不留下"非文明"的野蛮痕迹。历史就这么残酷无情，人类迈向文明竟然是以非文明的行径所完成的。在某种意义上说，欧洲人就是在"血与火"的征服中启动了全球化的进程。自此以后，资本主义文明就力图在征服全球过程中以自己的生产方式重塑整个世界。正如马克思指出的那样：

> 资产阶级，由于一切生产工具的迅速改进，由于交通的极其便利，把一切民族甚至最野蛮的民族都卷入到文明中来了。它的商品的低廉价格，是它用来摧毁一切万里长城、征服野蛮人最顽强的仇外心理的重炮。它迫使一切民族——如果它们不想灭亡的话——采用资产阶级的生产方式；它迫使它们在自己那里推行所谓文明制度，即变成资产者。一句话，它按照自己的面貌为自己创造出一个世界。①

---

① 《马克思恩格斯选集》，第1卷，北京：人民出版社1972年版，第255页。

西方国家掀起的这场全球范围的征服活动极大地改变了整个世界的面貌，但同时给落后国家造成许多不幸和灾难，后者为了生存与发展，自觉或不自觉、强制或非强制地卷入其中，成为它们走出封闭与世界融为一体的契机。

19世纪以后世界市场开始形成，各民族之间的经济往来日益频繁，生活在不同区域的人们的生活逐渐国际化。到了20世纪，世界各国或民族日益密切地联系在一起。第二次世界大战之后，人类社会的全球化进程显然是在加快，尽管东西方"冷战"人为地在国家或民族之间构筑起一道意识形态"疆域"，但很难从根本上阻挡住全球化进程。具体而言，一是科学技术的飞速发展把地域之间的距离日益缩小，昔日的天然障碍完全化为乌有，世界变成了一个联系密切的"地球村"。美国未来学家约翰·奈斯比特指出，便地球变成"村落"的两项重大发明是喷气式飞机和通讯卫星，"这两项发明中，最重要的可能要算通讯卫星。通过通讯卫星，我们缩短了信息的流动时间。现在历史上第一次出现了全球性经济，因为有史以来地球上第一次有了瞬间即可分享的信息"。① 技术的进步尽管给人类带来的并非尽是"福音"，但却加快了全球化的进程。二是在第二次世界大战以后的几十年期间，世界贸易迅速增长，资本流通速度加快，通过商品在世界范围内的流通与交换以及资本的全球流动，世界已经连成了一个完整的体系，各个国家无不想在这个体系中获得有利于自己生存与发展的位置。三是全球相互依赖性更为加强，人类走向相互依存的共同体不再是梦幻，用"一荣俱荣，一损俱损"形容全球的相互依赖程度尽管有点绝对化，但"荣损与共"却是摆在人类面前一个无法回避的现实。四是一些涉及人类未来命运的问题并不是单个国家或民族所遇到的，也不是单靠一国之力所能

---

① 约翰·奈斯比特：《大趋势——改变我们生活的十个新方向》，梅艳译，北京：中国社会科学出版社1984年版，第57页。

解决的。这些危机是全球层面的，是全人类所面临的共同问题，而要解决这些危机必须有赖于全球的共同努力。上述所列远没有展现出促使战后全球化进程加快的诸因素，但却表明，"冷战"期间通过意识形态把世界分裂为敌对阵营的做法终究会时过境迁。世界不仅在自然地理上是一个整体，而且这个整体在人类意识上再也无法割裂开来。冷战结束后，意识形态在国际事务中的作用大大弱化，带来的结果之一是全球化进程更加清晰可见。联合国前秘书长布特罗斯·加利1992年不无自豪地宣布，第一个真正的全球性时代已经到来了。

从全球化的发展进程来看，经济是全球化的主要驱动力，全球化在经济领域表现得也最为明显，各国的经济活动相互依赖程度越来越高，但并不能由此得出结论，全球化仅限于描述世界经济的一种发展趋势。全球化对人类社会的影响是全方位的，如在国际政治领域，传统的国家主权所包含的内容发生了部分改变，局部战争或冲突留下了国际干预的痕迹，国际组织的作用日益加强等等。当然谈国际政治全球化还为时过早，全球化也不会从根本上改变国际政治的基本特质，但无疑使这种主权国家为实现各自外部利益而进行的跨国活动呈现出某些新的特征。这里不想就全球化在世界经济和国际政治等领域的表现多发议论，因为这明显超出了本书所论。文化与全球化是两个截然不同的概念，不过不同国家所制定的文化战略却与全球化之间存在着必然的联系，是随着国家间相互交往的密切而日益受到国家的重视。全球化打破了主权国家之间封闭的疆界，促使全球层面上的交往愈益频繁，这样不同区域文化上的相互影响就愈加显而易见。每个国家或民族都有自己的文化传统和价值观念。这些各不相同的文化特性都是人类文明的宝贵财富，也决定了不同文化的国家需要通过文化交流来达到取长补短之目的的必要性。

自世界形成一个整体以来，不同文化之间的交流从来没有停息过，但国际文化交流如此之广泛莫过于我们所处的这个开放性时代。文化上的相互借鉴和融合是国际文化交流的主要内容和结果，对于整个世界的和平与发展所起的积极意义不言自明，自古至今莫不如此。冷战后世界各国都在调整文化战略，以适应全球化的大潮。在全球化的过程中，发展中国家总是处于一种被动适应的位置，其文化战略在很大程度上说也是属于"防御性"的，以吸收外来文化的精华和抵制外来文化的糟粕为主，为经济实现快速增长服务。西方国家是全球化的始作俑者，也是最大的利益获得者。文化的扩张性决定了它们的文化战略总是处于一种"进攻"状态，也就是以其文化来影响国际关系的发展，为政治和经济等利益的实现营造一个有利的外部环境，美国在这方面尤甚。全球化进程如果从世界成为一个整体时算起，显然与美国并无关系，在某种程度上说，美国在国际舞台上的崛起得益于这一进程。然而美国作为西方国家经济实力最为强大和科学技术最为发达的国家，其对全球化进程的推进恐怕是其他任何国家都不能与之比拟的，它从中获得的好处之巨大也不能仅仅用具体的统计数字来衡量。面对着当今世界日益加快的全球化进程，美国尽管优势依然存在，发展的机遇要比其他国家大得多，但同样面临着挑战。美国本来就是一个目光俯视全球的国家，一向以其文化的"优势"来"改造"与之交往的非西方国家，美国文化的这种扩张性在冷战后表现得更为明显。当代世界全球化进程的加快是任何国家都无法置身其外的一种趋势，却给美国文化的外延或扩张提供了过去时代无法相比的有利外部环境，美国也为之制定了相应的文化战略，试图以"美国化"来替代全球化，以美国的文化价值观来"重塑"整个世界，最终形成后冷战时代"美国治下的和平与秩序"。

高技术的飞速发展是全球化加快的主要因素之一。在漫长的历史长河中，人类社会发生重大变化莫不是伴随着新技术的出现，新技术总是"新时代"降临的"催生剂"。正是交通等技术的发展，才使浩渺大洋隔开的几大洲交往有了可能性,世界才连成了一个整体。人类也才缓慢地迈入了全球化的进程。全球化已经走过了数百年的历程,事实早就证明新技术是其逐渐加快的主要动力。时至今日,当全球化以其不可阻挡之势向前推进时,我们同样看到了信息技术革命在其中所起到的重大作用,美国学者沃尔特·里斯顿谈到这一点时指出:"不管我们是否有所准备,计算机和电信的聚合使我们已经进入了一个全球共同体。历史上第一次把东西南北的贫富国家联系在一个全球电子网络之中。"[1]信息技术主要指信息的获取、传递以及处理等项技术,通常包括有关信息的产生、检测、变换、传输、存储、显示、识别、提取、控制和利用等方面。电子计算机、光纤通信、终端接口构成了信息技术的主要组成部分。人类在世界范围内的第一次信息革命始于20世纪中期第一台计算机的问世,它是人类迈向信息社会的重要标志。从20世纪90年代开始,全球掀起了"信息高速公路"的热潮,人类再次拉开了信息革命的序幕。所谓"信息高速公路"到现在尚无一个确切严格的定义,它实际上是"信息基础设施"(Information Infrastructure)的形象比喻。从信息通道的意义上讲,它是指一个以现代计算机网络通信技术为基础,以光导纤维缆为骨干的纵横全国乃至全世界的双向大容量高速度电子数据传递系统,把计算机用户联结起来,从而使他们足不出户即可借助终端设备迅速地传递和处理信息,最大限度地实现信息资源共享。

"信息高速公路"作为一个拥有特定含义的词汇发端于美国,第一次出现在1991年9月的一则报道美国关于铺设光纤网络立法的新闻中。1992年美国大选期间,总统候选人克林顿打出了"建设信

---

[1] 沃尔特·里斯顿:"比特、位元组和外交"(Walter B. Wriston, "Bits, Bytes, and Diplomacy"),载《外交事务》(*Foreign Affairs*),第76卷,第5期(1997年9~10月),第175页。

息高速公路，振兴美国经济"的口号，成为他击败竞争对手的一个重要筹码。他一出任美国总统，就着手制定建设信息高速公路计划，责成副总统戈尔直接负责此事。戈尔随后主持制定了"国家信息基础设施：行动计划"（The National Information Infrastructure: Agenda for Action）。这一计划于1993年9月15日公布，描述了政府对信息基础设施的基本观点，概括了政府在其中所起到的重要作用，确定了指导性的原则和目的，明确表明政府将对国家信息基础设施提供尽可能的支持。①克林顿在向国会提交的1994年度财政报告预算中提出增加20亿美元的拨款，作为信息网的建设费用。该计划很快就发展为建设"全球信息基础设施"的设想，1994年3月21日，戈尔在阿根廷布宜诺斯艾利斯举行的第一次世界电信发展会议上解释说："美国总统和我都相信，对人类大家庭的所有成员来说，维持发展的基本前提是创建连接各个网络的全球网，为了实现这个目标，立法者、管理者以及企业家必须要建成并开通一个全球性的信息基础设施，为每个人提供周游世界的环球高速公路。"②为了保证这一计划的实施，美国政府成立了由副总统和相关部长及经济法律、技术专家组成的三个委员会，分头负责就立法、政策制定、资金筹集等有关事宜展开工作。美国国家经济委员会的托马斯·卡利尔把信息基础设施概括为由信息设备、信息资源、信息网络和人才资源四个方面组成。显而易见，它是一项规模宏大的系统工程，不仅要有大量的人才和巨额的资金作保证，而且还涉及一大批具有前沿性的高技术。美国希望通过实现高度信息化，扩大市场，刺激经济增长，走出困境，继续保持领先地位，这是美国率先提出建设全球信息高速公路的初衷。

然而，随着这种设想逐步地付诸实践，美国除了从中获得了巨

---

① 这一计划全文可在 http://www.ibiblio.org/nii/toc.html 网址上获得。
② 讲话全文可在 http://www.itu.int/itudoc/itu-d/wtdc/wtdc1994/speech/gore.txt 网址上获得。

大的经济效益外，还使美国的文化向外传播有了更为便捷的途径。如国际互联网（因特网）通过全球的信息资源和150余个国家的数百万个网点，向人们提供了无所不包和瞬息万变的信息，全球更加形成了一个密不可分的整体。不同地域的人们可以在网络上互相迅速地交换信息，跨越时空的局限在网点上寻找志同道合的合作伙伴，建立工作小组。现在越来越多的人利用因特网收发信件和传真，不仅价格便宜，而且方便迅速，仅需几秒钟就可把电子邮件发往对方的电脑上，这种新的通信方式对电信业造成的改变和影响，至今尚无人能予以准确的估计。

美国是因特网的中心，每天由美国发往世界各地的信息不计其数，尽管其他国家因特网的用户从中获得了很多益处，但许多打上美国文化印记的信息也随之飞往世界各地，以很强的渗透性"吞噬"着当地的传统文化，影响着人们的传统思维定式。美国文化今天在全球肆无忌惮并不能说明这种文化优越无比，而是借着美国对信息传播媒介的掌握才得以风行世界。现在世界上几乎每个国家都无一例外地感到美国文化所带来的强大"冲击"，很多美国政治家和学者对这种现象颇感自得，敦促美国政府制定新的文化战略，以利用美国文化的优势来"征服"世界，美国政府也正是这样做的。全球的"美国化"是美国政府文化战略的一个主要目的，尽管它在一个多元文化并存的世界里很难成为现实，但并非完全是无稽之谈，确实从一个方面反映出了后冷战时代美国文化对其他国家的"入侵"已经到了不能等闲视之的地步，同时也说明了美国政府的文化"攻势"已经取得了一定的成效。德国《明镜周刊》（*Der Spiege*）在某一期的封面上赫然醒目地报道，在现代史上从来没有一个国家像今天美国这样完全控制了地球，"美国偶像正塑造着从加德满都到金夏沙，以及从开罗到卡拉卡斯的世界；所谓全球化其实正贴着'美国制造'的标签"。美国学者威廉·德罗兹迪亚克对此评论说，美国现在是国际政治中的施瓦辛格：炫耀实力，到处插手,强迫别国做事。美国大众娱乐从来没有像今天这样在全球流行,连续剧《海岸救生队》和MTV渗透到地球上最遥远的角落。因此,美国大众文化的全球传播给美国具有控制国际事务的能力提供了一个很重要的资源。①显而易见,美国大众文化正在借着把世界联系为一个越来越紧密的"地球村"的全球化大潮以前所未有的速度向整个世界蔓延。

美国商务部前高级官员戴维·罗特科普夫是在谈到全球化促进不同文化整合时说:"对美国来说,信息时代对外政策的一个主要目标必须是在世界的信息传播战中取得胜利,像英国一度在海上居支配地位那样支配电波。"②这番话的含义不言而喻。全球化加速了不同文化之间的交流与融合,在某种意义上说预示着一种新的文明将在人类社会地平线上冉冉升起,美国学者彼得·施瓦茨等人在1997年7月号《布线》杂志的封面文章中写道:"两大并存趋势——根本的技术变革和开放的社会新风——将改变我们的世界,使之进入一种全球文明的初级阶段。所谓全球文明是指新的文明中的文明,它将在整个下一世纪呈现出繁荣。"③能否用"新文明"的出现来说明全球化的影响尽管存在着不同的看法,但人类无疑正朝着这个方向努力。"新文明"的一个主要特征应该是各国在保持有益于社会健康发展的传统文化的基础上增强文化上的共同性或互补性,并不存在着一种文化对另外文化的支配。然而,许多美国人并不这样认为,美国既然支配和控制着全球信息的交流,而且美国文化在全世界又"广受欢迎",那么未来的"新文明"一定要以美国

---

① 参见德罗兹迪亚克:"甚至盟国也抱怨美国的控制",第A1页。
② 戴维·罗特科普夫:"赞扬文化帝国主义吗?"(David Rothkopf,"In Praise of Cultural Imperialism?"),载《对外政策》(Foreign Policy),第107期(1997年夏季号),第39页。
③ 彼得·施瓦茨等:"长期的繁荣:一部未来的历史"(Peter Schwartz and Peter Leyden,"The Long Boom: A History of the Future, 1980-2020"),载《布线》(Wired),第5卷,第7期(1997年7月)。

文化居于支配地位,用罗特科普夫的话来说:

> 如果世界趋向一种共同的语言,它应该是英语;如果世界趋向共同的电信、安全和质量标准,那么它们应该是美国的标准;如果世界正在由电视、广播和音乐联系在一起,节目应该是美国的;如果共同的价值观正在形成,它们应该是符合美国人意愿的价值观。①

罗特科普夫在这里为美国控制全球设计了一幅"宏伟"的蓝图。在他看来,若不这样,美国就会在未来形成的全球文化中失去"独占鳌头"的地位,把本来属于美国的文化支配权让与他国,因此,"美国人应当宣传他们对全世界的看法,倘若不这样做或不采取相互宽容的态度,就等于把这个过程让与其他国家,由它们去采取并不总是有益的行动。利用信息时代的工具来宣传美国的理想也许是促进美国利益的最和谐和最强有力的手段"。②美国五角大楼的一位官员谈到这点时说:"我们将进入一个新时期,没有人是前线士兵,但每一个人都是战士。我们的目的不只是消灭对手,而是要瓦解对方人民的目标、意图、信仰和理解能力。"③冷战后的美国历届政府在实际政策执行中已经体现出了这种长期的战略选择,关于这一点,前面的章节已有所论,此处也就不再一一赘述了。

全球化是一个客观发展的历史进程,这一潮流对现代文明的冲击是我们生活在这个星球上的每个人都能直接感受到的,其中之一就是外来文化对社会变迁的强有力的影响。全球化使不同文化的融合与冲突更加显而易见,也使国家之间在各个领域的竞争更为激

---

① 罗特科普夫:"赞扬文化帝国主义吗?",第45页。
② 罗特科普夫:"赞扬文化帝国主义吗?",第49页。
③ 《亚洲周刊》编辑部:《信息保护与美国霸权》,载《编译参考》,1997年第3期,第36页。

烈。美国政府向来注重文化在对外关系上的作用，总是竭力在世界范围内传播美国的文化价值观，为实现其政治、经济以及战略等利益创造一个有利的国际环境。美国由于在经济上的强大和高科技上的领先地位，全球化实际为美国文化在世界范围内的传播带来过去所无可比拟的有利条件，美国政府也正是基于此试图以美国的文化价值观来"重塑"冷战后的世界，奠定美国未来继续在各个领域保持世界领先地位的基础。美国哥伦比亚大学教授海伦·米尔钠在1998年发表的一篇文章中谈到了"全球化与美国权力"之间的关系，他说："一些人认为，全球化不仅是美国制造，而且也是美国所控制的一个怪物。诸如法国和马来西亚等国强烈地表明了这种观点，即全球化基本上是美国经济惯例和理想向全世界延伸，是美国履行其权力的一种工具。"①不可否认，美国政府的"良苦"用心已经有所"成效"，世界各地无不感到美国文化的冲击，但全球化毕竟不等于"美国化"。全球化只会加速不同文化的交流，决不会带来一种文化的"一统天下"。美国学者彼得·德鲁克认为："虽然美国现在依然是世界上最大的经济强国，很可能在许多年继续保持这种地位，但是以美国的道义、法律和经济观念重塑世界的企图是徒劳无益的。在一个主要竞争者随时都能出现的世界经济中，不存在任何居于支配地位的经济大国。"②德鲁克教授尽管主要指经济而言，但如果我们从文化角度来理解这番话，他的观点还是很值得玩味的。

---

① 海伦·米尔钠："国际政治经济学：超越霸权稳定"(Helen V. Milner, "International Political Economy: Beyond Hegemonic Stability")，载《对外政策》(Foreign Policy)，第110期(1998春季号)，第121页。

② 彼得·德鲁克："全球经济和民族国家"(Peter F. Drucker, "The Global Economy and the National-State")，载《外交事务》(Foreign Affairs)，第76卷，第5期(1997年9~10月)，第168~169页。

三 对美国文化全球扩张战略的思考

20世纪已经成为历史,在这风云变幻的百年期间,各个国家都不同程度地经历了战争的苦难,同时也在刀光剑影的隆隆枪炮声中迎来了发展的机遇。它们无不想通过在国际舞台上的活动为各自利益的实现创造一个良好的外部环境。发展中国家和发达国家莫不如此,只不过后者在政治、经济、军事以及文化等方面更具有竞争优势罢了。美国是发达世界的"无冕之王",在20世纪出尽了风头,有些学者把20世纪称为"美国的世纪"。尽管这是一种夸大或炫耀,与实际显然不符,但并非完全是无稽之谈。美国在这一百年间先后从一个经济大国跃升为政治大国,第二次世界大战后获得的超级大国地位一直延续至今。在当今的信息时代,美国的这种地位似乎尚未动摇,而且还在随着美国在高技术领域的领先呈现出加强之势。美国正是依靠着其在国际竞争中的种种优势,以各种手段把其全球政治、经济等利益化为现实,在此过程中,美国文化在外交活动中发挥了举足轻重的作用。美国政府决策者也有意识地将美国文化作为"征服"他国的"先行",致使"文化输出"表现为美国对外关系上的一个重要特征。美国文化价值观渗透到异国他乡给美国带来难以用具体数字所能表明的各种利益,成为美国欲要为领导世界奠定基础的一个重要方面,但结果却给世界和平笼罩上了深深的阴影,成为引发国家间冲突的一个主要因素。美国文化在许多国家固然能够找到传播市场,但同时也受到越来越多的国家的抵制,其实美国文化本身同样面临着挑战,更何况是在很难适宜该文化生根的外国土壤上。新世纪的曙光已在人类地平线上冉冉升起,和平与发展对任何国家来说都显得重要与迫切,各国都在不断地调整战略,其中包括文化战略来适应这种大趋势。至于那种以自己的文化观念来影响或"指导"他国发展显然与这种大势所悖,不仅最终是徒劳无益的，而且往往对国家间关系是有害的，历史已经证明了这一点。

美国是一个高度发达的国家，在许多外国人眼中，它似乎是一个永远解不开的"谜"。客观上讲，美国主流文化价值观基本上适应了美国社会发展的需要，成为维系社会正常运作的基础，凡去过美国的异国人无不切身体验到这一点。在这些文化价值观的作用下，美国社会能够长期沿着自己的轨道发展，很少引发大的社会动荡。这说明了美国文化中的确存在着可供他国学习或借鉴的方面。当然他们也对美国社会问题成堆感到惊讶，用一位久居美国的中国移民的话来说，美国的全部"阴影都毫不遮掩地暴露在所有的人的面前，哪怕你是一个陌生人。所以，即使是像我们这样的平常外来者，也会一眼就看出一大堆毛病来"。①的确，美国的"社会病"恐怕比任何其他社会都更为引人注目，现代文明的弊端几乎都存在于美国社会，如暴力犯罪、家庭解体、极端个人主义、精神空虚、吸毒贩毒、贫富悬殊、物欲横流、道德沦丧、种族歧视以及过度的性自由，等等。美国政府屡屡投入很大的财力和人力来解决这些问题，但往往收效甚微，不能从根本上阻止住"社会病态"的蔓延之势。许多美国人对此忧心忡忡，诸如"美国在摇摇欲坠"、"美国在垮掉"以及"美国在衰落"等说法常见于美国的传媒。1996年2月11~17日，美国传播媒介与公众事务中心对几家主要广播公司在黄金时间播出的新闻节目进行了调查，结果发现，在59.5个小时的新闻报道中，电视播出了266则传达危险或冒险的报道，在该周提到美国人生活趋势的42则报道中，79%是描述消极或可怕的趋势。新闻报道固然带有制作者的倾向性，未必能准确地反映出整个社会的全貌，但毕竟属于事实，从一个侧面说明了美国社会的危机。该中心主任罗伯特·利奇特不无感触地说："如果你看看这一周的情况，

---

① 林达:《历史深处的忧虑:近距离看美国》,北京:三联书店1997年版,第3页。

你会看到暴力犯罪、天灾人祸、战争、疾病，实际上是一种普遍悲惨的全面描绘。整个情况就是，美国正日趋衰微。"①利奇特的话也许有点夸张，但却表明美国的社会问题已经到了不容忽视的地步。

美国名流对美国社会的批评之声不绝于耳，美国国务院外交事务研究中心主任迈克尔·弗拉霍斯认为："美国人今天感到，这个国家已经迷失了方向。我们看到在政治氛围中燃烧着杂乱无章的特有问题——从流产到种族主义及其医治，还到吸毒、教育和环境。"②布热津斯基在1993年出版的一本轰动性的著作中曾开列出一张清单，列举了美国面临的20个问题，它们分别是债务；贸易赤字；低储蓄和低投资；缺乏工业竞争力；生产率增长速度低；不合格的医疗保健制度；低质量的中等教育；日益恶化的社会基础设施和普遍的城市衰败现象；贪婪的富有阶级；爱打官司到了走火入魔的程度；日益加深的种族和贫困问题；广泛的犯罪和暴力行为；大规模毒品文化的流行；社会上绝望情绪的内部滋生；过度的性自由；通过视觉媒体大规模地传播道德败坏的世风；公民意识下降；潜在的制造分裂的多元文化主义抬头；政治制度出现拥塞现象；日益弥漫的精神空虚感。③历史学家小阿瑟·施莱辛格1991年出版了名为《美国的解体》一书，不无忧虑地探讨了美国当前存在的严重社会问题、文化问题以及种族矛盾等等，提出了并非危言耸听的警告。书中指出，如果美国不正视这些问题，美国的凝聚力会大大削弱，并可能导致美国走向解体。④类似这样的观点在美国学界比比皆是。以"分崩离析"或"解体"等术语来形容当代美国社会显然

---

① 戴维·惠特曼：《"美国摇摇欲坠"溯源》，载《编译参考》，1996年第7期，第18页。
② 弗拉霍斯："扪心自问"，第47页。
③ 布热津斯基：《大失控与大混乱》，第115~118页。
④ 小阿瑟·施莱辛格：《美国的解体》(Arthur M. Schlesinger, Jr., *The Disuniting of America*)，纽约：诺顿出版社1992年版。

有点"危言耸听"的味道,目的是让生活在这种环境下的美国人引起警觉,但文化价值观的危机已经到了连美国政府都感到不能等闲视之的地步。当然美国所面临的社会问题在许多国家都程度不同地存在,有些国家甚至更为严重,美国之所以引人注目原因很多,与它在国外大力推行其文化价值观和以"救世主"自居不无关系。

任何社会都存在着不完善的地方,国家只有首先"正其身",向着完善的方向努力,才能对人类文明的发展作出贡献。如果一味地在国外强调自己的文化优越无比,对其他国家"横挑鼻子竖挑眼",并以自己的文化观念衡量他国的行为,自然使它们难以"服气",更谈不上为它们树立了一个可效仿的"榜样"。实际上,美国文化自身存在的问题已经严重地削弱了美国在国外的地位和影响力,一些有自知之明的美国人并不避讳这一点。布热津斯基指出:

> 美国的内部社会和文化难题所构成的对美国全球卓越地位的危险有两个方面:一方面,一个基本上由缺少深刻的人的价值观念的追求物质享受思想所支配的社会形象,总会削弱美国社会模式的全球吸引力,特别是作为自由象征的吸引力;另一方面,这一形象总会在全世界多数贫困的广大群众中引起过于夸大的物质期望,这类期望无法得到满足是可以理解的,但期望落空就必然会加大它们对全球不平等的愤慨之情。①

罗纳德·斯蒂尔的批评更为激烈:"美国人一向把自己的国家当做世界的榜样,但没有一个国家像美国这样被暴力文化所困扰,有这么多人质要解救,事实上,暴力可能是美国文化与西欧文化或日本文化唯一最大的差异。这也是欧洲和日本不再把美国作为榜样和领导的主要原因之一。一个内部呈病态的社会其外表就是弱国的

---

① 布热津斯基:《大失控与大混乱》,第126页。

标志;一个受毒品、枪支和暴力侵害,被种族关系紧张所困及为不安全而烦恼的国家,在世界舞台上将是一个无力的角色。"①美国尽管依然在国际事务中起着任何其他国家所难以望其项背的作用,但其在冷战后对与文化背景不同的国家发起的"道德讨伐"越来越陷入自我设置的困境。新加坡前总理李光耀曾尖锐地批评美国说:"谁愿意在那样一个社会生活?孩子们持枪自相残杀,邻里没有安全感,老人遭遗弃,家庭分裂。传播媒体把所有权威拉下马,肆无忌惮地攻击领袖的人格,指责一切人,唯独不指责自己。"②这样的批评之声显然不在于指责美国社会问题本身,其所具有的言外之意亦即"美国首先治理好自己的国家,再来教训别人吧"。其实在国际关系中,即使自己的国家秩序井然,强大无比,也没有权力从文化上对其他国家说三道四,百般挑剔,这样做只能会有损自己的形象,造成国家间关系的紧张,最终使当事国的利益都受到伤害。历史已经提供了这方面许多深刻的教训。

美国的文化战略一直体现在对外关系上,但如何制定冷战后更为可行的文化战略,在美国学术界存在着很大的分歧。一种观点认为,冷战的结束标志着西方大获全胜,世界的发展将趋向以西方文化价值观为主导地位的大同。1989年,美国兰德公司研究人员、现为梅森大学政治学教授弗朗西斯·福山在《国家利益》杂志夏季号上发表一篇名为《历史的终结?》的文章,认为冷战的结束表明西方的政治制度、意识形态以及经济体制赢得了彻底的胜利,同时也意味着马克思列宁主义作为一种"活跃的意识形态"在全球的"寿终正寝"。因此从哲学意义上讲,资本主义与社会主义的长期意识形态冲突告一段落,大国之间的战争将不复存在。从此以后人类大规模的冲突将走向终结,人类最终可以朝着追求"自由"的同一目

---

① 罗纳德·斯蒂尔:《美国人在关注什么?》,载《编译参考》,1996年第1期。
② 转引自王辑思:《高处不胜寒——冷战后美国的世界地位初探》,载《美国研究》,1997年第3期,第23页。

标迈进了。①福山旨在用西方文明的发展来解释全部文明史，用西方的价值观来衡量整个人类社会的发展。随着苏联的解体，福山的观点似乎进一步得到印证，福山本人则将其观点引申，出版了书名为《历史的终结及最后之人》。他在这本书中提出，自由市场和民主政治是全人类的基本愿望，是历史发展的必然过程，"这个过程为所有社会的日益均一体化提供了保证，而不论其历史渊源和文化传统如何"。所以他预言存在一个人类社会共同发展的进化模式，"类似于以自由民主为指向的人类统一的世界史"。②

福山的基本立论并非新颖，只是"西方中心论"在新的历史条件下的翻版，但在美国学术界不乏响应之人。冷战后美国朝野普遍存在着盲目的乐观情绪，以为西方的民主制和市场经济已成为全世界发展的"指路星辰"，美国的责任就是进一步把它们输往国门开放的国家。正如曾任法国总统高级顾问的雅克·阿塔利指出的那样："随着冷战的结束和苏联的崩溃，市场经济和民主制似乎大获全胜。这两种西方社会的核心价值观普遍受到赞扬，成为任何国家寻求被国际社会接受或从国际金融机构获得援助的前提条件。它们的普遍采纳被认为预示着历史的终结，或者至少是西方文明的最终胜利。不管西方的价值观是否完善，人们似乎愿意渴望实现它们，至少这样做服务于美国的利益。"③阿塔利显然不赞成"历史终结"的结论，但他这番话倒是说明了"历史正在趋向以资本主义价值观为核

---

① 关于福山这篇文章的全文参见理查德·贝茨主编：《冷战后的冲突：关于战争与和平的争论》(Richard K. Betts, ed., *Conflict after the Cold War: Arguments on Causes of War and Peace*)，波士顿：阿林和培根出版社 1994 年版，第 5~18 页。
② 弗朗西斯·福山：《历史的终结及最后之人》(Francis Fukuyama, *The End of History and the Last Man*)，纽约：自由出版社 1992 版。
③ 雅克·阿塔利："西方文明的崩溃：市场与民主的局限性"(Jacques Attali, "The Crash of Western Civilization: the Limits of the Market and Democracy")，载《对外政策》(*Foreign Policy*)，第 107 期(1997 年夏季号)，第 54 页。

心的世界"这一观点在西方，尤其在美国的盛行。

其实，历史并未"终结"，冷战的结束也不意味着西方文化价值观的彻底胜利，近些年的国际局势发展已经足以证明了这一点，就连许多西方人也对此提出质疑。阿塔利发表文章明确论述了西方市场经济和民主的缺陷，认为二者存在着难以克服的内在矛盾，不可避免地走向毁灭，为了防止这种结果的出现，"我们必须承认有必要在市场经济和计划之间、民主与独裁的决策机制之间进行协调。我们应该探索如何进行这种协调，而不是一味得意地自吹价值观的全球化。实际上这些价值观即使在我们自己社会的适应范围也是很有限的"。[1]美国著名经济学家罗伯特·库特纳针对认为冷战后世界进入了一个自由市场的观点，否认新自由主义具有普遍性，指出了自由市场体制存在的各种弊端，认为自由放任制度带来的是高失业率、高利率、两极分化、发展不平衡、金融投机以及经济紧缩。他特别建议发展中国家一定要制定适合自己国情的发展战略。[2]克里斯托夫·莱恩长期活动于美国决策层，他以自己的经历和感受对美国作出了这样的评价，即现代国际关系史上的强国只有美国似乎不能接受这样一个事实，即强国必须与不喜欢它们或者不同意它们价值观的国家生活在一个世界上。那种认为美国为了确保自己的安全必须在全球普及自己的制度和价值观的主张，在过去造成了严重的后果。莱恩的这种评价不是意在谴责美国，而是提醒现任美国决策者要切合实际，只有这样才能保证美国现实利益得到最大限度的实现。

冷战后国际局势变得更为复杂，许多发展中国家也在不断地调整战略以解决自身存在的问题，它们从西方国家借鉴到很多有用的

---

[1] 阿塔利："西方文明的崩溃：市场与民主的局限性"，第61~62页。
[2] 参见王子珍：《美经济学家谈新自由主义的弊端及对策》，载《编译参考》，1997年第10期，第39~41页。

东西，但西方国家的自由市场和民主体制决不是包治一切的灵丹妙药，如亚洲许多国家正在从本国的文化资源中寻求发展的动力。进入20世纪90年代后，新加坡政府提出把亚洲价值观上升为国家意识。1991年1月，新加坡政府在《共同价值白皮书》中明确提倡五种核心价值观，即国家至上；家庭为根，社会为本；关怀扶持，同舟共济；求同存异，协商共识；种族和谐，宗教宽容。董建华是中国香港特区首任行政长官，他在各种场合多次强调"亚洲价值"在其治理香港中所起的重要作用。1997年7月28日，美国洛杉矶华文《国际日报》发表了一篇题目为《"亚洲价值"与香港特区政治发展》的文章，从三个方面论述了所谓"亚洲价值"的基本内容，一是渐进的民主进程；二是对集体主义的强调；三是对民生的重视。作者认为这是一种很复杂的价值体系，既具有民族文化的感染力，也对政府与人民的关系产生了正面的影响。

对本国文化的弘扬往往伴随着对西方文化的批判。李光耀1990年辞去新加坡总理职务后，一心致力于"亚洲标准"的发掘，同时抨击"没落的西方价值观"，他的哲学明显带有东方文化的特征，即富国强兵，尊重权威，团体利益高于个人利益，经济发展优先于民主化进程。他对美国的政治、经济和社会制度存在的弊病提出了批评，他虽然不承认存在一个"亚洲模式"，但反对把美国作为亚洲国家的楷模。他在接受美国《外交事务》季刊总编辑扎克雷亚的采访时口气坚定地说："告诉美国人民他们自己的制度存在什么问题，这不是我的事情，我要对他说的是，不要不分青红皂白地将自己的制度强加给那些无法适应这套东西的社会。"[1]马来西亚总理马哈蒂尔更是高扬亚洲的文化价值观。他宣称，如果发展中国家的政府没有强有力的权威，这些国家就不能很好地运转，政府软弱无能

---

[1] 法里德·扎克里亚："文化是命运：与李光耀的谈话"（Fareed Zakaria, "Culture is Destiny: A Conversation with Lee Kuan Yew"），载《外交事务》（*Foreign Affairs*），第73卷，第2期（1994年3~4月），第110页。

和不稳定将造成混乱局面。马哈蒂尔对西方文化的批判更是直言不讳。在是否存在一个统一的亚洲价值观上尽管还存在争议，亚洲文化对经济发展和社会稳定的作用也在探讨之中，但美国的文化价值观在这一地区遭到抵制已不容置疑。其他发展中国家或地区对美国强行输入的文化观念也程度不同地存在着这方面的倾向。它们的这种态度充分说明了西方文化，尤其是美国文化价值观不仅不具有普遍性，也不存在在世界范围内获得胜利的可能性，而且还受到其他文化的挑战。用一个法国人的话来说："从亚太地区国家的角度来看，华盛顿的最终目的是强迫他人接受美国的游戏规则——不仅在贸易和劳务方面，而且在价值方面，要知道，地区内对西方价值观臭名远扬的无所不包性的反对正在加强。大多数亚洲人都说：请尊重我们的价值观吧！"②

全球化使人类具有更多的共同价值观念，不过丝毫不意味着文化特性的消失。不同文化的共存历来是世界千姿百态的表现，但却成为一些美国学者宣扬冷战后不同文明或文化冲突的借口。因此，"文明冲突论"在美国学界喧嚣一时，乃至引起世界各地议论纷纷。这种观点似乎与"历史终结"论相对立，但同样是服务于美国冷战后文化战略的制定，其政治性更加显而易见，哈佛大学奥林战略研究所所长塞缪尔·亨廷顿是这一观点的主要代表。1993年亨廷顿在美国《外交事务》季刊夏季号上发表了轰动一时的长文《文明的冲突?》，认为冷战后国家之间的冲突是不可避免的，而冲突的主要根源不再是意识形态因素或经济因素，主导人类最大纷争和冲突的因素将是文化上的差异，不同文明之间的矛盾，将取代过去超级大国之间的对立关系，作为国际上悬而未决的最重要问题而突出

---

①转引自《世界经济译丛》，1994年第7期，第50页。

出来。文明的冲突将左右全球政治。①为了使这种立论具有说服力，亨氏进行了层层论证。随后他又在《外交事务》季刊1993年年底号上发表了《不是文明的冲突是什么?》的文章，进一步阐述了他的观点。②亨廷顿是一位著名的学者，常常以其观点的惊世骇俗和新颖而享誉学界，这几篇文章一发表立刻引起了世界性的争论。尽管国际关系学界对亨氏的观点毁多誉少，但亨廷顿并没有保持沉默。1996年，亨廷顿出版了专著《文明的冲突和世界秩序的重建》，③对其"文明冲突"理论进行了系统的阐述。他指出在冷战后的世界，"不同民族之间最根本的区别不在于意识形态、政治或经济，而在于文化"。对国家的认同和忠诚正在转向对更大的文化实体即"文明"的认同和忠诚，并且这种转化正在迅速产生一种截然不同的世界秩序。他认为，"人类历史上第一次全球政治成了多极的和多文明的政治"。结果文明之间的冲突将多于文明内部的冲突，"最普遍、最重要、最危险的冲突将归属于不同文化实体的民族之间的冲突"。④亨廷顿建立起的这个理论框架有许多发人深省的见解，如他对"历史终结"的批评，指出冷战的结束并不意味着西方自由民主制的胜利，多种多样的政治形态依然活跃于国际政治舞台上。他认为西方文明独特，但并不普遍，以此否认西方文化向外输出的合理

---

① 塞缪尔·亨廷顿："文明的冲突"（Samuel P. Huntington, "The Clash of Civilization?"），载《外交事务》（*Foreign Affairs*），第72卷，第3期（1993年夏季号），第22~49页。
② 塞缪尔·亨廷顿："不是文明的冲突是什么? 后冷战世界的范式"（Samuel P. Huntington, "If Not Civilization, What? Paradigms of the Post-Cold War World"），载《外交事务》（*Foreign Affairs*），第72卷，第5期（1993年12月），第168~194页。
③ 塞缪尔·亨廷顿：《文明的冲突和世界秩序的重建》（Samuel P. Huntington, *The Clash of Civilizations and the Remaking of World Order*），纽约：西蒙和舒斯特出版社1996年版。
④ 参见斯蒂芬·沃尔特："构筑新的怪物"（Stephen M. Walt, "Building up New Bogeymen"），载《对外政策》（*Foreign Policy*），第107期（1997年夏季号），第177页。

性。诸如"不同文明之间的相互作用和相互借鉴永远存在","在一个不同文明存在的世界里,每一种文明都必须学会和其他文明共处"等等散见于其文章的字里行间。然而亨廷顿的本意并不在于将上述见解展开,而是把它们作为文明冲突的注脚。这里并不否认冷战后随着文化在国际关系中作用的加强,不同文化背景的国家因为价值观念的差异而产生一些摩擦或冲突,但由此把文明或文化的冲突作为理解当代国际关系的基础,不仅不符合实际,而且更容易起着一种误导的作用。

亨廷顿的"文明冲突论"只是代表美国学术界的一家之言,并不反映美国政府的外交政策主流,但实际上从理论上为美国政府遏制文化上与自己不同的国家崛起提供了解释依据。因此,在某种程度上说,亨廷顿的理论比"历史终结论"更危险和更有害。冷战后的世界更为错综复杂,诸多矛盾纠缠在一起对人类的和平与发展构成了严重的威胁。当然这里面也存在着由于文化观念不同而引发的冲突,不过这种冲突自古至今从来没有间断过,并不是冷战后世界所特有的现象。文化上的冲突尽管难以避免,但强调或提倡人类对抗显然对世界的发展有害而无益。如果国家在实际外交政策中有意加深或扩大这种冲突,那只会给当事国带来"灾难",这样的教训在历史上真是太多了。美国前国防部长罗伯特·麦克纳马拉是20世纪60年代美国卷入越南战争的主要决策者之一,30年后他对美国政府的决策失误进行了深刻的反思。他总结了美国在越南的悲剧有11条主要原因,其中特别强调说:

> 我们用自己的经验模式来看待南越的人民和领袖。我们认为,我们渴望并决心为自由和民主而战斗。我们对这个国家的政治力量作出了完全错误的判断。我们低估了民族主义的力量(这里指北越和越共),他们可以鼓励人民为他们的信仰和价值去战斗,并付出牺牲。今天,在世界许多地方,我们仍然在重

复着类似的错误。我们对敌友分析上的失误,反映出我们完全忽视该地区的历史、文化、人民的政治信仰及其领导人的个性特征与习惯。……我们没有意识到,无论是我们的人民,还是我们的领袖都不是万能的。……我们并不拥有天赋的权力,来用我们的理想或选择去塑造任何其他国家。①

麦克纳马拉之言旨在规劝美国政府要对文化不同的国家加深理解,不要以己为"度",把一个复杂的世界"简单化",这样还会重蹈越战的悲剧,最终受害的还是美国的利益。他这番话的确发人深省。

在一个相互依存日益加深的时代,文化上的相互理解显得越来越重要,它不仅是不同文化融合的先决条件,而且是把国家间冲突减少到最低限度的最好途径。麦克纳马拉1997年9月10日在接受日本《读卖新闻》的采访时说,他在这里想要说明的是,中国实际上完全不了解今天的日本和美国,日本和美国也都完全不了解中国。日美两国应该设法让中国明白,如今并不存在着像战争那样不可避免的利害对立。日美两国在这方面所作的努力都不够。双方应该拿出不使对方感到威胁的、相互信任的措施。麦克纳马拉还是希望国家之间多加强了解,减少文化上的冲突。其实,文化上的必然冲突决不是当今国际社会的主流,人类如今面临的共同问题越来越多,国家只有超越意识形态和本民族文化的局限,才能使合作成为可能,也才能使整个人类走出目前所遇到的各种困境。这就要求国家不分大小强弱一定要在文化交往上平等互尊,力戒"己之所欲,施加于人",更不能"己之不欲,施加于人",只有这样才能避免国家间由于相互隔膜或误解所产生的冲突,使人类文明的发展呈现出一

---

① 罗伯特·麦克纳马拉:《回顾——越战的悲剧与教训》,张立平译,北京:作家出版社1996年版,第331~332页。

个更加美好的未来。

美国的文化战略尽管取得了一定的成效，也在很大程度上有助于美国在国外政治、经济以及战略等利益的实现，但美国实际进行一种单向的文化输出活动，与整个国际文化交流大趋势相悖。美国在科学技术上高度发达，其文化中的许多优秀方面已逐渐被国门开放的发展中国家所接受，如先进的科学技术和现代的管理思想等等，成为它们使本国传统文化走向现代化的"桥梁"。这是一种开放的国际文化交流环境使然。从整个东西方文化交流来看，不同文化的相互影响和作用越来越明显。迄今为止，许多发展中国家依然在现代化道路上艰难跋涉，和谐开放的内部环境是实现现代化的一个必备条件，而对外来文化的吸收则是衡量开放程度的主要标准之一。西方文化的进入尽管难免泥沙俱下，但对发展中国家来说，它们通过吸收西方文化中的精华，使本国文化更加适应瞬息万变的世界需要，给本国的发展提供了任何物质东西所无法取代的力量，这应该说是发展中国家在国际文化交流中的最大所得。

在人类文明史上，西方国家尽管也在不断地从异国文化中吸取有利于本国发展的东西，但由于其在政治、经济、军事上的强大，西方国家在国际文化交流中长期处于一种主导地位，有时甚至把这种交流变成一种单向的文化流动。这种状况现在已大为改变，文化交流日益呈现出双向或多向的特征。东方国家的深奥哲学深得许多西方国家的青睐，东方国家创造出那含蓄深沉的艺术佳作在欧美国家产生了轰动性的效应，尤其是东方人那稳定的家庭结构更使西方人羡慕不已。一向以自我文化为中心的欧美国家也逐渐从东方的崛起中看到了丰富文化资源的巨大作用。这些因素无疑有利于东方文化走向世界，与在西方文化的融合中重现昔日的辉煌。不同国家的文化交流已形成了推动人类文明向前发展的强大动力，可以毫不夸张地预言，随着全球信息高速公路的开通和各种发达的交流手段的出现，国家、民族、地区之间的文化交流将会加速进行。英国驻华大使艾博雅1997年11月接受记者采访时说:"世界将被信息高速公路和因特网所统治,通过国际卫星电视,学院和政府间的交流将会更加迅速。人们比现在更容易见面。所以我认为21世纪的国际文化会有比现在更多的交流和融合。"①

在国际文化交流史上,文化的融合与冲突像一对孪生兄弟同时出现,融合中包含着冲突,冲突后进而走向融合,固然文化差异是造成冲突的最基本原因,但如果文化交流不是处在一个平等互利的层面上进行,所带来的文化冲突就会更为激烈。这种情况在世界历史上不乏其例。"强"文化和"弱"文化是历史发展所造成的一种客观存在,一般以物质文明是否发达来进行划定,但就文化的深刻内涵而言,强弱之分都是相对的,一个强盛的国家未必尽善尽美,反之一个孱弱的国家也不见得不存在值得他国学习的地方。如果以己之"强"凌他国之"弱",就会把一种平等的文化交流变成一种完全单向行为的"文化输出",给本来就不安宁的国际社会增加了新的冲突源。这并非是杞人忧天,而是一种现实的存在。美国就试图使多元文化的世界归宗到一种文化的统治之下,这种设想固然难以成为现实,但却人为地引发出了文化上的冲突,给国家间发展正常关系留下深深的阴影。国际文化交流的本身首先要求平等,只有这样,才有利于相互取长补短,在许多问题上求同存异,达成共识。一些国家试图以自己的文化价值观来确定世界的发展方向,尽管会在一定程度上对正常的文化交流有所妨碍,但很难从根本上扭转不同文化纵横交错和相互影响的势头,国际文化交流正以不可阻挡之势迈向新的世纪。

在一个世界变化万千的时代,一种文化要适应大势,获得发展,不仅要学会与异国文化共存,更重要的是要不断从不同文化中汲取所需要的"养分",以求壮大自身,文化交流本身的积极意义

---

①《中华读书报》,1997年11月5日。

也就于此。文化交流过程中出现的歧见乃属正常，只能通过谅解和尊重来消融与化解，试图把自己文化形态定于一尊的做法实不可取，只会加深歧见，引发冲突。多元文化的并存与共同发展是世界的福音，它们之间通过交流而达到相互融合是人类文明具有光明前景的希望所在。

主要参考文献

一 英文论著

1. Abrams, Elliott, ed. *The Influence of Faith: Religious Groups & U.S. Foreign Policy.* Lanham: Rowman & Littlefield Publishers, Inc., 2001.

2. Aguilar, Alenso. *Pan-Americanism: From Monroe to Present.* Translated by Asa Zatz, New York: MR Press, 1967.

3. Almeder, Robert. "The Idealism of Charles S. Peirce." *Journal of the History of Philosophy*, Vol.9, No.4, October 1971.

4. Alstyne, Richard W. *The Rising American Empire.* New York: Oxford University Press, 1960.

5. Alstyne, Richard W. *American Diplomacy in Action.* Stanford: Stanford University Press, 1947.

6. Anderson, Stuart. *Race and Rapprochement: Anglo-Saxonism and Anglo-American Relations, 1985*

-1904. Rutherford: Fairleigh Dickinson University, 1981.

6. Anderson William D., and Sterling J. Kernek. "How 'Realistic' Is Reagans' Diplomacy?"*Political Science Quarterly*, Vol.100, No.3, Autumn 1985.

7. Art, Robert J. "Geopolitics Updated: The Strategy of Selective Engagement." *International Security*, Vol.23, No.3, Winter 1998-1999.

8. Ayer, Alfred J. *The Origins of Pragmatism: Studies in the Philosophy of Charles Sanders Peirce and William James.* San Francisco: Freeman, Cooper, 1968.

9. Bailey, Thomas A. *America's Foreign Policy: Past and Present.* New York: Foreign Policy Association, 1945.

10. Beisner, Robert L. *From the Old Diplomacy to the New, 1865- 1900.* Arlington Heights: Harlan Davidson, 1986.

11. Bercovitch, Sacvan. *The Puritan Origins of the American Self.* New Haven: Yale University Press, 1975.

12. Bernhard, Nancy E."Clearer than Truth: Public Affairs Television and the State Department's Domestic Information Campaigns."*Diplomatic History*, Vol.21, No.4, Fall 1997.

13. Blasier, Cole. *The Hovering Giant: U.S. Responses to Revolutionary Change in Latin America.* Pittsburgh: University of Pittsburgh Press, 1983.

14. Bloomfield, Lincoln P. "From Ideology to Program to Policy: Tracking the Carter Human Rights Policy."*Journal of Policy Analysis and Management*, Vol.2, No.2, Autumn 1982.

15. Blum, John. *The Promise of America: An Historical Inquiry.* Boston: Houghton Mifflin, 1966.

16. Blum, William. *The CIA: A Forgotten History.* London and New Jersey: Zed Books, 1986.

17. Bohlen, Charles E. *The Transformation of American Foreign*

Policy. New York: Norton, 1969.

18. Boller, Paul F., Jr. *American Thought in Transition: the Impact of Evolutionary Nationalism, 1856–1900*. Washington, D.C.: University Press of America, 1981.

19. Bostdorff, Denist M. *The Presidency and Rhetoric of Foreign Policy*. Columbia: University of South Carolina Press, 1994.

20. Bremer, Francis J. *The Puritan Experiment: New England Society from Bradford to Edwards*. New York: St. Martin's Press, 1976.

21. Buncher, Judith F. *Human Rights and American Diplomacy: 1975–1977*. New York: Facts on File, 1977.

22. Burns, Edward M. *The American Idea of Mission, Concepts of National Purpose and Destiny*. New Brunswick: Rutgers University Press, 1957.

23. Calhoun, Frederick S. *Power and Principle: Armed Intervention in Wilsonian Foreign Policy*. Kent: The Kent State University Press, 1986.

24. Campbell, A.E., ed. *Expansion and Imperialism*. New York: Harper & Row, 1970.

25. Campbell, Charles S. *The Transformation of American Foreign Relations 1865–1900*. New York: Harper & Row, 1976.

26. Calleo, David. "The United States and the Great Powers." *World Policy Journal*, Vol. XVI, No.3, Fall 1999.

27. Carter, Jimmy. "It's Wrong to Demonize China." *New York Times*, August 10, 1997.

28. Catlin, George E. G. "Thomas Hobbes and Contemporary Political Theory." *Political Science Quarterly*, Vol.82, No.1, March 1967.

29. Chace, James. *A World Elsewhere: The New American Foreign Policy*. New York: Scribner, 1973.

30. Chay, Jongsuk, ed. *Culture and International Relations*. New

York: Praeger, 1990.

31. Church, George J. and Dean Fischer. "A New World: The Helsinki Summit is Only the Latest Sign of How Saddam's Belligerence is Transforming Global Alignments and Shaking up Established Truths."*Time*, Vol.136, No.12, September 17, 1990.

32. Cingranelli, David L. and Thomas E. Pasquarello. "Human Rights Practices and the Distribution of U.S. Foreign Aid to Latin American Countries."*American Journal of Political Science*, Vol.29, No.3, August 1985.

33. Clymer, Adam. "G.O.P. Rivvals, Shifting, Attack Carter Foreign Policies."*New York Times*, January 30, 1980.

34. Cohen, Roberta. "Human Rights Diplomacy: The Carter Administration and the Southern Cone."*Human Rights Quarterly*, Vol.4, No.2, Summer 1982.

35. Connell-Smith, Gordon. *The United States and Latin America: A Historical Analysis of Inter-American Relations.* London: Heinemann Educational, 1966.

36. Crabb, Cecil V., Jr. *American Diplomacy and the Pragmatic Tradition.* Baton Rouge: Louisiana State University Press, 1989.

37. Crabb, Cecil V., Jr. *Policy-Makers and Critics: Conflicting Theories of American Foreign Policy.* New York: Praeger, 1986.

38. Crabb, Cecil V., Jr. *The Doctrines of American Foreign Policy: Their Meaning, Role, and Future.* Baton Rouge: Louisiana State University Press, 1982.

39. Dallek, Robert. *The American Style of Foreign Policy: Cultural Politics and Foreign Affairs.* New York: Knopf, 1983.

40. Deconde, Alexander. *Ethnicity, Race, and American Policy: A History.* Boston: Northeastern University Press, 1992.

41. Deconde, Alexander. *Encyclopedia of American Foreign Policy*. New York: Scribner, 1978.

42. Deconde, Alexander. "Washington's Farewell, the French Alliance, and the Election of 1796."*The Mississippi Valley Historical Review*, Vol.43, No.4, March 1957.

43. Dozer, Donalder M. *Are We Good Neighbors*. Gainesville: University of Florida Press, 1955.

44. Drozdiak, William. "Even Allies Resent U.S. Dominance."*The Washington Post*, November 3, 1997.

45. Dulles, Foster R. *America's Rise to World Power*. New York: Harper, 1955.

46. Dunning, William A. "The Political Theory of Machiavelli." *International Monthly*, No.4, July/December 1901.

47. Elson, Ruth Miller. *Guardians of Tradition: American Schoolbooks of the Nineteenth Century*. Lincoln: University of Nebraska Press, 1964.

48. Ekirch, Arthur A. Jr. *Ideas, Ideals, and American Diplomacy: A History of their Growth and Interaction*. New York: Division of Meredith Publishing Company, 1966.

49. "Excepts from Bush's Remarks on Aid Plan: Today We Must Win the Peace."*New York Times*, April 2, 1992.

50. Feld, Werner J. *American Foreign Policy: Aspirations and Reality*. New York: Wiley, 1984.

51. Fensterwald, Bernard Jr. "The Anatomy of American 'Isolationism' and Expansionism."Part I, *The Journal of Conflict Resolution*, Vol.2, No.2, June 1958.

52. Ferenbach, Peter T. "Hypocrisy on Human Rights."*Los Angeles Times*, July 24, 1996.

53. Fisher, Stewart W."Human Rights in El Salvador and U.S. Foreign Policy."*Human Rights Quarterly*, Vol.4, No.1, Spring 1982.

54. Fiske, John."Manifest Destiny."*Harper's New Monthly Magazine*, No.70, December 1884–May 1885.

55. Fry, Earl H., Stan A. Taylor and Robert S. Wood. *America the Vincible: U.S. Foreign Policy for the Twenty-First Century*. Englewood Cliffs: Prentice Hall, 1994.

56. Fulbright, William. *The Arrogance of Power*. New York: Random House, 1967.

57. Gabrriel, Ralph H. *The Course of American Democratic Thought: An Intellectual History since 1815*. New York: The Ronald Press Company,1940.

58. Gaddis, John L. *The United States and the Origins of the Cold War: 1941–1947*. New York: Columbia University Press, 1972.

59. Garten, Jeffrey E."Business and Foreign Policy."*Foreign Affairs*, Vol. 76, No.3, May/June 1997.

60. Gardner, Lloyd, Walter F. LaFeber and Thomas J. McCormick, eds. *Creation of the American Empire*, Vol.1: *U.S. Diplomatic History to 1901*. Chicago: Rand McNally College Publishing Company, 1976.

61. Gazell, James A. "Arthur H. Vandenberg, Internationalism, and the United Nations." *Political Science Quarterly*, Vol.88, No.3, September 1973.

62. Gellman, Barton. *Contending with Kennan: Toward a Philosophy of American Power*. New York: Praeger, 1984.

63. Gentles, Frederick and Melvin Steinfield, eds. *Dream on America: A History of Faith and Practice*. San Francisco: Canfield Press, 1971.

64. George, Charles H. and Katherine George. *The Protestant Mind of*

the English Reformation, 1570 -1640. Princeton: Princeton University Press, 1961.

65. Golding, Peter and Phil Harris. *Beyond Cultural Imperialism: Globalization, Communication and the New International Order.* London: Sage Publications, 1997.

66. Gregory, Ross. *The Origins of American Intervention in the First World War.* New York: Norton, 1971.

67. Gurtor, Melvin and Ray Maghroori. *Roots of Failure: United States Policy in the Third World.* Westport: Greenwood Press, 1981.

68. Gwertzman, Bernard. "Human Rights: The Rest of the World Sees Them Gidderently." *New York Times*, March 6, 1977.

69. Handy, Robert T. *A Christian America: Protestant Hopes and Historical Realities.* New York: Oxford University Press, 1984.

70. Halperin, Morton H. "Guaranteeing Democracy." *Foreign Policy*, No.91, Summer 1993.

71. Harding, Harry. "Asia Policy to the Brink." *Foreign Policy*, No. 96, Spring 1994.

72. Harfmann, Frederick H. and Robert Wendrel. *America's Foreign Policy in a Changing World.* New York: Harper Collius College Publishers, 1994.

73. Harries, Owen, ed. *America's Purpose: New Visions of U.S. Foreign Policy.* San Francisco: CS Press, 1991.

74. Harries, Owen. "Three Rukes for a Superpower to Live By." *New York Times*, August 23, 1999.

75. Hauptman, Laurence M. "Westward the Course of Empire: Geography Schoolbook and Manifest Destiny, 1783-1893." *Historian*, Vol. 40, No.3, May 1978.

76. Healy, David. *U.S. Expansionism: the Imperialism Urge in the*

1890. Madison: University of Wisconsin Press, 1970.

77. Haig, Alexander M. Caveat: *Realism, Reagan and Foreign Policy*. New York: Macmillan, 1984.

78. Heaps, David. *Human Rights and U.S. Foreign Policy:the First Decade, 1979–1983*. New York: American Association for the International Commission of Jurists, 1984.

79. Held, Morrell and Lawrence S. Kaplan. *Culture and Diplomacy: The American Experience*. Westport: Greenwood Press, 1977.

80. Hofstadter, Richard. *Social Darwinism in American Thought*. Boston: Beacon Press, 1955.

81. Howell, John M. "Socioeconomic Dilemmas of U.S. Human Rights Policy." *Human Rights Quarterly*, Vol.3, No.1, February 1981.

82. Hudson, J. Blaine. "Simple Justice:Affirmative Action and American Racism in Historical Perspective." *The Black Scholar*, Vol.25, No.3, Summer 1995.

83. Hunt, Michael H. *Ideology and U.S. Foreign Policy*. New Haven: Yale University Press, 1987.

84. Huntington, Samuel P. "The Clash of Civilizations? " *Foreign Affairs*, Vol.72, No.3, Summer 1993.

85. Hybell, Alex R. *How Leaders Reason: US Intervention in the Caribbean Basin and Latin America*. Cambridge: B. Blackwell, 1990.

86. Johnson, Paul. "The Myth of Americanism Isolationism." *Foreign Affairs*, Vol.74, No.3, May/June 1995.

87. Johnson, Sterling. *Global Search and Seizure: the U.S. National Interest v. International Law*. Brookfield: Dartmouth Publishing Company, 1994.

88. Kammen, Micheal. "The Problem of American Exceptionalism: A Reconsideration."*American Quarterly*, Vol.45, No.1, March 1993.

89. Kansikan, Bilabari. "Asia's Different Standard."*Foreign Policy*, No.92, Fall 1993.

90. Kaplan, Lawrence S. "The Consensus of 1789: Jefferson and Hamilton on American Foreign Policy." *South Atlantic Quarterly*, No.71, Winter 1972.

91. Kaplan, Lawrence S. *Colonies into Nation: American Diplomacy 1763-1801*. New York: Macmillan, 1972.

92. Karsten, Perter. "The Nature of 'Influence': Roosevelt, Mahan and the Concept of Sea Power." *American Quarterly*, Vol.40, No.4, November 1971.

93. Kegley, Charles, W., Jr. *Controversies in International Relations Theory: Realism and Neoliberal Challenge*. New York: St. Martin's Press, 1995.

94. Kennan, George F. "On American Principle." *Foreign Affairs*, Vol.74, No.2, March/April 1995.

95. Kizer, Benjamin H. "Isolationism in Not Dead." *Far Eastern Survey*, Vol.13, No.17, August 23, 1944.

96. Krauthammer, Charles. "Why We Must Contain China." *Time*, Vol.146, No.5, July 31, 1995.

97. Krauthammer, Charles. "The Lonely Superpower." *New Republic*, Vol.205, No.5, July 29, 1991.

98. Kissinger, Henry A. "Beware: A Threat Abroad." *Newsweek*, Vol.127, No.25, June 17, 1996.

99. Kissinger, Henry A. "Let's Cooperate with China."*The Washington Post*, July 6, 1997.

100. LaFeber, Walter. "A Note on 'Mercantistic Imperialism' of Alfred Thayer Mahan."*The Mississippi Valley Historical Review*, Vol.48, No.4, March 1962.

101. LaFeber, Walter. *Inevitable Revolutions: The United States in Central America.* New York: Norton, 1983.

102. LaFeber, Walter. *The New Empire: An Interpretation of American Expansion 1860–1898.* Ithaca: Cornell University Press, 1983.

103. Landes, David. "Culture Makes Almost All the Difference." in Lawrence E. Harrison and Samuel P. Huntington, eds. *Culture Matters: How Values Shape Human Progress.* New York: Basic Books, 2000.

104. Laqueur, Walter. "From Globalism to Isolationism." *Commentary*, Vol.54, No.3, September 1972.

105. Layne, Christopher and Benjamin Schwarz. "American Hegemony —Without An Enemy." *Foreign Policy*, No. 92, Fall 1993.

106. Leach, Colin Wayne. "Democracy's Dilemma: Explaining Racial Inequality in Egalitarian Societies." *Sociological Forum*, Vol.17, No.4, December 2002.

107. Leopold, Richard W. *The Growth of American Foreign Policy: A History.* New York: Knopf, 1962.

108. Link, Arthur S. *Wilson the Diplomatist: A Look at His Major Foreign Policy.* New York: New Viewpoints, 1974.

109. Link, Arthur S. *Woodrow Wilson and the Progressive Era 1910–1917.* New York: Harper, 1954.

110. Lowy, Richard. "Yuppie Racism: Race Relations in the 1980s." *Journal of Black Studies*, Vol.21, No.4, June 1991.

111. Lowenthal, Abraham, ed. *Exporting Democracy: The United States and Latin America.* Baltimore: Johns Hopkins University Press, 1991.

112. Luedtke, Luther S., ed. *Making America: the Society and Culture of the United States.* Washington, D.C.: U.S. Information Agency, 1980.

113. Lundestad, Geir. *The American "Empire" and other Studies of US Foreign Policy in a Comparative Perspective*. New York: Oxford University Press, 1990.

114. Mann, Jim. "Isolationist Trend Imperils Activist U.S. Foreign Policy." *Los Angeles Times*, February 14, 1995.

115. Martel, Gordon, ed. *American Foreign Relations Reconsidered 1890–1993*. London and New York: Routledge, 1994.

116. Martz, John D. and Lars Schoultz, eds. *Latin America, the United States and the Inter-American System*. Boulder: Westview Press, 1980.

117. May, Elaine Tyler. "Commentary: Ideology and Foreign Policy: Culture and Gender In Diplomatic History."*Diplomatic History*, Vol.18, No.1, Winter 1994.

118. McCormick, James M. and Neil Mitchell. "Is U.S. Aid Really Linked to Human Rights in Latin America? " *American Journal of Political Science*, Vol.32, No.1, February 1988.

119. Mecham, Lloyd J. *A Survey of United States-Latin American Relations*. Boston: Houghton Mifflin, 1965.

120. Merk, Frederick. *Destiny and Mission in American History: A Reinterpretation*. New York: Knopf, 1963.

121. Merrill, Frank J. and Theodore A.Wilson, eds. *Makers of American Diplomacy: From Theodore Roosevelt to Henry Kissinger*. New York: Scribner, 1974.

122. Middlebrook, Kevin J. and Carles Rica, eds. *The United States and Latin America in the 1990s: Contending Perspectives on a Decade of Crisis*. Pittsburgh: University of Pittsburgh Press, 1986.

123. Moreno, Darion. *U.S. Policy in Central America: the Endless Debate*. Miami: Florida International University Press, 1990.

124. Moseley, James G. *A Cultural History of Religion in America.* Westport: Greenwood Press, 1981.

125. Mower, Afrel G., Jr. *Human Rights and American Foreign Policy: The Carter and Reagan Experiences.* New York: Greenwood Press, 1987.

126. Muravchik, Joshua. *Exporting Democracy: Fulfilling America's Destiny.* Washington, D.C.: AEI Press, 1991.

127. Myrdall, Gunnar. *An American Dilemma: the Negro Problem and Modern Democracy.* New York: Harper & Row, 1962.

128. Nearing, Scott and Joseph Treeman. *Dollar Diplomacy: A Study in American Imperialism.* New York: B. W. Huebsch and the Viking Press, 1925.

129. Niess, Frank. *A History of US–Latin American Relation.* London and New Jersey: Zed Books, 1990.

130. Ninkovich, Frank A. *The Diplomacy of Ideas: U.S. Foreign Policy and Cultural Relations.* New York: Cambridge University Press, 1981.

131. Novack, George. *Pragmatism Versus Marxism: An Appraisal of John Dewey's Philosophy.* New York: Pathfinder Press, 1975.

132. Olafson, Fraderrick A. "Thomas Hobbes and the Modern Theory of Natural Law." *Journal of the History of Philosophy*, Vol.4, No.2, January 1966.

133. Oye, Kenneth A. Robert J. Lieber, Donald Rothchild, eds. *Eagle Resurgent? The Reagan Era in American Foreign Policy.* Boston: Little, Brown, 1987.

134. Parish, John Carl. *The Emergency of the Idea of Manifest Destiny.* Los Angeles: University of California Press, 1932.

135. Paterson, Thomas G. *Meeting the Communist Threat: Truman to Reagan.* New York: Oxford University Press, 1988.

136. Paterson, Thomas G., ed. *Major Problems in American Foreign Policy: Documents and Essays.* Lexington: D.C. Heath, 1978.

137. Paterson, Thomas. *Soviet-American Confrontation: Postwar Reconstruction and the Origins of the Cold War.* Baltimore: Johns Hopkins University Press, 1973.

138. Paterson, Thomas G., J. Garry Clifford, Kenneth J. Hagan. *American Foreign Policy.* 2 vols, Lexington: D.C. Heath, 1988.

139. Peceny, Mark. "Two Paths to Promotion of Democracy during U.S. Military Interventions." *International Studies Quarterly*, Vol.39, No.3, September 1995.

140. Perkins, Dexter. *Foreign Policy and the American Spirit: Essays.* Edited by Glyndon G. Van Deusen and Richard C. Wade, Ithaca: Cornell University Press, 1957.

141. Perkins, Dexter. *The Monroe Doctrine 1826–1867.* Gloucester: P. Smith, 1966.

142. Perry, Ralph Barton. *Puritanism and Democracy.* New York: The Vanguard Press, 1944.

143. Pratt, Julius. *Challenge and Rejection: the United States and World Leadership, 1900–1921.* New York: Macmillan, 1967.

144. Raspberry, William. "Checklist for Superman." *The Washington Post*, September 6, 1999.

145. Rashid, Salim, ed. *"The Clash of Civilizations?": Asian Response.* New York: Oxford University Press, 1997.

146. Reed, James Eldin. "American Foreign Policy, The Politics of Missions and Josiah Strong, 1890–1900." *Church History*, Vol.41, No.2, June 1972.

147. Reynolds, David. "Reading History: American Isolationism." *History Today*, Vol.34, No.3, March 1984.

148. Rieselbach, Leroy N. "The Basis of Isolationist Behavior." *The Public Opinion Quarterly*, Vol.24, No.4, Winter 1960.

149. Rives, G. L. "Spain and the United States in 1795." *The American Historical Review*, Vol.4, No.1, October 1898.

150. Robinson, William I. "Globalization, the World System, and 'Democracy Promotion' in U.S. Foreign Policy." *Theory and Society*, Vol. 25, No.5, October 1996.

151. Roberston, James O. *American Myth American Reality*. New York: Hill & Wang, 1980.

152. Roskin, Michael. "Opinion: What 'New Isolationism'." *Foreign Policy*, No.6, Spring 1972.

153. Rosenberg, Emily S. *Spreading the American Dream: American Economic and Cultural Expansion, 1890-1945*. New York: Hill and Wang, 1982.

154. Roth, Philip. "A Conversation in Prague." *New York Review of Books*, Vol.37, No.6, April 12, 1990.

155. Rulinstein, Alvin Z. and Donald E. Smith, eds. *Anti-Americanism in the Third World: Implications for U.S. Foreign Policy*. New York: Praeger, 1988.

156. Sanger, David E. "Playing the Trade Card: U.S. Is Exporting Its Free-Market Values Through Global Commercial Agreements." *New York Time*, February 17, 1997.

157. Santosuosso, Antonio. "Morality and Politics in Machiavelli: Two Recent Interpretations." *Canadian Journal of History*, Vol.25, No.1, April 1990.

158. Schlesinger, Arthur, Jr. *The Cycles of American History*. Boston: Houghton Mifflin, 1986.

159. Schlesinger, Arthur, Jr. "Back to the Womb? Isolationism's

Renewed Threat." *Foreign Affairs*, Vol.74, No.4, July/August 1995.

160. Schulzinger, Robert D. *American Diplomacy in Twentieth Century*. New York: Oxford University Press, 1984.

161. Sciolinos, Elaine. "Bush Ordered Iraqis Plied with Aid: Seeing Iran, not Iraq, as the Main Regional Threat." *New York Times*, May 29, 1992.

162. Seelye, Katharine Q. "Gore Faults Bush on Foreign Policy." *New York Times*, April 30, 2000.

163. Seymour, Charles M., ed. *The Intimate Papers of Colonel House*. 2 vols. Boston: Houghton Mifflin, 1926–1928.

164. Shafer, Byron E., ed. *Is America Different? A New Look at American Exceptionalism*. New York: Oxford University Press, 1991.

165. Shestack, Jerome J. "Human Rights, the National Interest, and U.S. Foreign Policy." *Annals of the American Academy of Political and Social Science*, Vol. 56, November 1989.

166. Simon, Serfaty. *American Foreign Policy in a Hostile World: Dangerous Years*. New York: Praeger, 1984.

167. Skidmore, David. "Carter and the Failure of Foreign Policy Reform." *Political Science Quarterly*, Vol.108, No.4, Winter 1993–1994.

168. Smith, Henry Nash. "Walt Whitman and Manifest Destiny." *Huntington Library Quarterly*, Vol.10, No.1/4, 1946/1947.

169. Smith, Peter H. *Talons of the Eagle: Dynamics of U.S.–Latin American Relations*. New York: Oxford University Press, 1996.

170. Smith, Robert F., ed. *The United States and Latin American Sphere of Influence*. 2 Vols, Malabar: Krieger Pub. Co., 1981.

171. Smith, Tony. *America's Mission: The United States and the World-wide Struggle for Democracy in the Twentieth Century*. Princeton: Princeton University Press, 1994.

172. Stanford, Charles L. *The Quest for Paradise: Europe and American Moral Imagination.* Urbana: University of Illinois Press, 1961.

173. Steinmetz, Sara. *Democratic Transition and Human Rights: Perspectives on U.S. Foreign Policy.* Albany: State University of New York Press, 1994.

174. Stohl, Michael, Davia Carleton and Stevwn E. Johnson. "Human Rights and U.S. Foreign Assistance from Nixon to Carter." *Journal of Peace Research*, Vol.21, No.3, September 1984.

175. Stuart, Reginald C. *United States Expansionism and British North America, 1775-1781.* Chapel Hill: University of North Carolina Press, 1988.

176. Sunday, Swaine. "Don't Demonize China: Rhetoric About Its Military Might Doesn't Reflect Reality." *The Washington Post*, May 18, 1997.

177. Swomley, John M., Jr. *American Empire: New Political Ethics of Twentieth-Century Conquest.* New York: Macmillan, 1970.

178. Tanzer, Andrew. "'Ride It! You Can't Fight It! '" *Forbes*, Vol.158, No.4, August 12,1996.

179. "The Flawed Carter Doctrine." *Human Events*, Vol.40, No.5, February 2, 1980.

180. Thompson, Kenneth W. "New Reflections on Ethics and Foreign Policy: the Problem of Human Rights."*The Journal of Politics*, Vol.40, No. 4, November 1978.

181. Thompson, Kenneth W. *Traditions and Values in Politics and Diplomacy: Theory and Practice.* Baton Rouge: Louisiana State University Press, 1992.

182. Thorne, Christopher."American Political Culture and the End of the Cold War."*Journal of American Studies*, No.26, 1992.

183. Tonelson, Alan. "Human Rights: The Bias We Need." *Foreign Policy*, No.49, Winter 1982–1983.

184. Trager, Frank N. "The Nixon Doctrine and Asian Policy." *Southeast Asian Perspectives*, No.6, June 1972.

185. Tucker, Robert W. and David C. Hendrickson. *Empire of Liberty: The Statecraft of Thomas Jefferson*. New York and Oxford: Oxford University Press, 1990.

186. Unterberger, Betty M. *America's Siberian Expedition 1918–1920: A Study of National Policy*. Durham: Duke University Press, 1956.

187. Unterberger, Betty M. *The United States, Revolutionary Russia, and the Rise of Czechoslovakia*. Chapel Hill: University of North Carolina Press, 1989.

188. Unterberger, Betty M. "Woodrow Wilson and the Bolsheviks: The Acid Test of Soviet–American." *Diplomatic History*, Vol. 11, No. 2, Spring 1987.

189. "US's Global Role and National Identity–Interview with Bush." *Christian Science Monitor*, April 24, 1990.

190. Valeri, Mark. "Religious Discipline and the Market: Puritans and the Issue of Usury." *The William and Mary Quarterly*, 3d Series, Vol. LIV, No.4. October 1997.

191. Varg, Paul A. *Missionaries, Chinese, and Diplomats: the American Protestant Missionary Movement in China, 1890–1952*. Princeton: Princeton University Press, 1958.

192. Varg, Paul A. *Foreign Policies of the Founding Father*. Baltimore: Penguin Books, 1970.

193. Vaughan, Alden T. *Roots of American Racism: Essays on the Colonial Experience*. New York: Oxford University Press, 1995.

194. Virtanen, Simo V. and Leonie Huddy. "Old-Fashioned Racism

and New Forms of Racial Prejudice."*The Journal of Politics*, Vol.60, No.2, May 1998.

195. Vogelgesang, Sandy. "Diplomacy of Human Rights." *International Studies Quarterly*, Vol.23, No.2, June 1979.

196. Waltz, Kenneth N. "Realist Thought and Neorealist Theory." *Journal of International Affairs*, Vol.44, No.1, Spring 1990.

197. Ware, Caroline. *The Culture Approach to History*. New York: Columbia University Press, 1940.

198. "What Neo-isolationism?"*Wilson Quarterly*, Vol.23, No.2, Spring 1999.

199. Weigel, George. "On the Road to Isolationism?" *Commentary*, Vol.93, No.1, January 1992.

200. Weinberg, Albert K. *Manifest Destiny: A Study of Nationalism Expansionism in American History*. Baltimore: The Johns Hopkins Press, 1935.

201. Weiner, Tim. "A Kennedy–C.I.A.Plot Returns to Haunt Clinton." *New York Times*, October 30, 1994.

202. Wesson, Robert and Heraldo Munoz, eds. *Latin American Views of U.S. Policy*. New York: Praeger, 1986.

203. Westin, Rubin F. *Racism in U.S. Imperialism: The Influence of Racial Assumptions on American Foreign Policy, 1893–1946*. Columbia: University of South Carolina Press, 1972.

204. Whitaker, Arthur P. *The Western Hemisphere Idea: Its Rise and Decade*. Ithaca: Cornell University Press, 1954.

205. Williams, Walter L."United States Indian Policy and the Debate over Philippine Annexation: Implications for the Origins of American Imperialism."*Journal of American History*, Vol.66, No.4, March 1980.

206. Williams, William A. *From Colony to Empire: Essays in the

History of American Foreign Relations. New York: J. Wiley, 1972.

207. Williams, William A. *The Tragedy of American Diplomacy.* New York: Dell Pub. Co., 1972.

208. Whttkoff, Eugene R., ed. *The Future of American Foreign Policy.* New York: St. Martin's Press, 1994.

209. Wright, Robin. "A Strategy for Global Peace After Cold War Policy." *Los Angeles Times*, November 28, 1993.

210. Young, Raymond A. "Pinckney's Treaty-A New Perspective." *The Hispanic American Historical Review*, Vol.43, No.4, November 1963.

211. Zakaria, Fareed. "Will Asia Turn Against the West?" *New York Times*, July 10, 1998.

二　中文论著

1. 布尔斯廷，丹尼尔：《美国人：开拓历程》，北京：美国驻华大使馆新闻文化处1987年版。

2. 本尼迪克特：《菊花与刀——日本文化的诸模式》，孙志民等译，杭州：浙江人民出版社1988年版。

3. 伯恩斯，詹姆斯·麦格雷尔：《罗斯福传——狮子与狐狸》，孙天义等译，北京：商务印书馆1995年版。

4. 布莱克，纳尔逊·曼弗雷德：《美国社会生活与思想史》，许季鸿等译，北京：商务印书馆1994年版。

5. 布热津斯基，兹比格涅夫：《大失控与大混乱》，潘嘉玢等译，北京：中国社会科学出版社1994年版。

6. 兹比格涅夫，布热津斯基：《大棋局——美国的首要地位及其地缘战略》，中国国际问题研究所译，上海：上海人民出版社1998年版。

7.陈尧光：《大洋东岸——美国社会文化初探》，沈阳：辽宁人民出版社1986年版。

8.达莱克，罗伯特：《罗斯福与美国对外政策1932-1945》，上下册，陈启迪等译，北京：商务印书馆1984年版。

9.邓蜀生：《美国与移民：历史·现实·未来》，重庆：重庆出版社1990年版。

10.多尔蒂，詹姆斯：《争论中的国际关系理论》，邵文光译，北京：世界知识出版社1987年版。

11.杜蒙德，德怀特：《现代美国 1896-1946》，中译本，北京：商务印书馆1984年版。

12.富布赖特，威廉：《帝国的代价》，简新芽等译，北京：世界知识出版社1991年版。

13.关在汉编译：《罗斯福选集》，北京：商务印书馆1982年版。

14.哈里斯，路易斯：《美国内幕》，诗宓等译，北京：华夏出版社1990年版。

15.汉密尔顿：《联邦党人文集》，程逢如等译，北京：商务印书馆1995年版。

16.霍罗维茨：《美国冷战时期的外交政策：从雅尔塔到越南》，上海市"五·七"干校六连翻译组译，上海：上海人民出版社1974年版。

17.基辛格，亨利：《美国对外政策》，复旦大学资本主义国家经济研究所译，上海：上海人民出版社1972年版。

18.基辛格，亨利：《白宫岁月——基辛格回忆录》，陈瑶华等译，北京：世界知识出版社1980年版。

19.卡特，吉米：《保持信心：吉米·卡特总统回忆录》，裘克安等译，北京：世界知识出版社1983年版。

20.凯南，乔治：《当前美国对外政策的现实——危险的阴云》，柴金如等译，北京：商务印书馆1980年版。

21.康马杰：《美国精神》，杨静予等译，北京：光明日报出版社1988年版。

22.兰尼拉格，约翰：《中央情报局》，潘世强等译，北京：中国社会科学出版社1990年版。

23.李希光等：《妖魔化中国的背后》，北京：中国社会科学出版社1996年版。

24.刘静编著：《西方对外战略资料》，第1辑，北京：当代中国出版社1992年版。

25.罗永宽编著：《罗斯福传》，武汉：湖北辞书出版社1996年版。

26.马清槐等译：《潘恩选集》，北京：商务印书馆1981年版。

27.梅，欧内斯特等编：《美中关系史论——兼论美国与亚洲其他国家关系》，齐文颖等译，北京：中国社会科学出版社1991年版。

28.摩根索，汉斯：《国家间政治——寻求权力与和平的斗争》，徐昕等译，北京：中国人民公安大学出版社1990年版。

29.内文斯，阿兰：《和平战略——肯尼迪言论集》，北京编译社译，北京：世界知识出版社1965年版。

30.尼克松，理查德：《真正的战争》，北京：新华出版社1980年版。

31.尼克松，理查德：《1999年：不战而胜》，王观声等译，北京：世界知识出版社1989年版。

32.聂崇信等译：《华盛顿选集》，北京：商务印书馆1983年版。

33.欧文，亨利主编：《七十年代的美国对外政策》，齐沛合译，北京：三联书店1975年版。

34.莫里斯，埃利奥特·塞缪尔：《美利坚共和国的成长》，上卷，南开大学历史系美国史研究室译，天津：天津人民出版社1980年版。

35.施莱辛格，小阿瑟：《一千天：约翰·菲·肯尼迪在白宫》，仲宜译，北京：三联书店1981年版。

36.施赖布尔：《世界面临挑战》，朱邦造等译，北京：新华出版社1982年版。

37.时事出版社编：《美国人看美国》，北京：时事出版社1992年版。

38.史密斯，赫德里克：《里根和里根总统》，潘东文等译，北京：商务印书馆1982年版。

39.斯帕尼尔：《第二次世界大战后的美国外交政策》，段若石译，北京：商务印书馆1992年版。

40.斯塔夫里亚诺斯：《全球裂变：第三世界的历史进程》，上下册，迟越等译，北京：商务印书馆1993年版。

41.斯坦贝克：《美国与美国人》，黄湘中译，广州：花城出版社1989年版。

42.托克维尔：《论美国的民主》，上下卷，董果良译，北京：商务印书馆1991年版。

43.西格尔，弗雷德里克：《多难的旅程：四十年代至八十年代初美国政治生活史》，刘绪贻等译，北京：商务印书馆1990年版。

44.肖普，劳伦斯等：《帝国智囊团：对外关系委员会和美国外交政策》，怡立等译，上海：上海译文出版社1981年版。

45.杨生茂：《美国外交政策史 1775-1989》，北京：人民出版社1991年版。

46.《意识形态和外交事务：哈佛大学国际事务研究中心研究报告》，北京编译社译，北京：世界知识出版社1963年版。

47.袁明等主编：《中美关系史上沉重的一页》，北京：北京大学出版社1989年版。

48.中国现代国际关系研究所选编：《冷战后的美国与世界》，北京：时事出版社1991年版。

49.庄锡昌：《二十世纪的美国文化》，杭州：浙江人民出版社

1993年版。

50.资中筠主编:《战后美国外交史》,上下册,北京:世界知识出版社1994年版。

索　引
（按汉语拼音字母顺序编排）

— A —

阿本斯，哈科夫　Arbenz Guzman, Jacobo　375-378
阿代，皮埃尔　Adet, Pierre　90-91
阿富汗　Afghanistan　113
阿根廷　Argentina　94，444，468-470，476，486，520
阿拉斯加　Alaska　213，247
阿里利，耶奥舒亚　Arieli, Yehoshua　50
阿连德，萨尔瓦多　Allende, Salvador　383-384
阿瑟，切斯特　Arthur, Chester A.　207
埃及　Egypt　20，23，217，231，236
艾德礼，克莱蒙特　Attlee, Clement　363
艾奇逊，迪安　Acheson, Dean　359，363
艾森豪威尔，德怀特　Eisenhower, Dwight D.　162，280，307，361，364，366，369，372-373，376-377，379
艾森豪威尔主义　Eisenhower Doctrine　373
爱德华兹，乔纳森　Edwards, Johnathan　29，34-35
爱默生，拉夫尔　Emerson, Ralph Waldo　251，496

奥地利　Austria　84，138

奥沙利文，约翰　O'Sullivan, John L.　197

奥斯瓦尔德，理查德　Oswald, Richard　126

— B —

巴蒂斯塔，富尔亨西奥　Batista, Fulgencio　377-379，435

巴基斯坦　Pakistan　394，491

巴拉圭　Paraguay　468，470

巴列维国王　Pahlavi, Muhammad Reza　372-373，483

巴洛，乔尔　Barlow, Joel　285

巴拿马　Panama　94

巴拿马运河　Panama Canal　112

巴尔舍夫斯基，查伦　Barshefsky, Charlene　224

巴西　Brazil　177，309，332，411，468，470，511

鲍威尔，科林　Powell, Colin　261，327

邦斯尔，菲利普　Bonsal, Philip W.　380

北大西洋公约组织（北约）　North Atlantic Treaty Organization (NATO)　160，308

贝尔瑟，詹姆斯　Belser, James F.　49

贝弗里奇，艾伯特　Beveridge, Albert　91，212，216

贝克，詹姆斯　Baker, James　230，327，343，424-425

贝克莱，乔治　Berkeley, George　46

贝文，欧内斯特　Bevin, Ernest　303

贝利斯，弗朗西斯　Baylies, Francis　186

本尼迪克特，鲁斯　Benedict, Ruth F.　9

比尔德，查尔斯　Beard, Charles Austin　10，44，134，149-150，212

秘鲁　Peru　411，470

波尔克，弗兰克　Polk, Frank Lyon　351-352

波尔克，詹姆斯　Polk, James　200-202

波兰　Poland　154，367，474，477

玻利维亚　Bolivia　470

伯格斯滕，弗雷德　Bergsten, Fred　507

伯哲士，约翰　Burgess, John W.　209，454

柏拉图　Plato　80，180，237-238

柏林危机　Berlin Crisis　313

勃列日涅夫，列昂尼德　Brezhnev, Leonid　313-314，465

博拉，威廉　Borah, William　133，144，147

布尔什维克　Bolshevism　225，345-354，425

布拉西洛夫，阿列克谢　Brusilov, Aleksei Alekseevich　346

布坎南，帕特里克　Buchanan, Patrick J.　169

布坎南，詹姆斯　Buchanan, James　183，184

布科夫斯基，弗拉基米尔　Bukovsky, Vladimir　465

布莱恩，詹姆斯　Blain, James　256

布赖斯，詹姆斯　Bryce, James　135

布列斯特-立托夫斯克和约　Brest-Litovsk Treaty　346，348，351

布雷福德，威廉　Bradford, William　23，25，27，31-33

布雷顿森林体系　Bretton Woods System　302

布热津斯基，兹比格涅夫　Brezezinski, Zbigniew　12，60，113，227，329，461，469，483，527-528

布什，乔治　Bush, George　16，57，115，167，170，173，222，261，326-328，330，336，369，390，396-397，417，424-426，438，472，477-478，504，509，512

不结盟运动　Nonalignment Movement　317

不转让原则　Nontransfer　195-196

— C —

查理一世 Charles I 25
朝鲜 Korea 95,134,369,376,426,436,444,488,496
朝鲜战争 Korea War 319,364
"超越遏制"战略 Beyond Containment Strategy 369,424

— D —

大陆会议 Continental Congress 403,449
大陆扩张 Continental Expansion 88,196—199
大平正芳 Ohira Masayoshi 316
大西洋宪章 Atlantic Charter 456
戴高乐,夏尔 De Gaulle, Charles 106,301—302,315—316
戴维斯,诺曼 Davis, Norman 300
丹尼尔,约翰 Daniel, John W. 236—237
丹尼尔斯,约瑟夫 Daniels, Josephus 272
得克萨斯 Texas 146,194,199—203,206,268,272,330
德怀特,蒂莫西 Dwight, Timothy 30
德里安,帕特里夏 Derian, Patricia 492
德洛尔,雅克 Delors, Jacques 118
邓肯,亚历山大 Duncan, Alexander 49
邓小平 446
迪亚斯,波菲里奥 Diaz, Porfirio 442—443
第二次世界大战 World War Ⅱ 9,13,60,101—102,105—106,109—110,115,117—119,136,154,159,164,166,173,216,225—226,296—297,300,302—303,305,307,311—312,324,

327，330，341，343，355-356，358，363，365，369-370，377，
398，405，408，410-412，414，423，433，436-437，444，456-457，
459，461，482，497，499-500，508，515，525

第三世界 Third World 111-112，114-115，163，226，317-318，
322-323，386，391，409，419，423，430，436-437，440，443，
460-462，466，476，480，485，489，491

第四点计划 The Point Four Program 310

第一次世界大战 World War I 98，141，144，147-148，216，
289，293，296-297，299，301，341，407，455，497

东欧 East Europe 169，225，230-231，326，358，367-368，
387，416，425，427，474，477，484，489，512

董建华 532

杜勒斯，约翰 Dulles, John F. 108，162，364，366，372，
374，376-377，415，482

杜鲁门，哈里 Truman, Harry 162，280，302，304-305，307-308，
310，357-361，363，372，408，412，435，444

杜鲁门主义 Truman Doctrine 109，306，322，359

杜威，约翰 Dewey, John 72-73，75

独立宣言 Declaration of Independence 41，129，403-404，449，
496

多尔，鲍勃 Dole, Bob 332

多布里斯基，葆拉 Dobriansky, Paule J. 114，409，452，491

多米尼加共和国 The Dominican Republic 94，282，383，411，
434-435

多米诺骨牌理论 Domino Theory 369

— E —

俄国 Russia 13，94，102，192，213，225，243，306，332，334，340，344，346–354，356，364，376，380，382，446，502

遏制 Containment 102，108–110，113–114，159，162，164，187，194–195，306–307，309–310，320，322，355，357–358，362，364–365，369–371，386–387，389，391–392，394–397，419，423，428–429，460，462，472–473，483–484，535

— F —

法国 France 7，9，17，27，41，45–47，56，70，80，83–91，98，106，126，128，154，170，178，193–195，200，206，213，218，229，240，245，249，271，273，288，303，308，315，327，336–337，402，426，442，503，524，530，533

法西斯主义 Fascism 9，355，437

法美联盟 Franco-American Alliance 85，128–129

凡尔纳 Verne, Jules 70

凡尔赛和约 Versailles, Treaty of 142

范登堡, 阿瑟 Vandenberg, Arthur 156–158，160

泛美开发银行 Inter-American Development 468–469

泛美体系 Pan American System 310

"防疫"演说 Quarantine Address 152–153

非洲 Africa 48，156，207，209，214，218，235，243–244，252，263，268–269，273，279，288，317，320，338，426–427，480

非洲统一组织 Organization of African Unity 338

菲尔莫尔，米勒德　Fillmore，Millard　139

菲律宾　Philippines　57-58，91，214-216，275-276，281，432-433，444，488

菲什，汉米尔顿　Fish，Hamilton　164，214

弗朗西斯，戴维　Francis，David　351-352

弗里林海森，弗雷德里克　Frelinghuysen. Frederick T.　207

弗罗姆，埃里希　Fromm，Erich　489

福山，弗郎西斯　Fukuyama，Francis　529-530

福斯克，约翰　Foxe，John　23

福特，杰拉尔德　Ford，Gerald R.　384，458，462，469，473，490

富布赖特，威廉　Fulbright，William　51，59-60，165，410，433，442

富兰克林，本杰明　Franklin，Benjamin　48，69，82，181，243-244，246，269

— G —

感恩节　Thanksgiving Day　28

盖尔，约瑟夫　Gaer，Joseph　23

告别词　Farewell Address　87，129，136，141-143，156，174

戈尔，阿诺德　Gore，Albert Arnold，Jr.　285，396，421，520

戈尔巴乔夫　Gorbachev，Mikhail Sergeevich　326，475，477

哥伦比亚　Colombia　94，196，209，310，426，454，497，524

哥伦布　Columbus，Christopher　42，120，177，251

哥斯达黎加　Costarica　385，441，469

格兰特，乌里西斯　Grant，Ulysses S.　203，214

个人主义　Individualism　64，413，451-453，526

孤立主义 Isolationism 14，87，119，121，123-125，127-153，155-174，187-189，215-216，286-287，296-299，304，326，331-332，423

古巴 Cuba 95，112，184，214-215，228，313-314，336-339，343，377-385，426，429，435-436，445

古巴导弹危机 The Cuba Missile Crisis 313-314，381

古斯曼，安东尼奥 Guzman, Antonio 411

瓜达卢佩-伊达尔哥条约 Guadalupe-Hidalgo, Treaty of 202

国际货币基金组织 International Monetary Fund 169，303，469

国际联盟 League of Nations 142-146，149-150，292，295，355

国际主义 Internationalism 101，144-146，157，162-167，170，172，224，296，301-302，331，343，408，489，502

— H —

哈丁，沃伦 Harding, Warren G. 145，295

哈里斯，欧文 Harries, Owen 396

海兰，威廉 Highland, William 167，484

海湾战争 The Gulf War 170，173，261，327-328

海约翰 Hay, John 279，496

汉密尔顿，亚历山大 Hamilton, Alexander 81，85-88，90，92，126

豪斯，爱德华 House, Edward 98-99，144，289-293

和平演变 Peaceful Evolution 368-369，396，478，482

和平战略 Peace Strategy 307，367

赫尔，科德尔 Hull, Cordell 102，436，499-500

赫尔姆斯-伯顿法 The Helms-Burton Act 336-338

赫鲁晓夫，尼基塔 Khrushchev, Nikitas 313，366-367

赫脱，克里斯琴　Herter, Christian A.　379
黑格，亚历山大　Haig, Alexander M.　115，473
亨廷顿，塞缪尔　Huntington, Samuel P.　17-18，343，533-535
洪都拉斯　Honduras　385，411，476
胡佛，埃德加　Hoover, Edgar　357，417
胡佛，赫伯特　Hoover, Herbert C.　146，161-162
华盛顿，乔治　Washington, George　38，48，79-80，82-83，85，87-88，94，128-129，132，136，138，141-143，156，158，174，271，285，324，338，347，370-371，379，435，533
缓和　Detente　86，101，111-113，268，314，322，362，461-462，470，475
惠特曼，沃尔特　Whiteman, Walt　199
霍尔，约瑟夫　Hall, Joseph　66
霍尔珀林，莫顿　Halpering, Morton H.　412，423
霍布斯，托马斯　Hobbes, Thomas　103-104

— J —

极权主义　Totalitarianism　310，360，473，476
基督教　Christianity　20-25，31，35，45，57，70，96，186，198，221-222，275，298，405，440
基辛格，亨利　Kissinger, Henry　76，111-112，117，170，314-315，321-322，329，335，342，362，384，397，442，458，461
加尔文，约翰　Calvin, John　21-22
加勒比地区　Caribbean Area　95，97，169，197，205，376，411
加勒廷，埃伯特　Gallatin, Albert　39
加利，布特罗斯·布特罗斯　Ghali, Boutros Boutros　517

加拿大　Canada　1，115，181，192，215，229-230，308，337-338，510

贾德，诺曼　Judd, Norman B.　185

蒋介石　301，363，435-436

教友派　Quakers　35

"解放"战略　Liberation Strategy　307，366

杰斐逊，托马斯　Jefferson, Thomas　30，39，80-92，126，132-133，182，191，194，244，270-271，403，432，449，459

杰克逊，安德鲁　Jackson, Andrew　199，248

杰克逊-瓦尼克修正案　Jackson-Vanik Amendment　458

杰伊，约翰　Jay, John　87

杰伊条约　Jay Treaty　87

金，小马丁·路德　King, Martin Luthur, Jr.　265，282

金里奇，纽特　Gingrich, Newt　339

金元外交　Dollar Diplomacy　95

《旧约全书》　Old Testament　20

居约，阿纳尔德　Guyot, Arnald　198

均势　Balance of Power　88-89，94，108，111，115，126，128，140，201，288，322，362，393

— K —

卡尔，爱德华·哈利特　Carr, Edward Hallet　104-105

卡列丁，阿列克谢　Kaledin, Aleksei Maksimovich　347

卡森，约翰　Kasson, John A.　206

卡斯，刘易斯　Case, Lewis　138

卡斯特罗，菲德尔　Castro, Fidel　228，377-381，434，436

卡特，吉米　Carter, Jimmy　112-113，283-284，385，390，397，

411，415，447，450，459-473，483，485-486，488-490，492

卡特主义　Carter Doctrine　113，462

凯南，乔治　Kennan，George　108-110，164-165，306，351-352，358，436，439

坎特，米基　Kantor，Mickey　505

柯克帕特里克，珍妮　Kirkpatrick，Jeane　434，471，477

科顿，约翰　Cotton，John　43

科济列夫，安德烈　Kozyev，Andrei　334

科苏特，拉约什　Kossuth，Lajos　56，138

科威特　Kuwait　327，333，438

克拉肖，威廉　Crashaw，William　23

克莱，亨利　Clay，Henry　39，139

克雷蒂安，让　Chretien，Jean　337

克里斯托夫，沃伦　Christopher，Warren　331，338，396，418，468，481，507

克林顿，比尔　Clinton，Bill　115，170，173-174，223，230-231，268，326，330-333，338，343，393-397，418-419，422，424，427-430，441，478-481，485，490，504-506，511-512，514，519-520

克罗利，赫伯特　Croly，Herbert　143

肯尼迪，保罗　Kennedy，Paul　17

肯尼迪，约翰　Kennedy，John F.　307，319-320，364，367-368，381-382，409，415，419，434，457，469

库欣，凯莱布　Cushing，Caleb　199，248

扩张　Expansion　9，49，54，59，88，91-92，95，99-100，102，105，109，111-112，115，127，130-131，139-141，159，164，176-181，183-210，212-213，215-220，222-228，230，232-233，237，240-241，275-276，278，285-287，293-294，296，305，

311–312，318，320，322，340，353，357–358，360，369–371，373–374，376，393，405，411–412，453–454，456，460，470，473，495–496，498，500，503–504，511–512，515，518，525

扩张主义 Expansionism 14，91，144，179–180，183，185，187–189，197–200，203，212–213，215，224，232–233，288–289，359，482，502

—L—

拉丁美洲 Latin America 58，130，181，187，246，268–271，273–275，309–310，371，373，410–411，414，431，433，437，441，443，466，468，486

拉什，理查德 Ruth，Richard 131

莱，小詹姆斯 Lay，James S. Jr. 361

莱昂斯，约瑟夫 Lyons，Joseph A. 149

莱恩，富兰克林 Lane，Franklin Knight 350

莱克，安东尼 Lake，Anthony 420，428

兰辛，罗伯特 Lasing，Robert 273，346–347，349–352

冷战 Cold War 3–5，16–17，61，105，110，115，117，159–160，162，165–169，171，219–220，222–223，225–226，230，306，308–310，313，317，319–321，324–326，329–330，335–338，341，354–355，358，360–362，366，368–370，373，381，386–387，389，393，397–398，409，412，414，416–417，419–420，422–426，428–429，438，446，481，483–485，489，494，497，499–504，506，508–510，512，516–518，521，523–524，529–531，533–535

李承晚 Rhee Syngman 369

李登辉 394

李光耀　281-282，480，529，532

李普曼，沃尔特　Lippmann, Walter　107，300

李维诺夫，马克西姆　Litvinov, Maksim　352

里根，罗纳德　Reagan, Ronald　113-115，166，169，225，323，336，358，368-369，385-386，409，415，434，472-477，483，487-488

理想主义　Idealism　26，62-63，77-78，81，86，89-92，95-96，98-101，103-104，112，114-118，188，272，294，419，432，447，459-460，482，484

利文斯顿，罗伯特　Livingston, Robert　194

例外论　Exceptionalism　37-38，188

联邦党　Federal Party　84-85

联合国　The United Nations　7，160，168，264，302，317，327，333，338，339，364，421，434，457-458，465，475-477，517

联合国宪章　The United Nations Charter　302

列宁　Lenin, Nikolai　75，352-353，368，474，484，529

林克，阿瑟　Link, Arthur　59，98，295，411

林肯，阿伯拉罕　Lincoln, Abraham　202，244，299

卢森堡　Luxemburg　308

卢斯，亨利　Luce, Henry　298-300

卢梭，让·雅克　Rousseau, Jean-Jacques　402，441

罗斯福，富兰克林　Roosevelt, Franklin　100-103，145-146，149-158，164，280，297-298，301-303，355-356，408，436，456-457，501

罗斯福，西奥多　Roosevelt, Theodore　91，93-95，140，187，212-213，232，257，277，287-289，295

罗斯托，沃尔特　Rostow, Walt W.　57

罗素，伯兰特　Russell, Bertrand　231

洛弗尔,约翰 Lovell, John P. 3

洛克,约翰 Locke, John 181, 206, 402, 448

洛奇,亨利 Lodge, Henry Cabot 91, 212, 216, 288

— M —

马哈蒂尔 Mahathir bin Mohamad 259-260, 481, 532, 533

马汉,艾尔弗雷德 Mahan, Alfred T. 211-212

马蒂,何塞 Mati, Jose 445

马科斯,费迪南德 Marcos, Ferdinand E. 488

马克思 Marx, Karl 205, 217, 219, 344, 346, 377, 382, 401, 449, 474, 477-484, 495, 515, 529

马基雅维里,尼科洛 Machiavelli, Niccolo 98, 103

马来西亚 Malaysia 115, 259, 276, 480-481, 492, 524, 532

马瑟,英克里斯 Mather, Increase 65

马歇尔,乔治 Marshall, George C. 308, 310, 363, 500

麦迪逊,詹姆斯 Madison, James 39, 83, 127, 228, 244

麦戈文,乔治 McGovern, George 165, 225, 356

麦金莱,威廉 McKinley, William 57, 91, 139-140, 215, 276, 279

麦克阿瑟,道格拉斯 MacArthur, Douglas 161, 413-414

"美国堡垒" Fortress America 161-162, 170, 172

美国联邦调查局 the Federal Bureau of Investigation 357

美国治下的和平 Pax Americana 61, 300, 305-306, 311, 329, 340, 342, 416, 518

美西战争 Spanish-American War 140-141, 210, 215, 275

美洲国家组织 Organization of American States 310, 318, 338, 374, 381, 458, 466-468, 470, 486

梅尔维尔，赫尔曼　Melville, Herman　30
梅森，乔治　Mason, George　125, 449
梅特涅　Metternich, Klemens　111
门户开放　Open Door　98, 102, 223, 348, 354, 495–497, 500–502, 504, 508, 512–514
门罗，詹姆斯　Monroe, James　82, 191, 201, 404
门罗主义　Monroe Doctrine　94–95, 169, 376
米格诺内，埃米里奥　Mignone, Emilio　469
密特朗，弗朗索瓦　Mitterrand, Francois　336–337
摩尔根，路易斯·亨利　Morgan, Lewis Henry　244
摩根索，汉斯　Morgenthau, Hans　107–108, 117, 274, 437, 493
摩洛哥　Morocco　288, 491
摩萨台，穆罕默德　Mossadegh, Mohammed　372
莫里斯，弗尼尔　Morris, Gouverneur　83
墨西哥　Mexico　52, 59, 95–97, 101, 115, 170, 189–190, 192, 194, 198–203, 207, 209, 221, 227, 266, 269, 271–272, 278, 411, 442–443, 469, 486, 513
睦邻政策　Good Neighbour Policy　101

— N —

拿破仑，波拿巴　Napoleon, Bonaparte　87, 89, 194–195, 303, 334
奈伊，杰拉尔德　Nye, Gerald　148
南非　South Africa　233, 245, 279, 476–477, 488
尼布尔，莱因霍尔德　Niebuhr, Reinhold　54
尼采，保罗　Paul, Nitze　361
尼加拉瓜　Nicaragua　385–386, 411, 435–436, 466–467, 483,

485–486
尼克松,理查德 Nixon, Richard 77–78, 110–112, 116–117, 164–165, 169, 260, 321–323, 362, 365, 383–384, 415, 439, 460–461, 469
尼克松主义 Nixon Doctrine 111, 322
尼日利亚 Nigeria 338
诺顿,约翰 Norton, John 26
挪威 Norway 308

— O —

欧洲 Europe 9–11, 21, 24–25, 29, 36, 39, 41, 44–46, 48, 53, 56, 63–64, 70, 72, 77, 82–85, 87–89, 91–92, 94–95, 102, 104, 111, 118, 120–145, 147–149, 151, 154, 156, 161, 169, 177–179, 182–183, 187–189, 191, 193, 195, 198, 200–201, 205, 207, 210, 215, 218–219, 225, 229, 231, 235–236, 240–243, 245, 247–249, 254–255, 269, 277, 287–289, 294, 298, 304, 307–309, 315–316, 326, 332–333, 335–337, 342, 350, 353, 362, 366–367, 391, 399–404, 410, 425, 432, 443, 448–449, 454, 456, 495, 509–510, 515, 528
欧洲复兴计划 European Reconstruction Project 308

— P —

帕尔默,米切尔 Palmer, Mitchell A. 350–351
帕蒂,理查德 Pattee, Richard 219
帕麦斯顿 Palmerston, Henry John Temple 105
潘恩,托马斯 Paine, Thomas 47–48, 123–124, 403

佩恩，威廉 Penn, William 35-36
皮尔斯，查尔斯 Pierce, Charles 73-75
平克尼条约 Pinckney's Treaty 193-194
蒲安臣条约 Burlingame Treaty 256

— Q —

乔丹，弗吉尔 Jordan, Virgil 298
"青年美国运动" Young America Movement 286
清教徒 Puritan 12, 22-33, 38, 43, 45, 50, 65-67, 180
丘吉尔，温斯顿 Churchill, Winston 307, 456
全球主义 Globalism 170, 173, 324, 326, 329, 331, 341-342, 408, 431
权利法案 Bill of Rights 345, 404, 449-451

— R —

热内，埃德蒙 Genet, Edmond 128
人道主义事务司 Office of Humanitarian Affairs 458
人权外交 Human Rights Diplomacy 112, 447-448, 457, 459-464, 466, 468-472, 477, 479, 482-483, 485-486, 489-490
日本 Japan 9, 17, 94, 102, 111, 113, 120-121, 134, 152, 157, 213, 277-278, 280, 294, 309, 315-316, 322, 326, 332, 338, 348, 353, 391, 395, 410, 412-414, 444-445, 460, 462, 502-504, 509-510, 528, 536

— S —

萨尔瓦多　El Salvador　383，385，411，436，467，470，476，486
萨哈罗夫，安德烈　Sakharov, Andrei D.　464-465
萨默斯，马丁　Summers, Maddin　346
社会达尔文主义　Social Darwinism　208-209
神圣同盟　Holy Alliance　130，293，391
史汀生，亨利　Stimson, Henry　151
世界银行　World Bank　169，468，506
施密特，赫尔穆特　Schmidt, Helmut　446
施莱辛格，小阿瑟　Schlesinger, Arthur, Jr.　54，72，389，527
实用主义　Pragmatism　67，71-76，78，82，92，102，114，132
十四点计划　Fourteen Points　292-293，348，455
舒尔茨，乔治　Shultz, George P.　117，262，415
舒菲尔特，罗伯特　Shufeldt, Robert W.　211
水门事件　Watergate Affair　461
司徒雷登，约翰　Stuart, John L.　363，365-366
斯大林　Stalin, Joseph　76，361，367
斯特朗，本杰明　Strong, Benjamin　143
斯特朗，乔赛亚　Strong, Josiah　208-209
斯特朗，乔治　Strong, George　300
斯托，哈里雅特·比彻　Stowe, Harriet Beecher　34
孙中山　56
苏联　The Soviet Union　102，109，111-115，159，161，164-166，225-226，230-231，297，301，303，305-310，313-317，322-326，329-330，334-335，355-365，367-369，371-372，376-377，380-382，385，387，389，393，409，415-416，419，

423，425-428，438，440，457-458，460，462，464-465，470，472-475，477-478，484-485，488-489，512，530

索罗，亨利 Thoreau, Henry David 452

索马里 Somali 333，491

索摩查，阿纳斯塔西奥 Somoza, Anasyasio 385，435-436，467，483，485-486

— T —

塔夫脱，罗伯特 Taft, Robert 159，161-162，222

塔夫脱，威廉 Taft, William Howard 95

塔特纳尔，乔赛亚 Tattnall, Josial 279

泰勒，马克斯韦尔 Taylor, Maxwell 305

泰勒，约翰 Tyler, John 200

汤因比，阿诺德 Toynbee, Arnold Joseph 460

特鲁希略，拉菲尔 Trujillo, Rafael 434-435

特纳，弗雷德里克 Turner, Frederick Jackson 194，203-205，401

天定命运 Manifest Destiny 14，197-199，202，208，285-286，405

天主教 Catholicism 22，24，45，64，66，270，400，466

图马尔蒂，约瑟夫 Tumulty, Joseph 353

图图，德斯蒙德 Tutu, Desmond Mpilo 477

土耳其 Turkey 136，359-360，491

吐温，马克 Twain, Mark 279

托克维尔 Tocqueville, Alexis de 27，34，68，70，72，249，254，442

托马斯，诺曼 Norman, Thomas 146

— W —

万隆会议 Bandung Conference 317
万斯，塞勒斯 Vance, Cyrus 411, 468-469, 486, 488, 493
危地马拉 Guatemala 375-378, 411, 467, 470, 476, 491
威尔逊，伍德罗 Wilson, Woodrow 52, 57, 59, 96-102, 116-117, 140-146, 151, 204, 216, 225, 272-274, 289-296, 302, 305, 346-355, 407-408, 411, 433, 454-456, 459, 497
韦尔，卡罗莱娜 Ware, Carolina 8
韦尔斯，萨姆纳 Welles, Sumner 298, 356, 501
韦伯斯特，丹尼尔 Webster, Daniel 137-138, 400
韦尔塔，维多利亚诺 Huerta, Victoriano 96-97, 411
温斯罗普，约翰 Winthrop, John 26, 32, 66
伍廷芳 58, 257
乌拉圭 Uruguay 470
五月花号公约 Mayflower Compact 31

— X —

西班牙 Spain 25, 36, 57, 151, 177, 184, 189, 192-195, 199, 214-215, 243, 270, 272, 400-401, 495, 497
西半球 Western Hemisphere 101, 112, 115, 120, 126, 130-131, 134, 138, 154, 161, 164, 187, 189, 197, 203, 205, 234, 273-274, 310, 338, 374-376, 382, 426, 429, 437, 454-455, 460, 470, 487, 502, 510-513
西方文明 Western Civilization 21, 161, 180, 217, 240, 284, 344, 442, 495, 530, 534

西进运动　Westward Movement　186

西沃德，威廉　Seward, William Henry　179，213，287

希腊　Greece　9，59，73，75，136，137，180，231，237-239，359-360，430

希特勒，阿道夫　Hitler, Adolf　9，59，153-154，305，334

现实主义　Realism　78，81-83，86，88，90，92，100-112，116-118，157，172，368，444，461，470，484

协约国　The Allies　98，142，148，290-291，293-294，346，348-349，351，354，455

谢尔曼，威廉　Sherman, William　250

谢司起义　Shays Rebellion　450

新东方政策　New Eastern Policy　316

新加坡　Singapore　17，281，395，440，472，480-481，529，532

新教　Protestantism　11，21-25，28，32，34-35，43，64-67，69，123，180

"新思维"　New Thinking　326，475

匈牙利　Hungary　56，137-139，477

休斯，查尔斯　Hughes, Charles E.　106

— Y —

雅尔塔会议　Yalta Conference　302

亚当斯，约翰　Adams, John　82，87-88，126，133，182，404

亚当斯，约翰·昆西　Adams, John Quincy　82，131-132，137，184，191，270

亚里士多德　Aristotle　74，180，238

亚太　Asia-Pacific Area　115，222-223，333，338，387，426-427，429，479-481，506-509，533

叶利钦 Yeltsin, Boris 334-335

伊拉克 Iraq 57, 236, 327, 333, 337, 339, 341, 438

印第安人 Indians 50, 59, 64, 86-87, 180, 186, 189, 192-194, 221, 235, 241, 243-244, 246-252, 255, 259, 262, 269, 272, 278, 450

印度 India 105, 115, 181, 191, 215, 217, 236, 320, 326, 332, 369, 481, 512

印度尼西亚 Indonesia 480, 491

英国 Great Britain 22-26, 28, 33, 35-36, 38, 42-43, 45, 47-48, 58, 69, 72, 75, 83-90, 95, 98-99, 103-105, 121-124, 126, 128, 135, 143, 154-156, 177-178, 181-182, 187, 191 193, 195, 200, 206, 208, 210, 213-214, 217, 220, 227, 231, 233, 242-244, 252, 278-279, 288, 292, 296, 298, 301-303, 305, 307-308, 342, 350, 359, 363, 372, 382, 400-404, 449, 455, 460, 465-466, 495, 522, 537

约翰逊, 爱德华 Johnson, Edward 34

约翰逊, 海勒姆 Johnson, Hiram 151

约翰逊, 林登 Johnson, Lyndon 57, 320, 321, 364, 382, 383

约翰逊主义 Johnson Doctrine 383

越南 Vietnam 111, 163, 282, 316, 395, 497, 507, 535

越南战争 Vietnam War 110-111, 163-164, 318-320, 324, 460, 535

— Z —

詹姆斯, 威廉 James, William 72-75

詹姆士一世 James I 23, 25

珍珠港事件 Pear Harbour Incident 173

争取进步联盟　The Alliance for Progress　415，461，469

芝加哥对外关系理事会　Chicago Council on Foreign Relations　469，471

中东　Middle East　316，320，332-333，340，372-373，427，438

中国　5，7，11，15，17，56，58，64，95，111-112，114-115，120，126，152，207，212-213，216，222-224，228，231，236，255-258，276-281，301，303，316-318，322，326，332，338，340，342，362-366，370-371，380，386-398，406，410，423，428，430，435-436，439-440，443，446，462，476，478-481，490，492，495-496，501-506，511，513，518，525-526，531-533，536-537

中立政策　Neutral Policy　84-85，289，455

中美洲　Central America　95，97，169，203，209，376，385，426，433，466，476

中央情报局　Central Intelligence Agency　60，226，313，372，381-382，384，391，394

种族主义　Racism　14，233-238，240-243，245-246，249，251，255-256，259-261，264-266，268，272，274，276，280-281，444，477，527

自由女神铜像　Statue of Liberty　41-42，245

租借法　Lend-Lense Act　156

后　记

　　我是在获得博士学位后开始《美国文化与外交》这一课题研究的，呈现在读者面前的这本书便是自己断断续续将近七年的研究成果。从文化角度研究美国的对外关系，在美国早有学者进行，尤其是在冷战结束后，这一研究论题成为美国很多外交史学家所关注的一个焦点，他们发表和出版了大量的研究成果。我所列的西文参考书目远远没有把与这一课题相关的著述包括进来，但读者也可从中对美国外交史学界在这一领域的研究有所了解。与此同时，国内一些学者也呼吁开展这方面研究的重要性，并发表了颇有见地的论文，但相关专著迄今尚未问世。我在本书的"绪论"中对此已有所谈及。这里再次提出，目的是希望能够引起我国国际关系学界和历史学界的重视，加强文化与外交之间关系的研究。

　　在美国外交史上，美国对弱小国家内政的武力干涉可谓屡见不鲜。在人类即将跨入21世纪的今天，在国际事务中对另外一个主权国家使用赤裸裸的武力，必然会遭到爱好和平的国家和人们的强烈谴责。美国的武力干涉在本质上与历史上的干涉并无多少差异，除了霸权心态作祟外，其目的都是为实现美国的政治、经济以及文化等战略利益服务的。不过现在美国从事的武力干涉，"道德讨伐"的色彩更浓。在许多情况下，美国打着"人道主义"、"维护人权、民主、自由"等旗号，来掩饰它要达到的真正目的。即使这样，美国的战略目的也很明显。美国绝不像电影里的"超人"一样，"强健有力，足以打败几乎所有的敌人；他疾步如飞，可以及时赶到世界任何地方，去灭火、抗洪、止住山崩；他品德高尚，足以抵御个人诱惑；他明察秋毫，能够区分善恶。除此之外，他那可以透视的深邃的目光能够看到任何地方威胁公共秩序的丑恶行径"。①美国在什么情况下和什么地理位置使用武力，选择性很强。美国不会在与自己利益相关不大的地区作出无谓的牺牲。"克林顿主义"出台后，美国国家安全顾问塞缪尔·伯杰是这样解释的，他说，我们不愿意给人们留下一种开空头支票的印象。美国不具备向处于麻烦中的每个国家提供支援的能力、共识或责任。伯杰对克林顿主义的这种实用主义解释的确使许多人恍然所悟。美国对外关系委员会高级研究员罗伯特·曼宁认为，克林顿主义"虚构的成分多于现实"，美国一直是有选择性地使用所谓的"行善主义"。因此，克林顿主义"既不能令人振奋，其根基也摇摇欲坠。……正如记录所显示的那样，根本不可能存在这样一种纯粹的人道主义干涉行为"。②其实，在"人道主义"干涉的背后，却有着难以用"人道主义"加以解释的各种实用目的。

我在美国做访问学者时，曾经问过一些普通美国人对美国政府履行"国际警察"的态度。他们的回答多少有点"孤立主义"的味道。他们对政府在某一地区或国家大动干戈颇有微词，不希望美国政府用纳税人的钱去从事在他们看来与国内生活改善没有太大关系的战争。美国1997年的一次民意测验表明，只有13%的美国人愿意美国与其他国家共享权力。绝大多数公众认为，西欧、亚洲、墨西哥、加拿大等地区或国家发生的事情对他们的生活几乎或根本没有

---

① 参见拉斯伯里："超人的清单"第 A27 页。
② 参见罗伯特·曼宁："克林顿主义：虚构大于现实"（Robert A. Manning, "The Clinton Doctrine: More Spin Than Reality"），载《洛杉矶时报》（*Los Angeles Times*），1999 年 9 月 5 日，第 2 页。

影响。① "孤立主义"、"美国堡垒"以及"美国第一"等观念尽管不会像第二次世界大战前那样对政府外交决策产生巨大的影响，但在美国依然具有一定的社会基础。受这种观点影响的人主张美国应把主要精力从国外撤回到国内，致力于美国的"完善"，成为一个受世人景仰的"山巅之城"，为国际社会树立一个可以效仿的榜样。95岁高龄的乔治·凯南以自己一生从事美国外交的阅历忠告美国政府不要自以为是，应该超然于其他国家的内部事务之外。他说："把自己看做政治启蒙中心，当做世界其他很大一部分地区的老师，整个这种趋势在我看来是考虑欠妥，自高自大是不可取的。如果你觉得我们国内生活有值得其他地方的人民效仿之处，那么，正如昆西·亚当斯坚持的那样，最好的方式不是说教，而是借助实例。"②亨廷顿在《外交事务》杂志上撰文指出："美国官员表现出毫无掩饰的行为让人觉得，世界似乎是单极的。他们吹嘘美国的实力和道德。他们欢呼美国是善良的霸权国家。他们给别国上课，要它们学习普遍适用的美国原则、实践和机构。"③凯南和亨廷顿在美国都不是无足轻重的人物，他们的观点反映出美国决策层外一种反对美国以武力卷入其他国家内部事务的强烈呼声。这种呼声尽管不是影响美国外交决策的主流，但在特定的时空范围内会对美国在国际社会凭借自己的优势"为所欲为"有所牵制。

在全球化日益发展的时代，美国超然于国际事务既不可能，也不现实。作为当今世界上实力最为强大的国家，美国必定会对世界的发展产生影响，关键在于这种影响是积极的还是消极的。这两种

---

① 参见塞缪尔·亨廷顿："孤独的超级大国"(Samuel P. Huntington, "The Lonely Superpower"), 载《外交事务》(Foreign Affairs),第78卷,第2期(1999年3月/4月),第39~40页。
② 参见热内瓦·奥弗霍尔泽："凯南的忠告"(Geneva Overholser, "Kennan's Counsel"), 载《华盛顿邮报》(The Washington Post),1999年8月3日,第A15页。
③ 亨廷顿："孤独的超级大国",第37页。

可能性都存在。美国《国家利益》杂志编辑欧文·哈里斯指出："在今后几十年，也许在今后几代人，美国将成为世界上占支配地位的大国。它成为一个好国家的可能性将会是巨大的。但是如果它把事情搞砸，它成为邪恶国家的可能性同样也是巨大的。有鉴于此，美国认真考虑对外政策不仅对美国本身来说，而且对其他任何国家而言都将是极其重要的。"①美国对全球发挥积极的建设性作用将是世界的幸事，否则就会是世界的不幸。如果美国政府执意把美国国内戏称为"昏头昏脑的理想主义"的克林顿主义付诸实践，对世界和美国来说都是"不祥之兆"。哥伦比亚大学教授杰拉德·柯蒂斯认为，把国家对外政策变成是道德上的"十字军"是极其危险的。②美国民主党参议员凯·贝利·哈奇森1999年8月5日一针见血地指出，克林顿对外政策的特点是"枪口威逼下的民主"。不管克林顿本人的目标有多么崇高，"这实际上意味着美国可能卷入世界各地的内战之中，试图建立一个不切实际的美国式的多党民主——在武力威逼之下"。③墨西哥《至上报》1999年9月8日披露美国正在制定21世纪全球武装干涉计划。④我们无法对未来作出准确的预测，只是希望美国在国际事务中能够发挥有益于世界向前发展的作用，但种种迹象表明，美国政府并不打算放弃"国际警察"的职责，随时准备以武力来维持美国需要的"秩序与稳定"，强行使美国的文化价值观作为建立世界新秩序的指南。美国这样做，势必给世界带来更加的动荡，美国最终也会自食其果。历史和现实都已经证明了这一点。

---

① 欧文·哈里斯："超级大国赖以存在的三条规则"（Owen Harries, "Three Rules for a Superpower to Live By"），载《纽约时报》（*New York Times*），1999年8月23日，第A15页。
② 参见《参考资料》1999年9月8日，第52页。
③ 全文可在 http://www.heritage.org 网址上获得。
④ 参见《参考资料》1999年9月28日，第26~28页。

在本书的写作过程中,我参考和吸收了国内外学者的一些研究成果,并且得到国内许多学者和同行的鼓励,他们给予的真诚帮助令我受益匪浅,终生难忘。在本书付梓之际,谨向帮助我顺利完成此书的所有人表示由衷的谢意。

本书出版后,衷心希望国内外同行能够提出批评指正,以求切磋共进。

王晓德

1999年10月于南开大学